학교폭력, 대안은 없는가

학교폭력, 대안은 없는가

발 행 | 2017년 11월 07일
저 자 | 김용수
펴낸이 | 한건희
펴낸곳 | 주식회사 부크크
출판사등록 | 2014.07.15.(제2014-16호)
주 소 | 경기도 부천시 원미구 춘의동 202 춘의테크노파크2단지 202동 1306호
전 화 | 1670 - 8316
이메일 | info@bookk.co.kr

ISBN | 979-11-272-2592-6

www.bookk.co.kr

학교 폭력 대안은 없는가

海東 김용수 著

가지 않은 길 The Road Not Taken

로버트 프로스트(Robert Frost)

노란 숲 속에 두 갈래 길이 있었습니다.
나는 두 길을 다 가지 못하는 것을 안타깝게 생각하면서,
오랫동안 서서 한 길이 굽어 꺾여 내려간 데까지,
바라볼 수 있는 데까지 멀리 보았습니다.

그리고, 똑같이 아름다운 다른 길을 택했습니다,
그 길에는 풀이 더 있고 사람이 걸은 자취가 적어,
아마 더 걸어야 할 길이라고 나는 생각했었던 게지요.
그 길을 걸으므로, 그 길도 거의 같아질 것이겠지만,

그날 아침 두 길에는
낙엽을 밟은 자취가 없었습니다.
아, 나는 다음 날을 위하여 한 길을 남겨 두었습니다.
길은 길에 이어져 끝없으므로
다시 돌아올 수 있는지 의심하면서

오랜 세월이 흐른 후에
나는 어디선가 한숨을 쉬며 이야기할 것입니다.
숲 속에 두 갈래 길이 있었다고,
나는 사람이 적게 간 길을 택하였다고,
그리고 그것 때문에 모든 것이 달라졌다고

이 책을 쓰면서

학교폭력 예방 프로그램의 효과는 '프로그램이 학생들로 하여금 학교폭력과 관련하여 학교·학급 내 긍정적인 변화를 경험하고, 폭력에 대한 인식과 대처행동에 있어서도 변화할 수 있도록 원조한다' 는 것을 목표로 하고 있다.

하지만 우리나라에서 시행하고 있는 학교폭력 예방 프로그램 및 예방활동이 효과를 거두고 있다고 단언할 수 없다. 우리나라 학교폭력 예방 프로그램은 아직 시행단계에 있어서 그 효과를 입증하기에는 부족한 부분이 있으며, 오랜 기간에 걸쳐 실시하여 정착된 외국의 여러 나라만큼 효과를 보지 못하고 있는 듯하다.

학교폭력 예방 프로그램 시행과정에서 법률적인 실효성, 인권침해 등의 문제점이 발생하여 법적인 토대에서 만들고자 「학교폭력 예방 및 대책에 관한 법률」 을 제정하였다.

그렇지만 '학교폭력 예방 및 대책' 에 관한 법률이 학교폭력을 예방할 수 있는 근거를 마련했다고 볼 수 있지만 이 법률이 실질적인 효과를 거둘 수 있을 지는 부족한 부분이 많다.

2004년에 제정된 후 여러 차례에 걸쳐 크고 작은 개정작업이 있었으며, 다시 2017년 4월 18일, 제16조 제1항 제1호 중 '심리상담' 을 '학내외 전문가에 의한 심리상담' 으로 개정했다. 피해학생의 보호를 위한 조치 중 심리상담 및 조언을 학내외 전문가에 의한 심리상담 및 조언으로 일부 개정한 후, 학교폭력예방 및 대책에 관한 법률 시행령 [시행 2017.7.26.] [대통령령 제28211호, 2017.7.26., 타법개정]을 공포하였다. 그러나 여전히 교육현장에서는 학교폭력법이 학교폭력을 예방하고 학교폭력이 발생했을 경우 피해학생 보호와 가해학생의 선도에 적절하게 대응하고 있지 못하며, 교육적으로 대처하기 적절한 법률인지에 대해서 많은 의구심을 가지고 있다.

학교폭력은 어떤 형태의 것이든, 그것을 어떻게 개념을 규정하든 인간의 존엄성과 가치를 파괴하고, 생명의 소중함을 무시하는 반인륜적인 행위라는 사실이다.

학교폭력은 날이 갈수록 더욱 흉포해지고 있으며, 연령 또한 낮아지고 있는 게 현실이다. 현재까지는 학교폭력을 근절시킬 수 있는 다양한 방법을 모색하기 위한 실질적인 조사와 연구가 매우 미흡하였으므로, 이에 대한 탐색을 강화시켜 가야 한다. 이를 바탕으로 청소년 정책과 학교의 생활지도 방법을 찾아야 한다.

학교폭력의 본질은 학생들의 성장기와 현재 생활에서 정서와 인성이 올바르게 성장하지 못했기 때문으로 볼 수 있다. 학생이나 교사 그리고 주민들에게 어떠한 일이 있어도 학생에게 폭력을 행사해서는 안 된다는 인식을 심어 주어야 한다. 폭력은 반사회적이고, 비인격적인 행위로 피해 학생에게 커다란 상처를 준다는 사실을 교육과 연수를 통해 인식시켜야 한다.

학교폭력은 범국민적 차원에서 예방활동과 감시활동을 강화하며 근원적 원인을 찾아 치유하는 것이 적극적이고 바람직하다. 학교교육은 학생 각자의 욕구를 충족시키고 정서를 함양할 수 있는 여가 프로그램 진행과 심성계발 활동을 증진시켜가야 할 것이다.

이제 학교폭력은 단순한 학교와 가정의 문제뿐만 아니라, 사회구성원 모두에게 영향을 미치는 과제로 확대되고 있다. 이는 개인이나 국가의 단순한 권력으로 해결 가능한 문제가 아니라 전 사회적으로 관심을 모아 그 대안을 찾아야 할 숙제로서 법의 테두리 안에서 합리적인 해결책을 모색해야 한다. 또한 학교폭력의 문제는 사회·국가가 함께 책임을 지고 떠맡아야 하는 문제로서 단순히 폭력을 행사한 가해자와 피해자간의 문제가 아닌 가정, 학교, 사회, 국가 모두의 '공동 책임'이라는 인식이 확산되어야 할 것이다.

이와 관련하여 이 책에서는, 먼저 오늘날의 가정과 학교현장의 폭력 실태와 상황적 환경을 파악하였다. 학교폭력에 대한 대상이나 형태, 범위, 폭력의 정도에 따라 다양하게 나타나는 학교폭력의 이론적 개념을 정리하였다. 또한 학교폭력의 대상 주체들이 대부분 청소년이기 때문에 청소년 폭력의 실제적 특성도 알아보았다.

그리고 학교폭력의 발생 원인을 사회·문화적 접근, 심리적 접근, 다인적 접근으로 분석하고 정책 추진의 실효성을 모색하고자 하였다. 또한 학교폭력의 발생 실태에 관하여서는 피해 경험과 형태와 종류, 피해의 상황 등을 제시함으로써 학교폭력의 심각성을 인식하여 정부의 정책 수립의 기본틀로 작용하길 기대하고 있다.

끝으로 우리나라에서 시행하고 있는 학교폭력 예방활동과 예방프로그램, 학교폭력 대책이 어느 정도 실효를 거두고 있는지를 논의하고 정책적 대처 방안과 제안, 학교폭력 근절을 위한 담론을 제시하였다.

海東 김용수

차례

I. 들어가는 글

　학교에서의 집단 따돌림은 역사가 오래됐다. 18세기 서당에도 있었으니 50년 전이라고 다를 바 없을 것이다. 단원 김홍도의 풍속도첩에 '서당' 이란 그림이 있다. 18세기 글방의 훈장과 학동(學童) 묘사가 빼어난 걸작이다. 아이는 방금 훈장한테 회초리를 맞았다. 눈을 내리깔고 서러움에 복받쳐, 흐르는 눈물을 찍어내면서 바지 대님을 만지작거린다. 훈장에게 등 돌린 채다. 책상너머 아이의 등판을 물끄러미 내려 보는 훈장의 표정에도 수심이 가득하다. 귀여운 제자의 여린 종아리에 회초리를 댔으니 얼마나 마음이 아플까.

　아이는 외워오란 천자문을 못 외웠거나 글을 제대로 읽지 못했던 모양이다. 그의 뒤편엔 읽다만 책이 떨어져 있다. 요즘 학교체벌을 찬성하는 이들은 이 그림을 들며 '사랑의 매' 는 교육에 꼭 필요하다고 입을 모은다. 그림처럼 아무리 자애로운 훈장이라도 어쩔 수없이 회초리를 들어야할 때가 있다는 것이다. 안타깝게 드는 회초리야말로 정녕 사랑의 매며 그걸 맞은 아이는 바짝 정신 차려 학업에 몰두하게 된다는 것이다. 정말 그럴까.

18C 조선시대 김홍도 그림 '서당도' 1983. 05. 09 [매일경제] 9면

그림엔 또 다른 아이들이 있다. 훈장 앞 왼쪽에 다섯 명, 오른쪽에 세 명이다. 회초리를 맞고 우는 아이는 이 여덟 아이들 가운데에 있다. 그런데 이 아이들, 표정이 웃긴다. 마냥 고소해하는 것 같다. 벌써 웃음을 터뜨렸거나 손으로 입을 가리고 웃는 아이도 있다. 친구가 매를 맞고 서럽게 우는데 신이나 웃다니? 좋아 어쩔 줄 모른다니? 아하, 그리고 보니 맞은 아이는 친구들에게서 따돌림을 받는 모양이다. 요즘 말로 '왕따'인 것 같다.

따돌림 때문에 학교방화·살인미수까지 벌어진 사건이 있었다. 1963년 5월, 서울 모 중학교 1학년생이 죄명도 으스스한 '위계에 의한 살인미수' 혐의로 경찰에 입건됐다. 위계란 계획적이란 뜻이다. 도대체 무슨 일이 있었기에 13살 소년이 살인을 계획하고 실행에 옮기다 적발된 걸까. 어처구니없게도 학생들이 마실 물에 청소용 양잿물을 넣다 발각됐고 그 이유는 "따돌림에 대한 보복"이란 것이었다.

소년은 그 일이 있기 전 반 친구의 만년필을 몰래 가져간 적이 있었다. 잠시 빌린 것이라고 변명했지만 통하지 않았고 결국 15일 정학을 당했다. 문제는 그 다음에 일어났다. 반 아이들이 일제히 따돌리기 시작한 것이다. "도둑놈"이라고 말을 하면 그래도 나은 편. 아예 말을 않거나 눈조차 마주치려 하지 않았다. 그러는 사이 학교 대청소일이 다가왔고 소년은 교실 바닥을 윤이 나게 닦음으로서 환심을 되찾으려고 했다.

교육자는 어디 갔는가, 1963. 05. 27 [경향신문] 5면

부모를 졸라 때를 잘 빼는 양잿물을 학교에 가져왔다. 반 아이들에게 자신이 양 잿물 묻힌 걸레로 마루를 닦아 윤을 내보겠다고 말했다. 그러나 이번에도 아이들 은 들은 체 만 체, 본 체 만 체 했다. 자기들끼리 숙덕대고 얘기를 하면서 소년은 아예 거기 없는 것처럼 행동했다. 화가 머리끝까지 치민 소년은 아이들이 점심시 간에 먹을 물을 끓이던 솥에다 양잿물을 쏟아버렸다.

1972년엔 초등학교 6학년 어린이가 학교에 불을 지른 사건이 일어났다. 역시 따 돌림 때문이었다. 생모를 잃고 계모 밑에서 자란 A군은 사랑이 없는 집과 학교 모 두에 관심을 잃었다.

특히 학교에서는 공부를 못한다고 손가락질하는 담임이나 반 아이들 모두를 미 워했다. 자연히 점점 외톨이가 되어갔고 다른 아이들과 싸우는 일도 잦았다. 몇몇 아이들이 공부를 잘한다고 선생님이 칭찬하는 걸 보면 질투심에 얼굴이 붉어지기 도 했다. 장기 결석을 하게 된 것도 그런 열등감 때문이었다.

그러던 어느 일요일, A군은 몰래 학교에 숨어들어갔다. 교실 뒷벽에 붙어있던 공 부 잘하는 아이들의 그림을 한 장씩 뜯어내 불을 붙였다. 한 장 한 장 태울 때마다 희열을 느꼈지만 불은 어느 순간 갑자기 공작도구 상자로 옮겨 붙었다. 혼자 꺼보 려 했지만 역부족. 황급히 교실을 빠져나온 A군은 소방차가 오자 물을 퍼 나르며 진화를 도왔다. 그런데 이때 또 이상한 행동이 나타났다. 반 친구들을 보자 느닷없 이 "시원하게 잘 탄다. 저 불은 내가 낸 거야!" 라고 소리를 지르기 시작한 것이다.

80년대 이후 사회문제로 대두된 왕따[1] 문제는 심각했다. 왕따 당한 아이들이 사 건사고를 저지를 때마다 언론은 교육의 부재를 한탄했다. 양잿물 사건 때는 소년 이 물건을 훔친 행위를 교실에서 공개한 담임의 잘못을 지적했다.

또 아이가 집단 따돌림을 당해 마음의 상처를 받은 걸 알고도 방치한 것 아니냐 는 의혹을 제기했다. 교실에 불 지른 소년의 경우도 가정과 학교 모두 그에게 무관 심했다며 특히 장기 결석할 때 가정방문 한 번 하지 않은 학교 측 처사를 나무랐 다. 그러나 이때만 해도 아이들 세계에 은밀히 번진 따돌림을 심도 있게 추적한 것 은 아니었다.

학교에서의 집단 따돌림이 사회문제로 본격 대두된 것은 80년대에 들어오면서

---

[1] '집단 따돌림' 을 가리키는 말이다. 사회 집단 내에서 무리를 지어 특정인을 소외시키고 반복적 으로 인격을 무시하거나 신체적 폭력을 가하는 일체의 행위를 말한다. 1995년에 '매우, 진짜, 엄 청' 의 의미로 단어 앞에 '왕~' 이라는 말을 덧붙이는 것이 유행했는데, 당시의 유행에 따라 '집 단적으로 엄청나게 따돌림을 당한다' 는 의미로 왕따가 사용되었다. 왕따를 당하는 사람들, 특히 학 생들의 경우 극심한 정신적 고통을 경험하며 등교를 거부하거나 극단적으로는 자살을 시도하는 경 우도 있기 때문에, 왕따는 심각한 사회 문제로 인식되고 있다(김기란, 최기호. 2009).

였다. 86년 일본에서 '이지메' 2) 희생자인 중학생들이 잇달아 자살하는 사건이 발생하자 국내에서도 학교폭력 실태에 대한 관심이 급증했다.

그해 5월 경향신문은 일본의 이지메가 한국에 번져 "초 중학생들 사이에 학우들의 괴롭힘을 견디지 못하고 다른 학교로 전학하는 사태가 늘고 있다"고 폭로했다. 신문은 서울시 교위와 7개 교육구청이 월 40여 건의 전학 상담을 받고 있으며 대개 급우들에게서 집단구타, 따돌림, 비웃기, 낙서 따위로 괴롭힘을 당해 전학을 희망하는 것이라고 덧붙였다.

2005년에는 우리나라도 '일진회' 3)문제로 전국이 떠들썩했다. 중앙일보(2005. 03. 10)의 보도 내용을 보면, "일진회는 폭력을 놀이로 여겨"라는 제목 하에 전국에 약 40만 명이 있고, 인터넷의 발달로 온라인 커뮤니티 형성이 쉬워져 광역화를 우려하고 있는 상황이라고 보았다(중앙일보, 2005. 03. 10, 김승현).

폭력교실…도피 전학 잇따라 1986. 05. 23 [경향신문] 11면

---

2) '이지메'란 일본 사회의 독특한 용어 중 하나이다. 사전에서는 자기보다 약한 입장에 있는 자를 육체적·정신적으로 괴롭히는 것이라고 정의한다. 이것은 또래들이 집단을 이루어 잘 어울리며 지내는 곳에 새로 들어오거나 마음이 맞지 않으면 그 아이를 따돌리고 여러 가지 방법으로 괴롭히고 놀림으로써 견디지 못하게 하는 것이다(공의식, 2002).

3) 일진회란 '공부도 잘하고 싸움도 잘한다'는 뜻으로 10여 년 전 일본 고교생들 사이에 처음 등장했다. 일본 만화책 등을 통해 우리나라에 들어온 '일진회'라는 이름은 이후 학교 내 폭력조직을 일컫는 말로 통하기 시작했다. 일진회는 '짱'과 '진'으로 조직된다. '쌈짱'은 싸움을 잘하는 순서로 서열이 매겨지며, 1짱, 2짱, 3짱 등으로 불린다. 흔히 '잘 나다는 애들이라 알려진 진'은 1진, 2진, 3진으로 구분된다(동아일보, 2005. 03. 10, 정원수·이나연; 전권배, 2007: 24).

여학생의 경우 급우들이 책상 위에 이상한 쪽지를 붙여놓곤 하는데 일체 말은 않고 자기들끼리 웃기만 해 도저히 견딜 수가 없었다고 하소연했다. 다른 남학생은 단지 덩치가 크다는 이유만으로 상급생들로부터 집단구타를 당했다고 울먹였다.

동아일보는 어린이들이 주거 형태나 아파트 평수 등에 따라 끼리끼리 모이며 다른 아이들을 따돌린다고 주장했다. 특히 초등학교 4~6학년 여자어린이에게 이 '끼리끼리 현상'이 심한데 "어떤 아이가 유독 선생님의 귀여움을 받거나 '잘난체' 할 때, 성적이 아주 좋거나 혹은 나쁠 때" 그 아이를 따돌리며 괴롭힌다고 했다. 가령 아파트 밀집지역에서는 단독주택에 사는 아이를, 부자 동네에서는 가난한 집 아이를 따돌리며 외모, 부모 직업, 성격, 옷차림 등 갖가지 핑계의 따돌림이 성행한다는 것이었다. 왕자병, 공주병 아이들이 따돌림 대상이 되기 쉽다는 설명도 덧붙였다.

청소년들의 큰 고민은 '따돌림'이다. 일본의 이지메 탓에 학교 따돌림이 재조명됐지만 사실 사건은 꾸준히 일어나고 있었다. 82년 서울의 한 여중생이 급우들의 따돌림과 협박에 못 견뎌 자살한 사건이 있었다. K양은 전해 크리스마스에 동급생 몇 명이 남학생과 어울려 술 마시고 담배를 피웠다는 얘기를 들었다. 담임선생에게 몰래 그 사실을 알렸는데 담임이 문제아들을 불러 추궁하던 중 K양의 이름을 말하는 실수를 저질렀다.

어린이들 빗나간 '끼리끼리 의식' 1986. 10. 10 [동아일보] 7면

문제아들은 개학하자마자 K양을 협박하면서 반 아이들에게도 "고자질쟁이와는 말도 하지 말라"고 윽박질러 왕따를 시켰다. 어떤 때는 K양에게 전화를 걸어놓고 말 한마디 하지 않고 끊는 경우도 있었다.

자살하기 전 K양은 학교에서 울며 돌아온 날이 많았다. 따돌림과 협박에 심한 압박감을 느끼다 결국 "나는 죽을 몸이다. 이제 그 계획을 시도하는 것뿐"이라는 유서를 남기고 스스로 목숨을 끊었다.

1985년 사랑의 전화가 서울의 중·고생 7,700명을 상대로 조사한 결과 "친구에게 따돌림을 받아 학교생활에 흥미가 없다"고 대답한 학생이 7.1%에 이르렀다.

90년 10대들의 고민을 상담하는 '10대들의 쪽지'가 상담편지 2천 건을 분석한 결과 자신의 문제, 이성 문제와 함께 친구 문제가 3대 고민으로 꼽혔다. 친구문제의 경우, '친구가 없어 외롭거나' '따돌림을 당해 고민'이라는 실토가 많았다.

왕따 없는 교육 풍토, 언제쯤 가능할까? 94년 11월부터 3주 동안 일본에서는 또 중학생 5명이 이지메를 못 견뎌 자살했다. 학생들은 유서에서 자신이 이지메 당한 실상을 낱낱이 폭로했고 일본 열도는 엄청난 충격을 받았다. 그해 마이니치신문이 초중학생들을 상대로 조사한 결과 42%의 학생이 자기 교실에 이지메가 있다고 응답했으며 29%는 자신이 직접 이지메를 당했다고 답변했다.

日 '교내 폭력 이지메' 위험수위…힘 약한 학생 잇단 자살, 1994. 12. 18 [경향신문] 23면

이웃 일본의 '폭력교실' 뉴스가 전해지자 깜짝 놀란 우리 교육 당국도 학교에서의 폭력이나 집단 괴롭힘을 샅샅이 뒤져 뿌리를 뽑으라고 긴급지시를 내렸다. 사실 그때쯤 우리나라에도 이미 왕따에 이어 '은따'(은근히 따돌림) '전따'(전

교생이 따돌림)까지 등장해 국어사전에 등재돼 있었다. 또 그런 모든 따가 폭력과 연계돼 있다는 것도 학교에선 공공연한 비밀이 돼 있었다. 거기다 일진까지 등장하며 교내 폭력은 구조화하는 양상까지 보였다.

2010년 올해도 학교 폭력, 따돌림을 없애 밝고 명랑한 교육풍토를 만들어보자는 바람이 불고 있다. 18세기 서당에도 있었던 왕따, 과연 없앨 수 있는 것일까(동아일보, 2010. 08. 19, 민병욱).

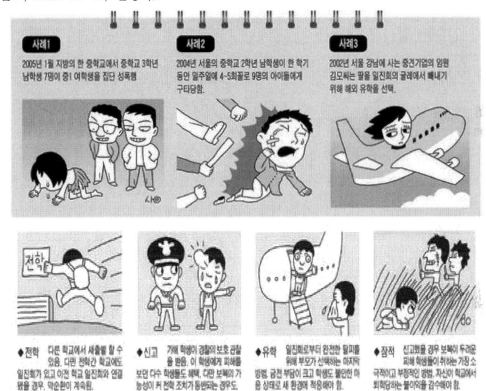

[무서운 아이들 '일진회'] 폭력공포서 벗어난 학생들 탈출기, 2005. 03. 12, 조선일보

짧았던 여름방학이 끝나고 아이들이 이제 다시 학교로 돌아가야 할 시간이 됐다. 방학이 끝나면 오랫동안 보지 못했던 친구들과 만나며 새로운 시작으로 설레는 마음이 들어야 할 텐데 오히려 불안감과 공포심으로 다시 돌아가기를 꺼리는 아이들이 점차 늘어나고 있다.

그 이유는 바로 학교폭력 때문이다. 학교폭력은 전형적인 유형인 신체적 폭력, 금품 갈취에서 요즘은 정보통신망을 이용한 신종 왕따까지 그 폭을 넓혀 가고 있다. 특히 사이버상의 집단 따돌림, 모욕 등은 쉽게 일어나지만 가해 학생들의 죄책감이 적고 피해를 입은 학생은 더 큰 고통을 겪게 돼 문제가 크다.

실제로 최근 학교폭력 피해 유형 통계에 의하면 언어폭력, 인터넷 등 정보통신망을 이용한 욕설과 비방 등이 전체 학교폭력 피해의 절반 이상을 차지하고 있으며, 사이버 폭력을 당한 학생의 자살기도율이 신체적인 폭행을 당한 피해자 자살기도율의 1.5배에 달한다고 한다.

개학을 맞아 우리 아이들이 학교가기를 꺼리지는 않는지, 평소와 다르게 불안해하거나 우울한 모습을 보이지는 않는지 주변의 더 큰 관심이 필요한 때다. 시간이 흘러도 학교폭력의 가해자와 피해자 모두가 입은 상처는 쉽게 아물지 않는다. 더 이상 상처받는 아이들이 생기지 않기를 바란다(문화일보, 2013. 08. 16. 37면, 김윤희).

학교폭력이라 하면 신체적 폭력이라든가, 금품 갈취 정도가 번뜩 생각날 것이다. 하지만 학교폭력도 점차 그 행태가 변화돼 조직화·은밀화되고 있다.

즉 인터넷 사용이 대중화되고 초등학생까지 스마트폰을 사용하면서 사이버상 커뮤니티도 자연스럽게 늘어나게 됐다. 이러한 인터넷 친목공간에서 다수가 한 개인을 무참히 짓밟고 공공연히 모욕하는 사이버폭력이 계속해 늘어나는 추세다.

최근 학교폭력 피해유형 통계에 의하면 언어폭력, 인터넷 등 정보통신망을 이용한 욕설과 비방 등이 전체 학교폭력 피해의 절반 이상을 차지한다고 하니 그 심각성을 알 수 있다.

또한 사이버 폭력[4]을 당한 학생은 신체적 폭력을 당한 피해자보다 자살기도율이 1.5배, 아무런 피해를 입지 않는 학생의 3배라고 한다. 모두에게 열린 사이버공간에서 받는 공격은 그 모욕감이 쉽게 치유되지 않아 결국에는 죽음을 선택하는 경우가 발생하는 것이다. 시간이 흘러도 학교폭력의 가해자와 피해자 모두가 입은 상처는 쉽게 아물지 않는다. 서로가 방관자가 아닌 적극적인 안전지킴이가 돼 더 이상 상처받는 아이들이 생기지 않기를 바란다(세계일보, 2014. 04. 07. 26면, 김윤희).

---

4) 「학교폭력 예방 및 대책에 관한 법률」 제2조 1의 3에 따르면 "사이버 따돌림"이란 인터넷, 휴대전화 등 정보통신기기를 이용하여 학생들이 특정 학생들을 대상으로 지속적, 반복적으로 심리적 공격을 가하거나, 특정 학생과 관련된 개인정보 또는 허위사실을 유포하여 상대방이 고통을 느끼도록 하는 일체의 행위를 말한다.

II. 오늘날의 가정과 학교현장

학교폭력5)이 언제부터인가 사회 관심사로 대두되면서 정부는 종합대책 발표 등 지속적인 대책 수립을 했지만 근절은 되지 않고 피해 학생들의 자살 등 마음 아픈 사건들이 계속 발생되고 있다. 새 정부가 출범하면서 4대 사회악 척결을 추진함에 있어 학교폭력을 포함해 교육기관 등에서 많은 대책을 수립하고 추진하겠지만 최근 경산에서 발생한 자살 고등학생의 유서에서 보듯이 상투적인 대책 수립으로 학교폭력 예방은 어려울 것으로 생각된다. 요즘 발생되는 학교폭력 유형을 보면 예전의 단순 폭행 및 금품 갈취 뿐 아니라 스마트폰 등을 사용한 심한 욕설과 집단 따돌림 등 정신적인 고통을 유발하는 폭력 유형을 포함해 조직폭력배들과의 유착에서 오는 조직형 폭력 등 수많은 학교폭력 피해 사례가 발생되고 있어 단순한 근절 대책은 유명무실할 것이다. 전국에 초·중·고교가 1만 1,000여 개 있다.

우선 교사부터 인식이 바뀌어야 한다. 학교폭력 처리 매뉴얼 등을 제작해 노력한다고 해도 서류에 의존해 형식적으로 추진한다면 근절은 어려울 것이다. 학교폭력은 범죄라는 엄격한 사회적 인식을 갖고 사소한 욕설부터 근절될 수 있도록 각고의 노력이 필요하다.

학교폭력이 발생해도 확대될 경우 학교의 관리책임 추궁 등을 이유로 은폐·축소하려는 인식 자체부터 근절할 수 있는 대책 마련이 절실하다. 교사들 입장에서 보면 교권 확립은 학교 폭력 근절을 위해 반드시 필요할 것이다. 가끔 학부모들이 학교에 찾아가 교사들을 폭행하는 내용과 학생들이 교사들을 형사 고소하는 내용을 접하면 '교권이 무너졌구나' 하는 마음이 든다. 교권이 무너진 상태에서 학생들 관리·지도는 모순이다. 교육은 한때 우리나라의 희망이었다. 그러나 지금은 모두가 교육 때문에 못 살겠다며 고통스러워한다. 학부모는 사교육비 때문에 고통스러워하고 학생들은 왜 공부해야 되는지 이유도 모른 채 세계 최장 시간의 학습 노동에 시달리며 고통스러워한다. 그러다 보니 게임·음란물 중독, 음주 등 탈선으로 이어지고 이는 청소년 우울증 발생 등 정신적인 문제로 확대된다.

---

5) 학교폭력(學敎暴力)이란 「학교 폭력 예방 및 대책에 관한 법률」 제2조의 1에 따르면 "학교폭력"이란 학교 내외에서 학생을 대상으로 발생한 상해, 폭행, 감금, 협박, 약취·유인, 명예훼손·모욕, 공갈, 강요·강제적인 심부름 및 성폭력, 따돌림, 사이버 따돌림, 정보통신망을 이용한 음란·폭력 정보 등에 의하여 신체·정신 또는 재산상의 피해를 수반하는 행위를 말한다.

학교폭력 근절을 위해 정부에서는 입시 위주, 경쟁 위주의 교육 현실을 인성 위주로 전환할 수 있는 특단의 조치 필요성이 제기되고 있다. 교육당국, 자치단체, 사회단체 모두의 결집된 노력이 필요하며 가장 중요한 것은 가정에서의 관심과 사랑이다. 가정에서는 자녀들과 많은 대화를 하며 자녀들의 가치관을 이해하려는 학부모들의 노력이 필요하고 교육기관의 교권 확립을 통해 학생·지도자들 모두가 단순 욕설도 폭력임을 인식할 수 있는 꾸준한 교육이 필요할 것으로 생각된다. 새 정부에서는 교육 정책의 획기적인 변화를 통해 학생들이 학습에서의 고통이 근절됨은 물론 학교폭력이 근절되기를 학부모의 입장에서 간절히 소망해 본다(충청일보, 2013. 03. 29, 김영준).

1. 욱하는 한국인, 자제력 잃은 한국

"당신은 ○○○이야."

최근 서울 시내 한 중학교에 찾아간 심리 치료 전문가가 그날 처음 만난 중학생으로부터 인사 대신, 들은 폭언이다. 상담실에 모여 있던 학생은 남녀 합쳐 6명. 그 중 절반 이상이 '욱' 하고 치미는 분노를 1초도 참지 못하고 쉽게 주먹이 나가 남을 때린 아이들이었다. "전문가 치료를 받지 않으면 퇴학시키겠다"는 학교 측 통보를 받고 상담실에 모여 앉긴 했지만 자신들의 이야기를 들어줄 전문가가 상담실 문을 열고 들어오기 무섭게 그중 한 명의 입에서 순식간에 욕설이 터져 나온 것이다.

순간의 화를 참지 못해 교사와 부모, 또래들에게 폭행을 가하는 아이가 늘고 있다. 조선일보 취재팀이 2013년 2월 14~17일 한국교총에 의뢰해 전국 초·중·고등학교 교사 594명을 대상으로 조사한 결과 응답자 10명 중 4명이 최근 한 학기 동안 "순간적으로 흥분하는 아이들 때문에 '교직을 그만두고 싶다'고 생각한 적이 있다"고 답했다(41.1%). 이 문제로 스트레스를 받지 않는다는 교사는 10명 중 1명꼴에 그쳤다(12.5%).

2013년 2월 조사에서 전체 응답자 10명 중 9명이 "학생들이 폭발적으로 분노를 표출하는 현상이 4~5년 전에 비해 심각해졌다"고 했다(92.6%). 전문가들은 "아이들이 뒷감당도 못할 일을 쉽게 저지르는 일이 많아진 것은 쌓이고 쌓인 스트레스와 가족 구조 변화가 맞물려 복합적으로 나타나는 현상이라고 보아야 한다"고 말했다.

2012년 11월 경기 안양의 한 중학교 교사가 엎드려 자는 2학년 여학생을 깨웠다.

이 여학생은 교사가 "일어나라"고 했는데도 계속 엎드려 있었다. 교사가 재차 깨우자 여학생은 몸을 일으켜 짜증스러운 표정을 짓고 있었다. 참다못한 교사가 "(교실) 뒤로 나가 서 있어라"고 하자 여학생은 느닷없이 화를 내면서 교실 문을 '쾅' 닫고 밖으로 나가버렸다. 곧장 화장실로 간 여학생은 화장실 문고리를 뽑아 바닥에 던지고 문을 발로 걷어찼다. 이 학교 교사는 "평소에 전혀 폭력적인 애가 아닌데, 갑자기 앞뒤 가리지 않고 폭발했다"고 말했다.

일러스트=이동운 기자

2012년 경기도 성남의 한 중학교 윤리 교사도 수업 중, 자는 2학년 남학생을 깨우다 봉변을 당했다. 학생은 교사가 자기를 흔들어 깨우자 버럭 화를 내며 일어나, 들고 있던 볼펜으로 교사의 눈을 찌르려고 덤볐다. 교사는 볼펜을 간신히 피하긴 했지만 큰 충격을 받았다.

경기도 분당의 최모 고교 교사는 "교사와 상담하다가도 감정이 격앙돼서 소리를 지르는, 감정 조절을 못 하는 학생이 과거에 비할 수 없이 많아졌다"며 "남과 대화하는 법과 자기 잘못을 받아들이는 법, 화를 다스리는 법을 모르기 때문"이라고 말했다.

잠 깨웠다고… 말없이 선생님에 주먹부터 날리는 학생들, 학생들의 '욱' 하는 행동은 심할 경우 범죄로 이어지기도 한다.

대검찰청이 2011년 검찰에 기소된 18세 미만 소년범죄자 8만 3,060명의 범행 동기를 분석한 결과, 26.3%(2만 1,870명)가 화를 참지 못해 순간적으로(우발적) 범죄를 저지른 것으로 나타났다. 살인·강도·강간 등 강력 범죄의 23.5%(775명), 폭행·상해 등 폭력 범죄의 44.7%(9,938명)가 욱해서 그냥 저질러 버린 것이었다(조선일보, 2013. 02. 19, 홍주형).

☞ 마음 다스리기

바쁜 일상 속에서 누구에게나 좋은 일만 있을 수는 없을 것이다. 싫든 좋든 생에 희로애락과 함께 하는 것이 우리의 삶이지만 날마다 접하는 소식 중 슬플 때가 많다. 어느 일간지에 연재되는 '욱하는 한국인, 자제력 잃은 한국'을 보니 '이래서는 안 된다'는 각성과 함께 분노와 감정을 조절하는 '마음 다스리기'의 중요성과 필요성을 깨닫는다. 감정은 긍정적 또는 부정적일 수 있지만, 분노는 부정적 감정이고 불행과 불안을 일으킨다. 이러한 행동은 다른 사람에게 해를 끼치고 자신에게는 고통을 안겨준다.

자제력을 잃고 욱해 야기된 불행한 일은 헤아릴 수 없이 많다. 우리 사회에는 '욱'하는 생활형 분노가 팽배해 있다. 최근의 몇 가지 사례만 봐도 경각심을 불러일으킨다.

찜질방에서 코고는 소리에 잠이 깼다는 이유로 다투다 숨지게 하고, 지하철을 타면서 부딪쳤다는 이유로 욕설을 하며 쓰러뜨려 살해하고, 현금인출기 앞에서 돈을 찾는 데 오래 걸린다고 폭행하고, 술집에서 다툼을 벌이다 부하 직원에게 맥주잔을 던져 실명하게 해 해고되고, 옆 좌석에서 째려본다고 흉기를 휘둘러 살해한 사람, 취직도 못하는 형편없다고 꾸짖는 70대 아버지를 살해한 패륜아 등 순간의 욱함을 다스리지 못하고 답치기 행동을 해 일으킨 불행한 일들이 너무 심각하다.

꿈과 희망을 키우는 학교에서도 단 몇 초를 참지 못해 폭행을 가하는 학생이 많아 걱정이다. 어느 중학교 교사가 엎드려 자는 여학생을 깨우자 짜증을 내 문제를 일으키고, 남학생이 화를 내며 볼펜으로 교사의 눈을 찌르려 하는 등 학생들의 욱하는 행동은 범죄로 이어지기도 해 충격적이다.

또 극히 일부이지만 학생들에게 본보기가 돼야 할 교사도 순간 감정을 못 참고 손찌검을 한다니 성찰해야 한다. 한 정신과 교수는 교사도 학생도 '화'를 다스리는 방법에 익숙하지 않다고 한다. 학생은 화가 날 때 돌발행동을 할 게 아니라 감정과 입장을 조리 있게 설명하고 교사도 '권위에 도전한다'고 발끈하기보다 설득할 수 있어야 한다는 것이다.

건강하기 위한 방법 중 하나는 항상 평온한 정신 태도이다. 파도처럼 마음의 동요는 일시적이다. 어느 전문가는 남에게 무시당하기가 죽기보다 싫어서 분노가 잦고, 디지털 기기의 보편화로 서로의 접촉과 교감을 잃어버리게 된 것도 중요 원인이란다. 이유야 무엇이든 화는 결국 자기에게 돌아오고 몸과 마음을 망칠 수 있다. 화가 나면 뇌신경이 흥분하고 스트레스 호르몬이 나와 혈압이 높아지며 혈당도 올라가 심혈관질환에 걸리기 쉽고 기억과 감정 조절을 담당하는 뇌세포가 손상된다고 한다. '화를 내는 것이 문제 해결에 효과적인 방법인가? 다른 대안은 없는가?' 되새겨 보며 마음 다스리기를 슬기롭게 해 정이 넘치고 신중하며 자제할 줄 아는 한국인이 돼야 하겠다(충청일보, 2013. 03. 05, 김진웅).

2. 부모 꾸중 몇 마디에… 순간적인 욕설 · 흉기

"미친○, 알지도 못하면서…. 꺼져."

2013년 1월, 주부 A 씨가 두 딸이 싸우는 걸 말리다가 딸들로부터 들은 말이다. 중학교 2학년 큰딸과 초등학교 6학년 작은딸이 새 티셔츠를 서로 먼저 입겠다고 다퉜다. 언니가 티셔츠를 먼저 차지하자, 화가 난 동생이 언니에게 필통을 집어던졌다. 격분한 언니는 곧장 공부방 의자를 번쩍 들어 동생을 위협했다.

말리러 뛰어 들어간 어머니에게 자매는 "씨○, 엄마는 도움이 안 돼!" 라고 또 욕설을 퍼부었다. A씨는 힘으로라도 두 아이의 몸싸움을 막으려 했다. 그러자 큰딸이 엄마를 밀쳐 넘어뜨렸다. 엄마와 딸들 사이에 대화나 설득의 시간은 없고 오직 욕설과 폭력만 오고 갔다. 가족관계가 깨져버릴 수 있는 상황까지 쉽게 막 나가버리는 일이 잦았다. A씨는 "1주일에 두세 번씩 비슷한 일이 반복된다" 면서 "사는 게 지옥" 이라고 했다.

우리나라 어린이와 청소년들이 '1초 후' 를 생각하지 않고 폭발하는 공간은 학교와 길거리 뿐 아니다. 남들의 눈길이 닿지 않는 집안에서 부모에게 행패를 부리는 아이도 많다. 가족 안에서 발생하는 이런 욱하는 폭력은 외부로 드러나기도 치유하기도 어렵다.

처음엔 작은 일에서 시작된다. 유치원생 B군은 상황이 자기 마음대로 돌아가지 않으면 아무에게나 발길질을 한다. 지난 설에는 온 가족이 모인 자리에서 할아버지에게 발길질을 했다. 설날 아침, 차례상을 치운 뒤 B군은 누나와 나란히 할아버지 · 할머니에게 세배를 했다. 세뱃돈으로 B군은 3,000원, 누나는 5,000원을 받았다. B군은 "왜 나는 세 장만 주느냐" 면서 인상을 찌푸렸다. 할머니가 "더 크면 5,000원 주겠다" 고 달랬지만 B군은 계속 씩씩거렸다. 할아버지가 B군을 무시하고 자리에서 일어서자, B군은 할아버지를 따라가 발길질을 했다.

B군의 어머니는 "아이가 얼마나 세게 발길질을 했는지 연로한 시아버지 종아리에 멍이 들었다" 면서 "아이가 화가 나면 조절할 줄 모르고, '왜 그랬냐'고 나무라면 '화나는데 어쩌란 말이냐'며 되레 소리를 지르니 어떻게 해야 할지 모르겠다"고 했다.

큰 아이가 부모를 위협하면 상황은 또 달라진다. 고등학교를 갓 졸업한 C군은 툭 하면 부모를 향해 "죽여버리겠다"고 한다.

C군은 고등학교에 입학하자마자 게임에 푹 빠졌다. 고1 때 학교 다녀와서 계속 게임만 하자, 보다 못한 C군의 어머니가 "컴퓨터 좀 *끄라*"고 했다. C군은 들은 척 만 척했다. 어머니가 "빨리 엄마 말 들으라"면서 C군의 손을 쳤다. 격분한 C군이 벌떡 일어나 책상에 놓여 있던 커터 칼을 집어 들어 어머니를 겨눴다. "씨○, 죽여버릴 거야."

정신과 전문의 김상욱 박사는 "어른·아이 할 것 없이 '걸어 다니는 폭탄'이 너무나 많다"고 했다. 아주 작은 계기라도 있으면 바로 폭발해버리겠다는 심리, '건드리기만 해 봐. 터져버릴 거야'라는 심리가 팽배한다는 얘기다. 김 박사는 "좌절감이 생기더라도 풀리면 괜찮은데, 최근 수년간 우리 사회는 좌절감이 쌓이기만 하고 풀리지는 않는 구조"라고 했다.

이 폭발이 학교에서 일어나면 학교 폭력, 가정에서 일어나면 가정 폭력이다. 통상적인 가정 폭력은 남편이 아내를, 부모가 자녀를 때리는 경우가 많다. 욱하는 아이들을 키우는 집에선 정반대 형태의 '역(逆)폭력'이 벌어진다. 이런 폭력은 곪을 대로 곪은 뒤에야 외부에 드러난다.

C군의 부모도 2년 가까이 고민하다 2012년 4월에야 전문 상담사를 만났다. 이들을 만나본 상담사는 "직접 만나본 C군은 아주 평범한 아이였다"고 했다. C군은 예의도 바르고 말도 조리 있게 했다. "부모를 때리거나 위협하면 안 된다는 걸 알지만 화가 나서 참을 수가 없었다"고 말했다.

최근에도 평범한 고등학생이 감정을 조절하지 못해 우발적으로 아버지를 살해한 사건이 발생했다. 2013년 2월 21일 오후 광주 광산구의 자택에서 이모 군이 현직 경찰관인 아버지 이모 씨를 살해했다.

이 군은 방에서 공부를 하다가 부모님이 1시간 동안 큰소리로 욕하며 부부싸움을 하자 순간의 화를 참지 못해 부엌에 있던 흉기로 아버지의 등을 찔렀다(조선일보, 2013. 02. 25, 김효인·이종진).

3. 학부모 45%, 학교폭력 대책 효과 없었다

여성가족부가 지난해 9월부터 두 달 동안 전국 중·고등학생 15,954명을 대상으로 학교 폭력실태에 대해 조사한 결과를 23일 발표했다.

최근 1년 동안 학교 폭력을 당한 비율은 6.7%였으며 폭력 피해 후 대처 방법에 대해서는 '아무에게 알리지 않았다' 는 대답이 32.5%로 가장 높게 나타났다. 친구(26%), 가족(21%), 선생님(19%)에게 알린다는 응답이 그 뒤를 이었다.

아무에게 알리지 않는다는 응답을 한 중·고등학생에게 '왜 알리지 않느냐?' 고 묻는 질문에 '알려봐야 소용없으니까' 라는 대답이 52%의 높은 수치를 보였다. 32.5%가 '폭력 피해 후 아무에게 알리지 않았다' "알려야 소용없어" 학교폭력 쉬쉬…38%가 교실에서 발생, 알려봐야 소용없다는 이유로 학교폭력 피해 사실을 주변에 잘 알리지 않는 것으로 나타났다.

폭력 피해 이유로는 '특별한 이유가 없다' 가 42.5%로 나타나 맹목적으로 폭력이 이뤄지고 있음을 보여줬다. 그 뒤로 '몸이 작거나 힘이 약해서(14%)', '성격(10%)' 등이 이유로 꼽혔다.

상대방에게 폭력을 행하는 이유에 대해서도 '특별한 이유가 없다' 는 응답이 31%로 두 번째로 높게 나왔다. 폭력을 가하는 이유로는 '상대가 잘못했기 때문(47%)' 이 가장 높게 나타났으며 '돈을 얻기 위해(4%)', '부추기는 분위기에 휩

쓸려서(3.5%)' 등으로 학교 폭력이 특별한 이유 없이 우발적으로 이뤄진다는 결과를 보여준다.

학교 폭력을 가장 많이 당하는 곳으로 38%로 교실 안이 꼽혀 등잔 밑이 어둡다는 말을 실감케 했다. 교실 밖(12%)과 동네 골목(10.5%)이 그 뒤를 이었으며 유흥가는 2%로 비교적 낮은 순위를 차지했다.

누구한테 맞았는지에 대한 질문에는 같은 학교 동료나 선후배가 42%로 가장 높게 나왔으며, 다른 학교 동료나 선후배가 현저한 격차를 보이며 6%의 비율을 나타냈다. 전혀 모르는 사이인 경우에도 3%를 차지했다.

최초 폭력 연령이 초등학교 고학년이나 갓 중학교에 입학한 나이에 해당되는 11.4세로 조사됐으며 전년보다 1.5세 떨어졌다. 최근 3년 동안 감소하는 추세라는 점에서 학교폭력 피해를 경험 연령이 점점 어려지고 있다는 사실을 보여준다.

여가부는 이번 조사를 바탕으로 광역 117신고센터를 개설해 24시간 신고를 접수받도록 할 예정이다. 또 학교폭력 사이버 상담소를 적극 활용하고 다양한 학생들이 또래 상담자로 활동할 수 있도록 지원하는 등 다방면으로 학교폭력 대책을 마련하고 시행할 계획이다(중앙일보, 노컷 뉴스, 2012. 02. 24, CBS 조태임).

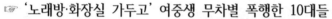

☞ '노래방·화장실 가두고' 여중생 무차별 폭행한 10대들

　전북 전주의 한 여중 1학년생이 또래친구들로부터 6시간동안 집단 폭행을 당해 중상을 입었다.

　가해 학생들은 여중생 A양을 집단 구타한 것도 모자라 담뱃불로 팔을 지지기까지 했다.

　31일 A양의 가족 등에 따르면 A양은 지난 29일 오후 3시께 학교가 끝난 뒤 같은 학교에 다니는 B양과 C양의 호출을 받았다.

　B양 등은 A양을 데리고 전0시 효자동의 한 노래방에 도착했다.

　노래방 안에는 이들의 남자친구 2명이 A양을 기다리고 있었다.

　이들 4명은 다짜고짜 A양을 노래방 소파에 눕힌 뒤 때리기 시작했다.

　가해 학생들은 "공부도 못하는 A양이 같은 학교에 다니는 것이 마음에 들지 않는다"는 황당한 이유로 A양을 폭행했다.

　그렇게 A양은 2시간가량 노래방에서 폭행을 당했다.

　이들은 노래방 밖으로 비명이 새어나가지 않도록 시끄러운 노래를 선곡해 부르기도 했다.

　폭행은 여기서 그치지 않았다. B양 등은 A양을 노래방에서 끌로 나와 인근 건물 화장실로 데려가 감금한 뒤 다시 폭행했다.

　이들은 영하의 날씨에 물까지 뿌려가며 A양을 때렸고, 인기척이 나면 대변기에 얼굴을 밀어 넣어 소리를 지르지 못하도록 했다.

　계속되는 폭행에 A양이 정신을 잃자 이들은 인근 아파트 옥상으로 A양을 끌고 올라갔다.

　A양이 "살려달라"고 수차례 애원했지만 무차별적인 폭력은 멈추지 않았다. 심지어 함께 있던 한 남학생은 피우고 있던 담배로 A양의 팔을 지지기까지 했다.

　A양이 친구들과 함께 사라졌다는 소식을 들은 가족들이 전화번호를 수소문해 가해 학생들에게 전화를 걸었지만 이들은 "6시에 헤어졌다. 어디 있는지 모른다"며 거짓말을 했다.

　가해 학생들은 이후 부모에게 전화가 왔다며 폭행 수위를 더 높였다. 이들의 구타는 오후 9시까지 이어진 뒤에야 끝이 났고, 쓰러진 A양을 아파트 옥상에 버려둔 채 사라졌다.

　A양은 겨우 정신을 차린 뒤 다친 몸을 이끌고 집에 도착했다. A양은 안면미세골절, 안구출혈, 타박상 등 심각한 상처를 입었다.

　A양의 한 가족은 "오랜 시간 혼자서 폭행을 당하면서 아이가 마음이었을지 생각하면 억장이 무너진다"며 "집에 도착했을 때 얼굴은 심하게 부어 형체를 알아볼

수도 없었다. 우리 애가 무슨 잘못을 했는지 모르지만 이렇게 때릴 수 있느냐"고 억울한 심정을 밝혔다.

경찰 관계자는 "현재 피해자 조사를 진행 중이고 조만간 가해 학생들을 불러 철저히 조사할 계획"이라고 말했다(한국일보, 2014. 12. 31, 연합뉴스).

☞ CCTV 사각지대서 때려요. 학교 폭력 시달린 고교생 자살

2013년 3월 11일 경북 경0시 정평동의 한 아파트 23층에서 뛰어내려 숨진 최 군이 남긴 유서. 그는 자신을 괴롭힌 5명의 이름을 거론하며 "학교에 CC(폐쇄회로)TV를 많이 설치해 사각지대를 없애야 한다"고 적었다. 이날 오전 학교에 가지 않고 오후 6시 43분, 집으로 돌아오는 최 군의 모습이 아파트 CCTV에 잡혔다. 동급생들의 폭행 때문에 자살을 선택할 수밖에 없었던 최 군의 발걸음이 무거워 보인다(경북지방경찰청 제공).

"엄마 아빠 미안해요.… 내가 죽는 이유를 말할게요. 학교폭력은 지금처럼(단속을) 하면 100% 못 잡아냅니다. 반에도 화장실에도 CC(폐쇄회로)TV가 없어요. 그나마 CCTV가 있어도 화질이 안 좋아 판별하기 어려워요. (학교는) 돈이 없어 CCTV를 설치하거나 교체할 수 없다는데 나는 그걸 핑계라고 생각합니다. CCTV의 사각지대에서는 아직도 학생들이 맞고 있어요."

경북 경산에서 친구들의 괴롭힘을 견디지 못해 자살한 고교생 최모 군의 유서 내용이다. 최 군은 A4 용지 크기의 종이 앞뒤에 연필로 적은 유서에서 "학교폭력은 금품 갈취, 언어폭력, 사이버폭력, 빵 셔틀 등이 있다"며 자신이 물리적 폭력, 금품 갈취, 언어폭력을 당했다고 털어놓았다. 자신을 포함해 학생들이 학교 폭력에 여전히 '무방비 상태'임을 호소한 것이다. 대구, 경북에서는 지난해 6월 대구 S고교, 4월 영주 Y중학교에서 학교 폭력으로 인한 자살 사건이 2건 발생했다. 전국적으로는 지난 한 해 동안 중고교생 15명이 따돌림과 우울증 등으로 스스로 목숨을 끊었다.

3월 12일, 경북 경산경찰서에 따르면 11일 오후 7시 40분경 청도 특성화고교 1학년 최 군이 자신의 집인 경산시 정평동 한 아파트 23층 복도 창문에서 투신해 숨져 있는 것을 경비원 최모 씨가 발견해 경찰에 신고했다. 투신 장소에서 발견된 최 군의 가방에는 유서가 들어 있었다.

최 군은 유서에서 "경찰 아저씨들, 내가 이때까지 괴롭힘을 받았던 얘기를 여기에 적는다" 며 2011년부터 자신을 괴롭혔던 중학 동창 5명의 이름과 현재 다니는 학교를 언급했다. 이 중 2명은 최 군이 다니는 고교에 함께 진학했다.

최 군은 11일 오전 7시경 경산역에서 친구 박모 군을 만나 학교 앞에 도착했지만 학교에 들어가지 않고 사라졌다. 박 군은 경찰 조사에서 "최 군이 조금 늦게 들어오는 줄 알았는데 보이지 않았다. 10여 차례 전화와 문자를 했지만 받지 않았다" 고 했다.

최 군의 모습은 이날 오후 6시 43분 집 아파트로 걸어오는 CCTV 화면이 마지막이었다. 그는 13층 집으로 들어가지 않았다. 엘리베이터 CCTV에 그의 모습은 없었다. 최 군은 계단을 이용해 23층까지 올라간 뒤 50분 정도 복도에 머문 후 몸을 던진 것으로 보인다.

경찰은 유서에서 최 군을 괴롭힌 것으로 나와 있는 동급생 5명을 불러 폭력 행위가 있었는지를 조사할 계획이다. 또 부검을 통해 최 군의 몸에 폭행으로 인한 상처가 있는지 확인할 예정이다. 경산서 수사과장은 "최 군의 휴대전화 통화기록과 문자메시지 내용도 조사할 예정" 이라고 말했다.

최 군의 어머니는 이날 경산 모 병원 장례식장에서 아들의 영정을 손으로 매만지며 통곡했다. "착하디착한 우리 아이가 왜? 엄마를 두고 이러면 어떻게 하느냐" 며 눈물을 쏟았다. 최 군의 아버지는 "아들은 부모의 말을 잘 따르는 착한 아이였다" 며 "가끔 얼굴에 멍이 들거나 눈 밑이 긁히는 등 상처가 있었는데 '넘어져서 다쳤다' 고 해 지나친 게 잘못" 이라며 괴로워했다. 그는 "지난 주말 고교 기숙사 생활이 힘들다고 해서 통학을 허락했다. 바지가 찢어져 있길래 왜 그랬냐고 했더니 '청소하다가 그랬다' 며 얼버무렸다. 그때 (폭행 등) 징후를 알고 관심을 가졌어야 했는데…" 라며 말을 잇지 못했다.

가해 학생으로 지목된 A군은 최 군 부모가 각별히 챙겨준 학생이어서 충격은 더 컸다. 최 군의 아버지는 "A 군은 가정 형편이 어려워 2011년에 5개월 넘게 우리 집에서 밥 해먹이고 옷도 사주고 돌봐줬다. 그런 아이가 우리 아들을 괴롭힐 줄은

꿈에도 몰랐다"고 말했다. 최 군은 키 170㎝, 몸무게 80kg의 당당한 체구였지만 순진한 성격 때문에 아이들로부터 괴롭힘을 당한 것으로 보인다.

최 군이 다녔던 중학교는 이 같은 사실을 전혀 몰랐던 것으로 밝혀졌다. 담임교사였던 B 씨 등은 "최 군이 학교 폭력 상담을 요청한 적이 없었다"고 말했다. 최 군을 괴롭힌 5명도 모두 징계를 받거나 문제 학생으로 지적된 적이 없었다. 평범한 학생들이 순진한 한 학생을 죽음으로 몰고 간 셈이다. 이 학교 건물과 복도에 설치된 CCTV 19대는 최 군을 지켜주지 못했다. 그의 유서처럼 사각지대만 드러낸 무용지물이었다. 학교 폭력과 사고를 예방하기 위해 전국적으로 CCTV 10만여 대가 각급학교에 설치돼 있다.

학교 안팎을 드나드는 사람이나 차량을 식별하기 위해서는 100만 화소 이상이어야 하지만 지난해 감사원이 1만 7,000여 대를 표본 조사한 결과 97%가량이 50만 화소 미만이라 식별 기능이 크게 떨어지는 것으로 드러났다. 319개 학교는 교문 등 출입이 빈번한 곳을 촬영하지 않고 엉뚱한 방향으로 설치된 사례가 적발되기도 했다. 나무나 조명에 막혀 아예 제 기능을 못하는 것도 있었다. 안전한 통학로 확보를 위해 학교 밖 인도와 도로 상황까지 살피는 것은 엄두도 내지 못하는 상황이다.

공교육 살리기 학부모연합 상임대표는 "이런 실정을 고려하면 CCTV도 학교 폭력을 막는 근본 대책은 되지 못한다"며 "교사들이 직접 나서 학생들에게 인성을 가르치고 폭력이 일어나지 않도록 적극적으로 예방활동에 나서야 한다"고 지적했다. 그는 이어 "이를 위해서는 교사들이 적극적으로 활동할 수 있도록 교권을 충분히 보장하는 선제 조치도 필요하다"고 덧붙였다.

최 군의 자살 소식이 전해지자 인터넷에서는 "이제는 학교에서 적극적으로 폭력을 막아야 한다" "친구를 폭행하는 아이들에게 엄한 벌을 내려야 한다"는 반응이 쏟아졌다(동아일보, 2013. 03. 13, 장영훈·김수연).

가해자 처벌 강화에 치우쳤다, 전체적으로 미흡하다, 인성교육을 강화하는 쪽으로 변화가 필요하다. 정부의 학교폭력 근절 종합대책 발표 1년에 대한 학부모들의 평가다.

정부는 2012년 2월 가해자 처벌 강화, 상담인력 확충, 복수담임제 시행, 체육시수 확대 등의 내용을 담은 학교폭력 종합대책을 발표했다.

동아일보가 2013년 2월 1~3일 이에 대한 소감을 입시업체 ㈜하늘교육과 공동으로 전국 초·중·고교 학부모 300명에게 물었다. 1년 간 학교폭력 문제가 조금 개선됐다(44.0%)거나 그대로(42.3%)라는 응답이 대부분이었다.

학부모들은 정부 대책이 미흡했다고 생각하고 있었다. 별 효과가 없었다는 응답은 45.0%였다. 조금 효과가 있었다는 대답은 39.3%, 전혀 효과가 없었다는 의견은 8.0%였다.

왜 정부대책이 효과를 거두지 못했을까. 학부모들은 현장 의견을 수렴하지 못해 현실성이 떨어지거나(34.0%) 학교별 특성을 고려하지 못하고 획일적이기 때문 (24.0%)이라고 밝혔다. 그래도 효과를 거둔 분야를 학부모들은 가해자 처벌 강화 (36.0%), 가해 사실의 학교생활기록부 기재(26.2%), 체육시수 증대(10.3%), 복수담임 제 시행(6.5%) 순으로 꼽았다. 앞으로 필요한 정책으로는 인성교육을 중심에 두는 교육방향 변화(25.9%), 전문적인 예방 교육 프로그램 마련(20.4%)을 제시했다.

이런 가운데 교육과학기술부는 학교별로 맞춤형 예방 교육 프로그램을 마련하겠 다고 밝혔다. 왕따와 학교폭력이 학교급과 성별 구성은 물론이고 교육환경에 따라 서도 다른 형태로 일어난다는 판단 때문이다.

교과부는 학교폭력 예방 교육인 '어울림 프로그램'의 큰 틀을 올해 완성할 계 획이다. 예를 들어, 미술치료, 언어순화교육, 역할극, 집단상담이 어떤 지역, 어떤 학교에서 가장 효과적인지 분석해 제시하면 학교가 골라 쓰는 식이다.

교과부 관계자는 2013년 2월 3일 "지난해 학교폭력이 '범죄'라는 경각심은 커 졌지만 실효성 있는 프로그램 마련은 미흡했다"라며 "학생들의 공감·소통 능력 과 자존감을 키워 주는 어울림 프로그램을 중심으로 대책을 마련하고 있다"라고 밝혔다(동아일보, 2013. 02. 04, 김도형).

4. 왕따에 떨던 10대, 이젠 '카따' 공포

모바일 메신저 카카오톡 가입자 8,000만 명 시대. 사진과 간단한 글을 올릴 수 있는 카카오톡 연계 소셜네트워크서비스(SNS) 카카오스토리 가입자가 기하급수적 으로 늘어 3500만 명을 넘어섰다. 초·중·고교생들이 '카스', '카토리'라 불 리는 이 서비스를 이용하기 위해 부모를 졸라 스마트폰을 구입할 정도다.

'카스'가 폭발적인 인기를 끌면서 '카카오스토리 왕따'일명 '카따'현상 이 등장했다. '카따'는 과거 교실이나 채팅방에서 벌어지는 왕따와 달리 누구나 볼 수 있는 모바일 공간에서 이뤄지는 탓에 피해 학생에게 미치는 상처가 더 크다. 수백 명에게 '왕따 인증'을 당하는 일도 생겨났다.

올해 서울 광0구의 한 고등학교에 진학한 A 양은 최근 카따 때문에 정신건강의 학과 병원 신세를 졌다. 중학교 시절 A 양은 같은 학교 이모 양과 크게 싸운 뒤 이

양 친구들에게서 왕따를 당해 왔다. A 양은 이 양과 다른 학교로 진학하면서 해방을 꿈꿨지만 곧 이 양의 카따 공격이 시작됐다. 이 양은 자신의 카스에 A 양 사진을 올려놓고 '이번에 ××고로 진학하는 A다. 찐따다. 걸레다' 라는 게시글을 올렸다.

카따 공격에는 A 양과 만난 적도 없는 학생들까지 가세했다. A 양과 같은 학교에 진학한 최모 양은 자신의 카스에 'A가 내 친구의 친구의 친구의 친구를 때렸다. 멘털 쓰레기니까 다른 친구에게도 조심하라고 알려 줘' 라고 올렸다. 경찰 관계자는 "A 양을 비난하는 카스 게시물을 학생 200여 명이 본 것으로 추정한다"고 밝혔다.

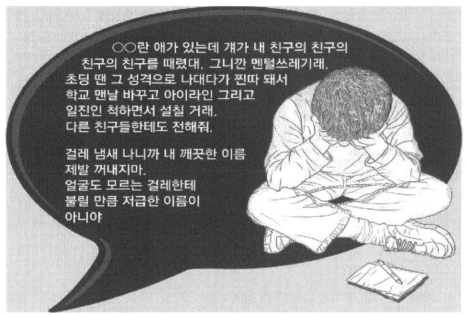

왕따에 떨던 10대, 이젠 '카따' 공포, 2013. 03. 07 [동아일보]

카따가 기존의 카카오톡 왕따보다 더 우려스러운 것은 카스에 올린 사진과 글은 외부로 공개돼 친구를 맺은 여러 사람이 돌려 볼 수 있기 때문이다. 서울 강남의 한 중학교 1학년이던 B 양은 지난해 11월부터 한 달간 친구 8명에게서 카따를 당했다. 친구들은 각각 자신의 카스에 'B는 인간쓰레기, 죽여 버리겠다' 등의 욕을 마구 올렸다.

경찰 관계자는 "밀폐된 채팅방과 달리 카스는 공개적으로 특정 친구를 비난할 수 있어 피해 학생을 쉽게 바보로 만들어 버린다"고 밝혔다.

각급학교 개학날인 4일 아침 부산에서 투신자살한 중학교 2학년생 박모 양은 자살하기 전날 밤 친한 친구에게 카카오스토리 캡처 화면과 함께 '죽고 싶은 마음에 눈물이 난다'는 메시지를 보냈다.

캡처 화면에는 친구들이 자신을 겨냥해 올린 '박×× 미워해. ×나 실타(싫다) 찐득이', '박××. 꼭꼭 숨어라 머리카락 보일라. 숨었니? 죽었니'란 내용이 담겨 있었다.

개학을 맞아 '카따'를 당했다는 학생 신고가 늘고 있다.

학교폭력SOS지원단 위기지원팀장은 "가해 학생이 카카오스토리에 악의적인 게시글을 올리면 불특정 다수의 학생들이 보기 때문에 '오프라인 왕따'보다 피해가 더 크다"며 "공격적, 선정적인 성향을 더 노출하는 온라인 특성상 괴롭힘의 강도도 더 세다"고 지적했다(동아일보, 2013. 03. 08. A41, 박훈상·이철호).

☞ **은밀한 학교 폭력 '사이버 왕따' 기승**

경기도에 사는 이모 양은 스마트폰 앱 카카오톡과 카카오스토리의 댓글 알람이 울릴 때마다 가슴이 철렁 내려앉는다. 댓글로 공개적인 따돌림을 당하고 있기 때문이다. 3년 전부터 이양이 사진을 올리거나 글을 남기면 같은 반 친구들이 '찌질한 X' '저 X 왕따라며' 등의 악의적인 댓글을 달기 시작했다. 항의하고 지워도 봤지만 소용이 없었다.

댓글을 다는 친구들은 몇 명에 불과하지만 대화방의 모든 친구들에게 공개된다는 생각에 수치심은 더 커졌다. 따돌림이 계속되자 친구들은 이양의 친구 신청도 거부하기 시작했다. 은밀한 따돌림은 올해 중학교 진학 뒤에도 지속됐다. 이양은 결국 우울증과 대인기피증까지 앓게 됐고 참다못한 이양의 부모는 학교에 가해학생들을 신고했다.

그러나 해결책은 되지 못했다. 가해학생들이 학교폭력대책자치위원회에서 받은 징계는 '반성문'과 '교내봉사'. 학교에서 내릴 수 있는 처벌 중 가장 낮은 수준이었다.

이양과 부모가 거세게 항의했지만 이보다 무거운 징계는 어렵다는 답변만 돌아왔다. 징계를 받은 가해학생들은 여전히 반성의 기미가 없다. 이양의 실명 대신 별명이나 이니셜을 쓰면서 따돌림은 더욱 교묘한 방식으로 이어지고 있다.

학교폭력이 사이버공간에서 은밀한 왕따로 진화하고 있다. 오프라인 공간에서 횡행하던 학교폭력이 블로그 페이스북 카카오톡 등 소셜네트워트서비스(SNS)를 만나 기승을 부리고 있지만 대응책은 사실상 전무하다.

한국정보화진흥원이 2012년 공개한 '전국 학교폭력 실태조사 결과'에 따르면 초중고생 5명 중 1명 이상이 인터넷과 휴대폰을 통해 욕설과 따돌림을 당한 경험이 있는 것으로 나타났다. 그러나 청소년 10명 중 3명은 사이버 왕따를 폭력이 아니라 일상적인 문화로 별 문제의식 없이 받아들이는 것으로 조사됐다.

반면 신고와 처벌은 미비한 수준이다. 2012년도 교육부 정보공시자료에 따르면 학교폭력대책자치위원회에 신고돼 조치를 받은 폭력 유형 중 사이버 폭력에 해당하는 경우는 전체의 2.9%에 그쳤다.

학교에서 사이버 왕따 신고가 접수되면 학교폭력대책자치위원회가 열리고 교내봉사, 사회봉사, 출석정지, 강제전학 등 징계를 내릴 수 있지만 처벌에 대한 세부규정이 없어 학교마다 처벌 정도가 다르거나 솜방망이 처벌에 그치는 경우가 비일비재하다. 한 중학교 교사는 "학생이 신고한다고 해도 물리적인 폭력에 비해 피해사실을 입증하기가 까다로워 전학 이상의 강한 처벌을 받는 경우는 극히 드물다"고 말했다.

상황이 이렇지만 학교폭력 예방교육과 대처방식은 여전히 물리적인 학교폭력에만 초점이 맞춰져 있다. 지난해 3월 학교폭력예방 및 대책에 관한 법률이 개정되면서 사이버 왕따가 처음으로 학교폭력의 한 유형에 포함됐으나 아직 정확한 실태파악조차 이뤄지지 않고 있다.

이에 전문가들은 법 제도를 마련하는 동시에 교육을 통한 사이버 왕따 예방에 힘써야 한다고 입을 모은다. 한국청소년폭력예방재단의 학교폭력화해분쟁조정센터 부장은 "집단 따돌림에 대한 대책은 쏟아졌지만 정작 청소년들이 대부분의 시간을 보내는 사이버상 따돌림은 간과되고 있다"면서 "어디까지가 학교폭력인지, 어떤 행동이 잘못인지, 사이버 폭력을 당했을 때 어떻게 대처해야 하는지를 몰라 피해를 키우고 있다"고 말했다.

☞ 디지털 기술의 발전과 함께 학교폭력 유형 또한 다양한 형태로 진화되고 있습니다. 과거 물리적 폭력 위주의 괴롭힘이 이제는 카카오톡과 같은 SNS를 이용한 사이버상의 왕따로 진화되면서 더욱 교묘한 방식으로 아이들을 정신적 심리적으로 괴롭히고 있습니다.

자녀들이 이런 사이버 왕따에 시달리고 있지는 않은지 부모님들이 더욱 관심을 가지고 아이들을 관찰하고 많은 대화를 해야 할 것 같습니다. 가정폭력, 학교폭력 모두 남의 일이라고 간과해서는 절대 안 될 것입니다.

학교폭력 피해와 예방교육에 대해 그 누구보다도 부모님들이 더 많은 관심을 갖고 자녀와 소통해야 합니다(2013. 11. 21, 양소영).

☞ **사이버 폭력으로 고통받는 청소년들 없기를**

스마트폰을 이용한 청소년들의 사이버 폭력 폐해가 심각하다. 사이버 폭력은 언어폭력, 신체폭력 등과 더불어 일반적인 학교폭력의 형태로 자리 잡았다. 지난해 한국청소년정책연구원이 중·고생을 대상으로 조사한 결과 3명 중 1명꼴로 사이버 괴롭힘을 당한 적이 있다고 답했고, 교육부 실태조사에서도 전체 학교폭력은 20% 이상 줄었지만 사이버 폭력은 늘어났다. 괴롭히는 수법도 다양하다. 왕따 친구를 카카오톡 대화방으로 초대해 욕하거나(일명 '떼카'), 대화방에 계속해서 초대해 가두거나('카톡 감옥'), 초대한 뒤 한꺼번에 나가버리는('카톡 방폭') 식이다.

이에 카카오톡 등 대화방에 초대할 때 반드시 상대방의 동의를 받도록 의무화하는 법안이 추진되고 있다. 법이 개정되면 사이버 폭력이 많이 줄어들 것이다. '말이 입힌 상처는 칼로 입힌 상처보다도 깊다'는 말이 있다. 법 개정 노력과 함께 가정과 학교, 사회가 나서 사이버 폭력으로 청소년들이 더 이상 고통을 받지 않도록 가르치고 이끌어야 할 것이다(국민일보, 2015. 03. 25, 김도연).

한국청소년개발원 한 연구위원은 "미국 50개 주 중 49개 주에 따돌림과 관련된 법안이 있을 정도로 해외에서는 사이버 왕따가 심각한 사회문제로 대두되고 있다"면서 "기존 왕따와 달리 또래 커뮤니티 안에서 은밀하고 다양한 형태로 확산되는 만큼 관련 제도를 세분화하는 등 대책 마련에 적극 나서야 한다"고 지적했다(한국일보, 2013. 11. 21. 11면, 손효숙).

5. 사람이 무섭다. 은둔생활, 또 당할라, 전학가도 외톨이

아버지가 "○○야"라고 이름을 부르며 방문을 열자 이모 군은 후다닥 책상 아래로 숨었다. 늘 있는 일인 듯 아버지는 태연하게 책상 아래로 몸을 숙여 아들과 눈을 맞췄다. "괜찮아, 아빠야." 얼굴이 하얗게 질린 이 군은 아버지를 향해 두 눈만 껌뻑였다. 이 군은 아버지가 방을 나갈 때까지 책상에서 나오지 않았다. 얼마 뒤 방 안에선 게임하는 소리가 들려왔다. 하루 종일 틀어박혀 인터넷 게임을 하는 게 일상의 전부다. 13일 서울 마포구의 집에서 만난 이 군 아버지는 "경산에서 한 아이가 또 자살했다던데 우리 애는 살아있어 줘서 고맙다"고 했다.

이 군은 서울 강서구의 한 중학교에 입학한 2011년부터 1년간 같은 반 학생 6명에게 폭행당했다. 6명은 머리, 목, 가슴, 배, 성기 등 여섯 부위를 한 곳씩 맡아 때렸다. 그중 1명은 이 군을 빈집으로 불러 음란 동영상을 보여주며 성추행했다. 이

군은 1년 가까이 혼자 앓았다. 이 군이 공사장에서 집단 폭행당하는 광경을 우연히 본 학교 선배가 부모에게 알리면서 죽음 못지않게 고통스러웠던 이 군의 피해가 드러났다.

그 후 1년이 지났지만 이 군의 대인기피증과 우울증은 갈수록 악화되고 있다. 가해 학생들이 학교에 그대로 남아있기 때문에 2012년 3월 다른 구의 학교로 전학을 갔지만 새 학교에서도 '투명인간'으로 지낸다. 초등학생 땐 학생회 간부를 여러 번 할 정도로 활달한 성격이었는데 요즘은 남과 대화하는 것 자체가 쉽지 않다. 이 군을 상담한 의사는 "누군가가 자신을 바라보는 것만으로도 불안을 느껴 아무에게도 눈에 띄지 않아야 안심하는 것"이라며 "자존감이 완전히 무너져 관심을 받는 것 자체를 포기한 상태"라고 설명했다. 이 군이 집에서마저 숨바꼭질을 벌이며 '은둔형 외톨이'로 사는 건 그런 이유에서였다. 몸은 나아도 가슴에 새겨진 상처는 아물지 않은 것이다.

이 군 가족은 상담치료비를 대느라 빚더미에 앉았다. 정신과 상담은 건강보험 적용이 안 돼 시간당 10만 원가량 든다. 피해 학생 치료를 지원하는 학교안전공제회의 도움을 받으려 했지만 절차가 복잡해 한 번밖에 이용하지 못했다.

이 군은 요즘 울면서 잠에서 깨는 일이 잦다. 학교폭력 사건으로 법정에 섰던 악몽을 자주 꾼다. 당시 가해 학생 측 변호사는 이 군에게 수학여행 때 가해자들과 찍은 사진과 가해자들이 과자를 먹여주는 사진을 내보이며 "이렇게 웃으며 어울리는데 괴롭혔다는 게 말이 되느냐"고 따져 물었다. 이 군은 그 사진을 찍던 날 밤에도 화장실에서 30분 넘게 구타당했고, 과자 역시 '남은 것을 처리하겠다'며 억지로 퍼 먹인 것이었다.

기자가 아버지를 인터뷰하는 내내 말이 없던 이 군은 당시 재판 얘기가 나오자 "저를 괴롭힌 애들이 그 후 어떻게 됐는지 몰라 너무 억울하다. 죽어버릴 것 같다"고 말했다. 재판은 2012년 9월 끝났지만 이 군은 가해자들이 어떤 처분을 받았는지 알지 못한다.

서울가정법원과 학교 측에 여러 차례 결과를 문의했지만 "청소년 신상 정보는 알릴 수 없다"며 거절당했다. 현행 소년법은 가해 청소년의 재판 결과를 공개하지 못하도록 규정하고 있다. 법원 관계자는 "가해자에 대한 교화가 우선이라 어쩔 수 없다"고 말했다.

하지만 학교폭력 사건은 일반 소년 사건과 달리 피해기간이 길고 가해 학생과 같은 공간에서 지낼 가능성이 높아 처벌 결과가 통보되지 않으면 피해자의 불안감을 키우고 상처의 골을 더 깊게 만든다는 게 전문가들의 공통된 지적이다. 하지현 건국대 의대 정신의학과 교수는 "공권력을 통한 '화풀이' 과정이 있어야 마음속 응어리를 해소할 수 있는데 처벌 결과를 알지 못하면 응어리진 상태가 지속돼 새롭게 삶을 시작하기 어려워진다" 고 말했다.

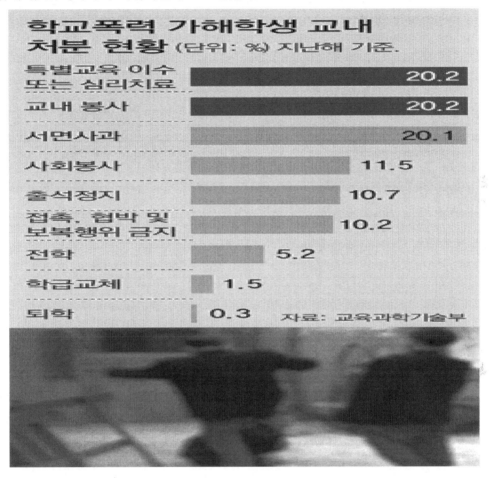

이 군과 가족은 법정에 섰던 가해자 6명 중 3명이 무죄로 풀려나고 나머지에겐 보호처분 등 가벼운 조치가 내려졌다는 '소문' 만 들은 상태다. 학교폭력대책자치위원회에서도 가해자 1명에게만 일주일 출석정지 처분을 내리고 나머지는 별다른 처벌을 하지 않았다.

지난해 전국의 학교폭력 가해 학생에 대한 학교 측 처분 결과를 보면 전학(5.2%), 퇴학(0.3%) 등 중징계는 극소수에 불과하고 대부분 특별교육 또는 교내봉사 등의 조치를 받았다. 가해자에겐 가볍고 피해자에겐 고통뿐인 결과다(동아일보, 2013. 03. 15. A12, 신광영·곽도영).

차관들 폭력근절 대책 회의: 학교폭력 근절 대책을 마련하기 위한 정부 차관 회의가 열렸다. 14일 오후 서울 종로구 세종로 정부서울청사 11층 회의실에서 국무총리실장이 교육과학기술부, 경찰, 검찰 등 관련 부처 차관급 관료들과 함께 토론하고 있다(이훈구 기자).

6. 대학 선수들까지 '성적 저조하면 코치·선배에게 매맞기 다반사'

"내가 너희들 때문에 욕먹어야겠냐. 다들 대가리 박아!" 경기 이천의 한 고교 축구부 신입생 김지훈, 박재윤 군은 2013년 6월 어느 날 2학년 선배의 집합명령을 받고 운동장 구석에서 10분 넘게 '원산폭격'을 했다. 2학년 선배는 며칠 전 3학년 주장으로부터 "선배 대하는 신입생들 태도가 불량하다. 잘 가르쳐라"는 꾸지람을 듣고 1학년들을 집합시킨 터였다.

선배는 김 군과 박 군의 땀이 흥건히 운동장 바닥을 적신 뒤에야 둘을 일으켜 세웠고, 그런 뒤에도 주먹으로 복부를 수차례 때렸다. "똑바로 해라"는 엄포도 잊지 않았다. 합숙소에서도 또 얼차려를 받은 김 군은 결국 학교를 옮겼다. 박 군도 전학 갈 생각이다.

엄격한 서열을 강조하고 폭력을 통해 이 위계질서를 유지하는 군대문화의 폐해가 가장 심각한 분야 중 하나가 스포츠계다. 상대와 싸워 이기기 위해 극기와 훈련을 강조하는 스포츠의 특성은 본질적으로 군대문화와 일맥상통할 여지가 많다. 하지만 이에 머물지 않고 지도자나 선배에 대한 절대 복종, 훈련이라는 미명으로 습관처럼 가해지는 구타와 얼차려는 정정당당한 승부를 가르치는 스포츠정신과는 거리가 멀다.

체력훈련에 낙오한 대학 육상부 선수들이 트랙 옆에서 얼차려를 받고 있다. 운동부 안에서 일상화된 얼차려는 전형적인 군대문화의 단면으로 폭력에 대해 둔감하게 만들고 절대복종을 강요한다(연합뉴스).

국내 학생 운동선수가 가혹행위를 경험했다는 비율은 10명 중 9명일 정도로 스포츠 교육계는 폭력으로 얼룩져 있다. 국가인권위원회가 2010년 발표한 '운동선수 인권상황 실태조사' 보고서에 따르면 대학생 운동선수 643명 중 577명(89.7%)이 구타 등을 경험했다고 답했다. 가혹행위는 주로 선배들에 의해 합숙소에서 이뤄진다.

대학 수영선수인 박모 씨는 "훈련할 때 기록이 잘 안 나오면 선배나 코치에게 맞을 각오를 해야 한다" 며 "늘 잘할 수 없는 노릇인데 다그치고 몰아세우면 된다고 여기는 것 같다" 고 털어놨다.

그러나 이 같은 훈육은 반짝 성과를 낼지는 몰라도 결국 선수들의 몸과 마음을 병들게 하고 오히려 스포츠와 결별하게 만든다. 4년 장학생으로 대학에 합격한 레슬링 유망주 김지현 씨도 얼차려와 따돌림으로 인해 운동을 떠났다. 중학교 때 유도를 했던 김 씨는 고등학교에 올라가 레슬링에 입문했다. 시작은 남들보다 늦었으나 그는 21세 이하 국가대표에 선발되고 전국대회에서도 수차례 수상하는 등 실력을 인정받았다.

그러나 대학에 들어간 뒤 선배들의 계속된 얼차려와 집단적 따돌림을 견디다 못해 한 때 자신의 전부였던 레슬링을 인생에서 지워버렸다. 김 씨의 아버지는 "나도 억울하고 분한 기분을 참지 못하고 있는데 당사자는 어떻겠느냐" 며 울분을 터트렸다.

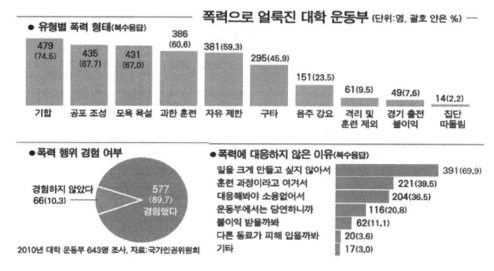

2012년 대한체육회[6] 조사에서도 가혹행위를 경험한 학생 운동선수 가운데 '인격적인 모욕감으로 운동을 당장 그만두고 싶었다' '그만둘 정도는 아니지만 운동이 싫어졌다'고 답한 이들이 전체의 62.1%(85명)에 달했다. 반면 '더욱 열심히 운동을 해야겠다'고 생각한 이는 22.6%(31명)에 불과했다.

강압적인 훈련과 얼차려가 비단 대회 성적이나 입시 때문이라고 보기도 어렵다. 오히려 서열과 복종을 강요하는 문화에서 비롯되는 일이 많다. 전형적인 군대문화의 폐해다. 순수한 목적으로 태권도 학원 등을 다니는 어린 학생들마저 이 같은 폐해에서 자유롭지 못하다.

충북 청주에 사는 김미정 씨는 최근 9살 아들 현석이가 두 살 어린 남동생에게 버럭 화를 내며 "주먹 쥐고 엎드려뻗쳐!"라고 말하는 것을 듣고 경악을 금치 못했다. 김씨가 "어디서 그런 말을 배웠냐"고 추궁하자 현석이는 쭈뼛거리며 말문을 열었다. "파란 띠를 따려고 연습하는데 동작이 틀리면 선생님이 엎드려뻗쳐를 시키고 혼냈어요." 어린 아들이 태권도 학원을 다니기 시작한 지 단 5개월 만에 폭력을 학습한 것이다.

김 씨는 "이렇게 어린애들에게 왜 윽박지르고 군기를 내세워 태권도를 가르치는지 도무지 이해할 수가 없다"며 "아이가 운동이라면 즐거움보단 얼차려를 먼저

---

6) 2009년 6월 24일 대한체육회와 대한올림픽위원회를 완전 통합해 대한체육회(Korean Olympic Committee)로 거듭났다. 2015년 3월 국민체육진흥법 개정안이 국회를 통과함에 따라 2016년 3월 21일 엘리트체육을 담당한 대한체육회와 생활체육을 맡았던 국민생활체육회가 통합을 완료한 뒤, 4월 8일 통합 대한체육회(大韓體育會)가 새로 출범했다.

떠올리게 될까 걱정"이라고 말했다. 경기의 한 고교 체육교사인 김모 씨는 "운동부 내의 군대문화는 초등학교에서부터 대학까지 만연해 있다"고 말했다.

무서운 것은 이 같은 운동부 분위기에 처음에 강한 거부감을 갖던 이들도 시간이 지나면 이를 내면화한다는 점이다. '운동선수 인권상황 실태조사' 보고서에서 폭력행위가 '이유 없이 기분에 의해 발생했다'고 답한 대학 1학년생 비율은 42%였으나 4학년생은 그 절반 수준(24.5%)에 그치는 것으로 나타났다. '운동부에서는 당연하니까' 폭력행위에 대응하지 않았다고 답한 비율도 학년이 올라갈수록 높아진다. 4학년생은 26.5%로 1학년생(19.3%)보다 7.2%포인트 높았다.

연구를 진행한 류태호 고려대 체육교육과 교수는 보고서에서 "학생선수들은 지도자를 소유주란 뜻의 오너(owner)라고 불렀다"며 "절대 권력자의 눈에 잘못 들면 안 된다는 생각과 훈육 시스템을 통해 학생선수들은 얼차려, 위계문화 등을 자·타율적으로 습득하게 된다"고 말했다.

한국체육과학연구원 정책개발연구실 김양래 책임연구원은 "처음에는 선배의 지시를 반드시 따라야 한다는 규율을 의심하다가도 잦은 얼차려 등에 익숙해지면 이를 당연한 듯 받아들이게 된다"고 말했다.

김엘리 이화여대 리더십개발원 특임교수(여성학)는 "계급서열이 분명하고 무슨 수를 써서라도 명령에 복종하게 하는 군대문화가 군대 외의 조직에서도 엄격한 서열제도, 명령식 의사소통구조, 불순종에 대한 처벌 등으로 나타나고 있다"며 "내면에서 작동하는 군사주의 의식을 성찰하도록 하고 일상적 폭력성에 대한 감수성을 높여야 한다"고 지적했다(한국일보, 2013. 08. 13. 3면, 변태섭).

"똑바로 해 ××들아!"

27일 오전 7시쯤 서울 S대학교 체육관에 체육학과 스포츠과학전공, 스포츠건강관리전공, 국제태권도전공 08~10학번 학생 40여명이 줄을 맞춰 마룻바닥에 머리와 두 발만 대고 온 몸을 지탱하고 있었다. 이른바 '원산폭격'으로 알려진 얼차려다. 이들의 선배인 07학번 10여명은 "(머리) 박아" "일어나" "박아"를 반복해서 외쳤다.

한 선배 학생은 힘에 겨워 휘청거리는 후배에게 "너 술 먹었냐? XX, 똑바로 해"라며 욕을 했다. "죄송합니다"라는 후배들의 대답 소리가 체육관을 울렸다. 얼차려를 시키는 동안 선배 학생 2~3명은 체육관을 돌며 커튼을 들춰보는 등 외부인이 체육관에 들어와 있는지 확인했다.

50분쯤 지나 체육관 2층과 체조도구 창고에서 잠입 취재를 하고 있던 본지 기자들을 발견한 학생들은 민감한 반응을 보였다. "사진 찍었어요?" "녹음 했어요?"

라고 물으며 "가방을 보여달라"고 요구하기도 했다.

한 학생은 "후배들이 축제 때 술을 마시고 선배들한테 실수하고, 선배가 시키는 일을 하지 않아 버릇을 고쳐주기 위해 모였다"며 "이건 우리 과(科)의 문화"라고 말했다.

다른 학생은 "이건 교육이다. 다른 대학 체육학과에서도 다 이렇게 하지 않냐"며 "나도 1학년 때는 억울하고 신고하고 싶었지만 지금은 그때 선배들이 왜 그랬는지 알 것 같다"고 말했다. 학생들은 "체육학과 아니면 이런 것을 이해하지 못한다. 다 이유가 있다"고 했다.

☞ 아침 7시, 그들은 머리 박고 욕설을 들었다

「얼차려 현장」 27일 오전 서울 종로구 S대 체육관에서 이 학교 체육학과 08~10학번 학생 40여명이 바닥에 머리를 박은 채 07학번 선배들로부터 얼차려를 받고 있다. 후배들에게 기합을 준 선배들은 "이것도 교육의 일종이고 체육학과의 문화"라고 말했다(이준헌 기자).

이날 취재 과정에서 구타 장면은 목격되지 않았다. 그러나 익명을 요구한 한 학생은 "한 학기에 3~4번씩 이런 식으로 1시간 반에서 2시간 정도 단체 얼차려를 받는다"며 "작년에는 몽둥이로 맞았는데 몽둥이가 6~7개가 부러지기도 했다"고 말했다. 다른 학생은 "바닥에 머리를 박는 얼차려를 받다가 목 디스크에 걸린 학생도 있다"고 했다.

전문가들은 위계질서를 강조하는 체육학과 등의 경우 "군기(軍紀)를 잡는다"는 명분으로 이 같은 기합이 특유의 문화로 미화되고 있어 구타나 가혹행위가 근절되지 않는다고 지적했다. 지난 4월 모 대학 경호학과 학생들이 각목으로 후배를 구타한 사실이 드러났고, 지난 21일에도 모 대학 태권도학과에서 선배들이 후배들을 야산에서 구타하는 일이 벌어졌다.

구타 등 가혹행위가 만성화되면서 피해자들도 선배들의 폭력에 순응하는 모습을 보이고 있다. 국가인권위원회가 지난 2월 대학교 학생선수 559명을 대상으로 벌인 설문조사(복수응답)에서 응답자들은 폭력에 적절하게 대응하지 못한 이유에 대해 '일을 크게 만들고 싶지 않아서' 391명(69.9%), '훈련의 과정이라고 생각해서' 221명(39.5%), '대응해 봐야 소용없어서' 204명(36.5%) 등의 태도를 보였다.

최장호 고려대 사회체육학과 교수는 "운동을 하는 학생들은 정신력이 해이해졌다며 극기력을 높인다는 명분을 내세워 선배들이 얼차려를 주는데, 오래된 관행이라 없애는 데 시간이 많이 걸리고 있다"고 말했다(조선일보, 2011. 05. 28. A11, 김성민·이송원).

7. 욕설·조롱 추행까지...학교에서 동성애자 차별 여전히 심각

"내가 왜 이런 시선을 받아야 하는 걸까? 내가 없다면 더 이상 문제는 일어나지 않겠지…." 2009년 동성애자라는 이유로 집단따돌림을 당하다 목숨을 끊은 A군이 마지막으로 남긴 글이다. A군의 사연은 지난달 대법원이 A군 부모가 학교 등을 상대로 낸 손해배상청구소송 상고심에서 교사의 책임을 인정한 원심을 깨고 사건을 파기환송하면서 알려졌다.

당시 부산의 한 고등학교 1학년이던 A군은 중학교 시절 남학생에게 고백했다가 거절당했다는 소문이 퍼진 후 친구들로부터 '뚱녀' '걸레년' '나 같으면 뛰어내리겠다'는 등 욕설과 조롱을 들었다. 수업 중 지우개 가루와 감기약 시럽 세례를 받기도 했다. 교사들마저 A군을 '1학년 3반 계집애'로 부르며 괴롭힘을 방치했다. 정신건강 검사에서 '자살 충동 매우 많음' 진단을 받은 A군은 결국 극단적인 선택을 했다.

동성애를 바라보는 사회적 시선이 조금씩 달라지고 있지만 청소년 성소수자들에 대한 학교 내 차별과 폭력은 여전히 심각하다. 성소수자 차별반대 무지개행동 이반스쿨이 2012년 7~8월 성소수자 255명 대상으로 설문조사한 결과 53.8%(134명)가 학교에서 성 정체성으로 인한 차별이 심하다고 답했다. 동성애를 정신병 취급하거나 비하하는 발언이 잦고, 이로 인해 폭력을 당하는 경우도 많았다. 조사에 참여한 청소년 성소수자들은 "친구들이 병균 취급하고 욕할 때마다 진짜 죽고 싶었다" "비밀로 해준다던 선생님이 오히려 성적으로 놀려 친구들한테 더 큰 따돌림을 당했다"고 적었다.

중학교 때 2년간 괴롭힘을 당했다는 고교 2학년 B군은 "친구들이 책상에 빨간색으로 욕을 써놓거나 탈의실에 불을 끄고 들어와 옷을 벗기고 추행하기도 했다"며 "괜히 일이 커지면 더 괴롭힐까 봐 선생님이나 부모님에게 말하지 못했다"고 토로했다. 실제로 86%(208명)가 '이해하지 못할 게 뻔하다' '소문이 나면 학교에서 매장당한다'는 등 이유로 교사에게 상담할 의사가 없다고 답했다(한국일보, 2013. 09. 09. 12면, 권영은).

동성애자인권연대 한 활동가는 "동성애 혐오에 기반 한 괴롭힘은 학교폭력의 심각한 요인 중 하나"라며 "성적 지향을 이유로 차별 받지 않는다는 학생인권조례 조항이 사실상 사문화됐는데, 이를 실현하기 위한 계획과 실태조사가 필요하다"고 지적했다.

☞ 만인 앞에 선 동성결혼식… 합법화 논의 첫걸음?

7일 오후 서울 청계천 광통교. 국내 첫 공개 동성(同性) 결혼식 현장은 1,000여명의 하객이 몰려 발 디딜 틈이 없었다. 무대에 오물을 뿌리고 동성결혼 반대 피켓을 든 사람이 일부 있었지만 2시간여 동안 흥겨운 분위기 속에서 진행된 이날 결혼식은 우리 사회에서 동성애에 대한 편견과 차별의 시선이 조금씩 바뀌고 있다는 것을 보여주기에 충분했다.

두 신랑은 결혼식에서 트로트 가요 '몰래 한 사랑'을 개사해 자신들의 힘들었던 사랑과 현재의 굳은 결심을 토로했다. 이어 대학생 성소수자 대표들이 성혼선언문을 낭독했다. 비록 법으로 보호받지 못하는 부부지만, 9년 만에 사랑의 결실을 얻어낸 순간이었다. 두 사람은 축의금으로 성소수자 인권센터와 인권재단을 설립할 계획이다.

예식은 지나는 행인들도 참여해 거리축제처럼 치러졌다. 동성결혼을 바라보는 시각은 저마다 달랐지만, 공개 결혼식이 "성소수자 권리 찾기의 시발점"이 될 것이라는 데는 뜻을 같이했다. 자원봉사 활동으로 신혼부부에게 힘을 보탠 대학생 박지아씨는 "숨어 지내던 성소수자들이 공개적으로 자신들의 얘기를 하면서 차별이 드러나기 시작했고, 이날 결혼식은 그 차별에 대한 본격적인 논의의 장을 열어주었다는 데 의미가 있다"고 말했다.

식장 주변에는 '전국기혼자협회' 명의로 '주여! 동성커플에게도 우리와 같은 지옥을 맛보게 하소서'란 재치 넘치는 플래카드가 붙기도 했다. 결혼 8년차 부부 진0규, 권0란 씨는 "차이가 차별로 이어져선 안 된다. 우리 결혼식 때도 이만큼 즐겁진 않았다" 며 환하게 웃었다. 남편과 함께 식장을 찾은 트랜스젠더 방송인 하0수 씨도 "이 결혼식은 일종의 사회적 운동" 이라며 "지금은 비록 작아 보일 수 있지 만 이들로 인해 많은 동성 커플들이 용기와 희망을 얻게 될 것" 이라고 말했다.

외국인들도 눈에 많이 띄었다. 네덜란드에서 온 교환학생 니콜씨는 "네덜란드에 서도 10년 전쯤 동성커플의 공개 결혼이 종종 있었는데 이제는 당연한 일이라 공 개적으로 하진 않는다" 며 "한국도 성소수자에게 열린사회가 됐으면 좋겠다" 고 말했다. 네덜란드는 2001년 세계 최초로 동성결혼의 법적 권리를 인정했다.

자신을 기독교인이라고 밝힌 김모 씨는 "종교적 신념에 따라 동성결혼에 반대하 지만 개인의 행복을 위해서라면 이해 못할 일도 아니다" 라며 "이번 일을 계기로 성소수자들의 목소리가 더 양지로 나오게 될 것" 이라고 전망했다.

결혼식을 지켜본 동성 커플들은 조심스럽게 희망을 얘기했다. 한 여성 커플은 "우리도 언젠가 당당히 결혼할 수 있는 날이 오지 않을까 기대하게 됐다" 고 말 했다.

한편 김00 커플은 혼인신고가 반려되면 행정소송과 헌법소원을 제기한다는 계획 이다. 이에 따라 동성결혼 합법화를 둘러싼 논란이 본격화할 가능성도 높아졌다. 국내법에는 동성결혼에 대한 규정 자체가 없지만, 구청과 법원에서는 민법상 '부 부' 란 표현 자체가 혼인이 이성간의 결합이란 사실을 전제한다고 보고 동성 간 혼인신고를 인정하지 않고 있다.

현재 동성결혼을 합법화한 나라는 네덜란드, 프랑스, 뉴질랜드 등 14개국이다. 미국에서는 뉴욕 매사추세츠 코네티컷 등 13개 주와 워싱턴DC에서 동성결혼을 법 적으로 인정한다(한국일보, 2013. 09. 10, 김경준).

7일 서울 청계광장 광통교에서 열린 '어느 멋진 날, 당연한 결혼식' 에 참석한 관객 1,000여명이 무대 위에서 예식을 진행 중인 김00 커플을 바라보고 있다(김주영 기자).

8. 지금 中 1 교실은 싸움판, 一陣 가리자며 난투극

경남 소도시의 한 남자 중학교. 지난 4일 신학기가 시작된 이후 지금까지 하루에도 2~3차례씩 학생끼리 싸우는 폭력 사건이 벌어지고 있다. 싸움은 대부분 1학년 교실에서 일어난다.

이 학교 교사 A씨는 "1교시가 끝나면 1학년 1반 교실에서 '코피 터진 애가 있다'고 교무실에 신고하고, 1시간 후엔 1학년 3반 교실에서 '싸움 붙었다'고 아이들이 교무실로 달려올 정도로 정신없이 서로들 때린다"고 말했다.

학생들이 싸우는 표면적인 이유는 단순하다. "저 XX가 기분 나쁘게 쳐다봤다" "괜히 센 척하면서 나댄다" "날 무시한다" 같은 것들이다.

3월 새학기에 벌어지고 있는 중학교 1학년 서열 싸움

전교 단위
- 초등학교때 서열이 정해지지 않은 일진끼리 서열 가리기 싸움
- 선배 일진이 후배 일진들을 다스리는 '신고식' (엎드려뻗치기·얼굴 가슴 등 때리기)
- 이진, 삼진 그룹 내 서열 다툼

학급 단위
- 초등학교 때 '일진'이 자연스레 학급 짱이 되는 경우 많아
- 이진, 삼진 그룹 내 서열 다툼이 벌어짐
- 일반 학생들 사이에서도 일종의 기싸움 형태로 폭력 발생

이렇게 중학교 신입생 3월 신학기에 학교 폭력이 많이 발생하는 이유는 이때가 학생들 간 '서열'을 정하는 시기이기 때문이라고 전문가들은 말한다. 각기 다른 초등학교에서 온 만큼 폭력을 일삼는 학생들 사이에 아직 서열이 정해지지 않았고, 서열에서 밀리지 않기 위해 사소한 일에도 욕을 하고 주먹을 날리며 싸우는 일이 잦다는 것이다. 한번 밀리면 짧게는 1년, 길게는 3년 내내 무시당하고 심부름까지 해야 한다. 중 2~3학년 때는 이미 서열이 정해졌고, 고등학교는 입시 공부를 시작하기 때문에 이런 현상이 심각하지 않다고 교사들은 말한다.

학교폭력예방센터 사무총장은 "'서열 정하기' '기싸움' 때문에 1년간 학교 폭력 상담 의뢰 건수의 40~50%가 3~5월에 들어올 정도로 학교 폭력은 신학기에 집중된다"면서 "올해도 예외가 아닌 상황"이라고 말했다.

전교(全校) 단위의 서열은 '일진회(一陣會·학교 폭력 조직)' 7) 멤버끼리 정한다. 보통 일진회는 초등학교 때부터 학교 단위를 벗어나 활동하기 때문에 중학교에 올라와도 누가 일진인지, 누가 서열에서 위인지 아는 경우가 대부분이다. 그러나 일진 간 서열이 애매한 경우 선배들이 "서열 정하라"고 싸움을 시키는 경우도 있다고 한다. 선배 일진이 후배 일진을 길들이는 '물갈이' '신고식'도 신학기에 벌어진다. 일진 다음으로 싸움을 잘하는 학생들은 이진·삼진 그룹을 형성한다. 이진·삼진 그룹은 그룹끼리, 또는 그룹 내 학생끼리 신학기에 서열 싸움을 한다고 학교 관계자들은 말한다.

서울 상O중 한 교사는 "3월 14일 화이트데이를 앞두고 이진·삼진 그룹 아이들이 아무 그룹에도 안 속한 약한 애들에게 돈을 걷어 일진 그룹에 갖다 주는 일이 비일비재하게 벌어진다"고 말했다. 어느 그룹에도 속하지 않은 일반 학생들도 일종의 '기싸움'으로 사소한 일에도 욕하고 주먹을 휘두르는 일이 많이 발생한다.

매년 반복되는 '중1 신학기 학교 폭력'을 어떻게 해결할 수 있을까. 학교폭력예방센터 사무총장은 "학교장부터 교사, 학부모 모두가 학교 폭력이 언제 발생하고, 어떤 특성이 있는지 잘 알고 공동으로 대처해야 한다"고 말했다(조선일보, 2013. 03. 25, 김연주).

한 소년이 떨고 있다…아니 모두.. 1995. 7. 18 [경향신문] 25면

7) 일진회(一陣會): 싸움을 잘하는 학생들로 구성된 초·중·고 교내 폭력 집단. 1980년대까지는 학교 폭력 조직을 흔히 '서클'이라고 불렀지만 1990년대 들어 학생들 사이에서 '일진(一陣)'이란 용어가 유행하기 시작했다. 일본 고교생들 사이에서 유행한 폭력 용어가 만화책 등을 통해 국내에 전파된 것으로 추정된다.

9. 대낮 운동장 집단 흡연, 낯뜨거운 스킨십, 아이들 어떻게 할 것인가

학교 현장에 대해 막연하게 생각하고 있던 사람들에게 이 세 장의 사진은 충격을 줬다. 학교 안에서 두 학생이 입맞춤을 하는 장면을 담은 사진, 교실에서 창문을 열어놓고 담배를 피우는 학생의 사진, 그리고 남녀 고등학생 수십 명이 운동장에서 버젓이 담배를 피우는 사진이 본지에 실리자 독자들은 "이 정도일 줄은 몰랐다" "상상도 못했다"는 반응을 보였다.

최근 학교폭력 사건이 잇따르자, 본지 기자들은 전국의 학교 현장에서 실제로 어떤 일이 벌어지고 있는지를 취재했다. 적지 않은 곳에서 당혹스럽고 어이없는 모습이 렌즈에 담겼다.

고등학생들의 집단 흡연 모습이 찍힌 장소는 학교 건물 뒤편도, 화장실 근처도 아니었다. 탁 트인 운동장 앞이었다. 길을 지나가는 사람이라면 누구든지 학교 운동장에서 담배 연기가 피어오르는 것을 볼 수 있는 곳이었다. 근처에 교사들이 있었다면 역겨운 담배 냄새에 짜증이 났을 것이다. 학생들은 30여 분 간 담배를 피우고 잡담을 했다. 하지만 누구도 이들을 제지하지 않았다.

남녀 학생 둘이 껴안으며 입을 맞추는 민망한 모습도 마찬가지였다. 1~2분여 동안의 스킨십이 끝나자마자, 하교하는 학생들이 우르르 몰려 내려올 정도로 공개된 공간이었다. 두 장의 사진은 렌즈에 담긴 장면들 중 일부였다. 위의 두 학교는 이번 실태 조사에서 응답자 가운데 '우리 학교에 일진이 있다'고 대답한 학생의 비율이 각각 39%, 33%였다. 일진 인식률 전국 평균인 23.6%에 비하면 상당히 높은 편이다.

다른 학교 주변에선 길가에서 학생 3명이 우두머리로 보이는 한 학생에게 맞고 있는 장면이 포착됐다. 인근 세차장에서 일을 하던 직원도, 유치원에서 아이를 배웅하던 교사도 이 장면을 목격했지만 말리는 이는 없었다. 10여분 뒤에 20대의 한 젊은이가 "너희 뭐 하느냐"고 주의를 주니 그제야 학생들은 눈치를 보며 흩어졌다. 학교와 유치원 등 교육기관이 몰려 있는 아파트 단지에서도 학생들은 어른들의 눈을 의식하지 않은 채 흡연하고, 폭력을 휘두르고, 애정행각을 서슴지 않았다.

사진들을 본 교사들과 학부모들은 본지에 의견을 보내왔다. 학부모들은 "불안해 아이를 학교에 못 보내겠다"고 하고, 선생님들은 "교사 탓만 하는 건 너무하지 않으냐"고 했다. 중·고생 두 아들을 키운다는 한 학부모는 "아이가 다니는 학교에 갔는데 여학생의 80% 이상이 교복을 줄여 미니스커트로 입고 다녔고, 절반은 화장하고 다녔다. 남자 화장실에선 찌든 담배냄새가 진동해 깜짝 놀랐다"고 했다.

교정에서

교실에서

운동장에서

　10대들이 학교 안에서 남녀가 부둥켜안고 입 맞추는가 하면(위 왼쪽), 교실에 앉아 창문 밖으로 유유히 담배 연기를 뿜고(위 오른쪽), 운동장에 수십 명이 모여 단체로 흡연을 했다(아래). 최근 학교폭력 사태와 관련해 본지 취재진의 카메라에 찍힌 장면들이다. 이처럼 교내에서 버젓이 발생하고 있는 일탈행위를 제지하는 모습은 찾기 어려웠다(김영근·이준헌 기자).

교사들은 체벌 금지 등으로 인해 학생들을 지도하기 힘들어졌다고 호소한다. 한 교사는 "운동장에서 버젓이 담배를 피우는 문제가 어디 교사들만 책임질 일인가"라고 반문했다. "야단을 치겠느냐, 체벌을 하겠느냐? 그랬다간 수십 명 학생 앞에서 봉변만 당했을 거다"라고도 했다. 누가 우리 아이들을 지켜줄 것인가(조선일보, 2012. 04. 23, 심현정).

10. 학교폭력 가해 학생 3년 새 두 배 늘어…초등생은 3.6배 급증

최근 3년 새 전국 초·중·고교에서 학교폭력 가해학생이 두 배 증가한 것으로 나타났다. 초등학교 가해학생은 같은 기간 4배 가까이 늘어 가파른 증가세를 보였다.

25일 시·도 교육청이 국회 기획재정위원회 소속 안민석 민주당 의원에게 제출한 '최근 3년간 학교폭력 가해학생 조치 현황' 보고서에 따르면 2010년 학교폭력 가해학생은 1만 9,949명이었으나 2012년에는 3만 8,466명으로 92.8% 증가했다.

특히 초등학교 가해학생은 657명에서 2,390명으로 3.64배 늘어나 증가가 두드러졌다. 반면 중학생과 고등학생의 증가세는 그 절반에 그쳤다. 같은 기간 중학생은 1만 4,179명에서 2만 6,622명으로 1.88배, 고등학생은 5,113명에서 9,453명으로 1.85배 늘었다.

유형별로는 폭행이 가장 만연했다. 지난해 발생한 학교폭력 1만 9,058건 가운데 53%가 폭행이었고, 공갈(금품갈취) 9.3%, 협박 6.1%, 강제적인 심부름 4.5%, 모욕 4.4% 등이 그 뒤를 이었다.

●학교폭력 가해학생 현황 (단위:명)

	2010년	2012년
초등학교	657	2,390
중학교	14,179	26,622
고등학교	5,113	9,454
합계	19,949	38,466

※매년 3월 1일 ~ 이듬해 2월 28일 기준. 특수학교·각종학교 제외 (자료:민주당 안민석 의원)

교육부는 이에 대해 "학교폭력특별법 개정으로 학교폭력의 범위가 넓어지고 학생들의 민감도가 높아져 신고가 늘어난 영향"이라고 밝혔다.

이 같은 해명이 일리는 있지만 학교폭력에 대한 일선 학교의 대응은 여전히 안일한 것으로 나타났다. 올해 3월 기준 전국 1만 1,360개 초·중·고교에 배치된 학교폭력 전문 상담교사는 1,581명. 13.9%의 배치율로 10개교 가운데 1곳에만 상담교사가 있다는 얘기다. 강원(7.4%), 전북(7.4%), 전남(7.7%), 제주(8.2%), 세종(5.09%) 등 5개 지역의 상담교사 배치율은 한 자릿수에 그쳤다.

안 의원은 "학교폭력은 정부가 성폭력, 가정폭력, 불량식품과 함께 4대악으로 꼽을 정도로 심각한 문제"라며 "학교폭력 예방을 위해선 전문 상담사를 증원하는 일부터 시작해야 한다"고 말했다(한국일보, 2013. 08. 26. 10면, 변태섭; 경향신문, 2013. 08. 26. 10면, 김형규).

☞ **10대 범죄 흉포화 손 놓고 있을 건가.**

한 동안 잠잠하던 학교 폭력이 또 다시 피할 수 없는 사회적 문제로 제기되고 있다. 최근 부산에서 일어난 10대 여중생들의 폭행사건은 눈과 귀를 의심하게 만든다. 14세 안팎의 소녀 4명이 또래의 여중생 1명을 상대로 가한 폭행은 상상하기 조차 끔찍하다.

이들은 지난 1일 부산시 사상구의 한 골목에서 같은 나이의 피해자를 벽돌과 소주병, 알루미늄 사다리와 의자 등을 무차별적으로 가격해 중상을 입혀 놓았다. 1시간이 넘도록 가해진 이 무참한 폭력에 피해자는 피투성이가 된 채 꿇어앉아 있는 모습이 사회관계망서비스(SNS)를 통해 세상에 알려졌다.

주민의 신고로 119에 의해 병원으로 이송돼 치료 중이라고 한다. 이들 중 2명은 이미 지난 6월에 피해자를 공원과 노래방으로 끌고 다니며 집단폭행을 가한 것으로 알려진다. 가해자 중 한 명의 남자친구 전화를 받았다는 것 이유라고 한다. 참으로 어처구니없는 일이다. 피해자의 참혹한 모습이 알려지면서 청와대 홈페이지에는 미성년자 형사처벌을 경감할 수 있도록 한 소년법 폐지 청원이 잇따른다. 이틀 만에 서명자가 12만 명을 넘었다. 성인 조폭 세계에서나 볼 수 있음직한 이런 일이 10대의 어린 소녀들에 의해 저질러졌다는 것이 믿기지 않는다.

공권력은 과연 제 역할을 다 했나 의문이다. 기성세대는 피해자에게는 어떤 도움도 주지 못했고, 가해자에게 제동을 걸지도 못했다. 어린 여중생이 무방비 상태에서 테러를 당한 꼴이다.

첫 번째 폭행 이후 피해자가 경찰에 고소했으나 제대로 수사가 이뤄지지 않았다고 한다. 이 와중에 어제는 지난 7월 강릉에서도 여고생 A양 등 5명이 여중생 1명을 무차별 폭행한 사실이 뒤늦게 알려져 충격을 던져주고 있다. 가해자들은 자취방으로 불러내 7시간 동안이나 집단폭행을 가했고 피해자는 전치 2주의 상해 진단을 받고 현재 병원에서 치료 중이라고 한다.

전주에서는 여중생이 15층 아파트에서 투신 숨지는 안타까운 사고가 이어졌다. 또래의 여학생 5명으로부터 집단 괴롭힘을 받은 것으로 전해진다. 얼마나 많은 제2, 제3의 이 같은 폭행 사태가 숨겨져 있는지 예단하기 어렵다. 이런 폭행이 우발적이라 보기도 어렵고 가해자들이 죄책감조차 느끼지 못하는 것도 우려다. 이들은 폭행 장면이 담긴 동영상과 사진을 찍어 돌리거나 신고하면 가만두지 않겠다는 협박까지 일삼았다. 법을 고쳐서라도 보다 단호한 조처를 하는 게 옳다. 우선 피해자가 더 없는지 살피고 정부와 학교, 학부모가 발 벗고 나서야 한다(강원도민일보, 2017. 09. 06).

11. 맞장 뜨자 해놓고 패버려요, 그럼 때린 게 아니라 싸운 게 되죠

본보 취재팀은 13일 서울 A고 3학년 홍모 군을 만났다. 홍 군은 '일진' 축에는 못 끼지만 '이진' 으로 활동하며 학교폭력에 가담해왔다고 했다. 인터뷰 내용을 1인칭 화법으로 요약했다.

우린 얼굴은 잘 안 때려요. 주먹으로 가슴을 툭툭 치거나 로킥으로 종아리를 갈기죠. 주로 말이 없는 애들, 혼자 다니는 애들, 골 때리게 생긴 애들, 덜떨어진 애들, 장난 쳤을 때 반응이 웃긴 애들을 건드려요. "아, 왜 그래" "하지 말라고~" 이러면 사실 재밌으니까.

처음에는 좋게 얘기하다가 괴롭히죠. 뭐 좀 빌려 달라고 했는데 싫다고 하면 빌미 잡히는 거죠. 인정사정없이 패야 반항을 안 해요. 요즘 학교에선 보는 눈이 있어서 학교 뒤편 조용한 데나 아파트 단지 주차장 골목 같은 데서 때려요.

요즘은 몰려다니면서 때리진 않아요. 그럼 같이 있던 애들도 공범으로 신고당하니까. 때린 게 아니고 싸운 걸로 만드는 게 중요해요. "일대일로 맞짱 뜨자"고 해놓고 두들겨 패버려요. 그럼 경찰이 와도 때린 게 아니라 싸운 게 돼버리죠.

작년 6월에 말장난하다가 애를 학교 밖으로 데려가 때리는 걸 본 적이 있어요. 저를 포함해 4명이 지켜보고 1명이 때리는 거예요. 30분 동안 얼굴을 주먹으로 때리고 발로 밟아서 온몸이 아주 피투성이가 됐어요. 그 뒤엔 반항 안 하고 괴롭혀도 얌전히 있더라고요. 걔는 부모님한테도 말 못 했어요. 집에서 물어보면 그냥 넘어졌다고 했겠죠. 그 후로 아직 아무 일도 없어요. 당사자 빼곤 아무도 모르는 거죠.

요즘 들어 담임들이 면담을 좀 하는데 다 공부 잘하고 조용한 애들 위주예요. 일이 터져도 선생님들은 몰라요. 선생님한테 욕해도 눈치만 보며 가만히 있을 때가 많아요. 그러니 맞은 애들이 선생님한테 얘기할 수가 없죠. 선생님들이야 뭐 시도 때도 없이 "친구들끼리 싸우지 마라" "사이좋게 지내라" 그런 얘기만 하죠. 아무도 안 듣는….

담임 말고도 학교에 상담사가 있대요. 그런데 실제로 본 적은 없어요. 제가 상담사를 만나게 되면 신고한 놈이 죽는 날이죠. 본다고 해도 뭘 해결하겠어요. 겨우 반성문이나 쓰라고 하는 거죠. 맞은 놈이 그걸 신고하면 어떻게든 찾아가서 패요. 경찰 두 명 정도가 학교에서 계속 보초 서고 있으면 저희가 좀 쫄지도 모르죠.

CCTV는 설치해도 똑같을 거예요. 나가서 때리면 그만이니까. 설치해도 저희가 부숴 버리거나 테이프로 감싸서 안 보이게 할걸요. 괴롭히는 애들이 잔머리는 더 잘 돌아가거든요. 학교가 사라지지 않는 한 학교폭력은 사라지지 않아요. 골 때리게 생긴 애나 때리는 애나 걔들이 어디 가는 게 아니니까(동아일보, 2013. 03. 15, 김성모).

12. 학교폭력 중학생 9명 소년부 송치

지난 6월 학교폭력 피해를 호소하며 스스로 목숨을 끊은 울산의 한 중학생이 동급생들로부터 괴롭힘 등 학교폭력을 당했던 것으로 드러났다.

울산지방경찰청은 울산의 모 중학교 A군의 자살 사건 수사 결과 A군이 학교폭력을 당한 것으로 확인돼 동급생 B군 등 9명을 공동폭행 혐의로 12일 울산지법 가정법원 소년부로 송치했다고 밝혔다.

경찰은 또 경찰 수사 과정에 사건 은폐를 시도했다는 의혹을 받고 있는 중학교 교장도 입건해 조사하고 있다. 학교장은 경찰 학폭 조사관에서 뇌물공여를 암시한 혐의를 받고 있다.

경찰에 따르면 이들은 책상에 엎드린 A군을 툭툭 치고 지나가고, 모자를 잡아당기거나 점퍼를 발로 밟기도 했다. 다른 지역에서 온 A군의 말투가 이상하다고 놀리거나, A군이 앉으려는 순간 의자를 뒤로 빼는 등의 노골적인 장난도 이어졌다. 괴롭힘을 견디지 못한 A군은 지난 4월 28일 학교에서 창문으로 뛰어내리려고 시도하다가 다른 학생들에게 제지당하기도 했다. 이후 A군은 지역의 상담시설에서 상담을 받았고, 지역의 위탁형 대안학교로 학교를 옮겼다.

그러나 후속 대응은 모두 미흡했다. 학교폭력이 발생한 학교의 경우 14일 이내에 학폭위를 열어야 하지만 A군의 학교는 18일이 지난 5월 16일에 학폭위를 개최했다. 학교는 A군의 아버지에게 학폭위에 참석하라는 통보서조차 보내지 않았다. 학폭위는 A군 측의 참여 없이 '학교폭력이 아니다' 라는 결론을 내렸다.

A군은 학폭위 이후 스스로 목숨을 끊었다. A군의 아버지는 재심을 청구했지만, 지난 7월에 열린 울산시 학교폭력대책지역위원회도 청구를 기각했다. A군의 아버지는 지난 5월 20일 학교폭력을 신고했고, 이후 아무런 대응이 없자 재차 신고했다. 경찰은 A군의 죽음을 단순 변사로 처리하는 등 별다른 대응을 하지 않다가 뒤늦게 '학교폭력이 맞다' 는 결론을 냈다(서울신문, 2017. 09. 12, 박정훈).

☞ **괴롭힘·폭행 등 혐의**

울산에서 지난 6월 중학생의 투신자살과 관련, 경찰이 동급생 9명이 숨진 학생을 평소 때리고 괴롭힌 사실을 확인했다.

울산경찰청은 올해 3~4월 울산 동구의 한 중학교에서 ㄱ군을 때리거나 괴롭힌 동급생 9명을 폭행 등의 혐의로 울산지법 소년부로 송치했다고 밝혔다. 경찰은 동급생들은 책상에 엎드린 ㄱ군을 툭툭 치고 지나가고, 모자를 잡아당기거나 점퍼를 발로 밟기도 했다고 설명했다.

또 다른 지역에서 이사를 온 ㄱ군의 말투가 이상하다고 놀리거나, ㄱ군이 교실 책상에 앉으려는 순간 의자를 뒤로 빼는 등 심한 장난도 이어졌다고 경찰은 덧붙였다.

동급생들의 괴롭힘과 폭행사건 이후 학교측은 14일 이내에 학교폭력위원회를 열어야 하지만 학교측은 18일이 지난 5월 16일에 폭력위원회를 여는 등 늑장대응한 것으로 드러났다. ㄱ군 또는 가족의 참여 없이 열린 학교폭력위원회가 열렸고, 회의결과도 '학교폭력이 아니다'는 것이었다. 학교폭력위원회가 열린 이후 ㄱ군은 투신자살했다.

ㄱ군의 아버지는 학교폭력 재심을 청구했지만, 지난 7월 열린 울산시 학교폭력대책지역위원회도 청구를 기각했다. 이 때문에 두 차례의 학교폭력위원회 회의 과정에서 학교폭력이 인정됐다면 ㄱ군의 자살을 막을 수 있었을 거란 반응이 나오고 있다(경향신문, 2017. 09. 12, 백승목).

☞ 학교는 덮기 바쁘고…
'울산 중학생 자살 사건'의 원인이 동급생들의 지속적인 괴롭힘 탓인 것으로 경찰 수사에서 확인됐다. 학교 측의 은폐 가능성까지 제기된 가운데 교장은 경찰 매수를 시도한 혐의(뇌물공여 의사표시)로 입건됐다.
울산지방경찰청은 6월 15일 A중학교 1학년 이모 군이 스스로 목숨을 끊은 사건과 관련해 같은 학교 학생 9명을 폭행 등의 혐의로 12일 울산지법 소년부에 송치했다. 가해학생은 당초 8명으로 알려졌으나 경찰 수사 과정에서 1명이 늘었다. 만 10~14세 미만 형사미성년자는 형사처벌을 받지 않는 대신 가정법원 송치 후 보호처분이 내려진다.

경찰에 따르면 이들은 올 3월부터 숨진 이 군이 사투리를 쓰지 않는다는 등의 이유로 지나가면서 뒤통수를 때리거나 모자를 잡아당기고 점퍼를 발로 밟는 등 지속적으로 괴롭힌 혐의다.

이 군은 4월 한 차례 자살을 시도한 뒤 청소년 정신건강증진센터에 학교폭력 피해를 털어놓았다. 하지만 5월 16일 열린 학교폭력대책자치위원회(학폭위)는 폭력이 아니라고 결론 내렸다.

같은 달 20일 이 군의 아버지는 학교폭력 사실을 경찰에 신고했지만 적극적인 수사가 이뤄지지 않았다. 결국 이 군은 '가족에게 미안하다' 는 내용의 유서를 남기고 스스로 목숨을 끊었다. 이 군의 죽음은 경찰에서 단순 변사로 처리됐다. 7월 이 군의 아버지는 아들의 억울함을 풀어달라며 울산시 학교폭력대책지역위원회에 재심을 요청했지만 기각됐다. 이 과정에서 이 군 아버지가 학교폭력을 암시하는 메모를 조작해 논란이 일기도 했다.

경찰은 재수사 과정에서 경찰관 매수를 시도한 혐의로 B 교장을 입건해 수사 중이다. B 교장은 조모 경사를 향해 사건을 무마해 달라며 손가락 두 개를 펴 보였고 "이거면 되겠느냐" 는 발언을 했다는 의혹이 제기됐다. B 교장은 혐의를 전면 부인하고 있다.

학교폭력이 이 군 자살의 원인으로 드러나자 학교와 경찰, 지역사회의 책임론이 제기되고 있다. 이날 오후 울산경찰청에서 열린 학교폭력 및 청소년 자살 예방 정책포럼에서 여성청소년수사계장은 "이번 사건은 학폭위와 경찰, 교육청, 전문 상담기관 등 모든 관련 기관의 처리가 부적절했다" 고 말했다.

울산경찰청장은 "경찰과 교육청 그 누구도 책임을 피할 수 없다" 며 "진정성 있는 자세로 대안을 마련해 더 이상 안타까운 일이 발생하지 않도록 해야 한다" 고 말했다.

한편 정부는 청소년 폭행 사건과 관련해 관계부처 합동 태스크포스(TF)를 구성한 뒤 소년법 등 관련법 개정을 검토하기로 했다(동아일보, 2017. 09. 13. A14, 김동혁·정재락).

☞ '울산 중학생 자살' 가해자 檢 송치…경찰 '학폭' 예방 포럼 열어

지난 6월 15일 울산의 한 문화센터 옥상에서 투신해 숨진 울산 모 중학교 1학년생 이모군 사건을 수사한 울산경찰청은 이군을 때리거나 괴롭힌 동급생 9명을 폭행 등 혐의로 12일 울산지방법원 소년부로 송치했다고 이날 밝혔다.

경찰에 따르면 가해 학생들은 학기 초부터 이군이 엎드려 자고 있을 때 등을 치며 지나가거나 모자를 잡아당기고 상의를 발로 밟는 등 이군을 지속해서 괴롭혔다.

괴롭힘을 견디다 지난 4월 28일 자살 시도를 한 이군은 위탁학교(학력 인정 임시학교)로 옮겼지만 '학교에서 쫓겨났다'며 학교 폭력을 당했다는 소문이 돌자 괴로워하다 6월 15일 결국 투신했다.

이군의 아버지가 이군이 투신하기 전 경찰에 학교 폭력을 신고했지만 적극적인 조사가 이뤄지지 않았다. 이군의 죽음은 단순 변사로 처리됐다. 학교폭력대책자치위원회(학폭위)와 학교폭력대책지역위원회 역시 학교 폭력이 아니라고 결론 냈다.

하지만 7월 18일 이군 옷주머니에서 "아이들이 괴롭혔다"는 쪽지가 나오면서 사건이 알려졌고, 경찰이 재수사에 들어갔다. 한 달 뒤 아버지가 "너무 억울해 쪽지를 조작했다"고 밝히면서 충격을 주기도 했다.

경찰은 가해 학생뿐 아니라 아버지의 주장대로 이 사건을 조사하기 위해 본청에서 파견한 경찰 A씨가 유서 조작에 가담했는지를 조사했다. 이군이 지난 4월 자살 시도를 한 뒤 학교와 울산시교육청, 담당 학교전담경찰관의 후속 조치에 문제가 없었는지도 조사하고 있다. 또 이 학교 교장이 뇌물을 주려 했다는 A씨의 진술에 따라 교장을 뇌물 공여 의사 표시 혐의로 피의자 입건해 수사하고 있다. 교장은 혐의를 부인하고 있다.

울산지방경찰청과 울산시교육청이 12일 오후 울산 중구 성안동 울산지방경찰청 대강당에서 학교 폭력 및 청소년 자살 예방 정책포럼을 개최한 가운데 경찰청장이 인사말을 하고 있다. [뉴시스]

이 사건이 알려진 뒤 학교·경찰·지역사회의 미흡한 대처가 이군을 죽음으로 몰았다는 비판이 일었다. 지난 7월 14일에도 울산의 한 중학생이 스스로 목숨을 끊었다. 이에 울산경찰청은 울산시교육청과 함께 12일 오후 3시 '학교 폭력 및 청소년 자살 예방 정책포럼'을 열었다. 이날 포럼에는 울산지방경찰청장, 시교육청 교육국장을 비롯해 학교 폭력 담당 경찰, 학교전담경찰관, 각 중학교 학생생활부장, 상담교사 등 200여 명이 참석했다. 황 청장은 인사말에서 "이번 사건과 관련해 경찰과 교육청 등 그 누구도 책임을 피할 수 없다"며 "진정성 있는 자세로 대안을 마련해야 한다"고 말했다.

토론회에서는 김영준 울산경찰청 여성청소년수사계장, 이종한 울산시교육청 장학사, 박대광 남목고 교사, 문석호 울산정신건강복지센터장 등 학교 폭력 관련 인사 8명이 토론자로 나서 두 사건을 분석하고 학교 폭력 전담기구, 학폭위, 학교 폭력신고 117센터, 학교전담경찰관 운영, 학교 자살예방교육 등의 문제점과 개선사항에 대해 머리를 맞댔다.

김영준 계장은 "최근 일어난 사건은 전담기구뿐 아니라 학폭위, 경찰, 시교육청, 상담기관 등 모든 관련 기관에서 사후 처리가 부적절했다면서 상처받은 학생을 치유할 수 있는 사회안전망이 필요하다"고 지적했다.

토론에 참여한 배효욱 울산경찰청 학교 폭력 업무 담당 경위는 "대부분의 학교에서 학교 폭력 전담기구와 학폭위 위원이 중복 구성돼 전담기구가 조사한 학교 폭력 내용이 학폭위 결론으로 이어지는 문제점이 있다"며 "전담기구는 객관적 조사를, 학폭위는 조사를 바탕으로 공정하게 결정할 수 있게 해야 한다"고 주장했다.

울산경찰청은 학교 폭력 전담기구와 학폭위 위원을 별도로 구성하는 방안을 관계기관에 건의할 계획이라고 밝혔다(중앙일보, 2017. 09. 12, 최은경).

13. 학교폭력 침묵의 카르텔 깨자

학교폭력이 가장 많이 발생하는 공간은 학교다. 청소년폭력예방재단의 2010년 학교폭력 실태조사 결과를 보면 학교폭력 피해를 당하는 장소는 교실, 복도, 화장실 등 학교 안이 75.2%를 차지했다. 피해를 당하는 시간 역시 학교의 쉬는 시간, 점심시간, 수업시간 등 학교 안이 68.8%나 됐다. 그런데 학교에는 가해자와 피해자 두 부류의 학생만 있는 건 아니다.

학교폭력을 봐도 모른 척 한다는 학생이 35%에서 62% 늘어났으며, 말린 다는 응답이 57.2%에서 31%로 줄었으며, 그리고 두려움 때문에 방관·침묵, 일진 과 친분 따라 계급 형성된다. 이러한 "부당한 교실안 권력관계를 돌려놔야" 한다.

지난 2009년 학교폭력이 일어난 한 중학교 1학년 교실. 당시 이 반 학생이던 ㄱ 군이 학교폭력 담당 교사에게 낸 '교실 안 권력 피라미드'에는 반 학생들이 모 두 7가지 '계급'으로 분류돼 있다. 서열 4위 계급에 속하는 ㄱ군이 그린 권력 피 라미드 정점에 있는 '일짱'은 '모든 일을 시키는 아이'다. 2인자도 '심부름을 시키고, 그것을 거절하면 때리는 아이'지만, 일짱에게 초등학교 때 '왕따'를 당 한 적이 있어 2위에 머물렀다. 셋째 서열은 일짱과 친한 아이들로, 일짱의 '후광 효과'에 힘입어 자신보다 서열이 낮은 아이들에게 심부름을 시키거나 괴롭힌다. 그리고 넷째~여섯째 서열 아이들은 더 높은 서열의 아이들에게 괴롭힘을 당하거 나 그들의 심부름을 해주면서, 동시에 아래 서열의 아이들에게 같은 행동을 반복 한다. 맨 아래인 일곱째 서열 아이들은 '찌질이'로 불리는 가장 약한 아이들이다. 당시 이 반의 학교폭력 문제를 조사했던 교사는 "가해자는 서열의 가장 위에 있는 '일짱'만이 아니었다. "일짱과 친해지고 싶거나, 자신이 피해를 입지 않기 위해, 또는 피해를 입은 경험 때문에 침묵하거나 또 다른 가해자가 되는 수많은 학생들 이 있었다"며 "이런 '학급 카스트'를 이해하지 않고는 학교폭력을 예방할 수 없다"고 말했다.

교실에서는 새 학년이 시작되는 3월 한 달 간 여러 또래 그룹이 생기는데, 이들 의 관계는 평등하지 않다. 인천의 한 고등학교에 다니는 ㄱ아무개군은 "공부를 잘하거나, 말을 재밌게 해서 인기가 있거나, 힘이 센 아이 등 '잘나가는' 친구들 이 반의 주류가 되고, 그 주위에 조금 모자란 애들이 모여 그들을 따르고, 그보다 못한 아이들은 비주류가 된다"며 "교실에서 애들을 보면 '쟤는 주류다', '쟤 는 비주류다' 이렇게 다 눈에 들어온다"고 말했다.

경기도의 한 고등학교에 다니는 ㄴ아무개양도 "담배를 피우거나 친화력이 있는 이른바 '노는' 애들이 반에서 '일진'이 되고, 일진과의 친분관계에 따라 반에 계 급이 생긴다"며 "서로 동등한 관계라기보다는 일종의 상하관계로, 일진 그룹이 반 문화를 주도한다"고 말했다.

이런 또래 그룹 간의 관계가 권력화 되면서 힘의 불균형이 발생하면, 가해·피 해 학생뿐 아니라 가해를 당하면서 피해를 주고 이에 동조하거나 침묵·방관하는 등 다양한 형태의 학교폭력이 발생한다. 김대유 경기대 교수(교직학과)는 "학교폭 력의 가해자는 이를 주도하는 '일진'뿐 아니라 이를 알면서도 방관·방조하는 나머지 전체 학생도 포함된다" 고 말했다.

학생들 사이에는 권력관계가 존재하고, 학생들은 자신이 속한 권력관계에 따라 학교 폭력의 가해자, 피해자가 될 뿐 아니라 돕거나 방관하며 학교 폭력에 개입하는 것으로 밝혀졌다.

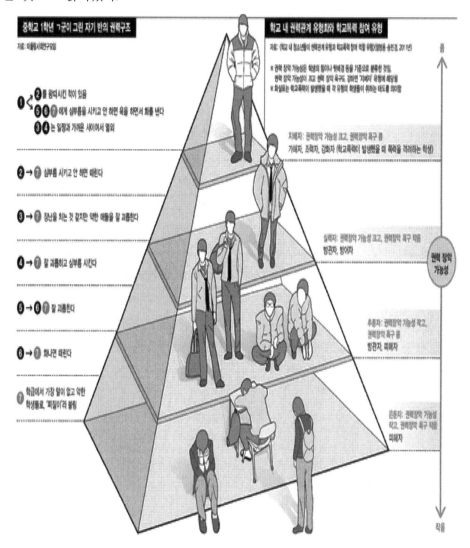

엄명용 성균관대 교수 등이 지난 2009년 서울·경기 초중고 7개 학교 학생 1,822명을 대상으로 설문조사를 벌인 결과 학생들은 힘이 세거나, 리더십이 있거나, 힘을 갖기 위해 노력하는 등의 기준에 따라 지배자, 실력자, 추종자, 은둔자 4가지 유형으로 분류됐다.

지배자는 힘이 세거나, 친구들과 잘 어울리는 등 반에서 권력을 가질 수 있는 자원이 많고 힘을 갖기 위해 노력하는 학생으로 흔히 '노는 아이'로 표현된다. 또래 관계의 강자다. 이와 정 반대로 권력을 가질 능력도 없고 힘을 추구하지도 않는 학생군은 은둔자 유형이다.

권력을 가질 능력이 있지만 힘을 추구하지 않으면 실력자로 분류되며, 권력을 가질 능력이 없으면서 힘을 추구하면 추종자가 된다. 응답자 중에는 추종자(50.8%)가 가장 많았고 지배자(27.2%), 실력자(19%), 은둔자(2.9%)가 뒤를 이었다.

네 가지 유형은 실제 학교 폭력을 경험했을 때 다른 반응을 보인다. 지배자 유형의 학생들은 가해자, 조력자, 가해 행동을 격려하는 강화자가 될 가능성이 많았다. 추종자 유형의 학생들은 힘을 얻기 위해 지배자의 비위를 맞추며 '권력의 언저리'에 있다 보니, 학교 폭력의 피해자가 되거나 이를 묵인할 개연성이 높았다.

반면 은둔자 유형의 학생들은 '약자'라 피해 가능성이 높았다. 실력자 유형의 학생들은 뚜렷한 경향성은 없었으나, 방관자나 피해자를 도와줄 수 있는 방어자로서의 역할에 대한 응답이 많은 편이었다.

엄명용 교수는 "학생들이 자신이 위치한 권력관계에 따라 어떻게 행동할지에 맞춰 지배자에게는 친구들과 평화로운 관계를 맺는 법을, 영향력이 있는 실력자에게는 방어자 역할을, 추종자와 은둔자에게는 피해 사실을 알리는 법을 가르치는 등 맞춤식 예방 교육이 진행돼야 한다"고 말했다(한겨레, 2012. 01. 12, 김민경).

실제 청소년폭력예방재단의 2007~2010년 학교폭력 실태조사를 보면 '학교폭력 목격시 대응행동'에 대한 질문에 '모른척한다'는 대답이 2007년 35%에서 2010년 62%로 2배 가까이 늘었다. 반면 '말리거나 대응한다'는 응답은 57.2%에서 31%로 줄었다.

지난해 12월 청주의 한 중학교에서는 한 학생이 자신의 발에 걸려 넘어진 학생을 '기분이 나쁘다'는 이유로 때리다 숨지게 한 사건이 일어났다. 당시 경찰에서 참고인 조사를 받은 7명의 학생은 모두 "모르겠다. 보지 못했다"고 진술한 것으로 알려졌다. 이에 대해 마을공동체교육연구소는 "심각한 폭력이 가해지고 있는데도 아이들이 도와주지 못한 걸 보면, 가해자가 학교 내 위계 서열의 상위에 있는 학생일 가능성이 높다"고 분석했다.

전국교직원노동조합 학생생활국장은 "학급의 권력관계를 보면 가해자와 피해자뿐 아니라 가해자에게 적극적으로 동조하는 학생, 가해자에 대한 두려움 때문에 가해자에게 동조하는 학생, 피해자가 될까봐 무관심한 척하는 학생, 가해자의 행동이 부당하다고 생각하지만 두려움 때문에 침묵하는 학생이 보인다"며 "이런 권력관계를 그대로 놔두면 가해자를 처벌하고 피해자를 상담해도 다시 폭력이 발생할 수 있기 때문에 학급 내 부당한 권력관계를 평등하고 평화로운 관계로 돌려놓는 것이 필요하다"고 지적했다.

14. 교단 떠나는 교사들

충북 청주의 A중학교에서 근무하는 이모 교사는 지난 6월 교육청에 명예퇴직을 신청했다. 교단에 몸담은 지 25년이 넘은 이 교사는 "더 이상 미련이 없다. 계속 학교에 남아 있을 이유가 있느냐"고 되물었다. 그는 자식뻘도 안 되는 학생에게 무시를 당하는데다 가중되는 업무 때문에 스트레스가 심각하다고 토로했다. 최근 인근 학교 동료교사가 여중생에게 폭행과 입에 담지 못할 폭언을 듣고 병가를 냈다는 소식을 접하고 은퇴 결심을 굳혔다.

제천시의 한 고등학교에 근무하는 박모 교사도 과감히 사표를 던졌다. 정년이 10여 년 가량 남았지만 더 이상 학교에 남아있다가는 무슨 일을 당할지 걱정스러워서다. 박 교사는 "여러 가지 이유로 학교를 떠나는 교원이 늘고 있지만 가장 큰 원인은 교권침해일 것"이라고 말했다. 그는 초임교사 시절 품었던 각오를 되돌아보기도 했지만 가족과 상의해 퇴직하기로 결정했다.

교단을 떠나는 교사가 늘고 있다. 갈수록 심각해지는 교권위축에다 무너지는 교단을 지키는데 한계에 직면했기 때문이다. 충북교육청은 최근 도내 교원을 대상으로 명예퇴직 신청을 받은 결과 초등 56명, 중등 176명(공립 156명, 사립 20명) 등 232명이 신청했다고 15일 밝혔다. 이는 지난해 144명(초등 48명, 중등 96명)보다 88명(61%) 늘어난 규모다. 2010년 114명(초등 49명, 중등 65명)보다는 118명(103%)나 늘어났다. 올 초 신학기 시작 전에도 2010년 75명보다 67명(89%)이 늘어난 142명의 교원이 명예퇴직을 신청했다. 중등의 경우 2010년 65명에서 올해는 176명으로 증가세가 갈수록 심각해지는 추세다.

전국적으로는 올해 4,743명(2월 2,879명, 8월 1,864명)의 교원이 명예퇴직 한다. 이는 지난해 4,151명보다 592명 증가한 수치다. 시·도별로는 서울 1,223명, 경기 680명, 부산 423명, 경북 337명, 경남 288명, 대구 234명 등이다.

교사들이 교단을 계속 떠나는 것은 학교폭력 등 학생지도의 어려움이 가중되면서 교권의 위기가 갈수록 심각해지고 있기 때문이라는 분석이다. 일부 교사들은 학생인권조례제정 움직임 등 학생인권에 대한 목소리는 높아지는 반면 교권침해를 예방하기 위한 노력은 찾아볼 수 없다는 점을 지적하고 있다. 지난 5월 한국교총이 명예퇴직과 관련된 설문조사를 벌인 결과 응답자의 94.9%가 '교육환경 변화에 따른 어려움' 이라고 답했고, 교육환경 변화로는 70.7%가 '학생인권조례 추진 등으로 학생지도의 어려움 및 교권추락 현상' 을 꼽았다고 발표했다.

늘어나는 명예퇴직 교사
※전국 초·중·고 명예퇴직 교사 수, 단위:명

2010년 2월	2012	8월 1536
2011년 2월	2548	8월 1270
2012년 2월	2879	8월 1864

자료:교육과학기술부

충북교육청 관계자는 "최근 2~3년 사이 건강문제 등 개인적인 이유로 학교를 떠나는 교사들이 계속 늘어나는 추세" 라며 "심각해지는 교권침해 문제도 주요 원인 중 하나일 것" 이라고 말했다(중앙일보, 2012. 08. 16, 25면).

15. 추락하는 교권

제36회 스승의 날이 일주일 앞으로 다가왔지만 교권침해 사례가 끊이지 않으면서 교육계 분위기는 그리 밝지만은 않다. 학생들은 교사에게 폭언·욕설을 서슴지 않고, 잘못된 것을 바로잡기 위해 교사가 훈계라도 하려고 하면 스마트폰 꺼내 동영상을 촬영하면서 '경찰에 고발한다'고 말하는 세상이다. 이 같은 암담한 현실에 상당 수 교사들은 사명감과 자신감을 잃고 교단을 떠나는 선택을 하고 있다. 추락하고 있는 교권의 현실과 개선책은 무엇인지 살펴본다.

지난해 4월 A고등학교에서는 B교사가 C학생(1학년)에게 폭행을 당해 인중이 2㎝ 정도 찢어지는 사건이 발생했다.

당시 C학생은 수업을 방해한 D학생을 지도하는 B교사에 대해 웃고 장난을 쳤다. 이에 B교사는 '왜 웃고 장난을 치느냐, 선생님의 행동이 웃기니?' 라고 물었다. B교사의 질문에 C학생은 '너 하는 꼬라지가 싸가지 없으니 O같게 굴지마' 라는 말과 함께 책을 집어 던졌고, 책에 맞은 B교사가 고개를 숙이자 C학생은 교탁으로 달려와 교사의 머리를 폭행했다.

교사는 학생에게 폭언·욕설을 듣고 폭행까지 당했지만, 학생의 장래를 생각해 고소를 취하하고 타 지역으로 전보를 갔다.

A초등학교에서는 한 학생의 아버지가 '학교폭력이 있었다' 며 문제를 제기, 학폭위를 열었으나 증인과 증거가 없고 피해를 당했다고 주장하는 내용이 계속 바뀌는 탓에 혐의 없음으로 종결됐다.

악몽은 이 때부터 시작됐다. 원하는 결과가 나오지 않아서 인지 이 학생의 아버지는 담임교사에게 하루에 10~20차례에 걸쳐 전화 혹은 문자로 폭언을 했으며, 여기에서 그치지 않고 교감, 교장, 교무실 보조사, 학폭 담당교사 등에게 계속 전화를 걸어 지속적으로 업무 및 수업을 방해했다. 명백한 교권침해지만, 학교는 교육적 차원에서 대응을 자제하고 있다.

학생들로부터 폭언·욕설은 물론 폭행까지 당하는 교사들이 끊이지 않는 등 교권침해가 심각한 수준에 이르렀다. 7일 대전·세종·충남교육청에 따르면 최근 3년간(2014~2016년, 세종시 2015~2016년) 대전 704건, 충남 506건, 세종 35건 등 총 1,245건의 교권침해가 발생했다. 1,245건 중 1,210건이 학생에 의한 교권침해였으며, 이중 절반이 넘는 695건(55.82%)이 폭언과 욕설이었다. 이 뿐만 아니라 성희롱 30건, 폭행도 18건이나 발생한 것으로 나타났다.

이처럼 교권침해가 심각한 수준에 이르렀지만, 교사들은 학생들의 미래를 생각해 대부분 참고 넘어간다. 하지만 교육자로서 사명감과 자신감을 잃게 만들어 사기 저하에 따른 교육의 질 하락으로 이어지고 있다는 지적이다.

또 학부모들에 의한 교권침해는 발생 건수는 적지만, 학부모가 소송을 거는 경우도 있어 교사들은 더 큰 고통을 호소한다.

실제로, 한국교원단체총연합회가 지난달 5일 발표한 '2016년 교권회복 및 교직 상담 결과 보고서' 에 따르면 지난해 한국교총에 접수된 교권침해 상담 신청 572건 중 학부모에 의한 피해가 267건(46.68%)으로 가장 많았다.

한국교총 관계자는 "학부모의 교권침해와 관련 상담 건수가 많은 것은 학부모의 일방적인 폭행으로 인한 소송도 있고, 학부모가 소송을 거는 경우가 많기 때문"이라며 "소송이 진행될 경우 소송비용 등 많은 문제가 발생해 많은 교사들이 교총에 상담을 신청한다"고 설명했다.

이런 가운데 한국교총이 교권침해 문제를 해결하기 위해 '교원지위법' 개정을 위해 노력한 결과, 현재 국회에 2건의 교원지위법 개정안이 발의되면서 교권침해 문제가 해결 국면에 접어들 지 귀추가 주목되고 있다.

유병로 대전교원단체총연합회장은 "법안은 대선 후보 모두 조속히 처리해 줄 것을 약속한 만큼 제도적인 부분은 긍정적"이라며 "다만, 교육은 사랑인데 사랑이 매말라가는 것이 안타깝다. 이를 해결하기 위한 노력도 함께 이뤄져야 한다"고 말했다(중도일보, 2017. 05. 08. 1면, 정성직).

☞ **교권은 없다?**

스승의 은혜에 감사하고 그 뜻을 기리기 위해 제정된 기념일이 스승의 날이다. 가르침에 대한 고마움을 되새기고, 교육의 참 의미를 성찰하기 위한 스승의 날 본질이 퇴색되고 왜곡돼 가뜩이나 위축된 교권에 큰 짐이 되고 있다.

입시 위주의 교육과 전인 교육 부재를 걱정하는 목소리가 높고, 사교육이 지나치게 중대시되면서 공교육이 위기로 내몰리는 교육계 현상을 우려하는 목소리도 점차 커지고 있다. 교육계 안팎에서 '교권 추락'은 호랑이 담배 피던 시절의 푸념이고, 교권이 아예 사라졌다며 '교권 제로'라는 자조적인 평가가 나온 지도 이미 오래다.

이 같은 상황에서 한동안 시끄러웠던 학생인권조례 제정 추진이 혼란스런 교육계에 기름을 끼얹어 어린 학생들까지 스승에 대한 존경은 커녕 '학교에서 월급받고 수업하는 사람'으로 전락시키고 있다.

최근 음성 모 여중에서 어린 학생들이 교사의 수업법을 문제 삼아 교사를 무릎 꿇리고 잘못을 빌게 만든 사건은 스승에 대한 학생들의 평가가 그대로 드러난 예라고 하지 않을 수 없다. 스승에 대한 학생들의 행동은 결코 용서받을 수 없는 행위지만 사실이 왜곡되고, 확대됐다며 불끄기에 급급한 옹색한 변명만 나오고 있어 안타깝다.

교육은 어떠한 경우에도 포기할 수 없다. 교육계가 큰 혼란이 휩싸이고, 교권이 사라졌어도 교육의 본질적인 가치를 외면해서는 안 된다. 교육의 중심에는 반드시 스승이 있어야 한다.

참다운 스승의 존재는 현재의 교육과 사회를 비춰보는 거울인 동시에 공동체의 미래를 전망하는 창이라고 할 수 있다. 스승을 존경하지 못하는 사회가 건강하다고 할 수 없고, 미래를 기약하기는 더더욱 어렵다.

스승이 사회적으로 존경받고 자긍심을 갖게 될 때 그 사회에 희망이 있다. 그렇지만, 최근 1~2년간 교직 만족도가 떨어졌다는 응답이 81%에 달할 정도로 교권의 미래는 암울하기만 하다. 교권 회복과 참 스승을 되살리는 일이 시급하다. 위기의 학교와 교육을 살리는 일도 결국 교권이 회복되고 확립됐을 때 가능하다. 교육계의 문제가 아닌 이 사회 전체가 안고 있는 절대적으로 시급한 현안이다. 내년 스승의 날에는 '희망가'를 듣고 싶다(충청일보, 2012. 05. 29, 김헌섭).

☞ **위기의 교사들, 교권 회복이 시급하다.**

사회적으로 물의를 빚은 사건이 발생했다. 일명 '빗자루 폭행' 사건이다. 즉 경기 이천경찰서는 지난해 12월 기간제 교사를 폭행하고 욕설을 한 혐의(폭력행위 등 처벌에 관한 법률 위반)로 경기 소재 A고등학교 학생 5명을 입건했다.

앞서 SNS를 통해 A고등학교 학생들이 남교사를 폭행하고 욕설을 하는 동영상이 공개됐다. 동영상에는 학생들이 교탁에 선 교사에게 다가가 빗자루로 때리고 교사의 머리를 밀치는 모습이 담겨 있다. 또한 학생들이 "야, 이 ○○○아!"라고 교사를 향해 침을 뱉으며 욕설을 한 장면도 포착됐다.

'빗자루 폭행' 사건은 곧바로 교권 침해 논란으로 이어졌다. 특히 피해 교사가 기간제 교사라는 점에서 기간제 교사 문제가 여론의 도마 위에 다시 올랐다.

사실 교권 침해는 어제 오늘의 일이 아니다. 국회 교육문화체육관광위원회 소속 윤관석 의원이 교육부로터 제출받은 국정감사 자료에 따르면 2014년 발생한 학생의 폭언·폭행 관련 교권 침해 건수가 2531건, 수업 진행 방해 건수가 822건으로 나타났다.

또한 한국교원단체총연합회(이하 교총)에 따르면, 인천 중학교에서 학생이 기간제 여교사 폭행, 충북 고교에서 수업 중 딴 짓을 하는 학생을 지도하는 가운데 어깨를 툭툭 쳤다는 이유로 여교사 폭행, 강원도 춘천에서 초등학생 여교사 폭행, 전남 순천 중학교 여학생이 50대 여교사와 머리채 잡이를 벌인 사건, 경기 성남 초등학교에서 친구들과 싸우는 것을 말리던 58세 여교사가 손자뻘 초등학생에 의해 폭행당한 사건, 대구 중학교에서 담배 뺏긴 중학생이 교감 폭행, 부산 여중생의 여교사 폭행사건 등 교권 침해 사례가 끊임없이 발생하고 있다.

이렇게 볼 때 '군사부일체(君師父一體·임금과 스승과 아버지의 은혜는 같다)'는 이제 옛말이다. 스승, 즉 교사의 권위가 추락하고 있기 때문이다.

그러나 교사가 바로 서지 않고서는 학교가, 교육이 바로 설 수 없다. 시대가 아무리 변해도 학생들의 교육과 지도에 대한 책임은 교사의 몫이다. 교사가 존중과 신뢰를 바탕으로 학생 교육과 지도를 실천할 때 학교가 바로 서고, 교육이 바로 선다. 따라서 무너진 교권을 회복하는 것이 시급한 과제다.

다행히도 지난해 말 국회에서 '교원의 지위 향상 및 교육활동 보호를 위한 특별법(이하 '교권보호법)'이 통과됐다. 이에 따라 앞으로 학생 등에 의해 폭행·모욕 등 교권 침해가 발생할 시 피해 교원에 대한 보호 조치가 즉시 이뤄지고 사건 내용과 조치 결과는 교육부 장관이나 교육감에게 보고된다. 교육감이 정한 기관에서 특별교육이나 심리치료도 실시되며 상담 등 피해 교원의 치유에 필요한 전문 인력과 시설을 갖춘 기관·단체가 교원치유지원센터로 지정된다.

하지만 이 정도로는 부족하다. '교권보호법'이 사전 예방보다는 사후 조치에 초점이 맞춰져 있기 때문이다. 이에 교육계에서는 보다 실질적인 교권 보호 대책을 요구하고 있다. 실제 교총은, 문제행동 학생에 대한 교사의 실질적 지도권 강화 방안 마련, 민·형사상 소송 제기에 대한 지원책 마련 등을 '교권보호법'의 후속 조치로 제안했다.

선진국들의 교권 보호 정책도 주목된다. 2014년 초등학교 여교사를 폭행한 학부모에게 징역 20년형을 내린 미국이 대표적이다. 당시 학부모는 여교사를 밀어 넘어뜨리고 여교사에게 발길질도 서슴지 않았다. 학부모는 평소 학교 자원봉사를 한 자신을 교사가 알아보지 못하자 화가 폭발한 것으로 알려졌다.

지난해 1월에는 미국 뉴저지주 고등학교 교실에서 환갑을 넘긴 교사에게 휴대전화를 압수당한 학생이 교사의 허리춤을 잡고 끌고 나가 내동댕이친 사건이 발생했다. 해당 학생은 정학 처분을 받은 것은 물론 경찰에 체포, 3급 폭행 혐의로 기소됐다. 이처럼 미국은 교사 폭행 시 가중 처벌을 하는 등 각종 교권 침해에 대응하기 위한 세부 지침을 두고 있다.

교권 보호를 위한 법과 제도적 장치 마련을 넘어 교권에 대한 인식 변화가 필요하다는 목소리도 나오고 있다. 즉 사회가 교권을 제대로 인식함으로써 교사의 권위를 세울 필요가 있다는 지적이다.

교총은 "교권보호법의 국회 통과로 교권 보호를 위한 제도적 안전장치가 강화됐지만 교권의 중요성에 대한 사회적 인식 전환이 필요하다"면서 "교권은 교원 개인의 인권 및 교육할 권리와 학생의 학습권 보호라는 개념이 합쳐진 것이다. 교권이 교원의 학생 교육을 위한 전문성과 열정의 가장 기초가 된다는 인식이 확산되길 기대한다"고 강조했다(대학저널, 2016. 01. 25, 정성민).

16. '교권 3法' 정기국회서 조속 개정해야

교권 침해·추락으로 교원들의 교육활동과 학생지도가 위축되는 가운데 이번 정기국회에서 교권강화를 위한 법률 개정이 시급하다는 목소리가 높다. 교총은 교원지위향상 및 교육활동 보호를 위한 특별법(교원지위법), 학교폭력예방 및 대책에 관한 법률(학폭법), 아동복지법 등 '교권 3法' 개정에 총력 활동을 펼 계획이다.

이들 개정안은 최근 3년간 1만 3천여 건이 발생할 만큼 빈번한 교권침해에 적극 대응하기 위해서다. 실제로 교문위 분석에 따르면 2014년 이후 발생한 학부모 등 제3자에 의한 교권침해 232건 중 형사고발이 이뤄진 건수는 18건에 불과해 교원들은 속앓이를 해야 했다. 심지어 국회입법조사처 조사에 따르면 교권침해 시 피해 교원이 학교를 옮기는 비율은 70%인 반면 가해학생이 퇴학·전학한 비율은 11%에 불과했다. 교총은 지난해 대한변호사협회와 토론회를 개최하며 교원지위법 개정안을 도출하고 염동열 의원과의 협의를 통해 법안 발의를 끌어냈다.

지난 5월 이동섭 국민의당 의원이 발의한 학폭법 개정안도 주된 관심사다. 현재 학교별로 설치된 학교폭력대책자치위원회(학폭위)를 교육지원청 소속으로 설치해 심의의 전문성을 높이고 학교 부담을 덜어주려는 내용이다.

학폭위 처분에 대한 불복 사례 증가가 무고, 소송, 폭행으로 비화되는 현실에서 설치 주체를 상급기관으로 하자는 요구도 꾸준히 제기돼 왔다. 2013년 702건이던 불복 건수는 2016년 1149건으로 증가했다. 교육부에 따르면 학폭위 처분에 불복해 학교 등을 상대로 낸 행정소송이 2012년 50건에서 2015년 109건으로 3년 새 두 배 이상 증가했다. 지난해 강원도 철원에서는 한 학부모가 학폭 처분에 격분해 칼을 들고 교감을 위협하는 사건이 발생해 충격을 던져줬다.

서울의 한 중학교사는 경미한 사안은 교육적 종결이 가능하도록 교사에게 권한을 주고 심각한 사안은 교육청 학폭위에서 심의하도록 시스템을 전환하는 것이 바람직하다"고 말했다. 교총도 학폭위의 교육청 설치가 필요하다는 입장이다.

국회입법조사처는 최근 발간한 '2017 국정감사 정책자료'에서 중대 교권침해에 대해 교육감의 수사기관 신고를 의무화하고, 강제 전학이 가능하도록 법 개정을 제안했다. 아울러 학폭위를 교육지원청에 설치하는 방안을 제시했다.

교권침해법으로 원성이 자자한 아동복지법에 대해서는 교총이 개정안을 마련해 의원입법을 강력히 추진할 방침이다. 정당한 교육활동이나 미미한 실수조차 '학대'로 몰려 수사를 받고 해임까지 당하는 억울한 교사가 속출하고 있어서다. 또 사안의 경중 없이 5만원 벌금형만 받아도 해임, 10년간 취업을 금지한 것은 과잉금 지원칙에 반하는 등 위헌적이라는 판단이다.

울산의 한 중학교사는 "지도 차원에서 어깨에 손을 올리거나 야단만 쳐도 '가만 있지 않겠다'고 반발한다"며 "교사의 손발을 묶는 아동복지법은 반드시 개정돼야 한다"고 말했다.

교총은 취업제한 요건을 300만 원 이상 벌금형(2년)부터 적용하고 해임은 이미 규정돼 있는 교원징계관련 법률 규정을 따르도록 법 개정을 추진할 계획이다.

강병구 교총 교권복지본부장은 "학생지도를 위해 열정을 다하면 오히려 상처와 피해를 입게 하는 독소 조항 때문에 공교육이 위축되고, 교육포기 현상이 심화되고 있다"며 "교사의 학생지도권 회복을 위해 정기국회에서 관련 법 개정에 총력을 기울이겠다"고 밝혔다(한국교육신문, 2017. 09. 19, 백승호).

17. 악몽 시달린 여학생 그림엔 '피 범벅'

열다섯 살 예은이의 왼쪽 손목에는 흉터 5개가 있다. 2015년 12월부터 두 달간 정신병원에 있을 때 자해한 흔적이다. 정신병원에는 뾰족한 물건을 반입할 수 없다. 예은이는 공부 때문에 연필 반입이 허락됐다. 그 연필로 예은이는 자신의 손목과 종아리 아킬레스건을 수차례 그었다.

'외상후 스트레스장애 그리고 우울증.'

예은이가 받은 진단이다. 악몽은 2015년 7월 시작됐다. 상대는 같은 반 여학생 2명이었다. 이들은 노골적으로 예은이를 조롱했다. 남학생이 있는 자리에서 "예은이는 가슴이 엄청 작다"며 큰 소리로 노래 불렀다. 가슴을 만지고 엉덩이를 발로 차는가 하면 치마를 들추기도 했다. 성추행, 성희롱과 다름없었다. 심한 성적 수치심을 느낀 예은이는 지금도 또래 남학생을 보면 몸이 굳어버린다.

같은 해 11월 학교폭력자치위원회(학폭위)가 열렸다. 학폭위는 "동급생끼리 벌어진 오해"라며 폭력행위로 보지 않았다. 그 직후 예은이는 정신병원에 입원했다. 그리고 상담교사에게 '죽고 싶어요. 제가 죽으면 엄마가 힘든 것도 끝나겠죠? 돈도 많이 드는데…'라는 글을 남겼다. 약 두 달 뒤 열린 서울시 학교폭력자치위원회는 "가해학생은 장난이나 피해학생은 정신적 피해를 입었다"며 학교폭력을 인정했다. 경찰은 지난해 6월 보호처분 의견으로 사건을 서울가정법원 소년부에 송치했다.

학교폭력 피해자 예은(가명) 양이 병원에서 심리상담할 때 그린 그림. 상처투성이에 피 흘리고 있는 사람의 이마에는 '힘들어!' 라고 쓰여 있다.

예은이의 상처는 생각보다 깊었다. 결국 퇴원 후 학교로 돌아가지 못하고 대안학교로 옮겼다. 하지만 가해학생은 끝내 "미안하다" 는 한마디조차 하지 않았다. 예은이의 상처는 시간이 지나도 아물지 않았다. 심리치료 때 예은이가 그린 그림 속 주인공은 칼에 베인 상처가 있거나 피를 흘리고 있었다. 예은이 부모는 법에 기대서라도 사과를 듣고 싶었다. 하지만 지난달 법원은 '심리 불개시' 처분을 내렸다. 재판을 아예 열지 않기로 한 것이다. 법원은 "가정법원 소년부는 교화가 목적" 이라며 "가해학생을 대상으로 두 차례 상담을 진행했고, 처분을 내릴 만큼 가해 사실이 크지 않다고 판단했다" 라고 밝혔다.

예은이 부모는 한 달 넘게 법원 처분 사실조차 몰랐다. 소년 사건은 비공개가 원칙이라 피해자에게 결과를 통보하지 않는다. 가해학생들은 법원 처분을 이유로 예은이 가족의 사과 요구에 응하지 않고 있다. 여전히 문제없이 학교생활을 하고 있다. 예은이 엄마는 13일 "지난 2년은 우리 가족 모두에게 지옥이었다" 며 "아이는 정신병원에 다니고 학교도 제대로 못 다니는데 재판조차 열리지 않은 걸 어떻게 설명할지 모르겠다" 고 하소연했다. 우울증까지 앓게 된 예은이 엄마는 가해학생들이 소셜네트워크서비스(SNS)에 올리는 사진을 보면 눈물이 난다.

"그 아이들이 한복 입고 경복궁 놀러 간 사진을 올렸어요. 예은이는 컴컴한 방에서 제가 손만 잡아도 깜짝 놀라는데…. 그냥 예은이가 진심 어린 사과를 받고 다시 명랑하게 학창 시절을 보내는 게 소원이에요." (동아일보, 2017. 09. 14. A12, 최지선).

18. 법원, 부산 여중생 폭행 나머지 가해자 1명도 영장 발부

부산에서 후배 여중생을 끌고 가 보복성 폭력을 휘두른 뒤 자수했던 부산 여중생 폭행사건의 나머지 가해자 한 명도 구속됐다.

가해 여중생은 보호관찰소의 범죄사실 통고로 소년재판에 넘겨졌으나 이날 영장실질심사가 시작되기 전에 가정법원의 사건 심리불개시 결정으로 형사처분을 받게 됐다.

부산지법 서부지원 강경표 영장전담 부장판사는 15일 오후 부산 여중생 폭행사건의 나머지 가해자 A양에 대해 구속영장을 발부했다.

강 부장판사는 이날 오후 5시 20분쯤 구속 전 피의자 심문(영장실질심사)을 끝내고 "범죄사실을 범했다고 의심할만한 상당한 이유가 있다"며 "피의자가 소년이지만 이 사건의 범행 동기, 범행의 방법, 중한 상해의 결과 등을 고려하면 구속영장을 발부해야 할 부득이한 경우에 해당한다"라고 밝혔다.

또 "위탁임시조치가 영장실질심사 이전에 취소됐으므로 도망할 염려가 없다고 볼 수 없다"며 "부산보호관찰소장의 통고서에 따라 내려졌던 부산가정법원의 심리개시 결정이 취소되고 심리불개시 결정이 내려졌으므로 이중처벌의 위험이 존재한다고도 보기 어렵다"고 설명했다.

A양은 지난 1일 오후 10시쯤 또래 여중생 B양 등 4명과 함께 부산 사상구 엄궁동에 있는 한 공장 근처에서 다른 학교 후배인 피해 여중생을 상대로 철제 도구와 소주병, 벽돌 등을 사용해 1시간 30여분동안 보복성 폭행을 휘두른 혐의를 받고 있다.

검찰은 앞서 경찰수사와 별개로 소년재판을 진행 중이던 A양에 대해 심리를 중단하고 형사절차를 밟을 수 있도록 사건을 이송해달라고 법원에 요청했다.

법원에서 심리 중인 소년재판 사건에 대해 검찰이 이송해달라고 요청한 것은 유례가 없을 정도로 극히 드문 사례다.

부산가정법원은 부산 여중생 폭행 사건과 관련해 법원에 임시위탁된 사정이 구속영장 발부에 영향을 미쳐서는 안 된다고 판단하고 이날 오전 사건의 심리불개시 결정를 내리고 위탁처분도 취소했다.

소년원에 있던 A양은 법원의 위탁처분 취소 결정으로 성인 수감자와 함께 경찰서 유치장에 입감된다.

경찰은 A양에 대한 사건을 마무리하고 이르면 오는 18일 검찰에 기소의견으로 송치할 예정이다(부산·경남=뉴스1(News1), 2017. 09. 15, DB).

☞ 소년법 개정 검토 필요성 확인시킨 여중생 폭행 사건

중학교 여학생들이 또래 여중생을 마구 때려 피투성이로 만든 '부산 여중생 폭행 사건'이 일파만파의 파장을 낳고 있다.

폐쇄회로(CCTV) 화면에 나타난 잔인하고 폭력적인 범행 수법에 전국의 학부모들이 큰 충격을 받았다. 무엇보다 가해자 학생들에게서 전혀 죄의식을 찾아 볼 수 없다는 데 경악하고 있다. 국민들의 분노가 잔혹한 범죄를 저지르는 10대 청소년에 대한 처벌 강화 주장으로 이어지는 게 당연해 보인다.

당장 소년법 개정 문제가 도마에 올랐다. 현행 소년법은 가해자가 만 14세 미만이면 형사처벌을 받지 않고 만 18세까지는 최대형량을 20년까지로 제한하고 있다. 이번 사건 가해자 중 한 명도 만 13세여서 형사처벌을 면하게 된다는 사실이 알려져 여론이 들끓고 있다. 최근 검찰이 인천 초등학생 살인 사건 공범에겐 무기징역을 구형한 반면 만 16세인 주범에게 소년법에 따라 20년을 구형한 것을 놓고도 논란이 일었다. 소년법 개정을 촉구하는 청와대 청원에 서명한 사람이 사흘 만에 20

만 명을 넘은 것은 이런 정서를 대변한다.

청소년 범죄 처벌 강화 문제는 오래된 논란이다. 판단력이 미숙한 어린 나이에 성인에 준하는 수준의 처벌을 내릴 경우 범죄자 낙인효과와 재범 유혹 등 부작용이 크다는 주장이 만만찮다. 하지만 지금의 10대가 정신적·육체적으로 성숙한 만큼 나이가 어리다는 이유만으로 관용을 베풀어서는 안 된다는 주장이 점차 힘을 얻는 추세다. 범죄의도와 잔혹성, 수법 등에 따라 형량을 달리하거나 적용 대상 연령을 낮추는 등 소년법 개정을 검토할 필요가 있다는 것이다. 국내보다 엄격한 잣대를 가진 외국에서도 처벌을 강화하는 추세이고 보면 설득력이 커진다.

물론 소년법 개정 등 강력한 처벌만이 능사는 아니다. 이번 사건 가해자들은 2개월 전에도 피해자를 폭행했다. 당시 피해자 가족이 고소장까지 제출했지만 경찰의 대응은 안이했다. 늑장 부실수사라는 비판을 면하기 어렵다. 가해 학생 2명이 보호관찰을 받고 있었지만 법무부와 경찰, 교육당국의 협조 미비로 관리가 소홀했다는 지적도 나왔다. 당국의 형식적인 학교폭력 대책을 질타하는 목소리도 높다. 학교폭력이 터지면 뒷북대응이 이뤄지고 다시 관심 밖으로 밀려나는 일이 거듭된 탓이다. 폭력적 인터넷 사이트와 게임이 청소년 범죄 흉포화의 원인으로 지목되지만 관련 부처의 대응은 굼뜨기만 하다. 청소년 범죄는 어른들 문제인 동시에 사회적 문제라는 시각이 절실히 요구된다. 가정과 학교, 지역사회, 관련당국이 더 고민하고 노력해야 한다(한국일보, 2017. 09. 06).

☞ **신중하게 접근해야 할 '소년법 개정' 문제**

그 누구도 똑바로 보기조차 힘들었을 것이다. 피투성이가 된 채 무릎 꿇은 여중생의 사진은 우리 사회를 경악하게 하는 동시에 무거운 질문을 던져놓았다. '잔혹한 청소년 범죄를 어떻게 할 것인가.' 이 사건을 비롯해 인천 초등생 피살 사건, 강릉 폭행 사건 등이 잇따라 터지면서 '소년법 폐지론'까지 들끓게 된 건 어찌 보면 당연한 일이다.

청와대 누리집엔 청소년보호법(소년법이 바른 명칭) 폐지 청원이 20만명을 훌쩍 넘겼다. 정치권에서도 논의가 불붙어 더불어민주당 추미애 대표는 6일 "국민 법감정에 맞도록 관련법 개정 논의를 신중히 검토하겠다"고 말했다. 같은 당 표창원 의원은 지난 7월말 미성년자에게도 사형과 무기징역 선고가 가능하도록 하는 내용의 특정강력범죄처벌법 개정안을 대표발의한 데 이어, 소년법 개정을 준비중이라고 밝혔다. 주된 쟁점은 만 14살 미만은 형사처벌을 할 수 없고, 만 19살 미만의 경우 최대 15년 유기징역까지만 내릴 수 있도록 한 규정이다. 국외에서도 형사

처벌을 면할 수 있는 나이 기준이 7~18살까지 각각 다르고, 일본 등 일부 국가에선 잔혹한 소년범죄를 계기로 연령을 내린 경우도 있다.

하지만 최근 논의가 자칫 특정 사건에 대한 즉흥적 대응으로 흘러 법 취지를 잊게 만들지는 않을까 우려스러운 것 또한 사실이다. '엄벌주의'가 범죄 감소나 예방에 별 효과가 없다는 점은 많은 전문가들이 지적하고 있다. 사형제도에 반대하는 문재인 정부에서 '미성년자 사형선고 가능' 같은 주장까지 나오는 건 당혹스럽다. 일부 잔혹범죄가 전체 범죄가 아닌데, 자칫 전과자로 낙인찍히는 청소년을 양산할 수도 있다.

소년법의 취지는, 이들에게 사회에 잘 복귀할 수 있는 기회를 다시 한 번 주자는 것이다. 그 바탕엔 청소년 범죄가 자신뿐 아니라 국가와 사회, 어른들의 책임이라는 인식이 깔려 있다. 청소년 참정권 논의가 나오면 '판단력이 부족한 보호 대상'이라는 이유를 들면서, 범죄에 대해선 '알 만큼 아는 나이'라며 강한 처벌을 주장하는 것 또한 앞뒤가 맞지 않는다. 소년법 개정 논의는 신중하고 차분한 공론화 과정을 거칠 사안이다. 실제 청소년 범죄가 이전보다 잔혹해진 건지, 늘어난 건지, 처벌 강화가 효과가 있을지 과학적 근거를 갖고 논의할 필요가 있다. 법은 한 번 개정하면 되돌리기가 쉽지 않다(한겨레, 2017. 09. 06).

19. 사이버공간으로 숨어든 은밀한 학교폭력

정부가 어제 10개 부처 합동으로 발표한 학교폭력 대책은 사이버·언어폭력 근절에 초점을 맞췄다. 학교폭력으로 의심되는 문자메시지가 자녀의 휴대전화로 오면 이를 부모에게 알려주는 서비스를 하반기부터 실시하기로 했다. 사이버폭력 처벌 수준을 높이고 사이버 언어예절을 배울 수 있게 교육과정도 개정할 방침이다. 정부가 사이버폭력 예방과 대책을 강화하기로 한 것은 뒤늦기는 하지만 다행이다.

스마트폰을 사용하는 학생이 급증하면서 소셜네트워크서비스(SNS), 모바일 메신저가 새로운 학교폭력의 도구로 악용되고 있다. 악성 댓글이나 굴욕 사진을 올리고, 루머나 음해 글을 퍼뜨리는 등 유형도 다양하다. 문제는 어린 학생들이 사이버폭력이 범죄라는 사실을 인지하지 못하고 단순한 놀이로 여기고 있다는 점이다. 이런 이유로 물리적 학교폭력과는 달리 은밀하게 이뤄지고 피해 학생도 별다른 대응을 하지 못하고 있다.

방송통신위원회가 최근 발표한 '2013년 사이버폭력 실태'에 따르면 초중고생의 29.2%가 타인에게 사이버폭력을 가한 적이 있고, 30.3%가 사이버폭력을 당한 적이 있다고 밝혔다. 하지만 피해자의 41.8%는 아무런 대응을 하지 않았는데 절반 이상이 "신고해봤자 별 소용이 없을 것 같아서"라고 대답했다. 실제 지난해 교육부 정보공시자료에 따르면 학교폭력대책자치위원회에 신고돼 조치를 받은 학교폭력 유형 중 사이버폭력에 해당하는 경우는 전체의 2.9%에 그쳤다. 학교폭력이 줄어든 것이 아니라 음성화한 것에 불과하다는 전문가들의 지적이 틀리지 않아 보인다.

사이버폭력의 피해와 심각성은 커지고 있지만 정부 및 학교현장의 인식과 대처는 미비한 수준이다. 미국의 경우 학교현장에서 사이버폭력이 심각한 양상을 띠자 각 주마다 사이버폭력에 대한 세부규정을 만들고 있다. 우리도 사이버폭력 전반에 대해 관련 규정이나 특별법을 마련할 필요가 있다. 무엇보다 중요한 것은 개개인의 윤리의식이다. 사이버폭력이 범죄라는 인식을 바탕으로 하는 인성교육이 초중고와 대학 등 다양한 교육기관에서 수행돼야 한다. 사회적 차원의 관심과 예방 대책이 필요함은 물론이다(한국일보, 2014. 03. 05).

☞ 게임중독과 학교폭력

새로운 학기가 시작되면 아이들이 학교생활에 잘 적응하길 바라는 마음은 학부모 못지않게 간절한 마음이다. 경찰의 입장에서는 학교폭력을 다시금 예방해야 하는 시기이기도 하다. 학교 폭력의 위험한 요인 중 하나는 학생들의 '게임의 중독'이다. 요즘 게임을 못하면 친구관계가 형성되지 않을 정도로 게임과 아이들은 밀접한 관계가 있다. 하교 후, 삼삼오오 모여 PC방에 가서 게임을 하는 학생들의 모습이 이젠 더 이상 어색하지 않으며 손쉽게 오버워치와 같은 잔인한 살상게임을 접속해 '팀 슈팅게임'을 즐긴다.

문제는 게임을 통해 폭력물에 노출된 청소년들은 실제 생활에서도 폭력을 모방하게 된다는 점이다. 폭력에 자주 노출 될수록 어떤 갈등을 해결하기 위해 폭력을 동원하기 쉬워진다. 실제로 대중매체를 통해 언어적이고 신체적인 폭력을 많이 경험한 청소년일수록 학교폭력 가해 경험이 많다는 연구 결과도 있다.

아이들의 게임중독 방지를 위해서는 무엇보다 신체적인 활동을 늘리고, 현실 세계에서의 대인관계를 넓히는 것이 중요하다. 하루에 1시간 휴대전화 없이 보내기 등 부모님들이 스스로 사랑하는 자녀를 위해 모범을 보여 주는 것도 중요하다. 게임중독 없는 안전사회를 다 같이 만들어 가는 노력이 필요하다(강원도민일보, 2017. 08. 24. 안도건).

20. 학교폭력의 현실: 정신이 건강해야 삶이 행복합니다.

"그 애가 자꾸 떠올라요. 학교 가기가 무서워요. 괴롭힘 당하던 것이 자꾸 생각나서 무서워요. 그 아이는 공부도 잘하는 아이고 선생님들도 좋아하는 아이예요. 저는 공부도 못 하고 인기도 별로 없는데, 누가 제 얘기를 듣겠어요? 밤에도 매일 무서운 꿈을 꿨어요. 학교 가는 게 죽는 것보다 싫었어요. 육교에서 떨어질까도 생각했는데 엄마 아빠 생각에 차마 할 수 없었어요."

중학교 2학년 K는 같은 반 친구들에게 괴롭힘을 당해왔다. 가해학생은 문자로 욕설을 하고, 물건과 돈을 뺏기도 했다. 시간이 지날수록 폭행과 괴롭힘의 강도는 점점 심해졌고, 가해학생들은 K군에게 자신의 심부름이나 숙제 등을 시키곤 했다. 수개월 동안 괴롭힘이 이어졌지만 K는 아무에게도 이야기하지 못했다. 그 사이 K는 우울감이 심해지고 성적이 떨어졌으며, 작은 일에도 놀라고 화를 잘 내며 눈맞춤을 피하는 등의 모습을 보였다. 2학기가 시작되고 얼마 지나지 않아, K는 갑자기 극도로 불안해하며 등교를 거부했다. 엄마가 혼을 냈지만, K는 도리어 학교 가기 싫다고 소리를 지르며 물건을 던지고 엄마를 밀치는 등 공격적인 행동을 보였다.

정신의학적 평가에서 K는 외상 후 스트레스장애와 극도의 불안과 우울 증상이 혼합되어 있었다. 상담을 하는 의사도 처음에는 K가 겪은 이야기를 듣고 믿기가 어려울 정도였다. "그동안 많이 힘들었겠구나. 힘들었을 텐데 이렇게 잘 버티어온 것을 보니 훌륭하다"며, 의사가 K군이 당한 괴롭힘에 대해 명확하게 보호해주겠다는 확고한 의사를 전하자 K는 울음을 터뜨렸다. 의사가 K의 이야기를 잘 듣고 걱정에 대해 이해하는 모습을 보이자 K는 그동안의 이야기를 더 잘 표현하였다.

불안과 우울을 줄이는 약물치료와 더불어, 평소 자기생각을 표현하지 못했던 K를 위한 자기주장 훈련, 사회기술 훈련, 상담 등을 통해 K는 점점 밝아졌다. 가족치료를 통해 부모들도 죄책감에서 벗어나 K의 편에서 이해할 수 있는 태도를 지니게 됐다.

학교폭력, 도대체 왜 생길까? 학교폭력은 가해자 혹은 피해자의 단순한 행동으로 발생하는 것이 아니다. 연구에 따르면 가해자 혹은 피해자의 개인적 특성, 가정, 학교 및 사회 등 복합적인 사회환경적 요소에 의해 발생하게 된다. 학교폭력을 예방하기 위해서 이러한 다양한 원인에 대한 이해가 매우 중요하다.

먼저 개인적 요인을 살펴보면, 개인의 품행장애, 반항성 장애 및 주의력결핍과잉행동장애와 같은 정신건강의학적 요인이 학교폭력의 발생과 연관되어 있는 경우가 많다. 대체로 가해학생들은 반사회적 경향성과 신체 공격성이 매우 높고, 스스로도 충동적인 행동을 통제하지 못한다고 지각하고 있는 경우가 많다. 반면, 피해학생들은 불안감과 우울감이 높은 경향이 있다.

가정적인 요인을 살펴보면, 부모의 애정과 관심의 부족한 가정환경에서 자랐거나 자녀가 공격행동을 했을 때 방임한 부모 밑에서 자란 학생들이 폭력의 가해자가 되는 경우가 많다. 또 폭력 가해학생은 부모-자녀 간 갈등이 있는 경우가 많은 것으로 조사됐다.

사회·문화적 요인도 학교폭력과 밀접한 연관이 있다. 텔레비전이나 인터넷 등의 대중매체를 통해 폭력물에 노출된 청소년들은 폭력에 대해 호기심을 갖고, 폭력을 모방하고 싶은 경향이 생긴다. 폭력에 자주 노출된 청소년들은 어떤 문제를 해결하기 위해 폭력을 행사하는 것이 쉬워진다. 실제로 대중매체를 통해 언어적이고 신체적인 폭력을 많이 경험한 청소년일수록 학교폭력 가해 경험이 많다는 연구 결과도 있다.

학교나 친구도 학교폭력의 한 위험요인이다. 특히, 가해 청소년은 일반 청소년에 비해 친구와 관계를 형성하는 데 문제가 있는 것으로 나타났다. 이들은 원만하지 않은 친구 관계로 친구나 교사들에게도 환영받지 못하는 경우가 많다. 최근 학교폭력의 양상이 달라지고 있다.

'학교폭력'이란 학교 내외에서 학생 간에 발생한 상해, 폭행, 감금, 협박, 약취, 유인, 명예훼손, 모욕, 공갈, 강요, 강제적인 심부름 및 성폭력, 따돌림, 정보통신망을 이용한 음란, 폭력 정보 등에 의하여 신체, 정신 또는 재산상의 피해를 수반하는 행위를 말한다. 청소년폭력예방재단에서 실시한 2011, 2012 학교폭력 실태조사 자료를 분석하면, 요즘의 학교폭력은 과거와 조금 다른 양상을 띠고 있다.

청소년폭력예방재단(이하 청예단)이 초등학교 고학년부터 고등학생까지 총 5530명을 대상으로 조사한 '2012년 학교폭력 실태조사'에 따르면 학교폭력을 접하는 연령이 점점 어려지고 있는 것으로 나타났다. 학교폭력이 가장 많이 일어나는 시기는 중학교 1,2학년이지만, 피해학생이 학교폭력을 처음 당한 시기는 초등학교 5학년(17.8%)이 가장 많았다. 특히 피해학생들 대다수가 초등학교 때(저학년 30.5%, 고학년 47.8%) 처음으로 학교폭력을 경험한 것으로 나타나 학교폭력의 대상 연령이 점차 낮아지고 있다는 것을 보여준다. 학교폭력에 노출되는 시점이 어릴수록 그 후유증이 오래갈 뿐 아니라 학교생활에 적응이 어려워지므로 초등학교 시절부터 학교폭력에 대한 예방 교육과 대처 시스템 마련이 시급하다고 할 수 있다.

과거의 학교폭력이 주로 물리적인 신체적 폭력이었다면 최근의 학교폭력은 언어폭력이나 사이버 폭력과 같은 신종폭력으로 범위가 커지고 있다.

학교폭력의 대표적인 유형으로는 신체에 해를 끼치거나, 옷이나 물건을 망가뜨리는 신체적 폭력, 놀리거나 모함하고 욕설 등으로 위협하여 심리적으로 괴롭히는 언어적 폭력, 그리고 무리에서 따돌리고 무시하는 관계적 폭력 등이 있다. 학교폭력에서 가장 많이 이루어지는 것은 '언어적 폭력'으로 전체 피해 유형의 41.2%를 차지했다(청예단, 2012년 실태조사).

최근에는 이처럼 폭력의 형태가 다양해지고 범위가 확대되어 가는 경향을 보인다. 특히 매체가 발달되면서 청소년들이 즐기는 인터넷에서 행해지는 사이버 폭력과 같은 신종폭력 사례가 급증하고 있다. 사이버 폭력의 예로는 인터넷이나 핸드폰을 이용한 협박, 비난, 위협, 악성 댓글 달기, 원치 않는 사진이나 동영상 유포하기, 사이버 머니·아이템 훔치기 등을 들 수 있다.

이 외에도 폭력적인 강간, 성추행, 성희롱과 같은 심각한 성폭력도 심심찮게 나타나고 있어, 학교폭력의 범위가 보다 넓어지고 수법은 더욱 다양해지고 있다.

그럼에도 불구하고 여전히 많은 학생들이 학교폭력의 피해 사실에 대해 입을 다물고 도움을 요청하지 않는 것도 최근의 추세이다.

10명 중 3명의 학생은 학교폭력을 당한 후에도 도움을 요청하지 않는다고 조사되었다(청예단, 2012년 실태조사). 그 이유로는 '일이 커질 것 같아서' 그리고 '아무런 도움이 되지 않을 것 같아서' 등의 대답이 가장 많았다. 학교폭력의 해결에 대해 어른들에게 기대감을 가지지 못하는 것이다. 실제로 부모님이나 선생님께 학교폭력을 당했다고 이야기한 학생들 중에서도 절반 가까이(41.8%)는 도움이 되지 않는다고 응답했다.

이런 현실 속에서 최근에는 문신을 한 건장한 청년들이 돈을 받고 가해학생을 위협해서 학교폭력을 해결해준다는 심부름센터까지 등장했다. 폭력으로 폭력을 다스린다는 방식은 매우 비윤리적이고 비교육적인 방법이지만, 학생들은 학교나, 교사, 보호자를 믿는 대신 변질적인 방법을 선택하고 있는 것이다.

청소년들이 학교폭력에 대해 입을 열고 어른들에게 제대로 된 도움을 요청할 수 있도록 하기 위해서는 보다 확실한 신고체계와 실질적인 도움을 줄 수 있는 지원 방안, 사회적 인식 제고 등이 무엇보다 절실하게 요구된다.

2012년 조사에서 나타난 학교폭력의 피해율은 12.0%로 2011년 18.3%에 비해 다소 감소한 것으로 나타났다. 그러나 2011년에는 33.5%의 학생이 학교폭력으로 인한 심각한 심리적 고통을 호소한 것에 비해, 2012년에는 그 수치가 49.3%로 훌쩍 뛰었다. 학교폭력이 양적으로는 다소 줄어들었지만, 체감할 수 있는 폭력의 수준은 더욱 심각해진 것이다.

이런 심각한 폭력은 우울증, 자살, 범죄 등 고질적인 문제로 이어질 수 있기 때문에 더욱 주의가 필요하다. 실제로 대한소아청소년의학회가 조사한 바에 따르면 학교폭력의 피해를 받고 있는 학생들은 그렇지 않은 학생들에 비해 약 3배 정도 더 많이 자살 생각을 하고 있는 것으로 나타났다.

이번 조사에서도 학교폭력을 경험한 학생 중 절반가량은 자살을 생각해 본 적이 있는 것으로 조사되었다. 이는 2011년 3분의 1보다 높아진 수치로, 학교폭력의 피해학생이 될 경우 자살이라는 극단적인 생각을 하는 청소년들이 점점 많아지고 있음을 뜻한다(네이버 지식백과, 2017. 09. 17, 학교폭력의 현실: 정신이 건강해야 삶이 행복합니다, HIDOC).

21. 운동선수 폭력 문제 언제까지…

운동선수에 대한 폭력이 세간의 입에 또 오르내리고 있다. 운동선수 폭력문제는 어제 오늘의 일은 아니지만 아직도 근절되지 않고 잊을만하면 발생하고 있어 운동부에 대한 국민들의 인식도 좋아지지 않고 있는 것이 현실이다. 최근 충남 모 대학 야구팀의 폭력 동영상이 만천하에 드러나 운동부 폭행의 심각성을 다시금 느끼게 하고 있지만 사실 이 같은 폭행은 아직도 비일비재하다 할 수 있다. 시대적 흐름과 각종 예방책으로 예전보다는 지도자의 선수 구타, 선수 간 폭력 등 인격 모독 행동이 줄어들긴 했지만 없어졌다고 판단하는 사람은 아무도 없다. 문화체육관광부, 대한체육회 등에서 운동부 폭력을 없애기 위해 노력하고 있지만 예방차원 보다는 사후약방문식의 처방이 주류를 이루고 있고, 징계 또한 미약해 쉽게 근절되지 않고 있다는 지적이다. 대한체육회의 폭력 관련 신고 및 상담건수에 따르면 2011년 100건에서 지난해 186건으로 꾸준한 상승세를 보였다. 그러나 신고 및 상담 건수의 증가는 실제로 현장에서 폭력 등의 행위가 증가 했다기보다는 각종 교육 등으로 피해자들의 인식이 개선돼 감추지 않고 드러내 놓고 해결하려는 의지가 증가하고 있는 것으로 보인다. 여기에 사회가 투명해지는 것도 한몫을 하고 있다.

사실 운동부는 계급사회 집단도 아닌데 절대복종한다. 감독이나 코치에게는 절대권한이 있다. 이로 인해 선수들이 감독이나 코치의 말을 듣지 않거나 부모들이 잘잘못을 따진다는 것은 결코 쉽지 않다. 선수들에게 관습처럼 체벌이 사용되고 있는 것은 둘째치더라도 본인의 미래가 걸려 있고, 자식이 담보로 잡혀 있기 때문이다. 이 같은 상황은 성적 지상주의와 대학 진학 등 사회적 구조에서도 찾을 수 있다. 선수 학부모들은 일반적으로 지도자들의 만행에 시시비비를 가리기 보다는 자식들의 장래를 위해 참는 경우가 다반사다. 모 대학 야구부의 경우도 지난해 1월 발생한 사건을 지난 3월 부모들이 동영상을 보게 되면서 문제가 됐지만 결국 재발방지 약속을 받고 사건은 마무리 됐다. 상황이 이러함에도 그 감독은 추후에도 버릇을 고치지 못하고 폭행, 폭언이 지속적으로 이어지자 자체적으로 해결할 수 없다고 판단, 누군가 동영상을 유출한 것으로 보인다.

지도자의 판단에 따른 폭행과는 달리 부모의 부탁으로 지도자가 선수를 체벌했다고 주장하는 사건도 있어 당혹감을 갖게 한다. 최근 전국체전 복싱 경기도 대표 선발전을 겸한 시흥시장배 복싱대회 계체량때 불거진 사건으로 A고교 선수 2명의 허벅지에 멍자국을 발견한 심판부는 경찰청 117 학교 폭력 신고센터에 신고했다. 하지만 피해자 부모는 "내가 내 자식 사람 좀 만들어달라고 때려달라고 했는데, 왜 문제화 시키느냐"고 오히려 심판부에 항의를 하고, 부모나 선수들도 처벌을 원치 않는다고 밝혔다. 더욱이 피해 선수들은 심판부가 자신의 동의 없이 증거자료로 쓴다며 신체사진을 촬영한 경기도 복싱협회측을 문제 삼는 등 복잡하게 얽혀 있는 상태다. 단순 폭행 사건은 '반의사 불벌죄'로, 피해자가 처벌을 원치 않는다는 의사를 명확히 하면 공소를 제기하지 못하지만 협회는 경찰 조사와 별개로 스포츠공정위원회를 열고 징계여부를 결정 한다는 방침이다. 이번 폭행 관련 사건은 협회의 내홍과 무관하지는 않지만 폭행 그 자체만은 정당화 될 수 없는 만큼 협회 차원에서 재발 방지를 위해 강력하게 대처키로 했다. 자식을 훈계해 달라는 부모의 부탁을 받고 체벌을 가했다지만 과도한 폭력 때문에 사망으로 이어진 안타까운 경우도 있다. 그 어느 부모가 선생에게 자식을 때려서라도 잘 가르쳐 달라고 부탁할때 사랑의 매 정도지, 몸에 피멍이 들고 죽을 때까지 때려달라고 했을까 되짚고 싶다.

과정이야 어찌됐던 폭력행위는 해서는 안 된다. 한때 폭행의 가르침이 운동부의 관습처럼 행해졌지만 시대적 흐름은 그걸 용서하지 않는다. 현재의 지도자들이 맞으면서 운동했다고 해서 폭력에 대한 문제의식조차 느끼지 못한다면 더욱 심각한 상태다. 폭력도 습관이 될 수 있다.

관계기관의 폭력 방지를 위한 교육도 지도자들의 의식개선에 최우선적으로 신경 써야 하고, 선수들에게도 폭력의 폐혜를 보다 적극적으로 주지시켜야 한다. 사고발생 이후의 징계 강화 보다는 원천적으로 사고를 방지할 수 있는 교육의 내실화가 중요하다(중부일보, 2017. 07. 24, 오창원).

22. 체육지도 현장의 폭력

과거 우리 사회의 대부분의 분야에서 눈에 보이는, 그리고 보이지 않는 신체적, 정신적 폭력들이 광범위하게 자리 잡고 있었다. 특별히 사회를 반영하는 거울이라 불리는 스포츠 분야에서도 예외는 아니었다. 매 년 매스컴에 보도되고 있는 체육 관련 폭력 사건은 이를 반증하는 예라고 할 수 있다.

체육 현장에서 발생되는 폭력의 원인은 우리 사회에 만연되어 있는 결과지상주의와 승리지상주의, 유교문화의 왜곡, 체육계 내에 잔존하는 군대문화 등으로 나타나다.

과거 해방 이후 1980년대까지의 군사 독재정부를 거치면서 사회 전반에 대한 불법과 폭력이 묵인되었으며, 대학 내에서도 이러한 현상이 나타나기 시작했다. 실제로 1970년대까지 공과대학을 비롯한 우리나라의 각 전공별 대학교에서는 신입생 길들이기, 선후배 간의 엄격한 서열하기, 신입생 벌주기 오리엔테이션들이 하나의 문화처럼 존재하고 있었다.

그러나 1970~80년대 민주주의 운동의 대두 속에서 시작된 지식인들의 변화에 의해 한국 사회에 뿌리 깊게 만연된 폭력문화가 상당부분 근절되었으며, 정치, 경제, 사회, 문화, 교육 분야에서 폭력의 한 원인으로 지목되는 승리지상주의, 결과주의의 사고방식들이 점차 개선되어지고 있다.

사회를 반영하는 스포츠와 체육계 내에서 사회의 각 분야에서 일어나는 시대적인 변화의 흐름 속에서 폭력에 대한 비윤리적이고 비교육적인 문제들을 정상화하기 위한 나름의 움직임들이 실천되어가고 있다. 선수폭력에 대한 실태조사와 관련 연구들의 증가, 운동부 시스템의 획기적 변화, 폭력 예방 교육 등은 이러한 노력의 결과물이라 할 수 있다.

그렇지만 이러한 실천적인 움직임들이 보수적인 성향이 짙은 체육계 내에서는 더디게 일어나고 있는 점을 우리는 간과해서는 안 될 것이다. 2009년부터 3년 동안 운동선수에 대한 상담건수가 11배나 증가하였으며, 2010년 조사에서는 운동선수의 절반이 폭력을 경험하고 성폭력 경험을 한 선수도 30%가 넘는 실정이다. 아직도 존재하고 있는 체육계 내에서의 폭력 현상은 단순히 폭력 당사자만의 문제가 아니라 체육을 전공하고 체육과 관련을 맺고 있는 모든 사람들의 이미지까지 일축시켜 버리는 결과를 낳기 때문에 이는 속히 개선되어야 할 체육 분야의 중대한 숙제임을 부인할 수 없을 것이다.

특히 관련 학문 분야가 사회 현상의 각종 이수와 현안들에 관심을 갖고 객관적이고 과학적인 시각과 해석으로 대안을 제시하는 역할에 학문적 특성이 관련 있다고 보면, 최근까지도 대두되고 있는 체육계 내 일련의 사건들 속의 문제를 성찰하고 개선 방안을 제안하는 데 앞장서야 하는 책임과 의무를 지니고 있다.

체육계 내의 다양한 문제제기는 매스컴이나 신문을 통하여 계속 노출되고 있으며, 현재 실태에 대해서는 그 심각성을 대부분 사람들이 인식하고 있는 실정이다. 또한 내부의 의견이 무엇보다 중요하지만 체육계 내의 폭력은 내부적 단순한 문제의 수준이 아니다.

체육의 근본적 기능이 강조되는 폭력이라는 문제는 체육의 이미지 하락과 체육에 대한 부정적 인식의 확산뿐만 아니라, 협의적으로 체육계 모든 종사자들의 발전에 크나큰 저해 요소가 된다. 따라서 체육계에서의 폭력은 내부의 의견에 의존하는 것은 편협하고 제한적인 방법으로 해석될 수밖에 없다.

엘리트스포츠와 학교체육에서 발생하는 폭력의 메커니즘은 서로 비슷한 맥락을 취하고 있기 때문에 근절에 대한 방안 역시 같은 문제일 수 있다고 본다. 더 이상 체육이 고질적이 병폐에 방치되어서는 안 된다는 문제인식에서 출발하여 이를 해결하기 위한 해법을 찾아야 한다(이홍구, 2011: 155-157).

23. 내 아이는 학교폭력에 안전한가

교육부는 오는 24일까지 전국 초등 4학년부터 고교 2학년 전체 학생과 전국 600개교의 희망 학부모를 대상으로 '2014년도 2차 학교폭력 실태조사'를 실시한다고 한다.

경찰과 학교에서는 2학기 개학을 맞아 학기 초 서열다툼으로 인한 학생 간 폭력이 급증할 것을 우려하여 등·하굣길 학교폭력예방캠페인, 학교폭력예방 교육, 폭력써클 해체 등 여러 가지 대책을 적극 실시하고 있으며, 이러한 사회적 관심과 노력 덕분에 학교폭력 피해 경험율은 크게 감소하는 추세이다.

하지만, 얼마 전 경주 여고생이 학교친구들로부터 폭행을 당하여 괴로웠다는 유서를 남기고 울산의 한 아파트 15층에서 투신하여 안타까운 목숨을 잃는 사건이 발생하였다. 이처럼 학교폭력 피해학생은 잊혀질만하면 불쑥 불쑥 불거져 나와 우리의 가슴을 아프게 한다.

이런 학교폭력의 발생의 근본적인 원인과 문제해결 방법은 무엇이 있을까? 학교폭력의 발생원인으로 먼저 학교에서 꿈과 희망을 실어주고 인성을 키우는 교육이 되어야 하는데 실상은 입시위주의 학업만능주의로 학생들의 정서적 인격적 형성을 위한 교육은 뒷전으로 밀리고 있다.

이에 선생님은 선생님으로서의 권위도 내세우지 못할뿐더러 학생들 간은 서로 친구가 아닌 경쟁상대로밖에 생각하지 않는 풍토가 자리 잡고 있어 학교폭력의 심각성이 더해지고 있다.

두 번째는 사회적 상업주의 만능의 유해환경과 대중매체의 폭력성, 상대적 빈곤과 계층차이에서 발생하는 소외감등으로 학생들은 물질만능주의가 팽배해져 인간의 가치를 소홀히 하고 폭력적인 게임물에 노출되어 폭력의 심각성을 지각하지 못하고 있는 실정이다.

마지막으로 우리 아이들의 제 1차적인 안전망인 가정의 보호적 기능이 약화되었기 때문이다.

우리 집은 맞벌이 가정으로 부부가 아침 일찍 출근하여 저녁 늦게 퇴근하면 일주일에 아이와 함께 저녁 식사할 시간이 며칠이 되지 않는다. 학교를 마쳐도 아이들 혼자 집에서 방치가 되거나 학원을 전전하며 길거리를 방황하기 일쑤이며, 또한 부모가 없는 집에서 우리 아이들은 모여서 무엇을 하며 놀고 있는지, 학교폭력 피해를 입은 적이 없는지 아이와 대화할 시간은 턱없이 부족한 실정이다.

얼마 전 대구 달서구 상인동에 있는 모 고등학교에서 학교폭력 피해로 자퇴까지 한 학생이 2년 동안 자신이 학교폭력 피해 입은 사실을 부모에게도, 선생님에게도 전혀 말하지 않고 혼자만 힘들어 하였다는 사연을 들었다. 우리 부모들은 자신의 아이에 대하여 얼마나 이해하고 학교생활에 대하여 알고 있을까?

문득 무거운 가방을 매고 학교로 가는 아이의 등을 토닥여 주고 싶다. 너는 잘하고 있다고, 너를 사랑하고 있다고…(경북일보, 2014. 10. 06, 박미정).

24. 또래 성추행 학생, 피해자와 같은 학교 버젓이 다녀

유력 전직 국회의원의 중학생 아들이 같은 학교 여학생을 성추행하고 사회관계망서비스(SNS)로 노골적인 성희롱을 해 경찰 조사를 받은 뒤 성폭력 치료프로그램을 수강한 사실이 확인됐다.

문제는 이 학생이 성폭력 관련 위탁 교육이라는 징계를 받았다는 점이다. 그러나 여전히 피해 학생과 함께 학교를 다니고 있어 학교가 미온적 조처를 한 게 아니냐는 비판이 제기된다.

21일 서울가정법원과 경찰에 따르면 서울 소재 모 중학교 3학년에 재학 중인 A 군은 2015년 같은 학교 여학생 B양을 따로 불러내 가슴 등 신체부위를 만지며 성추행을 했다. 사건이 외부로 알려지길 꺼려했던 피해 학생은 당시 신고 등 별다른 대응을 하지 않았던 것으로 알려졌다.

하지만 이듬해 A군이 B양의 페이스북에 접근, '가슴을 만지고 싶다'는 등 원색적인 메시지를 보내자 B양은 경찰서에 신고했다. 이후 조사에서 성추행까지 드러나 경찰은 강제추행 혐의를 적용해 사건을 송치했다. 가정법원은 올 3월 혐의를 인정, A군에게 40시간 성폭력 치료프로그램 수강을 명령했다.

경찰로부터 A군 비행을 통보 받은 학교 측은 '외부기관 위탁 교육 이수'라는 징계만 부과했다. 지금도 가해자인 A군과 피해학생이 같은 공간(학교)에서 지내고 있다.

학교 관계자는 "경찰에 사건에 접수된 지 3주가 안 돼 학교폭력자치위원회(학폭위)를 곧바로 열었다"며 "민감한 사안임을 고려해 현재 두 학생을 (거리가) 멀리 떨어진 반에 배정하는 조치를 취했다"고 밝혔다.

피해자 보호 수준이나 가해자 징계가 너무 약한 것 아니냐는 지적에 학교 측은 "최초 신고 접수된 메시지 성희롱에 대한 징계로, 강제추행과 법원 판결은 전혀 몰랐다"고 해명했다. 경찰이 수사 결과를 학교 측에 알릴 의무가 없어 학교로서도 알 도리가 없었다는 것이다.

학교 관계자는 "성희롱 수준으로 보면 징계 기준상 교내 봉사로 끝날 사안이었는데 오히려 위탁교육을 받게 한 것"이라고 말했다. 이와 관련해 이민경 순천향대 초빙교수는 "외상이 없는 단순 폭행 사건도 바로 전학 조치가 취해질 정도로 처벌 수위가 높아지고 있는 추세임을 고려하면 같은 피해자에게 성추행과 성희롱이 연속된 상황에 비춰 학교 조치가 적절치 않은 듯 하다"고 밝혔다.

서울시교육청 관계자는 이에 대해 "학폭위 결정이 적절했는지에 대해서는 말하기 어렵다"면서도 "학교측이 강제추행 사실을 새롭게 알게 됐다면 재심의를 진행해야 할 것으로 보인다"고 전했다. A군 아버지는 본보와 통화에서 "여학생에게 사과를 했고, 여학생이 고소취하 의견서와 선처를 바란다는 탄원서를 내기도 했다.

본인이 반성도 할 만큼 하고 정당한 절차에 의해 끝난 일"이라며 "B양이 추가적인 피해를 입지 않았으면 좋겠다"는 입장을 밝혔다(한국일보, 2017. 09. 22, 신은별·손영하).

25. "폭력과 섹스 말고 놀 줄 모르는 아이들, 방법은…"

"학교는 더 작아져야 한다"

"슬프다"라고 말하기까지 시간이 걸렸다. 꿈틀학교 김선옥 교사에게는 세상이 '문제아'라고 손가락질한 아이들을 보듬으며 함께 아파했던 경험만큼의 여백이 필요했다. '학교폭력과 청소년 자살 뉴스를 보면 어떤 생각이 드는가'라는 질문 자체가 어리석었던 것일까.

지난 7일 오후 김선옥 교사를 만나기 위해 서울시 마포구 서교동에 있는 꿈틀학교를 찾았다. 상추와 깻잎이 심어진 꿈틀학교 앞마당에는 웃자란 아이들과 선생님의 실랑이가 한창이었다. 교사의 "갈 거야, 안 갈 거야?"라는 추궁에 아이는 "봐서요"라며 시큰둥하게 답했고, 곧바로 교사의 잔소리가 이어졌다.

중·고등학생 두 아이의 엄마이기도 한 그는 "우리 학교 선생님들은 잔소리가 심하다"고 했다. 잔소리일지라도 모든 문제를 말이 아닌 주먹으로 해결하려는 아이들에게 묻고 또 묻는 방식을 택한 것이다. 돌아오는 답은 "몰라요" 아니면, "짱(짜증) 나요"였다. 그래도 계속 아이에게 관심을 두고 이야기하다 보면 "아이의 패턴을 바꿀 수 있다"고 했다. 그렇게 아이와 선생님 사이에 관계가 형성되면 더는 폭력적으로 행동하지 않는다는 것.

아이들만의 놀이 문화가 없는 것도 문제였다. 아이들이 "노래방 가고, 술 마시고, 싸움하고, 성관계를 갖는 것" 말고는 다른 방법을 모른다는 것이다. 그가 전한 아이들의 세계는 어른들의 세계보다 난폭했다. 학교폭력의 주범이라는 '일진'은 이미 '조직화' 되어 있었고, '좆, 씨팔' 같은 용어는 아이들의 일상어가 됐다. '관심 좀 가져주세요'라며 자살을 시도하고, 강한 자극만을 쫓으며 또래와의 성관계도 놀이로 인식한다.

경찰은 학내 '일진'을 격리해 학교폭력 문제를 해결한다는 계획이다. 이에 김 교사는 "어이없다. 교도소를 만들겠다는 겁니까"라고 반문했다. 그러면서 그는 "아이들 재능이 발휘될 수 있는 다양한 수업을 통해 힘의 분산, 즉 아이들 사이에 서열을 갖기 어렵게 해야 한다"고 주장했다. "힘이 분산되면 서열이 만들어질 수가 없다"는 것이다. 또 꿈이나 비전을 가질 수 없는 아이들에게 "5년 후, 10년 후 자기 모습을 상상하거나 그릴 수 있게" 아이의 장점을 계속 일깨워줘야 한다고 충고했다.

'꿈틀거리다, 꿈을 짜는 베틀, 꿈의 틀, 꿈을 틔우다'라는 의미인 '꿈틀학교' 미인가, 비기숙형 대안학교다. 2002년 5월, 학교를 떠난 아이들을 위해 시민들이 뜻을 모아 만들었다. 김선옥 선생님은 2000년 꿈틀학교를 준비 단계부터 지금까지 아이들과 함께하고 있다.

앞서 그는 1995년 가출 청소녀 단기 쉼터인 '행복한 우리집'과 서울시립 신림 청소년 쉼터 '우리세상'에서 10여 년간 활동했다. 1980~90년대 철거촌에서 활동했던 경험이 계기였다. 집에서 돌보지 못해 오갈 데 없는 아이들이 머물 수 있는 공부방, 탁아소 활동을 했다. 당시 상담을 통해 집으로 돌려보낸 아이들이 다시 가출하는 것을 여러 번 봤다. 결국, 보다 안정적인 대안이 필요했다. 그래서 만들어진 게 꿈틀학교다.

그는 "학교와 사회에서 일탈한 아이들을 위한 자립교육이 필요하다는 생각에 꿈틀학교를 만들게 됐다"며 "탈학교 아이들이 있는 곳이라고 해서 폭력학교인 것은 아니"라고 말했다. 특히 그는 "꿈틀학교는 진로 특성화 교육을 하는 대안학교"라는 점을 강조했다(프레시안, 2017, 09. 20, 이명선·성현석).

26. 어른이 주는 한잔 술, 청소년 크게 망친다

가족이 모두 모여 식사하는 자리에서 부모들은 "어른에게 받아 마시는 술은 괜찮다"며 와인이나 맥주를 권하지만 어른이 건네는 술 한 잔이 훗날 술과 관련된 문제를 일으킬 위험이 더 크다는 연구결과가 나왔다.

부모가 자녀의 음주에 대해 취하는 태도는 크게 두 가지. 하나는 어른이 함께 있을 때는 적은 양의 술은 마셔도 된다고 허락하는 것. 아이가 술에 대한 책임감을 배울 수 있다고 생각한다. 호주를 비롯한 많은 나라에서 통용되는 생각이다. 다른 태도는 '무관용의 법칙'으로 청소년은 어떤 일이 있어도 절대 술을 마셔서는 안 된다는 것이다.

미국 미네소타대학교 바바라 맥모리스 교수는 자녀의 음주에 대한 부모의 태도가 훗날 청소년에게 어떤 영향을 끼치는지를 알아보기 위한 연구를 했다. 호주 청소년건강센터와 공동으로 미국과 호주의 12~13세 청소년 1900여명을 대상으로 설문조사를 한 후 2년 후 다시 음주 여부를 추적했다.

그 결과 부모가 저녁에 종종 술을 권하면서 "보는 앞에서 마시게 하는 것이 문제를 최소화하는 길"이라고 생각한 청소년은 절대 음주 불가한 청소년보다 절주가 안 되고, 주변사람과 시비가 붙고, 필름이 끊기는 등 알코올 문제가 더 많았다.

특히 어른이 술을 권한 청소년 가운데 2년 후 술을 마시는 비율은 호주 청소년이 67%로 미국 35%보다 거의 2배였다. 또 호주 청소년의 3분의 1인 36%, 미국 청소년의 5분의 1인 21%가 알코올 문제와 유사한 일을 경험했다.

연구진은 "어른이 함께 술 마시는 것은 청소년에게 술 소비를 격려하는 행동"이라며 "부모들은 술과 관련해" "안 된다는 흑백 메시지를 분명히 전달해야 한다"고 말했다.

이 연구결과는 '음주와 약물 연구 저널(Journal of Studies on Alcohol and Drugs)'에 게재됐으며 영국 일간지 텔레그래프 온라인 판, 미국 온라인 과학뉴스 사이언스데일리 등이 28일 보도했다(코메디닷컴, 2011. 05. 01, 박양명).

27. 여중생 집단성폭행 가해자 미성년자라 등교정지 10일?…피해 부모·시민 '분노'

또래 여학생을 집단 성폭행한 중학생들이 처벌을 제대로 받지 않아 피해학생 부모를 비롯한 시민들이 처벌을 요구하는 탄원서를 제출하거나 서명운동을 벌이는 등 파문이 확산되고 있다.

24일 서울 은평경찰서 등에 따르면 지난달 4일 서울 은평구의 한 아파트 옥상에서 중학교 1학년 여학생 A양이 남학생 6명에게 집단 성폭행 당했다.

가해학생 중 A양과 같은 학교에 다니는 2명의 남학생은 성폭행 장면을 휴대전화를 이용해 촬영한 뒤 인터넷에서 올리기도 했다. 현재 해당 동영상은 피해학생 부모와 학교측의 요청으로 삭제됐다.

피해학생은 가해학생들로부터 5개월 넘게 수차례 폭행당하고 돈까지 빼앗겼지만 학교에 도움을 요청할 수 없었다. A양은 상습적인 폭행에 고통스러웠지만 학교를 믿을 수 없었단다.

A양이 피해를 당하기 전 같은 반 남학생이 가해학생들로부터 상습적으로 폭행을 당한 뒤 학교측에 폭행사실을 신고를 했지만 별다른 시정조치가 이뤄지지 않았기 때문이다. 이 남학생은 이후 자살까지 시도한 것으로 전해졌다.

현재 피해 여학생은 정신적인 충격으로 정신병원에 입원해 치료를 받고 있다. 또 학생의 어머니는 우울증과 대인기피증으로 고통으로 겪고 있는 것으로 전해졌다. 반면 가해학생 중 같은 학교에 다니는 1명은 다른 학교로 전학했고, 나머지 5명은 10일 등교 정지 징계를 처분을 받았다.

가해 학생들은 지난 20일부터 징계처분이 끝나 정상 등교를 하고 있다. A양이 치료를 마치고 다른 학교로 전학을 하지 않는다면 피해학생과 같은 학교를 계속 다녀야 할지도 모른다.

의무교육기관인 중학교는 성폭행이나 성추행 사건이 발생해도 가해자를 퇴학시키거나 강제전학 조치를 할 수 있는 법적 근거가 없다. 때문에 해당학교측은 최고 징계에 해당하는 등교 정지 10일 징계처분을 내렸다.

하지만 이 사건을 사전에 막지 못한 학교측은 '학생 관리를 소홀히 했다' 는 비난을 면치 못할 것으로 보인다.

이 사건을 수사 중인 경찰은 가해학생들을 불러 범행경위와 여죄 등을 조사한 것으로 알려졌다. 경찰 관계자는 "가해학생들이 만 14세 미만의 미성년자라서 법적으로 형사처벌이 사실상 불가능하다" 며 "가해학생들은 수사가 마무리되면 가정법원으로 넘겨져 보호처분 절차를 밟을 것으로 보인다" 고 말했다.

피해학생의 부모는 전날 경찰에 가해학생들을 정식으로 고소했다. 또 동네 주민들을 대상으로 '가해 학생들을 처벌해 달라' 며 서명운동을 벌여 현재 2000여명의 서명을 받았다.

온라인에서도 서명운동이 진행되고 있다. 지난 21일부터는 포털사이트 '다음 아고라' 에서 '은평구 여중생 집단성폭행범들 처벌을 원합니다' 라는 제목의 서명운동이 진행돼 3일만 300여명이 넘는 누리꾼들의 참여가 이어졌다.

피해학생의 아버지는 "피해 학생은 병원에서 치료를 받고 두려움에 떨고 있는데 가해 학생들이 버젓이 학교를 다니고 있는 상황이 도저히 납득하기 힘들다" 며 "가해 학생들이 만 14세 미만의 미성년자라는 이유로 형사처벌을 받지 않고 그냥 넘어간다면 또다른 피해자를 발생할 수 밖에 없다" 고 말했다.

이어 "법을 뜯어 고쳐서라도 가해 학생들은 죄에 상응하는 처벌을 반드시 받아야 한다" 고 덧붙였다(뉴시스, 2011. 10. 24, 박성환; 세계일보, 2011, 10. 25).

28. 교사 성추행 파문

교사의 여고생 성추행 사건으로 전북 부안이 시끌시끌하다. 이 사건은 해당 교사가 구속되고, 전북도교육청이 내년부터 부안여고의 학년당 학급 수를 7개에서 4개로 줄인다고 발표하면서 일단락되는 듯했다.

하지만 경찰이 최근 1학년생 150명 이외에 2·3학년생 340명 전원을 상대로 '피해 조사' 를 하는 과정에서 추가로 피해 주장들이 제기돼 경찰이 수사에 착수하면서 파장이 커지고 있다. 경남의 한 사립고교에서도 50대 교사가 여학생들을 성추행한 의혹이 제기됐다. 해당 교사는 사직서를 제출했고 경찰도 조사에 착수했다고 한다.

교사들의 제자 성추행 사건이 끊이지 않고 있다. 교육부가 2년 전 성범죄를 저지른 교원에 대한 징계를 대폭 강화했지만, 좀처럼 줄지 않고 있다. 물론 극히 일부 교사들의 잘못이지만, 부모라면 누구나 불안과 화를 떨치지 못한다.

교사들의 제자 성희롱·성추행은 사건의 많고 적음 차원의 문제가 아니다. 감수성이 예민한 학생들에게 평생의 상처를 줌으로써 가장 안전해야 할 학교를, 그것도 교사들을 신뢰할 수 없게 만든다는 데 보다 근원적인 문제가 있다.

지난 2월 서울시교육청은 시내의 한 여중·고에서 발생한 성희롱·성추행 사건에 대한 중징계 내용을 발표하면서 20개 중학교, 1만 636명의 학생을 대상으로 실시한 성폭력 실태조사를 함께 공개했다.

조사에 따르면 10개 학교에서 60명(0.6%)이 성폭력 피해를 보았거나 다른 학생의 피해를 목격했다고 답했다. 이 가운데 교사들이 부적절한 성적 발언과 행동을 했다는 응답자가 43명이나 됐다.

　교육 당국은 교사들의 제자 성희롱·성추행 사건이 터질 때면 처벌 강화와 예방교육의 내실화를 대책으로 내놓는다. 그런 의미에서 이번에 전북도교육청이 부안여고에 대해 내년부터 학년당 학급 수를 대폭 줄이도록 한 결정은 파장이 적지 않을 것으로 보인다. 교장 등 교원에 대한 직접 징계뿐 아니라 학교재단 등에도 불이익을 줌으로써 교사의 성희롱·성추행 사건에 대한 경각심을 높인 의미가 있다.

　징계 강화를 통한 환경 조성 못지않게 교사와 학생에 대한 성폭력 예방교육을 학교 상황에 맞게 차별화할 필요가 있다. 1년에 한 번, 요식행위에 그치는 교육은 하나 마나다. 귀엽다고 별생각 없이 머리를 쓰다듬거나, 등을 두드리는 등의 신체 접촉은 신중해야 한다. 학생이 불편하게 생각할 수 있기 때문이다.

　사제지간에도 지켜야 할 최소한의 예의가 있다는 사실을 당연하게 받아들일 때 교사 성추행은 점점 발붙일 곳이 없어지게 된다(서울신문, 2017. 07. 11. 31면, 김균미).

29. 도 넘은 10대 폭력과 매스미디어

　"넌 끝나고 남아."
방송국에서 어린이합창단을 하던 시절, 선배 언니들에게 이끌려 방송국 옥상에 자주 가곤 했다.

"누가 치마 짧게 입으래? 앞으로 촬영할 때 무릎 밑으로 내려오는 옷만 입어."

솔로를 맡아 방송에 많이 나오는 날이면 어김없이 선배 언니들의 괴롭힘이 시작되었다.

"쟤 가방 뒤져봐." "쳇, 야외 촬영한다고 선크림 가져왔니?"

'찍~.' 언니들은 가득 남아 있던 선크림을 보란 듯이 바닥에 쭉 짜더니 바로 쓰레기통으로 내동댕이쳤다. 선배라고 해봤자 13세밖에 안 된 어린 학생들이었지만 그녀들의 횡포는 꽤나 무시무시했다.

캐스팅되기 위해 치열한 경쟁 속에서 생활했어야 하는 환경 탓에 합창단원들 간의 시기와 질투는 심할 수밖에 없었다. 특히 선배들은 매년 새로 들어오는 후배들에게 심한 압박감을 느끼는 경우가 많았다. 돌이켜 생각해보면 이를 해소하기 위한 방법으로 후배들 괴롭히기를 선택했던 듯싶다.

요즘에도 이와 같은 일들이 종종 일어나고 있지만, 최근 일어나고 있는 청소년 폭행 사건은 단순히 청소년기의 스트레스로 인한 결과라고 치부하기엔 도가 지나치다는 생각이 든다.

온몸으로 흘러내린 핏자국과 시퍼렇게 멍이 든 두 눈. 사진 속 폭행의 상처들은 차마 눈 뜨고 볼 수 없을 만큼 처참했다. 고통받고 있는 친구의 모습을 아무렇지 않게 촬영하고는 마치 자랑스러운 듯 친구들에게 전달하는 행동들 또한 경악스러웠다.

사실 이런 잔혹한 폭력성은 대중매체의 영향에서 온 결과가 아닐까 하는 생각이 든다. 드라마나 영화에서는 폭행이나 살인 등 폭력성 짙은 장면들을 서슴없이 보여준다. 폭행을 당해 머리가 터지고 얼굴이 피투성이가 되는 모습부터 손가락이 잘리고 안구가 적출되는 등 가혹하게 살해되는 장면들이 상세하게 묘사된다. 권선징악은커녕 영상미 넘치는 촬영으로 잔혹한 범죄 행위들이 오히려 더 멋지게 포장되어 보이기까지 한다.

보도 중심인 뉴스에서도 폭행 장면을 그대로 노출하고 있으며, 살인도구나 살해 방법을 구체적으로 다루는 경우가 많아지고 있다. 잔인한 범죄 사건일수록 더 이슈화시켜 기사화하는 일도 종종 일어난다. 자극적인 영상으로 시청자들의 뇌리에 선명히 박히게 하는 데 집중하다 보니 폭력적인 행동들에 대한 문제의식이나 일침은 거의 드러나지 않는다.

시청률 올리기에만 급급한 나머지 대중매체의 영향력에 대해서는 잠시 잊은 것이 아닌가 하는 불안한 생각마저 들 정도다.

그림_정찬동

물론 선정적이고 자극적인 장면들이 시청자들 이목을 집중시키는 데 좋은 소스인 것은 분명하다. 그러나 청소년들에게는 굉장한 위험성이 도사리고 있다는 사실을 잊지 말아야 한다. 폭력이라는 것이 얼마나 잘못된 일인지조차 인지하지 못한 채 무분별하게 따라하기식 행동을 할 수 있기 때문이다.

대부분의 청소년은 TV 속에 나오는 연예인들을 동경하며 이들의 스타일이나 행동들에 민감하게 반응한다.

따라서 드라마나 영화에 비치는 배우들의 자극적인 행동을 그대로 답습해서 이를 현실에서 재연해보려는 욕구가 생겨나기 쉽다. 호기심으로 시작된 자신들의 행동이 누군가에게는 평생 지울 수 없는 상처로 남게 된다는 것을 모른 채 말이다.

소년법 폐지 논란이 뜨거울 정도로 청소년들의 폭력 문제가 심각하게 대두되고 있는 요즘. 보다 효과적인 예방을 위해서는 청소년들에게 영향력 으뜸인 대중매체의 노력이 우선적으로 이뤄져야 한다. 대중매체가 청소년들에게 폭력에 대한 경각심을 일깨워주고 학교 폭력 근절에 앞장설 수 있는 좀 더 성숙한 프로그램을 제작하는 데 힘쓰길 바라면서, 청소년들에게 밝고 긍정적인 영향력을 발휘할 수 있기를 희망해 본다(매일경제, 2017. 09. 15, 이인혜).

30. 인성교육은 가정에서 먼저

21일부터 전국 초중고교에서 인성교육진흥법이 시행된다. 사람으로서의 바른 품성을 기르는 '인성교육'을 법으로 정한 나라는 우리나라밖에 없을 것이다. 동방예의지국으로서 윤리와 도덕을 교육의 첫 덕목으로 여기던 나라가 '사람됨'의 기준을 '법'으로 강제한다니 어이가 없기도 하다.

입시 위주 등 현재의 교육 현실에서 인성교육이 절실하기는 하지만, 인성을 하나의 교과목처럼 인식하고 학생들을 교육하는 게 어느 정도 실효성을 거둘 수 있을지는 의문이다. 그간 우리 사회에서 얼마나 인륜 문제가 심각했으면 법을 통해 이를 처방하려 하는 것인지 되돌아보게 하지만, 인성교육을 법으로 강제하기에 앞서 생각해볼 만한 게 적지 않다. 그간 교육 당국은 인성 관련 내용을 대입 전형에 반영하겠다는 계획을 가지고 있었다. 입시에 반영해서 인성교육이 바로 된다면 그것도 한 방법이 될 수는 있을 것이다. 그러나 인성평가의 실체가 모호하고 그것이 대입의 전형요소가 된다면 또 다른 사교육을 불러일으킬 게 분명하다. 인성을 어떻게 계량화해서 입시에 반영하겠다는 것인지 이해가 안 간다.

결국 교육 당국의 계획은 없던 일로 백지화됐지만 논란의 여지는 남아 있다. 이 밖에 교대나 사범대 등 교원양성기관에서 인성교육 전문 인력을 어떻게 배출할 것인지, 초중고 교사들의 인성교육 연수를 어떻게 실시할지, 인성교육 프로그램이나 교육과정을 어떻게 개발할지 등 검토할 사항이 많다. 사람들은 흔히 학교에서 선생님들만 인성교육을 하는 것으로 생각하고 있는데 이는 잘못됐다. 오히려 인성교육을 활성화·내실화하기 위해서는 가정과 사회에서 더 많은 역할을 해야 한다. 그러니 부모는 물론이고 사회인 모두가 인성교육의 전달자가 되어야 한다.

인성교육은 식물의 광합성 작용과 같아야 한다. 햇빛과 물, 공기가 적절히 작용해야 온전한 꽃과 나무로 성장할 수 있는 것처럼 우리 아이들이 생활하는 환경과 인간관계가 모두 '인성교육의 장(場)'이 되어야 한다는 뜻이다. 그래야 우리 아이들이 바르게 생각하고 행동할 수 있다. 이런 의미에서 인성교육은 자연스럽게 '보고 배우는 것'이다. 그만큼 실제로 하는 '체험'이 중요하다. '밥상머리 교육이 중요하다'거나 '윗물이 맑아야 아랫물이 맑다' 등의 말은 생활 속에서 이뤄지는 인성교육이 얼마나 중요한지 말해주고 있다. 가정과 사회가 바로 서고, 부모와 어른들이 솔선수범을 보이면 미래 세대의 우리 아이들은 이를 스스로 보고 배운다. 그래야 인성이 바르게 성장하게 된다.

인성교육을 학교에만 맡기지 말고 이참에 인성교육을 위한 범(汎)국민 실천운동을 전개하는 것도 생각해봄직하다. "집에서는 충과 효를 전해주고, 세상에서는 인(仁)과 경(敬)을 가르치라"는 세종대왕의 말씀은 오늘날에도 유효하다(동아일보, 2015. 07. 23, 전홍섭).

인성교육을 계기로 사회구성원 모두가 하나 되고, 더불어 행복하게 살아가는 세상이 되기를 바란다. 아이들의 바람직한 인성은 국가와 사회의 희망찬 미래를 약속하는 신호이기 때문이다. 무한경쟁의 제로섬 상황으로 내몰리고 있는 우리 자녀들은 각박한 현실에서 진정한 행복을 누려볼 겨를도 없이 성취 위주의 가치에 매몰된 어른들의 욕심에 희생되고 있다. 그 결과 우리 사회는 학교폭력, 왕따 등 많은 문제에 직면하게 돼 혼란을 겪게 되었다. 이런 현실에서 미래를 지켜갈 우리 자녀들이 국가와 사회에 이바지할 수 있기는커녕 자신의 삶을 다스리기도 힘들어 보여 안타까운 마음이다.

아이들이 마음을 열고, 남과 더불어 살아가는 인간다운 성품과 이성적 존재로서 자신의 역량을 조화롭게 통합할 수 있는 능력을 기르기 위한 인성교육은 학교뿐 아니라 가정에서도 함께 이뤄져야 한다.

인간은 태어날 때부터 주변 사람이나 환경의 영향을 받으며 자란다. 특히 세상에 태어나 처음 만나게 되는 양육자의 영향은 절대적이다. 영·유아는 부모와의 관계를 통해 자기에 대한 개념이 생긴다. 이후 일관성 있는 보살핌을 받게 되면 그러한 욕구가 자연스럽게 채워지게 된다.

조건부적이지 않고, 일관성 있는 양육 방식은 좋은 인성교육의 시작이다. 교육과학기술부(현 교육부)가 2012년 발표한 '인성교육 대국민 설문조사'에서 학생, 학부모, 교사가 공통적으로 학생의 인성 형성에 부정적인 영향을 끼치는 요소로 '부모의 잘못된 교육관'을 꼽았다.

또한 학생의 인성 수준을 측정하기 위한 인성지수 개발 관련 연구(2013)에서는 중학생의 경우 부모가 자녀의 성적을 중시할수록 해당 학생의 인성 수준이 낮게 나타났다. 바람직한 인성은 갓 태어난 시기부터 부모의 태도에 의해 절대적인 영향을 받게 되며 이후 성장과정에서도 그 영향이 크다. 부모로 하여금 준비되고 성숙한 부모로서 올바른 가치관을 정립할 수 있도록 돕는 일이야말로 자녀의 인성교육과 함께 반드시 병행되어야 할 과제다(국민일보, 2015. 07. 01, 22면, 정채옥).

31. 점점 낮아지는 연령대 학교폭력 발생

지난 3년간 초·중·고등학교의 학교폭력 심의 건수가 21% 증가한 것으로 2일 나타나 교육 당국의 적절한 대처가 필요하다는 지적이 제기된다.

국회 교육문화체육관광위원회 소속 박경미 더불어민주당 의원이 이날 교육부로부터 제출받은 '2014~2016학년도 학교폭력대책자치위원회 운영현황 및 심의결과'에 따르면 학교폭력 사안으로 심의한 건수는 총 1만 9521건에서 2만 3673건으로 증가한 것으로 조사됐다.

학교급별로는 중학교의 심의건수가 3년간 가장 높았는데 초등학교와 고등학교 역시 심의건수가 각각 46.6%, 43.3% 증가했다.

특히, 학교폭력 유형 중 성추행 및 성폭행 등의 비중이 모든 학교급에서 증가했다. 초등학교의 경우 성폭행 및 성추행 등과 관련한 학교폭력 심의건수가 2014년 394건에서 2016년 746건으로 무려 89.3%나 증가했다.

그 뿐만 아니라 정보통신망상의 음란·폭력·따돌림 등의 사이버 폭력도 급증했다. 중학교의 경우 810건(2014년)에서 1,139건(2016년)으로 증가했으며 고등학교는 282건(2014년)에서 660건(2016년)으로 늘어났다.

박경미 의원은 "성폭력, 사이버폭력 등 학교폭력의 양상이 이전과 다르게 점차 다양하고 복합적인 유형으로 변화하고 있어, 학교폭력의 발생 원인과 대책에 대한 면밀한 검토와 실효성 있는 대처가 필요하다"며 "성추행·성폭행 등에 대한 예방 교육이 시급하고, 학생들이 피해를 입지 않도록 각별한 관심과 대책이 필요하다"고 강조했다(서울=뉴스1. 2017. 10. 02, 박기호).

최근 3년간 초등학교 학교폭력 심의건수가 46% 증가하는 등 학교폭력을 경험하는 연령대가 낮아지고 있는 것으로 나타났다. 뿐만 아니라 초등학교에서 발생한 성폭행·성추행 관련 심의건수도 2배가량 증가해 학생들을 보호할 수 있는 대책마련이 시급하다는 지적이 나오고 있다.

3일 박경미 의원이 교육부로부터 제출받은 '2014~2016년도 학교폭력대책자치위원회 운영현황 및 심의결과'에 따르면 3년간 전국 초·중·고등학교(특수·각종학교 포함)에서 학교폭력 사안으로 심의한 건수는 총 2014년 1만 9,521건에서 지난해 2만 3,673건으로 약 21% 증가했다.

중학교 심의건수가 2014년 1만 1,322건에서 지난해 1만 1,775건으로 가장 높은 가운데, 초등학교는 2014년 2,792건에서 지난해 4,092건으로 3년 새 46.6% 급증했다. 고등학교 또한 2014년 5,266건에서 지난해 7,599건으로 43.3% 증가했다.

가해 유형은 폭행이 모든 학교급에서 가장 많았으며 이어 성폭행·성추행 등을 포함한 기타 유형이 두 번째로 높았다. 더 큰 문제는 초등학교에서 발생한 성폭행·성추행 관련 심의건수가 2014년 394건에서 지난해 746건으로 89.3%나 폭행과 더불어 성폭력 문제도 저연령화되고 있는 것으로 나타났다.

중학교와 고등학교에서는 정보통신망 상의 음란·폭력·사이버따돌림 유형의 심의건수가 여타 유형에 비해 눈에 띄게 증가했다. 중학교는 3년간 810건에서 1,139건으로 증가했고, 고등학교는 282건에서 660건으로 두 배 이상 증가해 모든 학교급에서 총 65.5%가 증가한 것으로 확인됐다.

가해학생 선도 및 교육조치는 지난해 기준 초등학교는 서면사과(43.57%)가 가장 높았으며, 접촉, 협박, 보복행위 금지(14.07%), 학교봉사(12.20%), 사회봉사(1.16%), 특별교육 이수·심리치료(21.09%), 출석정지(3.31%), 학급교체(2.44%), 전학(2.16%) 순이었다.

중학교는 서면사과(28.00%), 접촉, 협박, 보복행위 금지(19.39%), 학교봉사(16.22%), 사회봉사(5.94%), 특별교육 이수·심리치료(18.75%), 출석정지(7.23%), 학급교체(1.23%), 전학(3.21%), 퇴학(0.02%) 등이다.

고등학교는 서면사과(25.28%), 접촉, 협박, 보복행위 금지(18.17%), 학교봉사(14.17%), 사회봉사(6.93%), 특별교육 이수·심리치료(19.70%), 출석정지(8.23%), 학급교체(1.76%), 전학(4.59%), 퇴학(1.08%) 순이다.

피해학생에 대한 보호조치는 심리상담 및 조언이 모든 학교급에서 70% 이상의 가장 큰 비중을 차지했다. 특히, 심리상담 및 조언 조치에 더해 치료 및 요양과 법률지원 및 원스탑(One-stop) 지원 등의 추가적인 조치의 비중이 전반적으로 증가했다.

박경미 의원은 "성폭력, 사이버폭력 등 학교폭력의 양상이 이전과 다르게 점차 다양하고 복합적인 유형으로 변화하고 있어, 학교폭력의 발생 원인과 대책에 대한 면밀한 검토와 실효성 있는 대처가 필요하다"며 "성범죄로부터 어린 학생들을 보호 하는 것은 교육 당국이 최우선으로 두어야 할 사안으로, 성추행·성폭행 등에 대한 예방교육이 시급하고, 학생들이 피해를 입지 않도록 각별한 관심과 대책이 필요하다"고 강조했다(중도일보, 2017. 10. 03, 정성직).

Ⅲ. 학교폭력의 이론적·실제적 배경

현대 사회는 사회 경제가 발전함에 따라 하루가 다르게 산업화, 도시화, 자동화, 정보화되어 가고 있다. 과학 기술의 발달에 따른 공장의 자동화나 사무 자동화는 신체활동의 기회를 감소시켰으며, 산업화로 인한 자연 생태계의 파괴, 각종 공해의 발생 인구의 도시 집중과 생활공간의 축소 등은 정신적 스트레스와 육체적 피로를 가중시켜 현대인의 건강을 위협하고 있다.

더욱이 현대 과학과 기술의 진보가 급속도로 발전하면서 인간의 물질만능주의와 개인주의의 병폐가 나날이 심화되고 있는 가운데 이는 성인으로부터 청년 및 청소년에 이르기까지 사회 전반에 걸쳐 그 위험성이 노출되고 있으며, 이것은 다시 학교 폭력, 집단 따돌림 등의 형태로 사회에 환원되고 있다.

다시 말해, 현대사회의 물질적 풍요는 청소년들로 하여금 다양한 생활의 편의를 제공해 주지만, 다른 면에서 볼 때 입시와 경쟁, 스트레스, 학교 수업에 이은 학원 수업이라는 무거운 짐도 제공한다. 그러한 다양한 자극 요소들은 청소년들에게 스트레스로 작용하여 그들의 성장에 악영향을 미칠 뿐만 아니라, 운동 부족으로 인한 체력 약화 및 각종 질병에 대한 저항력 감소, 사회 적응력 부족과 그로 인한 다양한 형태의 이탈 행위로 사회 문제로 재등극하고 있는 실정이다.

또한 지속적으로 발생하는 사회 문제와 현상에 대한 문제의식 고취와 향후 우리나라의 국력과 국민들의 행복한 삶을 위해 시급히 해결해야 할 문제로 거듭나고 있다(김종만·이상렬·조준현, 2010: 173-174).

최근 우리나라의 청소년 폭력문제는 심각한 사회문제로 대두되고 있다. 특히 학교에서 학생들 사이에 벌어지고 있는 학교폭력은 조직화 되고 반인륜적인 양태로 나타나고 있다. 학급 친구들로부터 집단 폭력의 고통에 시달리다 자살을 하는 학생, 왕따(따돌림)를 당한 학생이 친구를 칼로 찔러 숨지게 한 사건, 학교생활에 적응하지 못하여 외국으로 유학을 떠나는 학생 등이 발생하는 현실이다.

이제 학교폭력은 단순한 성장통(痛)이나 교육현장만의 문제가 아닌 우리사회의 근간을 뒤흔들 수 있는 심각한 사회적 문제로 부각되었다. 특히 학교 안이나 주변에서의 폭행, 협박 금품갈취 등의 학생에 의한 폭력이나 학생을 상대로 한 폭력이 위험 수위를 넘어섰다.

학교폭력의 유형은 신체적 폭력뿐만 아니라 금품갈취 및 집단 따돌림 같은 심리적 폭력, 괴롭힘 등 점차 다양해지고 있으며, 고등학생에서 초등학생까지 그 연령이 낮아지고, 질적으로 집단화, 흉포화 되고 있다.

학교폭력 조직은 학교 단위를 넘어 학교 간, 지역적·전국적으로 연계를 이루고 있고, 성인 폭력조직으로 이어지는 폭력풀(pool)이 형성되기도 한다.

따라서 학교폭력에 대한 대상이나 형태, 범위, 폭력의 정도에 다라 다양하게 나타나는 학교폭력의 이론적 개념을 정리하였다. 또한 학교폭력의 대상 주체들이 대부분 청소년이기 때문에 청소년 폭력의 실제적 특성도 알아보았다.

1. 학생 인권 변천과 이론적 관점

조선시대 문신 이문건(1494~1567)은 손꼽히는 명문가에서 태어났다. 그의 가문에선 세종 때 영의정을 지낸 이직을 배출했고 과거시험 합격자들이 줄을 이었다. 하지만 그는 불운했다.

조선시대 개혁정치의 대명사였던 조광조를 스승으로 모신 그는 정쟁에 휘말려 유배로 보낸 세월만 23년에 달했다. 실의에 빠진 나날 속에서 그는 57세 때 유일한 손자 이수봉을 얻는다. 그는 감격한 나머지 아이의 성장 과정을 상세히 기록해 나가기로 했다. 조선 역사에서 보기 드문 할아버지의 양육 일기인 '양아록(養兒錄)'이 탄생한 배경이다.

이문건은 손자가 여섯 살 때 아버지를 잃자 손자 교육을 떠맡게 된다. 손자는 놀기 좋아하고 게을렀다. 손자가 아홉 살이 되던 해 이문건은 회초리를 든다. '아이의 종아리를 때리는 것은 내가 나빠서가 아니라 아이의 나쁜 습관을 바로잡기 위해서다. 아이의 잘못된 습관을 방치한다면 마침내 고치기 어렵게 된다. 아이가 가엾다고 오냐오냐 한다면 일마다 비위를 맞춰줘야 할 것이다.' 그날 남긴 이문건의 글이다.

그러나 손자의 나쁜 버릇은 고쳐지지 않았다. 손자는 열두 살 때부터 술을 입에 댔다. 손자가 만취해서 귀가하는 날 할아버지는 가족 모두를 시켜 손자에게 매를 때리도록 했다. 누나와 할머니가 10대씩 때리고 이문건 자신은 20대 넘게 때렸다. 조선 명문가의 자녀교육이 상당히 엄격했음을 생생하게 보여준다.

아이들의 '나쁜 버릇'에 대한 경계심은 조선의 대표적인 학자 율곡 이이(1536~1584)가 쓴 '격몽요결(擊蒙要訣)'에도 나와 있다. 이이는 '사람이 학문에 뜻을 가지고는 있으나 성취하는 바가 없는 것은 낡은 습관 때문'이라고 지적했다. 그는 '낡은 습관'의 첫 번째 사례로 '마음과 뜻을 게을리 하고 몸가짐을 함부로 해서 그저 한가하고 편한 것만을 생각하고 속박을 싫어하는 것'을 들었다. 이 책은 조선시대 아이들을 위한 교과서로 널리 사용됐다. '격몽(擊蒙)'이라는 말은 '몽매함을 물리친다'는 뜻이다. 아이들은 아직 지혜가 몽매한 상태이며, 꾸준한 수업과 엄한 꾸짖음을 통해 완성된 인격체로 만들어나가야 한다는 전통적인 청소년관(觀)이 담겨 있다.

16세기 이문건의 손자는 할아버지의 일편단심 교육에도 기대처럼 성장해주지 못했다. 크게 상심한 이문건은 '양아록' 말미에 '할아버지와 손자 모두 실망하여 남은 것이 없으니 이 늙은이가 죽은 뒤에나 그칠 것이다. 아, 눈물이 흐른다'고 썼다. 그의 일기도 여기서 끝이 난다. 예나 지금이나 자녀교육의 지난(至難)함을 느낄 수 있다. 요즘 세대도 아이들에게 어떤 교육이 필요한지 깊이 성찰하지 않으면 교육 문제는 풀기 힘들 것이다(동아일보, 2012. 01. 18, 홍찬식).

☞ 학교폭력의 이론적 관점과 해결의 시사점

학교폭력은 협의적으로 학교에서 발생하는 모든 폭력을 지칭한다. 최근에는 인격모독, 집단 따돌림과 같은 정서적 폭력은 물론 성폭력까지도 포함한다. 학교폭력을 설명하는 원인론(原因論)적 관점은 여러 가지다. 하지만 일반적으로는 '성격적 요인', '심리적 요인', '가정적 요인', '학교 요인', '청소년기의 특성적 요인', '사회적 요인'으로 설명한다. 물론 이런 요인들이 독립적으로 학교폭력을 발생시키는 것은 아니다. 다양한 요인들이 복합적으로 맞물려 발생한다.

첫째, 성격적 요인이다. 타고날 때의 공격적인 성격이 학교폭력을 일으키는 경우다. 실제로 공격적인 성격은 스스로를 통제하는 자기조절 능력이 약한 편이다. 이런 공격성을 타고난 아이들이 학교폭력을 발생시킬 가능성이 클 수밖에 없다.

둘째, 심리적 요인이다. 흔히 주는 것 없이 친구가 밉다거나 만만한 친구를 괴롭히는 모습으로 나타난다. 경우에 따라서는 잘난 척 하는 친구, 혹은 자신보다 능력이 큰 친구를 시기하는 모습을 보이기도 한다. 사촌이 땅을 사면 배가 아픈 것과 같은 '심리적 르상티망(resentment)'에 의해 발생하는 경우가 많다.

셋째, 가정적 요인이다. 가정의 결손이 학교폭력의 원인이 된다. 부모의 별거, 이혼, 가족의 해체, 가족구성원들 간의 원만치 못한 관계 등이 영향을 미친다. 자녀에 대한 부모의 양육태도도 빼놓을 수 없다. 체벌, 부모의 무관심과 애정결핍, 애착관계 형성의 실패가 원인이 된다. 영화「케빈에 대하여」는 부모와의 애착관계 실패가 훗날 어떤 결과를 가져오는 지를 극명하게 보여준다. 케빈은 학교에서 아무런 죄책감 없이 많은 친구들을 잔인하게 살해한다.

넷째, 학교의 분위기도 요인으로 작용한다. 예컨대 학교의 지나친 통제와 입시위주의 경쟁에서 발생하는 스트레스가 폭력의 원인이 된다. 학생들 간의 역학관계도 영향을 준다. 특히 1학기는 힘에 기반 한 학생들의 학급 내, 학교 내의 서열경쟁이 본격적으로 이루어지는 시기다. 청소년기의 특성 상, 이때 상위서열을 차지하기 위해 폭력적 대결이 이루어지는 경우는 많다. 교사와 학생 간, 학생과 학생 간의 관계·갈등도 영향을 미친다.

다섯째, 사춘기라는 시기적 요인도 작용한다. 사춘기는 질풍노도의 시기다. 감정의 변화가 심하게 나타난다. 감정변화가 심한만큼 충동적으로 행동한다. 또래집단의 압력도 작용한다. 이 시기는 친구에 의해 살고 친구에 의해 죽는다. 또래집단을 통해 소속감을 갖지 못하면 불안감이 높아진다. 이런 청소년기의 특징이 부정적으로 작용하여 폭력으로 나타나게 된다.

여섯째, 사회적 요인이다. 이 요인은 사회의 문화적 특징, 사회적 기대와 요구, 가치관, 정체성 등 수없이 많다. 우리사회에서 두드러지게 나타나는 '획일주의'와 학연, 혈연, 지연에 기반 한 '패거리 문화'가 원인이라는 분석은 좋은 예다. 물론 이들 요인들은 여타 다른 요인들과 직·간접적으로 관련되기도 한다. 폭력적 게임과 미디어의 요인도 빼놓을 수 없다. 지나치게 폭력적인 게임과 영화, 드라마들이 학교폭력을 확대·재생산시킨다는 점에 대해 누구도 이의를 달지 않는다.

학교폭력은 막아야 한다. 우리 모두가 전 방위적으로 나서 해결해야 할 커다란 숙제다. 하지만 해결방법이 쉽지는 않다. 발생 메커니즘이 매우 복합적이고 다양하기 때문이다.

뒤집어 말하면, 한두 가지의 처방이 아닌 개인, 학교, 가정, 지역사회, 국가 등 모든 수준에서 유기적인 협력과 해결을 위한 공감대가 형성되어야 한다는 의미다. "모든 것이 합력하여 선을 이룬다"는 성경의 가르침이 바로 학교폭력 문제의 해결에 주는 최고의 지혜이자 시사점이다(강원도민일보, 2013. 02. 06, 한병선).

서울시의회가 2011년 말 통과시킨 서울학생인권조례가 서울시교육청의 재의(再議) 요청에 따라 다시 서울시의회의 판단을 기다리고 있다. 학생들이 누려야 할 권리를 규정한 이 조례는 현재 후보자 매수 혐의로 재판을 받고 있는 '진보 교육감'의 작품이다.

비록 재의 요청이 진행되고는 있지만 내일 열리는 곽 씨에 대한 1심 선고공판에서 실형이 아닌 집행유예 이하의 판결이 나오면 곽 씨는 교육감 직에 복귀할 수 있다. 이렇게 되면 곽 교육감이 재의 요청을 취소한 뒤 곧바로 조례를 공포할 계획이라는 얘기가 곽 씨 주변에서 흘러나온다.

☞ **권리만 나열한 조례는 시대착오**

서울학생인권조례는 그 자체로서 수준 미달이다. 조례가 학생들에게 부여한 권리는 집회 자유, 동성애 임신으로 차별받지 않을 권리, 두발 복장 자유 등 24개 조항에 이른다. 반면에 학생의 책임에 대해서는 '교사나 다른 학생의 인권을 침해해서는 안 된다'고만 짧게 언급하고 있다. 학생들에게 책무는 제대로 가르치지 않고 권리의 보따리만 잔뜩 안겨주고 있다. 법률적 균형을 상실했다.

학생 집회의 자유는 앞서 도입된 ○○도와 ○○의 학생인권조례에도 포함되지 않은 조항이다. 이번 조례를 주도한 특정 단체들은 2008년 촛불시위의 정신을 기회 있을 때마다 강조했다. 민주통합당 역시 '촛불 계승'을 새 강령에 포함시켰다. 당시 일부 세력의 거짓 선동에 거리로 나온 학생들을 보고 이들은 크게 고무됐다. 학부모들의 반대를 무릅쓰고 이 조항을 강행한 것은 학생들의 집회 참여를 제도화함으로써 촛불 세력을 확장하려는 의도로 의심할 만하다.

이 조례는 현재의 교육 현실에 대한 고민을 전혀 담지 못하고 있다. 최근 왕따 폭력 같은 문제는 학생 인권이 미흡해서가 아니라 정반대로 자녀에 대한 학부모의 과잉보호, 자기 자식만을 앞세우는 세태에서 비롯되는 측면이 적지 않다. 어른으로서 미래 세대의 책임의식을 일깨워 주고 잘못한 것이 있으면 따끔하게 나무라기보다는 일방적으로 감싸기도 한다. 선진국과 달리 우리 부모들은 자녀가 성인이 된 이후에도 자식 부양을 계속해야 하고, 그로 인한 사회적 부담도 커지고 있다. 특정 세력이 학생 인권에만 목을 매고 권리만 나열한 조례는 시대착오적이다(동아일보, 2012. 01. 18, 홍찬식).[8]

2. 폭력이라는 윤리적 쟁점

우리 시대에 가장 격퇴하여야 할 윤리적인 악이 있다면 누구나 주저 없이 '폭력'을 꼽을 것이다. 폭력은 거의 아무런 유보 없이 무조건적으로 힐난 받아 마땅한 악의 자리를 차지할 수 있다. 실은 조금만 정신을 가다듬고 생각해 보면, 이보다 그 어떤 찰나의 망설임도 없이 곧장 만장일치로 최고의 악으로 선출된 것도 없

---

8) 나는 현재 학생이다. 학생의 눈으로 이 조례를 봤을 때, 사실상 이득을 보는 쪽이 어디일까? 자유의식이 한껏 높아진 학생일까, 이런 학생들 사이에서 시달리는 선생님들일까? 현재의 상황으로 봤을 때, 이 조례에서 득을 보는 쪽은 없다고 생각한다. 그래도 이 조례가 꼭 필요하다고는 생각한다. 교권추락 역시 이 조례 때문이라고는 볼 수 없다. 여러 매체들과 자유러워진 사회 상황 때문일 가능성이 훨씬 높다고 생각한다. 1년밖에 지나지 않았지만 많은 성과와 논란을 낳은 조례이다. 이 조례를 더욱 더 발전시켜서 질 좋은 교육 환경이 조성될 수 있기를 바란다(Ollehhell○).

음을 깨달을 수 있다. 그리고 이런 주저 없는 폭력 규탄에 동참하기를 주저할라치면, 대뜸 "그렇다면 너는 그 폭력을 용인하자는 말이냐" 는 노기등등한 추궁을 듣기 일쑤이다. 그럼 어쩌다 폭력은 우리 시대에 대표적인 악으로서 자리를 잡게 되었을까. 실은 우리는 사회의 모든 문제를 폭력의 문제로 전환하는데 아주 익숙해 있다.

학교폭력, 성폭력, 직장폭력 운운으로 이어지는 모든 폭력들은 실은 폭력 자체를 가리킨다기보다는 그것이 가리키는 사회, 이를테면 학교, 직장, 성관계 등에 스며 있는 진짜 문제를 폭력이란 문제로 전환한다. 따라서 폭력은 문제이기에 앞서 실은 문제 자체에 눈멀게 하는 윤리적인 미끼 혹은 장막이라 불러도 좋을 것이다.

이를테면 직장 내의 성차별은 두루 알려진 일이다. 그렇지만 그 차별을 차별로 체험하기란 쉬운 일이 아니다. 남자라고 더 주지 말고 누구에게나 동일한 임금을 지급하라 요구하는 것은 공허한 추상적 주장처럼 들린다. 그런 주장은 듣는 이들의 심금을 거의 울리지 않는다. 반면에 누군가의 성폭력을 고발하는 목소리를 들을 때 우리는 불에 덴 듯이 분개한다. 아마 윤리란 말의 의미를 새긴다면 그것은 이런 상태를 이르는 말일 것이다.

윤리란 어떤 문제를 그와 관련 맺고 있는 사람의 죄책감에 호소할 수 있는 쟁점으로 바꿔내는 장치이기 때문이다. 윤리란 차별, 불평등과 같은 문제가 더 이상 우리가 해결할 수 있고 또 해결해야 할 문제로 체험될 수 없을 때 등장한다. 문제는 어쨌든 그것을 겪는 이들에게 고통을 안겨준다는 것이다.

그렇지만 그 고통이란 것은 실은 애매하고 추상적이기 짝이 없다. 그것은 어떻게든 관심을 가질 만한 것으로 모습을 갖추어야 한다. 혹은 그를 방관하는 이들에게 호소할 수 있는 무엇으로 나타나야 한다. 우리는 그런 일을 도모하는 것을 저항이라고 부른다.

그런데 저항이란 것이 생겨날 수 없을 때, 고통을 안겨주는 문제가 있다는 것을 알릴 수 있는 방법은 무엇일까. 그것이 바로 윤리이다. 거칠게 말하자면 저항이라는 정치가 생겨날 수 없는 곳에서 우리는 그것을 대신할 방법으로서 윤리를 찾는다. 윤리란 단적으로 말해 SOS 신호이다. 그것은 문제가 있다는 것을 우리에게 알리는 최소한의 절박한 몸짓이다. 그러나 이는 문제가 무엇인지를 규명하고 그것의 해결을 위한 시도를 가로막는 허울이기도 하다. 저항 대신에 윤리인 것이다. 그 탓에 폭력 비판은 이중적인 의미를 갖는다. 즉 폭력은 여기에 문제가 있다는 것을 암시한다. 그렇지만 그러한 암시는 전과 달리 대관절 무엇이 그런 폭력을 낳았을까를 명시하려는 노력을 저지한다.

그러므로 폭력이 그 자체로 비판할 것이 되었을 때, 실은 우리가 겪는 변화는 역설적이게도 문제 자체가 해결될 수 없는 것임을 자인하는, 즉 저항이란 불가능하다는 것을 무력하게 인정하는 것이기도 하다. 그러나 사정이 그 정도에서 그친다면 문제는 간단할 것이다. 그런 저항 없는 윤리적 심판은 터무니없는 후유증을 남긴다. 폭력 비판은 역설적으로 지하에서 스멀거리는 폭력의 향연을 낳는다.

커피숍에 앉아있으면 우리는 어쩔 수 없이 두어 마디마다 "존나게"를 연발하는 10대 여학생의 목소리를 들을 수 있다. 그것은 물론 폭력 비판이 어떻게 은밀하게 폭력을 분비하는가를 보여준다. 우리가 열심히 성폭력을 규탄할 때 동시대에 가장 유행하는 자위방식이 자신의 신체를 상처 내며 느끼는 폭력적인 쾌감이라는 어떤 통계처럼 말이다. 폭력 비판은 실은 문제를 해결할 수 없는 자들의 내면화된 폭력을 낳을 뿐이다. 그렇다면 어떻게 폭력을 해결할 것인가. 당연히 폭력이 아니라 폭력이 절망적으로 가리키는 그 내부의 더한 폭력을 탐색하는 일이다(한국일보, 2012. 03. 23, 서동진).

3. 학교 폭력의 근원을 알기나 하나

지난 2011년 12월 대구의 한 중학생이 스스로 목숨을 끊었다. 유서를 남겼다. 동료들의 집단폭력과 따돌림을 견디다 못해 세상을 하직하노라고 썼다. 대전의 여고생, 광주의 중학생이 뒤따랐다. 새삼스런 일은 아닐지 모른다. 청소년 자살율이 세계에서 가장 높은 나라이니.

그러나 충격이다. 국제사회에서 '교육왕국'의 평판을 얻은 나라의 장래가 걱정이다. 마침내 경찰이 직접 나섰다. 학교폭력의 '근절'을 위해 강도 높은 수단을 강구하겠다고 선언했다. 학생사이의 폭력을 범죄로 다스리겠다는 것이다. 대대적인 범죄 예방교육에 덧붙여 소위 '일진'과 같은 불량서클을 박멸할 각오다. 경찰로서는 신나는 일이다. 마치 성인 '조폭'을 일망타진하는 듯한 사명감과 성취감을 만끽할 수 있으니. 117, 학교폭력을 전담하는 신고전화를 개설했다. 학원은 경찰의 상시 감독 아래에 들어갔다. 학교마다 '폭력추방' 표어 모집과 글짓기 대회가 열렸다. 그러기를 100일, 이젠 한 고비를 넘었다고 한다. 성과도 상당하다고 한다. 구체적으로 어떤 성과인지 알 수 없으나, 적어도 문제의 심각성에 대한 대중의 인식은 확산된 셈이다.

그러나 언제까지나 경찰이 학교를 상시 감독할 수는 없는 일이다. 조만간 손을 떼어야 할 것이다. 그러고 나면? 시간문제일 뿐, 반드시 폭력은 되살아 날 것이다.

학교는 사회의 축소판이다. 갈등과 충돌이 많은 사회인데 학교라고 해서 폭력이 횡행하지 않을까. 성인범죄가 늘면 청소년 범죄도 늘 수밖에 없다. 아이들이 보고 자란 것이 폭력이요 범죄이니까. 학교폭력은 반짝 효과로서 절대로 '근절' 될 수 없는 사회악의 일부다.

보다 근본적인 원인을 짚어 보아야 한다. 우리나라의 학교에는 오래 전에 '스승'이 사라졌다. 초등학교에는 촌지교사가, 중·고등학교에는 대학입시 교사가. 대학에는 지식상인이 옛 스승의 자리를 대신했다. 그나마 근래 들어 촌지교사가 사라지고 있는 것은 다행이다. 스승의 지위를 잃어버린 선생은 매를 들 수 없다. 받아들이는 입장에서 사랑의 매가 아니라 권력자의 폭력이기 때문이다. 선생에 대한 존경이 사라진 것은 어쩔 수 없는 세태다. 좋아하는 사람만 있지 그 누구도 존경할 줄 모르는 요즘 아이들이다. 원인이 어디에 있는가? 가장 큰 이유는 가정교육이 무너졌기 때문이다. 학교교육이 실종된 것이 아니다. 부모가 인성교육을 포기했기 때문이다. 내 아이 소중한 줄만 알았지, 남의 아이도 귀중한 줄은 모른다. 내 아이가 남에게 기죽지 않고 당당하게 살도록 만드는 데 골몰할 뿐, 타인과 공동체에 대한 배려는 안중에 없다.

중학에 입학하기 무섭게 대학입시 전선에 투입된다. 학생은 전사가, 부모는 지휘관이 된다. 입학전선에서 낙오한 아이들은 일상의 낙이 없다. 결손가정의 자녀들은 처음부터 설 곳이 없다. 폭발하는 신체는 탈출구를 찾는다.

학교폭력은 입시전선에서 낙오한 청소년들이 자신의 존재를 입증하는 방법이다. 선악의 관념이 제대로 서지 않은 '일그러진 영웅'들의 소영웅심의 발로다. 예전에도 학교폭력이 있었다. 낯선 자, 나와 다른 자는 적으로 다스리던 전쟁의 윤리가 청소년의 의식세계에 고스란히 투영되었었다. 그러나 그때는 학생 스스로 갈등을 해결하는 집단적 자정 능력이 있었다. 게다가 스승이, 부모가, 지역사회가 나서서 모두를 품어 안았다.

학교폭력의 근본원인은 선량한 공동체가 무너졌기 때문이다. 개성이 무시된 교과과정, 무한의 입시경쟁, 물신주의, 이 모든 것이 원인이다. 학교에서 스승이 사라졌다. 집에서는 엄한 할아버지가 사라졌다. 서로 부대끼며 주장과 이익을 각축할 형제자매도 없다. 떼를 쓰고 자신의 주장만 내세우는 습관만 키운 아이들이다. 그러니 바깥세계에서 경쟁력이 있을 리 없다. 좌절하면 쉽게 도피할 길만 찾는다. 학교폭력과 청소년 자살, 총체적 위기에 선 우리사회의 한 단면이다. 해결방법은 단 하나, 모두가 서로 사랑하고 품어 안는 마음을 키우는 수밖에 없다(한국일보, 2012 04. 04, 안경환).

필자는 춘천지방법원에서 소년부 판사로 재직한 적이 있다. 소년부 판사는 만 10세부터 19세까지의 비행이나 범죄를 저지른 소년에게 적당한 제재적인 처분을 내려 자신의 행동을 반성하게 하고, 장래에 더 이상의 비행을 저지르지 않는 인성을 갖도록 하는 데 중점을 두고 재판한다. 이와 같은 재판을 담당하게 된 연유로 학교폭력에 많은 관심이 있다.

학교폭력은 과거, 현재, 그리고 미래에도 존재할 수밖에 없다. 1995년도에는 학교폭력을 뿌리째 뽑으라는 대통령의 특별지시로 수사기관에서 2개월간 9,068명을 구속하기도 하였다. 현재 전국의 연간 수사기관에 의한 구속자 수가 2만 7,169명(소년 포함)이라는 점을 감안하면 참으로 엄청난 숫자가 아닐 수 없다. 그 후로도 정부에서는 가해학생 대안교육센터 위탁교육, 학교폭력 전담 경찰관 배치, 피해학생에 대한 경호 지원 등의 지속적인 노력을 하고 있다.

그렇지만 2012년도 학교폭력에 대한 실태조사 결과 여전히 16만 7,000여명의 학생들이 '내가 지난 1년간 학교폭력을 당했다'고 진술했고, 그중 25%는 교실에서 발생했다는 내용이 발표되어 학부모들과 교육당국이 당황해했다. 이러한 학교폭력은 비단 우리나라만의 문제는 아니다.

미국의 경우 공립학교 고등학생 100명 중 6명이 총, 칼 등 흉기를 지니고 등교하고 있으며, 남학생 10명 중 1명은 학내에서 흉기로 위협을 당한 경험이 있다고 진술하였다고 한다. 영국의 경우도 무려 40%가 왕따를 당해본 적이 있다고 하고, 2009년도에는 교사 4명 중 1명이 학생들로부터 폭행을 당한 경험이 있다고 했다. 일본의 경우, 2006년도에 왕따 발생 건수가 12만 5,000건이나 됐는데 그중 절반 정도가 초등학교에서 발생하였다고 하여 전 일본을 경악하게 만들었다.

이와 같은 전 세계적인 학교폭력의 가장 근본적인 원인인자는 무엇일까? 비웃지 마시라. 바로 '스트레스'다. 이에 의문이 든다면 다음 상상을 해보라. '나의 남편은 장동건처럼 멋있고, 오전 8시 30분에 아이를 등교시킨 후 출근하며, 오후 6시에 하교하는 아이를 데리고 퇴근한다.' '나의 아내는 아름답고 늘 상냥하며 남편을 존중한다.' '월 소득이 3,000만 원 이상이고 집안일은 가사도우미의 도움을 받는다.' '휴일에는 레저활동을 즐기거나 호화 리조트로 여행을 간다.' '아이들은 늘 최상위권 성적을 유지하며 성격도 유머러스하고 다정다감하여 친구들 사이에서도 최고의 인기를 누리고 있다.' 과연 이럴 경우 이 가족의 구성원이 스트레스를 받을 일이 생길 것인가? 과연 가정폭력이 발생할 수 있을 것인가? 결국 많은 경우 폭력의 원인은 바로 스트레스인 것이고 학교폭력의 원인 역시도 스트레스이다.

아이들은 스트레스로 인하여 술, 담배, 인터넷 게임중독, 자해, 자살 시도 등 도

피성 행위를 하는가 하면, 욕설과 폭행, 절도 등 공격적 행동을 하기도 한다. 그런데 아이들의 경우 신체적으로 스트레스에 훨씬 취약하다. 사춘기 때에는 감정조절을 해주는 세로토닌이 아동기와 성인기에 비하여 40% 정도 감소하기 때문에 감정기복이 심하고 우울증과 짜증을 쉽게 낼 수밖에 없다고 한다. 이렇게 스트레스에 취약한 아이들은 성인들이 스트레스를 푸는 방법 중 큰 역할을 차지하는 술, 담배를 사용할 수 없도록 되어 있으므로 아이들은 성인보다 스트레스에 관한한 훨씬 열악한 환경에 있다고 할 것이다.

아이들의 스트레스를 이해하고, 이를 해소할 수 있도록 도와주는 법, 그것이야말로 학교폭력을 없애는 데 큰 도움이 될 것이다(강원일보, 2013. 10. 16. 7면, 권순건).

4. 학교폭력과 인성교육

학교폭력은 "학교나 학교주변에서 학생 상호간에 발생하는 신체적·물리적·심리적 폭력을 말한다" 라고 정의할 수 있다. 이러한 학교폭력에는 힘의 우위에 있는 학생이 열세에 있는 학생에 대해 반복적이고 의도적으로 가하는 신체폭력, 심리폭력, 언어폭력, 집단폭력, 금품갈취, 그리고 성희롱 모두를 포함할 수 있을 것이다.

학교폭력의 실상이 공개될 때마다 어른은 가슴을 쓸어내린다. 아이들의 비행 내용이나 정도가 범상치 않기 때문이다. 우리 교육에서 무엇을 놓치고 있기에 아이들이 저렇게 병들어 가고 있을까? 여러 요인이 있겠지만 아마도 아이들에게 바른 심성을 길러주지 못한 것도 한 이유가 될 것이다.

노자가 '난 사람보다 된 사람이 되라' 고 했을 때의 '된 사람' 을 기르고자 하는 일이 바로 인성교육이다. 인성의 사전적 의미는 '사람의 성품' 으로 전문가는 '인성이란 개인 내부에 있는 자기만의 독특한 방식의 행동과 사고를 유도하는 역동적 조직' 이라고 정의 내린다.

선천적인 생물학적 성향과 후천적 경험교육 등이 상호보완하여 인간이 성장해 나가는 것처럼, 개인의 인성도 유전적 소양이 사회문화적 영향을 받아 변화 발전되어 간다. 그러나 유전설과 환경설 중 구태여 어느 쪽이 더 인성에 영향을 미치느냐 선택해야 한다면 환경설 그 중에서도 문화적 요인을 고르는 것이 타당하다. 발달은 계속적이며 점진적 과정임을 감안해 볼 때, 인성에는 태생적 유전 못지않게 사회문화적 영향도 중요하기 때문이다. '인간은 태어날 때 백지상태(tabula rasa)

로 태어나며 성장해 가면서 주변의 영향에 따라 독특한 특성을 가진 개체로 형성되어 간다'는 Locke의 주장도 문화적 환경을 강조한다.

정신분석학자 프로이드는 인간발달 중에서 인성발달이론을 최초로 주창한 학자이다. 그는 인성발달에 있어서 태어나서 5년간을 가장 중요한 시기로 보고 이후 발달은 생후 5년간에 형성된 기본적인 틀이 진화하고 변화하여 구체화 되는 것에 지나지 않는다고 말한다. 즉 이때의 부모 형제 친구와의 사회화 과정에서 생기는 문화가 평생 함께할 정체성을 형성하고 개성 있는 인성을 만드는 것이다. 0~2세 영유아 무상보육이 지자체 형편에 다라 6월부터 중단될 것이라고 하여 많은 엄마들이 혼란 속에 빠져 있다.

무상 보육비 때문에 전업주부 엄마들이 영유아들을 유아원에 보냈는데 또 다른 변수가 등장한 셈이다. 무상보육을 기관에 맡긴 아이들로 제한했던 정책 자체가 잘못된 출발이다. 졸속 행정이 인성발달에 중요한 시기의 교육을 그르치고 있다(강원도민일보, 2012. 05. 09, 조미현).

5. 일진학교 72%가 중학교…내달부터 '전면 개조 프로젝트'

2012년 조선일보 취재팀이 찾아간 청주의 A중학교는 수업 중인데도 교실이 소란스러웠다. 남학생 2~3명이 친구의 휴대전화를 빼앗아서 자기네끼리 만지작거리며 킬킬거렸다. 교사가 바로 앞에서 보고 있어도 아랑곳하지 않았다. 전화를 빼앗긴 학생은 주눅이 든 얼굴로 친구들을 힐끔거렸다. 교사는 "저 아이 중에 이 학교 '일진'이 있는데 '휴대전화 좀 빌려달라'고 해놓고 저렇게 애를 태우며 괴롭히는 것"이라고 했다.

이 교실뿐 아니었다. 학생들이 수업 중에 교사의 허락 없이 멋대로 교실 안팎을 드나들어도 교사들은 제지하지 못했다.

대전 B중학교 상황은 더했다. 이 학교는 '일진 그룹' 30여명이 학교 전체의 물을 흐렸다. 이들은 교사가 수업하고 있어도 버젓이 싸움을 하고, 학교 안에서 다른 아이들의 돈을 빼앗았다. 2011년 한 해 동안 학교폭력대책자치위가 7번 열려 모두 22건을 심의했다. 이 학교 교장은 "일진 30여명이 온 학교를 휘젓고 다니며 사고를 쳤다"고 말했다.

이번에 교육과학기술부가 '일진경보학교' [9]로 지정한 102곳은 이런 풍경이 수

---

9) 일진(학교 폭력 조직)의 존재 가능성과 학교 폭력 발생 위험도가 현저히 높아 외부 개입을 통한 특

시로 반복되는 학교들이다. 초등학교(5곳)와 고등학교(24곳)도 일부 있지만, 숫자로 보나 폭력의 정도로 보나 중학교가 가장 심하다. 전체 일진경보학교 열 곳 중 일곱 곳이 중학교였다(73곳·72%).

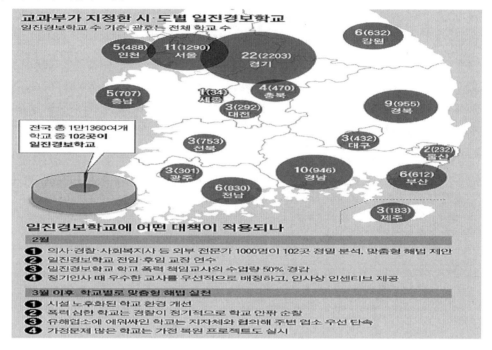

교과부는 "일진경보학교로 지정됐다고 '이 학교는 위험한 학교' '나쁜 학교'라고 낙인을 찍어선 안 된다" 면서 "도움이 절실한 학교부터 집중적으로 지원하고, 어떤 해법이 효과가 있는지 데이터를 축적해 장차 한국의 학교 풍경을 바꿔놓을 예정" 이라고 했다.

실제로 일진학교라고 학교 폭력의 양상이 다 똑같지는 않다. 일진학교가 있는 지역 중에는 교육보다 복지가 급한 가난한 동네도 있지만 교육열이 높은 동네도 있다고 한다.

교과부 관계자는 "원인이 다르면 그에 따라 나타나는 폭력의 양상도 달라진다" 면서 "중앙정부가 일괄적으로 해결책을 내려 보내는 대신 외부 전문가들과 일선 학교, 지역사회와 교육청이 힘을 합쳐서 맞춤형 해법을 스스로 찾아내게 하겠다"

별 관리와 지원이 필요하다고 교육 당국이 판단해 이번에 지정한 학교. 2012년 두 차례에 걸쳐 실시한 학교 폭력 실태 조사 결과와 각 학교 실태 정보를 종합적으로 고려해 선정했으며, 외부 전문 조사단의 꾸준한 모니터링과 지원을 통해 개선이 이루어질 경우 심의를 거쳐 지정 해제할 수 있다.

고 했다.

이에 따라 교과부는 앞으로 일진경보학교 102곳에 의사·사회복지사·경찰·시민단체 관계자로 구성된 외부 전문가 1,000여명을 투입해 학교 상황을 진단할 예정이다. 한 학교당 평균 전문가 10명을 투입하는 셈이다.

새학기 정기 인사 때는 우수하고 열정적인 교사를 일진경보학교에 우선 배치해 외부 전문가들이 내놓는 해법을 3월부터 곧장 실천하기로 했다. 학교마다 폭력의 원인과 양상이 다르기 때문에, 전문가들이 어떤 방식으로 학교를 관찰하고 어떤 해법을 제시할지 자율에 맡기기로 했다.

이에 따라 앞으로 일진학교에는 다양한 처방이 내려진다. 교과부 관계자는 "우선 눈에 보이는 폭력이 극심한 학교는 경찰이 수시로 학교 주변을 순찰하게 하고, 학교가 유해업소에 둘러싸인 곳은 지자체와 협의해 학교 주변 업소부터 단속할 예정"이라고 말했다. 학교 주변 CCTV 설치도 늘린다.

일부 초등학교는 학교 폭력이 심한 중학교와 가까이 있어서 '예방' 차원에서 일진경보학교에 지정됐다. 중학생 일진들이 초등학교 고학년을 자기네 그룹에 끌어들이는 고리를 끊어놓겠다는 것이다(조선일보, 2013. 01. 22, 김수혜·심현정).

6. 교사 99% 학생인권조례 보완-폐지해야

"집이 먼데 어떻게, 바꿔 입고 와요. 그냥 집에 가도 돼요?"

지난해 서울 중랑구 A고에서는 아침마다 교사와 학생 사이에 실랑이가 벌어졌다. 교사들은 교복을 갖춰 입지 않고 등교하는 학생을 붙잡았다. 하지만 벌점 말고는 뾰족한 수가 없어 단속은 유명무실했다. 학생이 수업 시간에 휴대전화를 써도 빼앗긴 힘들었다.

생활지도가 부쩍 어려워진 상황에서 학생인권조례까지 시행되면서 학생들이 교사를 전혀 무서워하지 않게 된 것이다. 이 학교 교장은 "인권조례도 교복은 입도록 했지만 학생들은 그런 것까지는 생각하지도 않는다. 지난 한 해 동안 학생들이 '통제가 더 약해졌다'고 생각하고 행동하는 경향이 커졌다고 보면 된다"고 말했다.

00 학생인권조례가 26일로 공포 1년을 앞둔 가운데 서울 지역의 거의 모든 교사가 인권조례를 보완하거나 폐기해야 한다고 생각하는 것으로 조사됐다. 인권조례가 서울 지역 학교 곳곳에서 A고와 같은 상황을 부추긴다고 교사들이 판단하기 때문이다.

동아일보와 한국교원단체총연합회가 21, 22일 서울 지역 초·중·고교 교사 705명을 대상으로 설문조사한 결과 87.2%가 인권조례가 학교 현장에 부정적인 영향을 미쳤다고 답변했다. '매우 부정적'이라고 답한 교사가 절반이 넘는 55.7%에 이르렀고 '부정적'이라는 대답도 31.5%에 이르렀다. '보통'이라는 응답은 9.8%였고 '긍정적'이라거나 '매우 긍정적'이라는 반응은 각각 1.6%, 0.3%에 그쳤다.

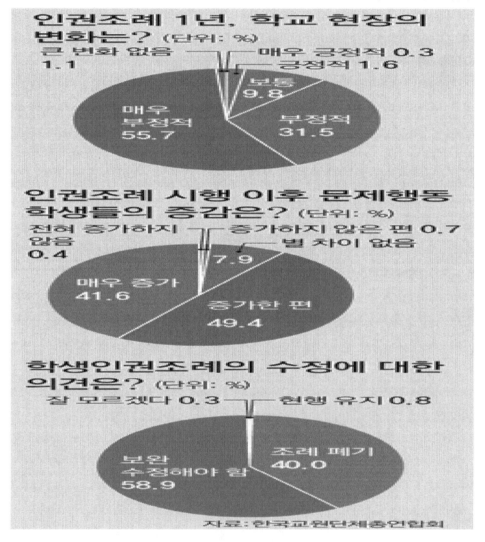

이처럼 교사들이 매우 부정적인 반응을 보인 것은 인권조례가 학생들의 생활지도를 어렵게 한다고 판단한 데 따른 것으로 풀이된다. '인권조례 이후 가장 큰 변화'를 묻는 질문에 73.8%는 '생활지도가 어려워지고 문제학생이 늘었다'고 답했다. 이에 반해 '인권친화적 교육환경 조성'(1.1%)과 '학생 권리와 의무감 확산'(3.5%) 같은 긍정적인 변화가 일어났다는 답변은 드물었다.

생활지도에서 가장 어려운 부분에 대한 물음에는 '수업 방해'(38.7%)와 '체벌 금지로 인한 제재수단 부재'(32.9%)를 꼽은 교사가 가장 많았다. 또 87.0%에 이르는 교사들이 인권조례를 이유로 학생들이 정당한 생활지도를 따르지 않는 상황을 직접 겪었거나 동료 교사를 통해 전해 들었다고 응답하기도 했다.

이에 따라 응답자의 58.9%가 "인권조례를 보완·수정해야 한다"고 밝혔고 40.0%는 "인권조례를 폐기해야 한다"고 요구했다.

설문 결과와 관련해 한국교총 대변인은 "상당수 교사들이 인권조례가 학생들의 권리와 의무감을 함께 키우는 순기능보다 생활지도 등에서의 부작용이 훨씬 크다고 느끼고 있다"고 진단했다. 문제점을 지적하는 목소리가 커지는 가운데 앞으로도 인권조례를 둘러싼 논란은 계속될 것으로 보인다.

현재 교육과학기술부는 서울 학생인권조례 무효 확인소송을 대법원에 제기해 놓은 상태다. 학교의 자율성을 침해한다는 이유다. 지난해 10월 전 서울시교육감 권한대행은 일선 학교에 인권조례가 아닌 초중등교육법 시행령에 따라 학칙을 고치라는 공문을 보내기도 했다.

지난해 인권조례를 손보겠다는 공약을 내걸고 당선된 서울시교육감 역시 최근 "학생인권조례 때문에 교사들의 생활지도가 어려워진 구체적인 사례를 모으고 있다. 조례의 어느 항목이 문제가 되는지를 파악한 뒤 서울시의회에 수정을 요청할 것"이라고 밝힌 바 있다(동아일보, 2013. 01. 23, 김도형).

7. 입시 탓에 '인권' 교육 뒷전…학생 몰이해 속 교권추락 논란 여전

입시경쟁을 존재 이유로 내세우고 있는 우리나라 학교에 인권이라는 담론은 너무 거추장스러운 것일까. 26일로 서울 학생인권조례가 공포·시행된 지 1년이 되지만 학생인권조례는 교육 현장에 정착되지도 않고, 그렇다고 완전히 부정되지는 않는 어정쩡한 모습으로 남아있다. 교사와 학생들은 지난 1년간 학생인권조례를 둘러싼 갈등이 많았다고 털어놓으면서도 인권교육을 강화해 조례를 정착시켜야 한다고 말하고 있다.

서울 신월중학교 생활지도부장은 인권조례가 가져온 변화를 긍정적으로 표현했다. 조 교사는 "두발 제한을 풀어주고 나서 아이들이 염색을 하다가 다시 자연모발로 돌아오는 과정에서 애들이 많이 컸구나 느꼈다. 단점을 겪어 봐야 장점도 아는 거다. 그런 면에서 행복하다"고 말했다. 그는 두발 자유에 대한 학생과 교사 사이의 갈등은 "교사들이 (규제욕구를) 내려놓지 못해서 생기는 갈등"이라고 단언했다.

서울 중·고교 88%가 아직 두발 제한 규정을 두고 있는 등 학교의 규제 분위기는 여전하다. K고교 2학년생 최모군은 "학교가 3월부터 다시 두발 규제를 한다"며 "머리를 염색하거나 파마한다고 마음가짐이 변하는 것은 아닌데, 그저 불량해 보인다는 점 때문에 규제를 한다"며 교사와 학생 사이에 여전히 큰 시각차를 드러냈다.

인권조례 때문에 체벌을 대체할 수 있는 손들기, 운동장 돌기 등 간접체벌까지 광범위하게 금지된 것을 두고는 찬반이 엇갈린다. 인권조례는 '학생은 체벌, 따돌림, 집단 괴롭힘, 성폭력 등 모든 물리적 및 언어적 폭력으로부터 자유로울 권리를 가진다'고 명시하고 있다. O고교 유모 교사는 "예전에는 체벌 등으로 학교 내에서 아이들을 교정해서 졸업 못하는 아이들이 한두 명 정도밖에 안 됐는데, 지금은 교칙을 적용하면 교화하지 못하고 퇴학당하는 경우가 생긴다. 학교가 그냥 냉정하게 잘라버리는 것이다"고 말했다.

고교 유 교사는 "수업시간에 자는 아이를 깨우면 '인권조례 몰라요?' 하고 반발하는 아이들이 있다"며 인권조례가 끼친 악영향을 설명했다. 인권조례 4조 5항은 '학생은 인권을 학습하고 자신의 인권을 스스로 보호하며, 교사 및 다른 학생 등 다른 사람의 인권을 침해해서는 안 된다'고 명시돼 있다. 자유에 따른 의무도 규정하고 있는 것이다.

그러나 인권에 대해 체계적으로 배워본 적이 없는 학생들은 인권조례를 단편적으로 이해하는 경우가 태반이다. 서울시교육청 학생참여단이 지난해 10월 15일부터 한 달 동안 초·중·고생 345명을 설문조사한 결과에 따르면, 98%가 학생인권조례에 대한 교육을 받은 적이 없다고 답했다. M중학교 길모 교사는 "아이들이 인권조례로 인해 '내 맘대로 해도 나한테 어떻게 할 수 없을 것'이라며 대든다"며 "아이들이 인권조례를 잘못 이해하고 있는 것이다"고 말했다. H여중 강모 교사는 "학생에게 자유를 주되 책임도 따라야 한다는 인식에 대한 교육이 지속적으로 돼야 한다"고 말했다.

한상희 서울시교육청 학생인권위원회 위원장은 "원래 매 학기 두 시간 이상 인권조례를 교육하고, 교사도 각종 직무연수 때 두 시간 이상 인권교육을 시키도록 돼 있었다"며 "그러나 교육청 차원에서 소극적이어서 인권교육 자체가 안 되면서 오히려 혼란을 불렀다"고 비판했다.

교사들 사이에선 인권조례 때문에 학생지도가 힘들어지고 교권이 추락했다는 이야기가 더러 나왔다. 하지만 조례가 교육환경을 바꾼 것이 아니라 달라진 환경을 반영했을 뿐이라는 반박이 있다. 특히 체벌은 교육과학기술부가 서울 학생인권조례가 공포되기 1년 전인 2011년 3월 초중등교육법 시행령을 개정해 금지했다. 물론 인권조례가 금지한 물리적 폭력이 더 광범위한 것은 사실이다.

D중학교 서모 교사는 "조례는 이미 바뀌고 있던 추세를 문서화한 것일 뿐"이라며 "인권조례 때문에 학생 지도가 안 된다고 하는 것은 사회 변화에 교사들이 적응을 못하니까 조례에 책임을 전가하는 면이 없지 않다"고 말했다. 신월중 조은 교사는 "지금까지 아이들을 대하던 자세로는 힘들어서 못한다. 아이들도 변하고 사회도 변하는데, 교사들이 변해야 한다"고 강조했다.

이명박 정부 들어 자율형 사립고를 대폭 확대하면서, 중간성적 이상의 학생들이 대거 자사고로 몰려, 일반고의 면학분위기가 저해되고 있는 점이 교권추락이라는 착시 현상으로 이어진 측면도 있다. O고교 유 교사는 "괜찮은 아이들이 특목고, 자사고로 빠져나가면서 공립학교 수준이 낮아졌다"고 말했다. 반대로 한 자사고 허모 교사는 "조용하고 수업하기 좋아졌다"며 "다른 (일반계) 학교는 수업하기 정말 어렵겠다는 생각이 들었다"고 말했다.

J고의 조모 교사는 "수시로 인권교육을 해야 하지만 고교는 입시도 있고 해서 힘들다"고 말했다. 신월중 조은 교사는 전문가의 도움을 받아 문제 학생들과 2박 3일 캠프를 통해 학생과 관계를 크게 개선할 수 있었던 경험이 있다. 그는 "입시에만 포커스를 맞추었다면 아무 것도 할 수 없었을 것이다"고 말했다.

조 교사는 "3년 안에 모든 것을 이뤄야 하는 입시 때문에 교사는 학부모들에게 마음의 여유가 없다"고 말했다. 그는 "교권과 학생인권은 적대적인 관계가 아니다. 학생인권을 부각하면서 상대적으로 교권이 무너졌다고 생각하는 데, 그 동안 학생의 인권은 얼마나 짓밟혔는가"라고 반문했다(한국일보, 2013. 01. 24, 권영은).

8. 학생 인권조례 1년, 뿌리 내리려면 보완 필요

통상 학교폭력이라는 용어는 학교에서 발생한 학생 간 폭력행위에 대해 학교와 교사 등에게 책임을 묻고 폭력행위가 발생하지 않도록 예방하기 위한 주의의무를 부과하는 등 학교의 책임을 강조하는 의미로 인식되고 있다.

그러나 '학교폭력예방 및 대책에 관한 법률' 제2조에서는 학교 내외에서 학생을 대상으로 발생한' 사고를 '학교폭력'이라고 정의하고 있다. 즉 학생을 대상으로 한 행위는 모두 학교폭력이라는 의미다. 상해, 폭행 등으로 인한 신체적 피해 뿐만 아니라 협박, 모욕, 강제적인 심부름, 따돌림 등의 정신적 피해, 그리고 각종 재산상의 피해를 수반하는 모든 행위를 포괄한다. 행위의 주체가 누구인지 장소가 어디인지 상관없이 모두 학교폭력이라고 해석해야 하는 것이다.

예컨대 서울의 중학생이 부산 해운대에서 해수욕 중에 대전의 초등학생을 폭행하거나 강제로 심부름을 시켰을 경우에도 학교폭력의 범위에 포함돼 가해학생의 학교인 서울의 중학교와 피해학생의 학교인 대전의 초등학교에서 학교폭력대책자치위원회를 개최해야 하는 경우도 발생할 수 있다.

가해학생 또는 피해학생의 범위와 행위 장소를 한정하지 않고 개념을 광범위하게 사용하고 있기 때문이다. 순수한 학생 간의 폭력인데도 불구하고 학교폭력이라는 용어를 사용하면서 학교를 개입시키고 있다. 책임소재를 오해할 가능성도 있을 뿐 아니라 법률적용을 위해서도 명확한 용어라고 보기 어렵다.

한편 학교 내에서 교사가 학생을 대상으로 한 체벌이나 모욕 등도 학생을 대상으로 발생한 행위이므로 학교폭력에 해당되는 것으로 보는 등 학생들 간의 폭력을 예방하기 위한 입법취지와는 다르게 적용되는 경우가 있어 교육현장에서는 광범위한 용어의 범위 때문에 고심하고 있다.

형법상 행위의 주체는 자연인인 사람에 한한다. 법인이 행위의 주체인가의 문제가 제기되기도 하지만 '학교폭력예방 및 대책에 관한 법률'은 학교를 처벌하기 위해 제정한 법률이 아니므로 학교가 행위의 주체가 된다거나 행위의 객체가 된다는 논의는 의미가 없다.

범죄행위는 자연인인 사람의 고의나 과실에 의해 성립되므로 학생은 행위의 주체가 될 수 있지만, 학교는 고의 또는 과실을 행할 주체도 객체도 될 수 없다고 봐야 한다. 형법에서는 범죄행위로부터 보호해야하는 객체를 보호의 객체라고 하며 구성요건에 의해 보호되는 가치를 보호법익이라고 한다. 그러므로 '학교폭력예방 및 대책에 관한 법률'에서 보호의 객체는 학생이며 보호법익은 학생의 생명, 신체, 정신 등이다.

교육과학기술부가 학교폭력 가해 사실 학생기록부 기재를 거부한 시·도교육청 교육국장 등에 대해 장관의 특별징계의결 요구권을 발동하기 전 법무법인 4곳에 법률해석을 요청한 결과 2곳에서 사실상 불가 견해를 밝혔는데도 징계절차를 강행한 것으로 확인됐다.

체벌금지와 두발·복장 자율화, 소지품 검사 금지, 교내 집회 허용 등을 골자로 한 서울학생인권조례가 공포 1년을 맞았다. 지난 1년간의 시행과정에서 나타난 학교현장의 변화에 대해서는 평가가 엇갈린다. 진보진영에서는 "학생들의 인권의식을 높였다"고 평가한 반면, 보수진영에서는 "교실붕괴와 교권추락을 가속화했다"며 부정적인 반응이다. 이런 가운데 보수 성향의 문용린 교육감이 들어서면서 진퇴의 기로에 선 모양새다.

진보진영이든 보수진영이든 인권조례 공포 이후 학생인권에 대한 학교 구성원들의 인식이 달라졌다는 데는 이견이 없다. 학생인권이 소중한 가치고, 학생인권을 보호하기 위해 노력해야 한다는 공감대는 형성됐다. 지시와 훈계, 체벌이 일상화했던 학교문화가 소통과 대화를 중시하는 방향으로 변화한 것도 긍정적인 모습이다.

그러나 학교현장에서 충분한 논의가 이뤄지지 않은 상태에서 성급하게 도입돼 뿌리를 내리지 못한 게 사실이다. 학생인권의 가치가 충분히 공유되지 않은 채 제도만 먼저 도입되는 바람에 혼란을 불렀다.

일선 학교에서는 인권조례가 제대로 시행되지 않은 채 외면당하고 있다. 서울시내 전체 중·고교의 90% 가량이 학칙에 두발제한 규정을 두는 등 인권조례를 따르지 않고 있다. 서울 학생 5명 가운데 3명은 인권조례에 대해 잘 모른다는 조사결과도 나왔다. 학생과 교사 간에 인권과 교권의 대립적 구도를 만들고 있다는 지적도 끊이지 않는다. 아무리 지향하는 방향이 옳더라도 현장에서 받아들이지 않으면 효과를 거두기 어렵다는 건 당연한 이치다.

지금 인권조례의 취지나 방향에 대해 근본적인 의문을 제기하는 움직임은 없다. 과거와 같은 일방적이고 권위적인 학교문화가 바뀌지 않으면 창의력과 상상력이 풍부한 인재를 길러낼 수 없기 때문이다.

따라서 인권조례가 현장에서 제대로 정착할 수 있도록 보완책이 마련돼야 한다. 교사들과 학부모, 학생들의 다양한 의견을 모아 정교하게 다듬을 필요가 있다. 학생들이 서로 존중하고 배려하는 사회인으로 성장할 수 있도록 기성세대가 더 관심을 기울여야 한다(한국일보, 2013. 01. 26).

9. 자살은 개인 문제 아니다

사회 다원화되고 복잡해졌지만 개인을 아우르는 제어 장치 부실, 사회 통합·안전망 미비가 자살을 불러온다. 물질 외의 가치를 돌아봐야 할 때이다.

요즘 자살이 너무 흔하다. 툭하면 터져 나오는 게 누군가의 자살 소식이다. 우리나라는 지난해 매일 44명이 자살로 삶을 마감했다. 현대인은 하루 중 신문을 읽는

데 약 39분을 보낸다고 하니, 이 신문 지면을 살펴보는 중에도 어디선가 목숨을 끊는 선택을 하는 셈이다. 자살이 너무 익숙해진 세상이 됐다.

자살을 시도한 우울증 환자는 '죽으면 모든 것이 해결되고 편해질 것 같다'는 말을 하곤 한다. 과연 그럴까. 죽은 뒤에는 편안함·후련함 등의 감정을 느낄 수 없다. 오히려 남은 사람들은 '대체 왜?' 하는, 답이 나오지 않는 질문을 되풀이하며 고통스러운 시간을 보낸다. 때론 자살한 사람을 원망하기도 한다. 그런데도 많은 이가 자살을 고통 해소와 문제 해결 방안으로 생각하는 듯하여 안타깝다.

자살을 사회학적 관점에서 보면 여러 부류가 있다. 개인주의적 성향이 강한 사람이 사회에 통합되지 못하고 소속감을 잃어버리면서 시도하는 자살은 이기적인 자살이다. 학력과 지위가 높은 사람 또는 이혼·독거자 등의 자살이 여기에 속한다. 이타적 자살은 사회와 자기 자신을 동일시할 때 발생한다. 민주나 정의, 종교적 신념을 외치며 분신·투신하는 경우가 이 범주에 속한다. 가치관의 붕괴와 혼돈에서 오는 아노미적 자살도 있는데, 이는 대개 파산이나 실직을 경험하고 나서 하게 된다.

문제는 이 모든 것이 사회와 연결돼 있다는 점이다. 즉 사회 통합 기능의 부실에서 온다는 것이다. 자살의 원인을 경제적 어려움, 학업·직업·결혼생활의 실패, 대인 관계의 갈등, 신체 질병 등에서 찾지만 과거에도 그런 어려움은 언제나 존재했다. 그럼 왜 예전보다 자살이 증가하는가. 결국 사회가 다원화하고 복잡해졌지만 사회가 개인을 적절하게 아우르고 자살하지 못하게 하는 제어 장치를 제대로 두지 않은 탓이다.

따라서 사고의 변화가 필요하다. 자살을 생각하거나 시도한 사람, 실제로 자살한 사람을 나약하고 의지가 부족하다며 몰아붙이고 뭔가 부족한 사람 취급을 하는 시각을 바꿔야 한다. 자살 책임을 그 가족이나 배우자에게 전가하는 분위기 역시 변해야 한다. 이제 자살을 개인적이고 가족적인 문제가 아니라 사회 통합과 안전망 문제로 봐야 한다.

정신 건강 의학계에서는 자살 가능성이 큰 환자를 선별하고 적극적인 치료를 통해 자살을 예방하는 데 힘써 왔다. 하지만 그것으로는 한계가 있다. 정부·사회단체·지역사회의 역할이 중요하다. 사회복지 시스템과 실업 대책이 자살 예방과 연계되어야 한다. 학교의 정신 보건 교육, 알코올과 약물 관련 법안 개선, 정신 상담 제도 활성화, 건물·교각의 자살 예방 기준 강화, 자살에 쓰일 위험성이 높은 도구의 접근 제한 등 세세한 것을 모두 논의해야 한다.

언론도 유명인의 자살을 선정적으로 다루지 말고 자살 예방 활동이나 자살 위기를 극복한 사례를 자주 소개하는 방향으로 나아가야 한다.

우리 사회는 어느덧 예전보다 크게 나아진 경제적·문화적 풍요로움을 누리고 있다. 그런데도 자살이 늘어나는 것은 물질적·외형적 가치만으로 인간을 행복하게 할 수 없다는 방증이다.

이제 생명의 소중함과 내적 가치의 귀중함을 돌아봐야 한다. 삶이 언제나 살 만한 것이 아니라는 점은 모두 알고 있다. 그렇다고 언제나 우울함과 고통만 있지 않다는 것도 느끼며 산다. 하지만 우울하고 고통스러운 그 순간에 주위의 누군가에게 "나 지금 많이 힘들다. 괴롭다"고 하면서 손을 내밀 수 있고, 그 손을 따뜻하게 잡아주는 누군가가 있어야 한다. 그 손은 당신이어야 하고, 사회이어야 하고, 국가이어야 한다(조선일보, 2013. 01. 16, 이민수).

최근 유명 연예인과 청소년의 잇따른 자살은 우리 사회에 큰 파장과 충격을 안겨주고 있다. 세계보건기구(WHO)와 국제자살예방협회(IASP)는 2003년 세계자살예방의 날(9월 10일)을 제정했을 정도로 자살에 대한 관심도는 전 세계적으로 높아지고 있다.

우리나라의 자살에 의한 사망률은 2010년 인구 10만 명당 33.5명으로 경제협력개발기구(OECD) 회원국의 평균자살률 12.8명에 비해 월등히 높다.

자살의 원인은 계층별로 다양하다. 청소년은 학교폭력과 생활 스트레스로 인해 자살을 선택하는 비율이 높으며, 2012년 청소년통계조사에서 청소년의 8.8%가 자살을 생각해 본 적이 있는 것으로 나타났다. 2007년 이후 학자금 대출로 인한 신용불량자의 증대와 함께 생활고 및 취업난 등의 경제문제와 학업문제 등으로 인해 대학생의 자살률도 급속히 증가하고 있다.

베이비붐 세대는 1998년 IMF 외환위기와 2008년 글로벌 금융위기를 겪으면서 제대로 된 노후준비도 없이 삶의 터전이 무너지고 조기은퇴로 인해 직장에서 물러나야 하는 어려움에 처해 있다. 2010년 통계청 조사에서 베이비붐 세대의 7.1%가 자살을 생각해 본 적이 있는 것으로 나타난 바 있다.

노인은 신체적 질병, 배우자의 사망, 경제상태 악화, 사회와 가족으로부터의 고립, 일상생활에 대한 자기통제의 불가능 등으로 우울이 증가하면서 자살을 선택하는 비율이 증가하고 있다. 이 처럼 모든 계층에서 스트레스와 우울 같은 심리적 요인들이 실제 자살기도에 더 직접적인 영향을 미치지만, 신문과 방송, 그리고 인터넷을 통해 전달되는 자살과 관련한 자극적인 뉴스가 자살을 유발하는 매개체 역할을 하기도 한다.

특히 유명 연예인의 자살 사건에 대해 언론이 이름과 사진, 자살장소, 자살방법 등의 자세한 보도와 장기간의 자살 보도는 모방자살(베르테르 효과)을 유발하는 문제를 낳고 있다.

실제로 유명 연예인들의 자살 사건 직후 1개월 간 자살자 수의 증가는 자살 직전 1개월 자살자 수에 비해 베이비붐 세대는 1.33배, 베이비부머의 자식세대인 에코 세대는 1.78배, 전체 세대는 1.42배로 나타났다. 결국 유명 연예인 자살이 에코 세대에 미치는 영향이 대단히 크다는 의미다.

정부의 자살예방 대책은 이런 상황을 제대로 반영하지 못하고 있다고 보여진다. 2011년 '자살예방 및 생명존중 문화조성에 관한 법률'(자살 예방법)을 시행하여 정부 차원의 대응책을 마련해 시행하고 있으나, 소요 예산을 들여다보면 너무 취약하다. 일본의 한해 자살예방 예산(124억 엔)의 200분의 1에 불과한 30억 원 정도다. 인구가 우리의 가장 큰 자원이며, 또 한사람의 자살은 한 가정의 치명적인 비극과 사회공동체의 피폐상으로 연결되기 때문에 이에 대한 대책은 무엇보다 절실하다.

그래서 자살률 감소를 위해 새 정부가 해야 할 역할은 더욱 커지고 있다. 몇 가지를 제언해 보겠다.

첫째, 정부 차원에서 자살 시도자와 고위험군에 대한 데이터베이스(DB)를 구축하고 자살자 유가족을 관리하며 자살징후 발견 시 전문가에게 인계해 주는 전문상담인력, 즉 게이트 키퍼를 양성해야 한다.

둘째, 장애 가정이나 노인의 부양 부담이 큰 가정에 대한 사회적 돌봄 서비스를 지원하거나 사회 안전망 확충 등의 접근 역시 필요하다.

셋째, 베이비붐세대 실직자에 대한 기업 차원의 정년 연장과 노동자 해고방지 대책이 하루속히 만들어져야 한다.

마지막으로, 모방 자살을 최소화하기 위해서는 미디어의 자살 보도에 대한 자율규제를 강화하여 자살 예방의 실질적인 효과가 있도록 정부, 언론, 미디어 소비자들이 함께 나서야 할 것이다(한국일보, 2013. 03. 16, 송태민).

10. 학생, 화를 표현하는 훈련 안됐고 교사, 그런 학생 대하는 훈련 안 돼

본지 취재팀이 한국교총에 의뢰해 전국 초·중·고등학교 교사 594명을 조사한 결과는 충격적이었다. 응답자 10명 중 4명이 "학생들이 하도 '욱' 해서 최근 한 학기 동안 교직을 그만두고 싶었던 적이 있다"고 했다. 그렇다고 꼭 학생들만

'욱' 하는 건 아니었다. 교사들도 폭발하는 경우가 많았다.

천근아 연세대 의대 교수(소아정신과)는 "우리나라 학교가 안고 있는 가장 큰 문제점 중 하나가 교사도, 학생도 '화'를 다스리는 법에 익숙지 않다는 것"이라고 했다. 학생들은 화가 난다고 무작정 돌발 행동을 할 게 아니라 자기감정과 입장을 조리 있게 말로 설명하고 남의 입장을 배려할 할 줄 알아야 하는데 이런 훈련이 없다는 것이다. 교사도 마찬가지다. 학생들이 화를 낼 때 '교사의 권위에 도전한다'고 발끈하기보다 "네 입장도 공감이 가지만, 다른 측면도 있다"고 설득할 수 있어야 한다고 전문가들은 말한다.

교사들이 말했다 "최근 한 학기 동안…"

자기도 모르게 화가 나서 학생을 때리거나 폭언한 적이 있다

50.3%

나 말고 다른 교사가 그런 행동을 하는 것을 본 적이 있다

64.3%

자료: 한국교총 설문조사

천 교수는 "우리 교실에서는 화를 표현하는 훈련이 안 된 학생과 그런 학생을 대하는 훈련이 안 된 교사가 맞부딪쳐 서로에게 너무 쉽게 '맞불'을 질러 버리는 일이 자주 벌어진다"고 했다. "아이들 얘기를 들어주면 어른 머리 꼭대기에 올라간다"면서 "아예 대들 엄두를 못 내게 버르장머리를 고쳐놔야 한다"고 생각하는 교사도 많다. 교사, 학생 모두에게 대화와 배려보다는 '뒷일은 생각도 않고 쉽게 상대방을 공격하는 방아쇠'가 먼저 작동하는 것이다.

천 교수는 "어른들이 현명하게 대처하는 모습을 반복적으로 보여주면 대부분의 아이는 '이야기하면 통한다'는 신뢰가 생겨서 본인도 자연스럽게 화를 절제할 줄 알게 된다"고 했다(조선일보, 2013. 02. 19, 김수혜).

욱하는 한국인, 자제력 잃은 한국, 학생·선생님도… 너무 쉽게 '막나가는 교실' 학생에 본보기 보여야 할 교사, 순간 감정 못참고 손찌검 많아, 교사 절반 "욱해서 학생 때려" "말대꾸한다고"… 1초도 못참고 학생 뺨때리는 선생님들.

　교실에서 자제력을 잃고 폭력을 휘두르는 사람은 학생뿐이 아니다. 학생들에게 본보기를 보여야 할 교사마저도 욱하는 감정을 참지 못해 학생에게 손찌검을 하는 사례가 적지 않다.

　지난 13일에는 서울의 한 중학교 체육교사 A씨가 화를 참지 못해 학생의 머리채를 잡아 흔들고 뺨을 때린 폭력 혐의로 벌금 100만 원을 선고받았다. A씨는 지난해 3월 남녀가 함께하는 농구 수업에서 한 여학생이 남학생 쪽으로 공을 굴리자 "왜 공이 남학생 쪽으로 굴러가도록 하느냐"며 학생을 혼냈다. 학생이 "실수할 수도 있는데 선생님이 왜 그러느냐"며 곧바로 대꾸하자 A씨는 학생의 머리채를 잡아 흔들었다. A씨는 이후에도 수업시간에 늦게 나타난 학생이 벌서기를 거부하자 학생의 뺨을 때리고 밀어 넘어트려 무릎과 옆구리를 걷어찼다.

　지난해 10월에는 부산의 한 사립고등학교 B교감이 순간의 화를 누르지 못하고 학생을 때린 사건이 발생했다. B교감은 교실을 돌아보던 중 학교에서 금지한 스마트폰으로 음악을 듣고 있는 1학년 학생을 발견했다. 학생이 "이어폰만 사용한 것이지 휴대전화는 쓰지 않았다"고 말하자 B교감은 학생이 거짓말한 것에 격분해 학생의 두 뺨을 연속해서 때렸다. 교감의 막 나간 폭행 장면이 학교 CCTV에 담겼고, 경찰 조사에 나섰다.

　학생과 교사가 서로 때리는 모습이 인터넷에 동영상으로 공개되기도 했다. 2012년 11월 경남 합천의 한 초등학교에서 5학년 학생과 50대 여교사가 서로 뺨을 때리며 다투는 장면을 같은 반 학생이 촬영한 것이다. 벌을 서던 학생들이 장난을 치자 화가 난 여교사가 학생을 밀쳐 넘어뜨렸고, 여기에 욱한 학생이 교사의 **뺨**을 때려버린 것이다.

교사들 스스로도 순간적인 화를 참기 어렵다고 하소연한다. 한국교총이 최근 교사 594명을 대상으로 설문 조사한 결과 50.3%(297명)의 교사들이 "최근 한 학기 동안 학생 지도의 어려움이나 기타 스트레스 등으로 자신도 모르게 화가 나서 소리 지르거나 체벌, 폭언을 한 적이 있다"고 답했다(조선일보, 2013. 02. 19, 최예니).

11. 당신의 분노는 당신에게 돌아온다

화를 많이 내면 뇌 세포 손상돼… 전염되는 분노로 사회는 험악해져…15초만 참으면 분노 호르몬 소멸… 대화법·분노 조절 지혜를 가르쳐야 한다.

우리 사회엔 '화'가 가득 차 있다. 많은 사람이 사소한 일에도 욱하고 짜증을 버럭 낸다. 순간의 충동을 참지 못해서 큰 사고를 저지르기도 한다. 스트레스를 받으면 외국인들은 대개 우울하다든지 불안하다고 말하는데 한국인들은 "뚜껑 열린다" "열 받는다" "울화가 치민다" 등 분노 반응이 많다.

우리는 왜 화를 잘 낼까? 우선은 남에게 무시당하는 것이 죽기보다 싫으니 그럴 때 분노가 잦다. 디지털 기기가 보편화하면서 사람 사이의 접촉과 따뜻한 교감을 잃어버리게 된 것도 중요한 원인이다. 저성장 시대와 양극화가 심화하면서 열심히 노력해도 희망이 없다는 좌절감이 충동적 분노로 표출된다는 진단도 내릴 수 있다.

이유야 어디에 있든 화는 몸과 마음을 망친다. 화가 나면 뇌신경이 흥분하고 스트레스 호르몬이 흘러나온다. 그러면 심장은 더 **빨리** 뛰고, 두근거리며 호흡이 가**빠**진다. 혈압이 높아지고 혈당도 올라가서 심혈관질환에 걸리기 쉬워진다. 스트레스 호르몬은 기억과 감정 조절을 담당하는 부위의 뇌 세포를 손상한다. 그 결과로 뇌 세포가 깨지고 뇌가 쪼그라든다. 분노에 맛이 든 사람은 점점 더 사소한 자극에도 신경계가 강하게 흥분한다. 이성적 판단을 하는 전두엽의 조절 기능이 약해져서 갈수록 더 괴팍해지고 충동 조절을 못 하게 된다.

문제는 분노의 전염성이다. 분노는 자기보다 만만한 사람에게 흘러가서 그들을 전염시킨다. 조직의 리더가 화를 내면 부하 직원들의 스트레스가 높아진다. 그들이 집에서 화를 내면 가정의 분노 지수가 높아진다. 집에서 열 받은 아이들은 학원이나 학교에서 자기보다 약한 애들을 괴롭히거나 욕하고 쥐어박는다. 이런 식으로 분노는 전파되어 사회 전체가 험악해진다.

이제 생각을 바꿔보자. 화가 날 때 '이 상황이 내 건강과 삶을 바꿀 만큼 중요한 가'를 생각해보자. 그럴 일은 별로 없다. 또 '화를 내는 것이 문제 해결에 효과적인 방법인가, 다른 대안은 없는가'를 생각해보자. 밖에서 보면 안이 더 잘 보이듯, 남에게 조언하듯 자신에게 혼잣말을 해보면 대안을 찾을 수 있다.

그래도 자꾸 화가 날 때는 우선 그 상황을 피해보자. 다른 곳을 쳐다보면서 열 번만 심호흡을 하고 '내 뇌를 살리자'는 주문을 외운다. 15초만 지나면 분노의 호르몬이 대부분 없어지기 때문에 그 순간이 오도록 기다리면 된다.

어릴 때부터 자기감정을 관리하고 조절하는 지혜를 가르쳐야 한다. 분노 조절은 나와 남을 보호하는 '생존 기술'이다. 영어·수학을 가르치는 것보다 훨씬 더 중요하고 우선되어야 한다.

대화법도 중요하다. 한국 사회는 토론이 없다. 국회에서 오가는 질의와 답변을 보면 검사가 죄인을 취조하듯 살벌하고 툭하면 언성이 높아진다. 편을 갈라서 죽일 놈 살릴 놈 하니까 유머나 조크가 설 자리가 없다. 가정이라고 크게 다르지 않다. 입장이 다르더라도 차분하게 자기 의사를 전달하고, 누군가 마음속 이야기를 꺼내면 이를 질책하지 말고 침착하게 들어주면 된다. 그렇게 경청하다 보면 분노할 일이 자연히 줄어들 것이다.

정당하지 않은 화는 부끄럽고 후회스러운 결과를 낳는다. 분노라는 감정의 노예가 되면 그 순간에는 그게 꼭 사실인 것처럼 느껴지지만 다시 생각해보면 대개 어리석은 본능이 부채질한 한순간의 실수일 뿐이다.

누구든지 분노할 수 있다. 그것은 매우 쉬운 일이다. 그러나 올바른 대상에게, 올바른 정도로, 올바른 시간 동안에, 올바른 목적으로, 올바른 방법으로 분노하는 것은 아무나, 아무 때나 할 수 있는 일이 아니다. 그렇지 않은 과도한 분노는 결국 자기에게 돌아오기 마련이다(조선일보, 2013. 02. 19, 우종민).

4-5세 아이, 자라나서 분노조절 잘 하게 하려면 화 낼 때마다 참아야 하는 이유를 부모가 설명해 줘야한다.

김붕년 서울대 어린이병원 교수는 "4~5세까지 아이들이 짜증을 부리거나 화를 낼 때 어머니가 잘 '수용' 해 줘야 아이가 커서도 분노 조절 문제가 생기지 않는다"고 했다. 핵심은 '수용'과 '허용'을 헷갈리지 않는 것이다.

"멋대로 내버려두라는 얘기가 아닙니다. '네가 힘들어 하는구나' 하고 공감해 주라는 얘깁니다. 그러면 아이가 누그러지게 되어 있습니다. 그 뒤 '화가 나는 건 인정하지만 네 뜻대로 해선 안 된다'고 차근차근 말로 풀어줘야 합니다. 이런 경험을 반복한 아이는 저절로 분노를 조절할 줄 알게 되는데, 그렇지 못한 아이들이 늘고 있어 걱정입니다."

화약에 비유하자면, 남보다 유독 화약을 많이 갖고 태어난 아이들이 있다. 뇌 발달에 문제가 있거나 호르몬 분비가 어긋나 분노 조절이 안 되는 경우다. 어느 시대나 이런 아이들은 대개 한 반에 세 명쯤 된다(5~10%)고 한다.

김 교수는 "이 비율은 늘 엇비슷하지만 '이 중에서 몇 명이 실제로 (화약고가) 터지느냐' 하는 점은 사회 변화에 따라 크게 달라진다" 고 했다.

"과거에는 의학적으로 문제가 있는 아이 중 10분의 1만 폭발했는데 요즘은 4분의 1 또는 3분의 1이 폭발합니다. 좋은 양육을 경험하지 못하고 막 자라는 아이들이 늘어난 것이 근본적인 원인입니다. 한 사회의 경제 상태는 직접적으로 양육 경험과 연결됩니다. 어떤 아이들이 주로 폭발하는지 궁금하면 우리 사회에서 '누가 가장 괴롭게 사는가' 생각해보세요. 거기다 폭력적인 게임·입시 스트레스·학교폭력 같은 '방아쇠' 까지 늘어나고 있습니다."

어른들은 아이들이 이유 없이 욱한다고 여긴다. 김 교수는 "사실은 다 이유도 있고 경고 신호도 보내는데 어른들이 놓치는 것뿐" 이라고 했다. 김 교수는 "우리나라 부모들은 심지어 휴가를 가도 몸만 아이들과 한 공간에 머무를 뿐, 정말로 아이들과 마음으로 교감하지 못하는 경우가 많다" 면서 "3~4세가 넘은 아이들에게도 최선을 다해 교감하는 노력이 중요하다" 고 말했다(조선일보, 2013. 02. 25, 김혜수).

12. 바로 잡아야 할 10대 성문화

10대 청소년들이 일그러진 성 문화에 젖어 있는 몇 가지 사례가 보도돼 적지 아니 충격을 주고 있다. 가출 소녀들이 유흥비와 생활비 마련을 위해 조건 만남 성매매에 나서고, 상대인 성인 남성 대상 절도 행각을 벌이는가 하면, 초등생들이 지적 장애 여성을 집단으로 성폭행하는 사건이 발생한 것이다.

00도에서도 이미 청소년 성 문화와 성 의식이 타락할 대로 타락한 현실을 목도하면서 우리는 이 개탄스러운 사건에 어떻게 대응해야 하는가를 질문하게 된다. 이에 앞서 이렇게 윤리의식 부재 현상이 우리 생활 어두운 그늘 아래에 서식할 때까지 과연 어떤 사전 대비 조치를 취했는지 반성적으로 묻게 된다.

현대 사회는 욕망이 끓어오르는 용광로와 같은 세상이다. 배금주의가 판을 치고, 정의, 진실, 순수 같은 고전적 가치는 사라졌으며, 출세주의가 진정한 공부와 학습의 우위에서 교육의 전통적 의미를 밀어낸 우울한 사회가 돼 버렸다. 세계관이 형성되기 전인 청소년들이 과연 무엇을 보고 배울 것이며, 이들이 인생의 의미와 가치를 어디에 둬야 하는지 제대로 깨닫지 못한 채 몸만 성숙하여, 그 단적 예로 성 문화가 이렇게 뒤틀린 것이다.

사실 이는 산업사회에서 정보통신사회로 넘어가면서 다양한 채널을 통해 이미 충분히 논의됐다. 청소년의 폭력 비행 등이 광포화되고, 인터넷 상에 이른바 '야동'이 떠돌아다니면서 윤리의식이 극도로 혼란스럽게 되자 사회 곳곳에서 이를 우려하는 목소리가 높았다.

그럼에도 불구하고 오늘날 청소년들이 예의 두 개의 사건에서 보듯 그야말로 '막장'에 다다른 인상을 주는 현실이다. 이는 도덕 교육이 그동안 제대로 작용하지 못했음을 반증한다.

윤리의식의 부재를 어떻게 치유해야 하는가? 청소년들의 구멍 뚫린 성 문화를 어떻게 메울 것인가? 지금부터 이를 철저히 고민하여 그 해결책을 찾아야 한다. 학교와 관련 사회단체의 교육 현장은 물론 행정의 관심과 공교육이 닿지 않는 우리네 일상에 청소년들의 뜻과 생각과 의지에 긍정적 영향을 주는 범도민적인 이성적 도덕적 학습의 장이 마련돼야 한다.

아이들이 교육을 받을수록 도덕적 가치관은 낮아지고 물질만능주의에 물들고 있다는 조사 결과의 통계치도 나와 있다. 그야말로 등줄기가 서늘한 상황이다. 지금이 일그러진 10대들의 실종된 윤리의식을 제대로 된 학교·사회 교육을 통해 바로잡지 않으면 뒷날 더욱 심각한 성 타락 현상에 기막혀 할 것이다(강원도민일보, 2013. 03. 15).

13. 학교폭력 목격한 학생 44% '얻어맞는 친구 못 본 체 했어요'

전국 초중고생 5,530명 실태조사에서 왜 말리지 않았느냐 물어보니, 23% "소용 없을 것 같아서…"

"우리 반 애가 옆 반 가서 휴대전화랑 돈 뺏는 걸 봤어요. 하지만 옆 반 선생님이 물었을 땐 모르는 척했어요. 나랑 친한 애도 아닌데 괜히 아는 척했다가 귀찮아질까 봐…. 그리고 가해자가 나한테 '왜 일렀느냐'고 따질 게 뻔하잖아요? 절 욕하고 다닌 후배를 때렸을 때도, 옆에서 보던 애들이 말리긴커녕 '맞을 짓 했네'하면서 자기들도 같이 때렸어요."

지난해 학교폭력 사건을 일으켜 상담 치료를 받고 있는 고교생 성규가 털어놓은 얘기다. 성규에게 맞은 후배는 보름간 입원했다. 성규는 "여러 명이 때리다 보니

개 얼굴이 많이 부어서 개네 엄마가 알게 됐지, 안 그랬으면 아무도 모르고 넘어갔을 것" 이라고 했다. 후배의 어머니가 학교에 신고하지 않았다면, 지켜본 아이 중 누구도 나서지 않았을 거란 얘기였다.

작년 한 해 정부가 강력하게 학교 폭력 추방 정책을 펼쳤지만 아직도 우리 아이들은 일상적으로 학교 폭력에 시달리는 것으로 조사됐다. 청소년폭력예방재단이 전국 초등학교 4학년~고등학교 2학년 학생 5,530명을 조사해보니, 10명 중 4명이 "최근 1년간 학교 폭력을 목격했다" 고 답했다(41.7%). 3명 중 1명은 작년 한 해 학교별로 진행된 학교 폭력 예방교육이 "효과 없었다" 고 했다. 커다란 강당에 아이들을 모아놓고 일방적으로 강의하는 경우가 많다 보니, 아이들이 한 귀로 흘려들을 뿐 진심으로 감복하지 않았다는 얘기다.

더 큰 문제는 '방관' 이 좀처럼 줄지 않는다는 점이다. 이 같은 방관의 밑바탕에는 불안과 무관심이 뿌리 깊게 자리 잡고 있었다. "왜 말리지 않았느냐" 는 질문에 과반수 아이가 "나도 당할까 봐" (30.6%), "관심이 없어서" (26.9%), "도와줘도 소용없을 것 같아서" (23.5%)라고 답했다.

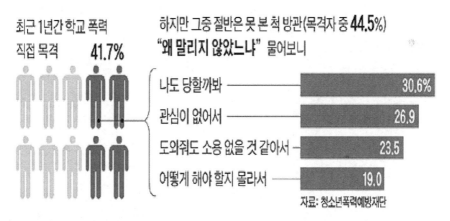

청소년폭력예방재단 관계자들은 "또래 대다수가 '폭력은 안 된다' 는 눈빛으로 쏘아보는 교실에서는 아무리 힘센 아이도 멋대로 폭력을 휘두르지 못한다" 고 했다. 방관을 해결하지 않는 한 학교 폭력은 줄거나 끊이지 않는다는 뜻이다.

이번 조사에서 "남이 당할 때 모른 척했다" 고 답한 아이 4명 중 1명이 "나도 남을 괴롭혔다" 고 털어났다(24.7%). 반대로 "남이 당할 땐 방관했지만, 나 자신도 괴롭힘 당했다" 는 아이도 5명 중 1명이었다(21.3%).(조선일보, 2013. 04. 23, 김연주).

14. 상처 덧나게 하는 부모 "넌 맨날 그 모양" … 마음의 문 더 닫아

학교폭력이 발생하면 아이들은 예은이처럼 학교보다 부모를 먼저 찾는다. 청소년폭력예방재단(청예단)이 전국 초등학교 4학년~고등학교 2학년생 5958명을 대상으로 한 설문조사에 따르면 학교폭력 피해자들은 혼자 끙끙 앓는 경우(38.5%)가 가장 많았고, 부모에게 알린다(23.8%)는 응답이 뒤를 이었다.

부모가 어떤 도움의 손길을 내미느냐에 따라 아이의 상처를 아물게 할 수도, 오히려 덧낼 수도 있다는 게 전문가들의 진단이다.

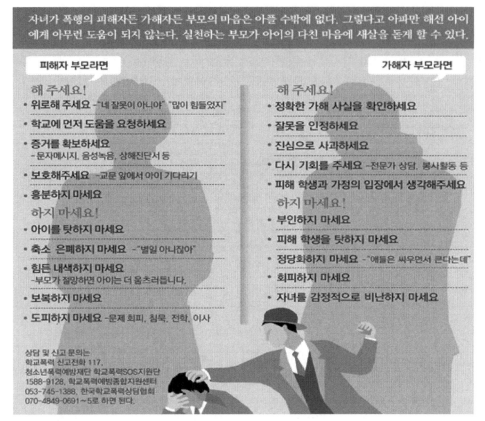

자녀가 폭행의 피해자든 가해자든 부모의 마음은 아플 수밖에 없다. 그렇다고 아파만 해선 아이에게 아무런 도움이 되지 않는다. 실천하는 부모가 아이의 다친 마음에 새살을 돋게 할 수 있다.

피해자 부모라면

해 주세요!
• 위로해 주세요 -"네 잘못이 아니야" "많이 힘들었지"
• 학교에 먼저 도움을 요청하세요
• 증거를 확보하세요 -문자메시지, 음성녹음, 상해진단서 등
• 보호해주세요 -교문 앞에서 아이 기다리기
• 흥분하지 마세요

하지 마세요!
• 아이를 탓하지 마세요
• 축소 은폐하지 마세요 -"별일 아니잖아"
• 힘든 내색하지 마세요 -부모가 절망하면 아이는 더 움츠러듭니다.
• 보복하지 마세요
• 도피하지 마세요 -문제 회피, 침묵, 전학, 이사

가해자 부모라면

해 주세요!
• 정확한 가해 사실을 확인하세요
• 잘못을 인정하세요
• 진심으로 사과하세요
• 다시 기회를 주세요 -전문가 상담, 봉사활동 등
• 피해 학생과 가정의 입장에서 생각해주세요

하지 마세요!
• 부인하지 마세요
• 피해 학생을 탓하지 마세요
• 정당화하지 마세요 -"애들은 싸우면서 큰다는데"
• 회피하지 마세요
• 자녀를 감정적으로 비난하지 마세요

상담 및 신고 문의는
학교폭력 신고전화 117,
청소년폭력예방재단 학교폭력SOS지원단
1588-9128, 학교폭력예방종합지원센터
053-745-1388, 한국학교폭력상담협회
070-4849-0691~5로 하면 된다.

지난 학기 동급생과 후배들을 때리고 돈을 뺏던 최호정 군은 학기 말 왕따 피해자로 처지가 바뀌었다. 최 군만 보면 휴대전화를 감추거나 눈길을 피하던 학생들은 이제 최 군에게 '파파보이'라고 빈정거린다. 상황이 바뀐 건 최 군이 30여 명을 때리거나 협박해 돈과 휴대전화를 빼앗은 사실이 드러나 학교폭력대책자치위원회가 열린 뒤였다. 아버지는 학교 측의 방문 요청에 응하지 않다 최 군이 출석정지 처분을 받은 뒤에야 "인정할 수 없다"며 항의했다.

아버지는 학교로 찾아와 수업 중인 교실 문을 열고 "관련자들 나오라" 고 소리를 질렀다. 전교생이 이를 목격했고 학생들은 최 군에게 "집에 가서 아빠 쭈쭈 더 먹고 오라" 고 놀렸다.

부모가 자식을 믿지 않아 딸이 마음의 문을 닫아버리는 일도 있다. 지난해 5월 한 중학교에서 피구를 하던 박지영 양이 "안아름이 일부러 공을 나에게 맞혀 안경을 부러뜨렸다" 고 부모에게 말해 부모가 학교에 항의했다. 박 양은 "평소 내가 아름이에게 '이전 학교에서 사고치고 전학 온 것 아니냐' 며 놀려서 앙심을 품고 공을 던졌을 것" 이라고 주장했다. 안 양은 부모에게 "공을 일부러 던진 게 아니다" 라고 설명했지만 부모는 오히려 "네 성질에 일부러 그랬을 게 안 봐도 뻔하다" 며 타박했다. 자신을 믿어주지 않는 부모의 태도에 속이 상한 안 양은 급기야 등교를 거부하고 방 안에서 나오지 않고 있다.

김승혜 청예단 SOS지원단 부장은 "자식을 믿지 않거나 자식의 목소리에 귀를 기울이지 않는 부모가 의외로 많다" 며 "부모가 올바로 개입해야 도움이 된다" 고 강조했다.

"화해 손 내밀자"… 마음의 벽 허물어

2년이 지났지만 아들 영우는 아직도 한 달에 한 번씩 심리상담을 받는다. 잘 웃지도 않는 아들 입에서 "걔네들은 잘 살겠지? 씨×… 잠도 잘 자고" 란 중얼거림이 나오면 어머니 강모 씨의 가슴엔 무거운 바윗돌이 올려지는 것 같다.

"아들이 나중에라도 '학교 폭력으로 힘들었지만 이젠 괜찮다' 고 웃을 수 있어야 한다고 생각했어요." 아들과의 긴 대화 끝에 강 씨는 아들이 바라는 게 '진심이 담긴 사과' 라는 걸 알았다. 2년 전 아들을 폭행하고 성추행한 가해 학생들은 정학 등의 처벌을 받았고, 이들을 상대로 한 치료비 및 피해보상금 관련 민사소송이 진행 중인 터였다. 강 씨는 아들을 위해 청예단의 문을 두드렸다. "화해 프로그램을 마련해주실 수 있을까요."

가해자 부모도 반색했다. 가해 학생들도 "그때 일은 정말 미안하다" 며 사과하고 싶어 했다. 사과하기까진 한 달이 걸렸다. 청예단 상담원들은 먼저 영우를 만나 '가해 학생들이 어떻게 하면 마음이 풀릴지' '화해를 하면 어떻게 지내고 싶은지' 등을 먼저 자세히 물었다. 가해 학생들에게도 '어떤 방법으로 사과를 하고 싶은지' '말로만 사과를 하면 과연 영우가 받아줄지' 등을 물으며 생각할 시간을 줬다. 아이들은 "친구 집에서 같이 탕수육 시켜 먹고 게임하던 그때로 돌아가고 싶다" 고 속마음을 털어놨다.

마침내 그날이 왔다. 가해 학생들은 사과 편지를 건넸고 영우가 좋아하는 피겨 (관절이 움직이는 동물이나 사람 모양의 장난감)를 직접 조립해 건넸다. 영우도 폭행 당시와 그 이후 얼마나 속상하고 힘들었는지 이야기했고 "사과해줘 고맙다. 덕분에 예전 좋은 추억들도 기억나네. 또 다 같이 놀러가자!" 라고 밝게 말했다.

이 과정을 지켜본 부모들은 한동안 말을 잇지 못했다. 아이들이 마음의 벽을 허물자 부모들의 갈등도 녹아내렸다. 영우는 최근 친구들과 농구 모임을 시작했다(동아일보, 2015. 02. 26. A2, 강은지).

15. 매우 복잡한 학교폭력 메커니즘

폭력의 피해자가 되는가. 한마디로 '학교생활 약자' 들이다. 학교생활 약자라는 말은 필자가 즐겨 쓰는 말이다. 사회에서 사회적 약자가 있다면 학교에는 학교생활 약자들이 있다. 더 정확히 말하면, 학교생활에서 폭력에 쉽게 노출되는 학생들을 말한다. 학교는 학생들에게 학습공간의 의미를 넘는 다층적 공간이다. 학교폭력은 이런 속에서 다양한 매개변수들이 작용하여 발생한다.

첫째, 학교는 학생들의 생활공간이다. 단순히 교사와 학생, 건물과 운동장이 존재하는 물리적 공간만은 아니다. 새벽같이 등교하여 밤늦게까지 집단적으로 머무르는 공간이다. 성인들의 사회생활 공간과 똑같은 역할을 한다. 그 속에는 교사와의 관계, 교우관계, 이성과의 관계, 규율, 질서, 명예, 서열 등이 존재한다. 이런 환경 속에서 다양한 역학관계가 만들어진다.

둘째, 문화적인 공간이다. 학교는 다양한 하위문화들이 존재한다. 아이들의 행동과 언어, 유행 등이 종합적으로 나타나는 공간이다. 또래문화, 또래압력, 교사압력, 친구들의 친소관계 등의 문화적인 요소들이 끊임없이 상호작용한다. 예컨대 재미없다는 의미의 '노잼', 열등감 폭발이라는 '열폭', 인간이 아니라는 뜻의 '낫닝겐' 과 같은 은어나 속어들이 일상어처럼 쓰인다. 두발모양이나 의복과 같은 패션은 말할 것도 없다. 이렇듯 학교는 전형적인 문화공간의 역할을 한다.

셋째, 학교는 나름의 역사를 갖는 공간이다. 역사가 짧은 학교와 전통이 있는 학교의 분위기는 확연히 다르다. 유서 깊은 사립학교들은 나름의 고유한 전통을 유지하는 경우가 대부분이다. 이런 학교들은 서로 네트워크를 형성하여 학생들 간 교류도 활발하다. 각종 교내 행사나 대회 등을 통해 선후배 간 교류와 유대감을 강화시킨다. 이를 통해 학교에 대한 자긍심과 애교심을 키운다. 학교에 대한 주변 지역사회의 기대감도 크게 나타난다. 반면 학교에 대한 자긍심이 없거나 부정적인 경우 동아리 활동 등을 통해 학교폭력이 대물림되거나 빈발하는 양상을 보인다.

넷째, 교사들이 만들어내는 학교 내의 교직문화도 있다. 교사들 간의 관계에 따라 아이들의 반응이 달라질 수 있다. 가정 내에서 부모의 친밀도나 역할이 자녀들에게 영향을 미치는 이치와 유사하다. 아이들은 이런 분위기 속에서 상호간 적응 관계를 형성한다. 폭력적인 교사가 많거나 학교의 분위기가 비민주적일수록 학생들이 학교폭력에 노출될 가능성이 커지는 것도 이런 이유다. 이런 각각의 요소들이 또 다른 요소들과 작용하면서 화학반응의 형태로 나타난다.

학교폭력 해결이 어렵다는 것은 그 만큼 메커니즘이 복잡하다는 방증이다. 메커니즘이 단순할수록 문제의 원인을 쉽게 찾을 수 있다. 모든 문제는 인과관계 속에서 해결이 가능하기 때문이다. 건강에 문제가 있다면 그 원인을 찾아서 치료하면 된다. 외과적 요법이 필요하다면 수술로 문제를 해결할 수 있다. 식이요법으로 해결할 수 있다면 균형 잡힌 영양섭취를 통해 해결하면 될 것이다.

학교폭력도 마찬가지다. 발생 메커니즘을 파악하는 것은 중요한 문제다. 하지만 발생 메커니즘을 찾기란 쉽지 않다. 학교라는 공간 자체가 사회만큼이나 복잡한 특성을 갖는 공간인 탓이다. 여기에 다양한 기질적 특성과 가정적 배경을 갖는 아이들이 상호작용하여 학교폭력을 만들어낸다. 그럼에도 학교폭력을 보는 시각들은 여전히 단순하다. 가장 단순하게는 가해자, 피해자, 방관자 정도의 문제로 본다. 범위를 확장한다 해도 학교와 가정, 지역적 공간을 벗어나지 못한다.

학교폭력에 대한 이런 단순성이 문제의 해결을 어렵게 한다. 좀 더 넓은 시각으로 학교폭력을 바라볼 필요가 있다(중부매일, 2015. 07. 22, 15면; 대구일보, 2015. 08. 11, 한병선).

16. '소년법' 논의 전에 수용시설부터 점검하라

최근 부산에서 일어난 청소년 폭행사건을 계기로 여러 영역의 전문가들이 언론을 통해 각자의 주장을 펼치고 있다. 이들은 서로 다른 시각에서 '소년법' 폐지, 처벌을 강화하는 쪽으로의 '소년법' 개정, 신중한 대처 따위를 주장하고 있다. 그런데 이들 주장은 대체로 청소년 비행이나 범죄의 처분이나 처벌에 중점을 두고 있다. 비행 청소년의 재활 현장을 묵과함으로써 비행 청소년의 삶을 온전히 망라하지 못하고 있는 것이다. '소년법'을 놓고 서로 옥신각신하기 전에 최소한 보호처분을 받은 비행 청소년 중 소년분류심사원이나 소년원에 수용되어 있는 아이들의 실상을 냉철하게 살펴보아야 할 터이다. 이 시설이야말로 비행 청소년의 진면목을 보여주고 있어서이다.

과정이 좀 복잡한데, '소년법'에 의해 처분을 받은 비행 청소년은 소년분류심사원과 소년원을 거치며 상담, 교육, 보호를 받는다. 굳이 '소년법'에 의하지 않더라도 부모나 각급 학교장의 의뢰로 법원을 거쳐 청소년비행예방센터에서 상담과 교육을 받기도 한다. 비행이 심한 경우에는 아예 소년분류심사원에 수용되어 법원의 심리를 받아야 한다. 경찰이나 검찰이 청소년의 일탈 행위를 범죄가 아닌 비행으로 판단하면 '소년법'에 따라 보호처분을 받게 된다.

실제로 이들 청소년은 보호자, 보호관찰소, 아동복지시설, 병원 및 요양원, 소년원에 위탁 및 수용되어 상담과 교육 및 감독을 받거나 사회봉사에 임한다. 특히 소년원 수용은 보호처분에서 가장 무거운 것이고, 소년분류심사원을 거치며 짧게는 1개월 이내, 길게는 2년간 지내며 교육과 보호를 받는다. 바로 이 현장의 상황을 빠뜨린 채 '소년법'에 관한 주장이나 논의가 진행되고 있어 몇 가지를 지적하겠다.

첫째, 청소년이 비행으로 처분을 받는 과정에서 관련 기관이나 개인 중에 바르게 대처하지 못한 사례가 적지 않다. 예컨대 형법에 따라 형사처벌을 받아야 할 청소년이 보호처분을 받았다면 이는 경찰에서 시작하여 법원을 거치는 동안 적법하지 않은 뭔가가 연루되었다고 보아야 마땅하고, 이런 청소년을 소년원에서 감당하기에는 불가항력이다.

둘째, 법무부는 비행 청소년을 수용하는 소년분류심사원과 소년원의 시설을 합당하게 갖추고 있는지 돌아보아야 한다. 물론 최근 10명 안팎의 인원이 한 방에서 생활했던 것을 3∼4인으로 줄여가고 있지만 여전히 이들 청소년에게 절실한 교육과 보호에는 크게 미치지 못하고 있다. 거슬러 올라가 2006∼2007년에 전국의 소년분류심사원과 소년원을 구조조정 차원에서 9곳이나 없앴다가 다시 2곳을 재개한 것은 국가가 전혀 비행 청소년의 재활에 관심을 두지 않는 것으로 보아야 할 것이다.

셋째, 이들 시설에 근무하는 보호직 공무원이 과연 비행 청소년을 이끌어갈 수 있는 합당한 능력을 갖추었는지 심각히 고민해야 한다. 보호직 공무원을 선발하고, 이들의 근무 여건이나 처우가 합당한지 따져보아야 한다.

사회적으로 중요한 사안임에도 국가가 사후약방문 식으로 어설픈 방안을 전시적으로 마련할 것 같아 걱정이다. '소년법' 논의를 책상머리에서 할 것이 아니라 관련 현장부터 샅샅이 뒤져보아야 한다. 그곳에서 생활하고 있는 청소년들의 처지를 주목하고, 나아가 직원들의 귀한 경험을 귀담아들어 답을 찾아야 한다(경향신문, 2017. 09. 11. A29, 최옥채).

17. 학교폭력이란 무엇을 의미하는가

청소년기란 연령적으로 14~15세경부터 22~23세까지이다(정동하, 정미현, 2011: 172). 청소년은 사춘기에서 성인에 이르는 과도기 또는 그 기간에 해당하는 사람을 지칭하며 개인적 혼란으로부터 사회적 질서로 옮겨가는 새로운 삶의 단계에 놓여 있는 사람들이다. 그러므로 청소년은 비록 신체 발육정도, 정신적 성숙도, 그리고 사회적 행동 양식에서 볼 때 아동기를 벗어났다고 할 수 있지만 아직도 성숙화, 사회화될 것이 요구되는 상황에 놓여 있는 세대이다.

이로 인해 청소년의 발달과정에서 직면하게 되는 여러 가지 문제들로 인하여 심리적 갈등이나 정체감의 혼란 등을 겪고 있다. 특히 심리・정서적 측면에서 청소년기는 자아 정체성을 형성하는 시기로, 자존감이 잘 형성된 청소년은 스트레스에 대해 적절하게 대처하며 문제 해결을 위해 긍정적인 대처 방법을 사용한다. 반면, 자존감이 잘 형성되지 못한 청소년은 스스로 가치 없다고 느끼기 때문에 문제 상황에 역기능적으로 대처하게 되고 이는 자기학대와 무가치함으로 이어져 자살 행동을 유발할 수 있다.

따라서 청소년기에는 생명을 존중하고, 자존감을 향상시킬 수 있는 교육적 접근이 필요하다, 청소년기에는 모든 존재물에 대한 공생의 가치를 인식하고 삶의 고장에서 관계하게 되는 주위의 모든 세계와 조화를 이루어 나갈 수 있는 개인의 인식과 태도를 갖추어 나가는 일이 중요하다. 자연 체험과 더불어 진행되는 생명 존중 교육은 새로운 가치관에 입각한 인격 혹은 인품을 형성하며 이를 통해 인성과 환경문제를 해결해 나가는 데 큰 도움을 줄 것이다.

학교폭력에서 '폭력'은 무엇을 의미하는가? 형법에서는 폭력이란 저항을 억압하기 위하여 행사되는 유형력을 의미하거나, 폭행죄의 폭행의 의미, 즉 사람의 신체에 대한 유형력의 행사로 정의되고 있다. 또한 한국청소년연구소(2006)의 학교폭력에 대한 정의를 살펴보면, 자신보다 신체적, 심리적으로 약한 위치에 있는 학생에게 가해지는 위협 또는 실제 행동 측면에서의 신체적 폭행 상태, 언어적 폭력, 금품의 갈취, 성폭행, 집단 따돌림으로 정의하고 있다.

그러나 학교폭력을 논함에 있어서는 그 범위를 범죄의 대상이 되는 경우로 한정할 필요는 없다고 본다. 실제로 학교폭력이 매우 다양한 방법으로 행사되고 있고, 그로 인한 심리적·정신적 영향도 매우 심각하게 나타나고 있으므로 형법상의 개념보다 넓게 해석할 필요가 있게 된다. 이런 관점에서 학교 폭력에서 말하는 '폭력이란 타인에게 해를 입히기 위하여 힘, 무력, 언어적 공격, 상징적·심리적 가제 및 집단 따돌림 등 다양한 수단을 사용하여 심리적 혹은 신체적 피해를 입히는 것'이라고 정의함으로써 소위 '집단 따돌림(왕따)'까지도 이에 포함시키고자 하는 견해가 있다(한국형사정책연구원, 1996).

따라서 여기에서는 학교폭력예방 및 대책에 관한 법률(제2조 1항)에서 정한 학교폭력 개념을 가지고 설명하려 한다. 학교폭력에 대해 학교폭력 예방 및 대책에 관한 법률(제2조 1항) 및 시행령에 의거하여 정의내리자면 학교내·외에서 학생 간에 발생한 폭행·협박·따돌림 등에 의하여 신체·정신 또는 재산상의 피해를 수단하는 행위로서 상해·폭행, 감금, 협박, 약취·유인, 추행, 명예훼손·모욕, 공갈, 재물손괴 및 집단 따돌림 그 밖에 피해자의 의사에 반하는 행위를 가하거나 하게 한 행위를 말한다. 따라서 학교폭력이란 학교와 관련하여 일어나는 폭력행위로 그 주체나 대상이 청소년이라는 특징을 공통적으로 포함하고 있음을 알 수 있다(김가령, 2013: 26).

최근 전국 학교폭력 실태조사에서 학교폭력의 피해율은 2006년 17.3%, 2007년 16.2%, 2008년 10.5%, 2009년 9.4%, 2010년 11.8%, 2011년 18.3%로 2010년을 기준으로 다시 증가 추세를 보이고 있으며, 학교폭력 가해율 또한 2006년 12.6%, 2007년 15.1%, 2008년 8.5%, 2009년 12.4%, 2010년 11.4%에서 2011년에는 15.7%로써 점차 증가함을 나타내고 있다.

최근 발생하는 학교폭력은 최초 발생 연령이 낮아지고 있으며, 학교폭력 집단의 집단적 가해가 증가하고, 폭력에 대한 인식의 부족으로 학교폭력 유형이나 피해 정도의 수준도 증가하고 있다(청소년폭력예방재단, 2012).

2009년 개정교육과정은 학교교육의 다양성을 꾀하고 미래사회가 요구하는 창의적인 인재 양성을 목적으로 청소년들에게 다양한 체험·경험·활동 기회를 제공하여 청소년 스스로가 그들에게 당면한 다양한 문제들을 해결하고 사회에서 경쟁력 있는 능력을 개발함을 목표로 한다(교육과학기술부, 2009).

최근 2002~2010년의 통계청 조사에 따르면 '청소년의 고민'의 1위가 '성적(38.6%)'으로 나타났으며(통계청, 2012), 청소년 통계 보도자료(통계청, 2012)에서 청소년 66.9%가 '학교에서 스트레스를 받는다'는 조사결과가 나왔다. 또한 청소년의 사망원인 2009~2010년 1위는 고의적 자해(자살)이며, 특히 전국 학교폭력실태조사(청소년폭력예방재단, 2012)에 따르면 청소년들은 학교폭력으로 인한 고통으로 자살을 생각하고 있는 학생들이 응답 학생 중 남학생의 경우 일 년에 '1~2명 이상'이 약 25.8%, 여학생의 경우 일 년에 '1~2번 이상'이 44.4%로 조사되어 학교폭력의 심각성을 제시하고 있다.

☞ 학교폭력의 기준은 무엇인가

학교폭력예방 및 대책에 관한 법률에 의하면, 학교 폭력이란 학교 내·외에서 학생을 대상으로 발생한 상해, 폭행, 감금, 협박, 약취, 유인, 명예훼손, 모욕, 공갈, 강요, 강제적인 심부름 및 성폭력, 따돌림, 사이버 따돌림, 정보통신망을 이용한 음란·폭력 정보 등에 의하여 신체·정신 또는 재산상의 피해를 수반하는 행위를 말해요.

신체폭력이란 신체를 손, 발로 때리는 등 고통을 가하는 행위와 강제 또는 속여서 일정한 장소로 유인하거나, 강제로 가두어 두는 행위를 말해요. 언어폭력이란 상대방의 명예를 훼손하는 말을 하거나 인터넷, SNS 등으로 퍼뜨리는 행위, 신체 등에 해를 끼칠 듯한 언행(죽을래)과 문자메세지 등으로 겁을 주는 행위(협박)을 말해요.

금품갈취란 돌려줄 생각이 없으면서 돈, 물품 등을 요구하는 행위와 일부러 물품을 망가뜨리는 행위를 말해요. 강요란 속칭 빵 셔틀, 와이파이 셔틀, 게임 대행, 심부름 강요 등 상대방의 의사에 반하는 행동을 강요하는 행위를 말해요.

따돌림이란 집단적으로 상대방을 의도적, 반복적으로 파하는 행위와 단체로 놀거나, 다른 학생들과 어울리지 못하도록 막는 행위를 말해요.

성폭력이란 성행위를 강제하거나 유사 성행위 등 성적 모멸감을 느끼도록 신체적 접촉을 하는 행위와 성적인 말과 행동을 함으로써 상대방이 성적 굴욕감, 수치감을 느끼도록 하는 행위를 말해요.

사이버폭력이란 모욕적 언사나 욕설, 허위 사실, 개인의 사생활 등을 인터넷 게시판, 채팅, SNS 등에 올리는 행위와 정보통신망을 통해 성적 수치심을 주거나, 폭력적인 문자, 그림, 동영상을 유포하는 행위를 말해요.

학교에서 친구들과 생긴 문제나 고민같이 힘든 마음과 학교폭력에 대한 현재의 어려움에 대해 도움을 받고 싶다면 상담원과 전화로 상담을 나눌 수 있어요. 전국 학교폭력 상담전화 '1588-9128', 청소년무료상담전화 '1388'에서 상담이 가능해요. 우리친구가 상담선생님에게 상담을 받아보고 싶다면 현재 거주하고 있는 지역

의 청소년상담복지센터에서 무료로 상담을 받아볼 수 있으며, 저희 푸른 나무 청
예단으로 방문하여 면접상담을 진행할 수 있어요. 청예단에서 상담을 받고 싶거나
상담과 관련해서 문의사항이 있으면 푸른 나무 청예단 상담치료센터(Tel.
02-598-1610)로 연락하시면 상담에 대한 내용을 안내해 드려요. 어려움이 있을 때
상담을 통해 문제나 고민을 함께 나누는 것도 도움이 될 수 있답니다(청소년폭력
예방재단, 2016. 09. 19).

18. "초·중·고 558만명 중 130만 명만 응답했는데 그걸 왜 보도했느냐"고 따지는 사람들

서울 강북에 사는 김경식 씨는 올 초 외아들 성주를 다른 동네로 전학시켰다. 성
주가 일진(一陣·학교폭력조직)에게 집요하게 괴롭힘 당했다는 걸 뒤늦게 알았기
때문이다.

일진은 3~4학년 내내 툭하면 성주를 때리고 따돌렸다. 성주의 양팔을 붙잡게
한 뒤 여럿이 돌아가며 때리게 한 적도 있다. 상황을 파악한 담임이 교장에게 "우
리 반에 일진이 있다"고 하자, 교장은 "부모가 가만히 있는데 당신이 왜 먼저 나
서느냐"고 나무랐다. 교사는 김씨에게 "사정이 이러니 사태를 해결하려면 아버님
이 직접 학교를 엎어 달라"고 했다.

교육과학기술부가 전국 1만 1,363개 초·중·고교의 '학교폭력 실태조사' 결과
를 공개했다. 조선일보는 "학부모는 알 권리가 있다"는 판단에 따라 조사 결과를
지면(紙面)과 조선닷컴으로 상세히 보도했다.

이튿날 아침부터 항의전화가 쏟아졌다. A교사는 "우리 학교는 일진이 단 한 명
도 없는데 조사 결과에 보면 수십 명이 있다고 답한 걸로 나온다"면서 "조사에
문제가 있는 것 아니냐"고 화를 냈다. B교사는 "558만 명 중 130만 명이 조사에
응하고, 그중에서도 '고작' 17만 명이 피해를 당했다고 적어냈을 뿐인데, 모든 학
교가 문제인 것처럼 몰아간다"고 흥분했다.

이번 교과부의 학교폭력 조사는 방법이 번거롭고 질문은 서툴렀던 측면이 있다.
교과부는 전국 초등학교 4학년~고3 학생 집에 우편으로 설문지를 보내, 학교폭력
을 당한 적이 있는지, 다니는 학교에 일진이 있는지 직설적으로 묻고, 반송용 봉투
에 담겨 되돌아온 설문지를 일일이 손으로 컴퓨터에 입력했다. 학교마다 응답률도
들쭉날쭉했다. 실제 상황과 차이가 있는 응답이 나와 억울한 학교와 교사도 있을

수 있다.

그러나 조사 방법이 서툴렀다고 조사 결과를 무시해도 될까? "고작 17만 명이 피해를 당했다"고 말하는 것은 그 발언만으로도 '또 다른 폭력'이다. 한 지방 중학교는 이번 조사에 전교생 550명 중 80명이 응했다. 그중 17명이 "학교에 일진이 있다"고 했고, 7명이 "폭력을 당했다"고 했다. 550명 중 '고작' 7명이 당했다는 이 학교에서 지난해 12월 대구 중학생 자살 사건이 났다.

서울 세종로 정부중앙청사 앞에서 대한민국청소년총연합회의 한 회원이 학교폭력 피해 실태조사의 실효성에 의문을 제기하며 1인 시위를 하고 있다(뉴시스).

학교폭력 문제를 연구해온 한 시민단체 관계자는 "수많은 피해자가 간신히 자신들의 목소리를 내기 시작했는데(설문지 회수율과 응답률이 낮다고) 이들의 목소리를 무시하는 건 학교폭력의 심각성을 외면하는 것"이라고 했다(조선일보, 2012. 04. 23, 김수혜).

☞ **학교폭력실태조사설문지**

학교 내의 폭력문제에 대한 실태를 조사하기 위해서 작성된 설문지 [a field survey on school violence, the questionnaire]

폭력이란 육체적, 물리적으로 어떤 사람에게 해를 가하는 것뿐만 아니라 육체적인 구타 행위가 없어도 정신적으로나 언어를 통해서 수치감이나 고통을 주는 행위도 폭력에 해당한다. 과거에도 학교폭력은 있었지만 최근에는 학교폭력이 단순한 청소년들의 철없는 행동을 넘어서 심각한 폭력을 견디지 못한 피해자의 자살이 뉴스에 보도되는 등 심각한 사회문제의 하나로 나타나고 있다. 이러한 피해를 막기 위해서 학교 내의 폭력사건에 대한 실태를 조사하기 위해 설문지가 사용된다.
  · 학교폭력실태를 조사하기 위한 설문지는 익명성이 철저히 보장되어야 한다.
  · 설문지의 하나의 문항에 두 가지의 질문이 들어가서는 안 된다.
  · 질문의 내용이 피해 학생에게 2차적인 정신적 피해를 주지 않도록 해야 한다.
  · 설문지가 다른 학생들에게 쉽게 노출되지 않도록 철저하게 보관되어야 한다.

19 '학교폭력' 이 3년째 줄었다고?

'학교 폭력' 이 정말 줄고 있을까? 교육부가 발표한 조사 결과를 보면, 올해 하반기에도 학교폭력이 지속적인 감소세를 나타내고 있다. 하지만 교육 현장에서는 현실과는 다소 거리가 있는 '통계 오류' 라는 지적이 나온다.

'학교 폭력' 을 주제로 한 애니메이션 '돼지의 왕' (연상호 감독 제공)

교육부는 전국 시·도교육청과 공동으로 전국 초등학교 4학년부터 고등학교 2학년까지 434만여 명을 대상으로 9월15일~10월24일 실시한 '2014년 2차 학교폭력실태조사' 결과를 27일 발표했다.

실태조사 결과를 보면, 학교폭력 피해를 경험한 적이 있다는 학생(피해응답률)은 4만8000명(1.2%)으로 올해 1차 조사(3월23일~4월20일) 때보다 0.2%포인트 줄었다. 피해 유형별로는 언어폭력이 35.4%로 가장 많았다. 이어 집단따돌림(16.8%), 폭행(11.8%), 스토킹(10.1%), 사이버 괴롭힘(9.9%), 금품갈취(7.6%)가 뒤를 이었다. 첫 실태조사인 2012년 1차 때와 피해응답률(12.3%)을 비교해보면, 3년이 채 안 되는 기간에 11.1%포인트나 급감한 것으로 나타난다. 교육부 담당자는 "2011년 말 대구에서 학교폭력에 의한 자살 사건이 잇따랐고, 그 뒤 정부와 관계부처 및 시·도교육청, 단위 학교가 학교폭력 예방에 역량을 집중한 결과"라고 풀이했다.

교사와 학교폭력 전문가들의 분석은 다르다. 전국교직원노동조합 서울지부 정책국장은 "실태조사 참여율이 학교 평가 항목에 들어간다. 교사들이 교내 컴퓨터실에서 학생들을 조사에 참여시키는데, 피해 학생이 가해 학생을 옆에 두고 솔직하게 신고할 수가 있겠느냐"고 반문했다.

학교 내 폭력을 연구하는 교사 단체인 '따돌림사회연구모임'(따사모)의 대표는 "사회의 폭력 총량은 줄지 않았는데 학교폭력만 줄어든 것처럼 보이는 착시 현상"이라고 짚었다. 학교폭력 117신고와 학생부 기재 등 정부가 강경 조처를 내놓은 이후 학교 폭력 가해자와 피해자가 이민과 대안학교 전학, 자퇴 등 빠르게 '학교 밖'으로 분산돼 '학교 안 폭력'이 줄어든 것처럼 보인다는 지적이다. 김 대표는 "신고를 해봐야 일만 복잡해질 뿐 달라지는 건 없다고 느낀 학생들이 실태조사 때 제대로 응답하지 않아 나온 결과로 볼 수도 있다"고 덧붙였다(한겨레, 2014. 11. 28, 전정윤).

20. 학교폭력 가해 학생의 이야기

학교폭력 업무를 하면서 겪은 가해학생의 슬픈 사례 하나를 소개할까 한다. 그 친구가 자신보다 약한 친구를 때리는 불량한 성격과 주먹을 가지게 된 이유는 가정에서 제대로 된 사랑을 받지 못하였기 때문이다.

친구의 엄마는 딸 둘이 있었고, 세 번째 재가를 통하여 그 친구를 낳았다. 그 친구가 아장아장 걸음마를 떼던 때 아빠는 엄마와 그 친구의 곁을 떠났고 자식보다 술을 더 좋아하던 엄마는 현재 알코올 중독으로 아무것도 할 수 없는 상태다. 그 친구는 그렇게 세상에서 제대로 된 사랑을 받지 못한 채 홀로 자랐다. 그래서 자신의 의지와는 다르게 그런 불량한 성격과 주먹을 가지게 된 것이다.

언젠가 그 친구가 다니는 학교에 찾아가 분을 참지 못하고 친구를 때린 문제를 일으킨 그 아이를 많이 혼냈다. 그런데 마음 한편이 정말 많이 아파 콧등이 빨개져 버렸다. 선생님과 경찰에게 혼나고 그에게 사랑을 줄 수 없는 가정으로 돌아가야 할 그 아이를 생각하니…, 그 친구에게 정말 미안한 맘에 '힘내라'는 문자를 보냈더니 그 친구가 기특하게도 '정말 착하게 살아서 성공하겠다'라는 답을 보내

왔다.

많은 사람들이 가해학생을 이 사회에서 격리를 시키거나 큰 벌을 받아야 한다고 생각하는 것 같다. 내가 경찰로서 학교를 다니며 겪은 많은 사례를 통하여 알게 된 중요한 사실은 그 친구의 이야기처럼 가해학생의 개인적인 문제보다 가해학생이 처해진 환경적 요인으로 문제를 일으키는 경우가 많다는 것이다.

사람들이 가해학생이 그렇게 된 환경적 이유에 대하여 조금만 관심을 기울인다면 가해학생에 대한 강력한 처벌보다 선도를 통하여 우리 사회가 감싸 안아주어야 한다는 생각을 할 것이다.

그런 이유에 '학교폭력예방 및 대책에 관한 법률' 에도 가해학생이 처벌의 대상이 아닌 선도의 대상이라 명시 되어 있는 것이다. 혹여나 독자들의 자녀가 학교폭력의 피해자가 되어 그 가해학생에게 화가 많이 난 경우가 있다면 조금만 더 가해학생을 이해하려고 노력해 주셨으면 좋겠다. 그러면 용서를 통하여 당신의 마음도 정말 좋아질 것이고, 그 마음을 통하여 당신의 자녀도 용서를 배우고 상처도 훨씬 더 빨리 치유될 것이다. 더불어 세상도 더 많이 아름다워질 것이다(강원도민일보, 2013. 12 06. 9면, 정영로).

21. 체육계 내 폭력 발생의 배경

한국 사회의 특성에 있어서 유교 사상을 떼어 놓고는 설명할 수 없다. 한국을 비롯한 일본, 대만, 중국 등 동아시아 국가들이 오랜 세월에 걸쳐 사회의 통치 이념으로 삼고 있는 것이 유교적 문화이다. 그러나 여기서 주목할 것은 유교문ㄹ허 자체보다는 권력자들에 의해 왜곡·활용된 유교문화이다.

많은 권력자들에 의해서 유교의 정신은 정의로는 행동을 사전에 방지하는, 부정위한 권력에 도전하지 못하도록 지배들의 권력을 유지하는 기제로 활용이 된다. 즉 유교의 정신에 존재하는 장유유서에 나타나는 위와 아래의 서열화, 군사부일체론 등의 정신들은 지배자들에 의해 자신의 위치를 고수하도록 도와주는 통치의 이데올로기로 작용하게 된다. 이러한 현상이 체육계 내부 문화에 뿌리 깊게 자리 잡고 있다. 다시 말하면 유교문화 자체가 문제가 아니라 위정자들이 자신의 권력을 유지하기 위해 유교문화를 악용해 왔다는 점이 문제라는 것이다.

또한 Gueldenpfenning(1992)는 "모든 스포츠 역사는 동시에 정치사라고 할 수 있다" 고 주장하였는데 이는 정치, 사회적 발전에 따라 체육의 발전도 많은 영향을 받는다는 것이다. 민족주의적 시대 상황에 따라서 자연스럽게 군사주의적 성향을 띠게 된 학교체육은 세계열강들의 식민지 확장 정책의 기조 속에서 그 의미가 더욱 더 군사적이 되었고 이러한 시대 인식과 정치적 배경으로 인해 학교체육이 도입되는 과정에서 군사주의적 성향의 신체교육을 당연시 여기게 되었다.

이러한 배경적 요인들은 체육계 내의 폭력의 이론적 배경과 많은 연관성을 가지고 있다. 특히 1960년대 군사구테타로 집권한 박정희 군사정부는 체제 경쟁의 도구이자 국위선양의 수단으로 스포츠를 활용하였으며, 이는 계급적 질서 속에서 아래 계급의 부하를 다스리는 군사문화와 함께 자연스럽게 체육지도의 현장 문화로 스며들게 되었다. 체제의 정당성과 유지 그리고 싸움에서 승리해야 할 다급한 목표와 성과라는 측면에서 체육은 바로 군대의 전투와 동일시되었던 것이다.

그러나 여기서 한 가지 간과해서는 안 되는 것은 기존의 유교문화와 군대문화 등의 배경들에 대한 논의가 좀 더 다양한 각도에서 성찰될 수 있어야 한다는 시각도 있다는 것이다. 그러므로 현재의 체육문화를 왜곡된 유교문화와 군사문화의 잔재로 인식하고 접근하는 것이 무엇보다도 중요하다(이홍구, 2011: 159-160).

한편, 우리 사회 곳곳에 만연되어 있는 승리지상주의, 결과지상주의의 요소가 체육계 분야 내에서는 보다 선명하게 반영되고 있다. 과거 군사정부에 의해서 국가가 주도적으로 성과지향적인 체육의 틀을 마련함에 다라 학교나 체육지도 현장에서 성과지향적인 틀이 보다 강화되었다. 소수의 엘리트 선수를 선별하여 운동부를 구성하고 이들에게 장시간의 집단훈련을 강용하는 경향이 일반화되었던 것이다. 이런 상황에서 피교육생으로서 학생 운동선수들의 위치는 망각되고 오로지 운동선수를 승리를 목표로 하는 수단과 도구로서만 취급하게 되었고, 국가의 주도하에 체육지도 현장에서 스포츠는 승리를 생산하는 목표만 부상되었던 것이다.

이는 학생 운동선수의 부모의 입장에서 적용되어 자신의 자녀들이 경쟁에서 좋은 성과를 거둬들여 출세의 길을 확보하는 데 있어 지도자나 코치의 폭력이 수반된 교육 방식을 감수할 수밖에 없는 운명으로 받아들이게 된다.

다행히 교육 분야 내에서 폭력은 많은 부분들이 개선되어 가고 있으며 사회적인 분위기 역시 어떠한 교육적 목적이 있다고 하더라도 정당화되지 못한 체벌이 수반되어서는 안 된다는 인식이 강해져가고 있다. 그러나 체육계 내에서는 이러한 긍정적인 인식의 변화들에도 불구하고 학생선수 본인과 학부모들에게는 승리지상주의와 결과주의를 조장하는 사회적 요소들에 가려져 있으며 심지어는 많은 사람들이 아직도 체육과 관련된 학생, 운동선수만이 교육적으로 강하게 가르쳐야 한다는 의식이 강하게 존재하고 있는 실정이다.

안토니오 그람시(Antonio Gramsci)의 '헤게모니((hegemony) 이론' 10)에 의하면, 권력을 유지하는 방법에는 육체적인 폭력을 이용하는 방법이 있는가 하면 그와는 대조적으로 사회의 메커니즘을 이용해서 권력의 피지배자가 지배자의 입장을 스스로 동의하고 인정하게끔 유도하는 방법이 있다고 한다. 후자의 경우는 무력에 의한 것이 아니라 피지배자 스스로의 동의를 이끌어내는 방법으로써 예컨대, 운동선수와 부모 스스로가 폭력을 인정하고 나아가 폭력이 필요하다고까지 생각하도록 만드는 것이다(이홍구, 2011: 160-161).

☞ **체육의 특수성**
체육계 네에서의 체육이라는 것은 일반 사회에서 바라보는 사각과는 특수한 관점과 특수한 영역이라는 인식이 있으며, 이는 체육계만의 독특한 문화라고 일컬어지고 있다. '이 정도는 반드시 있어야 체육학과의 특성에 적합하다라든가', '이러한 수준의 강도가 적용되는 훈련을 해야 운동선수의 훈련이지' 라고 인식하는 체육행위의 특수한 취급이 일반화 돼 있다. 따라서 스포츠 조직문화는 일반적인 여타의 조직문화와는 다르게 상하 위계가 강조되며 폭력을 수반해서라도 특수성을 관철시키는 하위문화로 자리 잡게 된다.
매년 되풀이 되는 체육계 내의 폭력 문제에 대한 언론 보도를 보면, 일반인이 인식하는 폭력에 대한 수준과 체육계 내에 종사하는 사람들이 인식하는 수준에는 많은 차이를 보이고 있다. 이러한 이유도 체육이라는 것을 특수한 것으로 인식하는데 연유하고 있다고 해도 과언이 아닐 것이다(이홍구, 2011: 161-162).

22. 폭력 문화, 다양성 교육으로 넘어야

며칠 전 페이스북 타임라인에 한 여성의 글이 올라왔다. 내용인즉 윤 일병 사망 사건을 두고 '나도 군대에서 비슷한 경험을 했다. 비일비재한 일이다' 라며 무심히 말하는 전역자들을 향해 "그렇다면 왜 어느 누구도 문제 제기를 하지 않았는

---

10) 안토니오 그람시(Antonio Gramsci, 1891~1937)의 헤게모니 개념은 발전된 서구 민주사회에서 자본주의의 모순이 있는데도, 마르크스의 예언처럼 사회주의 혁명이 일어나지 않는 이유를 해명하려는 것이었다. 그람시에 따르면, 헤게모니란 지배 계급들이 단순히 사회를 통치하는 것이 아니라 도덕적, 지적 리더십을 가지고 사회를 이끌어가는 상황을 지칭한다. 이는 사회에 다수의 합의를 바탕으로 한 사회적 안정이 있음을 의미하며, 피지배 계급이 현재의 권력 구조에 자신들을 묶어두는 것이 아니라 이상, 목적, 문화적 의미들을 능동적으로 지지하고 있다는 것을 의미한다.

가?" 라는 질문을 던진 것이다. 이 말은 수천 개의 '좋아요'를 받았다.

군대를 경험한 수많은 사람들은 왜 어느 누구도 문제 제기를 하지 않았을까? '군대니까 그런 거지'라며 묵인되고 허용되어 왔던 것들이, 보편적인 인권 기준에서 보았을 때는 결코 허용될 수 없는 일이었다.

그럼에도 군대문화가 군대를 넘어 학교와 직장 등에서 일상화되어 있는 현실에서 전역자가 군대문화를 비판하는 주체가 되기는 어려울 것이다. 남을 짓밟는 형태의 폭력적인 구도는 바로 지금 이 순간에도 너무나 익숙하게 받아들여지고 있지는 않은가.

한국 사회에 이렇게도 폭력이 만연한 이유는 무엇일까. 우선 우리는 '경쟁'과 '폭력'을 성장 과정에서 학습한다. 우리는 학교에서 남을 짓밟고 올라서야만 '승리'할 수 있다는 것을 배운다. 학교와 군대에서는 보편의 가치에 우선한 그 집단만의 질서가 만들어지고 '하나'가 될 것을 요구받는다.

또한 '다르다'는 것은 '틀리다'는 것으로 체득해야 하며, 이 강요된 틀에서 벗어날 경우에 왕따 또는 구타와 같은 '처벌'이 행해진다. 변화를 위해 문제를 살피는 것은 시간낭비이고 문제를 제기하는 것은 부적응자임을 배운다. 이렇게 살인적인 경쟁이 요구되는 현실에서 배려심과 인권감수성을 키우기란 누가 봐도 어려운 일이다.

폭력이 만연한 사회를 극복하고자 한다면, 이제는 다양성이 존중받는 사회, 타인을 배려하고 포용하는 사회로 나아가기 위한 절차들이 필요하다. 우선 군대문화가 깃들어 있는 학교문화를 바꿔나가기 위해, 자기 성찰과 문제의 인식, 다름에 대한 포용력과 자세 및 기술까지 아우르는 '다양성 교육'을 제도적으로 실행할 장이 마련돼야 한다.

한국 사회의 중·고등학생들도, 특히 이들을 가르치는 교사도 경쟁적인 문화와 획일화된 질서에 학습되어 있다. 청소년과 교사를 대상으로 다양성 교육을 실행하는 것이 한국 사회의 폭력문화를 끊어낼 시작점이 될 수 있다. 사람은 누구나 특권그룹에 속할 수도 있고 억압그룹에 속할 수도 있다. 보통 자신이 가진 특권과 억압 중 한 가지에 집중하곤 하지만, 그들 역시 다른 정체성에 있어서는 다른 그룹에 속할 수도 있다. 자신의 특권과 억압을 제대로 발견하고 이해할 때 다른 억압그룹의 상황을 이해하고 존중할 수 있다.

오늘(8월 12일)은 유엔이 정한 '국제청소년의 날'이다. 청소년, 청년들의 행복한 삶을 위해, 그리고 한국 사회의 미래를 위해 지금 전제되어야 할 일은 바로 다름을 존중하는 교육의 실행이다(한겨레, 2014. 08. 12, 김지은·김지학).

23. 어떻게 생각하십니까

부산·강릉·천안 여중생 폭행 등 최근 잔혹한 소년 범죄가 연이어 발생하면서 형사 처벌 제한 연령을 낮춰야 한다는 목소리에 힘이 실리고 있다.

☞ 소년범 형사처벌 제한연령 하향 찬성

형법은 14세 미만 미성년자에게는 형사 처벌을 내리지 않도록 규정하고 있다. 대신 소년법으로 10~13세(촉법소년)가 범죄를 저지를 경우 소년부로 송치해 봉사활동·보호관찰 등 보호처분을 받도록 하고 있다. 또 18세 미만 미성년자에게도 최대 형량이 징역 15년형에 불과하고 살인 같은 강력범죄도 최대 징역 20년까지만 선고 가능하도록 해 처벌 면제, 제한연령이 오히려 소년범죄의 방패막이가 되고 있다는 지적이 나오고 있다. 처벌 연령기준을 낮추자는 쪽은 규정한 지 60년이 넘은 형사미성년자 연령을 시대변화에 맞게 고쳐야 흉포화하는 소년범죄를 줄이고 피해자를 효과적으로 보호할 수 있다고 주장한다. 반대 측은 국내 청소년 범죄가 증가한다고 여기는 것은 착시에 불과하며 소년범 엄벌이 결국 성인 범죄자를 양산하는 부작용만 낳을 것이라며 반박하고 있다. 양측의 견해를 싣는다.

실정법상 만 14세 미만은 형벌이 면제되고 죄를 범할 당시 18세 미만인 소년에게는 죄질에 상관없이 최고 15년의 유기징역만을 부과할 수 있다. 하지만 '부산여중생 폭행사건' '강릉 10대 청소년 폭행사건' 등 이러한 제도를 악용했다고 의심할 수 있는 사건들이 이어지고 있고 이에 대한 개선을 요구하는 시민들의 요구도 거세지고 있다. 필자는 청소년 범죄가 날로 흉포화하고 있다는 점에서 소년범의 형사 처벌 제한연령을 낮추고 소년법상 양형 제한 조항을 폐지하자는 주장을 찬성하며 실제 사례를 들어 타당성을 논해보고자 한다.

필자가 접한 초등학교 6학년(만 12세)인 A양, B양, C양 등은 패거리를 만들고 소위 '일진'의 행실을 보였다. 그들은 피아노 학원에서 알게 된 5학년 D양(만 11세)에게 "내일 A의 생일인데, 선물보다는 현금을 준비하라"며 1만원을 받아냈다. 그 후 같은 방법으로 수차례 D양에게 돈을 갈취했다. 학교 가기를 병적으로 싫어하면서 돈만 요구하는 딸을 이상하게 생각한 부모는 D양을 채근한 후 이 같은 사실을 알아냈다. D양의 가족은 이 실제 상황을 어떻게 해결해야 할까.

우리나라는 국가가 형벌권을 독점하고 있다. 다시 말하면 사실상 범죄 피해를 당하더라도 피해자 스스로 가해자에게 처벌을 내릴 수 없고 국가의 도움을 받아야

만 하는 구조다. 그리고 경찰은 국민의 생명·신체·재산을 보호할 의무를 지고 있다. 하지만 현행제도는 경찰 등 관련 공무원들이 소년사법을 집행하는 데 적지 않은 부담을 주고 있다고 자신 있게 말할 수 있다. 절도·폭행·갈취 등 비행을 저지른 13세 이하 소년들이 일선 경찰에게 "나를 처벌할 수 없잖아요." "마음대로, 법대로 해보세요"라고 항변하고 이에 당황하는 경찰 및 피해시민을 쉽게 목격할 수 있다. 설령 이들을 소년부에 송치하고 보호사건으로 처리할 경우에도 적지 않은 시간이 소요되고 번거로운 절차를 거쳐야 해서 재범방지 혹은 피해자 보호에 상당한 어려움을 겪게 될 개연성이 높다.

착한 행동에는 칭찬을, 죄를 저지르면 이에 상응하는 처벌을 받아야 마땅하다는 것은 동화책에나 나오는 진부한 진리다. 하지만 실정법은 이러한 상식을 통용되지 못하게 만들고 있다. D양의 사례는 주변에서도 어렵지 않게 찾을 수 있지만 실효성을 담보할 수 있는 일관성 있는 해결책을 찾기도 쉽지 않다.

- 절도·폭행 등 촉법소년 제도 악용 사례 많아
- 비효율적 보호사건 처리에 재범 방지 난항
- 64년 전 만든 낡은 규정-개선 논의 불가피

필자가 접했던 피해자의 부모들은 첫째, 가해 학생 부모가 이들을 통제 및 관리할 수 있을지를 암암리에 확인하고 둘째, 교사의 적극성 유무를 검토하며 셋째, 경찰 담당부에서 업무태도를 조사하고 넷째, 관할 법원의 처분 관행을 파악했다. 마지막으로 이러한 과정을 토대로 공식절차가 효과가 없을 것이라고 판단되면 '울며 겨자 먹기' 식으로 가해자들을 달래고 설득하며 피해자가 안전해질 때까지 직접 보호하는 방법을 택하고 있었다.

형사미성년자의 기준을 만 14세 미만으로 규정한 때는 지난 1953년 9월이다. 64년 동안 우리 사회가 급속한 변화를 겪었듯이 아동들의 신체적·정신적 성장 속도 또한 상당히 빨라졌고 외모만으로 소년들의 나이를 가늠하는 것도 쉽지 않게 됐다. 소년법상 청소년에 대한 사형·무기형의 완화조항은 1958년 7월 제정됐다. 당시에는 범행 당시 '16세 미만의 소년'으로 규정했다가 2007년 12월 '18세 미만의 소년'으로 개정됐으며 법제처도 뚜렷한 개정이유를 제시하지 않았다. 따라서 현행 제도에서 규정하는 나이 기준은 학문적 토대보다는 입법 기술상의 편의가 반영된 것으로 추측할 수 있다. 10년이면 강산도 변한다. 이제는 현실에 맞는 제도 개선을 논할 시기다.

개인적으로는 형사미성년자의 연령을 만 12세 미만으로 낮추고 소년법상 양형 제한 규정은 폐지해야 한다고 생각한다. 이는 범죄소년들에게 가혹한 형벌을 내리자는 주장이 아니라 국가가 기본적인 의무를 정당하게 수행할 수 있는 수단을 제공하자는 의미다. 현행 형법 제51조는 법원에서 형을 정할 때, 범인의 연령, 성행, 지능과 환경, 피해자에 대한 관계, 범행의 동기, 수단과 결과, 범행 후의 정황을 참작하도록 규정하고 있다. 이 조항에만 충실하더라도 소년의 건전한 육성이라는 소년법의 취지는 충분히 유지할 수 있다고 생각한다(서울경제, 2017. 09. 21. 정세종).

☞ **소년범 형사처벌 제한연령 하향 - 반대**

형법은 14세 미만 미성년자에게는 형사처벌을 내리지 않도록 규정하고 있다. 대신 소년법으로 10~13세(촉법소년)가 범죄를 저지를 경우 소년부로 송치해 봉사활동·보호관찰 등 보호처분을 받도록 하고 있다. 또 18세 미만 미성년자에게도 최대 형량이 징역 15년형에 불과하고 살인 같은 강력범죄도 최대 징역 20년까지만 선고가 가능하도록 해 처벌 면제·제한연령이 오히려 소년범죄의 방패막이가 되고 있다는 지적이 나오고 있다. 처벌 연령기준을 낮추자는 쪽은 규정한 지 60년이 넘은 형사미성년자 연령을 시대변화에 맞게 고쳐야 흉포화하는 소년범죄를 줄이고 피해자를 효과적으로 보호할 수 있다고 주장한다. 반대 측은 국내 청소년 범죄가 증가한다고 여기는 것은 착시에 불과하며 소년범 엄벌이 결국 성인 범죄자를 양산하는 부작용만 낳을 것이라며 반박하고 있다. 양측의 견해를 싣는다.

범죄를 저지른 청소년을 엄하게 처벌해야 한다는 목소리가 재소환됐다. 지난해에도, 더 오래전 10년 전에도 청소년 범죄의 심각성은 미디어를 통해 늘 단골 소재가 됐고 엄벌 대책은 늘 논의됐다. 사실 청소년 범죄의 대안으로 늘 거론됐던 처벌 강화 정책은 다행히 논의에만 그쳤지만 그동안 청소년 범죄는 계속 감소해왔다. 절대적 수만 감소한 것이 아니다.

청소년 수가 감소한 것을 고려해 청소년 인구대비 범죄율 감소를 계산해보면 청소년 범죄의 감소는 청소년 인구 감소율을 훨씬 웃돈다. 그러나 우리 사회는 여전히 청소년 문제가 심각하다고 여긴다. 착시현상이다.

소년사범을 엄벌해야 한다는 말은 두 가지 내용을 포함하고 있다. 첫째, 소년법에 의해 보호사건으로 다루지 않고 어른들과 동일하게 형사사건으로 다루자는 것이고 둘째, 처벌받을 수 있는 청소년 연령을 더욱 낮춰 처벌받을 수 있는 청소년 대상을 늘리자는 것이다. 두 가지 방법 모두 청소년이 형벌의 무서움을 범죄 전에 인지하도록 해야 한다는 전제를 기본으로 한다. 우리나라는 논의만 있을 뿐 정책 평가 데이터가 없기에 다른 나라의 경험을 빌려 살펴봐야 할 것이다.

청소년에 대한 처벌강화는 미국의 형사이송제도를 통해 그 효과성을 논해볼 수 있다. 미국 사회 역시도 청소년 비행 혹은 범죄는 늘 골칫거리였다. 1990년대 청소년 비행과 범죄 문제에 대한 새로운 강경 정책을 요구하고 있었다. 그 당시 미국은 형사이송제도를 선택했다. 형사이송제도란 우리나라와 유사하게 청소년을 보호하던 소년법을 깨고 나이가 어려도 특정 범죄를 저질렀거나 재범의 위험이 크다면 소년법원이 아니라 형사법원으로 이송해 성인과 동일하게 처벌하는 제도이다. 이 제도를 통해 형사이송이 가능한 연령도 낮춰졌고 형사이송이 가능한 범죄 종류도 늘었기에 실질적인 청소년 범죄에 대한 엄벌 정책이 확대된 것이다. 1979년 미국의 14개 주에서만 시행되었던 이 제도가 1995년에는 21개 주로, 2003년에는 31개 주에서 확대됐다. 그렇다면 엄벌 앞에서 청소년들은 비행과 범죄를 포기했을까. 유감스럽게도 당시 미국의 소년 범죄자 재범률 억제 정책은 실패했다. 형사이송돼 더욱 엄격한 처벌을 받은 소년들은 소년법원에서 교육과 보호처분을 받은 소년범들보다 이후 저질렀던 범죄의 수도 많았고 오히려 처벌 이후 재범까지 걸린 시간도 짧아졌던 것이다.

- 청소년 인구대비 범죄율 갈수록 낮아져
- 형사이송제 택한 미국선 되레 재범률 상승
- 피해자 구제·범죄발생 원인부터 고민을

POINT

이들은 범죄자라는 사회적 낙인이 찍혔고 청소년 갱생을 위한 개별화된 교육을 받지 못한 채 단순 격리의 시간만을 보내다가 사회로 내보내졌다. 더욱이 형사이송제도를 통해 성인 형사재판으로 이송 결정이 났던 청소년들은 그 문제의 청소년 중에서도 더욱 힘없고 가난한 집안의 아이들이었다. 즉 청소년의 형사이송제도 안에도 그 사회의 형사사법제도의 모순과 불평등이 고스란히 반영됐던 것이다. 이러한 부작용에 대한 연구들은 청소년들이 처벌을 받으면서 반성하지 않고 세상이 공정하지 않다는 것과 법을 지키며 열심히 살 필요가 없음을 오히려 먼저 깨달았다고 보고했다. 결국 미국은 2004년부터 형사이송 연령을 다시 높이고 형사이송의 범위를 축소하는 쪽을 선택했다.

이러한 엄벌의 역효과는 비단 청소년 문제에서만 발생하는 것이 아니다. 성인들의 범죄 문제도 마찬가지다. 단순 교도소 격리는 사회적 괴물을 키워 사회적 위협을 증대할 뿐 범죄문제를 해결할 수는 없다. 또한 그 사회적 비용 역시나 만만치 않다. 미국 캘리포니아 주에서는 2011년 기준 교도소에 쓴 돈이 교육에 쓴 돈에 비해 1.5배 이상 많았지만 범죄문제는 해결되지 않았다. 캘리포니아의 경우 교도소에 입소하는 범죄자 한 명이 늘어날 때 매년 약 5,500만원의 비용이 들었지만 학생 한 명에게는 900만여 원이 쓰일 뿐이었다. 벌을 받지 않는다는 사실을 이용한다는 촉법소년들의 철없는 말에 분노하고 단순히 처벌을 강화하기에는 우리는 시도하지 않은 보호·예방정책이 너무 많다.

범죄정책은 사람들의 분노가 아닌 사람들의 안전을 위한 것이다. 보통 사람들이 처벌이 두려워서 혹은 엄한 처벌을 받았기에 지금 안정적인 사회생활을 누리는 것이 아닌 것처럼, 이들도 그러하다. 범죄가 발생하면 피해자의 삶의 회복에 집중하고 가해자가 만들어지는 원인을 제대로 짚는 반성이 가장 먼저다.

형사처벌 연령 하향 조정이 정말 필요한가. 그렇다면 청소년 엄벌이 범죄 억제 효과가 있음을 증명하는 것이 우선이다. 청원과 민원이 아니라 데이터로 말이다(서울경제, 2017. 09. 21. 박미랑).

24. '국제 비폭력의 날' 을 맞이하며

오늘은 '국제 비폭력의 날' 이다. 유엔은 2007년 인도 독립의 아버지로 비폭력 저항운동을 펼친 마하트마 간디의 생일인 10월 2일을 국제 비폭력의 날로 정했다. 간디의 이 정신을 '무저항' 으로 오해하는 경우가 종종 있지만 그는 비협조와 시민불복종이라는 적극적 형태로 운동을 전개했다. 물리적 폭력이나 사회의 구조적 폭력에 대한 그의 비폭력적 대항은 그래서 더욱 지지를 얻었다.

국제환경단체 그린피스도 창립부터 지난 40여년 간 '비폭력 직접행동(NVDA·Non Violence Direct Action)' 을 통해 환경보호와 세계평화를 위해 힘써 왔다. 상업적 고래잡이의 참혹한 현장을 대중에 고발하는 한편 이를 저지한 활동은 대중에 특히 잘 알려져 있다. 1985년에는 프랑스 핵무기 실험을 반대하기 위해 남태평양에서 벌인 활동으로 프랑스 정보 당국의 공격을 받아 사상자를 낳기도 했다.

지난 7월에는 한국에서도 비폭력 직접행동이 있었다. 그린피스 활동가 4명이 부산 광안대교 상부 공중에 텐트를 치고 52시간 동안 머물면서 원전 사고에 대비한 방사선 비상계획구역의 확대를 요구한 것이다. 부산의 랜드마크인 광안대교는 고리 원전에서 불과 25km 떨어진 곳으로, 원전 사고 시 직접적 피해를 입을 수 있는 지점에 위치해 있었다.

당시 한 언론인은 칼럼에서 "철저하게 비폭력적이고, 무모하고 위험천만한 것 같지만 스스로 안전을 책임질 수 있는 그린피스 스타일"이라고 썼다. 이 시위 사건의 담당 판사 역시 "원전사고 안전 대책 부족에 관한 정부나 시민들의 경각심 고취라는 전적으로 공익적인 목적을 달성하기 위해 물리적 위험까지 감수하면서 이뤄진 것"이라고 말했다.

지금 이 순간에도 그린피스의 비폭력 직접행동은 계속되고 있다. 최근 러시아 국영기업인 '가즈프롬(Gazprom)'의 북극해 석유 시추를 반대하며 벌인 평화적 해상 시위로 구속 수감된 활동가 30명의 석방을 요구하기 위해 세계가 뭉치고 있다. 이미 전 세계 60만 명이 넘는 시민들이 러시아 정부에 이메일 보내기 활동에 동참했고, 지난 주말에는 미국, 프랑스, 일본, 브라질 등 30개국에서 평화적 시위가 열렸다.

공교롭게도 비폭력의 날인 오늘 한국 밀양에서도 비폭력 저항적 상황이 벌어질 것으로 예상된다. 주민들의 반대에도 한전이 고리 원전에서 연결되는 고압송전탑 공사 재개를 강행하기로 결정했기 때문이다. 언론 보도에 따르면 이날 공사를 위해 동원되는 경찰병력이 무려 3,000명이다. 지난 9년 동안 한전의 토지강제수용에 맞서 비폭력적으로 싸워온 주민들은 이번에도 공사 현장 앞에서 밧줄로 서로의 몸을 묶거나 단식을 벌이는 등의 준비를 하고 있다.

다수가 현장의 충돌을 얘기하지만 이 사태에는 원전 중심의 에너지 정책이라는 더 근본적인 문제가 있다. 원자력이라는 에너지는 주로 도시에 전력을 공급하기 위해 지역 주민들의 희생을 강요한다. 태생부터 폭력적이다. 지금까지 밀양 주민들은 반대를 위한 반대가 아닌 전문가들의 의견을 반영한 다양한 대안까지 제시했다. 그러나 정부는 전력난을 핑계로 실질적 검토 없이 공사를 밀어붙이고 있다.

간디가 세상을 떠난 지 65년이 지났다. 여전히 우리 사회에는 폭력이 만연하다. 러시아가 북극해 개발을 위해 그린피스 활동가의 평화적 시위를 압박하는 것도, 한국 정부가 원전 사업을 위해 밀양 주민들의 의견을 무시하고 공사를 강행하려는 것도 모두 같은 맥락이다. 폭력에 '비폭력'으로 저항하는 것은 분명 위대하다. 하지만 처음부터 폭력적 상황을 만들지 않는 것이 더욱 중요하지 않을까(한국일보, 2013. 10. 02. 30면, 장다울).

25. 이젠 인성교육이다

인성교육이 중요하다는 것은 어제 오늘의 일이 아니지만 최근 인성교육에 대한 사회적 관심과 열기가 뜨겁게 달아오르고 있다. 국회는 지난해 12월. 여야 100여명이 공동 발의한 인성교육진흥법을 만장일치로 통과시켰다. 이 법은 헌법에 따른 인간으로서의 존엄과 가치를 보장하고 교육기본법에 따른 교육이념을 바탕으로 건전하고 올바른 인성을 갖춘 국민을 육성하여 국가사회의 발전에 이바지함을 목적으로 하고 있다. 아울러 인성교육의 핵심가치로 예(禮)와 효(孝) 그리고 정직, 책임, 존중, 배려, 소통, 협력 등을 제시하고 있다.

지금 우리 사회에 꼭 필요한 가치들이다. 인성교육은 학교와 가정, 사회적 차원에서 상호 유기적으로 실시되어야 하며 이에 대한 국가와 지방자치단체의 노력과 지원이 필요한 시점이다. 이제 다음 달부터 전국의 모든 학교에서 인성교육을 의무적으로 실시하게 된다. 우리 교육의 패러다임에 대전환이 일어날 모양새다. 인성교육을 의무화하도록 법으로 만들 수밖에 없는 상황에 이르게 된 만큼 우리의 교육은 위기라 할 수 있다. 안타까운 일이 아닐 수 없다. 인성교육보다 개인주의나 학벌 중시, 경쟁적 입시 위주 교육이 자살이나 살인, 학교폭력과 왕따 등 각종 사회범죄로 이어지고 있다. 이제는 교육의 가치를 인성에 두고 학생들의 올바른 가치관 교육이 필요한 때이다.

지난해 4월, 세월호 참사 당시 자신만 살겠다고 승객 수백 명을 외면한 채 서둘러 배를 탈출하는 선장과 선원들의 무책임한 직업윤리 의식, 사익추구를 위해 승객안전은 외면하고 배를 불법 개조한 선주, 우리 사회에 최근 부각된 '갑질' 문화 등과 같이 우리에게 큰 충격을 준 사건들을 보면 모든 것이 인성교육의 부재에서 비롯된 것이 아닐까? 얼마 전 고급 기술 인력을 양성하는 4년제인 어느 기술대학교에서는 21세기엔 인성과 기술력을 모두 갖춘 '휴먼(human) 엔지니어'가 필요하다며 2학기부터 1학년을 대상으로 인성·시민교육을 필수 과정으로 의무화하기로 하였다고 한다. 뿐만 아니라 경제협력개발기구(OECD)의 국제학업성취도평가(PISA)는 3년마다 각국의 학생들을 대상으로 수학·과학·읽기 능력을 평가하는데 올해부터 '협업 문제 해결능력'이 새로 추가된다고 한다. 즉 혼자 문제 풀이하던 방식에서 벗어나 학생들이 팀을 이뤄 함께 문제를 해결해 가는 과정을 보겠다는 것이다. 이렇듯 인성을 강조하는 흐름은 이미 세계적인 추세가 되었다.

어른들은 제대로 못하면서 아이들에게만 올바른 인성을 요구하는 것도 모순이다. 성인의 인성교육을 위해 시민 교육도 함께 이루어져야 한다. 부모의 인성이 자녀의 인성이 되고, 아이의 행복은 인성에 의해 좌우된다는 점을 간과해서는 안 된다.

광주시교육청은 우리 아이들의 인성교육을 위해 학생 인성교육 실천 우수사례를 보급함과 동시에 자랑스러운 광주학생을 발굴 표창하고 있다. 광주교육의 기본방향이 인성교육에 있으며 학교에서는 체험과 배움 중심수업으로 인성교육을 강화하고 있다. 아울러 유관기관과 인성교육협력체계를 구축하고 지역사회와 학교가 함께하는 인성교육프로그램을 운영하는 등 인성교육에 어느 시 · 도보다 앞서가고 있는 점에 무한한 신뢰와 박수를 보낸다.

세계 최초로 제정된 인성교육진흥법이 학교현장에 잘 적용되어 입시 · 지식위주의 교육에서 탈피해 다양한 인성교육을 가르침으로서 우리 아이들이 올바른 가치관을 가지고 더불어 살아가는 정의로운 민주시민으로 성장할 수 있기를 기대한다 (전남일보, 2015. 06. 08, 장문수).

☞ 인성교육진흥법은 인성함양에 유용할까

태평양 건너 미국에서 '앵그리맘'(angry mom)이 박수를 받고 있다. 볼티모어 폭동에서 경찰에 항의하는 폭력시위에 동참하려는 16살 아들의 뺨을 때리면서 집으로 데려갔던 싱글맘, 토야 그레이엄이 워싱턴포스트 등이 선정한 '올해의 엄마'로 뽑혔다.

또 최근엔 13살 딸이 SNS에 브래지어와 팬티만 입은 사진을 올린 걸 발견한 엄마가 딸을 적나라하게 꾸짖는 동영상을 페이스북에 공개했고, 그녀에게 찬사와 격려가 쏟아진 것이다.

미국의 앵그리맘이 무슨 내용인지 알아보려고 인터넷 검색을 하던 필자는 배우 김희선씨의 사진으로 가득찬 걸 발견했다. 왕년에 좀 놀았던 엄마가 딸의 학교에서 벌어지는 학교폭력과 사학비리에 맞서 싸운다는 다소 황당한 내용을 그린 드라마가 '앵그리맘'이었고, 주인공이 김희선이었던 거다. 같은 검색어에 따라 나오는 내용이 한국과 미국에서 이렇게 판이하다니, 숨기고 싶은 우리의 현실을 웅변해주는 것 같아 씁쓸하다. 그렇지만 우리에겐 엄부자모(嚴父慈母)가 있으니 뭐 괜찮다. 그런데… 흠… 과연 그럴까? 괜찮은 걸까? 며칠 전 퇴근길 버스 안이었다. 어떤 아저씨가 꾸짖는 목소리가 들렸다. 상대는 어떤 청년이었고, '발을 밟아놓고도 미안하다는 말도 안하느냐!'는 그런 이야기였다. 상황파악을 해보니 버스에서 내리려고 출구로 다가서던 중 버스가 흔들리는 바람에 그 청년이 중년 남자의 발을 밟았던 것이다. 그 청년은 그 아저씨의 아들뻘 정도였지만 덩치가 컸고, 옆에는 여자친구인 듯한 아가씨도 같이 서있었다. 그런데 그 청춘남녀는 그 남자에게 아무런 대꾸도 안하고 무표정하게 쳐다보는 것이 아닌가. 그러자 중년남자의 목소리는 점점 잦아들면서 분개하던 훈계는 웅얼웅얼 독백으로 변질되고 말았다. 곧이어 정류소에 도착했고, 그들은 함께 내렸다. 중년남자는 총총걸음으로, 무례한 그 청년은 느긋한 팔자걸음으로 뒤따라가는 풍경이 차창 밖으로 펼쳐졌다. 누군가의 아버지일 그 중년남자에게 힘을 보태주는 한마디라도 하지 않았던 것이 후회가 됐다. 봉변당하기 전에 피해야 하는 대한민국 엄부(嚴父)의 알몸을 본 것 같아 안타깝고도 화가 났다.

인성교육진흥법이 7월부터 시행된다고 한다. 그런데 이게 또 요지경이다. 교육부에 '인성'을 이름붙인 과(課)가 생기고, 심지어 사교육시장도 인성교육에 후끈 몸이 달아올랐다. 교육계 전체가 인성을 향해 돌진할 모양새다. 여차하면 인성 함양에 유익한 교과 내용을 달달 외워야 한다고 하지 않을지 걱정된다. 도대체 인성(人性)이란 무엇일까? 여태까지는 인성교육이 없었던 것일까? 필자는 인성을 '일과 사람을 대하는 태도'라고 정의하고 싶다. 사람이 세상을 살아갈 때 자기 자신의 문제가 아닌 이상은 '다른 사람'과 어떤 '일'에 얽힐 수밖에 없고, 이 때 어떤 태도로 임하느냐가 바로 그 사람의 인성이라는 것이다. 그래서 인성은 내용이 아니라 내용을 담는 '그릇'이다. 그러면 이러한 그릇은 언제 어떻게 빚어지는 것일까?

정신분석학은 4살 이전까지 부모에게서 받은 영향이 향후 그 아이가 맺어나갈 대인관계의 기본 틀을 형성한다고 말한다. 물론 그 이후에도 부모의 영향력은 이어진다. 그게 바로 가정교육이다. 태도 또는 인성은 이렇게 가정에서 부모를 보고 들으면서 형성되어 가는 그릇이지, 어느 날 아이에게 주입해줄 수 있는 어떤 내용물이 아니다.

요사이 인기를 끌고 있는 TV프로, '아빠를 부탁해'에서 이경규씨는 "아버지는 자기 일을 정말 열심히 하시던 분이다. 아버지에게 그런 점은 물려받았다. 재산보다 어떤 재능보다 더 좋은 것을 물려주셨다"고 말하며 눈물을 흘렸다. 자기 일을 정말 열심히 했던 아버지의 '태도', 이것이야말로 최고의 인성교육이 아닐까?(경상일보, 2015. 06. 01, 김혜준).

☞ 인성교육은 '시민교육'이다

어떤 사람이 커피숍에서 카페인이 없는 카푸치노를 주문하면서 탈지 우유로 만들어 달라고 부탁하였다고 상상해보자. 이 커피숍이 미국의 샌프란시스코에 있다면 고객은 보통 사람들이 주문하지 않는 것을 주문한다고 해서 주저하지도 않을 것이며, 종업원 역시 아무런 소리 없이 주문한 것을 정확하게 제공할 것이다. 이곳 미국에서 최고의 맛은 개인의 특별한 취향에 맞는 맛이기 때문이다.

만약 이 커피숍이 한국의 서울에 있다면 어떤 일이 일어날까?

"카페인이 없는 것으로 탈지 우유로 만든 카푸치노 만들어 주세요." 아마 주문자도 스스로 별난 취향을 갖고 있다고 생각하며 머뭇거리고, 말도 되지 않는 주문을 하는 또 한 명의 진상 고객을 만났다는 듯이 짜증 내는 종업원을 마주하게 될 것이다. 한국에선 많은 사람들이 맛있다고 하면서 가장 많이 찾는 것이 최고의 맛이다.

이런 차이는 어디에서 오는 것일까? 미국에선 자기만의 '특별함'으로 긍정적으로 평가되는 것이 한국에서는 별난 '일탈'로 여겨지고, 한국에선 조화라는 미덕이 미국 사회에서는 단순한 순응으로 부정적으로 평가된다. 이 간단한 사실을 비교 연구한 심리학 논문을 여기서 소개한 데는 나름의 까닭이 있다. 소위 '인성교육진흥법'이 2015년 7월부터 시행되어 국가와 지방자치단체, 학교에 인성교육 의무가 주어지기 때문이다.

대부분 사람들은 인성교육이 반드시 필요하다고 목소리를 높인다. 직원을 아랫사람 다루듯 하는 갑질 사건, 보육원 어린이집 폭행사건, 쉴 새 없이 터져 나오는 군부대 성폭력 사건. 이 모든 사건들이 계산될 수 있는 '결과'만 중시하고 인성은 등한시한 입시위주 교육의 필연적 결과라는 것이다. 문제는 그렇게 간단하지 않다. 모두가 인성교육에는 찬성하지만 "우리가 교육해야 할 '인성'이 도대체 무엇인가?"라는 질문에는 쉽게 대답할 수 없기 때문이다.

'인성교육진흥법'은 예(禮), 효(孝), 정직, 책임, 존중, 배려, 소통, 협동 등의 마음가짐이나 사람됨과 관련되는 핵심적인 가치 또는 덕목을 인성교육의 목표로 삼고 있다. 한국 사람들 대부분이 좋아하는 가치들이다. 그렇다면 미국에서 이루어지는 인성교육은 어떤 덕목을 추구할까? 신뢰, 존중, 책임, 공평, 보살핌, 그리고 시민정신의 여섯 가지 덕목이다. 이것도 물론 우리 모두가 인정할 수 있는 좋은 가치들이다. 둘 사이에는 아무런 차이가 없는 것처럼 보이지만 사실 그 차이는 본질적이다. 한국의 인성교육은 예와 효를 앞세우고, 미국의 인성교육은 시민정신으로 방점을 찍는다.

여기서 우리는 인성교육의 방향을 진지하게 재검토해야 한다. 첫째, 인성교육은 사람들의 다양성을 전제해야 한다. 우리가 직면하고 있는 도덕성의 위기는 당연한 것으로 여겨졌던 전통적 공통가치의 붕괴에서 기인한다.

이제 사람들은 다양한 취향과 가치를 자연스럽게 받아들이고 있다. 경상도 사투리 '마카 커피'처럼 모두가 더 이상 똑같은 커피를 마시지 않는다. 가치와 덕목도 마찬가지다.

둘째, 인성교육은 개인의 인격과 존엄을 추구해야 한다. 우리에게 가장 부족한 것이 바로 이 점이 아닐까? 자신의 의견을 주장하면 별난 사람 취급받고, 사회의 지배적인 기준에 순응하면 괜찮은 사람으로 대우받는다면, 우리는 어떻게 비인격적 처우에 대항할 수 있단 말인가? 어린아이조차 독립된 인격이라는 사실을 인정할 때 비로소 진정한 인성교육은 시작된다.

끝으로 인성교육은 서로 다른 사람들이 함께 살아갈 수 있도록 도와주는 '시민교육'이다. 우리는 다른 가치를 가진 낯선 사람들을 평등하게 대하는 데 미숙하다. 우리가 겪고 있는 문제들은 사실 사람들이 이기적이기 때문에 발생하는 것이 아니다.

무엇이 좋은 삶인지에 관해 서로 다른 의견을 갖고 있기 때문에 갈등이 생긴다. 이런 갈등을 해소하고 더불어 살아갈 수 있는 능력이 바로 시민의식이다. 인성교육은 결코 단순한 예절 교육이 아니다. 각자가 자신의 삶을 살 수 있도록 도와주는 것이 진정한 인성교육이라면 나도 특별한 커피 주문을 해봐야겠다(매일신문, 2015. 02. 16, 이진우).

26. 학교폭력 예방의 이해와 관점

학교폭력의 예방과 치료 위주의 교육프로그램부터 내실화하는 게 올바른 순서이다. 이를 위해서는 예방 프로그램에 필요한 예산 확보와 피해-가해학생을 상대로 한 치료프로그램 도입, 지역 내 전문 인력과 연계된 전문 상담시스템 구축이 필수적이다.

청소년들의 학교폭력을 예방하는 가장 근원적 차원의 대책은 무엇보다 학생들에 대한 인성교육이므로 학교는 다양한 인성교육 프로그램을 개발하고 운영하여야 한다. 특히 학교폭력과 관련된 교육프로그램을 다양하게 개발할 필요가 있고, 타 학교의 좋은 폭력예방 프로그램들을 벤치마킹하는 것도 바람직하다. 또한 학생들은 자신들이 폭력을 행사했을 때 받는 처벌이나 피해를 받았을 때에 해당되는 권력 행사 등에 법적으로 전혀 무지한 상태에 있으므로 이에 대한 교육프로그램의 개발이 요구된다.

교사와 학부모뿐만 아니라 학생들 스스로 자발적인 학교폭력 예방활동을 추진하는 것은 매우 효과적이며 선호한다. 이를 위해 학생들의 자치협의회라고 할 수 있는 학생회 활동을 활성화하여 학생들 스스로가 자신들의 문제에 관심을 갖고 심도 있게 논의하여 예방활동의 계획을 수립하고, 실행토록 한다면 학교폭력 문제 해결에 적극적으로 대처하는 방안이 될 수 있다.

학교는 지역사회의 학부모, 청소년지도사, 청신과 의사, 변호사, 판사, 자치단체장, 경찰, 명망 있는 지역사회 원로, 청소년 대표 등의 인적자원들과 함께 학교폭력 예방과 치료를 위한 네트워크를 구축하여 학교폭력 예방에 관한 다양한 프로그램과 상황에 따른 문제해결을 위하여 공동의 노력을 하는 것이 바람직하다.

학교폭력을 예방하기 위하여 제정 마련된 '학교폭력 예방 및 대책에 관한 법률' 이보다 합리적이고, 현장의 여건을 감안한 실효성 있는 법이 되기 위해서는 다음 몇 가지 고려하여 재검토할 필요성이 있다.

첫째, 처벌과 조정 위주의 법 시행보다는, 학교폭력이 빈번하게 일러나는 구조와 원인을 살피는 것이 중요하다.

둘째, 학교폭력 사범의 신중한 처리와 피해자의 치료를 돕고 피해 청소년을 보호할 수 있어야 하며, 교육적인 차원에서 다루어져야 한다.

셋째, 학교폭력 예방 및 대책에 관한 법률을 현실에 맞게 관계전문가와 관련단체의 의견을 수렴하여 현행 법률의 미비점을 보완해야 한다.

넷째, 청소년 범죄에 대한 예방활동의 중요성을 감안하여야 한다. 청소년과 성인을 구분하여 학교 재학생과 일반 청소년에 대한 처벌 기준을 구체화 시켜야 한다.

다섯째, 가해자 선도 및 부모에 대한 교육을 위하여 별도 기관을 선정, 교육프로그램을 추진할 수 있도록 이를 지원하고 육성해야 한다.

여섯째, 가해자 측이나 피해자 측, 학교측간의 갈등을 빠른 시일 내에 명확하고 정확하게 진상을 조사하여 해결할 수 있는 방안을 모색해애 한다.

일곱째, 청소년 문화와 연관 지어 부정적인 영향을 미치는 대중매체와 각종 지역사회의 유해환경을 배제하는 작업을 지속적으로 실시해야 한다(전권배, 2007: 89-90).

걷기냐 달리기냐, 하버드 의대의 30년 논쟁

우리는 건강을 위해 정기적으로 운동하라는 말을 숱하게 들어왔다. 달리기가 건강에 최고로 좋은 운동으로 등장한 것은 1970년대였다. 지속적으로 산소를 들이마시며 하는 운동 효과가 과학적으로 입증되고 나서부터다.

역기를 드는 것처럼 단박에 용을 쓰고 마는 것이 아니라 강도는 낮지만 산소를 계속 소모하는 운동이 신진대사를 활성화해 과잉 축적된 칼로리를 태우고 혈압을 효과적으로 떨어뜨리기 때문이다. 그래서 규칙적으로 달리라는 권고가 나왔다. 의학은 항상 과학적 규범을 만들고 이에 따르게 하는 권력을 가지고 있다. 이후 일주일에 세 번 이상, 한 번에 최소 30분 이상 진땀나게 뛰라는 충고가 사람들 귀에 인이 박혔다.

하지만 미국 하버드 의대 공중보건 분야의 일부 연구진은 달리기가 현대인에게 최적(最適)의 건강 권고안이라는 것에 의문을 가졌다. 그러고는 지난 30여년간 걷기와 달리기를 놓고 어느 게 더 좋은지 논쟁을 벌여 왔다. 달리기가 심장 건강에 좋은 것은 변치 않는 사실이지만 걷기만으로도 달리기의 효과를 낼 수 있지 않느냐라는 궁금증에서 논쟁은 출발한다.

운동 효과 산출은 운동 강도와 지속 시간, 빈도에 의해 결정된다. 걷기가 달리기의 세기를 이길 수는 없다. 하지만 달리는 시간보다 더 오래 걷고, 더 자주 걷는다면 달리기와 같은 효과를 낼 수 있지 않을까?

이에 대한 대규모 분석이 이뤄졌다. 하버드대에는 하버드 졸업생 10만여 명과 의사·간호사 등 의료인 10만여 명의 건강 실험 풀(pool)이 있다. 일정 그룹을 반으로 나눠 한쪽에만 특정 조건을 주어 몇 년간 살아가게 한 후 그렇지 않은 그룹과 비교하여 어느 쪽이 건강에 좋은지를 알아내는 연구 시스템이다.

하버드 졸업생 1만 200여명을 대상으로 20년간 이뤄진 연구에서 일주일에 9마일, 즉 약 1만 4,500m를 걸은 사람은 주로 앉아서 생활한 사람보다 사망률이 22%나 감소한 것으로 나타났다. 이는 달리기의 효과와 유사했다.

논쟁에는 영국 런던대학이 지난 27년간 나온 걷기 효과 논문 4,295개를 분석한 연구도 인용됐다. 46만 명을 11년 동안 관찰하니 많이 걸은 사람에게서 심혈관 질병 위험도가 31% 줄고, 사망률은 32% 감소했다. 그들은 시속 3~4㎞ 속도로 일주일에 약 9,000m를 걸었다. 중년에 평상시 생활을 반복하면 1년에 약 1㎏씩 체중이 늘어난다. 그런데 하루 걸은 시간이 총 30분이 넘으면 1년에 0.5kg이 줄어든다는 연구도 나왔다.

이런 결과들이 체질마다 다를 수 있겠다 싶어서 하버드대는 쌍둥이에 대한 연구를 분석했다. 1만 6,000명의 쌍둥이를 대상으로 20년 간 한 달에 여섯 번, 한 번에 30분 이상 걷게 했더니 거의 걷지 않고 산 쌍둥이 형제보다 사망률이 56%나 줄었다. 걷기 효과는 유전적 체질이 아니라 습관에 있다는 얘기였다.

출처: blog.daum.net/qkrqha12345. 건강한 삶을 살기 위해 꼭 필요한 유산소 운동

달리기는 자신이 견딜 수 있는 최대 심박 수의 약 75%에 이르러야 최적 운동 효과를 낸다. 1분당 최대 심박 수는 통상 220회에서 자기 나이를 뺀 값이다. 나이가 50세면 170회가 최대 심박 수다. 그 정도까지 달리려면 워밍 업(warming-up) 시간이 필요하다. 속도를 시속 7㎞ 이상 내어야 하니 운동복으로 갈아입어야 하고, 운동화도 신어야 한다. 장소에 제한도 생긴다. 뛰고 나면 땀이 나니 쿨 다운(cool-down)이 필요하고 샤워도 해야 한다. 한 번에 30분을 달리려면 최소 1시간은 투자해야 한다. 웬만한 정성이 아니면 권고안을 지키기 어렵다. 그러다 보니 달리

기를 하라는 권고안은 많은 현대인에게 죄의식을 심어줬다. 또 달릴 때 한쪽 무릎에 실리는 하중은 체중의 3배다. 이 때문에 운동 부상이 발생할 확률이 걷기보다 10~20배 높게 나온다.

반면 걷기는 참으로 편한 운동이다. 언제 어디서나 가능하다. 걸을 시간만큼만 시간을 투자하면 된다. 별도의 복장도 필요 없다. 달리는 시간보다 1.5배에서 2배 더 오래 걸으면 운동 효과도 비슷하다. 따라서 현대인의 생활을 감안한 가장 적합한 건강 교시(教示)안은 걷기라는 것이 하버드대의 의견이다.

요즘 현대인의 삶은 포인트 생활이다. 커피 한 잔을 마셔도 포인트, 피자 한 판을 시켜도 쿠폰이 붙는다. 신용카드와 항공여행은 말할 것도 없다. 걷기에도 포인트가 있다. 하루 10분씩 세 번 걸으면 30분 효과에 버금간다. 일상의 작은 실천이 모여 누적 효과를 내는 것이다.

우리 몸에는 '미러 뉴론(mirror neuron·거울신경계)'이라는 것이 있다. 옆에 있는 사람이 하는 동작을 무의식적으로 따라서 한다. 술자리에서 옆 사람이 맥주 잔을 들면 나도 모르게 잔을 들게 되는 배경이다. 당신이 걸으면 자녀도 걷고, 배우자도 걷는다. 심지어 애완견도 걷는다. 걷고, 시간이 나면 뛰어라. 당신의 신발이 유전자보다 당신의 수명을 결정하는 더 강력한 지표다(조선일보, 2013. 01. 15, 김철중).

일러스트=이철원 기자

Ⅳ. 학교폭력 정책 추진의 실효성

정부는 학교폭력에 대한 대책으로 2003년 12월 29일 "학교폭력 예방 및 대책에 관한 법률"을 제정하였다. 이 법률은 학생 인권을 보호하고 그들을 건전한 사회 구성원으로 육성하기 위해 제정한 것이다. 그것을 위해서 교육인적자원부에서는 5년마다 기본 계획을 수립하여 수행하고, 시·도교육청에서는 담당 전문부서를 설치하며, 학교에서는 교직원, 학부모, 경찰공무원, 지역사회 인사 등으로 학교폭력자치위원회를 구성하여 학교폭력을 대처하게 하였다.

결국 "학교폭력 예방 및 대책에 관한 법률"의 취지는 학교폭력을 예방할 수 있는 방법을 제안하고, 학교폭력이 발생했을 경우에 효과적인 대처 방안 등에 대해 규정해 놓은 법률이다.

하지만 이 법률만 가지고 프로그램이 완전히 정착될 수 있을 지는 다소 부복한 부분이 많다. 우선 학교폭력 예방교육에 대한 의미를 서술할 필요가 있고, 예방교육 시간을 법적으로 정하지 않고 학교 실정에 따라 학교장이 정하도록 되어 있어 실효성이 부족하게 된다. 또한 외부 단체가 투입된다 할지라도 그 전문성을 담보하기 위한 교육, 양성 방안, 시간별·종류별 프로그램의 확보 방안과 교육 방법 등도 아울러 마련되어야 한다.

학교폭력이 학생들에게 미치는 심리적 부적응 현상은 매우 심각하다. 즉 학교폭력을 행사하는 가해자들이나 폭력을 당하는 피해자는 학교생활에서 사회·정서적 학습 부적응 현상을 보임은 물론 성인기에 이르기까지 개인의 사회적 적응에 지속적으로 부정적인 영향을 받게 된다.

이러한 현상은 학생들이 폭력에 대한 왜곡된 의식과 성장 과정에서 인내하고 대화하는 훈련부족도 하나의 원인이지만, 더 근본적으로 학교폭력이 왜 발생하며 이에 대한 실효성 있는 대처 방안은 무엇인가에 대한 탐구와 노력이 부족한데서 그 원인을 찾을 수 있다.

학교폭력은 단순히 학교와 가정 문제가 아닌 사회구성원 모두에게 영향을 미치는 사안으로 확대되고 있는 실정이다. 이는 어느 특정 개인이나 공권력으로 해결 가능한 간단한 문제가 아니라, 전 사회적으로 관심을 모아 시급히 대안을 찾아야 할 문제이다. 즉 사회적 인식의 전환과 더불어 법과 제도의 테두리 안에서 그 합리적인 해결책을 모색하여 더 이상 학교폭력을 개인과 가정·학교만 맡겨둘 수 없는 문제이다.

학교폭력의 문제는 사회·국가가 함께 책임을 지고 떠맡아야 할 문제로서 단순히 폭력을 행사한 가해자와 피해자 간의 문제남이 아닌 가정, 학교, 사회, 국가 모두의 '공동 책임'이라는 인식이 확산되어야 할 것이다.

따라서 학교폭력의 발생 원인을 사회·문화적 접근, 심리적 접근, 다인적 접근으로 분석하고 정책 추진의 실효성을 모색하고자 하였다. 또한 학교폭력의 발생 실태에 관하여서는 피해 경험과 형태와 종류, 피해의 상황 등을 제시함으로써 학교폭력의 심각성을 인식하여 정부의 정책 수립의 기본틀로 작용하길 기대하고 있다.

1. 학교 폭력 기재 거부 징계 강행, 위법성 새 논란

종래 학교폭력이란 용어는 학교에서 발생한 폭력행위를 학교 내외에서 시대적 상황에 가장 근접하다고 해 자연발생적으로 활용해 왔다. 그러다 '학교폭력예방 및 대책에 관한 법률'이 2008년 시행되면서 학교폭력이라는 용어가 고착됐고 그 후 동법 시행령을 비롯해 학생의 폭력사안을 지칭할 때 별다른 검토 없이 '학교폭력'이 사용돼 왔다.

새학기를 앞두고 학교폭력 학생부 기재 지침이 또다시 논란이 될 조짐을 보이고 있다.

7일 교육과학기술부와 경기도교육청에 따르면 교과부는 최근 각 교육청과 일선 학교에 공문을 보내 학교폭력 학생부 기재 훈령 개정을 위한 의견을 수렴했다.

교과부는 의견 수렴을 바탕으로 경미한 사항에 대해서는 학생부에 기재하지 않고, 기재된 학교폭력 사항에 대해서는 졸업과 동시에 삭제하는 방안을 검토하고 있는 것으로 알려졌다.

개정된 훈령은 설 연휴가 끝나는 다음 주께 발표될 예정이다. 그러나 도교육청은 중간삭제 제도 도입, 졸업 전 삭제, 훈령이 아닌 법 조항으로 명시 등의 조건이 충족되지 않으면 학생부 기재 지침을 수용할 수 없다는 입장을 고수하고 있다.

이에 따라 각 학교가 학생기록을 교육행정정보시스템(NEIS)에 입력하는 2월 28일까지 양 기관의 입장이 좁혀지지 않으면 학생부 기재를 둘러싼 갈등이 재현될 가능성이 높다.

입시를 앞두고 고등학교 3학년들의 학생부만 문제됐던 지난해와 달리 이번엔 도내 초·중·고 모든 학생이 기재 대상이다.

현재 도내에서는 교과부 지침에 따라 학교폭력 사안을 학생부에 기재한 학교가 있는가 하면 교육감의 보류 지시로 기재하지 않은 학교와 3학년만 기재한 학교 학교별로 큰 차이를 보이고 있다.

도교육청 교수학습지원과 관계자는 "새학기가 얼마 남지 않아 도내 각 학교들이 학생부 기록에 한창인데, 교과부와 도교육청 간 지침이 통일되지 않아 학교 현장의 혼란이 우려스러운 것은 사실"이라며 "하지만 학생들의 기본권을 심각하게 침해하는 교과부 훈령을 그대로 따를 수는 없다"고 말했다.

교과부 학교선진화과 관계자는 "지난해 훈령 공포이후 있었던 반발로 인해 졸업과 동시에 삭제하도록 하는 등 많은 부분 양보한 안을 준비하고 있는데, 이마저도 시·도교육청이 반대한다면 그야말로 '반대를 위한 반대'로 밖에 보이지 않는다"며 "지난해 있었던 일들로 미뤄 많은 학교들이 교과부 지침을 따를 것으로 보고 있으며, 그렇게 되길 바란다"고 말했다(뉴시스, 2013, 02. 08, 김도란).

지난해 교과부가 '학교폭력 가해학생에 대한 조치사항을 학생부에 입력하라'는 훈령(학교생활기록 작성 및 관리지침)을 내려 보냈지만 진보교육감이 이끌고 있는 경기·전북교육청이 이를 거부하자 교과부는 두 교육청의 교육국장, 교육장 등 49명에 대해 교육공무원 특별징계위원회에 징계의결을 요구했다. 하지만 시도교육청들은 교육감이 장관에게 징계의결요구를 신청하도록 돼 있는 교육공무원법 제51조를 들어 반발하고 있다.

8일 국회 교육과학기술위원회 소속 김0희 민주통합당 의원이 교과부로부터 제출받은 '징계의결 요구권에 대한 법률자문' 결과에 따르면, 의견을 보내온 총 4곳의 법무법인 중 A법무법인은 "교육감의 징계의결요구 신청 없이 교과부 장관이 바로 징계요구를 할 수는 없을 것으로 보인다"며 불가능하다는 판단을 했다. 교육공무원법·국가공무원법 등의 관련 조항을 보면 '징계사유에 해당하는지 여부'를 판단하는 권한이 교육감에게 있다는 것이 주요 근거다.

B법무법인은 '조건부 불가' 의견을 냈다. 이 법무법인 역시 징계의결의 법적 절차, 교육감에게 부여된 사전조사 의무 등을 언급하며 "교과부 장관이 교육감의 징계의결요구 신청 없이 직권으로 징계의결 요구를 할 수는 없다"고 해석했다. 다만 B법무법인은 "해당 교육장들에 대한 징계사유가 명백한 경우에는 장관이 교육감을 상대로 직무이행명령을 한 뒤 이에 불응하면 행정상 필요한 조치로서 직접 징계의결 요구를 할 수 있을 것으로 판단된다"고 덧붙였다. 학생부 기재에 대해선 국가인권위원회가 개선 권고를 했고 국회 입법조사처에서도 위헌 소지를 지적해 이를 거부한 공무원들에 대한 징계사유를 놓고도 논란이 있는 점을 감안하면 사실상 '불가' 의견으로 해석할 수 있다. 나머지 법무법인 두 곳은 '가능하다'는

의견을 보냈다.

이런 법률 자문을 받은 뒤 교과부는 지난해 12월 장관 직권으로 징계의결을 요구했다. 교과부의 한 관계자는 "해당 교육청들과 정치권까지 나서서 반발하니 법적 쟁송으로까지 비화될 가능성에 대비해 지난 해 9월말~10월 초에 민간 법무법인들로부터 법률 자문을 받은 것"이라며 "소수의견이 있었지만 가능하다는 다수의견에 따랐다"고 밝혔다.

김0희 민주통합당 의원은 "교육감의 징계요구 신청 없이 교과부 장관이 징계를 강행하는 것은 전례가 없는데다 적법성 논란까지 있는 만큼 중단돼야 할 것"이라고 밝혔다.

경기·전북교육청의 반발은 계속되고 있다. 지난 달 30일부터 이달 1일까지 교육국장, 교육장들에 대한 3차 징계위원회가 소집됐지만, 대상자들이 출석을 거부해 무산됐다. 교과부는 이달 안에 4차 징계위 날짜를 잡겠다는 계획이다.

앞서 경기교육청은 공무원들의 징계를 신청하라는 교과부의 직무이행명령에 대해 대법원에 취소 소송을 제기했고, 전북교육청도 교과부의 징계의결 요구는 교육감의 최종판단 권한과 징계신청 권한을 침해한 것이라며 헌법재판소에 권한쟁의심판 및 징계의결요구 무효확인 가처분 신청을 낸 상태다(한국일보, 2013. 02. 09, 김지은).

2. 학교폭력 실태 '모바일 조사'도 추가해야

학교폭력예방법에는 연 2회 이상 학교 폭력 실태조사를 교육감의 의무로 규정하고 있다. 온라인을 이용한 지난 두 차례 실태조사를 보면, 2012년 하반기 379만 명(73.7%), 2013년 상반기에는 424만 명(81.7%)이 참여했다. 얼핏 보면 80% 내외의 학생이 적극 참여한 것처럼 보이나, 그 속내는 생활지도 및 담임교사들의 한숨이 서린 수치들이다.

당국은 교사들에게 '자유스러운 분위기에서 자발적으로 대다수의 학생이 참여할 수 있도록 하라'는 해괴한 요구를 하고 있다. 우리 공교육 현실에서, 학생들에게 직접적인 효과도 나타나지 않는 실태조사 등의 임무는 교사들의 귀찮은 잔소리만 늘릴 뿐, 학생들로부터 무시당하기 일쑤다. 그러니 위 통계 수치는 교장의 강압에 따른 교사의 설득, 회유, 협박(?), 더 나아가 학생들을 컴퓨터실로 강제로 우르르 몰고 간 일부 학교의 과잉 협조에 따른 것으로밖에 볼 수 없다.

일선 생활지도부장 교사의 말이다. "저는 전체 학년을 자습시간, 점심시간, 방과 후시간을 활용해 컴퓨터실에 가도록 담임과 일정을 짜서 강제 인솔했어요. 우는소리 해가며 친분 있는 교사의 수업시간을 빌려 참여하기도 했어요. 그런데 학급 학생이 다 함께 옆에서 하게 되니 비밀 보장이 전혀 안 되더군요. 소떼 몰고 우리에 갓 집어놓은 상태처럼 되어 차분한 조사가 될 수 없었어요. 그야말로 참여도만 높았지 의미 있는 후속 조치가 생산될 수 없는 속 빈 강정이 되더군요."

문제는 이 실태조사가 공식적으로는 PC에서만 가능하고 모바일 기기로는 불가능하다는 점이다. 하지만 지난 4월 여러 학교에서 시행해 본바, 학급당 스마트폰을 가진 20여 명 중 두세 명이 가능했으니 10%는 이미 가능했던 셈이다. 이에 학교폭력 실태조사를 스마트폰에서도 할 수 있도록 해달라고 수차례 건의했으나 실현되지 못했다. 뉴스 검색, 사용 시간 등에서 모바일은 이미 PC를 추월했다. 세계 최고의 스마트폰 보급률을 활용해 기존의 PC 외에 모바일을 통한 조사를 추가한다면, 더욱 의미 있는 조사가 가능할 것으로 사료된다. 가장 친근한 매체를 이용함으로써 자연스럽게 참여율을 높일 수 있고, 소떼몰이식 조사로 인한 학생들과 불필요한 갈등도 줄이고 비밀도 보장되기 때문이다. 교사와 학생이 더 행복하게 실태조사에 참여해 내실 있는 조사가 이루어져야만 의미 있는 학교 폭력 대책도 나올 수 있다(조선일보, 2013. 08. 08. A29, 고광삼),

3. 學暴 신고 늘었는데 징계건수 왜 줄었나

학교 내 폭력 사건을 조사하고 가해 학생에 대한 처분을 내리는 학교폭력대책자치위원회(이하 학폭위) 개최 건수가 지난해의 절반 수준으로 줄어든 것으로 나타났다. 정부가 운영하는 학교 폭력 신고전화 117에 접수된 학교 폭력 건수가 대폭 늘어난 것과는 상반된 현상이다.

서울시교육청은 올해 3~5월 석 달 동안 서울의 초·중·고교 학폭위에서 심의한 사건 수가 지난해 같은 기간보다 50.6%(609건→301건) 줄었다고 28일 밝혔다. 가해 학생 수와 피해 학생 수도 지난해 2247명, 1113명에서 올해는 각각 919명, 461명으로 감소했다.

반면 학교폭력 신고전화 117에 접수된 신고 건수는 급증했다. 올해 1~4월에 117 신고 건수는 3만3541건으로, 지난해 같은 기간 7728건의 4배 이상으로 늘었다. 경찰청 관계자는 "신학기에 학생 간 서열 다툼이 벌어지기 때문에 1년 중 3~5월에 학교폭력이 가장 많이 일어난다"며 "작년 한 해 동안 117신고 전화가 알려져 올해 신학기에 신고가 활발해진 것도 원인"이라고 밝혔다.

그렇다면 학교폭력은 줄어든 것일까. 전문가들은 가해 학생에 대한 처벌이 강화되면서 눈에 띄는 폭행이나 금품 갈취 등 '물리적 폭력'은 줄었지만, 욕설이나 협박 등 '정서적 폭력'을 가하는 은밀한 방식의 학교폭력은 늘고 있다고 분석했다. 실제로 117에 접수된 '모욕·명예훼손·왕따·협박' 등 정서적인 괴롭힘은 지난해 2,690건에서 올해 1만 3349건으로 5배 늘어났다.

서울시교육청 측은 "가해자에 대한 징계를 강화하고, 학교장이 폭력을 은폐하지 못하게 하는 등의 정책으로, 학교 현장에서도 학교폭력의 위험성에 대한 인식이 뿌리내리는 것으로 보인다"면서도 "학교가 적발하기 어려운 음성적 폭력에도 관심을 기울이도록 조치하겠다"고 밝혔다(조선일보, 2013. 05. 29. 12면, 심현정).

4. 학교폭력 실태 공개 신중하게 해야

교육과학기술부가 지난 1~2월에 조사한 학교폭력 실태를 이달 중으로 인터넷에 공개한다는 방침을 세웠다. 당국과 학교가 정보를 공유하고, 경찰이 학교폭력에 적절히 대응토록 해 뿌리를 뽑겠다는 의지로 보인다. 그러나 대도시와는 달리 소문이 빠르고 뻔한 중소도시에서는 해당 학교에 대한 나쁜 여론이 확산될 수 있어 또 다른 피해를 낳을 수 있다. 일진회11)가 있는 학교에 다니는 학생이나 학부모, 나아가 학생을 가르치는 교사 또한 삼류로 낙인 찍힐 수 있다는 얘기다. 강원교총과 전교조 강원지부 모두가 우려하는 대목이다.

그동안 실체파악이 어려웠던 학교폭력에 대해 그 실태를 조사한 일은 교육계 사상 처음 있는 일이다. 전국 초·중·고 1만여 학교 558만 명을 대상으로 했다. 응답자 139만 명 중에서 '우리학교에 일진회가 있다'고 한 명이라도 대답한 학교가 9,579개교, 100명 이상이 '그렇다'고 한 학교가 643개교나 됐다. 최근 1년 이내에 폭력피해를 경험했다는 대답도 17만 명이나 됐다. 이번 조사를 통해 볼 때 학교폭력이 많은 학교에서 존재하는 것으로 보인다. 폭력의 유형은 대개가 협박 욕설 따돌림 등이었으며, 돈을 빼앗기거나 신체적 폭행을 당한 경우도 10%나 됐다. 생각보다 심각한 수준이다.

---

11) 90년대 일본 만화책에 자주 등장하면서 학생들 사이에 널리 퍼진 용어로 주로 불량학생 등으로 구성된 예전의 교내 폭력조직과 달리 일진회에는 싸움뿐 아니라 공부를 잘하거나 춤 등 특기를 가진 학생들도 일부 가입했다.

교과부는 당초 이러한 학교별 자료를 공개하지 않기로 했었다. 명단이 공개되면 해당학교가 문제학교로 낙인찍힌다는 이유였다. 그런데 지난 4일 김황식 국무총리 주제로 열린 제1차 학교폭력대책위원회에서 공개로 선회했다. 일단 올해는 교과부와 학교별 홈페이지에 실태를 공개하고, 내년부터는 학교정보공시사이트에 공시한다는 것이다. 학교폭력 실태를 공개하는 것은 이해관계자들이 정보를 공유함으로써 예방과 단속, 그리고 근절을 위한 대응책 마련에 효율적인 방법일 수도 있다. 하지만 그에 따른 부작용을 간과해서는 안 된다. 교과부에서도 처음에는 '문제학교로의 낙인'을 우려했었다. 단지 일부 여론에 밀려 공개하기로 결정한 것으로 여겨진다.

범죄행위와 다를 바 없는 학교폭력 실태를 공개해 예방과 근절에 다 같이 힘써야 한다는 취지에는 공감한다. 그러나 서로간의 사정을 훤히 꿰뚫고 있는 중소도시의 학교는 한 번 낙인이 찍히면 헤어나기 어렵다. 오랜 기간을 학교폭력이 난무하는 삼류학교로 눈총을 받아야 한다. 그러한 학교에 다니는 학생이나 학부모는 물론 교사들까지도 어깨가 처질 수밖에 없다. 꼭 정보를 인터넷에 공개할 것이 아니라 해당 학교와 학생 학부모에 통보해 주의와 협조를 구하는 것도 방법이다. 만일 내 아이가 일진이 설치는 학교에 다닌다는 것이 공개된다면 어떠하겠는가(강원도민일보, 2012. 04. 09).

5. '학생' 폭력이 법리적으로 적절하다. 광범위한 개념 재정립 필요

종래 학교폭력이란 용어는 학교에서 발생한 폭력 행위를 학교 내외에서 시대적 상황에 가장 근접하다고 해 자연발생적으로 활용해 왔다.

그러다 '학교폭력예방 및 대책에 관한 법률'이 2008년 시행되면서 학교폭력이라는 용어가 고착됐고 그 후 동법 시행령을 비롯해 학생의 폭력사안을 지칭할 때 별다른 검토 없이 '학교폭력'이 사용돼 왔다.

통상 학교폭력이라는 용어는 학교에서 발생한 학생 간 폭력행위에 대해 학교와 교사 등에게 책임을 묻고 폭력행위가 발생하지 않도록 예방하기 위한 주의의무를 부과하는 등 학교의 책임을 강조하는 의미로 인식되고 있다.

그러나 '학교폭력예방 및 대책에 관한 법률' 제2조에서는 '학교 내외에서 학생을 대상으로 발생한' 사고를 '학교폭력'이라고 정의하고 있다. 즉 학생을 대상으로 한 행위는 모두 학교폭력이라는 의미다.

상해, 폭행 등으로 인한 신체적 피해뿐만 아니라 협박, 모욕, 강제적인 심부름, 따돌림 등의 정신적 피해, 그리고 각종 재산상의 피해를 수반하는 모든 행위를 포괄한다. 행위의 주체가 누구인지 장소가 어디인지 상관없이 모두 학교폭력이라고 해석해야 하는 것이다.

예컨대 서울의 중학생이 부산 해운대에서 해수욕 중에 대전의 초등학생을 폭행하거나 강제로 심부름을 시켰을 경우에도 학교폭력의 범위에 포함돼 가해학생의 학교인 서울의 중학교와 피해학생의 학교인 대전의 초등학교에서 학교폭력대책자치위원회를 개최해야 하는 경우도 발생할 수 있다.

가해학생 또는 피해학생의 범위와 행위 장소를 한정하지 않고 개념을 광범위하게 사용하고 있기 때문이다. 순수한 학생 간의 폭력인데도 불구하고 학교폭력이라는 용어를 사용하면서 학교를 개입시키고 있다. 책임 소재를 오해할 가능성도 있을 뿐 아니라 법률적용을 위해서도 명확한 용어라고 보기 어렵다.

한편 학교 내에서 교사가 학생을 대상으로 한 체벌이나 모욕 등도 학생을 대상으로 발생한 행위이므로 학교폭력에 해당되는 것으로 보는 등 학생들 간의 폭력을 예방하기 위한 입법취지와는 다르게 적용되는 경우가 있어 교육현장에서는 광범위한 용어의 범위 때문에 고심하고 있다.

형법상 행위의 주체는 자연인인 사람에 한한다. 법인이 행위의 주체인가의 문제가 제기되기도 하지만 '학교폭력예방 및 대책에 관한 법률'은 학교를 처벌하기 위해 제정한 법률이 아니므로 학교가 행위의 주체가 된다거나 행위의 객체가 된다는 논의는 의미가 없다.

범죄행위는 자연인인 사람의 고의나 과실에 의해 성립되므로 학생은 행위의 주체가 될 수 있지만, 학교는 고의 또는 과실을 행할 주체도 객체도 될 수 없다고 봐야 한다.

형법에서는 범죄행위로부터 보호해야하는 객체를 보호의 객체라고 하며 구성요건에 의해 보호되는 가치를 보호법익이라고 한다. 그러므로 '학교폭력예방 및 대책에 관한 법률'에서 보호의 객체는 학생이며 보호법익은 학생의 생명, 신체, 정신 등이다. 이렇게 보면 학교는 보호의 주체나 객체가 아님은 물론 보호법익의 대상도 아니다.

학생 폭력을 예방하기 위해 학생들 간에 지켜야할 법률이 '학교폭력예방 및 대책에 관한 법률'이고 학생의 입장에서 직접 체감하고 준법의식을 높일 수 있도록 하기 위해서 법률용어도 학교폭력보다는 학생폭력으로 사용하는 것이 더 적절하고, 형법상 행위의 주체와 객체 문제를 고려하더라도 학교폭력이 아닌 학생폭력이라는 용어가 법리적으로도 더 타당하다고 판단된다.

필자는 수년전부터 학교폭력의 개념을 학생폭력으로 변경해야 한다고 주장해 온 바 있다. 이번에 한국교총에서 드디어 용어 변경의 필요성을 국회와 교육부 등에 건의했다. 학교와 학생들이 느끼는 혼란한 법적개념을 바로잡고 명확한 법적용을 위해 행정당국이 이를 수용하기 바란다(한국교육신문, 2013. 08. 12. 7면, 임종수).

6. '학교폭력' 당사자 간 화해하면 학폭위에 안 간다

새학기부터 학교폭력의 사안이 경미할 경우, 당사자 간 화해가 이뤄졌다면 해당 학교에서 학교폭력대책위원회(학폭위)를 열지 않아도 된다..

교육과학기술부는 31일 이 같은 내용을 담은 '학교폭력 가해학생에 대한 조치별 적용을 위한 세부기준' 고시안을 행정 예고했다. 이번 고시안은 학폭위 개최에 따른 부작용을 최소화하고자 학교폭력 가해학생에 대한 조치를 결정할 때 고려해야 할 세부기준을 정한 것이다.

고시안에 따르면 학교폭력 가해학생이 즉시 잘못을 인정해 피해학생에게 화해를 요청하고 피해학생이 이에 응한 경우 해당 사건을 학폭위에 회부하지 않는다. 단 피해학생이 정신·신체·재산상 피해를 받았다는 객관적인 증거가 없고, 가해학생 역시 이전에 학교폭력 사안에 연루된 적이 없어야 한다.

기존에는 일회적이고 우발적인 학교폭력에 대해서도 모두 학폭위를 열도록 돼 있어 이에 대한 행정낭비가 심하고 비교육적이라는 지적이 있어왔다.

교과부는 이번 세부기준 고시에서 학폭위가 공정하고 타당한 조치를 할 수 있도록 학교별로 다른 조사보고서 양식도 통일하도록 했다. 경미한 사안인데도 피해자 부모가 무리하게 처벌을 요구하는 사례가 빈번하다는 지적에 따라 폭력행위의 경중 판단 요소를 구체화했다.

가해자가 장애학생인 경우 적절한 선도조치가 이뤄질 수 있도록 학폭위에 특수교육 전문가를 참여시켜 장애학생의 특성에 대한 의견을 참고하도록 했다. 피해자가 장애학생일 경우에는 심의를 엄격하게 하고, 장애자에 대한 인식개선을 위한 특별교육 프로그램도 이수하도록 했다.

교과부 관계자는 "이번 고시안은 학교폭력예방법 시행령에 제시된 대강의 고려사항을 세부화하고 학교폭력 전담기구의 조사기준을 제시한 것"이며 "이번 고시를 통해 학폭위 결정의 신뢰성이 제고될 것"이라고 말했다.

이에 대해 좋은교사운동은 "가해자가 건성으로 사과를 하더라도 피해자는 가해자가 무서워 받아들일 수밖에 없기 때문에 이 경우 피해자가 느끼는 공포는 전혀 해소되지 않을 수 있다"며 "상담부나 생활지도부 차원에서 '가해자 - 피해자 대화 모임'을 통해 가해자와 피해자가 편한 분위기 가운데서 충분히 마음 속 이야기를 할 수 있도록 해야 한다"고 밝혔다(아시아경제, 2013. 02. 01, 조민서).

7. 학교폭력 예방을 위해 실효적 대책을

학교폭력이 우리 사회 핵심 이슈로 등장한 지 이미 오래된 현실이다. 학교폭력에 시달리다 더 이상 견디지 못하고 스스로 목숨을 포기하는 사건이 최근 들어 전국적으로 끊이지 않는 실정이다. 그 정도가 심해 이젠 단순한 대응 대처로는 완화되지도 극복 근절되지도 않을 듯싶다.

물론 그동안 다양한 대책을 강구해 학교폭력에 꾸준히 대응해 온 것이 사실이다. 예컨대 정부 당국이 학기별 1회 이상 모든 학부모 대상 학교폭력 예방 교육을 실시하고, 더불어 학교 홈페이지에 동영상 교육 자료 탑재, 가정통신문 발송 등의 방안을 강구토록 한 것이 그러하다. 그럼에도 학교폭력이 줄지 않으니, 이 같은 일반적 일방적 획일적 대처로 학교폭력을 과연 극복할 수 있을까 하는 의구심이 드는 것이 사실이다.

최근 도내의 양상으로, 현실에서 뿐 아니라 온라인상에서도 학교폭력이 자행된다는 사실이 놀랍다. 스마트폰 시대에 들어 카카오톡과 페이스북에서 이른바 '왕따'를 유도하는 현상이 벌어지고 있다.

고전적 학교폭력인 언어폭력, 돈 갈취, 육체적 위해, 협박 등은 물론이고 무심코 뱉은 한 마디가 정신적 충격을 주게 되니, 타인의 인격과 권리를 충분히 그리고 진실로 고려하지 않을 경우 사실 교육현장에서 이루어지는 언행 상당수가 폭력적이 될 수도 있다.

이렇게 예민한 문제가 학교폭력인데, 여기서 되짚어 봐야 하는 것은 그동안의 대응 대책이 과연 실효 있었는가 하는 점이다. 형식적인 예방 교육, 의례적인 가정통신문 정도로 학교폭력이 줄 것이라는 기대는 그야말로 수주대토(守株待兎)란 얘기다. 이젠 좀 다른 차원에서 학교폭력을 다뤄야 한다고 본다. 즉, 학교폭력에 대한 대대적 실태 조사를 벌인 뒤 학교폭력이 반드시 척결해야 할 사회악 중 하나라는 점을 드러내며 위기적 현실에 대한 전 사회적 책임 책무 의식을 고양하자는 것이다.

이런 전통적 활동을 지속적으로 벌이는 것이 일단 중요하거니와 이에 더해 오늘날 그야말로 날로 진화하는 학교폭력의 다양한 양상에 대처하자면 특단의 대책이 절실하다고 본다. 그 한 방안이 교육계 내부에서 학교평가와 교원평가에 학교폭력 예방교육과 진로지도 성과 실적을 보다 구체적 적극적으로 반영 실천하는 것이라 본다.

기본적으로 우리 사회 전반이 다양한 노력을 기울인다면 결코 해결 못할 일이 아니라는 점에서 학교폭력이 만연하는 이 새학기 초입에 이에 다시 한 번 전 사회적 관심을 기울여야 마땅하다(강원도민일보, 2013. 03. 29).

8. 학교폭력, 교사가 적극적 예방자가 돼야

학교폭력에 시달리다 스스로 목숨을 끊은 경북 경산의 고교생을 깊이 애도한다. 최 군의 안타까운 죽음은 우리 사회의 깊은 성찰을 요구하고 있다. 최 군은 유서를 통해 학교 폐쇄회로(CC)TV의 화질 및 설치 문제를 비판했다. 최 군의 학교에도 16대의 CCTV가 있었으나 그 기능을 다하지 못했다.

전국 학교 98%에 설치됐지만 인권침해 논란으로 교실과 화장실 등 학교폭력이 빈발하는 곳에는 설치되지 않고, 낮은 해상도 등의 문제로 학교 CCTV는 그 효과성에 의문이 제기되고 있다. 학생 간에 일어나는 학교폭력 문제를 기계로 해결하려는 것은 한계가 있다. 교사(教師)가 학교 곳곳과 제자들을 살피며 학교폭력의 적극적 예방자로 나서는 것이 가장 좋은 해법일 것이다. 교사가 학생들과 호흡하고 생생한 CCTV가 되기 위한 몇 가지를 제안한다.

첫째, 교사를 믿고 권한을 줘야 한다. 과거에는 교사들이 쉬는 시간마다 화장실이나 으슥한 곳을 순찰하면서 문제행동을 하는 학생들을 지도했다. 그러나 학생생활 지도권이 약화된 지금 그런 문제행동 학생들을 지도하다 보면 학부모의 민원이나 학생들로부터 변을 당하고 심지어 그로 인해 징계를 받는 경우도 발생한다. 얼마 전 담배를 뺏었다고 교감까지 폭행한 사건이 대표적인 사례다. 교사의 정당한 지도권마저 부정하면 교사는 움츠리게 마련이다.

둘째, 학부모·교사 간의 상호 신뢰와 협력 강화가 절실하다. 교사가 아무리 생활지도에 집중하려 해도 수업과 수많은 학사일정, 잡무를 처리하다 보면 세세한 학생들의 상황과 심리를 파악하기 어렵다. 자녀에게 평소와는 다른 변화가 나타나면 바로 담임교사와 상의하는 것이 중요하다. 특히, 자녀 앞에서 담임교사를 흉보는 일은 삼가야 한다. 그리고 지나친 자기 자녀 중심에서 벗어나야 한다. 배움과 가르침이 균형을 이룰 때 학교교육이 가능하다.

셋째, 동기부여가 필요하다. 학교폭력 예방은 물론 학생들의 삶과 미래에 큰 영향을 미치는 사람이 바로 담임교사와 보직교사다. 학생교육과 학교폭력에 대해 큰 책임을 추궁받지만, 그에 따른 권한은 미미하고 인센티브도 정체 상태다. 담임수당과 보직교사 수당은 10년째 동결 상태이고, 오히려 학교폭력 문제가 제일 심각한 중학교 교원연구비 등 여러 수당은 이달부터 삭감됐다. 학교폭력 유공(有功) 교사에 대한 승진 가산점보다 수당 인상, 학교폭력 예방 해외 우수사례 연수 등 가시적인 인센티브가 훨씬 효과적이다.

넷째, 교직 사회의 헌신이다. 비록 문제행동 학생이 늘고 생활지도가 어렵다고 하더라도 교직이 갖는 사명감과 제자 사랑이 약해져선 안 된다. 교직사회가 스스로 담임 맡기와 문제행동 학생의 가정방문에 나서고 학생 상담과 문제행동 학생 지도에 적극 임해야 한다. 아침 출근과 함께 교내 순시를 시작으로 일과 시간 틈틈이 교실·복도·운동장·매점·화장실 등을 돌며 학생들의 안전과 일탈행위, 학교폭력 예방을 위해 노력하는 교사가 아름답다.

마지막으로, 정부의 역할이다. 박근혜 대통령은 최근 초등학교 1일 교사를 체험하면서 학교폭력 예방 및 교사들의 근무 여건 개선 등 종합대책을 마련하겠다고 약속하고 창의교육을 강조했다. 창의교육도 중요하지만 더 필요한 것은 인성교육이다. 인성이 뒷받침되지 않는 창의는 공허할 수 있기 때문이다. 교사의 헌신·열정과 함께 가정에서의 보이지 않는 인성교육, 이른바 '밥상머리 교육'이 가장 중요하다.

나아가 학생들에게 생명의 소중함을 일깨워주는 가정과 학교의 교육도 더 강화돼야 한다. 교사와 학부모의 상호 신뢰 구축 속에 정부의 실효적인 대책이 이뤄질 때 학교폭력의 가시적인 근절 효과가 나타날 것이다(문화일보, 2013. 03. 19, 안양옥).

9. "부하 걸린 학교…폭력유형 분리 등 협력·지원 절실"

☞ <신년기획 좌담> '학교폭력·교권을 말한다'

대구 중학생 자살 이후 지난 한해는 학교폭력과 교권침해 문제로 온 사회가 떠들썩했다. 정부는 학교폭력근절종합대책을 발표했고, 경찰청, 법원 등 사회 각계에서도 문제 해결을 위해 팔을 걷고 나섰다. 각종 대책 시행 후 학교는 어떻게 달라졌고, 무엇을 보완해야할까. 새해를 앞둔 12월27일 이화여대 학교폭력예방연구소에 모인 전문가 5명은 "전 사회가 나서 괄목할만한 성과를 냈다"고 평가하면서도 "효과를 거두려면 차기 정부에서도 지속적으로 추진돼야 한다"고 강조했다. 좌담에는 서혜정 한국교육신문 편집국장(사회), 한유경 이화여대 학교폭력예방연구소장, 정제영 이화여대 교육학과 교수, 홍승훈 변호사, 임종수 의정부 호동초 교장, 이기원 부산공고 생활지도 부장이 참석했다.

서혜정=현장에서도 이제 '학교폭력예방 및 대책에 관한 법률'(이하 학폭법)에 의한 폭대위 개최가 자리를 잡은 것 같습니다만, 폭대위 사안과 선도위 사안을 구분, 학부모를 이해시키는 것이 어려워 사안이 아닌데도 폭대위를 개최하는 등 형평성 문제를 많이 말씀하십니다.

한유경=종합대책 시행 후 1년 만에 현장에 많은 변화가 이뤄졌습니다. 학교구성원들 사이에 '사소한 장난도 학교폭력일 수 있다'는 인식이 형성됐고 학생들도 더 이상 참지 않고 117 신고센터 등을 활용해 적극 대응하고 있죠. 하지만 정책 과정에서 어려움도 나타나고 있는데 말씀하신 학폭 사안에 대한 판단이 그 중 하나입니다. 무엇보다 조사의 정확성이 담보돼야 합니다. 담임교사와 구성원의 전문성 강화와 사안 조사 시 스쿨폴리스 등 외부전문가들의 적극적인 참여가 필요하며 학교의 지속적이고 엄정한 규정집행도 요구됩니다.

정제영=폭대위 결정은 학교생활기록부(이하 학생부)에 졸업 후 5년간 기재되는 반면, 선도위 결정은 기재되지 않기 때문에 가・피해 학부모 간 이해관계가 엇갈리는 것이죠. 학부모들은 폭대위 개최를 요구하는 경우가 많습니다. 하지만 선도위와 폭대위에서 다뤄야 할 사안의 범위가 다른 만큼 혼란을 막기 위해 이를 명확하게 설정할 필요가 있습니다.

이기원=맞습니다. 애매한 법 해석이 문제이니 학교에 세부적으로 명확한 예시를 줄 필요가 있어요. 판단이 어려운 애매한 경우는 생활지도부장이나 선도위원회 회의를 거쳐 결정할 수 있도록 교사의 권한을 확대하는 방안도 검토돼야 합니다.

홍승훈=학폭법에 학교폭력에 대한 정의가 명확히 이루어져 이론상 그 구별이 어렵다고 보이지는 않습니다. 사례들이 축적되면, 폭대위 사안 유형화가 이뤄져 충분히 해결 가능할 것으로 보입니다.

임종수=원인은 학폭법이 '학생의 인권을 보호하고 학생을 건전한 사회구성원으로 육성한다'는 목적보다 폭대위 개최, 은폐 여부, 학생부 기재 등 수단・절차에 지나치게 치중하면서 생긴 불안함 때문이라고 봅니다. 학폭법과 시행령이 징벌위주보다 학생을 건전한 사회인으로 육성하는 데 필요한 규정으로 개정돼야 합니다.

서=학생부 기재를 두고 벌어진 일부 시·도교육청과 교과부의 싸움은 아직도 계속되고 있습니다. 보완이 필요하겠지요?

한=학생부 기재에 대한 학생들의 경각심이 큽니다. 네거티브 정책이지만 1년 만에 인식을 바꾼 가장 큰 동인이기도 합니다. 학생부 기재 실시 후 1학기가 지난 시점에서 시행된 정책 여론조사에서도 학교폭력 사안의 학생부 기재가 폭력예방에 도움이 된다는 의견(76%)과 학교폭력을 줄이기 위해 지속적으로 추진돼야 한다는 의견(76.8%)이 대다수를 차지하는 등 긍정적 여론이 지속되고 있습니다. 학생부로 인한 인권침해 최소화를 위해 가·피해자 균형점을 찾으려는 노력으로 개선안이 시행된다면 혼란도 줄어들 것으로 기대됩니다.

홍=공격적 처벌 위주의 조치는 완벽한 조사를 통한 정확한 사실관계 파악이 선행돼야 하는데 수사관이 아닌 교사에게 과중한 심적 부담을 준다는 것을 간과해서는 안 됩니다. 최근 폭대위 결정에 불복해 행정소송 사례가 늘고 있는 것도 이 때문입니다. 학생부에 기재되니 '끝까지 해보겠다'는 것이죠. 궁극적으로 학교폭력 사안은 교사는 회복적 생활지도에 주력하고, 그 범위를 넘어선 경우 수사기관 등 사법 작용에 맡기는 것이 바람직합니다. 졸업 전 삭제 심의제도나 중간삭제 제도는 교사의 심적 부담을 덜면서도 가해 학생에게 사후용서의 기회를 줌으로써 바람직하다고 생각합니다.

임=학생부 기재는 가해학생의 신분변동이 발생한 경우에만 기재하는 것으로 보완하는 것이 효과적일 것입니다. 즉, 중징계에 해당하는 8호(전학)와 9호(퇴학) 처분을 받았을 때만 기재하도록 하는 것이죠. 그렇게 되면 학생·학부모 불안과 교과부와 일부 시·도교육청 간의 갈등도 해소할 수 있다고 생각됩니다. 인권 문제를 놓고 교과부와 시·도교육감이 싸움을 한다고 문제가 해결되지는 않습니다. 인권침해나 상위법 위반 등의 문제는 헌법재판소 등 법원에서 판단할 몫이죠.

서=학폭 대책 외에 정부는 지난해 9월 교권보호종합대책도 발표했습니다. 현장의 체감도가 높지는 않은 것 같습니다. 또 실제 학폭 사건에는 교권침해 사안이 섞여 일어나는 경우도 많습니다. 학교폭력 사안에 교권침해도 포함해야 한다는 지적도 나오고 있는데요.

이=교권보호대책을 현장에서 체감하려면 학생·학부모에게 적극적으로 홍보하고 반드시 처벌받는다는 것을 범국가적으로 알려야 합니다. 교권침해 역시 학생부 기재를 고려해야 한다고 생각합니다.

한=학폭법 제정 목적과 학교폭력 정의를 고려할 때 교권침해를 학폭 사안으로 다루는 것은 문제가 있습니다. 학생을 대상으로 하는 것만을 학교폭력으로 규정해 교원을 대상으로 한 교권침해를 배제하고 있기 때문입니다. 교권침해 사안 학생부 기재는 공감대가 선행돼야 하겠지만, 기재를 위해 학폭 사안에 포함할 필요는 없습니다. 학생부기재 지침만 변경하면 되는 문제입니다.

임=학교폭력은 주로 학생을, 교권침해는 학생·학부모를 대상으로 하므로 동일한 법령으로 규제하기는 혼란스럽습니다. 교권보호대책 발표 이후 각 시·도교육청의 교권보호지원센터 운영, 학부모 학교방문 사전예약제 등은 정착되고 있는 편입니다.

홍=저도 임 교장선생님과 같은 생각입니다. 기본적으로 학교폭력과 교권침해 사안은 분리돼야 합니다. 아무리 교권 침해가 만연하고 있다 하더라도 교사는 학생과는 다른 지위와 역할을 갖고 있습니다. 교권보호는 궁극적으로 선생님에 대한 존경에서 비롯되는데, 교권 침해를 학교폭력에서 일반 피해 학생의 관점에서 다룬다면 이는 스스로 교권을 경시 여기는 태도라고 할 것입니다. 교권침해 해결은 피해 교원을 보호하기 위한 인적·물적 인프라 구축이라고 봅니다. 관계기관은 대책에 포함된 교육법률지원단 등 지원시스템을 실효적으로 강화해 교원에 대한 직접적 지원을 아끼지 말아야 한다고 생각합니다.

정=학폭법으로는 교권침해 사안을 학교폭력 문제로 다룰 수는 없습니다, 하지만 교권침해는 학교폭력과 함께 해결해야 할 중요한 학교 내 문제라고 할 수 있습니다. 따라서 교권침해는 '교원지위향상을 위한 특별법' 등 별도의 법령을 통해 보호해야 한다고 봅니다.

서=교사를 위한 지원 쪽으로 자연스럽게 넘어갔는데요. 이 선생님, 생활지도부장으로서 학폭 사안을 처리하시면서 가장 힘든 부분 또는 고민은 무엇인지요.

이=가해학생과 학부모가 전혀 잘못을 인정하지 않거나, 피해학생이 폭력을 당하고 대응 차원에서 욕을 했을 때 가해학생·학부모가 쌍방 폭력행위로 처리를 요구하는 경우 무척 어렵습니다. 법률지원이 필요합니다. 또 학폭법에 의하면 폭대위 위원 중 학부모 위원이 과반수를 넘어야 하는데 문제가 많습니다. 학부모 위원은 참석이 어렵고, 가·피해자 학부모와 한 동네 주민인 이유로 올바른 의견을 제시하기 어렵습니다. 반대로 학부모 위원들이 적극적으로 목소리를 내는 학교도 있는데 이 경우 무조건 강력한 조치를 주장하는 부작용도 있습니다. 또 학부모 위원의 비중이 높다 보니 교사 위원은 참석할 수 없는 단점이 있습니다. 학부모 3명, 외부 3명, 교원 3명 정도가 적당합니다. 아울러 형식적으로 이루어지는 학부모 교육을 성교육처럼 직장 내 교육으로 의무화하는 방안도 추진돼야 한다고 봅니다.

한=학교폭력 종단연구를 위한 현장 방문인터뷰 결과, 학교는 지금 학교폭력과 관련된 여러 민원들로 과부하 상태입니다. 학교폭력 관련 업무를 줄이기 위해 전문적 지원기관이 필요하다고 판단됩니다. 예컨대, 법적 부분이나 분쟁조정과정에 적어도 교육지원청 수준에서 학교를 지원할 체제를 갖춰야 한다고 봅니다.

정=이 선생님 지적처럼 학교마다 다른 잣대와 분위기로 인해 폭대위 결과가 다르다는 것이 문제입니다. 폭대위 사례가 쌓이고, 교과부 가이드라인이 내려간다면 비슷한 수준의 결정이 가능해질 것이라고 봅니다. 학부모 위원 과반수 문제는 지적이 많아 법 개정이 곧 될 것으로 보입니다.

홍=위원은 교사가 중심이 되고 학부모위원이나 외부 전문가위원은 교사들 사이의 담합을 감시함으로써 투명하고 공정한 운영을 담보하는 수준에서 참여하는 것이 바람직합니다.

서=마지막으로 제언하실 부분이나 강조하고 싶은 내용이 있다면 말씀해 주십시오.

홍=진정 필요한 것은 가해학생에게 자기 행위가 다른 사람의 삶에 미치는 결과를 이해하고 자신의 행위 자체 및 피해자를 대면할 기회를 갖는 것이라고 할 수 있습니다. 제재 중심의 대응은 단기적 효과에 그치며, 이를 넘어 회복적 생활지도로 가려면 교사들에게 학생생활지도에 집중할 수 있는 권한을 실질적으로 줘야 합니다. 생활지도의 핵심이 담임제도에 있다는 점을 고려하면 권한부여와 함께 인센티브가 필요합니다. 수업시수를 줄이고 대신 생활지도 시수를 확보해줘야 합니다.

임=개념 재정립도 필요합니다. 학폭법 제2조는 '학교 내외에서 학생을 대상으로 발생한' 사고를 학교폭력이라고 정의하고 있기 때문에 학교폭력의 범위를 너무 광범위하게 인정하고 있습니다. 학교와 직접적인 관련이 없는 학생 간 폭력사건은 구분할 필요가 있습니다. 또 학폭법에 연령 특성을 고려한 단계별 적용이 필요합니다. 초1 학생과 고3 학생의 친구 폭행을 동일하게 판단한다면 범죄의식 인식 정도, 상황 판단, 동기 등을 볼 때 타당성이 결여됐다고 볼 수 있습니다. 신체·정신적으로 12년의 차이가 있는 성장기 학생의 행위를 동일한 의미로 해석하고 법률을 적용해 학교현장의 혼란을 가중시키고 있습니다.

정=대부분 연구에서 방관자 역할을 하던 아이들이 피해자 편에 설 때 학교폭력은 사라집니다. 행동으로 이어지는 것이 중요하다는 것이죠. 학교폭력에도 공소시효를 규정하고 분쟁조정이 소송보다 신속히 처리돼 해결될 수 있도록 독립된 분쟁조정기관을 설립해야 합니다. 아울러 동일한 사건에 대해 가·피해학생의 재심이 각각 다른 곳에서 이루어지는 것을 일원화할 필요가 있습니다. 독일에서는 학교폭력을 유형별로 분리해 경찰 등 전문가가 해결하도록 하고 있습니다. 우리도 학교폭력의 유형을 잘 분리해 즉각 조치되도록 관리해주고, 사후조치는 학교 모든 구성원이 함께 해결하도록 돕는 것이 중요합니다.

한=부처 간 혹은 정부와 여러 사회기관(NGO, 연구기관 등)들이 협력할 수 있는 시스템이 구축돼야 합니다. 즉, 현재 교과부와 경찰청 혹은 교과부와 법무부가 협력해 진행되고 있는 스쿨폴리스제도나 학생자치법정과 같은 사업들이 지속적으로 추진되고 확산돼야 합니다. 또 긍정적 '학교문화' 여건을 마련해주는 것이 필요합니다.

서=현장에 어려움이 많지만 학교폭력 해결의 열쇠는 여전히 교사가 쥐고 있다는 결론을 주셨습니다. 정책의 지속적 시행을 위해 가정·학교·사회·정부 모두 자신의 위치에서 할 수 있는 일부터 실천하는 한 해를 만들어 나갔으면 좋겠습니다 (한국교육신문, 2013. 01. 07).

10. 학교폭력, 칸트의 '정언명령' 으로 접근하자

대철학자인 이마누엘 칸트에 의하면 모든 도덕의 기초는 '정언명령(定言命令)' 을 기반으로 한다. 정언명령이란 어떠한 상황에서도 "~하라", "~해서는 안 된다" 라고 명령하는 도덕을 말한다. 예컨대 사람을 죽여서는 안 된다는 것은 정언명령이다. 반면, '가언명령(假言命令)은 가정을 전제로 성립되는 도덕적 명령이다. "양심을 잃고 싶지 않으면 도둑질하지 말라" 와 같은 것이다. 역으로 말하면, 양심이 문제가 되지 않는다면 도둑질을 할 수도 있다는 가정을 담고 있다.

정언명령은 '보편화 가능성의 원리', '인간 존중의 원리', '자율성의 원리' 라는 세 가지 조건을 충족해야 한다. 이 세 가지 조건을 갖추면 무(無)목적성과 무조건성을 갖는다. 이런 정언명령을 "학교폭력은 안 된다" 라는 도덕률에 적용하면 어떻게 될까. '학교폭력은 나쁜 것이기 때문에', '언젠가는 나도 폭력 피해자가 될 수 있기 때문에' 혹은 '책임 있는 사회 구성원이 되기 위해서 학교폭력을 행사해서는 안 된다' 라고 답할 수 있다. 하지만 이것은 가언명령이다. '학교폭력에 대해 배우지 않았다면' 이란 가정, '폭력 피해자가 되는 것을 상관하지 않겠다면' 이란 가정 때문이다. 이런 결과는 학교폭력이 왜 나쁜가 하는 이유를 설명하는 데 있어 상황에 따라 이유에 따라 폭력 자체를 정당화하는 명령이 되고 만다.

정언명령이란 이유 여하를 막론하고 보편적으로 적용될 수 있는 도덕이다. 더 정확히 말하면, 자신이 생각하고 있는 도덕률이 정언명령인지 아닌지는 그 도덕률이 누구나 지켜야 할 보편적인 것인지 아닌지를 생각해보면 된다는 것이다. 물론 이에 대한 비판도 많다.

경우에 따라 정언명령은 도덕적으로는 그럴듯해 보이지만 존재론적으로는 오류일 수도 있다는 주장이 그것이다. 예컨대 '당신이 죽임을 당하고 싶지 않으면, 당신도 사람을 죽이면 안 된다'는 규범이 성립할 수 있다. 이는 분명 가언명령이다. 칸트의 주장과는 달리 정언명령이 성립하지 않을 수도 있다는 것이다.

그럼에도 칸트의 정언명령은 도덕을 기반으로 한 정의가 때와 장소에 따라 흔들릴 수 있다는 점을 방지하기 위해 고안됐다는 점이다. 때문에 정언명령에서 중요한 것은 바로 '무조건성'이다. 칸트가 정언명령을 도덕의 참모습으로 강조한 것에서 알 수 있듯 정언명령이란 '안 된다면 결코 안 된다'는 명제다. 이는 결과적으로 도덕에 어떤 이유도 부여할 수 없는 문제가 된다.

각급 학교의 새학기가 시작됐다. 이를 학교폭력 문제에 적용해보자. '학교폭력은 안 돼'라고 한다면 이는 정언명령이 될 수 있다. '무조건 폭력은 안 된다'라는 의미를 담고 있다는 점에서다.

여기에 이유나 변명은 필요치 않다. 폭력을 행사해서는 안 된다는 보편적 준칙이 된다는 점, 인간 존중 등과 깊은 관련성이 있다는 점에서 정언명령이란 도덕률로 기능할 수 있기 때문이다. 바로 이렇게 접근하는 것이 학교폭력을 관리할 수 있는 진일보한 이론적 틀이 될 수 있다. 학교폭력에 대한 이론적 틀을 더욱 강화해야 한다(세계일보, 2014. 03. 05, 한병선).

11. 다시 생각해보는 학교폭력 원인론

일반적으로 학교폭력의 원인은 기질적 요인, 가정적 요인, 심리적 요인, 사회적 요인으로 설명한다. 이런 요인이 학교폭력을 발생시키는 요인으로 작용한다는 것이다. 하지만 이런 설명들만으로는 뭔가 좀 부족하다. 심리적인 요인을 너무 간과하고 있어서다. 물론 심리적인 요인을 거론하지 않는 것은 아니지만 거론의 정도가 사춘기 시절의 정서적 불안정성을 관련짓는 정도다. 예컨대 청소년 시기의 심리적 불안정이 학교폭력을 야기한다는 식이다.

이런 설명은 아이들의 내면을 지나치게 피상적으로 이해한 것이다. 필자의 경험적 판단으로는 심리적 불안정성에 더하여 '비교'와 '교환'이라는 요인이 더 크게 작용한다. 인간은 '비교의 동물'이다. 가깝게는 자신의 주변으로부터 멀게는 집단 간, 국가 간에 비교를 한다. 흔히 엄마친구의 아들을 비교한 '엄친아', 엄마 친구의 딸을 비교한 '엄친딸'도 그런 경우다. 부러움, 시기, 질투 등을 표현하는 말들도 모두 비교에서 파생된 것이다. 내가 잘 났느니, 네가 못 났느니 하는 말들도 마찬가지다. 비교다.

청소년기의 아이들은 성인들과는 비교할 수 없을 정도로 비교의 귀재들이다. 아이들의 일상은 비교로 시작하여 비교로 끝난다고 해도 과언이 아니다. 또래 집단과 비슷한 옷을 입으며 똑같이 행동한다. 비교의식은 긍정적인 면과 부정적인 면을 갖는다. 선의의 경쟁, 상생적 경쟁은 긍정적으로 작용한 경우다. 부정적으로 작용하면 학교폭력으로 이어지기 십상이다. 이런 경우는 수없이 많다.

비교를 넘어가면 교환행위가 이루어진다. 교환행위 역시 학교폭력으로 이어진다. 교환은 인간의 선택행위에 있어 자신에게 가장 유리한 이익의 형태로 나타난다. 그 이익은 일대일의 이익이 될 수도, 일대 다수의 이익일 수도 있다. 선택의 결과로 나타나는 이익은 다양하다. 지위나 명예, 사랑이나 애정과 같은 감정일 수도 있다. 현실적인 이익이 될 수도 있다. 예컨대 국어, 영어, 수학 과목을 더 열심히 공부하는 것은 그만큼 이익이 크기 때문이다. 다른 교사의 말보다 담임의 말에 더 비중을 두는 것도 마찬가지다.

학교폭력도 교환적 가치가 발생한다. 가해자는 피해자를 괴롭힘으로써 희열을 얻는다. 주변 친구들에게 소영웅으로 대접을 받을 수도 있다. 폭력집단이나 불량서클의 보스처럼 행동할 수도 있다. 마치 교사나 부모가 학생이나 자녀들에게 한바탕 퍼부었을 때 느끼는 심리적 후련함 같은 것을 느끼게 된다. 가해자가 학교폭력을 행사했을 때 자신에게 '희열', '소영웅', '보스'와 같은 이익이 생긴다. 부모나 교사의 '퍼부음'이 곧 '후련함'으로 이어지는 것과 같은 이치다. 퍼부음이란 '실제적 행위'가 후련함이라는 '심리적 가치'와 교환이 된 경우다.

그렇다면 결론은 나왔다. 방법은 학교폭력을 불러오는 부정적 비교의식과 공격적 교환행위를 원천적으로 차단하는 방법이다. 구체적으로는 학교폭력을 행사했을 때 얻을 수 있는 이익보다 이로 인해 손해를 볼 수 있다는 것을 깨닫게 하는 것이다. 또 다른 하나는 교육역량을 이용하여 학교폭력보다 더 큰 이익을 보장하거나 보상하는 방법이다.

이 두 가지 방법을 통해 학교폭력을 효과적으로 차단할 수 있다. 전자가 강력한 제재를 수반하는 방법이라면, 후자는 보다 교육적 방법이 될 수 있다. 하지만 앞서 언급했듯이 인간은 비교의 동물이다. 이를 어떻게 할 수 있겠는가. 그래서다. 진짜 결론은 따로 있다. '스튜던트 오블리주(student oblige)' 의식의 함양이다. 스튜던트 오블리주는 학생이란 의미의 '스튜던트'와 도덕적 의무를 나타내는 '오블리주'를 합성한 것으로 필자의 조어(造語)다. 흔히 말하는 '노블레스 오블리주'가 권력과 재력을 가진 사람들의 도덕적 의무를 말하는 것이라면 스튜던트 오블리주는 학교에서 생활하는 학생들 간에 필요한 최소한의 공동체적 의무와 윤리를 강조한 것이다. 궁극적으로 이런 의식의 함양 없이는 학교폭력의 해결은 백약이 무효일 수밖에 없다는 것(강원도민일보, 2013. 11. 13, 한병선).

12. 학교폭력과 자살태도

최근 자신의 목숨을 스스로 끊는 자살이 전 세계적으로 심각한 사회문제로 대두되고 있으며, 우리나라에서도 이미 자살이 심각한 사회적 질병으로 자리매김하고 있다. 요즘 들어 인터넷 자살 사이트와 관련한 동반자살이 늘고 있고, 이 여파는 청소년들의 자살률을 높이고 있어 마치 우리 사회의 이러한 자살 현상은 '다음에는 또 누가할까' 정도로 유행병처럼 전염이 되고 있다(시사저널, 2012. 04. 27).

「한국인 자살률 세계 최고 수준, 왜 그럴까?」라는 제목으로 성균관 의대 삼성서울병원 이동수 교수팀은 2005년부터 성인 남녀 199명을 심층 면담해서 자아정체성을 분석했는데, 148명이 자아정체성 폐쇄유형으로 나타났다고 밝혔다(삼성의료원 사회정신건강연구소, 2009). 이런 한국적 상황에서 많은 청소년들도 날개를 펴보지 못하고 스스로 사라지고 있다. 대한민국의 이런 자살은 정치, 경제, 교육, 치안 등 많은 어려움들이 한국 사회를 둘러싸고 있지만 무엇보다도 '자살'이 위기의 큰 요인으로 작용하고 있다.

이와 같은 자살로 인한 충격은 우리사회에 있어 근자에 처음 있는 일은 아니다. 1990년 초에는 학업과 입시를 비관한 청소년들이 자살로, 1990년대 후반에는 IMF로 인한 중산층 붕괴에 다른 가족을 동반한 생계형 자살, 2000년대 이후에는 언급한 문제들과 함께 왕따와 학교폭력에 의한 청소년들의 자살로 인해 우리사회는 종종 자살의 충격에 휩싸였다.

청소년폭력예방재단의 학교폭력실태조사연구(2010)에 의하면 폭력으로 인해 피해를 입은 학생들 10명 중 3명이 고통을 호소했고, 이 중 30%는 '피해 후 죽음을 생각한다'고 응답해 학교폭력의 심각성을 엿볼 수 있다. 통계상으로 꾸준하게 늘어가는 한국 청소년들의 생명 손상 현상을 그대로 두고만 볼 수 없는 사회적 문제로 크게 대두되었다.

학교폭력의 특징은 중학교에서 발생률이 가장 높다는 점이다. 학교폭력대책자치위원회 총 심의 건수 중 중학교가 차지하는 비중이 최근 3년 동안 전체의 69% 수준이다. 또한 국민신문고에 신고 된 학교폭력 관련 민원 건수도 지속적으로 증가하고 있는데, 중학교의 증가율이 초등학교의 7배, 고등학교의 2배 수준에 이르고 있다.

중학생들의 자살사고[12]가 잇따르자 정부에서는 한 달 반 만에 학교폭력에 관한 종합대책을 발표했고, 경찰은 각 학교의 일진을 파악하는 실태조사를 전개하였다. 또한 국회에서는 학교폭력예방 및 대책에 관한 법률 개정안 〔교육과학기술부 시행 2012. 5. 17〕·〔법률 제11388호 2012. 3. 21 일부개정〕을 의결했다. 그러나 정부 차원의 다양한 노력에도 불구하고 학교폭력은 집단화, 흉포화, 저연령화와 더불어 폭력조직으로서의 연결, 성인범죄의 모방, 휴대폰이나 인터넷을 통한 사이버 따돌림 등 새로운 형태의 학교폭력으로 나타나고 있다(청소년폭력예방재단, 2011).

우리 사회는 자살의 충격에 휩싸일 때마다 두드러지는 사회적 원인을 중심으로 그 해결책을 모색하려고 하였다. 학업과 입시 중심 문제라고 여겨질 때는 교육정책을 개선하고자 목소리를 높였고, 학생 개개인이 받는 학업 스트레스를 줄이는 방안에 관하여 논의 하였다. 도한 경제적 붕괴가 중심일 때는 경제적인 사회 안전망을 확충하고자 노력하였다. 또한 왕따와 학교폭력이 문제가 되었을 때는 인식의 개선을 위한 캠페인과 교내·외적인 폭력 감시 체제를 만드느라 고심하였다. 그러나 이러한 문제를 해결하기 위한 근본적인 원인 파악과 대응 방안으로 현실적인 교육 방안은 탁상공론에 그치고 있다. 특히 정신적, 신체적, 심리적인 과도기 과정에 있는 청소년들이 자신이 직면한 문제를 긍정적으로 해결할 수 있는 방안은 거의 이루어지지 않고 있다.

학교폭력의 피해 경험은 청소년들에게 신체적 고통을 물론 심리적으로 외상 후 증후군으로 남기게 된다. 이러한 이유 때문에 청소년들이 원만한 대인관계를 형성하여 성장하는 데 장애가 될 뿐 아니라 학습을 통해서 사회화가 이루어지는 학교가 '폭력피해 공간' 으로 전락되는 현실에 처해 있다.

따라서 청소년 자살률이 점점 증가하고 있는 현실을 고려할 때, 학교교육 현장에서 효율적으로 활용할 수 있는 다양한 생병 존중 교육 프로그램이 차별화되어 구축될 필요성이 제기된다. 또한, 청소년들이 호기심과 관심을 가지고 적극 참여할 수 있는 다양한 분야에서 생병 종중 교육 프로그램이 개발·보급되어야 한다.

질풍노도의 시기로 비유되는 청소년기는 인지적으로 미성숙할 뿐만 아니라 인생

---

12) 최근 '왕따(집단 따돌림)' 나 학교폭력이 제일 심각한 학년이 중학교 2학년인 것으로 나타났다. 실제로 지난해와 올해 학교폭력에 시달리다가 스스로 세상을 등진 대구와 광주의 중학생도 2학년이 었다. 그래서 학교폭력 유형별로 연구해 볼 필요성이 있다(헤럴드 경제, 2012. 01. 03).

의 어느 시기에서보다도 정서적 충동성이 심화되는 시기이므로 이러한 심리적 변화를 능동적으로 대처할 수 있도록 청소년들의 자존감을 향상시킬 수 있는 교육적 방안이 필요하다. 폭넓은 친구 관계를 지향하고 다양한 사고가 형성되는 청소년기에 겪는 이성문제, 집단 따돌림, 외모 문제, 학업 성적 등 여러 가지 문제들이 자존감을 현격히 낮추는 역할을 한다. 청소년기의 특성을 고려할 때 생명 존중 교육의 필요성을 인식하고, 생명을 소중히 여기는 마음가짐을 가지게 할 필요가 있다. 생명 존중에 대한 체계화된 교육은 우리 사회의 자살에 대한 심각성을 인식하고 자살에 대한 편견을 줄이며, 생명을 사랑하고 존중하는 의식과 태도를 함양할 수 있다(유재순, 손정우, 남민선, 2010: 419).

13. 재발한 학교폭력 투신, '4대 악 근절' 무색하다

끔찍한 학교 폭력이 또 발생했다. 투신자살한 울산의 여고생은 유서에 폭력을 휘두른 학교 친구들의 이름과 폭행 사실을 적고 '(친구들에게 맞아서) 얼굴을 들고 다닐 의지도 희망도 없다'고 하소연했다. 잊을 만하면 터져 나오는 학교 폭력에 가슴이 먹먹하다. 정부는 학교 폭력을 4대 악의 하나로 규정해 예방 대책을 쏟아내고 있지만 정작 현장에서는 대책이 겉돌고 있는 셈이다. 학교 폭력 근절이라는 구호가 무색할 지경이다.

경찰은 지난 1일 숨진 채 발견된 여고생이 평소 친하게 지내던 친구 4명에게 폭행을 당해온 것으로 보고 있다. 유서에는 '너희 때문에 많이 힘들고 울었던 게 없어질 것 같다', '어떤 처벌이든 받고 진심으로 반성(하기 바란다)' 등의 글이 적혀 있었다고 한다. 해당 학교는 지난달 말 학교 폭력 실상에 대한 자체 설문조사를 했다고 하지만 피해를 찾아내지 못했다. 형식적인 조사였던 셈이다. 더 세밀한 관심을 기울였다면 비극은 막을 수 있었던 것 아닌가.

정부는 그동안 왁자지껄하게 4대 악 근절 캠페인을 벌여왔다. 학교 폭력 근절 방안으로는 주변 폭력서클 단속, 취약시간대 순찰 강화, 집중 관리학생 1대1 관리, 전담경찰관 운영, 예방교육 시행 등 일일이 열거할 수 없을 정도로 많이 나왔다. 하지만, 실질적인 효과는 거두지 못하고 전시성 대책에 머물고 있다는 지적이 나온다.

대검찰청의 '2014년 학교 폭력사범 접수·처리 현황'에 따르면 지난달 말 현재 전국에서 접수된 학교 폭력 사범은 1,446명으로 한 달 전보다 220명이나 늘었다.

방학 동안 일시적으로 감소하던 학교 폭력은 새학기가 시작된 지난 4월 이후 다시 늘었다. 또 교육부가 전국 초·중·고 학생 498만 명을 조사한 결과 '학교 폭력 신고 효과가 있었다'는 응답이 지난해 조사 때보다 7.3% 포인트나 떨어진 것으로 나타났다. 근원적인 처방 없이 치적·홍보 위주의 대책으로는 학교 폭력을 해결할 수 없다는 사실을 보여준다.

학교 폭력 대책을 지금처럼 실효성 없는 캠페인 위주로 겉돌게 해선 안 된다. 해답은 학교 현장과 교육 시스템에서 찾아야 한다. 교사와 학생, 학생과 학생이 서로 관심과 배려심을 갖고 소통해야 한다. 또 다양하고 실질적인 인성 교육 프로그램의 운영이 요구된다. 극심한 학업 스트레스가 배타적 경쟁과 폭력 성향으로 흐르지 않도록 성적 지상·대입 만능의 교육 시스템을 근본적으로 개선해 나가는 노력은 우리 모두의 몫이다(서울신문, 2014. 09. 04, 31면).

14. 병영 내 폭력은 학교서 배운 것

영국 중·고등학교의 따돌림 대책 하나를 소개하면, 우선 전체 학생들을 강당에 모은다. 그러고는 가해학생을 연단 중앙에 홀로 세운다. 그 다음 자아비판을 시킨다. 그리고 커튼 뒤에는 따돌림을 당한 학생이 있다. 자아비판의 대상이 된 학생은 자기가 한 행동을 얘기하고 잘못을 인정하고 반성하는 시간을 갖게 만든다. 이것이 소위 영국이 대처하는 '왕따(bullying)' 해결방법 중 하나이다.

문명국의 방법으로는 가혹하다고 느낄지 모르나 매가 필요할 때는 혹독하게 처벌하는 것도 한 방법일 것이다. 또 재발 방지 및 개선의 기회를 제공하고, 피해자에 대한 배려를 감안한다면 합리적인 방법이 될 수도 있을 것이다.

집체적으로 생활하는 공간에서 타인에게 가학적 공격성을 갖는 사람은 일종의 정신질환자일 가능성이 있다. 타인을 괴롭힘으로써 자신의 만족을 느끼는 일군의 젊은이들은 강제된 공간에서의 위계질서에 대해 누구보다도 좋아할 것이다. 그곳에서 일찍이 누려보지 못한 일종의 우월적 지위에서의 왜곡적 자기과시를 통해 스스로를 인정받는 걸로 착각한다. 거기에 문제가 있다.

이러한 길로 접어드는 과정은 한국의 교육제도에 문제가 있는 것 같다(가해자들이 이러한 길로 접어든 데는 한국 교육제도의 탓이 크다). 인성과 자연 그리고 진정한 인간에 대한 배려가 결여된 교육에서는 경쟁이 최고이고 최선이다. 그러다보니 무관심과 방관이 교실에 횡행하고, 사랑보다는 상대를 꺾고 이겨야 하니 미워하는 교육이 횡행한다.

군 병영 내에서 왕따와 폭력을 행사하는 가해병사들의 인간성은 입대 3~4년 전이미 학교에서 획득되고. 또 이들은 교실에서 이미 버려진 존재들이었는지도 모른다. 치약을 먹이고, 침을 핥게 하고, 살인적 구타를 하는 그들은 혹시 그동안 가해인권의 치외법권적 존엄성의 우산 속에서 성장하면서 이러한 자신의 행동에 대해무감각하게 생활해 온 것은 아닐까 의심된다.

한편으로 이렇게 허술하고 내팽개쳐진 군부대에서 병사들에게 국방의 의무를 요구하는 정부 또한 일종의 공범적 차원에서 문제해결에 책임을 질 필요가 있다. 한국은 모병제를 시행하는 나라가 아니다. 마치 강제된 자원봉사자들이 순수하고 선의의 의지로 봉사를 하러 갔는데 그곳에서 얻어맞고 오는 것이나 다름없다. 이러한 엉터리가 어디 있는가. 우리 모두 한국적 의식의 정도와 수준에 대해 반성해야한다.

선진국으로 나아가기 위해서는 지리인구적, 정치외교적, 경제적인 요인뿐만 아니라 국민들의 의식 수준도 높아져야 한다는 것은 상식이다. 한국은 언제까지 시행착오만 할 것인지 안타깝다. 두 번 다시 이러한 헛된 희생이 있어서는 안 될 것이다(경향신문, 2014. 08. 14, 송대).

☞ 체벌에 대한 오해

군대 사병시절 나는 늘 도루코 면도날을 지니고 다녔다. 혹독했던 선임병들로부터의 구타를 견디지 못하면 스스로 목숨을 끊기 위해서였다. 70년대 중반이었으니까 짐작이 가는 시기였을 것이다. 설상가상으로 군기가 세기로 그 두려움이 하늘을 찔렀던 군악대 사병생활을 했으니 오죽하였겠는가. 한 번 선임병들로부터 맞았다하면 미군용 5파운드 무게의 야전 곡괭이 자루로 짐승처럼 두들겨 맞곤 하였다. 문제는 몇 대를 맞았느냐가 아니라 맞은 신체부위였다.

복부(腹部). 그렇다. 배를 두들겨 맞았다. 의장행사가 잦았던 군악대원들은 둔부나 대퇴부를 함부로 맞아서는 안 될 사연이 있었다. 군 고위 장성들 앞에서 펼쳐지는 의식행사에서 다리를 절뚝거리며 행진하는 모습을 보여서는 안 되기 때문이었다. 그래서 배를 맞는 것이었다. 맞았다라기보다는 강타 당하였다. 때리는 자가 야구선수 배팅하듯 곡괭이 자루를 휘두르면 그 아무리 맷집 좋은 사병이라도 서너차례 정도 맞고는 거의 실신하는 그런 매였다. 형벌과 같은 매를 맞으면서 나는 3년을 견뎠다. 그 3년 동안 한 번 탈영을 기도했었고 자살을 두 번 시도했었다. 물론 불발로 끝났다.

제대 후 때를 맞춰 교단에 서게 됐다. 혈기 넘치던 20대 후반이었다. 사병시절 그 혹독하게 두들겨 맞던 아픈 과거를 잊은 채 나 역시 교사가 되어 '사랑의 매'란 명분으로 아이들을 꽤 두들겨 팼다. 시작은 분명 사랑의 매로 하였으나 가끔씩 분노의 폭행으로 이어지는 경우도 있었다. 쉽게 흥분하던 시절 감정 조절이 안되어 이성을 잃고 때려본 적도 있었다. 많이 맞아 본 자가 때리기도 잘 한다는 속설을 유감없이 발휘하던 그런 때였다. 그때는 아직 사회적으로 많은 부분에서 암울했고 민주적인 토양이며 인격, 인권 등에 대한 사회적 합의가 이루어지지 않은 아득한 시절이다. 뿐만 아니라 요즘 연일 모든 대중매체에서 앞을 다퉈 기사거리로 삼고 있는 '체벌'이란 용어조차 정립되지 않았던 때였다. '사랑의 매'란 명분으로 학생을 때리기로 말하자면 지금보다 그때가 훨씬 가혹했던 시기였다. 가끔씩 고막이 터져 나가도록 따귀를 맞는 학생들도 몇 보았다. 바짓가랑이 안에서 살갗이 짓무르도록 엉덩이를 맞으며 이를 악다물고 고통을 참아내던 의지의 학생들도 많이 보았다. 물론 남의 얘기가 아니다. 고백하자면 나 자신도 '사랑의 매'의 가해자로 선봉역할을 한 어두운 과거를 간직한 교사였다.

한데 문제는 그런 시절이었음에도 사회적인 문제제기가 없었다는 거였다. 오히려 자기 자식을 학교에 끌고 와 개패 듯 패서라도 사람 만들어 달라고 애원하던 학부모도 있었던 상식적으로 이해할 수 없는 70년대 후반이었다. 지금 생각하면 상식보다 비상식이 우선했고, 이성보다 감성이 사회 정서를 지배하여 상식을 벗어나게 학생들을 체벌하여도 대부분의 학부모들이 비상식적인 감성으로 교사를 감싸안고 학교의 문제를 커다란 가슴으로 주워 담았던 다시는 돌아올 수 없는 그런 시절을 그때 살았었다.

과거에의 집착이 아니다. 어찌 생각하면 그런 돌이킬 수 없는 비상식적 수준의 체벌이 자행되던 시대가 있었기에 오늘날 이래서는 안 되겠다는 자기성찰의 기회가 늦게나마 주어졌는지도 모른다. 그런 가운데 요즘 체벌규제를 법제화하겠다는 교육당국의 정책 검토 단계에서부터 관련 교육단체와의 이견이 간극을 좁히지 못한 채 대립각을 곤두세우고 있다.

일부 교육단체가 주장하는 체벌의 교육적 효용성 주장은 의미 있는 견해이며 일견 현 체제의 유지가 바람직한 것으로 여겨진다. 교육 선진국인 미국에서조차 체벌을 허용하고 있는 주가 절반 가까이에 이른다. 우리보다 훨씬 앞서 체벌을 법으로 금했던 일본도 최근 '체벌허용'에 무게를 두는 쪽으로 정책을 수립하고 있다.

그럼에도 불구하고 이제 체벌을 '사랑의 매'란 고매한 이름으로 그 당위성을 포장하려는 일은 떨쳐버릴 때가 됐다고 본다. 사랑의 매는 때리는 사람이나 맞는 사람 사이를 더 가깝게 해준다는 '매 끝에 정든다'는 속담도 있지만 부모 자식간이나 사제지간의 사랑이 매로 맺어져야 함은 아니지 않는가. 보라. 상명하복을 지상명령으로 여기며 짐승처럼 두들겨 패던 군대에서조차도 구타가 사라지는 시대가 오지 않았는가.

따라서 이 시대에 더 이상 '사랑의 매'에 대한 교육적 검토가 남북통일만큼 힘든 일로 다뤄지지 않았으면 한다.

초·중등교육법 18조 1항의 "학교의 장은 교육상 필요한 때에는 법령 및 학칙이 정하는 바에 의하여 학생을 징계하거나 기타의 방법으로 지도할 수 있다"는 법조항을 적극 활용하는 사례가 자취를 감추었으면 하고 나는 소망한다.

우리가 진정 추구하고 지향해야 할 교육의 진정성은 사랑이다. 끊임없이 사랑해 보라. 사랑의 매로도 안 되던 아이가 놀랍게 변화되는 사건을 경험케 될 것이다. '사랑의 매'에서 '매'가 빠진 사랑만으로도 충분히 성공적인 교육을 할 수 있는 것이다. 사랑-그것이 교육자의 진정한 열정이다(강원일보, 2006. 09. 05, 이영진).

15. 학교폭력과 집단 따돌림 예방을 위한 스포츠의 역할

국가와 상관없이 대부분의 학교폭력과 집단 따돌림에 대해서 우리나라를 포함하는 각국 행정부의 예방과 대처가 실제적이라는 점은 분명해 보인다. 하지만 실제적이라는 것과 근본적이라는 것은 분명 차이가 있어 보인다. 다시 말해 집단 따돌림이나 학교폭력에 노출되어 있는 우리 자녀들이 그러한 상황에서 어떻게 대처해야 하는가에 대한 정보는 제공하고 있으나 집단 따돌림과 학교폭력에 대한 광범위하고 심층적인 예방이나 대처는 아니라는 점이다.

우리 자녀들이 올바른 스포츠문화를 접하는 것이 집단 따돌림과 학교폭력을 광범위 하고도 심도 있게 치유하는 방안이 될 수 있는가.

최근의 스포츠교육은 운동 기능 습득만을 강조하지 않는다. 스포츠 의식에 참여하고 경기장에서 뿐만 아니라 운동장 밖에서도 다양한 역할을 경험하도록 장려한다. 이는 다양한 역할에 대한 수행 능력을 향상시키기 위함만은 아니다. 역할 수행 능력에 더해 다양한 관점을 경험하고 느낄 수 있는 타인에 대한 이해, 타인과 함께하는 스포츠문화에 대한 이해를 목적으로 하기 때문이다. 여기서 더 해 다른 가정의 문화와 더 나아가 타 지역 문화에 대한 존중을 목표로 한다. 페어플레이는 기본이다.

스포츠교육에 참여하는 학생들 또한 연습일정, 연습강도, 팀 전략 등과 같은 팀 내 의사결정 과정에 참여하도록 장려될 뿐만 아니라, 팀 간 의사결정 과정에도 참여하도록 장려된다. 이러한 과정은 토론이나 브레인스토밍과 같은 적극적 의사소통이나 협상뿐만 아니라 그 과정에서 필요한 인내나 공감을 경험하게 되는 것이다.

즉 스포츠를 통하여 자기 통제뿐만 아니라 타인과의 의사소통 방법에 대한, 타인과의 협상에 대한, 타인과의 갈등 해결에 대한 실제적 경험을 하게 되는 것이다. 그렇다고 경기의 즐거움이 배제되거나 성취가 등한시 되지는 않는다. 모형게임을 통해서 그리고 리그를 통하여 성취감과 즐거움이 함께 하도록 기획된다.

스포츠문화의 모두가 항상 바람직하다고는 말할 수 없다. 그 운용이 어떻게 이루어지는가가 매우 중요한 이유이다. 예를 들어 마초문화가 팽배한 운동 집단이 운동 기능이 낮은 참여자에게 배려와 여유를 제공한다는 것이 쉽지는 않아 보인다. 승리와 같은 성취가 강조되는 스포츠문화가 TV와 같은 대중매체를 통해 매일 송출되고 학교의 스포츠클럽이 이러한 문화를 답습하는 한 스포츠도 집단 따돌림과 폭력의 동조자가 될 수 있다.

즉 스포츠 참가가 승리지상주의가 되거나 성취지향에 따른 수월성 위주로 되었을 때, 스포츠 현장은 폭력의 집단, 집단 따돌림의 또 다른 장소가 될 수 있다. 따라서 바람직한 스포츠문화의 필요하며, 스포츠가 학교폭력과 집단 따돌림의 치유 방안이 될 수 있는 이유이다.

한편, 얼마나 스포츠 정신을 이해하고 얼마만큼 바람직한 형태로 의사소통을 했으며, 의사소통 과정에 참여했는가가 인증되어 학생생활기록부나 입학사정관제에 반영된다면 학교폭력 및 집단 따돌림의 적극적 감소에 상당 부분 도움이 될 것으로 보인다. 단, 우리 학생들이 올바른 스포츠문화를 접하고 실천할 수 있는 제도이어야 하며, 철저한 시행이 뒤따라야 한다.

혹자가 "이 또한 베네수엘라에서 시작된 '엘 시스테마(El Sistema)' [13]와 같은 다양한 방안 중 하나일 뿐이 아닌가?" 라고 말한다면, 잊지 말아야 할 사실이 한 가지 있다. 운동 그 자체가 '우리 뇌세포에서 우리 학생들의 바람직한 개인 정서 및 사회 인성 함양에 매우 중요하다' 는 사실이다

---

13) 엘 시스테마(El Sistema)는 '시스템' 이라는 뜻의 스페인어이지만 '베네수엘라의 빈민층 아이들을 위한 무상 음악교육 프로그램' 을 뜻하는 고유명사로 통한다. 엘 시스테마는 종전의 음악교육과는 달리 사회적 변화를 추구한다. 마약과 폭력, 포르노, 총기 사고 등 각종 위험에 노출되어 있는 베네수엘라 빈민가의 아이들에게 음악을 가르침으로써 범죄를 예방할 뿐 아니라 미래에 대한 비전과 꿈을 제시하고, 협동·이해·질서·소속감·책임감 등의 가치를 심어 주는 역할을 하고 있다.

16. 폭행 줄었지만 '은따'는 더 심해져… 교묘해진 학교폭력

늘 함께 다니던 친구들이었다. 예쁜 학용품을 나눠 쓰고 만화영화 애기를 하며 '까르르' 웃던 사이였다. 문제는 정말 사소한 일에서 시작됐다. A 양은 만화영화 '겨울왕국'의 눈사람 캐릭터 '올라프'를 그렸다. 이 그림의 사진을 찍어 친구들이 함께 쓰는 소셜네트워크서비스(SNS) '카카오스토리'에 올린 것이 발단이었다. 친구 B 양이 '올라프를 욕되게 했다'며 장난처럼 적었다. 그러자 SNS 속 모든 친구가 A 양을 따돌리기 시작했다.

초등학교 5학년 학생들이라곤 믿기 어려울 정도로 따돌림은 은밀하고 교묘했다. A 양의 외모를 강아지 '시추'라고 표현하며 SNS에 '시추는 더럽고 못생겼다' '시추는 다른 강아지들 사이에서 왕따'라고 은유적인 글을 올리며 따돌렸다. 급기야 같은 반 친구들까지 동조하고 나섰다. A 양이 건넨 말에 대답하는 대신에 얼굴만 쳐다보며 킥킥거렸다. 카카오스토리의 '필독'(게시글을 특정인이 꼭 보게 하는 것) 기능까지 괴롭힘의 수단으로 동원됐다.

1995년부터 학교폭력 근절 활동을 펼쳐오고 있는 청소년폭력예방재단(청예단)이 지난해 1월 파악한 한 초등학교의 사례다. 겉으로 드러나는 학교폭력은 점차 감소하고 있지만 이런 식의 은밀한 괴롭힘은 줄지 않고 있다. 특히 교사나 성인이 접근하기 힘든 폐쇄된 사이버 공간의 실태는 심각하다. 피해자를 직접 지칭하지 않고 또래만 알 수 있는 방식으로 따돌리거나 괴롭힐 수 있기 때문이다. A 양의 경우에도 학교 측은 "온라인의 글이 A양을 대상으로 했다는 정황을 정확히 밝히기 어렵다"며 정식 조사를 피했다. 이런 현상은 동아일보가 입수한 청예단의 '2014년 전국 학교폭력 실태조사' 결과에서도 짐작할 수 있다.

이번 조사는 전국 17개 시도의 초등학교 4학년부터 고등학교 2학년까지 5958명을 대상으로 한 결과다. 지난 1년간 학교폭력 피해를 입었다는 학생의 비율은 2013년 6.1%에서 지난해 3.8%로 줄어들었다. 2011년 18.3%를 기록했던 수치가 3년 만에 5분의 1 수준으로 떨어진 것. 하지만 청예단 측은 "은밀하게 이뤄지는 따돌림이나 언어폭력을 미처 학교폭력으로 인식하지 못하는 것을 감안해야 한다"고 설명했다.

최근 '왕따'14)보다 은근히 따돌린다는 뜻의 '은따'라는 표현이 전면에 등장한

---

14) 왕따는 일본의 '이지메'와 유사한 사회적 현상이다. 일본의 이지메가 일본 사회의 특징인 획일주의와 집단주의를 배경으로 집단 속에서 튀는 행동을 하는 사람들에게 가해지는 폭력이었던 것처럼 한국의 왕따 역시 조직 내 튀는 사람들이 주요 대상이라고 알려져 있다. 차이와 다양성을 받아들

것도 이런 배경에서다. 피해율이 떨어지고 있음에도 학교폭력 피해 학생이 겪는 심리적 고통은 큰 것으로 나타나는 상황이다. 실제로 학교폭력 피해 학생이 겪는 심리적 고통은 여전히 크다.

학교폭력으로 인해 '고통스러웠다' 거나 '매우 고통스러웠다' 는 학생의 비율은 2012년 49.3%, 2013년 56.1%, 지난해 50.0%로 꾸준히 높은 수준이다. 학교폭력 피해 후에 자살을 생각한 학생 역시 2013년 42.1%, 지난해 42.9%로 집계됐다. 학교폭력 피해 때문에 '복수하고 싶다' 는 충동을 느꼈다는 학생은 2013년 75.4%에서 지난해 77.0%로 늘어났다.

조흥식 서울대 사회복지학과 교수는 "학교폭력의 양은 줄어들고 있지만 형태가 다양해지는 것에 주목해야 한다" 며 "때리거나 욕하지 않는 대신에 관계를 끊어버리는 등 다른 방식으로 괴롭힌다고 피해자의 고통이 줄어드는 것이 아니다" 고 지적했다.

통계상으로도 누군가를 제외하고 카카오톡 방을 만들거나 초대하고서 말을 걸지 않는 등 사이버상의 괴롭힘은 갈수록 늘고 있다. 이번 조사에서도 개인의 신상정보나 사진 등을 고의로 온라인에 유포하는 비율이 2013년 4.6%에서 지난해 9.3%로 크게 늘어났다.

김은희 진로&심리상담연구소장은 "모바일 발전으로 학교폭력이 예전과 다른 양상으로 가고 있다" 며 "아이들이 느끼는 심리적 압박은 더욱 클 것" 이라고 지적했다.

실제로 학교폭력 유형 중에서 심각하다고 인식하는 비율은 사이버 폭력 항목이 같은 기간 6.1%에서 7.6%로 증가했다. 사이버 폭력 피해율이 가장 높은 학년은 중학교 3학년(13.6%)과 중학교 2학년(9.7%)으로 나타났다. 또 피해 공간은 카카오톡을 비롯한 모바일 메신저(44.1%)와 SNS(38.3%) 순으로 집계됐다.

전문가들은 새로운 흐름에 발맞춘 학교폭력 예방 대책이 필요하다고 지적했다. 김성열 경남대 교육학과 교수는 "신고 체계 구축 등이 근본적인 학교폭력 해결책이 될 수 없다" 며 "사이버 따돌림 등 새로운 방식의 폭력도 피해자에게 큰 고통이 된다는 것을 스스로 느낄 수 있게 꾸준히 교육하는 것이 중요하다" 고 설명했다.

이지 못하는 한국 조직 사회의 경직성을 여실히 반영하고 있는 것이 바로 왕따 문제다. 왕따를 지칭하는 단어도 다양한데, 가령 전교생이 따돌리는 왕따나 전학 온 아이를 따돌리는 것은 '전따', 반에서 따돌리는 경우는 '반따', 은근히 따돌림을 당하는 경우는 '은따', 심하게 따돌림을 당하는 경우는 '진따' 라고 구분해서 부른다(김기란·최기호, 2009)

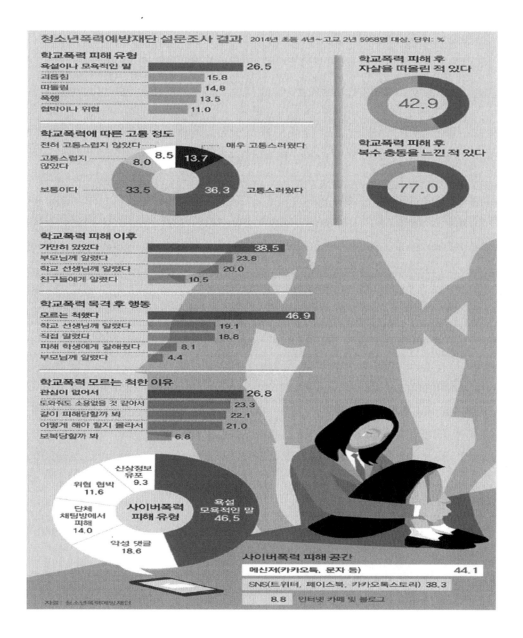

☞ **"나만 아니면 돼" 절반이 모른 척**

반에서 힘깨나 쓰는 남자애들은 쉬는 시간마다 지욱이를 괴롭혔다. 스마트폰을 빼앗아 게임을 하고, 권투 연습을 한다며 지욱이를 세워놓고 쉭쉭 소리를 내며 얼굴과 배에 주먹을 들이댔다. 말투가 어눌하고 살이 찐 편인 지욱이는 학기 초부터 반 아이들의 '만만한 상대'였다.

지욱이 앞자리에 앉은 오예지 양은 이를 모두 목격했다. 긴장한 지욱이를 보면서 웃는 소리, 수업 시작종이 울리고 자리에 앉으면서 지욱이가 내뱉는 깊은 한숨 소리까지 생생했다. "안됐죠. 볼 때마다 불쌍해요" 라고 말하면서도 예지는 아무 것도 하지 않았다. 친구가 당하는 걸 알지만 쉬는 시간엔 친구와 매점에서 수다 떨고, 졸리면 엎드려 잤다.

"왜 가만히 있었냐고요? 저만 그런 거 아니에요. 우리 반 애들 다 그랬어요." 예지가 유별난 게 아니다. 청소년폭력예방재단 조사 결과 학교폭력을 목격한 학생 중 절반 가까이(46.9%)는 "모른 척했다" 고 답했다. 학교 선생님께 알린다는 응답은 다섯 명 중 한 명(19.1%)에 불과했다. 학생들은 학교폭력을 보고도 방관한 이유로 '관심이 없어서'(26.8%), '도와줘도 소용이 없을 것 같아서'(23.3%), '같이 피해를 당할까 봐'(22.1%)라고 응답했다.

"일단 그 일은 내 일이 아니고. 지욱이가 나쁜 애는 아니지만 나랑 친한 것도 아니고…" 손가락을 꼽으며 방관 이유를 설명하던 예지는 "그리고 내가 도울 수도 없다" 고 말했다. 망설이다 "그 패거리(가해 학생들)가 나쁘긴 하지만 그들과 등져서 좋을 게 뭐 있어요? 지욱이가 아니면 다른 애가 겪어야 할 텐데…" 라며 속내도 내비쳤다.

전문가들은 학교폭력을 목격했을 때 학생이 나서서 말리는 것보다 선생님이나 경찰 등에 먼저 알리라고 지적한다. 어설프게 돕겠다고 나섰다가 오히려 피해 학생이 모멸감을 느낄 수 있고 자신이 학교폭력의 대상이 될 수 있어서다. 하지만 교사나 경찰에 대한 신뢰도가 떨어져 적극적으로 나서는 학생이 적다는 점이 문제다. 학교에 알리거나 경찰에 신고했지만 제대로 처리되지 않고 가해자가 기세등등하게 학교 다니면서 제보자를 찾아내는 일이 적지 않은 탓이다.

방관만 하다가는 되레 '동조했다' 는 이유로 가해자로 분류될 수 있다는 점도 염두에 둬야 한다. 이은숙 연 심리클리닉 원장은 "싸움을 구경만 했는데도 가해자로 신고하는 사례가 있으므로 폭력을 무시하는 태도도 폭력의 일부로 간주될 수 있다는 점을 알아야 한다" 며 "학생들이 학교폭력을 보고 적극적으로 신고할 수 있는 환경을 만들어 줘야 한다" 고 조언했다(동아일보, 2015. 02. 26. A3, 김도형·강은지).

17. 청소년 문제, 또래 문화 이해가 첫걸음이다

얼마 전 경북 경산 고교생 자살 사건을 비롯해 청소년 자살이 잇따르고 있다. 경산 사건은 가해 학생을 격려하는 친구들의 댓글이 논란이 되었다. 이런 작금의 현실은 마음이 병들어 있는 청소년들의 모습을 그대로 보여주는 것 같아 안타깝고 씁쓸하다.

가혹한 입시제도하에 생활하며 학교와 학원에서 대부분의 시간을 보내는 청소년들에게 친구의 존재는 절대적이다. 특히 '단짝 친구'로 대표되는 여학생들의 '또래 문화'는 학기 초에 그룹이 형성되면 일 년 내내 다른 친구를 잘 받아들이지 않을 만큼 배타적이고 폐쇄적이다. 단짝 친구가 전학을 간 후 아이가 '왕따 아닌 왕따'가 되었던 경험이 있는 지인의 말에 의하면, 새 단짝 친구가 생길 때까지 "학교에 가기 싫다"고 매일 화를 냈다고 한다. 이는 단편적 사례지만 따돌림과 학교 폭력으로 정상적 학교생활이 어려운 청소년들이 외로움과 수치심에 시달리다 죽음이라는 극단적 방법을 선택하는 이유를 간접적으로 짐작하게 한다.

☞ '왕따'의 친구

어느 청소년 상담 세미나에서다. 강연이 끝나고 한 학부모가 손을 들었다. 망설임의 표정이 역력하다. 어렵사리 입을 뗀다. 미국에서 오랫동안 생활하다 4개월 전에 한국에 돌아왔고 14살 중2 딸아이가 학교생활 적응이 어렵다는 하소연으로 이어졌다. 워낙 치열한 학업 경쟁 때문에 다들 여유가 없어선지, 전학 온 그 학급에서 누구도 딸에게 눈길을 주지 않더란다.

고민은 여기서 부터다. 최근 방황하는 딸에게 손을 내민 친구가 생겼는데, 그 학생이 학교의 대표적인 왕따 학생이란다. 딸에게 친구가 생겨 좋아해야 하는데 사실 겁부터 났다고 한다. '그 친구와 다니다가 왕따당하는 것이 두렵다'는 것이 솔직한 고백이었다.

상담자의 답변이 가슴에 와 닿았다. "사춘기 예민한 시기, 누구와 사귈지는 딸에게 맡기라고. 이래라저래라 하는 간섭에 반감만 커진다. 대신 불구덩이라도 뛰어들 수 있는 부모가 있다는 믿음이 더 중요하다. 혼란스런 사춘기, 그 힘든 여정을 혼자 겪는다는 것은 참으로 감내하기 버거운 일이다." 깜깜한 시골길, 강아지 온기만 있어도 그 두려움이 절반으로 줄어드는 법인데...(서울신문, 2017. 09. 05. 31면, 오일만).

우리나라의 자살률은 OECD(경제협력개발기구) 회원국 중 8년째 1위를 기록하고 있다. 청소년 사망 원인 1위가 '고의적 자해(자살)'이며, 4명 중 1명이 자살을 시도할 정도로 아이들의 자살 충동 경험률이 높다. 하지만 사회적 제도와 대책은 여전히 부족하다. 가장 든든한 정서적 지지자인 부모와의 대화 단절도 갈수록 심각해지고 있다.

친구들에게 좀 더 쉽게 마음의 문을 여는 청소년기의 특성을 감안해 아이들의 문제를 아이들의 문화와 시각에서 이해하고 해결 방안을 찾으려는 사회적 노력이 필요하다. 청소년 자살 문제를 '또래 문화' 관점에서 접근해보는 것이다.

지난해부터 한국자살예방협회가 추진 중인 '청소년 자살 예방 게이트키퍼 양성 교육'은 눈여겨볼 필요가 있다. 또래 친구 가운데 자살을 고민하는 친구가 있는지 살펴보고, 극단적 선택을 하려는 친구들이 전문가의 도움을 받을 수 있게 이끌수 있다면 좀 더 효과적으로 자살을 예방할 수 있을 것이다. "힘들다면서 친구가 자살을 시도했던 손목의 상처를 보여준 적이 있었는데, 어떻게 해야 할지 몰라 당황했었다. 이제 그 답을 찾게 되었다." 한국자살예방협회의 '청소년 생명의 친구' 교육 프로그램에 참가한 한 학생의 말이다.

캐나다는 이미 1980년대부터 생명지킴이 양성 교육프로그램을 개발해 자살예방 전문 교육을 실시하고 있다. 늦은 감이 있지만, 우리도 이제 청소년 또래 문화를 통한 자살 예방 교육에 관심을 기울여야 할 때다(조선일보, 2013. 04. 16, 박상진).

18. 학교 체육 활성화가 성장기 폭력 줄이는 약

최근 학교 폭력이나 왕따 현상이 초등 고학년과 중1 학생들에게 집중되는 저연령화 경향을 보여 심히 우려스럽다. 물론 그동안 학교나 당국에서 학교 폭력 신고전화 117 개설, 스쿨 폴리스제 도입, 학교 폭력 예방 특별법 발의, 교과부의 학교 폭력 대책 기획위원회 운영, 각급 학교의 상담실 운영 및 상담 교사 배치 등을 추진하며 많은 노력을 기울여 왔음에도 좀처럼 줄어들 기미를 보이지 않고 있다. 학교 폭력이 심각한 이유는 가해자가 성인이 돼 다시 범죄를 일으킬 가능성이 높기 때문이다. 또한 피해 학생들에게는 평생 외상 후 스트레스 증후군과 같은 엄청난 정신적 상처를 심어 준다는 데 더 큰 심각성이 있다.

체육 활동은 페어플레이 정신과 스포츠맨십 그리고 사회성, 도덕성, 인간관계 개선, 스트레스 해소 등 순기능적 역할을 한다. 서구 선진국들은 오래전부터 체육 수업 및 스포츠클럽 활동을 통해 팀워크, 예의 및 질서, 동료애, 갈등 및 긴장 완화, 신체 활동 욕구 해소 등 다양한 교육적 효과를 보고 있다. 그러나 우리는 국·영·수 중심의 입시제도로 학교 체육은 실종됐고, 이 때문에 학생들의 욕구 및 스트레스 분출구는 막힌 지 오래다. 더구나 핵가족화와 맞벌이 증가에 따른 가정교육 부재와 인터넷 게임 규제 한계 등은 학교 폭력과 왕따 현상을 가속시켜 왔다.

많은 청소년 문제 연구 결과는 적절한 신체 활동이 학교 폭력뿐 아니라, 여러 가지 청소년 문제 발생을 방지하는 역할을 하고 있음을 보여준다. 특히 성장통을 주체 못하는 초등 고학년과 중학생들에게 체육 활동은 신체적 에너지 발산과 스트레스 해소 방편이자, 팀 스포츠를 통한 협동심, 상대에 대한 존중과 소속감을 길러주는 기회이다.

체육 활동 참여를 증진하려면 우선 교육적인 내용부터 변해야 한다. 체육 수업 시수 증가, 방과 후 체육 활동 확대, 봉사 활동 점수제 같은 학교 체육 프로그램 개발을 통한 체육 활동 참여 점수제도 등을 시행해야 한다. 또한 대학 입시에도 봉사 시간 외에 체육 활동 참여 시간을 점수화해 반영하는 방안도 강구했으면 한다.

얼마 전 이O호 교과부 장관도 올해부터 당장 체육 수업 시수를 늘리겠다고 발표한 바 있다. 그러나 체육 수업 시수 증가도 좋지만 교육적 기대 효과를 높일 양질의 교육 내용과 방법을 디자인하는 것이 더 중요하다. 곧 새 학년을 맞는 아이들에게 학교 체육이 건강한 활력소가 되길 기대한다(조선일보, 2012. 02. 02, 구창모).

19. 청소년 정신건강 위험수위 넘었다

며칠 전 일이다. 일이 늦어져 오후 11시쯤 귀가했는데 아파트 정문에서 중학생 또래 학생들이 학원 수업을 마쳤는지 승합차에서 우르르 내리더니 다른 학원으로 향하는 버스에 오르는 것을 보고 놀랐다. 오후 11시는 13세 안팎 아이들이 귀가하기에도 늦은 시간인데 또다시 학원을 가다니, 이런 학생들은 도대체 언제 잠을 자고 휴식을 취하는 걸까. 의아한 한편 측은한 생각이 들어 잠시 나의 유년 시절을 돌이켜 보았다. 부모님이 이민을 가 필자는 독일에서 유년기를 보내고 학업을 마쳐 한국 청소년의 고단한 현실을 말로만 들었는데 이날 처음으로 피부에 와 닿았다.

이 같은 현실을 대변하듯 한국 청소년들의 평균 수면시간은 6시간으로 세계 최저 수준이라는 발표가 있었다. 반면 유럽지역 청소년들은 평균 8시간 이상 수면을 취하고 있다고 한다. 기억을 더듬어 봐도 학창 시절에 잠을 줄여가며 공부하는 친구를 본 적이 거의 없다. 성장기 청소년에게 충분한 수면은 성장과 건강한 생활 유지에 매우 중요하다. 그러나 한국 청소년들은 정신과 육체적 건강을 위한 가장 기본적인 요소인 충분한 수면조차 허락되지 않는 환경에서 자라고 있는 것이다.

잠을 줄여야 할 정도로 청소년 대부분이 학업 스트레스에 시달리는 한국 사회에서 청소년 정신건강 수준은 위태로운 지경이다. 실제 한국 청소년의 행복지수가 3년 연속 경제협력개발기구(OECD) 회원국 중 최하위를 기록했고, 청소년 사망 원인 1위가 자살이라는 결과는 참으로 안타까운 일이 아닐 수 없다. 더 큰 문제는 학업스트레스, 불면, 과도한 경쟁 등으로 고통과 어려움을 호소하고 있는 청소년들을 제대로 관리하고 상담해 줄 울타리가 없다는 것이다. 이처럼 청소년 정신건강 문제가 사회적 문제로 급부상하고 있는 지금, 정부의 제도적 지원뿐만 아니라 학계, 기업, 시민을 아우르는 사회적 관심과 민관 차원의 뒷받침이 필요하다.

필자가 근무하는 한국아스트라제네카는 '더 건강한 내일을 위한 파트너십'을 추구하는 기업 이념에 따라 올해부터 자살예방협회와 청소년 정신건강 증진 및 자살 예방을 위한 '영 헬스-청소년을 위한 생명사랑 캠페인'을 시작한다. 이 캠페인을 통해 청소년 정신건강 네트워크를 구축하고 청소년의 눈높이에 맞춘 인터넷 교육 콘텐츠를 개발해 정신건강에 대한 인식 수준을 높이고 올바른 정보를 제공하고자 한다. 또 자살예방전문가 및 또래 게이트키퍼 양성을 통해 자살 고위험군을 선별해 예방하는 제도를 마련할 예정이다.

청소년들은 장차 건강한 대한민국을 건설하고 이끌어 나갈 우리 사회의 미래다. 우리는 이들의 성장을 위해 조화로운 교육이 바탕이 된 행복하고 건강한 인재로 키워낼 의무가 있다. 신체적 건강뿐만 아니라 청소년 개인이 극복할 문제로 도외시돼 왔던 정신건강 문제를 함께 들여다볼 필요가 있는 것이다. 특히 청소년 정신건강 문제는 그들의 문제에 좀 더 귀를 기울이고 함께 해결책을 찾는 능동적 방식을 통해 충분히 예방할 수 있다. 그러나 정신건강과 자살이라는 사안의 민감성 때문인지 이 문제에 대해서만은 선뜻 나서려는 단체나 기업이 거의 없었다고 한다.

누가 내게 물었다. "이 어려운 캠페인의 성공 기준을 대체 무엇으로 정의할 건가요." 내게는 그 질문이 그리 어렵지 않았다. 캠페인을 통해 우리가 단 한 명의 청소년이라도 극단적인 선택에서 맘을 돌리게 할 수 있다면, 단 한 생명이라도 살려낼 수 있다면 그것이 이 캠페인의 목적이고 성공이라고 나는 믿는다. 천리 길도 한걸음부터라고 했다. 이제 자살예방협회와 시작하는 '영 헬스' 캠페인을 통해 내 아이와 내 이웃의 아이들을 생각하는 마음으로 우리 청소년의 정신건강에 관심을 갖는 계기를 만들기 위해 노력할 것이다(동아일보, 2011. 11. 24, 박상진).

☞ 정서불안 '관심군' 학생 10명중 3명 학부모 거부로 병원치료-상담 못받아
최근 발생한 중학교 부탄가스 폭발 사건 이후, 정서불안 학생들이 일으키는 사고에 대한 경각심이 높아지고 있다. 하지만 정작 일선 학교에선 학생들의 정신불

안 상태를 알고도 제대로 대처하지 못하고 있는 것으로 나타났다. 정신불안 학생 10명 중 3명 이상이 학부모의 거부로 인해 적절한 조치를 받지 못하고 있기 때문이다. 8일 교육부가 국회 문화체육관광위원회 유기홍 의원에게 제출한 '전국 학생 정서행동 특성검사 결과'에 따르면 2014년 검사 결과 2차 조치가 필요한 '관심군' 학생 10명 중 3명 이상이 아무런 추가 조치를 받지 못한 것으로 드러났다. 지난해 검사에서 관심군으로 분류된 학생은 8만 7959명으로 이 중 전문기관에서 2차 조치가 취해진 학생은 68.9%인 6만 570명이었다. 관심군으로 분류된 학생은 병원·의원에서 치료를 받거나 정신건강증진센터, 청소년상담센터 등에서 상담을 받아야 하지만 30% 이상은 조치를 받지 못한 것이다. 정신적 문제를 파악하고도 추가 조치가 이뤄지지 않는 것은 대부분 학부모의 거부나 비협조 때문. 교육부는 "전문기관과 연계해 후속 조치를 하려 해도 학부모가 동의하지 않으면 미성년자인 학생을 강제로 조치할 방법이 없다"고 말했다. 실제로 지난해 서울지역 중학교 3학년이었던 A 군은 갑자기 교실 바닥에 드러누워 난동을 부리거나 책상과 의자를 집어던지는 등 정서불안 상태가 심각했다. 이 때문에 담임교사가 부모에게 정신건강의학과 치료를 권했지만 A 군의 아버지는 되레 "내 자식이 정신병자란 말이냐"면서 막말을 하고 치료를 거부했다. 이 학교에선 A 군이 난동을 부릴 때마다 학생들을 교실 밖으로 대피시키는 것이 유일한 대책이다. 한 중학교 교사는 "부모들의 반발이 워낙 심해 빙빙 돌려 얘기하거나 말도 못 꺼내기 일쑤"라고 어려움을 토로했다. 서울시교육청 관계자도 "학생이 자해하거나 남에게 피해를 주는 등 위험한 행동을 지속적으로 해도 부모가 정신건강의학과 치료에 동의하지 않아 관리에 어려움을 겪는 경우가 많다"고 설명했다. 이 때문에 일선 학교 현장에서는 "학생들이 큰 사고를 치지 않기만을 바라는 것 말고는 뾰족한 방법이 없다"고 하소연하고 있다(동아일보, 2015. 09. 09, 유덕영).

20. 페르미의 역설

1940년대의 어느 날, 이탈리아 출신의 유명한 물리학자인 페르미가 동료 학자들과 지구 바깥에 지적인 생물이 존재할 가능성에 대해 대화를 하고 있었다. 우리 은하계에 별이 1000억 개나 있으므로 논리적으로 생각해 보면 지금쯤 지적 생명체가 은하계에 널리 퍼져 있어야 한다. 그런데 왜 여태 그런 지적 생명체가 지구에 찾아오지 않았을까? 이 수수께끼가 페르미의 역설로 알려져 있다.

혹자는 지구를 찾아올 정도의 과학기술 능력을 갖춘 생명체라면 원자폭탄 같은 무기를 만들어낼 수 있을 것이고, 그런 무기로 서로 공격하며 자멸하지 않았겠느냐는 설명을 제시했다. 반면 저명한 진화심리학자인 제프리 밀러는 그런 지적 생명체는 인간과 마찬가지로 컴퓨터 게임에 중독되어 있기 때문에 지구를 찾아오지 않는다고 말한다. 이 농담 같은 이야기 뒤에는 사실 매우 진지한 고찰이 숨어 있다.

지금까지 인간은 생존하기 위해 맛있는 음식을 구했고, 똑똑하고 건강한 자식을 얻기 위해 매력적인 짝을 찾아왔다. 그런데 이제는 맛있는 음식 대신 패스트푸드를 찾고, 매력적인 짝을 찾는 대신 포르노가 성행한다. 고도로 과학기술이 발전한 이후 사람들은 '간접적인 신호'에 더 큰 관심을 기울이게 된 것이다.

과학기술의 발전은 곧 자연에 대한 통제와 지배의 강화를 뜻하지만, 그와 동시에 위장과 착각의 기술 역시 발전시켰다. 우주 탐험을 직접 하기보다는 '스타워즈'를 찍어 은하계를 지배하는 흉내를 내고, 자연 속에서 노닐기보다는 가상현실의 세계를 무대로 한 게임에 몰두하는 것이다. 과학기술이 고도로 발전한 나머지 이제는 아예 가상의 자연을 만들어냄으로써 오히려 자연이 더 이상 필요 없게 된 셈이다. 1900년 무렵에는 대부분의 발명이 자동차·비행기·전등 등 육체적이고 구체적인 현실과 관련된 것이었지만, 21세기에 중요한 발명은 가상현실의 오락산업을 위한 것들이다. 오늘날 대학에서 중도 하차하는 사람 중 다수는 컴퓨터 게임에 빠져 육체와 정신이 심하게 훼손당한 소위 폐인들이다.

극심한 경쟁으로 인해 많은 학생들이 심한 스트레스를 받는 피해도 막대하지만, 그에 대한 보상으로 컴퓨터 오락에 몰입하는 것이 장차 더 큰 문제가 될지 모른다. 멋진 생(生)의 즐거움 대신 쉽고 단순한 기계적 오락의 거대한 유혹이 사회를 덮고 있다. 과학기술의 발전이 인간을 나르시시즘적인 폐인으로 만드는 현대의 새로운 역설에 맞서 호연지기(浩然之氣)를 키워주는 교육이 필요하다(조선일보, 2012. 03. 29, 주경철).

21. 학교폭력 추방, 현장성 더 강화해 효과 높여야

학교폭력을 완전히 추방할 수는 없는 것인가. 줄어들고는 있으나 여전히 잔존해 있다. 정부가 내놓은 자료를 보면 학교폭력을 경험했다는 응답이 지난해 10월 8.5%에서 올 3월 2.2%로 낮아졌다. 그러나 1주일에 1~2회 또는 지속 기간 4개월 이상인 피해는 지속되고 있다. 강제 심부름과 금품 갈취 등 겉으로 드러난 유형은 많이 사라진 반면 집단 따돌림 등 은밀한 유형의 폭력은 계속 우리 자녀를 괴롭히고 있다. 피해자들은 성장기의 청소년들이어서 신체적인 고통은 물론 정신적인 충격이 적지 않다.

죽음으로 학교폭력에 항거한 사례도 있다. 올해 초 경북에서는 한 고교생이 동급생들의 괴롭힘을 견디지 못해 스스로 목숨을 끊었다. 알맹이 없는 형식적인 처방이 화를 키운 것이다. 이 학생은 유서에 "학교폭력은 지금처럼 하면 100% 못 잡아내요" 라고 적었다. 그동안 당국의 대책이 얼마나 허점투성이인지를 보여준 사건이다. 도내에서도 몇 년 전 집단폭행을 당한 학생이 숨지는 일이 있었다. 강원지방경찰청이 2012년 개소한 '강원 117센터' 에는 폭행, 협박, 모욕 등 수천 건의 신고 전화가 접수됐다.

정부가 지난 23일 '현장 중심 학교폭력 대책' 을 제시했다. 이번 대책은 예방교육 강화에 비중을 두었다. 10시간 단위의 학교폭력 예방교육이 학교 교육과정에 반영되고 학교 적응이 어려운 학생들을 대상으로 한 대안교실도 교내에 설치된다. 국가 수준의 예방교육인 '어울림' 프로그램이 개발되고 논란을 빚은 학생부 기록 문제도 개선안을 마련했다. 청소년에게 악영향을 미치는 학교폭력을 어떻게 해서든 추방하려는 의지가 담겨있다. 처벌 위주의 정책보다는 예방 측면에 초점을 둔 것으로 이해된다.

학교폭력 근절 시책이 성과를 거둬야 한다. 그간 무수히 많은 대책이 발표됐으나 별반 결실을 보지 못한 채 또 다른 시책이 나오곤 했다. 이번에는 예전과 달라야 한다. 현장의 목소리를 더 수렴하고 보완해 실질적인 효과로 이어지도록 해야 한다. 일각에서는 대안교실 운영이 가해학생에 대한 낙인효과로 이어지고 '어울림' 은 교사의 전문성이 요구되는 측면이 있다며 우려를 나타내고 있다. 중요한 것은 교사와 학생, 학부모 간 소통이다. 경찰과 사회단체 등 지역사회도 협력하는 시스템을 당부하게 된다(강원일보, 2013. 07. 25, 7면).

22. 학교 숲이 학생 폭력 성향 낮춘다

숲은 풍요롭고 쾌적한 생활환경을 제공하며 마음의 안정을 가져오는 효과가 대단히 크다. 특히 도시인구 증가와 여가시간 확대 등으로 말미암은 산림휴양의 수요는 양적, 질적 변화를 거듭하고 있다. 현대인은 단순히 삶의 유지뿐만 아니라 삶의 질도 함께 고려하게 되었다. 이와 같은 사회적 변화로 산림은 현대인의 고민을 풀어가는 새로운 건강증진 및 질병 치유의 장소로 부각되고 있다.

진정한 의미의 건강이란 아프지 않은 것을 의미하는 것이 아니라 정신적, 사회적으로도 건전한 상태를 의미하는 것이다. 이것은 건강에 대해 병원치료에만 의존하는 일상적 접근에서 벗어나 보다 근원적인 여러 문제점을 해결하는 자연의학과 대체의학 등을 말할 수 있는데, 이 중에서도 산림치유에 대한 사회적 관심은 해마다 증가하고 있다. 산림치유의 생리적 효과는, 인간의 심리나 정서에 영향을 미치며 일상 행동에 긍정적 변화를 가져온다는 사실이 최근 녹색심리학 분야에서 증명되고 있다. 주변이 숲으로 둘러싸인 곳에 사는 사람은 나무가 없는 곳에 사는 사람보다 덜 호전적이고 덜 폭력적이며, 사회성·친화성·유대감 등에서도 차이를 보였다는 연구보고가 있다. 일본에서도 학교 주변의 녹지밀도가 증가할수록 학교 폭력 발생률이 줄어든다고 보고하고 있다.

산림청 임업연구원에서 실시한 '학교 숲이 학생들의 정서, 자연심리태도 및 애교심에 미치는 영향'에 대한 조사 분석 결과를 보면, 학교 숲은 학습태도에 도움을 주는 정서인 주의집중력(초등), 호기심(초·중등) 등에서 효과가 큰 것으로 나타났으며, 중학생의 경우에는 행동관련 정서인 정서적 균형감이 좋아져 인성발달에도 도움을 주는 것으로 나타났다.

또한 교육과학기술부(현 교육부)는 전국 초·중·고생 648만 2,474명을 대상으로 실시한 '2012년도 학생정서·행동 특성 검사' 결과를 발표하였는데, 지속적인 상담 및 관리를 요하는 관심군 학생이 무려 105만 4,447명에 달하는 것으로 조사되었다. 이 중 자살 등을 생각해 본 고위험군 학생도 9만 7,000명에 달한다고 한다. 이 보고서를 근거로 지역별 정서행동 및 학교폭력문제 관심군 비율과 산림면적 비율을 연관시켜보니, 전북(관심군 20.2%·산림면적 55%), 전남(관심군 19.4%·산림면적 57%), 강원(관심군6.1%·산림면적 82%)로 숲의 면적이 넓을수록 학생들의 정서행동 및 학교폭력 문제가 줄어드는 걸로 나타났다.

강원도의 경우 산림통계와 교육통계를 근거로 분석해 보았더니, 인제(관심군 14.0%·산림면적 88%), 평창(관심군 16.7%·산림면적 84%), 영월(관심군 17.5%·산림면적 85%), 강릉(관심군 20.0%·산림면적 81%), 춘천(관심군 20.6%·산림면적 76%)로 농산촌 지역이 숲이 적은 도시지역 학생들에 비해 훨씬 안정적이고 덜 폭력적으로 나타나 정서행동 및 학교폭력 문제가 숲의 면적과 밀접한 관계가 있다는 것을 알 수 있다.

이렇게 숲의 존재는 현대 문명 속에서 단순히 환경개선 효과만 있는 것이 아니라, 학생들의 학습과 행동관련 정서에 효과가 있을 뿐 아니라 애교심을 높이는 것으로 나타났다. 현재 사회문제가 되고 있는 학교폭력 문제의 장기적인 해결 방안은 학교 주변의 녹지밀도를 높여 학생들이 숲을 바라보며 공부할 수 있는 면학 분위기 조성이다. 이를 위해서는 학교뿐만 아니라 학부모도 학교 숲 조성사업 확대에 적극 참여해야 한다. 숲은 정서행동 및 학교폭력 문제를 해결해주며, 활력을 증진시키고 스트레스를 없애주는 묘약이므로 현대인에게 숲은 필수적인 치유제라 할수 있다(강원일보, 2013. 04. 18, 안승일).

23. 학교폭력 예방을 위한 '밥상머리 교육'

얼마 전 초등학교에 다니는 아들이 학교 과제라면서 '밥상머리 교육'을 하자고 했다. 순간 신임 순경 때의 일화가 생각났다. 초겨울 가정폭력 신고를 받고 출동했는데 마당에는 밥상이 뒤집혀 있었고 밥그릇과 각종 반찬 등이 여기저기에 널브러져 있었다. 씩씩거리며 서있던 아저씨는 "찢어 놓든지, 아니면 좀 잡아주든지 눈치가 없어"라며 분을 삭이지 못하는 듯 했다. 사연인즉 부부는 담근 김장김치로 식사를 하게 되었고 아주머니는 김장김치는 찢어먹어야 맛있다고 손으로 찢어놓았는데 한 입에 먹기에 커서 아저씨가 젓가락으로 김치를 찢는 것을 잡아주지 않은 것이 화근이 되어 싸움이 벌어진 것이었다.

그 일이 있고 며칠 뒤 중학생 폭력사건을 처리하게 되었는데 가해학생의 신병을 인수하러 온 보호자는 김치 때문에 싸웠던 그 부부였다. 아저씨는 파출소에 오면서부터 정신없이 아들을 야단쳤고, 꾸지람을 들은 아들은 씩씩거리며 흥분을 감추지 못하더니 갑자기 테이블을 뒤집으려 했다. 아주머니는 연신 죄송하다며 허리를 굽혔고, 아저씨는 간신히 테이블을 잡아 놓은 뒤 아들의 손을 억지로 잡아끌며 "이 노무 자식이! 불뚝 성질은 누구를 닮아서…"라며 고래고래 소리를 질렀다.

2학기 개학을 맞아 학교와 경찰은 학기 초 서열다툼으로 인한 학생 간 폭력이 급증할 것을 우려해 지역단체와 협력해 등·하굣길 순찰활동, 학교폭력예방 교육, 폭력써클 해체 등 여러 가지 대책을 적극 실시하고 있다. 이러한 사회적 관심과 노력 덕분에 학교폭력 피해 경험율은 크게 감소했다. 그러나 이러한 분위기와 상반되게 언어폭력과 집단따돌림, 사이버 괴롭힘은 계속해서 급증하고 있다.

경찰청 학교폭력 실태조사 결과에 따르면 언어폭력(사이버폭력 포함)이 전체 학교폭력 중 61.6%를 차지한다고 한다. 욕설이 섞이지 않으면 대화가 이뤄지지 않는 청소년 언어문화에 비춰 볼 때 그렇게 놀라운 결과는 아닐 것이다. 그러나 이 것이 청소년 문화라고 할지라도 '학교폭력예방 및 대책에 관한 법률' 에 근거해 명예훼손 및 모욕의 언어폭력으로 규정되고, 이 규정에 의해 처벌이 이루어지며 또한 생활기록부에 그 내용이 기재되고 있다는 것을 알면 대부분의 학부모들은 학교폭력으로부터 자유롭지는 않다는 것을 알게 될 것이다.

이제 학교폭력은 소위 '짱' 이라는 부르는 '일진' 들만의 문제가 아니다. 내 아이가 무엇을 잘못했는지도 모른 채 학교폭력 가해자가 되는 것을 원치 않는다면 지금 당장 스스로의 모습을 돌아보아야 할 것이다. 다른 사람에 대한 원색적인 비난, 잠시의 편안함을 위한 기초질서 위반, 다른 사람에 대한 배려 없는 거친 언행 등 아이들의 또래문화에 우리 어른의 모습이 그대로 반영된다는 것을 알아야 할 것이다.

'애 앞에선 찬물도 못 마신다' 는 옛말을 되새기며 밥상머리에 앉아 자녀와 함께 눈을 맞추는 것부터 '밥상머리 교육' 을 시작한다면 우리 아이들이 다니는 학교는 자연스레 안전하고 행복한 학교가 될 것이다(경상일보, 2014. 09. 11, 서인석).

☞ 밥상머리 교육을 다시 하자

올 한 해 내내 우리는 구한말 나라를 잃은 것 이상의 크나큰 상실감을 맛보며 살고 있다. 최근 한 재벌 3세가 수백 명의 생명이 달린 이륙 직전의 비행기를 제멋대로 후진시켜 공분을 샀다. 강남의 어느 아파트에서는 폭언과 학대를 견디다 못한 한 경비원이 자살했다.

한마디만 방송하면 5분 내에 죄다 살릴 수 있는 세월호에 탄 수백명의 어린 생명들을 도대체 무엇 때문에 수장시켜야 했는지 이해할 수 없다. 국가가 왜 이런 상황을 남의 일처럼 방치했나? 관피아, 경피아, 군피아…. 국민의 생활과 안전을 지켜야 할, 국민의 세금으로 먹고사는 이들이 왜 국민들을 등쳐먹는 탐욕스러운 마피아로 변해버렸나? 도무지 이해할 수 없다. 자살률, 부패율, 이혼증가율, 노인빈곤율 등 모두 세계, 경제협력개발기구(OECD) 최상위를 차지해 대한민국 국민들이 인명을 경시하고 무한경쟁을 강요당하는 생지옥에 살고 있음을 실감한다. 이는 모두 인성교육을 등한시하고 오로지 돈과 권력이 중심이 된 탐욕적 경쟁교육과 기능교육만을 중시해왔기 때문이다. 올해 우리는 세월호 등 맘모니즘 때문에 일어난 각종 참사를 계기로 인성교육을 바로 세워 아포리아 상태에 빠진 대한민국을 구해야 한다.

아포리아란 고대 그리스어로 더 이상 나아갈 수 없는 막다른 골목에 처한 최악의 상황을 의미한다. 대한민국이 이제 더 이상 부패할 수도, 더 이상 타락할 수도 없는 최악의 아포리아 상황에 처해 있음을 절감한다. 이는 무한경쟁을 강요하며 돈을 최고 가치로 숭배하는 미국 주도의 이기적 신자유주의가 특히 한국에서 기승을 부려 생긴 일이다. 부자들만을 위한 세제개편은 물론 사법부를 비롯한 국가 시스템 수장들조차 대부분 부자 편을 드는 보수 일색으로 채워져 부자는 더욱 부자가 되고 가난한 자들은 더욱 가난해질 수밖에 없는 구조로 바뀌어 감을 보고 절망에 또 절망을 거듭한다.

얼마 전 외국인으로서 대북 의료지원 활동 공로로 인권상을 받은 연세대 인요한 교수는 경제발전을 이룩한 한국은 이제 온돌방의 도덕을 다시 회복해야 한다고 힘주어 말했다. 그는 어린 시절 전라도 온돌방에 앉아 어른들로부터 '남들이 너를 홀대한다 해도 남을 홀대할 자격을 가진 것은 아니다' 라는 교훈을 배웠다고 고백했다. 서로 다른 이웃을 존중하는 것은 예를 중시하는 우리 민족의 전통 가치이다.

구한말 나라가 망해가는 것을 목도한 도산 안창호가 선비정신을 일으키는 홍사단으로 민족정기를 바로 세우는 교육을 시작했고, 단재 신채호는 중국으로 건너가 우리 민족의 자존을 되찾기 위해 고구려와 발해 유적을 찾아다니면서 상고사를 연구하고 가르치는 일을 시작했다. 언제가 될지 모르지만 그들은 우리 조국을 다시 되찾을 수 있도록 준비하기 위해 인륜과 역사를 제대로 가르쳐 땅에 떨어진 국민의 자존감을 일으켜 세우는 일이 중요하다고 믿었기 때문이다.

이제 우리도 인륜 상실의 아픔을 극복하고 돈과 권력보다는 사람과 자연, 생명을 중시하는 우리의 전통적 자연철학을 담은 교육 혁신을 통해 나라를 다시 세워야 한다. 도구과목인 국·영·수 위주의 일방적 주입식 입시경쟁교육을 지양하고 윤리와 도덕을 담은 『명심보감』 등 우리 고유의 전통윤리교육을 회복시키자. 또한 가정에서도 식구들이 매일 한 번은 온돌 두레밥상에 둘러앉아 가족 간의 온정이 담긴 공동체 정신을 키우기 위해 밥상머리교육을 다시 시작하자(경향신문, 2014. 12. 17, 이기영).

24. 체육계 내의 폭력에 대한 두 가지 방향의 해결 노력 제고

체육계 내에서의 폭력에 대한 다양한 노력과 실천이 있음에도 불구하고아직까지는 구체적인 성과가 자리 잡지 못하고 있는 실정이다. 여전히 체육계 내 다양한 폭력 사건들이 발생하고 있기 때문이다. 그렇다면 실질적인 변화를 이끌어내기 위하여 각 주체들이 수행해야 할 역할은 무엇인가? 바람직한 변화를 이루려면, 두 가지 방향의 노력, 즉 위로부터의 노력과 아래로부터의 노력이 조화를 이뤄야 한다고 본다. 두 가지 방향이라는 것은 제도의 개선과 관행의 개선이 동시에 진행되어야 한다는 것이다.

제도나 법의 정비와 같은 위로부터의 개선 노력은 중장기적인 관점에서 지속적으로 진행되어야 하며 그러한 노력으로 파생되는 부수적인 효과들이 나타날 수 있다. 그렇지만 위로부터의 개선 또는 법제화 방법 등은 일정 부분 분위기를 환기시키는 영향력은 발휘하지만 하위문화의 영향력가지 지속화하는 동력을 이끌어내는 데는 한계가 있다. 따라서 체육 지도 현장에서 직접적으로 개입되어 있는 주체 당사자들의 폭력에 대한 근절 인식의 제고가 동시에 수반되어야 한다.

그동안의 폭력에 대한 문제 제기나 근절 노력들은 체육 주체가 아닌 외부의 의견들이 많았던 것이 사실이다. 이와 같은 과거의 선례를 바탕으로 하여 체육계 자체의 노력이 이루어진다면 사회적 분위기의 조성과 주체들의 새로운 인식이 동시에 상호작용하면서 지속적인 변화의 동력을 얻을 수 있을 것이다.

☞ 특수함에서 일반화로 이미지의 변화

체육계 내에서의 이미지는 기존 사회와는 다른 특수한 것으로 인식되어 온 것이 사실이다. 교육 분야에서도 다른 교과와 차별성, 특수성만을 강조하는 풍토에서 폐쇄적인 체육문화가 만들어졌고 이는 폭력이라는 부작용을 낳았다고 볼 수 있다. 이제는 체육에 대한 특수성을 버리고 일반성과 보편성을 추구하는 것이 필요하다.

한국체육의 패러다임을 소소의 특수한 사람들에게 관련되는 영웅적 과시 수준에서 일반 시민 모두에게 보편적으로 해당되는 기본 욕구 충족 중심으로 전환해야 한다. 과거 박정희 군사정부 시절부터 줄기차게 국가주도의 성장 일변도 엘리트스포츠 패러다임에서 서구 선진사회의 21세기 레저스포츠형 생활스포츠 패러다임으로 한국체육의 뿌리를 개선해야 폭력의 문제도 극복할 수 있고, 생활스포츠도 확대하고 엘리트스포츠도 지속적으로 발전시켜 나갈 수 있는 원윈의 정책 전환을 끌어낼 수 있다고 본다.

학업을 등한시하고 운동만 하는 학생선수의 문제도 기존의 엘리트스포츠 패러다임이 초래한 결과이며, 체육의 패러다임이 생활스포츠 기반으로 바뀌면 점점 고갈되고 있는 엘리트스포츠 선수 육성 구조도 선진국식의 피라미드형으로 변모될 것이다.

☞ 체육 관련 단체의 역할과 구체적인 법안의 제고

체육지도 현장의 폭력을 근절시키기 위한 범 체육 관련 단체들의 네트워크 정책 담론이 조성되어야 할 것이다. 문화체육관광부나 지방자치단체는 물론이고 대한체육회나 국민생활체육협의회와 한국체육학회가 주축이 되어 체육단체총연합회 등의 체육관련 제 기관들과 함께 정책포럼의 체육계 전체에게 영향을 미치는 중차대한 이수들에 대한 다양한 노력이 필요한 것이다.

이에 한국스포츠사회학회에서는 2008년 '스포츠폭력 어떻게 뿌리 뽑을 것인가?' 라는 주제로 특별 학술대회가 열렸으며, 2009년 대한체육회에서는 '선수폭력 예방과 대처방법' 이라는 스포츠인권보호 가이던스를 제작하는 등의 구체적인 움직임이 일어났다.

특히 몇 년 전에 조성된 국가대표 출신 체육지도자 연합모임 등의 단체가 국민의 사랑과 주목을 받아왔던 스포츠 스타들의 모임이기 때문에 이들이 적극 나서서 폭력 근절의 캠페인을 조성한다면 체육계의 폭력퇴치 운동과 이미지 변화에 보다도 효과적으로 완수될 것이다.

체육지도 현장의 폭력 사건들이 일어나는 사건의 빈도수나 가치의 수준에 비해서 그것이 체육지도자들의 이미지에 미치는 영향력은 막대하기 때문에 체육관련 주체들의 자성적인 해결방안과 노력들이 무엇보다 중요한 것이다.

체육계 내에서의 폭력의 발생을 줄이고 나아가 폭력 자체를 없애기 위해서는 지속성이라는 것이 매우 중요하다. 단순한 규제나 제재를 통해서는 폭력 근절에 대한 지속적인 동력이 생기기 어렵다. 그러므로 제도적 보완 장치인 폭력에 대한 법안을 제고한다면 이는 지속적인 폭력근절 방법의 시스템적인 대안이 될 수 있을 것이다.

국회로부터 통과된 학교체육법 등은 체육지도 현장의 폭력발생 문제를 근원적이며 지속적인 근절시스템으로 작동하여 해결될 수 있어야 하겠다(이홍구, 2011: 162-164).

25. 자살 예방, 방지책이 절실하다

세계 12위의 경제 대국이자 복지 국가를 추구하는 우리나라가 12년째 자살률 세계 1위이다. 인구 10만명당 평균 자살율이 한국 28.7명 2위 헝가리가 19.4명이다.

미국 캘리포니아 주에서 시행하고 있는 자살예방 및 방지를 위한 제도를 한국의 중앙 또는 지방정부에서 큰 예산 들이지 않고 적용 할 수 있는 중, 단기 방안들을 소개한다.

자살은 예방이 가능한 죽음이다. 보다 적극적인 자살예방과 방지책 도입으로 단 한명의 생명이라도 더 구할 수 있기 때문이다.

먼저 자살 시도자를 발견하면 출동하는 경찰관, 구급요원들에 대한 교육이 필요하다.

지금 한국에서는 자살 시도자 또는 위협을 주는 자를 발견 후 설득하여 집으로 안전하게 돌려보내고 있다. 이 경우 오히려 위험하고 무책임하다. 자살을 시도한 사람과 심각하게 고려하고 있는 사람의 정신 건강 상태는 응급 환자로 판단해야 한다.

신체가 심각하게 다치거나 위독한 경우 응급실을 찾아 치료하는 것처럼, 죽음을 생각하는 사람은 정신 건강상 최 응급 환자로 판단하여 응급정신과 병원으로 이송해야한다. 위험인지 아닌지를 정신건강 전문가가 판단하도록 하는 것이 자살예방의 첫번째 지름길이 된다. 그리고 필요하다면 응급정신과 병원에 입원시켜야 한다.

일차적으로 출동한 경찰관이나 구급요원들은 위험한 사람을 응급정신과 병원으로 안전하게 이송하는 훈련을 해야 한다. 그리고 안전하다고 판단하고 집으로 돌려보내는 것은 정신 건강 전문가들의 역할이다.

미국의 많은 연구결과를 보면 자살 시도자와 고위험자를 병원에서 몇 시간 또는 며칠을 안전하게 보호하면 자살율이 매우 낮아진다. 보호에는 자발적인 보호와 강제적 보호를 포함한다. 현재 캘리포니아 주 에서는 자살 시도자와 고위험자를 72시간 까지 응급정신과 병원에 강제 입원시키는 제도를 시행 하고 있다. 72시간까지 강제입원 시키는 제도는 법적으로 뒷받침하고 있으며 집행에 있어서는 통일 되고 효과적인 방식을 취하고 있다.

각 카운티에는 지정된 응급 정신과 병원이 있으며 출동한 경찰관이나 소방관, 그리고 구급차요원들이 자살시도에 대한 응급대응은 전원이 훈련받은 대로 매우 일관적으로 이루어지고 있다.

동시에 시민들도 이제도를 잘 이해하고 있고 따르며 집행하는 전문요원들에게 전폭적인 협조를 보이는 높은 사회 문화 인식을 볼 수 있다.

수준 높은 의료시설과 전문 의료인이 충분히 있는 한국에서, 각 구청 또는 구역별로 응급 정신과 병원을 지정하여 운영하면 효과적이라 생각한다.

미국은 생명권이 인권보다 우선하다고 생각한다. 응급 정신과 병원의 의사, 간호사, 심리분석관 등 정신건강 전문가의 역할과 판단을 존중하고 있다.

자살 위험자를 병원에 입원시켰다고 항의와 반항을 하는 경우는 볼 수가 없다.

목숨을 살리는데 최우선권을 주고 있다. 우리도 전문가의 판단을 국민들이 존중하는 문화가 되어야겠다.

자살 전조 징후 교육도 실시해야한다. 대부분의 자살 시도자는 사전에 징후를 남기고 있다. 자살 전조 징후에 대하여 조금만 훈련이 되어 있었다면 막을 수 있는 아쉬움이 발생하는 자살자들을 가끔 볼 수 있다. 어른들로서는 단순하다고 생각되는 사소한 일도 청소년들의 경우 자살로 이어지는 경우도 있다.

특히, 검찰, 경찰, 세무 등의 수사와 조사를 받고 있는 국민들은 상상 이상의 정신적인 압박과 고통을 느끼고 있다. 이들은 자살 고위험군이다. 실제로 수사받다 자살한 경우가 종종있다. 담당하는 공무원들의 세심한 주의가 요구된다.

언론에 보도되어 사회적 관심이 집중되는 기업인, 연예인, 정치인 등 유명인에 대한 수사를 담당하는 수사관은 자살 전조 징후를 교육을 통해 잘 알고 있어야 한다. 가정과 학교에서도 자살 전조 징후에 대한 교육이 필요하다.

그리고 자살 방지 시스템 운영이다. 본인이 근무하는 미국 교도소 내에는 사회적으로 큰 이슈의 사건으로 구속되는 사람들은 자살의 전조 징후가 없어도 교도소 내에서 단기간 자살방지 시스템이 가동되어 밀착 관찰을 받게하는 제도가 시행되고 있는데 효과가 아주 높다.

자살자의 가족과 가까운 동료들에게 나타나는 제2, 제3의 자살 시도를 미리 예상하여 집중적인 심리치료와 관찰, 시설 배정, 그리고 전문적인 지원을 통한 자살 방지 시스템의 운영을 건의한다. 유명 연예인 최진실의 자살 후 동생과 전 남편이 뒤 따른 사례도 있었다. 여론의 질타를 받는 대형사건 등과 연관된 가족과 보호자 등에게 조용한 자살 방지 예방교육이 제공되면 좋겠다.

건축물 강화도 필요하다. 고층 건물의 창문 여닫이 공간을 줄이게 하고, 옥상으로 진입문에 원격 조정 장치를 설치한다. 그리고 CCTV로 관리해야 한다. 높은 다리는 자살 방지 장애물과 CCTV를 설치해야한다.

정신 질환을 앓고 있는 경우 더 세심한 주의가 요구된다. 대부분의 자살 시도자들은 우울증 등의 어려움을 겪고 있으며 알콜이나 마약에 노출된 경우도 많다.

우울증과 알콜이나 마약 중독이 심할 경우 자살시도에 이르게 되는 확율이 높으므로 가정과 사회에서 보다 적극적인 정신건강의 중요성을 알려야 한다. 자살 충동자의 작은 증세가 발견 했을 때는 이미 환자 본인은 훨씬 더 심각한 고통을 겪고 있다고 봐야 한다.

그리고 인간성 존중 교육을 실시해야 한다. 인간성 존중의 교육과 환경조성은 자살 예방의 중요한 바탕이 된다. 육체적인 접촉과 구타등을 배제하고, 상대방 존중의 대화법 (의사를 먼저 묻는 배려) 등 을 통해 '욱' 하며 폭발하는 분노를 잘 조절하는 문화를 만들어야 한다. 분노와 감정 표현은 타인에게 피해를 줄 수 있으므로 어릴 때 부터 가정과 학교에서 교육해야한다.

거론하기 꺼려지는 '자살'이라는 단어는 이제 더 이상 외면해서는 안될 국가적인 손해를 일으키고 있다.

자살의 특징은 즉흥적이고 반복성과 모방성을 포함하고 있다. 자살에 대해 정부를 포함 한 각계 각층의 전반의 노력과 개선을 통해 적극적인 자살 예방과 방지제도가 조속히 시행되어 수많은 아까운 죽음을 예방 할 수 있기 바란다.

정부나 공공기관의 적극적인 홍보가 자살 예방에 도움이 된다(노컷뉴스, 2017. 08. 23, 최재동).

☞ 자살이 비난 받아야 할 이유

힘든 현실에서 도피하기 위하여 자살을 택하는 사람들을 종종 볼 수 있다. 스스로 자신의 삶을 포기하기까지 겪어야 하였을 그들의 고통에 동정을 하면서도 자살을 긍정적으로 받아들이고 있는 점에 대해서는 생각을 달리한다.

우선 그의 자살로 인해 주위 사람들이 받게 될 슬픔과 고통을 무시할 수 없다. 또 자살했다고 할지라도 현실의 문제는 그대로 남게 되는 경우가 많아 올바른 해결책이 될 수 없다. 그리고 자살에는 보다 근본적인 문제가 있다.

인간의 존엄성은 비록 극한 상황일지라도 함부로 무시될 수 없는 최고의 가치이다. 때문에 살인은 극악한 범죄 행위로 받아들여진다. 이러한 관점에서 볼 때 자살역시 범죄로 간주될 수 있다는 것이다.

그러나 이처럼 인간의 존엄성을 지킨다는 측면에서 오히려 존중되는 자살도 존재한다. 보다 많은 사람의 생명이나 인권을 지키지 위한 자살이 이에 해당한다. 공적인 목적을 위해서 자신의 목숨을 버리는 것이 사회에 미치는 영향은 어느 정도 클지는 모르지만 오래 지속되지는 못한다. 오히려 꾸준한 노력이 좀 더 먼 미래에까지 영향을 미칠 수 있는 가능성을 지닌 것이다.

우리는 우리의 삶에 경종을 울리는 의연한 죽음을 보기도 한다, 이러한 죽음은 타인을 위한 희생이 전제되어 있다는 점에서 숭고한 가치를 지닌다. 생사를 좌우하는 위험 속에서 죽음을 택하는 것은 그 죽음이 가지는 의미가 지대한 것임을 알기 때문이며 사사로운 감정의 기복에 의한 충동적인 선택이 아니기 때문에 일반적인 자살과의 맥락을 달리 한다. 따라서 우리는 이러한 죽음을 비난하지 않으며 우리의 안일한 태도에 대한 반성의 기회로 삼는 것이다.

일반적인 자살은 도덕적으로 정당화되기 어렵다. 인간으로서의 자기 존엄성을 해치는 행동이기 때문이다. 그러나 보다 많은 사람의 생명을 지키기 위해 죽음을 택한 경우의 자살은 숭고하게 받아들여진다. 그것은 오히려 보다 큰 인간 존엄성을 지키려고 한 행동으로 볼 수 있기 때문이다.

그렇지만 인간 생명에 대한 가치는 많고 적음에 관계없이 고귀한 것이기 때문에 어떠한 경우에도 자살은 강요되어서는 안 되고 바람직한 것일 수는 없다.

26. 인성교육, 이제 실천할 때다

"삭막한 입시교육, 생기 잃는 아이들 마음그릇 키우는 전인교육 실천 행복한 학교생활 가꾸도록 도와야"" 지난해 12월29일, 여야 출석의원 199명 만장일치로 통과된 '인성교육진흥법'이 지난 7월21일 시행됐다. 그러나 학교 현장과 가정에서 법 시행에 대한 체감도는 낮다. 오는 11월 교육부가 인성교육종합계획을 수립한 뒤 내년 새학기 초에 시행해야 가시적인 변화가 있을 것이다. 일부에서는 '인격권과 양심 결정의 자유 및 교육의 정치적 중립성 등 침해, 보수(保守)교육 카르텔 공고화, 사교육 양산 우려와 실효성 부족'을 내세워 인성교육진흥법 폐기를 촉구하고 있다. 이는 인성교육진흥법 제정 취지와 인성교육에 대한 국민적 바람을 외면한 주장이다. 인성교육이 한국 교육의 올바른 방향임은 2014년에 한국교육개발원이 전국 성인남녀 2000명을 대상으로 한 교육여론조사에서도 잘 나타났다. 초·중·고 학생들의 인성·도덕성 수준을 묻는 질문에 '높다'는 응답이 5.0%, '낮다'는 응답이 61.3%로 초·중·고등학교에서 '현재보다 더 중시해야 할 교육 내용이 무엇이냐'는 질문에 모두 '인성교육'을 1순위로 꼽은 것에서도 입증된다. 물론 법으로 인성교육을 의무화해야 할 만큼 우리 사회가 위기라는 점에서 교육계의 반성과 법 취지가 제대로 구현되도록 철저한 계획과 준비가 필요하다.

첫째, 법 제정 취지의 정확한 이해가 요구된다. 범사회적 인성교육 강화와 실천의 계기가 된 것은 2012년 대구 중학생 자살사건이었다. 당시 김황식 국무총리가 주관하는 학교폭력 대책위원회에서 필자는 가정, 학교, 사회가 모두 참여하는 인성교육 범국민운동의 필요성을 주장했다. 이에 공감하는 161개 교육시민사회단체 및 각급 기관들이 참여해 2012년 7월 인성교육범국민실천연합(인실련)이 창립됐고, 지난해 인성교육진흥법도 제정됐다. 즉, 인성교육진흥법 제정은 국민·사회적 요구를 반영한 입법이다.

둘째, 인성교육은 학교뿐만 아니라 가정, 사회 등 전 국민적 실천운동이 돼야 한다. 일각에서는 인성교육을 학교교육이라는 협소한 시각에서 바라보며 실효성이 없다는 비판을 하지만 인성교육은 학교만의 책임이자 전유물이 아니라는 점에서 평생 교육적 범국민 실천 운동화가 요구된다.셋째, 인성의 개념에 대한 확장성이 요구된다. 인성교육의 핵심 가치·덕목으로 예(禮)·효(孝)·정직·책임·존중·배려·소통·협동 등이 제시돼 있으나 여기에 더해 사회공동체적 의식이나 세계시민 정신 등 인성교육에 대한 광의의 재개념화가 필요하다. 넷째, 인성에 대한 계량화된 평가나 대학입시 전형요소로의 반영은 인성교육 취지에 부합하지 않는 만큼 평가나 대입에 반영하지 않겠다는 교육부의 약속은 반드시 지켜져야 한다(한국경제, 2015. 09. 01. A39, 안양옥).

이해는 간다. 필요성도 인정된다. 하지만 성공하지 못할 것이라는 불길한 예감을 떨칠 수가 없다. 지난 7월 21일 시행에 들어간 인성교육진흥법을 두고 하는 말이다. 우선 두 가지가 놀랍다. 법령을 만들어 시행하기만 하면 올바른 인성이 저절로 함양될 것이라 믿는 발상의 순진함이 놀랍고, 인성의 발현을 제약하는 사회적 조건들에 대한 무관심 역시 그렇다.

상대성 이론으로 유명한 아인슈타인은 제1차 세계대전 직후 유엔의 전신인 국제연맹의 위임을 받아 평화 정착 방안 마련에 골몰했다. 그는 인간 본성에 비춰 볼 때 항구적인 평화가 가능하겠는지를 궁금해 했다. 인류 역사에서 참혹한 전쟁과 파괴가 끊이지 않았기 때문이었다.

정신분석 이론의 창시자이자 당대 최고의 심리학자였던 프로이트에게 장문의 편지를 보냈다. 대답은 '전쟁과 파괴는 피할 수 없다'는 것이었다. 인간의 심층심리를 연구해 온 프로이트의 입장에서는 불가피한 것이었다. 그가 '평화를 원하거든 전쟁을 준비하고, 삶을 원하거든 죽음을 준비하라'는 매우 비장한 인성관을 견지한 이유는 인간 내면의 파괴적 본성이 얼마나 강력한지를 너무나도 잘 이해하고 있었기 때문이다.

문명적 인간은 인성의 힘으로 충동을 다스려야 하는 숙명을 안고 살아간다. 하지만 현대 심리학 연구들은 인성의 발달에는 한계가 있기 마련이고, 높은 경지의 인성 발달에 도달한 인간은 극히 드물다고 말한다. 모든 사람들이 성인군자가 될 수는 없다는 것이다. 보통의 사람들에게 인성의 힘이란 그리 강하지도 않고 쉽게 함양되지도 않는다. 인성이 몇몇 제한적 프로그램으로 함양되리라고 믿는 교육 당국의 처사는 기만적이기까지 하다. 그런 신통한 프로그램이 어디 있는가. 인성은 물길질 몇 번에 쑥쑥 자라나는 온실 속의 화초가 아니다. 오히려 거친 황야에서 온갖 시련과 고난을 겪으면서도 굳건히 버텨 내는 야생초와 같은 것이다. 인성교육진흥법이 실패할 것이라 예상하는 첫 번째 이유는 인성의 본질에 대한 교육 당국의 무지에 있다.

보통의 사람들은 인성의 발현을 제약하고, 충동의 분출을 촉발하는 조건들에 취약한 경향이 있다. 실패와 좌절은 인성을 뒷전으로 물러나게 하는 강력한 조건들이다. 실패하고 좌절한 개인들에게 본능과 충동은 무서운 복원력을 발휘한다. 보다 심각한 것은 개인의 실패와 좌절이 사회 병리와 맞닿아 있을 때다. 빈곤, 불평등, 빈부 격차, 학벌지상주의, 파벌주의 등은 사회의 건전성을 해치는 구조적 문제들로서 구성원들을 좌절과 실패의 길로 내몬다. 성공의 희망을 찾기 어렵고, 좌절과 실패가 확대 재생산되는 사회구조 하에서 인성을 논한다는 것은 너무 가혹하지 않은가. 우리 사회 현실에서 더 중요하고 시급한 것은 인성의 발현을 차단해 버리는 구조적 문제를 해결해 나가는 것이다. 인성이 부족해서가 아니라 인성 발현의 기회가 봉쇄돼 있다는 점을 교육 당국이 외면하고 있는 것 같다. 이것이 인성교육진흥법이 실패할 것으로 예상하는 두 번째 이유다.

인성교육진흥법의 실패를 예감하는 세 번째 이유는 교육 당국의 욕심이 지나치다 못해 산만하기까지 하다는 것이다. 이 법에서 강조하는 인성 덕목은 여덟 가지인데 예(禮), 효(孝), 정직, 책임, 존중, 배려, 소통, 협동 등이 그것이다. 하나씩 뜯어 보면 모두 소중한 것임이 틀림없다. 하지만 왜 효는 있되 충(忠)은 없으며, 책임은 있되 자율은 없는가. 또한 봉사와 희생은 중요한 인성 덕목이 아니란 말인가. 이렇게 나열하자면 한도 끝도 없고, 중구난방이 되기 십상이다. 물론 법 제정 전에 정책 연구도 했을 것이며 전문가 공청회도 했을 것이다. 그래도 이것은 너무하지 않은가.

세계 평화를 위한 최소한의 인성 덕목으로 프로이트가 제시했던 것은 '사랑'과 '공감' 두 가지였다. 암울했던 식민 시절인 1937년 서울의 한 강연장에서 헬렌 켈러는 '이 세상을 향상시키는 것은 오직 사랑뿐이며, 사랑이 없는 국가와 사회는 퇴보할 뿐'이라고 역설했다. 확신이 없으면 어느 것 하나도 포기하기가 쉽지 않은 법이다. 인성 덕목에 대한 산만한 나열이 우리 사회에 꼭 필요한 핵심적 인성 덕목에 대한 교육 당국의 확신 부재를 보여 주는 것 같아 씁쓸할 뿐이다. 그러나 어쩌겠는가. 그래도 성공하길 소망할 수밖에. 사랑과 공감의 마음으로…(서울신문, 2015. 08. 04. 26면, 조성호).

지난 반세기 동안의 성장 중심 가치지향성은 대한민국 발전의 큰 견인차 역할을 했다. 하지만 이제는 그 가치로 인해 우리가 치러야 할 대가가 사회 전 분야에 걸쳐 너무도 아프고 혹독하다. 대한민국의 경제성장 동력에 악영향을 미치는 일자리 부족, 미래진로에 대한 암울함 때문에 청소년에게 강요된 학업 부담과 스트레스는 정서적 혼란과 부적응을 초래하고 있다. 그 결과 학교폭력, 자살, 학교부적응 등으로 30만명에 달하는 학교 밖 청소년들이 어디서, 무엇을 하는지 모를 정도이다. 그동안 교육과정도 바꿔보고 각종 법률을 제정해 건강한 청소년 육성에 노력했다.

하지만 실효성 측면에서 신통치 않았다. 그래서 올해 1월 20일 인성교육진흥법을 공포한 후 지난 21일부터 시행에 들어갔다. 그런데 인성교육진흥법이 무엇이며, 어떻게 진행되고, 무엇을 해야 하는지가 명확하지 않다. 학교현장에서 알고 대응하도록 철저한 준비를 하기보다는 일단 시행부터 해 보자는 우리네 특유의 밀어붙이기식 정책은 기대했던 것과 다른 결과를 보일 우려도 엿보인다. 예컨대 인성교육진흥법이 제정되니 단기간 인성교육을 준비하는 곳이 늘어나 학원인성, 입시에 맞춘 인성이라는 용어까지도 나오고 있다.

진정한 인성교육의 실천은 선순환구조여야 한다. 장기적이고 지속적인 활동을 통해 나눔과 배려를 체득하게 하는 기회를 마련해야 한다. 이미 학교에는 선순환구조가 형성돼 있다.

수십 년 동안 신뢰받은 청소년단체, 청소년수련관의 유능한 청소년지도사를 지속적으로 지원해주는 정책이 존재하기 때문이다. 청소년들이 즐거운 학교생활을 통해 자신의 잠재능력을 개발하도록 청소년수련관을 학교 안에 만드는 것이 필요하다. 아무리 좋은 정책과 제도도 사람이 없으면 불가능하다. 청소년 스스로가 꿈과 끼를 발견하도록 프로그램을 제공해 서로 간의 협력과 지지를 이끌어 낸다면 청소년들의 인성은 자연스럽게 확장될 것이다. 학교에서는 1인 1 단체활동, 1인 1 동아리활동 등의 자발적인 참여를 제도화하자.

전 세계의 유명한 지도자들은 학교에서의 스카우트 활동, 청소년연맹 활동, 청소년적십자 활동, 해양 및 우주청소년 활동, 4H 활동 등을 통해 호연지기를 기르고 배려와 존경을 익혀 리더가 됐음을 자랑스럽게 말하고 있다.

인성은 인위적으로 교육되는 것이 아니라 즐거움 속에서 체험하고 깨달아야 하며 유능한 지도자가 관리하고 지지하는 관계망 속에서 성장한다. 청소년들이 학교에서는 다양한 단체활동을 지속적으로 하고, 학교 밖에서는 청소년수련관에서 자기주도적인 활동을 선택하게 하면서 여기에 청소년지도사의 지지가 더해진다면 청소년들의 인성은 인간중심교육으로 자리매김하게 될 것이다.

메르스로 악화된 경제를 살리기 위해 해외보다는 국내여행을 권장하는 캠페인이 한창이다. 이번 여름방학만이라도 청소년들이 스스로 치유하는 능력을 갖도록 해 주자. 우리가 인성교육을 원하면서도 국어, 영어, 수학 등을 잔뜩 짊어지게 하고 반복학습만을 강요해 청소년들이 마음의 문을 닫고 재능을 말살케 하는 우를 범하지 말자. 청소년 인성교육은 체험활동에서부터(세계일보, 2015. 07. 27, 권일남).

27. 학교폭력, 제도적 장치가 요구된다.

학교폭력은 한 인간의 인생을 바꿀 수 있을 만큼 중대한 사안임에도 불구하고, 그간 우리 사회에서는 청소년들에 대하여 표면적·외형적인 예방과 선도, 치유책을 펼쳐왔던 것도 사실이다.

학교폭력 문제들을 보다 효과적이고 효율적으로 해결하기 위해서는 무엇보다도 학교 내에서의 학생과 학생, 학생과 교사 간의 관계를 원활하게 만들어야 하며, 학교부적응이 생기에 하는 학교 자체의 요인들을 제거해야 한다. 즉 낙후된 학교의 시설 환경을 바꿔야 하며, 입시 위주의 교육프로그램, 학교의 비교육적·비인격적인 현장 내용을 대폭 변화시켜야 한다. 이를 위해서 개방된 학교의 조성이 요구된다.

또한 학교 밖으로의 지지도 필요하다. 우선 학교와 가정과의 관계 수립이 절실히 요구된다. 교사와 학부모간의 적절한 의사소통을 통해 학교에서 학생들을 지도하는 교사들의 학교폭력에 관한 이해와 입장이 가정에서 자녀를 키우는 학부모의 애와 입장이 같아서 학생들이 혼란을 겪지 않도록 해야 한다. 아울러 학교폭력이 발생했을 때, 신속히 처리하기 위해서는 교사와 학부모들이 학교폭력을 은폐시켜 더 악화시키기보다는 전문가의 상담을 통해 적극적으로 학생의 학교폭력 피해를 해결해야 한다.

이를 우해서는 학생과 교사, 그리고 학부모 어느 한쪽의 노력으로는 불가능하다. 지역사회 내의 다양한 학교폭력 해결과 예방관련 민관 전문기관과 경찰, 교육청, 교육지원청, 지방정부, 나아가서는 중앙 등 국가기관이 동시에 적극적으로 참여하여야 한다.

구체적으로 말하자면, 학교-가정-지역사회가 연계된 통합적인 행정 체계의 수립이 필요하다. 학교가 가장 중심적인 위치에 있고 학생들에 대한 복지가 제대로 이루어지려면 학교조직을 중심으로 가정과 지역사회 및 다른 청소년 관련 행정 체계와의 연계를 구축할 수 있는 제도적 장치가 요구되는 것이다.

'건강한 삶 9988'을 위해 하루 한번 심장 운동을 하자

'스포츠가 우리 아이 바꿉니다'라는 조선일보 특집 기사를 접하면서 행복한 미래를 그려 본다. 그동안 입시 위주 교육에서 벗어나 청소년들의 체력향상에 관심을 갖는 것은 국가 백년대계를 위해서도 꼭 필요한 교육정책이라고 생각한다. 현대 스포츠의 모국이라고 하는 영국은 교육의 우선순위를 학생들의 체력 증진에 두고 있고 그 순위도 체·덕·지로 우리가 흔히 말하는 지·덕·체와는 순서가 다르다.

미국 등 다른 선진국들도 스포츠 활동의 교육적 중요성을 강조하고 있다. 청소년 시절의 스포츠 활동, 특히 학교 스포츠 활동은 체력 향상과 스트레스 해소를 비롯, 학교 폭력과 같은 교육 현장의 당면 문제들을 해결하며 생애 건강을 다지는 기틀이 될 뿐만 아니라 민주 시민으로서의 인성과 자질 함양에도 큰 보탬이 되기 때문이다.

또한 나트륨 과다의 문제를 지적한 '건강한 삶 9988' 신년기획은 벤저민 프랭클린이 "건강은 자기 자신에 대한 첫째 의무이며, 둘째는 사회에 대한 의무"라고 한 말을 떠올리게 한다. 이에 하루에 한 번 심장운동을 권장하는 기획을 제안한다. 여기서 심장운동이란 걷기, 달리기, 자전거, 수영, 등산, 댄스 등의 활동을 통해 평소 맥박의 약 2배 정도인 맥박 130 정도의 유산소 운동을 말한다.

 세계보건기구가 권장하는 건강을 지키기 위한 50개 항목 중 첫 번째 항목은 "많이 움직여라." 우리 몸은 일상생활에서 근육과 관절의 3분의 1만 쓴다고 한다. 안 쓰고 아껴둘수록 망가지는 게 우리 인체이다.
 스포츠 활동은 이렇게 평소에 사용하지 않는 신체 여러 조직에 자극을 주어 체력을 향상시키고 노화를 지연시키며 각종 질병을 예방하는 효과까지 있다. 모든 국민이 신체활동을 통해 건강한 활력을 찾는 한 해가 되자(조선일보, 2013. 01. 11, 윤종완).

☞ 건강한 삶을 살기 위해 꼭 필요한 유산소 운동
 집에서나 밖에서나 가볍고 간단히 부담 없이 즐길 수 있는 운동이 바로 유산소 운동입니다. 걷기, 조깅, 등산, 자전거타기 등 그 종류도 다양하지요. 이렇게 운동 선택의 폭이 넓은 유산소 운동이 우리에게 주는 효과는 엄청나다고 합니다.
 지금부터 유산소 운동 효과에 대해서 알아보고 운동하는 습관을 들여봅시다!
 우리 몸속 불필요한 지방을 연소 시켜줍니다. 심장을 튼튼하게 해주어 혈관 질환의 예방에도 좋습니다. 다이어트를 위해서 뿐만 아니라 건강을 챙기기 위해서도 유산소 운동을 우리 생활에서 필수입니다.
 러닝머신을 하기 보다는 야외에서 뛰는 것이 더욱 효과적입니다.

 같은 시간을 뛰었을 때 야외에서 뛰는 것이 더 많은 열량을 소모한다고 합니다. 더불어 맑은 공기를 마시면서 운동을 한다면 금상첨화가 아닐까요~

30분 이상이 지나야 지방이 타기 시작한다고 잘못 알고 계신 분들이 많은데 운동 시작과 동시에 지방과 탄수화물은 같이 연소됩니다. 그렇기 때문에 무조건 길게 한다고 좋은 효과를 내는 것은 아닙니다.

유산소 운동을 할 때 가장 효과적인 운동 시간은 스트레칭을 하는 시간을 포함하여 약 40~60분 정도입니다.

출처: 건강한 삶을 살기 위해 꼭 필요한 유산소 운동 효과(blog.daum.net/qkrqha12345)

유산소 운동을 하게 되면 스트레스를 감소시켜줍니다.

운동을 하는 동안 우리 몸에서는 좋은 에너지가 분비됩니다.

그러면서 자연적으로 스트레스가 감소하게 되고 심신을 안정 시키게 됩니다.

그밖에도 유산소 운동을 꾸준히 하게 되면 혈압을 낮춰주고, 체지방률을 낮춰주며, 심신을 활발하게 해주는 원동력이 된다. 또 혈액순환의 개선과 고지혈증, 당뇨병 등 성인병의 치료와 예방에 효과적입니다.

이렇게 다양하고 엄청난 유산소 운동 효과에 대해서 알고 나니 빨리 운동 계획을 세우고 싶은 욕구가 솟구치지 않으신가요.

자신을 위해 하루 삼사십 분 정도만 투자하여도 몸과 마음이 건강해지는 질 높은 삶으로 한걸음 나아가실 수 있답니다(blog.daum.net/qkrqha12345, 2017. 03. 21, 봄이).

씨 뿌리는 계절

- 빅토르 위고 (Victor Marie Hugo) -

지금은 황혼
나는 문간에 앉아
일하는 마지막 순간을 비추는
하루의 나머지를 찬미 합니다.

남루한 옷을 입은 한 노인이
미래의 수확을 한 줌 가득 뿌리는 것을
밤이슬 젖은 이 땅에
마음 흐뭇하게 쳐다봅니다.

그의 높고 검은 그림자가
이 넓은 밭을 가득 채우니,
그가 세월의 소중함을
얼마나 알고 있는지 우리는 알겠습니다.

농부는 넓은 들판에
오고 가며 멀리 씨를 뿌리며
손을 폈다 다시 시작하고
나는 숨은 목격자, 혼자 쳐다봅니다.

웅성대는 소리 들리는 가운데
이제 어둠은 그 장막을 펼치며
별나라에까지 멀리
씨 뿌리는 이의 장엄한 그림자를 드리워 줍니다.

V. 학교폭력 대안에 대한 논의

다사다난이라는 말이 이보다 더 잘 어울릴 수 없던 2011년이 지나고, 2012년이 시작되었다. 지난해를 돌이켜보며 우리 청소년들이 맞이했으면 하는 새해의 모습을 생각해본다.

실제로 우리 청소년들은 우리가 알고 있는 것보다 훨씬 훌륭하며, 이전 세대들보다 거의 모든 면에서 뛰어난 능력을 발휘하고 있다. 학업성취도 국제 비교 연구(PISA) 등의 조사에서 우리나라 청소년들은 상위권을 놓치지 않았으며, 김연아·박태환 선수처럼 뛰어난 능력과 성숙한 태도를 겸비한 능력자들이 매일 등장하고 있다. 청소년들의 수준이 높아진 만큼, 그들이 기성세대와 사회 그리고 교육에 기대하는 수준도 높아졌다. 그 기대에 부응하기 위해서 우리는 이전보다 더 많은 노력을 해야 한다. 노력하고 바꾸어야 할 것들은 셀 수 없이 많지만 그 중에서 몇 가지만 이 자리를 빌어 강조해보고자 한다.

집단 괴롭힘에 시달리던 중학생의 자살은 우리 청소년들에게 필요한 것이 단순히 지식만이 아님을 다시 한 번 뼈저리게 일깨우는 경종이었다. 예로부터 우리는 덕(德)과 체(體)와 지(知)의 균형을 가장 바람직한 인간의 모습으로 여겼고 청소년 교육에 있어서도 이를 구현하려 노력했었다. 하지만 언제부터인가 이 '덕·체·지' 라는 목표는 무한경쟁과 학벌중심 가치관에 밀려 자리를 잃었다. 이건 매우 심각한 잘못이다.

21세기는 개인의 권한이 그 어떤 시대보다 강화되어 평범한 개개인들이 전(全)지구적인 의사소통을 하고 자신의 뜻을 자유롭게 표현할 수 있는 세상이다. 이러한 시대변화에 맞추어 경제개발협력기구(OECD)에서는 미래세대에게 필요한 3대 핵심역량(Key Competencies)을 제시했다. 낯선 이들과 더불어 잘 살 수 있는 사회적 역량, 지적인 도구를 활용해 창의적으로 문제를 해결할 수 있는 역량, 그리고 스스로 생각하고 선택하고 자기 권리를 행사할 수 있는 자율적 역량이 그것이다.

이 3대 역량을 잘 따져보면 그것이 덕·체·지 교육의 21세기 버전이라는 것을 알 수 있다. 지금 우리 청소년들에게 교육이 해주어야 할 것도 이 핵심역량의 강화이다. 한국청소년정책연구원이 조사한 결과 우리 청소년들은 지적 도구를 활용하는 역량은 세계 최고수준이지만 남과 더불어 잘 사는 역량이나 자율적으로 생각하고 행동하는 역량은 상당히 낮은, '발달적 불균형' 상태에 있는 것으로 나타났다.

'국제시민교육연구(ICCS)' 자료를 바탕으로 36개국 청소년의 '사회적 상호작용역량'을 분석한 결과에서도 우리 청소년들은 35위에 그쳤다. 특히 '관계 지향성'과 '사회적 협력' 부문은 0점으로 최하위를 기록했다.

따라서 이제는 교과서를 공부하는 시간은 조금 줄이더라도, 친구들과 함께 잘 지내는 방법을 배울 시간 그리고 자신의 건강과 자기 권리를 챙길 수 있는 힘을 기를 수 있는 시간을 늘려주어야 한다.

또 다른 주제는 사회통합이다. 우리 사회에서 경제적인 양극화와 문화적인 다변화는 계속 커지고 있다. 정부의 노력에도 불구하고 상대빈곤율은 계속 증가하고 있으며, 취약계층 청소년도 늘고 있다. 또한 다문화가정 출신 초등학생의 숫자는 2005년 5,300명에서 지난해 2만 7,000명으로 5배가 늘었다. 앞으로도 결혼이민과 다문화가정은 더욱 많아질 것이다. 거기다가 가까운 미래에 북한과 더 밀접하게 교류할 가능성도 높아지고 있다.

이러한 사실이 의미하는 바는 간단하다. 전혀 다른 문화, 전혀 다른 정치와 경제 체제, 전혀 다른 계층과 인종을 얼마나 포용하고 통합하느냐가 우리 사회의 미래를 결정한다는 것이다. 청소년기는 원래 차별을 원하는 성향이 가장 많은 시기다. 차별을 통해서 남과 다른 자신의 존재를 확인할 수 있기 때문이다. 이런 시기일수록 평등과 통합의 가치를 올바로 인식하고 구체화할 수 있어야 한다. 그것이 청소년들이 미래의 주역이 되었을 때 우리 사회는 21세기에 건강한 성장을 계속하기 위한 열쇠가 될 것이다(한국교육신문, 2012. 01. 02, 이재연).

1. 주5일 수업제 전면 시행할 준비돼 있었나

현재 격주제로 실시하고 있는 주5일 수업제도를 2012년부터 전면 시행하겠다는 정부의 방침이 발표됐다. 그러나 이 제도는 선진국형 교육과정 운영형태로 그 시행에 앞서 준비해야 할 사항들이 전제돼야 성공할 수 있다. 일례로 지난해 일본의 일부 사립학교들이 주5일 수업에서 주6일제 수업으로 회귀하는 현상을 보였다. 우리의 성급한 주5일 수업의 전면 실시를 우려하면서 몇 마디 하고자 한다.

첫째, 우리나라는 1인당 국민소득 3만 달러 시대에 즈음해 도입해야 한다. 지금의 소득 2만 달러로는 주말을 이용한 온 가족의 사회체험 활동과 자기주도적 학습능력을 신장시킬 수 없으며, 다수의 월 소득 150만원 이내의 부모, 편부모 슬하의 학생들은 외톨이가 되어 청소년 범죄의 그늘을 배회하게 될 것이다.

둘째, 교육과정의 재편성과 운영능력을 확보해야 한다. 지금의 2009개정교육과정은 교과별 학습내용과 시간 배당 등에서 주5일 수업제를 충족시킬 수 없으며, 국가·지역·학교 수준의 합리적인 교육과정 편성과 실정에 맞는 교사들의 운영능력을 확보해야 한다.

셋째, 일반 사회·기업의 경제활동 체제와 일치성이 유지돼야 한다. 지금은 관공서·대기업만 주5일 근무를 하고, 중소·영세기업들은 월 1~2회 휴무제를 운영, 학교교육과의 명실상부한 산·학 협조 구조가 구축되지 못하고 있다.

넷째, 주5일 수업에 따른 맞춤형 프로그램이 나와야 한다. 학교급별 지역별로 교육과정 운영상 토요일 권장 체험활동 프로그램과 청소년 문화프로그램, 맞벌이 가정의 자녀 맞춤형 프로그램 등이 다양하게 연구·개발되어야 하겠다.

다섯째, 학부모들의 의식 개선이다. 주5일 수업이 입시준비를 위한 학원·과외 시간으로 된다면 당초의 목적에 어긋나고, 학생들의 정서에도 그릇된 영향을 주게 될 것이다. 국가적으로는 초·중등교육을 정상화할 수 있는 대학 입시제도의 획기적인 개혁과 우리 사회의 의식 수준을 개선하고, 주민·학부모·교원·학생들의 사고의 틀도 바뀌어야 한다.

주5일 수업제가 학생들의 우열을 양극화하고 사회계층별 위화감을 조성하며, 과열 과외나 조장하는 편법과 변칙이 난무하는 교육의 현장이 되어서는 안 될 것이다. 다각적인 검토가 절실한 시점이다(조선일보, 2011. 06. 21, 허원기).

☞ **주5일 수업, 방황하는 아이 없어야**

서울 종로구에 있는 독립문초등학교의 점심시간. 남학생 15명이 학교 건물과 건물 사이의 좁은 직사각형 공간을 뛰어다니며 축구를 하고 있었다. 길이 22m, 폭 9m의 이 '인라인스케이트장'이 학교에서 유일하게 햇빛을 보면서 운동을 할 수 있는 곳이다. 남학생들에게 밀려난 여학생 4명은 건물 로비에서 배드민턴을 하고 있었다.

이 학교에는 운동장이 없다. 1957년 개교할 때는 소규모 운동장이 있었지만, 그마저 2000년 학생들이 늘어나 건물을 증축하면서 사라져버렸다. 인라인스케이트장에서 축구를 하던 윤태영군은 "축구공을 마음껏 뻥뻥 차보는 게 소원"이라며 "뛰고 싶은데 제대로 뛸 데가 없어 몸이 근질근질하다"고 했다.

운동장이 없는 서울 종로구 독립문초등학교 학생들이 5일 오후 건물 옥상에서 체육 수업을 하고 있다. 이 학교는 1957년 설립 당시엔 소규모 운동장이 있었는데 2000년 건물을 증축하면서 아예 운동장이 없어져 옥상과 강당, 인라인 스케이트장 등에서 체육을 한다.

이처럼 운동장이 아예 없는 곳은 서울에 3곳 더 있다. 모두 2005년 이후 개교했다. 도심에 주택과 건물이 늘어나 땅을 확보하기가 쉽지 않자, 교과부가 지역의 여건에 따라 운동장을 기준 규모 이상 확보하지 않아도 학교를 설립할 수 있도록 '고등학교 이하 각급학교 설립·운영 규정'을 1997년 개정하면서 '운동장 없는 학교'들이 생겨난 것이다.

우리나라 학생들의 체력은 약해지고 있는데 학교 운동장은 해마다 줄어들고 있는 것으로 조사됐다. 운동장이 아예 없는 학교가 서울 4곳, 경기 3곳 등 12곳으로 늘었고, 60여 곳은 운동장 넓이가 1000㎡(약 300평)에도 못 미친다. 논 한 마지기보다 조금 넓은 크기다.

교육과학기술부 자료를 분석한 결과 지난 5년간 고교생 1인당 운동장 면적은 2007년 13.0㎡에서 2008년 12.6㎡, 2009년 12.0㎡, 2010년 11.8㎡로 매년 줄어들었다. 지난해에는 12.3㎡로 2010년보다 0.5㎡ 늘었다. 하지만 학생 수가 2009년부터 2011년까지 2년 만에 2만 2000명 감소한 것을 감안하면 운동장 크기가 작아지는 현상이 지속되고 있는 것으로 분석된다.

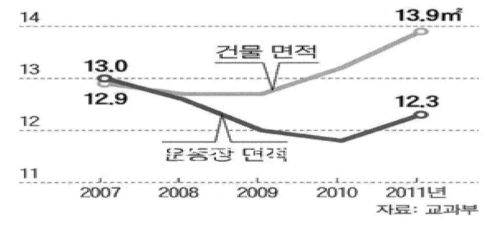

운동장은 줄어들고, 학교 건물은 늘어나고 단위: ㎡. 고등학생 1인당 기준.

자료: 교과부

이렇게 운동장이 아주 좁거나 없는 학교들은 학교 건물의 옥상이나 체육관을 활용하는 경우가 많다. 실내에서는 뜀틀이나 매트 운동 같이 간단한 활동은 할 수 있지만, 달리기나 축구 등을 하기 어렵다. 독립문초 교장은 "아이들은 운동장에서 마음껏 뛰어놀고 에너지를 발산하며 쑥쑥 성장해야 하는데 실내에서 햇빛도 못 보고

제한적인 활동만 하니까 보기에 안타깝다"고 말했다.

운동장이 없는 학교 학생들은 운동장이 있는 학생들보다 운동량이 적은 것으로 조사됐다. 서울시교육청이 지난해 운동장이 아예 없는 학교, 운동장은 없지만 대체 공간이 있는 학교, 운동장이 있는 고층학교, 운동장이 있는 저층학교 각각 3개교씩 모두 12개교 5학년생 722명을 대상으로 운동 시간을 조사했다. 그 결과, 운동장이 없고 대체 공간도 없는 학교 학생들이 다른 학생들보다 하루 평균 운동 시간이 최대 30분 정도 적었다.

서울교대 체육교육과 엄우섭 교수는 "운동장 공간을 먼저 확보하는 선진국과 달리 한국은 여유 공간이 없으면 운동장부터 줄여나가고 있다"며 "학생들의 지(知)·덕(德)·체(體) 교육의 균형을 잡기 위해서는 학교가 적정 규모의 운동장을 반드시 갖추도록 해야 한다"고 말했다.

☞ 초·중·고 주5일 수업 취지를 살리려면

주5일 수업제 전면 자율시행이 열흘도 채 남지 않았음에도 도교육청은 제대로 된 준비 하나 못하고 있다는 지적이다. 주5일 수업제 전면 실시를 골자로 한 교육법 개정안이 국무회의를 통과한 때는 지난해 10월 18일이다. 그러함에도 도교육청은 아직까지 유관기관과의 협력 등 대비책을 마련하지 못하고 있다고 한다. 그동안 뭘 했길래 요즘에서야 부랴부랴 주말 학습체험 업무협약에 나서고 있는지 모르겠다. 지자체와 유관기관이 소유한 학습체험 시설을 활용한 주말 프로그램은 진작에 준비를 마쳤어야 했다.

신학기 들어 전국 초·중·고의 주5일 수업제 전면 시행 첫날부터 준비가 제대로 안 된 탓에 학생들이 우왕좌왕하는 모습을 보였다. 학교에서 마련한 프로그램에 참여한 학생은 8.8%에 불과했고, 학원 등의 토요강좌나 유적지 견학 프로그램에 참가했다지만 많은 학부모들은 당국의 사전준비 부족을 꼬집으며 사교육비 부담이 크게 늘 것을 걱정하는 분위기다. 교육 당국은 주5일 수업제를 통해 "가족 간 유대감을 높이고, 다양한 체험으로 주체적인 학습능력과 자질을 길러주기 위해 안심 주말, 알찬 주말이 되도록 준비했다"하지만, 학교에서는 학부모·학생 수요조사조차 이뤄지지 않아 영화를 틀어주거나 도서실에서 빈둥대는 등 파행으로 흘렀다. '방과 후 학교 확대, 토요 스포츠데이' 활성화 방안 등에 대한 반응도 냉소적이다.

당장 신학기부터 수업이 없는 토요일에 학생들이 이용할 수 있도록 했어야 하기 때문이다. 더욱이 주말 체험학습 프로그램은 학생 학부모가 만족할 만한 결과가 나오기까지는 많은 시행착오가 뒤따르기 마련이다. 그만큼 수정, 보완해야 하는 시간이 필요하다.

이런 시행착오는 그간 계속돼 왔다. 1972년 초등학생의 주 1회 '자유학습의 날', 1995년 '자율학습의 날', 2000년대 '토요자율등교제' 등을 운영했지만 실효를 거두지 못한 채, 2004년 주5일 수업제 시범실시와 격주 '놀토'를 거쳐 2012년 전면실시에 이른 것이다. '자유학습의 날'의 경우 중학교 무시험제에 버금가는 '제2 교육혁명'으로까지 불렸지만, 사회의 학교화에 실패해 제도로 정착하지 못했다.

주5일 수업제의 성공을 위해서는 다양한 현장학습 프로그램 개발을 전제로 초기에는 '돌봄 교실' 등 학교 프로그램을 확대하고, 점차 공공시설·사회교육기관·NGO 등의 교육기능을 확대하며, 정부는 '사회의 학교화'를 위해 행정·재정적으로 지원해야 한다. 한 예로 관광회사들이 비수기 요금을 적용하는 저렴한 생태관광, 역사문화 탐방 등 상품을 개발한다면 제도 정착에 기여할 수 있다. 차제에 학부모들의 자녀양육에 대한 인식도 바뀌어야 한다.

학부모들은 아이가 '놀토' 여가에 늦잠 자거나 혼자 빈둥거리면 큰일이 난 걸로 여기는 경향이 있다. 하지만 여가에 평소 생활리듬이 다소 흐트러지더라도 혼자 심심하게 놔두기도 하고 어른 간섭 없이 뛰노는 것은 창의성을 기르는 데 좋은 기회이다. 다만 아이가 노는 공간의 안전을 세심하게 지키고 기다려주는 것은 부모의 몫이며, 놀토 등 여가 계획을 스스로 짜도록 조언하고 격려하며 응원할 줄도 알아야 한다.

또한 놀토로 사교육비가 늘어나 멍에가 더 무거워질 저소득층 맞벌이 가정에 대한 배려, 지역·계층 간 교육격차가 심화되지 않도록 하는 것이 놀토의 성패를 가르는 관건이다(조선일보, 2012. 03. 14, 임채수).

대도시와는 달리 마땅한 체험시설이 절대적으로 부족한 도내 실정에 비추어 볼 때 지자체 등 유관기관과의 협력체계가 부실하면 주5일 수업제는 실패하기 십상이다. 이런 이유에서 특히 군단위 지역의 체험학습 협력방안은 미리미리 준비를 해 새학기부터 시행할 수 있어야 했다. 지금 학부모들은 걱정이 태산이다. 저소득층과 맞벌이 부부들은 토요일에 갈 곳이 없는 아이들이 혹시나 방황하지 않을까 하는 근심에 사로잡혀 있다. 일부 학부모들은 학원에 보낼 수밖에 없다는 생각이나 사교육비를 부담스러워 하고 있다. 도교육청이 이러한 문제를 근본적으로 해결하지 못하면 교육현장은 바로 혼란에 빠질 수밖에 없다.

주5일 수업제는 현행 교과목 중심의 교육을 문화 체육 예술 등 직접 체험을 통

해 인성을 기르도록 하는 데 그 목적이 있다. 그러한 취지에서 시행되는 주5일 수업제가 제대로 된 프로그램을 아직까지 마련하지 못하고 있다면 오히려 교과목 중심의 사교육을 부추기거나 아이들을 PC방이나 거리로 내모는 결과를 초래할 수도 있다. 지자체나 유관기관 등 사회단체들도 토요 체험학습 프로그램 개발에 적극 동참해야 한다. 도교육청과 지역교육지원청의 요구에 형식적으로, 혹은 피동적으로 마지못해 응하는 모습을 보여서는 안 된다. 관내에 있는 모든 체험시설을 적극적으로 학생들에 개방하고, 학생들이 재미를 느낄 수 있도록 다양한 프로그램을 마련하는 데 노력해야 한다.

도내 636개교 초·중·고 학생들이 토요일을 얼마만큼 유익하게 보내느냐는 지역사회의 관심과 동참에 달려 있다. 도교육청은 실효적 프로그램 마련에 빈틈이 없어야 한다. 아직 업무협약을 맺지 못한 유관기관과의 실질적 협력 방안도 서둘러 구체화해야 한다(강원도민일보, 2012. 02. 21).

☞ 주 5일 수업이 '百見이 不如 一實'되고 있는가

'百見이 不如 一實'이란 말이 있다. 주5일제 수업은 이 같은 취지에서 등장하게 되었다고 볼 수 있다. 주5일제 수업이란 학생들이 제한된 학교라는 울타리를 벗어나 체험학습을 통하여 자기주도적 학습능력을 신장시키는데 목적을 두고 있다. 지식정보화 사회는 자기주도적 문제 해결 능력을 갖춘 인재를 요구하고 있으므로 이 같은 수업제도의 도입은 사회적 요구에 부응하는 것이라 볼 수 있겠다.

주5일제 수업의 도입 필요성은 7차 교육과정의 목적인 '자율적이고 창의적인 한국인 육성'에 포함되어 있다. 창의적인 사고는 문제해결력을 기반으로 하기 때문이다. 또한 방대한 교과내용 학습으로 인해 지쳐있는 우리 학생들에게 심리적인 안정과 여유를 갖게 해줄 수 있다. 그러면서도 학생들은 자연을 통해, 혹은 지역사회의 시설을 통해 직접 경험에 의한 학습 효과를 누리게 할 수도 있다는 점에서 주5일제 수업은 시대와 사회가 요구하는 제도라 하겠다.

그러나 아직 실천 방안이 미흡한 상태이다. 학교 내적으로, 그리고 가정과 사회가 노력하여 새롭게 도입된 제도가 효과적인 방향으로 나아갈 수 있도록 활성화 방안 모색에 힘써야 하겠다.

우선 학교는 주 5일 수업 운영으로 인해 수업량이 가중된 교사와 학생을 위해 수업시수를 감축해야 한다. 또한 학교 내에서 다양한 토요 프로그램을 실시하여 저소득층 아이들의 참여를 유도해야 한다. 가정의 경제적 배경의 격차가 교육의 격차로 이어지는 일은 없어야 하기 때문이다.

또한 학부모들의 학력관에 대한 인식의 변화가 요구된다. 학부모들이 지금과 같이 교과학습에만 아이들 교육에 비중을 둔다면 토요휴업일은 체험학습을 위한 날이 아닌 사교육의 장에서 보충수업을 위한 날로 쓰여 질 것이 자명하다.

마지막으로 지역사회와 학교와의 인프라 구축이 중요하다고 할 수 있겠다. 지역사회 내에서 학생들을 위한 여러 프로그램을 마련하고 지역 내의 시설 등을 이용할 수 있도록 해야 한다. 또한 자원봉사자들을 배치하여 이러한 프로그램들이 효율적으로 이루어지도록 해야겠다.

주5일제 수업이 원활히 이루어지기 위해서는 학교와 가정, 지역사회가 학생들의 교육에 동참해야 함은 더 말할 것도 없다. 여기에 학력이 단순히 지식 축적만이 아닌 자기주도적인 문제 해결능력을 포함한다는 인식의 전환까지 갖춘다면 성공적으로 제도를 수행할 수 있으리라 본다. 학생들의 바른 성장이 우리 사회의 더 나은 미래를 만든다는 것을 한시도 잊어서는 안 될 것이다.

개학과 더불어 일선 초・중・고등학교에서 전면 주5일제 수업을 시행하면서 학생들은 격주로 쉬던 놀토 대신 매주 토요일을 쉴 수 있게 되어 좋아들 하지만 시행 이후 순기능 못지않게 역기능도 우려된다는 지적 또한 만만치 않아 대책 마련이 시급하다.

요즘 같이 맞벌이 부부가 증가하고 있는 현실에서 주5일제 수업으로 토요일에 마땅히 자녀를 맡길 곳이 없게 되면서 결국 학교나 부모의 보호 밖에 우리 아이들이 방치될 우려가 많기 때문이다. 더욱이 저학년 초등학생이나 장애 학생의 경우 부모나 교사의 손길이 더욱 절실히 필요하지만 5일제 수업으로 보호 사각지대로 방치될 수도 있다. 설사 토요일에 주변의 학원에 보낸다 하더라도 이는 결국 사교육비 증가로 이어지면서 학부모의 교육비를 가중시킬 수 있다는 볼멘 목소리도 벌써 여기저기서 터져 나오고 있다. 이마저도 경제사정이 여의치 않은 학부모들은 냉가슴만 앓게 되면서 상대적 박탈감도 심각해질 것이다.

결국 이렇게 방치된 나홀로 아이들은 pc방을 전전하거나 동일 형편의 또래 아이들과 빈집이나 공원등지에서 만나 어울리면서 음주나 흡연 등 자칫 탈선의 나락으로 떨어질 수도 있어 걱정이 앞선다.

물론 많은 선진국에서 주5일제 수업을 실시하고 있는 만큼 거스를 수 없는 대세여서 우리도 더 이상 늦출 수는 없겠지만 시행에 따른 청소년 보호책은 튼튼히 구축되었는지, 부작용은 최소화 할 수 있는 적절한 대책은 마련되어 있는지 다시 한번 점검해 볼 일이다.

지금 당장 시급한 것은 우리 청소년들이 쉬는 토요일에 다양한 프로그램과 시설 속에 효율적인 시간을 보낼 수 있도록 배려를 하는 것이 아닐까. 주5일제 수업의 역기능보다 순기능이 발휘할 수 있도록 사회 구성원 모두가 지혜를 모아야 할 것이다.

2. 인성 · 예체능 교육 소홀히 했던 게 이제야 곪아 터졌다.

「인성 · 예체능 교육 소홀히 했던 게 이제야 곪아 터져」.

이번 연구를 위해 전남교육청과 루돌프어린이사회성발달연구소는 순천 시내 15개 초등학교 4학년 어린이집에 총 200문항 안팎의 설문지를 보냈다. 저소득층 맞벌이 · 다문화 · 조손 가정 등을 제외한 거의 모든 가정이 조사에 응했다(1,872명 · 82.5%).

어린이 정신건강과 학업 성취의 상관관계를 이처럼 대규모로 실측 전수(全數) 조사한 사례는 국내에 전례가 없다.

어린이 정신건강 전문가로 국제적 명성이 높은 김영신 예일대 의대 소아정신과 교수는 "남을 괴롭히는 행동이 피해자는 물론 가해자 본인에게 얼마나 해로운지 막연한 통념이 아니라 구체적인 수치로 증명해 의미가 깊다"면서 "앞으로 한국이 교육정책을 세울 때 좋은 근거가 될 연구"라고 했다.

김 교수는 "왕따 가해자들을 추적 조사한 외국 연구를 보면, 성인이 된 뒤 자살률 · 범죄율 · 실업률이 일반인보다 몇 배나 높다"고 했다. 이들은 지능 등 생물학적 요인보다 가정환경에 문제가 있는 경우가 많다. 유치원 · 초등학교 때 이미 '조짐'을 보이는데, 이 단계에서는 왕따를 시키는 아이가 당하는 아이보다 마음의 병이 더 깊기 쉽다고 한다.

김 교수는 "초등학교 때 벌써 폭력을 휘두르는 아이들은 남을 배려하거나 규칙을 따르지 못해, 조기에 적절하게 개입하지 않으면 학업도 품행도 점점 나빠져 장기적으로는 더 심한 고립과 낙오를 자초하게 된다"면서 "중학생 폭력이 심각하다지만, 그땐 이미 문제가 곪아 터진 다음"이라고 했다(조선일보, 2012. 03. 06, 김영신).

김 교수는 이들의 정신건강과 학업성취를 동시에 끌어올리기 위해 예체능 · 인성 교육을 강화하고, 일반 학과목 교육과정도 협동과 팀워크를 강조하는 방향으로 새롭게 짜고, 교사 · 학생 · 학부모 모두 폭력을 목격하면 곧바로 제지하는 분위기를 만들어야 한다고 했다.

3. 폭력 학생, 어려도 잘못엔 책임지는 것 배워야

대법원이 28일 '대구 중학생 자살사건'의 가해자인 두 중학생에 대해 징역 3년, 징역 2년 6개월씩을 선고한 원심 판결을 확정했다. 초범(初犯)이자 형법상 미성년(14세)을 갓 넘긴 15세 소년들에게 중형을 내린 것은 이례적이다.

이들은 교육 중심의 소년원이 아닌, 강력범들이 입소한 소년교도소에서 수감생활을 하게 된다.

1·2심 재판부는 가해 학생들이 지난해 2학년 학기 초부터 같은 반 피해학생을 수시로 때리거나 괴롭히고 심지어 땅바닥의 과자를 먹게 하는 등의 가혹한 행동을 저질렀다는 공소 사실을 대부분 인정했다.

피해학생은 결국 작년 12월 20일 유서를 남기고 아파트에서 뛰어내렸다. 1심 재판부는 "피고인들이 미성숙한 청소년임을 감안한다 해도 죄질이 좋지 않고 범행이 자살이라는 참혹한 결과로 이어진 만큼 죗값을 받아야 한다"고 했다.

2심 재판부는 "관용이 능사(能事)가 아니라 자신의 잘못에 책임을 배우도록 엄한 처벌을 해야 마땅하다"고 밝혔다.

정부가 올 초 학교폭력 신고전화를 117로 통일하고 신고자 비밀을 보장해준다고 하자 5월까지 1만 4118건이 접수됐다. 작년 같은 기간 77건의 183배에 달하는 숫자다. 어른에게 말도 못하고 왕따·폭력에 시달려온 아이들이 그렇게 많다는 이야기다. 그동안 스스로 목숨을 끊는 사례가 끊이지 않았지만 우리 사회와 법은 가해자가 어리다는 이유로 처벌에 소극적이었다.

학교 폭력 가해자에게 폭력 행사의 이유를 물으면 30% 이상이 "장난으로 그랬다"고 대답한다. 그런 분위기 속에서 자기가 하는 일이 잘못인 줄도 모르고 분위기에 휩쓸려 폭력에 가담하는 아이들도 적지 않을 것이다. 이번에 법원이 학교 폭력에 대해 적극적인 개입 의지를 보인 것은 이런 분위기부터 바꿔야 학교 폭력 근절의 계기를 만들 수 있을 걸로 판단했다는 뜻이다.

따라서 학교는 학생들에게 이번 판결 내용과 배경을 충분히 설명해줄 필요가 있다. 이와 함께 학교 폭력의 다른 요인들에 관해서도 이를 하나하나 제거해 나갈 세심한 교육적·정책적 수단들을 마련해 실천해야만 한때 잘못으로 평생 전과자가 되는 불행한 아이들이 생기는 것을 막을 수 있다(조선일보, 2012. 06. 30).

4. 학생부 기록과 대학입학시험

고등학교 때 지적 장애 여학생 성(性)폭행에 가담한 사실을 숨기고 지난해 성균관대 입시 입학사정관제 전형에 합격한 A씨에 대해 학교 측이 18일 '입학 취소' 결정을 내린 것은 앞으로 학교 폭력을 줄이는 데 큰 영향을 줄 것으로 예상된다. 성폭력을 포함, 일체의 학교폭력 사실이 입학 후 뒤늦게라도 발견될 경우 불합격 조치될 수 있다는 대학의 의지를 이번 사건이 상징적으로 보여준 것으로 풀이된다.

☞ "학교폭력 불허" 대학 의지

성균관대는 18일 오후 교무위원회를 열고 "A씨가 지난해 입시에서 인성·소질·지도성 등을 주요 선발 기준으로 삼는 본교 입학사정관제 전형에 지원하면서 집단 성범죄 가해 전력을 은폐하고 추천 교사의 허위 추천서를 제출함으로써 입학 전형의 공정성을 해하는 부정행위를 저질렀다"며 "부정행위자의 합격을 취소한다는 학칙에 따라 이 같은 결정을 내렸다"고 말했다.

성대는 "이번 결정이 향후 발생할 수 있는 유사한 부정 입학 논란에 대한 처리 기준이 될 것"이라며 "목적 달성을 위해서라면 부정한 방법까지도 묵인하는 사회적 분위기를 바꾸는 전환점이 될 수 있을 것"이라고 덧붙였다.

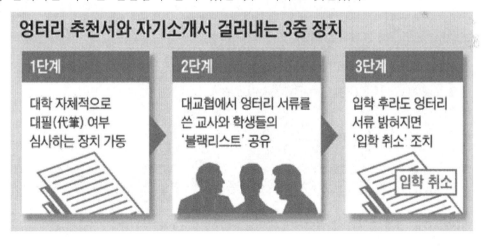

엉터리 추천서와 자기소개서 걸러내는 3중 장치

1단계	2단계	3단계
대학 자체적으로 대필(代筆) 여부 심사하는 장치 가동	대교협에서 엉터리 서류를 쓴 교사와 학생들의 '블랙리스트' 공유	입학 후라도 엉터리 서류 밝혀지면 '입학 취소' 조치

A씨는 대전의 한 고교 2학년 때인 지난 2010년 고교생 10여명과 지적 장애 여중생을 집단 성폭행한 혐의로 불구속 기소됐다. 당시 경찰은 '피해 학생이 적극적으로 저항하지 않았다'며 불구속 수사를 했고, 법원은 '피해 학생 집안과 합의가 이뤄졌으며 피해 가족이 처벌을 원치 않는다'는 이유로 소년보호 처분을 내렸다.

이에 대해 지역 시민단체 등은 "가해자들에 대한 처벌이 너무 약하다"고 반발했었다. A씨는 고3 때인 지난해 이 같은 사실을 숨기고 성균관대 입학사정관제 전형에 지원했으며, 담임교사는 범죄 사실을 알면서도 A씨를 '봉사왕'으로 묘사한 추천서를 써줬다.

장애 여중생 집단 성폭행에 가담한 A씨가 입학사정관제를 통해 성균관대에 입학한 사실이 알려진 지난달 20일 '대전 지적장애여성 성폭행사건 공동대책위' 관계자들이 A씨가 다녔던 고교 앞에서 항의 시위를 벌이고 있다(신현종 기자).

한편 대전시교육청은 이날 A씨가 졸업한 고교에 대한 특별 감사 결과를 발표하면서 "A씨가 고3 시절 '성폭행 가담자의 경우 정·부반장 선출 규정'에 따라 학급 임원으로 선출할 수 없음에도 불구하고 학교는 A씨를 학급 반장으로 임명했으며, 성폭행 사건 이후에도 A씨가 8개의 교내외 표창을 받은 사실을 적발했다”고 밝혔다.

성범죄를 포함한 학교 폭력 사실에 대한 교육 당국의 잇따른 강경 방침은 향후 학교 폭력 억지에 적지 않은 효력을 발휘할 것으로 보인다. 4년제 대학들의 모임인 한국대학교육협의회는 “학생들에게 학교 폭력이 입시에 영향을 줄 수 있다는 것을 이번 사건이 보여줬다”고 말했다. 최근 학교 폭력 가해 사실을 학교생활기록부 기재하도록 정부가 지침을 내린 상황이라 학생들이 민감하게 받아들일 수 있는 부분이다.

김문희 교과부 대변인은 “대학에서 입학사정관제 전형을 통해 학생을 선발할 때 인성 평가가 매우 엄격히 이루어질 것으로 보인다”면서 “(성균관대 사건은)학교 폭력에 대해 아직 심각성을 제대로 인식하지 못했던 학생과 학부모들에게 ‘학교 폭력은 불합격 사유가 된다’는 메시지를 줄 것이며 결국 학교 폭력을 줄이는 효과를 가져올 것”이라고 말했다.

☞ 수험생·교사엔 서류 경각심

앞으로 대학 입학사정관 전형 지원자가 제출한 서류에 대한 ‘검증’이 더욱 까다로워진다. 성균관대 입학사정관 전형에서 성폭행 전력을 숨긴 채 칭찬 일색의 교사추천서를 제출하고 합격한 A씨가 ‘입학 취소’라는 철퇴를 맞았고 이에 대한 공감대가 대학가에서 광범위하게 이뤄지고 있기 때문이다.

한국대학교육협의회 오성근 입학전형지원실장은 “이번 사건을 계기로 대학은 더 철저히 수험생을 검증하기로 했다”며 “수험생과 고교 역시 더 진실한 서류를 제출해야겠다는 생각을 하게 됐을 것”이라고 말했다.

지금까지 입학사정관 전형에 제출하는 자기소개서를 남이 대신 써주거나 과장해서 쓰는 경우가 있어 문제가 제기됐었다. 수십~수백만 원의 돈을 내고 자기소개서를 대필하는 업체도 등장했다. 이에 따라 대교협에서는 대필을 가려낼 수 있는 프로그램을 만들어 대학에 보급했지만 수험생의 교묘한 수법들을 따라가기 부족하다는 지적이었다.

더 큰 문제는 성균관대 사건에서 나타난 ‘교사추천서’ 문제였다. 대다수 교사는 소신껏 추천서를 써주지만 일부 교사는 대학 합격률을 높이거나 학생의 장래를 망칠 수 없다는 생각으로 학생의 단점은 숨기고 장점만을 써주는 경우가 많았다. 또 상당수 교사는 교사추천서를 수험생에게 써오게 하고 교사 명의로 제출하기도 한 것으로 알려졌다. 앞으로 대학들은 입학사정관 전형에서 심층 검증 시스템을 도입한다. 1차로 서류 내용을 면접에서 철저히 확인하고, 2차로 합격 후 심층 확인해 허위 사실이 발견되면 입학을 과감히 취소하기로 했다. 예컨대 봉사를 많이 했다는 서류를 제출해 합격한 학생을 확인하기 위해 입학사정관이 직접 봉사 기관에 가보는 식이다. 또 대학들끼리 허위 추천서를 써준 교사 이름을 '블랙리스트'로 만들어 공유하고 블랙리스트 교사가 써준 추천서를 제출한 학생은 합격시키지 않기로 했다.

대교협 오성근 실장은 "요즘은 인터넷이 워낙 발달해 나쁜 전력을 숨기고 대학에 입학했다고 해도 입학 후에도 들통날 수밖에 없다"며 "수험생·학부모·교사는 당장의 합격만 보지 말고, 학생의 장래를 보고 대입에 지원해야 한다"고 했다 (조선일보, 2012. 09. 19, 김연주).

5. 학교폭력 예방 모범학교가 이 지경이니

경북 경산에서 학교폭력에 시달리던 고교 1년생 최모 군이 투신자살했다. 최 군은 유서에서 중학교 때 물리적 폭력, 금품 갈취, 언어폭력을 당했다고 밝히고 가해자의 이름을 써 놓았다. 최 군이 다녔던 중학교는 지난해 2월 이주호 당시 교육과학기술부 장관이 학교폭력에 대한 관심을 높이기 위해 '필통(必通) 톡(Talk)' 토크쇼를 시작한 곳이다. 장관이 간다고 학교폭력이 사라지지는 않을 것이다. 학교폭력 예방 모범학교로 선정되어 장관까지 방문했던 학교가 이 정도라면 다른 학교들은 어떨지 우려하지 않을 수 없다.

최 군은 '지금처럼 해서는 학교폭력을 못 잡아낸다'며 '폐쇄회로(CC)TV를 (사각지대가 없도록) 설치해야 한다'고 썼다. 최 군이 다닌 중학교는 4층 건물의 외곽과 복도에 19대의 CCTV가 설치돼 있지만 곳곳에 카메라에 잡히지 않는 사각지대가 있었다. 감사원이 지난해 1707개 학교의 CCTV를 조사한 결과 18.8%가 별로 도움이 되지 않는 곳에 설치돼 있었다. 96%는 화질이 낮아 얼굴 식별이 불가능했다. CCTV 증설, 화질 개선, CCTV 감시 상근인력 배치 같은 보완대책이 필요하다.

2011년 12월 대구의 한 중학생이 말로 옮기기에도 끔찍한 학교폭력을 고발하는 유서를 써 놓고 자살해 충격을 줬다. 정부는 관계 부처를 총동원해 폭력조직인 일진 소탕, 가해학생 강제 전학, 폭력 사실의 학교생활기록부 기재를 포함한 종합대책을 만들어 지난해 2월 발표했다. 그런데도 최 군의 비극을 막지 못했다. 관계 당국은 학교폭력 대책이 일회성에 그치지 않았는지 점검해야 한다.

CCTV를 늘리고 화질을 개선한다고 해서 학교폭력이 사라질 것으로 기대하기는 어렵다. 학교폭력은 이미 학교만이 감당할 수 없을 정도가 됐다. 학생의 울타리가 되어 주지 못하는 가정, 공교육과 교권 붕괴, 아이들의 자포자기와 자존감 상실, 게임 중독 등 학교폭력 요인은 복합적이어서 대증 처방만으론 실효를 거두기 힘들다. 무엇보다 폭력은 중대한 범죄라는 사실을 당사자인 청소년들이 인식하지 못하는 한 백약이 무효다.

박근혜 대통령은 학교폭력을 성폭력 가정폭력 불량식품과 함께 4대 사회악으로 규정했다. 학교폭력이 성행하는 나라는 박 대통령이 강조하는 국민행복과 거리가 멀다. 학교폭력이 아이들의 생명을 계속 앗아가는 것보다 더 중요한 교육현안이 어디 있겠는가. 학교에서 학생들이 인성과 공감능력을 기를 수 있도록 교육 과정을 보완하는 일도 시급하다(동아일보, 2013. 03. 14).

6. 가정폭력·학교폭력 그 악순환의 법칙

폭력은 그 어떤 표현으로도 미화될 수 없는 가장 원시적이고 비인간적인 작태라는 것을 말하고 싶다.

오죽했으면 새 정부 출범과 동시에 대통령께서 4대 사회악의 하나로 가정폭력과 학교폭력의 척결을 부르짖었겠는가. 이처럼 가정폭력과 학교폭력은 가정의 해체 그리고 청소년의 자살 등 치유될 수 없는 심각한 사회문제까지 야기한다는 점에서 현재 경찰은 모든 경찰력을 동원해서라도 가정폭력과 학교폭력을 척결해야 할 국민적 의무를 지니고 있다고 본다.

수년간 경찰서 여성·청소년 업무를 하며 가정폭력 및 학교폭력을 처리하고 범죄예방교실을 운영하면서 느낀 점은 세상 모든 폭력의 시발점은 가정폭력이라 말하고 싶다.

결론부터 말하면 가정폭력이 학교폭력으로 이어지고, 학교폭력이 다시 사회폭력으로 또 가정폭력으로 악순환 된다는 공식 아닌 공식이 적용된다는 점이다. 가정에서 부모의 가정폭력을 보고 겪으며 자란 학생이 부모로부터 뭘 더 배울 수 있겠는가. 이런 학생이 학교에 와서는 학교폭력의 주범이 되고 학교폭력을 하면서 학창시절을 보낸 학생이 졸업하여서는 사회폭력의 주범이 되고 사회폭력을 행사한 사람이 결혼하여서는 또 다시 가정폭력의 주범 그 아들은 또 다시 학교폭력, 또 사회폭력이 된다는 악순환의 법칙이 적용된다는 서글픈 사실이다.

그리고 우리나라 사람들은 옛 사람의 유명한 말이나 글을 가훈으로 써서 거실에 아니면 현관에 걸어두고 남에게 보여주기를 참 좋아하는 국민이다. 실례로 지난 7

월 어느 날 가정폭력이 발생하였다는 신고를 받고 현장에 출동하니 현관엔 붓글씨로 액자에 넣어 표구한 가화만사성(家和萬事成)이란 가훈이 걸려 있는 것을 보았다.

가화만사성이 무슨 뜻인가. 가정이 평온해야 만사가 잘 풀린다는 뜻이 아닌가. 이런 좋은 글을 가훈으로 걸어놓고 부부가 서로를 향해 입에 담기조차 민망한 모욕적인 언사와 어린 아이들에게까지 폭력을 행사, 온 집안과 심지어 이웃까지 난장판으로 만들어 놓은 현상을 어떻게 설명할 수 있을까.

저 푸른 초원에서 풀을 뜯는 소와 말도 그러진 않을 텐데 만물의 영장이라 자처하는 가화만사성을 가훈으로 걸어놓은 인간이 사랑으로 가득해야 할 가정에서 사랑하는 사람에게 치유하기 힘든 폭력을 행사하는 가정폭력은 그 어떤 변명으로도 용서받을 수 없고 더더욱 사람이 할 짓은 아니란 사실이다(강원도민일보, 2013. 07. 22. 9면, 홍상기).

가정은 개인의 성격과 행동 유형을 형성하는 데 매우 중요한 영향을 미치는 사회기관이다. 가정은 청소년들의 정서함양이나 언어발달, 지능발달, 사회성 발달, 생활예절과 기본 습관의 형성 그리고 교육 등에 절대적인 영향을 준다. 그러나 현대 가정은 청소년에 대한 영향력이 상당히 약화되었다. 이것은 오늘날 가정이 전통적인 가족사회에서 주요 기능의 하나인 교육적 기능을 상실하고 있다고 볼 수 있다.

7. 학교폭력 우리 모두의 책임

몇 해 전 집에서 다급한 전화가 왔다. 아이가 또래 친구에게 얼굴을 뜯기고 맞았다는 것이다. 얼굴에서 살점이 떨어져 기본 응급치료만 받고 어린이집에서 돌아온 모습에 혼자 아이를 안고 병원으로 향했던 아내는 매우 당황했을 것이다. 상처 치료 후 밴드를 붙이고 시무룩하게 거실에 앉아 있는 딸에게 속상한 아빠로서 한 마디 했다.

"너도 같이 때리지?"

그 순간 '지금 내가 뭐라고 한 거야?' 하는 생각이 들어 흠칫 놀랐다.

딸의 말이 더 걸작이다.

"아빠, 친구를 때리면 안 된다고 선생님이 말씀하셔서 난 그냥 맞았어"

난 이 아이의 말을 왜 옳지 못하다고 생각하는가. 지나친 부정(父情)의 부정(不正)적인 모습이었다. 그 날 딸아이는 자신을 때린 친구와 관계된 어느 누구의 사과도 받지 못했다. 그 이후에도 또래 아이들의 크고 작은 싸움이 부모들의 감정싸움으로 변하는 사례를 여러 번 더 목격할 수 있었다.

그 중심에는 부모들의 '남의 자식 탓' 만 남아 있었다.

지난 2일 강원도민일보에 '우리 애 때렸으니 맞아라' 라는 기사가 났다.

한 학부모가 자신의 아이를 폭행한 학생을 찾아 상해를 입혔고 법원이 이에 벌금 70만 원을 선고 받았다는 것이다.

특히 학교 밖에서 이뤄지는 학부모들의 보복 폭행은 은밀하게 처리되는 경우가 많아서 학생들도 신고를 꺼린다는 것이다. 그러나 난 범죄자가 된 그 부모의 심정을 일면 이해할 수 있었다. 어쩌면 사랑하는 아이가 또래 친구에게 상습적으로 맞는 현실을 더 이상 참지 못했을 수 있다.

보복 전에 자신의 아이를 보호하고 싶었는지도 모른다. 우리는 그에게 보복폭행이라는 이름으로 마녀 사냥식 돌을 던져서는 안 된다. 그런 보복 폭행의 울분을 삼켰던 경험이 있기 때문에 이 같은 사건에 대한 책임은 자식을 둔 세상의 모든 부모들이 져야 한다는 생각이다.

또한 상황을 떠나 상습 폭력의 그늘에서 매일 매 맞는 자식을 둔 부모들의 심정도 함께 생각해 봐야 한다. 때리는 자식을 둔 부모들은 이 심정을 모를 것이다. 아이들은 자아를 형성해 가는 과정에 있다. 급격하게 흥분할 수 있고 자신의 마음에 들지 않는 친구에게 폭력행사를 쉽게 생각할 수 있다.

그러나 실제로 학교폭력을 지속적으로 당하는 아이들은 성장장애와 심적인 고통을 견디다 못해 죽음으로까지 자신을 던진다. 이런 사례를 여러 언론매체를 통해 자주 접하다 보면, 그것은 누구의 책임도 아닌 우리 모두의 책임이라는 생각을 지울 수 없다.

우리 사회가 폭력피해 학생들의 피맺힌 절규를 외면하는 사이에 자살이라는 극한의 상황이 발생했다는 점이다.

자식을 둔 부모라면 남의 일이 아니다. 우리 아이도 피해자가 될 수 있기 때문이다. 이제는 사회적 공동체가 나서야 하고 인성교육의 합의가 필요하다. 폭력 가해자와 피해자가 우리 모두의 아이들이라는 점을 생각하면 더욱 그렇다.

폭력은 누구에게도 정당화 될 수 없다. 보복 폭력은 더욱 그렇다. 이제 폭력의 그늘을 벗어나야 할 때다.

원인을 탓하기 전에 폭력은 인간 본성을 파괴하는 극한의 범죄행위라는 사실을 학생들에게 알려 줘야 한다. 기사에 난 부모를 탓할 자격은 오로지 법의 잣대뿐이다.

함께 이해하고 다시는 이런 일이 반복되지 않도록 해야 한다. 그래야 아이들의 공동체가 행복해지고 아름다워지지 않을까.

내 아이가 다른 아이에게 잘못했다면 부모가 대신 회초리를 맞는 광경을 보여줘야 한다. 그것은 조선왕조 500년의 기본 교육정신이었다. 그 지나간 교육을 다시 한 번 생각해 보게 만드는 요즘 세태가 참 많이 부끄럽다(강원도민일보, 2013. 04. 05, 김도윤).

8. 청소년 비행의 원인은 어른에게 있다.

지금까지 우리나라는 산업화 도시화를 하며 고도의 경제성장을 나타냈고 풍요로움 또한 크다. 그러나 이 같은 급격한 산업화와 도시화의 부작용 또한 각 분야에서 다양한 문제로 나타나는 것 또한 사실이다. 사회통제의 약화는 청소년 비행을 방관하고 있다. 이로 인해 청소년들이 어떻게 성장하느냐에 따라 우리 국가의 미래와 장래가 달려 있음에도 불구하고 이에 대한 적극적인 대처가 부족하다.

청소년 범죄가 급증하면서 사회적 근심 또한 깊다. 지금 우리 사회는 청소년을 희망의 존재로 봐야 하는데 위험한 세대로 인식하는 듯해서 마음이 불편하다. 이렇게 청소년들에 대한 잘못된 편견이 확산되게 된 데에는 우리사회의 가치관 부재와 가정과 학교, 사회, 환경 또한 책임이 있어 보인다.

최근 청소년 일탈 비행화 현상이 저연령대로 내려가면서 폭력화되고 있는 추세다. 하지만 청소년기에는 신체가 급격히 변화하는 단계로 국가나 사회에서는 청소년에게 더 많은 애정이 있어야 한다. 우리 아이의 비행의 원인이 어디에 있을까, 무엇이 문제인지를 놓고 아이와 함께 고민해 보자. 이러한 문제는 미연에 방지해야 한다. 현상에 대한 정확한 이해 없이 그 원인이나 대책에 대한 논의는 형식에 그치지 않을 것이다. 우리는 청소년 비행에 대한 명확한 개념규정이 필요하고 보다 구체적으로 측정할 수 있는 수단이 동원돼야 한다.

최근에 한 여학생은 남학생들에게 집단 폭행을 당한 뒤 후유증으로 엇나가기 시작했다. 이런 여학생을 따뜻한 손길을 내민 판사가 있어 화제다. 그 판사는 서울가정법원 김귀옥 부장판사다. A양은 2009년까지는 상위권 성적에 간호사가 되기 위해 학업에 열중하던 학생이었다. 하지만 여러 명의 남학생에게 끌려가 집단 폭행을 당한 뒤 A양의 삶은 바뀌었다.

충격을 받은 A양 어머니가 신체 일부가 마비되었고, 죄책감에 시달리던 A양은 비행청소년들과 어울리며 범행을 저지르기 시작했다.

김 부장판사는 법정에서 지켜보던 참관인들에게 "이 아이는 가해자로 재판에 왔다. 그러나 이렇게 삶이 망가진 이유를 알면 누가 가해자라고 말하겠는가. 아이의 잘못이 있다면 자존감을 잃어버린 것이다. 스스로 자존감을 찾게 하는 처분을 내려야 한다"고 했다. 이어 김 판사는 A양을 보며 "이 세상에서 누가 제일 중요할까 그건 바로 너다. 이 사실을 알고 있다면 지금처럼 힘든 일도 이겨낼 수 있다"고 했다. 김 판사는 마음같아선 꼭 안아주고 싶지만 이 정도밖에 못해준다며 A양의 손을 꼭 잡아 주었다. 이 재판은 비공개로 열렸으나 서울가정법원 내에서 화제가 되었다.

소중한 한 아이의 미래를 건진 김귀옥 부장판사에게 전국소년원생, 비행청소년과 함께하는 법무부 소년보호위원 전국연합회장으로서 고개 숙여 경의를 표한다(강원일보, 2013. 09. 04. 6면, 강이봉).

9. 학교폭력 기준고시 제정

서울 지역 중3 담임교사 A씨는 지난해 학교폭력 문제로 고민에 빠진 적이 있다. 자기 반 B군이 평소 친하게 지내던 C군과 장난을 치는 과정에서 주먹으로 얼굴을 쳤는데 C군 눈에 살짝 멍이 들었다. B군은 C군에게 바로 사과를 했고, C군도 "괜찮다"며 화해를 받아들였다. 그런데 그날 저녁 C군의 부모가 흥분한 상태로 전화해 "우리 아들 눈이 이 모양인데 학교 폭력이 아니고 뭐냐. B를 학교폭력자치위원회에 올려 징계해달라"고 요구했다. A 교사는 "정말 우발적인 사건이었고 학생끼리 진심으로 화해했기 때문에 B를 징계할 필요가 없어 보였으나, 혹시나 은폐했다고 할까 봐 자치위를 열 수밖에 없었다"고 말했다.

앞으로 B군처럼 학교 폭력을 저질렀어도, 그 피해가 심각하지 않고, 피해자와 화해한 일회적·우발적 사건은 학교가 가해자 징계 조치를 하지 않아도 된다. 교육과학기술부는 이런 내용을 담은 '학교 폭력 가해학생에 대한 조치 적용 세부기준' 고시(告示)를 제정, 31일 행정예고했다.

고시는 학교 측이 가해자에게 징계 조치를 하지 않아도 되는 사건이 어떤 경우인지를 구체적으로 제시했다. 피해 학생이 신체·정신 또는 재산상 피해가 있었다고 볼 증거가 없고, 가해 학생이 이전에 학교 폭력 사건에 연루된 적이 없고, 사건이 일회적·우발적으로 일어난 경우(성폭력은 제외) 등이다. 이때 가해자가 즉시 피해자에게 사과하고 피해자가 화해를 받아들인 것이 전제되어야 한다.

그러나 이 같은 조치가 악용(惡用)될 수 있다는 지적도 나온다. 학교 측이나 가해자 측이 피해자에게 "우발적 사고였으니 화해하고 넘어가자"고 압박하는 빌미가 될 수 있다는 것이다. 고시는 또 학교별 학교 폭력 전담기구(교감, 교사 등으로 구성)가 사건을 조사할 때 가해자의 폭력 서클 가입 여부, 폭력 행위 주도 여부, 교사(敎唆) 여부 등은 반드시 조사해 폭력의 경중을 판단하도록 했다(조선일보, 2013. 02. 01, 김연주).

서면 사과부터 퇴학에 이르는 학교폭력 가해학생 처벌 관련 세부기준 제정이 재추진된다. 교육부는 '학교폭력 가해학생에 대한 조치별 적용을 위한 세부기준' 고시안을 마련하기로 하고 전문가와 현장 교원 등의 의견을 수렴하고 있다고 5월 22일 밝혔다.

세부기준 고시안 제정은 학교별로 학교폭력대책위원회가 가해학생에게 서면사과부터 퇴학에 이르는 조치를 결정할 때 근거로 삼을 보편적인 기준을 구체적으로 정하는 것이다.

교육부의 세부기준 초안에 따르면 가해학생이 행사한 학교폭력의 심각성·지속성·고의성, 가해학생의 반성 정도, 해당 조치로 인한 선도 가능성 등 5개 요인을 평가하고, 평가 결과에 따라 조치를 세분화한다. 조치 결과는 서면사과와 교내봉사, 사회봉사, 출석정지, 전학, 퇴학 등으로 나뉜다. 사안과 가해학생의 상황에 따라 피해 학생 및 신고·고발 학생에 대한 접촉·협박·보복 금지나 특별교육 조치를 부가적으로 취할 수 있게 할 방침이다.

세부기준 고시 제정은 유사한 사건인데도 학교별로 다른 결정이 내려지는 일을 막기 위한 것이다. 현행 학교폭력 예방 및 대책에 관한 법률 시행령도 학교폭력 가해학생에게 조치별로 적용할 세부기준을 교육부 장관이 정해 고시하도록 하고 있다. 이에 2013년에 제정이 추진됐지만 당시 학교폭력대책위의 자율성을 침해한다는 지적이 나와 실제 고시는 이뤄지지 않았다.

최근까지 명확한 기준 없이 학교폭력대책위에서 가해학생 조치를 결정하다보니 유사 사례인데도 학교별로 조치 결정 편차가 크거나, 이를 근거로 가해학생의 재심 청구가 잇따랐다. 교육부는 시도교육청의 학교폭력 담당자와 현장 교원 의견 수렴을 거친 뒤 7월쯤 최종안을 확정한다(세계일보, 2016. 05. 22, 김예진).

10. 스마트폰 청정학교를 바라며

학생인권조례의 어처구니 없는 부작용은 여기저기 인권을 갖다 붙이다 보니 상식 수준의 학칙을 시행하는 것에서조차 혼선이 빚어진다는 것이다. 학생들의 교내 휴대폰 사용을 둘러싼 혼선도 그 중 하나다.

곽노현 서울시교육감이 지난 2002년 1월 공포한 인권조례는 '학교장 및 교직원은 학생의 휴대폰 소지 및 사용 자체를 금지하여서는 아니 된다' 는 규정을 뒀다. 학생들의 휴대폰 사용도 사생활의 자유로써 보호돼야 할 인권이라는 취지인데, 사실은 규정 자체가 뜬금없는 얘기다. 어떤 교장이나 교사도 교내생활을 규율하는 범위를 넘어 학생의 휴대폰 소지나 사용을 일반적으로 금지하지는 않기 때문이다. 더욱이 해당 조항엔 '다만 학교규칙으로 휴대폰의 사용 및 소지의 시간과 장소를 규제할 수 있다' 는 단서까지 붙여 실제론 학생의 교내 휴대폰 사용을 제한할 수 있도록 한 것도 어색하다.

요컨대 인권선언은 '금지' 와 '규제' 라는 용어를 교묘히 활용해 ''금지는 안 되고, 규제는 가능하다' 는 식으로 학생 인권을 존중했다는 생색만 낸 것에 불과하다. 하지만 어정쩡한 규정은 학생들에게 '교내 휴대폰 사용 제한은 온당치 않은 인권 침해' 라는 잘못된 인식을 심어줌으로써 지금도 학교에서 적지 않은 혼선을 일으키는 원인이 되고 있다.

학생들의 교내 휴대폰 사용을 인권 문제로만 재단하는 어설픈 관점은 비단 진보 교육감들에 그치지 않는다. 지난해 한 학부모는 학교가 점심시간 등 수업시간 외에 학생의 휴대폰 사용을 억제하는 건 인권침해라는 진정을 국가인권위원회에 냈다. 이에 대해 인권위는 '수업시간 이외의 사용금지는 헌법상의 행복추구권과 통신의 자유 등을 침해할 우려가 있다' 며 학칙 개정을 권고했다. 하지만 다수 교사들은 현실적으로 점심이나 쉬는 시간에 휴대폰 사용을 허용할 경우, 수업 분위기가 흐트러질 수밖에 없는 등 부작용이 크다며 인권위의 결정을 납득하지 못했던 게 사실이다.

일각의 어정쩡한 관점에도 불구하고 대다수 학교에선 요즘도 일과시간에 학생들의 교내 휴대폰 사용을 금지하고 있다. 학생들이 규제를 따르는 건 그것이 인권을 무시해서가 아니라는 점을 잘 알고 있기 때문이다.

사실 교육적인 면을 생각한다면 학생들의 교내 휴대폰 사용 제한은 지금보다도 더 적극적으로 시행되는 게 옳다고 본다. 특히 12~19세 청소년의 40% 정도가 보유하고 있는 스마트폰은 이제 더 이상 통신의 자유 같은 걸 확보하기 위한 최소한의 수단이 아니다. 스마트폰은 눈을 뜨고 있는 한 청소년들을 끝없는 게임과 채팅, 동영상과 인터넷서핑의 세계로 이끄는 불가피한 생활환경이 됐다.

물론 스마트폰 환경이 나쁘기만 하다는 건 아니다. 그건 분명한 삶의 양식인 만큼 청소년들로서는 일부러라도 배우고 익혀야 할 필요가 있다. 하지만 피할 수 없을 정도로 제공되는 스마트폰 같은 온라인 환경 때문에 청소년들이 현실에서 생생한 느낌을 경험하고 자주적으로 생각하며, 그걸 가다듬어 개념으로 정리하는 기회와 여유를 갖기 어려워진 것도 엄연한 현실이다. 따라서 이젠 학교에서라도 보다 적극적으로 오프라인 환경을 조성해주는 노력을 펼칠 때가 됐다는 얘기다.

최근 환경운동연합, 천도교, 전국교직원노동조합 등 진보와 보수를 아우르는 50개 단체가 손잡은 아이건강국민연대가 '학생 스마트폰 중독 예방과 치유에 관한 법률(가칭)'의 입법 청원 운동을 시작했다. 교실에서 스마트폰 때문에 수업 진행에 차질을 빚을 정도로 청소년의 스마트폰 중독이 만연하고 있다는 판단이 운동의 동기가 됐다. 학교에선 와이파이를 아예 차단해 스마트폰 이용을 못하도록 하는 방안을 추진할 방침이라고 한다.

인권침해니, 시대착오적 과잉규제니 하는 저항이 나올 것이다. 하지만 절대 다수 학부모들은 일과시간 중의 학교만이라도 스마트폰 청정(淸淨) 지역이 되기를 절실히 바랄 것이라고 믿는다(한국일보, 2012. 08. 22, 장인철).

☞ 스마트폰에 빠진 청소년, 커서 술·담배 쉽게 빠져

스마트폰이나 인터넷에 푹 빠진 청소년은 성인이 돼 술·담배에도 쉽게 빠진다는 연구 결과가 나왔다. 이해국 가톨릭의대 교수·이보혜 연구원 연구팀은 "중학교 2학년 때 인터넷 사용이 많았던 청소년을 추적 조사해보니 5년 뒤 과음·흡연을 하는 경향이 높아지는 것으로 분석됐다"고 3일 밝혔다. 청소년기 잦은 인터넷 사용이 성인의 술·담배 중독 가능성까지 높인다는 국내 연구가 나온 것은 이번이 처음이다.

연구팀은 한국청소년패널조사를 활용해 2003년 현재 만 14세이면서 비(非)음주자인 청소년 1804명과 비흡연자 청소년 2277명을 선정한 뒤 2008년 당시의 음주·흡연 실태를 조사했다. 그 결과 특히 인터넷으로 중독성이 강한 콘텐츠(게임·채팅·성인물)를 자주 즐긴다고 답한 청소년('자주' '매우 자주' 등으로 응답한 경우)이 그렇지 않은 청소년보다 5년 뒤에 과음(한 달에 3차례 이상)을 1.44배 수준으로 많이 했다. 또 PC방 등에서 인터넷을 즐기던 청소년은 5년 뒤 흡연자가 될 위험성이 그렇지 않았던 청소년에 비해 1.48배 수준이었다.

인터넷을 많이 사용하던 청소년이 성년이 돼 술·담배 중독에도 쉽게 이를 수 있는 것은 '교차 중독(cross-addiction)' 때문이라고 연구팀은 설명했다. 예컨대 술을 마시면 담배도 피우고 싶어지는 것처럼, 한 가지 물질이나 행동에 중독되면 또 다른 강렬한 자극에 연쇄적으로 빠지기 쉽다는 것이다. 이해국 교수는 "청소년기 인터넷 중독이 또 다른 중독의 '관문'이 되지 않도록 인터넷 사용 시간을 정해두고 조절하는 습관 등을 들여야 한다"고 말했다.

한편 홍승봉 삼성서울병원 신경과 연구팀은 질병관리본부와 공동으로 전국 15개 시도 150개 중·고교 학생 2만 6,395명을 조사한 결과, 국내 청소년 10명 중 8명(81.1%)이 잠들기 전 각종 전자기기를 평균 1시간 정도 사용한 것으로 조사됐다고 3일 밝혔다. 전자기기를 켜놓고 잠든다는 청소년이 조사 대상자의 9.5%나 됐다. 연구팀은 "전자기기 사용이 많으면 잠의 질과 양이 떨어져 세로토닌(몸을 평온하게 하는 신경전달물질)이 감소하는 바람에 우울증·불안감이 높아지고 자살 경향성까지 높인다"면서 "자녀들이 잠들기 한 시간 전엔 TV나 스마트폰 사용을 못 하도록 교육하는 것이 좋다"고 말했다(조선일보, 2017. 01. 04, 김성모).

11. 새학기 학교폭력 공포

3월 새학기에 집중되는 왕따와 폭력으로 학생과 학교 당국의 불안이 끊이지 않고 있다.

최근에는 스마트폰을 이용한 신종 왕따 행위까지 등장했다. 도내 모 중학교 1학년 A군은 얼마 전 카카오톡에서 왕따를 당했다.

같은 학년 학생들의 카카오톡 단체 채팅방 초대에 응한 게 화근이었다.

A군은 "단체 채팅방에 초대해 놓고 내가 묻는 말에는 아무도 대답을 하지 않았다" 며 "친구 차단을 하려고 해도 다른 방식으로 왕따를 당할까봐 두렵다" 고 말했다. 여고생 B양은 스마트폰으로 찍은 사진을 카톡에 올렸다가 따돌림을 당했다고 털어놨다.

B양은 "친구로 등록돼 있지도 않은 학생이 카톡 사진을 보고 '자기가 연예인인 줄 안다' 며 험담을 하고 다녀 곤혹스러웠다" 며 "그 이후로는 카톡이나 페이스북 하기가 조심스럽다" 고 전했다.

중·고교 1학년 학생들 사이에서는 일명 '학교 짱' 들의 기싸움이 벌어지고 있다. 모 중학교 학생 C군은 "초등학교 때 잘나가던 애들끼리는 이미 소문이 나 있는 상태라 학교에서 서로 만나기만 하면 사소한 시빗거리를 만들어 욕을 주고받는 모습을 목격하곤 한다" 며 "1분도 채 안 되는 시간에 벌어지는 일이라 선생님들도 모른다" 고 말했다.

왕따를 당하지 않으려는 학생들의 고민도 적지 않다. 여고 1학년 D양은 최근 교복치마를 7㎝ 가량 줄였다. 멋을 부려야 왕따를 피할 수 있고, 새 친구를 사귈 수 있다는 판단에서다. D양은 "뚱뚱해서 따돌림을 당할 수도 있다는 생각에 다이어트도 할 생각" 이라고 말했다.

한편 올 새학기 들어 도교육청에 접수된 학교폭력 사안은 20여 건으로 이 중 대다수가 학기초 남학생간 기싸움으로 벌어지는 단순폭행인 것으로 나타났다.

지역교육지원청에서 관리 중인 학교폭력 발생 건수까지 합하면 새학기 들어서만 50~60건에 이를 것으로 도교육청은 추정하고 있다.

도교육청 관계자는 "남학생의 경우 3~4월에 소위 강한자와 약한자를 가리기 위한 '서열다툼' 이 집중돼 (학교폭력) 발생 여부를 예의주시하고 있다" 며 "여학교에서는 왕따 현상이 빈번해 대책을 강구하고 있다" 고 말했다. (강원도민일보, 2013. 03. 28. 3면, 진민수)

12. 새학기되면 등교거부하는 우리아이 뭐가 문제일까…

초등학교 4학년 딸을 두고 있는 주부 이형자씨는 새 학년이 시작되는 3월만 다가오면 가슴이 두근거린다. 매년 연례행사처럼 아이의 등교 거부가 되풀이되기 때문이다. 학년이 올라가면서 그 정도는 점점 약해지고 있지만, 아이의 투정이 변하지 않는 이유는 무엇일까..

새학기가 시작되면 정신과는 특히 소아청소년 환자로 붐비게 마련이다. 달라진 환경에 적응하지 못해 괴로움을 겪는 '등교 거부증' 학생이 적지 않게 발생하기 때문이다.

☞ 중·고교생에도 나타나

등교거부증은 아이가 학교를 가기 싫어하고 원인 모를 신체적 고통을 호소하며 무단 결석, 지각 등이 늘어나는 것을 말한다. 등교 거부증을 보이는 학생은 전체의 약 5% 정도다.

등교기부증은 주로 초등학교에 입학하는 7~8세, 중학교에 입학하는 13~14세에 많이 나타난다. 특히 최근에는 과다한 학업에 대한 중압감과 성적에 대한 스트레스, 교우관계, 학교 내 폭력 등으로 인한 등교거부증도 늘고 있다. 이러한 등교거부증의 원인은 다양하다. 행동장애, 분리불안, 특정공포증, 불안장애, 우울장애, 반항성 행동장애 등 정신과적 질환이 동반되는 경우도 적지 않다.

등교거부증은 18세 이전에는 어느 연령에서든 발병할 수 있다. 등교거부증을 보이는 아이들 중에 갓 입학한 초등학생에게서 가장 많은 것은 분리불안장애다. 부모와 떨어지는 것에 대해 지나치게 불안해하고 두려움을 느끼는 것으로, 2주 이상 증상이 계속되면 분리불안장애를 의심해 볼 수 있다.

초등학생에게 주로 나타나는 주의력결핍 과잉행동장애(ADHD)는 한 학급에 두세 명씩 있을 정도로 비교적 흔한 질환이다. 아동기에 일반적으로 나타나는 장애로 주의력결핍, 과잉행동, 충동성이 특징적이며 학령기 아동의 3~5% 정도가 주의력결핍 과잉행동장애 증상을 보인다.

하지만 주의력결핍 과잉행동장애를 적당한 시기에 치료하지 않을 경우 또래 관계 부적응, 학습문제, 자신감 저하 같은 다양한 문제가 동반될 수 있다. 학년이 올라가면서 줄어들고 있지만 고학년에 나타나는 등교거부증은 더 심각하고 예후가 좋지 않은 것이 많다.

초등학교 고학년부터 중학교 1~2학년의 연령에서 나타나는 등교거부증의 원인에는 정서장애가 많기 때문이다. 자기중심적이고 부족한 배려로 인해 대인관계에 문제가 생기는 아이들에게서 주로 나타난다. 부모의 자녀양육 태도에 문제가 있는 경우가 많으므로 부모에게 그 원인이 있는 것은 아닌지 먼저 점검해 볼 필요가 있다.

심지어 고등학생이 되어서도 학교에 적응하지 못하는 경우가 있다. 전문가들은 이 경우 우울장애의 가능성을 높이 본다. 이 시기의 청소년은 모든 스트레스를 행동화하는 경향이 있어 우울증의 증상도 무단결석, 가출 등과 같은 행동으로 표출되게 마련이다. 지능이 낮은 것도 아닌데 성적이 떨어지거나 거짓말이 늘고 귀가 시간이 늦어지며 조퇴와 결석을 반복하면 청소년기 우울증을 고려해야 한다.

☞ 학부모·교사 관심 최우선

전문가들은 대부분의 등교거부증 문제가 근본적으로 '관계의 문제'라고 지적한다. 어린이가 정신적·신체적으로 잘 발달하려면 적절한 영양섭취와 함께 건전한 정서적 경험, 즉 부모의 사랑이 제일 중요하다. 그런데 부모와의 관계에 문제가 생기면 아이들은 병이 나게 된다는 것이다.

또한 많은 이가 부모의 지나친 관심을 사랑으로 착각하기도 한다. 진정한 사랑은 아이의 인격을 존중하고 자기의 소유물 혹은 자신의 욕망을 충족시키기 위한 도구로 삼지 않는 것이며, 아이의 독립적인 성장을 도와주는 것이다.

등교거부증은 대체로 등교 거부 기간이 짧을수록 결과는 양호한 것으로 알려져 있다. 따라서 등교 거부를 하는 학생의 경우 학교와 집에서 멀어지는 것을 최대한 방지하고, 가능하다면 학교의 등교를 지속하면서 전문가와의 상담을 통해 학교 거부의 원인을 파악해 적절한 해결책을 마련할 필요도 있다.

먼저, 신체적 고통을 호소하는 경우 건강검진을 통해 건강에 이상이 없는지를 정확히 판단해야 한다. 별다른 신체적 문제가 없을 경우 부모들은 먼저 무조건 야단치는 것을 피하고, 아이가 등교거부증을 가지게 된 원인이 무엇인지부터 알아봐야 한다.

아이에게 학교에 가기 싫은 마음은 누구나 가질 수 있는 감정임을 이해시켜 아이를 안심시키고, 아이가 자신만의 고민이나 문제에 대해 이야기할 수 있도록 유도해 줘야 한다. 많은 경우 부모와의 간단한 대화를 통해서도 어느 정도 심리적인 안정을 찾을 수 있다.

학교 내 친구들과 잘 어울리지 못하거나 놀리는 아이가 있는 경우에는 담임선생님이나 청소년 전문가를 찾아 함께 상의하는 것이 좋다. 중·고등학생이 학교 내 폭력에 노출되었을 경우에는 반드시 그 사실을 부모나 가까운 사람에게 알리도록 하는 등의 대처방안을 일러주는 것이 좋다.

또 항상 도와줄 사람이 가까운 곳에 많다는 것을 인식시키고, 담임뿐만 아니라 필요에 따라서는 가해 학생이나 부모를 직접 만나서 해결법을 의논하는 것도 좋은 방법이다.

교사의 역할도 중요하다. 교사는 부모와 아이 사이에 교량으로서 역할을 해야 하며, 부모의 결함을 보충해 줘야 하는 책임이 있기 때문이다(영남일보, 2013. 02. 19, 홍석천).

13. 학교폭력 근절, 정부 의지가 안 보인다

최근 경북 청도군에서 한 고등학생이 학교폭력에 시달리다 아파트에서 뛰어내려 목숨을 끊은 사건은 우리 사회에 깊은 반성적 성찰을 요구하고 있다. 2012년 2월 교육과학기술부가 전국 초중고교생 558만 명을 대상으로 한 조사에서 전체 응답자 139만 명(응답률 25% 상당) 중 12.3%인 17만 명의 학생이 최근 1년간 학교폭력 피해를 경험한 것으로 나타났다.

오늘날의 학교폭력은 과거보다 더 조직적이고 지능화돼 가고 있다. 숨진 학생은 일진으로 불리는 4, 5명의 학생에게 강압적으로 바지와 팬티를 내리고 친구들이 보는 앞에서 놀림을 당하는 수모를 겪거나 수시로 교실이나 화장실로 불려가 폭행을 당했다고 한다.

그는 유서에서 폭력이 행해지는 장소가 교실과 화장실 등 폐쇄회로(CC)TV가 없거나, 있어도 화질이 안 좋은 곳이라고 적었다. 이처럼 오늘날 왕따는 1인을 집단으로 따돌리는 형태를 취하는 경우가 많고, 그 수단이 지능화하면서 교사나 타인의 눈에 띄지 않는 사각지대에서 교묘한 방법으로 행해진다. 그렇기 때문에 예방과 대처가 더욱 어려워지고 있는 것이다.

일본의 경우 1994년 11월 아이치 현의 중학생 오가와 우치 자살사건을 계기로 '이지메 대책 긴급회의'를 설치하고, 사회의 관심과 공동대응을 촉구하는 호소문을 발표하는 것을 비롯해 문부대신 명의로 대국민 성명을 발표하는 등 예방을 위한 지속적인 노력을 기울였다.

그 결과 최근에 들어와 학교폭력이 다소 누그러지고 있다. 우리의 경우 1997년 이후 학교폭력 추방 추진체제를 구축 운영하고, '학교폭력 예방 및 대책에 관한 법률'을 제정하는 등 초기적 대응을 하다 2005년 이후 학교폭력의 심각성을 인식하고 2차례에 걸쳐 학교폭력 예방 및 대책 5개년 계획을 수립해 추진했다. 그래도 학교폭력이 수그러들지 않자 2012년 '학교장과 교사의 역할 책임 강화' 등의 '학교폭력근절 종합대책'을 수립해 추진하고 있으나 소리만 요란할 뿐 학교 현장에 뿌리를 내리지 못하고 있다.

왕따를 당하는 학생의 특징을 보면 첫째, 온순하고 얌전하며 말이 없고 망설이거나 겁이 많아 반항이나 공격을 하지 못하는 등 나약하고 둘째, 동작이 둔하거나 불결하고 신체적 결함으로 남의 눈에 띄는 등의 단점이 있다.

이런 학생들은 일반적으로 보복이 무섭거나 자기 표현력이 약해 폭력이나 왕따를 당해도 그 사실을 부모나 교사 등 주변 사람에게 말을 하지 않거나 못한다. 앞서 자살한 학생의 아버지도 "고교 입학 후 바지가 찢겨 오는 등 이상한 점이 있었지만 늘 말없이 참는 착한 아이였다. 미리 알지 못해 너무 가슴 아프다" 며 울먹였다고 한다.

그렇기에 학생의 안색이나 태도, 표정, 행동 등은 왕따의 전조를 알아낼 수 있는 매우 중요한 단서가 된다. 가정과 학교에서 학생의 정서 변화에 세심한 관심과 배려를 기울일 필요가 여기에 있다.

박근혜 정부는 행정안전부를 안정행정부로 바꿀 정도로 국민의 안전을 중시하고 있다. 따라서 학생의 안전과 생명을 지키는 예산을 확보해 필요한 인적, 물적 투자를 하고, 교권 확립과 상담활동 강화를 통해 정책의 실효성을 확보해야 한다. 특히 학교폭력을 뿌리 뽑겠다는 교육 당국과 교육 관계자들의 결연한 의지가 무엇보다 중요하다(동아일보, 2013. 03. 25. A29, 남경희).

14. 학교체육이 인성교육의 자양분이 되려면

학교폭력 종합대책에 따라 봄학기부터 인성 함양의 한 방편으로 그동안 등한시해온 체육수업을 활성화하기로 했다. 학교는 한 인간을 건전한 사회성원으로 사회화시키는 핵심기관이다. 입시·성적 위주로 내몰렸던 우리 교육은 자신도 모르게 사회화의 양대 축 중 생존기술의 측면만 강조한 채 또 다른 바퀴인 규범준수 의식, 즉 인성 함양 노력은 뒷전이었다.

미국 사회학자 조지 미드(Mead)는 인간의 사회화 과정을 역할취득 과정으로 보고 궁극적으로 취득해야 하는 것은 '일반화된 타자'라고 명명했다. 여기에는 규범준수 의식이 포함돼 인간은 이로써 타인과 함께 살 수 있는 사회인이 된다. 이를 몸에 배게 하려면 어릴 때부터 역할취득 과정이 전제돼야 한다. 대개 중학교에 들어가면 2차 성징이 나타나면서 인생과 자아에 대해 고민하는 방황의 시기가 시작된다. 이때 아이들은 무엇을 통해 사회가 이상적으로 제시하는 '일반화된 타자'를 획득할까? 인성 면에서 이상형은 스포츠가 강조하는 스포츠맨십과 페어플레이 정신을 갖춘 사람이라 하겠다.

스포츠맨십의 경우 강자에게 비굴하지 않고 약자를 괴롭히지 않는, 더불어 하는 정신을 몸에 익힐 수 있다. 페어플레이 정신을 통해 정정당당하게 경기하고 공정하게 판단하는 신사도를 함양할 수 있다. 인성의 한 축이 규범준수 의식이라면 이보다 더 적합한 본보기는 찾기 어렵다. 학교 체육활동을 통해 스포츠맨십과 페어플레이 정신으로 무장한 사회인을 길러낸다면, 스스로의 목적을 위해 부당한 폭력·왕따나 괴롭힘을 선택하지 않을 것이고, 나아가 그런 비윤리적인 행위를 보고도 눈감아버리지 않을 것이다.

물론 유의할 부분도 있다. 학교 체육활동이 승리만을 추구하는 성적지상주의가 아니라 그 자체에 참여하고 즐기는 것이라야 한다. 따라서 개인경기보다는 각자 맡은 위치에서 최선을 다하고 협력해야 하는 단체 종목이 더 적합할 것이다. 체육교사는 이를 염두에 두고 수업의 궁극적 목적이 건강증진을 전제로 한 건전한 정신의 육성에 있음을 잊지 말고 지도해야 한다.

체육을 통한 인성교육은 체육수업을 늘리고 체육활동에 참여하는 것만으로 저절로 이루어지는 것은 아니다. 무엇보다도 자격을 갖춘 교사, 프로그램, 체육시설 등이 전제돼야 하고, 학생 개개인의 적성과 의견도 세심하게 반영돼야 한다. 졸속으로 이뤄지는 체육활동만으로 인성교육에 도움이 될 것이라고 기대하는 우를 범해서는 안 된다(조선일보. 2012. 03. 08, 임수원).

15. 애도 없는 사회

지난달 3월 29일은 대구에서 한 중학생이 같은 반 학생들의 지속적인 괴롭힘을 견디지 못하고 극단적인 선택을 한 지 꼭 100일이 되던 날이었다. 처음 이 사건이 터졌을 때는 학교가 곧 아수라장이라도 된 것처럼 언론들은 난리를 쳤었다. 전문가의 진단에서부터 그동안 감추어져 있던 폭력의 실상을 폭로하는 기획기사, 그리고 정부당국의 매서운 대처를 요구하는 서슬 퍼런 사설까지 온 지면을 뒤덮다시피 했다. 하지만 그의 죽음 100일을 기억하는 데는 참으로 인색했다.

몇몇 언론들만이 그의 죽음 이후 학교폭력에 대한 대책이 어떻게 달라졌는지를 짧게 조명하였을 뿐이다. 그나마도 내용을 살펴보면 그의 죽음을 애도하는 내용이 아니다. 그 이후 학교폭력에 대한 정부의 대책이 어느 정도 효과가 있었는지와 학교폭력의 양상이 어떻게 달라지고 있는지를 아주 짧게 보도했을 뿐이다. 어디 언론뿐인가. 정부당국이나 학교는 말할 필요도 없이 교육관련 단체들에서도 그 흔한 추모의 글 하나 제대로 나오지 않았다. 나온 것이라고는 경찰이 '학교폭력근절 로 드맵' 이라고 발표하면서 4월 안에 불량서클을 완전히 해체하겠다는 공언이었다.

어디를 보더라도 추모와 애도는 없다. 사실 내가 이 사건에서 가장 절망하고 있는 것이 바로 이 점이다. 죽음 이후 지금까지 쭉 그랬다. 언제나 대책과 대책에 대한 비판이 하늘을 날라다녔지 목숨을 버린 그를 애도하고 통탄하는 글이나 행사는 찾아볼 수가 없다. 하긴 "꽃이라도 한 송이 그 아이의 책상 위에 놓아두었느냐" 는 질문에 대해 교감이라는 분이 "그 아이를 영웅만들 일 있습니까" 라고 답변하는 현실에서 100일을 맞이한 애도를 기대하는 내가 바보인지도 모른다.

그러나 저 수많은 대책들이 다 부질없어 보이는 이유는 바로 애도와 추모가 없기 때문이다. 우리는 그의 죽음에서 학교에 대해 우리가 가지고 있던 언어와 폭력에 대한 대책이 효력을 상실했음을 인정했어야만 했다. 우리가 대책이라고 생각했던 것들이 대책이 아니었음을 이 학생은 죽음으로 우리에게 보여주었다. 따라서 그의 죽음이후 우리는 과거의 어떤 언어로도 그의 죽음을 설명하고 해명할 수 없는 상황에 맞닥뜨리게 되었다. 그의 죽음으로 우리는 학교와 학교 폭력에 대한 말을 잃어버린 존재가 되었다.

말을 잃어버린 존재가 할 수 있는 유일한 일은 침묵이다. 침묵하며 죽음을 비통해하는 것 말고 말을 잃어버린 존재에게 허용된 것은 없다. 그래서 우리는 장례식장에서 울음 말고는 다른 '말' 을 할 수 없는 유가족들을 만난다. 그 유가족들의 얼굴을 마주대하는 순간 우리 역시도 말을 잊게 된다. 다만 비통함에 같이 젖어들 뿐이다. 우리가 학생들과 했어야 하는 일이 바로 이것이다. 그들이 학교폭력이라는 것이 얼마나 무섭고 끔찍한 것인지를 깨닫게 하려면 어른들과 온 사회의 비통함에 그들이 초대되어 같이 애도했을 때이다.

이것은 학생들을 강당에 모아놓고 '생명교육' 을 하고 '폭력예방교육' 을 한다고 해서 생기는 것이 아니다. 오로지 애도에 동참한 사람에게서만 만들어지는 감각이다. 그러나 '애도 없음' 의 우리 사회는 학생들에게서 그의 동료의 죽음을 슬퍼할 경험을 박탈해 버렸다. 충분히 슬퍼해보지 못했는데 어떻게 폭력의 무서움을 깨달을 수 있겠는가? 비통함에 젖어보지 못했는데 어떻게 가버린 생명에 대한 안타까움을 느낄 수 있겠는가? 이처럼 애도 없는 사회는 가버린 학생에 대해서만 아니라 남아있는 학생들에게도 잔인하게 폭력을 휘두르며 그들을 무감한 존재로 키우고 있다.

그를 상실한 것은 회복되지 않는다는 것에서 오는 이 비통함, 그것을 충분히, 그리고 집단적으로 수행하고 난 다음에야 우리는 비로소 다시 말을 할 수 있다. 그 말로 이뤄진 대책이라야 사람의 마음을 모으고 변화를 이끌어내는 진짜 대책이 된

다. 그런데 이런 애도 없이 어떻게 감히 새로운 말이 나오고 그 말로 이뤄진 것이 어떻게 실효성이 있는 대책이 될 수 있는지 나는 도무지 알 수가 없다. 그의 죽음 100일, 그의 죽음과 애도 없는 우리 사회를 애도한다(한국일보, 2012. 04. 05, 엄기호).

16. 학교폭력과 왕따로 죽음을 생각하는 동생에게

너의 고통을 알면서 모른 척 했던 나를 용서하지 마렴. 너를 괴롭혔던 그들을 용서하지 말자구나.

죽음 앞에서 갈등하는 네게 이렇다 할 위로와 위안의 말이 생각나질 않는구나. 네가 겪는 고통을 짐작하고 알고 있으면서도, 외면하고, 모른 척 했던 지난날을 사과하고 싶구나. 우리는 네 옆에 있었으면서도 철저하게 너를 혼자로 만든 사람들이잖니. 너를 방조한, 그들을 내버려둔 우리는 그들과 다를 게 없는 사람들이야. 미안하다. 진심으로 네게 사과하고 싶어. 하지만 다시 또 다른 시간이 오면, 똑같은 일이 반복될지 모르니, 아직은 용서하지 마렴. 하나도 잊지 말아주렴.

그들보다 우리의 잘못이 크다는 것을 너의 죽음이 눈앞에 펼쳐지고 나서야 깨달았으니, 옆에서 지켜보고 가만히 있었던 우리의 관용이 얼마나 교만했었던가 자조해본다. 생각해보면 이것은 개개인의 문제가 아니라, 같이 어우러져 사는 시민으로써, 역사를 짊어지고 왔던 국민의식이 네 죽음을 만들어 낸 것이 아닌 가 싶어. 분명 맞을 거야. 같이 살면서도 서로를 모른 체 하는 데 익숙한 풍경을 스스로 만들어 냈거든.

남의 일에는 참견하지 말아야 한다는 관념이 너를 고통 속에 내버려 둔 가장 큰 원인일 거야. 도둑이 설레발을 치며 도적질을 하며 돌아다녀도 남의 집 일이니, 내 집 일이 아니니 가만히 있었던 기성세대, 우리 세대가 만들어낸 풍토가 너를 죽음 앞에 이르게 했다고 나는 믿는단다. 내 잘못이야, 모두 우리의 잘못이야. 우리의 역사를 송두리째 훔쳐, 도적질을 일삼았던 지난날의 역적들을 쉽게 용서하고 화해했던 우리 선대의 풍토가 지금, 꽃다운 나이의 너를 죽음에 내몬 걸 거야. 네 인생을 훔쳐간 그들을, 역사를 훔친 도적들을 언제나 포용하고 쉽게 용서한 우리 모두의 관용이 너를 죽음에 이르게 만든 걸 거야. 그러니 이제부터 절대 용서하지 말자. 모든 것을 이해하려 하고, 쉽게 용서하려 했던 의식이 너를 죽음 앞에 밀어 넣은 걸 거야.

네가 죽음 앞에 서 있는 까닭은 너 때문이 아니야. 남 때문에 죽지 말아다오. 죽음이라는 것은 오직 자신만을 위해 행해져야 한단다. 그들을 위해 죽지 말아다오. 모른 척 했던 우리를 위해 죽으면 안 된단다. 너의 죽음은 그들과 우리에게 또 다른 관용을 만들어 내는 것이란다. 이제 죽음으로써 일단락되어서는 안 된단다. 이제껏 우리가 죽음으로써, 이해와 양보와 화해로써 그들을 용서했기 때문에 이렇게 많은 도적 떼들이 아이, 어른 할 것 없이 많아진 것이란다. 우리의 삶과 역사 모두를 훔쳐간 것이란다.

이제는 용서하지 말자구나. 살아서 끝까지 복수하자구나. 그러니 살아다오. 우리가 **빼앗긴** 역사와 삶을, 네가 **빼앗긴** 인생을 되찾기 위해서 같이 복수하자 구나. 너는 살아서 우리가 행했던 오만한 관용을 바로 잡아줘야 한단다. 복수해야 한단다. 죽음은 그들을 용서하고 인정하는 일이란다. 이제는 쉽게 용서하지 말고, 이해하려고 하지 말고, 화해하려고 하지 말자구나. 죽음은 복수가 아니란다. 더욱 그들을 그들이게 만들어주는 패배란다. 너의 죽음으로 그들이 무엇인가를 깨달을 리 없단다. 그런 것이 가능한 인간이었다면, 애초에 남의 인생을 훔치지도 않았겠지. 그러니 당장은 용서하지 말자구나.

우리가 도와줄게. 앞으로는 가만히 잊지 않을게. 모른 척 하지 않으마. 네가 **빼**앗긴 인생을, 삶을, 미래를 되찾아 오기 위해 남의 일처럼 가만히 잊지 않으마. 네 편에 서서 분노하고, 화내고, 용서하지 않으마. 진정, 네 편이 되어 복수할 수 있을 때, 네가 가졌던 미래의 시간을 온전하게 되찾아 왔을 때 우리를 그때, 용서해주렴. 그들을 그때 용서해주렴. 용서와 화해는 그랬을 때 이루어지는 것이란다.

그들이 한 편을 먹고, 떼로 혼자인 너를 훔쳤다면, 이제 너에게는 더 큰 편이 있다는 것을 알려주고 싶구나. 우리는 네 편이란다. 살아서 함께 인생을 훔친 도적들에게 복수하자구나. 살아서 우리를 용서해줘야 하지 않겠니? 우리에게도 기회를 주렴. 옆집 형이(한국일보, 2013. 03. 21, 백가흠).

17. 충분히 반성한 학생에 빨간줄 그어야 하나

"학교폭력이 일어나면 학교는 형식적으로 학교폭력대책자치위원회를 열고, 가해학생을 징계하고 문제가 다 해결됐다는 식입니다. 그러고는 전과자라는 '빨간줄'을 긋듯 학교생활기록부에 이를 기록하라는데 교육자적 양심을 걸고 할 수 없습니다."

학생부 입력 마감 시일을 이틀 앞둔 26일 경기의 한 고등학교 김모 교사는 "교육적 고민 없이 가해학생을 단죄하고 배제하는 학교폭력 대책은 결코 대책이 될 수 없다"고 말했다. 학생에게 낙인을 찍을 게 아니라 잘못을 반성할 기회를 주는 것이 교육이라는 입장이다.

학교폭력근절종합대책의 하나였던 학교폭력 가해사실의 학생부 기재를 두고 지난 1년 교육현장은 큰 혼란을 빚었다. 학생부 기재를 거부한 경기·전북도교육청 소속 교육장 등 49명이 교육과학기술부로부터 징계를 받는 초유의 사태가 발생했다. 경기도교육청은 지난 23일 학교장 자율로 학생부 아닌 보조장부에 기재하는 절충안을 내놓은 상태다.

"가해학생도 과거 피해자였거나 폭력적인 가정환경에서 자란 경우가 많아요. 애정을 쏟고, 얘기를 들어주면 문제행동을 충분히 고칠 수 있는데 학교는 자꾸만 학교에서 몰아내려고 합니다." 지난해 학교폭력대책자치위원회에서 교내봉사 징계를 받아 가해학생으로 몰린 A양도 그래서 안타까운 경우다. 2년 전 매점 앞에서 후배에게 "100원만 달라"고 했던 일이 지난해 이뤄진 교내 학교폭력 설문조사를 통해 알려졌다.

김 교사는 "A가 잘했다는 건 아니지만 '문제학생'도 아니었고 단 한 번 있었던 일"이라며 "충분히 반성했고, 이후 다시는 그런 일이 일어나지도 않았는데 2년 전 일로 자치위가 열리더니 학교폭력 가해학생으로 몰아세웠다"고 말했다. 이 과정에서 가해·피해학생이 상처를 입는 것도 문제다. 김 교사는 "자치위에서 가해학생을 세워놓고 '네가 그런 부모 밑에서 태어나서 그렇지' 식의 인신공격도 많이 한다"면서 "가해학생 징계에만 집중하다 보니 피해학생은 오히려 방치되기도 한다"고 꼬집었다.

학생부 기재를 거부했다는 이유로 고발된 경기의 9개 학교 중 한 곳의 이모 교사는 학생부 기재가 학생들의 장래를 막는다는 이유를 내세웠다. 그는 "대학갈 때, 취직할 때, 하다못해 해병대 입대할 때도 내는 학생부에 적는 것이 과연 교육적이냐"며 "졸업 전에 심의해서 삭제하거나 중간 삭제도 가능하도록 보완책이 있어야 한다"고 말했다.

그가 담임을 맡았던 B군도 지난해 우발적인 시비 끝에 징계를 받고는 결국 입학사정관 전형에 전혀 지원하지 못했다. 그는 "학교폭력 자체가 가해·피해를 구분할 수 없는 상황이 많고 학생부에 기재한다고 학교폭력이 줄 것이라는 생각은 문제의 본질에 접근하지 못한 섣부른 정책이었다"고 덧붙였다(한국일보, 2013. 02. 27, 권영은).

18. 누가 중학교를 이토록 망쳤나

최근 교육부가 발표한 '2017년 1차 학교폭력실태조사결과'에 따르면 학교폭력이 발생한 장소는 학교 안이 67.3%로 학교 밖 32.7%의 두 배 이상이었고, 교실 안이 29%, 복도가 13.1%였다. 발생 시간은 쉬는 시간 33.1%, 점심 간 20.2% 순이었고, 가해학생은 같은 반 47%, 같은 학교 같은 학년 30.8%였다.

언론 보도에 의하면 2013년부터 지난해까지 4년간 도내에서 학교폭력 피해를 호소한 학생은 3,765명이라고 한다.

지난달 도내 모 고교에 재학 중인 A양은 같은 반 B양 등 또래 친구 3명에게 밤중에 초교 운동장에서 얼굴과 팔을 40여 차례 폭행당하고, 다음 날부터 시작된 학교 수련회 둘째 날 학교에 폭행 피해사실을 말하고 다른 숙소 배정을 요구했으나 학교 측은 돌아가 조치를 취해주겠다며 요구를 들어주지 않았다. 그날 밤 A양은 B양 등에게 2차 폭행을 당했고 신고 사실을 알게 된 B양 등은 A양의 SNS에 욕설을 남기며 위협해 결국 경찰에 신고했다고 한다.

도교육청은 학교폭력 피해 응답률이 증가한 초등학교를 중심으로 '신뢰서클' '마음 신호등' 등 담임교사와 학생 간 관계 중심의 생활교육 확대, 학교폭력 예방 특별프로그램 운영, 고화도 CCTV 설치 등 학교 내 폭력 취약지역 정비를 위한 사업을 진행한다고 한다.

'등잔 밑이 어둡다(燈下不明)'는 속담이 있다. 너무 가까이에서 일어나는 일이기 때문에 오히려 모를 수도 있지만 등잔 밑이 어두워서는 안 된다. '아이 하나를 키우기 위해서는 온 부족인의 손길이 필요하다'는 아프리카의 속담처럼 民·警·學 공동체 역할이 절실한 때다(강원일보, 2017. 08. 18. 18면, 김종관).

정부와 학교 폭력 간의 '1년 전쟁'은 학교 폭력의 역전승으로 끝났다. 학교 안에 경찰이 투입돼 해체되는 듯했던 학교 폭력은 죽지 않고 살아나 열다섯 살 소년의 생명을 또 앗아갔다.

그 비극이 있기 전 교육 관료들은 별의별 대책을 쏟아냈다. 그러고는 폭력 학생들을 양처럼 순하게 만들었다는 성공 사례들을 마치 승전보(勝戰譜)를 알리듯 시리즈로 홍보했다. 그 뒤에 날아온 경산 소년의 사망 소식은 희망을 절망으로 되돌려 놓았다.

경산 사건으로 보건대, 지금 이 순간에도 전국의 학교 곳곳에서 폭력이 발생하고 또 묻히고 있을 것이다. 정부의 땜질 처방과 자화자찬(自畵自讚)에 국민만 속았다. 이제 학부모들은 'CCTV니 스쿨폴리스니 하는 것들은 소용없고 결국 정부와 교사가 문제였다'고 믿게 됐다. 꽃다운 나이에 스러지는 자식들에 대한 애처로움이 분노로 변하고 있다.

교사들에게 문제가 있다고 말하는 학부모들에게 이의를 달기는 어려울 것이다. 교사들 스스로도 "학생들이 나쁜 짓을 하는 걸 보고도 못 본 척한 적이 있다"며 무기력을 고백하고 있다. 하지만 교사들을 나약하게 만든 원인이 분명 있을 것이고, 그 원인을 찾아내면 해법을 구할 수 있다.

교사들의 가슴에 양심과 책임감, 용기 따위를 억지로 심을 수는 없는 일이다.

모두 "교사가 문제"라며 손가락질하지만, 한국 교육의 진짜 문제는 '중학교 교육 제도'에 있다. 세계에서 본받을 것 없는 최악의 교육 실패 사례들을 꼽으라면 '한국의 중학교'가 명단에 포함될 가능성이 크다. 우리나라 교육과정에서 중학교 3년은 목표 없이 흘려보내는 시간이다. 학습 열기는 차갑게 식어 있고, 학생들 체력을 길러주지도 않고, 독서를 열심히 시키는 곳도 찾기 어렵다. 한국의 중학교는 '수업 중 낮잠 자는 곳'이 돼버렸다.

교육 관료와 학교의 무책임, 학생의 무(無)목표, 교사의 무관심이 우리의 중학교를 지배하고 있다. 이런 중학교들이 학교 폭력의 온상(溫床) 작용을 하고 있는 것이다. 초등학교는 또래와 사귀며 공부에 적응하는 법을 가르치고, 고등학교는 대입(大入)과 취업이란 뚜렷한 목표가 있어 학생들의 일탈을 제어한다. 그런데 그 사이에 있는 중학교는 무관심·무책임·무목표의 고립된 섬으로 망가진 채 방치돼 있다.

과거엔 중학생이 고등학교에 입학하려면 연합고사를 통과해야 했다. 대부분이 통과하는 시험이지만, 학교와 교사, 학생, 학부모 모두에게 약간의 긴장감을 주는 목표 기능을 했다. 학교 간, 학생 간 성적 비교가 되니 교사들이 더 열심히 가르치려고 경쟁하고, 수업에 빠지는 학생들을 챙겨 고민을 나누었다. 하지만 지금은 서울을 비롯한 많은 지역에서 연합고사와 같은 최소한의 목표가 사라져 자동으로 고교에 진학한다. 그러니 학생들은 느슨해진 학교에서 아무 생각 없이 3년을 보내고, 교사들은 열의가 약해지고, 학부모의 관심은 적어졌다. 이렇게 긴장이 풀릴 대로 풀린 중학교에서 인생의 방향을 잃은 사춘기 학생들이 인터넷 게임에서 배운 못된 짓을 일삼고 동료를 죽음으로 내몬다.

한국 중학교의 이런 한심한 실상은 새삼스러운 것도 아니다. 교육 당국과 교사들이 너무도 잘 안다. 하지만 아무도 나서지 않는다. 수업만 들으면 통과할 수 있는 기초학력 시험, 기본 독서량, 기본 체력점수 같은 것을 고교 진학의 자격으로 테스트하는 최소한의 제어장치를 둬야 중학교에서 무책임·무목표·무관심을 내몰

수 있다. 열심히 하는 교사들에겐 인센티브를 주어 사기를 높여야 한다.

이런 해법에도 무관심한 것이 한국의 교육 관료들이다. 교육 관료주의를 먼저 쇄신하지 않으면 중학교 개혁은 요원하다. 아이들의 꿈과 끼도 키울 수 없다(조선일보, 2013. 03. 21, 윤영신).

19. 학교 안전강화 6개월, 교문은 여전히 열려 있었다

수업이 한창인 지난 15일 오전 11시 30분 서울 중구의 J 초등학교 교문은 활짝 열려 있었다. 교문 옆에 있는 경비실을 들여다봤지만, 경비실은 비어 있었고 라디오 소리만 흘러나왔다. 방문증을 발급받기 위해 주변을 둘러보며 기다려봤지만, 학교 경비원은 끝내 나타나지 않았다.

지난해 11월 교육부는 일과 중 학교 출입문을 통제하고 방문증 패용을 의무화하는 내용의 '학생 보호 및 학교안전 강화를 위한 개선 방안'을 발표했다. 제도 시행 6개월이 지났지만, 현장은 달라진 게 거의 없었다.

하지만 본지 취재팀이 지난 15일부터 이틀간 서울 시내 초등학교와 중학교 15곳을 점검한 결과, 11곳이 교문이 열려 있거나 외부인을 제대로 통제하지 않았다. 그나마 있는 경비원들도 외부인 신분을 철저히 확인하지 않았다. "○○○ 선생님을 만나러 왔다"고 방문 이유를 밝혔더니, 교무실에 그런 교사가 있는지, 사전에 약속이 됐는지 확인조차 하지 않는 학교도 15곳 중 다섯 곳이나 됐다. 한 초등학교 경비실에서는 "○○○ 교사를 찾으러 왔다"고 하자 교사 목록을 뒤져보더니 "이름을 잘못 아는 게 아니냐. 혹시 ××× 교사 아니냐"며 방문증을 주고 들여보내 주었다.

심지어 4곳은 수업 중 외부인인 취재팀이 교실 앞 복도까지 자유롭게 드나들 수 있을 정도로 보안이 허술했다. 서울 용산구 M 중학교는 교실이 있는 건물의 현관문이 활짝 열려 있었다. 건물 안을 20여분간 돌아다녔지만 낯선 외부인에게 관심을 갖는 사람은 아무도 없었다.

교육부가 발표한 '학교 안전 대책'은 등·하교 때를 제외한 일과 중 모든 시간에 출입문을 폐쇄하고, 외부인은 경비실·행정실에서 출입증을 발급받아 패용해야 학교로 들어갈 수 있으며, 교사와 학생은 신분증을 늘 패용해야 한다는 내용이었다.

작년 9월 한 중학생이 서울 계성초등학교에 난입해 학생들을 폭행하는 사건이 발생하자 정부가 시급히 안전 대책을 마련했다.

학교 안전 대책 얼마나 잘 지켜지나?

학교	수업 중 출입구 (정문과 건물 출입문) 통제	외부인 방문증 착용
A초	X	X
B초	X	X
C초	O	O
D초	O	O
E초	X	X
F초	O	O
G초	X	X
H초	X	O
I초	O	X
J초	X	X
K여중	O	O
L중	O	X
M중	X	X
N중	O	X
O여중	X	X

※4월 15~16일 서울시내 15개 초·중학교 조사

방문증을 패용한 사람만 학교 출입이 허용된다는 원칙도 유명무실 그 자체였다. J 초등학교는 정문이 열려 있어 학교에 들어갔다. 후문으로 나올 때 학교 보안관과 마주쳤는데, 학교 보안관은 교문을 열어줄 뿐 낯선 사람이 누구인지, 왜 방문증이 없는지 묻지도 않았다. O 중학교에서는 교문을 통과해 학교 운동장을 가로질러 활보하는 10여분 동안 교사 한 명과 학생 5명을 만났지만 아무도 누구인지를 묻지 않았다.

지난 15일 오전 수업이 한창일 때 방문한 서울 서대문구 A초등학교의 모습. 정문이 활짝 열려 있고, 방문증을 발급받지 않고도 학교 건물에 들어갈 수 있었다(김효인 기자)

교육부가 지난해 전국의 모든 학교에 배포한 ''학교 출입증 및 출입에 관한 표준 가이드라인'에 따르면 학생들은 출입증을 달고 있지 않은 외부인을 발견하면 즉각 신고하도록 교육받아야 한다.

학생과 교사들도 늘 신분증을 패용해야 하지만 이 역시 지켜지지 않았다. 한 초등학교 교사는 "교사들은 기존에 있던 신분증을 달고 다니면 되지만, 학생들에게까지 신분증을 만들어 주려니 돈이 너무 많이 들어 예산상 계획조차 세우지 못하고 있다"고 했다(조선일보, 2013. 04. 23, 심현정·김효인).

20. 학교폭력, 누구를 탓해야 하나?

11일 경북 경산의 고교생 최아무개(15)군이 학교폭력에 시달리다 스스로 목숨을 끊었다. 학교폭력에 대한 사회적 경각심이 높고 대책도 줄줄이 나왔지만 누구도 최군을 구하지 못했다.

이번 사례는 학교폭력 감시용 페회로텔레비전(CCTV)의 사각지대에서 폭행이 이어졌다는 점에서 충격을 줬다. 최군이 중학생 때 학교 쪽이 폭력 피해에 대해 별다른 조처를 취하지 않은 사실이 드러나 학교폭력 방지책의 허점도 보여줬다. 자살로까지 이어지는 학교폭력의 근본적 원인은 무엇이고 어떻게 대처할지에 관해 두 전문가의 견해를 들어봤다(한겨레, 2013. 03. 22, 30면).

김형태=정부는 학교폭력 대책으로 고화질 폐회로텔레비전(CCTV) 확대 설치, 경비실 확대 운영, 폭력서클 집중 단속 등 '재탕' 대책만을 되풀이하고 있다. 이는 본질적 원인을 외면하고, 스스로 꽃다운 목숨을 끊은 수많은 학생들 목소리를 무시하는 것이다. 나무뿌리가 심하게 병들었는데, 잎을 소독하고 약을 바른다고 건강해지겠는가?

매일 한 명꼴로 청소년들이 죽어간다. 통계청 자료를 보면, 2010년 10대 청소년 자살자는 353명이다. 전염병으로 매일 한 명꼴로 국민이 죽는다면 주무 장관이 몇 번 사퇴했을 것이고, 대통령도 몇 번이나 사과했을 것이다. 그런데도 이명박 정부 5년 동안 교육과학기술부 장관은 사과는커녕 방향 전환도 생각하지 않았다.

어떤 의미에서 우리 교육은 밀집 사육에 가깝다. 동물을 방목하면 건강하게 자란다. 그러나 좁은 우리에 가두면 스트레스를 받아 약한 자를 괴롭힌다. 학생들을 교실에 가두고 너희들은 공부만 하라고 강요하니까 약한 아이를 상대로 해 스트레스를 푸는 것은 아닐까? 학교폭력은 학생들보다 어른들 책임이다.

처벌과 징계만으로는 학교폭력이 근절되기 어렵다. 선생님들이 폐회로텔레비전이 돼야 한다. 학급당 학생 수를 선진국 수준(20명 이하)으로 낮추고, 선생님이 수업과 생활 지도에만 전념하도록 잡무를 획기적으로 경감하고, 상담 시간을 수업시수에 포함해야 한다. 일주일에 한 번만 아이들을 상담하면 그들이 왜 아파하는지 알 것이다.

교육은 한때 우리나라의 희망이었다. 그러나 지금은 모두가 교육 때문에 다들 못 살겠다며 고통스러워한다. 학생 입장에서 보면, 왜 공부해야 하는지도 모른 채 공부한다. 세계 최장 시간의 학습 노동에 시달린다. 하기 싫은 공부만 하려니 죽을 노릇이다. 그러다 보니 게임·음란물 중독, 음주 등으로 탈선하고, 집단 따돌림과 학교폭력도 심화된다. 청소년 우울증도 심각하다. 친구가 친구가 아니다. 짓밟아야 할 경쟁자일 뿐이다.

부모 입장에서 보면, 학력 사회의 현실 때문에 아이가 어릴 때부터 공부를 강조하지 않을 수 없다. 억지로 강요하다 보니 아이와의 갈등도 피할 수 없다. 사교육비 마련하느라 등골이 휜다.

교사 입장에서는 입시 위주 교육을 안 하려고 해도 안 할 수 없다. 교육 전문가가 아닌 단순한 지식 전달자로 전락했다는 생각에 무력감을 느끼면서도 성적과 대학을 강조할 수밖에 없다.

우리 교육은 이제 벼랑 끝에 이르렀다. 병든 교육, 미친 교육은 중단돼야 한다. 북유럽처럼 협력 교육, 행복 교육으로 전환해야 한다. 아이들이 즐겁고 행복한 교육, 자율성과 창조성이 숨쉬는 교육, 개성과 소질을 살려주는 맞춤식 교육으로 전환해야 한다.

이명박 정부 5년 동안 교육은 이루 말할 수 없을 정도로 황폐해졌다. 사교육비를 절반으로 줄이고 바른 인성을 키우겠다고 부르짖었으나 사교육비가 줄었는가? 교육은 교육 논리로 접근해야 하는데도 섣부른 경제 논리를 적용해 교육을 망쳤다. 학생, 교사, 학교, 심지어 교육청까지 경쟁시키는 필요 이상의 경쟁 교육이 됐다. 낙오하는 학생들의 위화감이나 상처는 커지고, 학업을 중단하거나 자살을 하는 학생이 속출한 것이다.

박근혜 정부는 달라지기를 기대한다. 학생들을 죽음으로 내모는 지나친 경쟁 교육을 당장 중단해야 한다(김형태, 2013. 03. 22).

양정호=지난해 정부의 종합대책 발표가 있은 지 1년 뒤에 다시 발생한 학생 자살로 학교폭력을 방지하기 위한 근본적인 대책에 대한 사회적 관심이 높아지고 있다. 지금까지는 자살과 폭력 예방 대책이 서로 다람쥐 쳇바퀴 도는 식으로 악순환이 반복되는 느낌이다. 문제는 이번에 경북 경산에서 자살한 고등학교 1학년 학생이 지난 2년 동안 중학교에서 학교폭력에 시달렸다는 사실이며, 해당 중학교에서는 상담 교사가 가해 학생을 상담했는데도 아무런 조처를 취하지 않았다는 점이다. 조금만 신경을 썼어도 꽃다운 한 생명을 구할 수 있었는데 학교와 교사의 미온적 대처로 한 학생이 학교폭력의 희생양이 되도록 방관했다는 점에서 어른의 한 사람으로서 부끄러울 뿐이다.

지난해 초부터 정부는 학교폭력 근절 종합대책을 모든 부처가 나서서 집중적으로 추진해 왔다. 전례 없는 학교폭력 전수조사, 117 학교폭력 신고 전화, 학교폭력 전담 경찰 인력 확대 등으로 학생과 학부모가 이제는 안심할 수 있겠구나 하고 생각할 시점에 또 자살 사건이 발생한 것이다. 사후 땜질식의 정부 대책으로는 해결하기 어렵다는 것을 국민들도 서서히 느끼는 것으로 보인다.

정부 관계자들도 억울한 측면이 있을 수 있다. 전국에 초·중·고 학교가 1만 1000여개 있는 점을 고려한다면 정부 차원의 대책들이 지난 1년간 어느 정도 효과가 있었다고 주장할 수도 있다. 하지만 학교폭력은 폐회로텔레비전(CCTV) 확대나 전수조사만으로 해결될 수 없다. 교사·학생을 포함한 일반 국민의 인식 변화와 적극적 참여를 통해서만 해결할 수 있다.

우선 교사부터 인식이 바뀌어야 한다. 아무리 정부가 학교폭력 처리 매뉴얼을 잘 만들어 현장에 보급한다고 해도, 학교와 교사가 서류에 의존한 형식적 처리에 집중하면 학교폭력은 다시 발생할 수밖에 없다. 교사들이 '못 본 척', '못 들은 척', '모르는 척' 학교에서 발생하는 폭력을 수수방관한다면 제2, 제3의 피해자가 발생할 수밖에 없다.

교사들이 책임감을 가지고 학생들에게 더 관심을 기울이게 하려면 교사의 손발을 묶어놓는 학생인권조례도 변화될 필요가 있다. 교사가 지도하다 보면 다양한 형태로 제재를 가할 수밖에 없는 상황이 있게 되는데 지나치게 학생 인권이 강조되면 교사들이 혹시나 문제가 될까 싶어서 지도에 소홀할 수밖에 없을 것이다.

또 학생을 포함해 사회 전체가 학교폭력은 범죄라는 엄격한 사회적 인식을 확립할 필요가 있다. 사소한 말장난부터 성인 범죄 수준의 폭력은 어느 하나도 학교에서 용인될 수 없다. 하지만 성폭행처럼 심한 폭력이 발생해도 현재처럼 만 14살이 넘지 않았다는 이유로 형사처벌을 받지 않는다면 학교폭력은 줄어들지 않을 것이다. 이제는 온정주의를 넘어, 나이와 상관없이 엄격하게 처벌할 수 있도록 제도를 정비하는 것도 필요하다.

이제 학교폭력은 학교만의 문제를 넘어 사회문제로까지 확대되는 모습을 보이고 있다. 경산 고등학생 자살을 계기로 삼아 학교폭력은 단시간 안에 해결될 수 없을 뿐더러, 학생, 교사, 학부모에게만 해당되는 문제라기보다는 우리 모두의 문제라고 인식할 필요가 있다. 이번 사건이 학교폭력 방지를 위한 지속적 노력을 통해 학교에 안심하고 다닐 수 있는 사회를 만드는 데 밑거름이 됐으면 한다(양정호, 2013. 03. 22).

유정=요즘은 뉴스만 보면 학교폭력에 대한 얘기다. 오늘 헬스가서 런닝머신을 타면서 뉴스를 보는데 학교폭력에 대한 뉴스가 나왔다.

높으시다는 분들이 다들 난리던데, 이런 학교 폭력문제들을 당사자를 제외하고 전혀 학교 안에 속해 있지 않은 대통령, 교육감끼리만 모여서 간담회를 하는 등 탁상공론만 하고 있는 거다. 또 어떤 뉴스에서는 청소년의 48%가 학교폭력 피해를 경험하고 42.3%가 최근 1주일 사이에 자살에 대한 생각을 한 적이 있다는 설문조사를 엮어서 꼭 청소년의 절반 가까이가 학교폭력 때문에 자살을 생각하고 있다는 듯이 한다는 거다.

학교를 비롯한 지역사회가 폭력에 노출된 청소년들을 발견하고 개입할 수 있는 체계를 마련해야한다는데, 학교를 비롯한 지역사회가 학생들에게 폭력과 억압을 가하고 있다는 것도 모르고.

평소엔 있는 줄 알면서 방관하고 있다가 한 학생이 죽고 언론에서 이슈가 되고 나서야 이렇게 급급하게 모여 대책을 취하려하는지. 꼭 학교폭력 때문에 자살한 학생이 우리나라 최초로 나왔다는 듯이 한다.

학생들의 자살 원인을 보면, 염세비관 13.9%(102명), 성적불량 12.2%(90명), 이성 관계 7.1%(52명), 신체결함·질병 2.6%(19명), 가정의 실직·부도·궁핍 2%(15명) 등의 순이라고 하는데 마치 청소년들이 자살하는 이유는 다 학교폭력이라는 듯이 하고 말이다.

학교폭력이 이슈가 된 만큼 학교들에서는 학교폭력을 예방하려는 노력을 보이려 하는데 뉴스 보도 되는 걸 보면 청소년인 내 입장에서는 너무 탁상공론이거나 너무 처벌위주로 나오는 의견들이 많다. 이명박 대통령은 직접 교육현장을 점검한다든데... 비서들이랑 국회의원, 교육감, 기자들 십 수명씩 거느리고 형식적으로 학교 한 바퀴 돌고 학생들 몇 명이랑 얘기하면 학교 상황이 다 파악되는 것도 아니고 도대체 교육현장에 가서 어쩌자는 건지는 모르겠다.

내가 생각하는 학교폭력의 원인은 '중학생', '고학년' 이라는 자부심(?)과 동물적인 본능에서 생기는 것 같다.

처음으로 학교폭력다운 걸 경험했을 때는 중학교 1학년 때였는데, 남녀 합반이었다. 남자애들이 몇 명은 소위 말하는 잘나가는 거고 나머지는 그런 애들이게 무조건 복종하면서 살았다. 그때 느낌이 애들이 중학교에 올라가면서 뭔가 초딩 때는 교복 입은 사람만 봐도 경외심이 들었던 마음이 '이제 나는 중학생이다' 하는 느낌이 들면서 그런 것이 문화화 된 느낌이었다. 보이지 않는 권력을 가진 애들은 밥도 먼저 먹고 다른 애들을 부려먹고 협박하고 했던 게 생각난다. 지금 생각하면 정말 어이없고 유치하지만 그때는 그런 것이 당연하지 않다는 걸 몰랐다.

그리고 동물적 본능이라고 하는 것은 동물들이 무리 지으면 우두머리가 생기듯이 보이지 않는 권력층이 생기면서 그 자리에 있음으로써 느끼는 안정감이나 만족감을 누리려는 본능 같다.

이와 같은 원인들은 억제되고 없어져야 한다. 그런데 왜 우리나라 학교에서는 이런 게 억제되고 없어지지 못하고 사람을 스스로 죽게 할 만큼 판치고 있는 걸까? 내 생각에 우선 모두가 인권교육이 안되어 있어서다. 저 사람은 나랑 평등하고 나랑 똑같이 감정을 느끼고 복종의 관계는 존재하면 안 되는 거고 하는 당연한 것들을. 물론 당연한 거고 모두가 알고 있지만 머리로만 알게 아니라 또, 민주주의적인 관점에서만 알게 아니라 그게 정말 생활에서 당연한 게 돼야하는 거다. 그런데 우리나라에서는 많은 부분에서 그런 게 당연한 게 아니다. 처음 만나면 인사하고 이름 물어보고 나이 물어보고 상대방에 따라 말까고 나이 많으면 존칭 쓰는 게 당연한 문화다보니 눈에 보이지 않는 계급을 누구나 다 체감하고 있는 거다. 그리고 나라가 민주주의라고 해도 사람들은 수직적인 체계 속에서 명령받고 순응하는 데에 다들 너무 익숙해져있다.

그리고 학교 폭력이 실제로 일어나도 피해자 스스로가 해결할 방법이 부족하다. 피해자가 왕따거나 해서 말할 친구가 없으면? 선생님이나 부모님께 말하라고 그런 분들은 학생들의 문화를 몰라서, 심각한 게 아니라고 생각하거나, 말하면 이사람 저사람 다 알아버려서 말하기 싫거나, 부모님께는 괜한 걱정거리 떠안겨드리는 게 되거나, 선생님은 그런 문제를 해결하기에는 너무 힘이 약하고 야단치는 것도 너무 일회성이라서 신뢰가 가지 않을 거다.

내가 생각하는 예방 방법에 대해 얘기해 보자.

첫 번째로 이런 학교 폭력을 예방하기 위한 방법들 중 가장 우선적으로 되어야 하는 것은 상담이다. 상담해주는 사람의 기본은 학생 문화를 잘 알고 있고 잘 알려 노력하며 충고가 아니라 경청을 하기 위해서 노력해야한다. 또 학생의 비밀을 지키려고 노력해야하며 언제든 시간이 되어야하고 보이는 곳에 있어야 한다는 거다. 내 생각엔 이 정도는 갖춰줘야 피해자학생이나 굳이 학교 폭력의 피해자가 아니라 그냥 학교에서 진로, 성적, 친구, 이성 등 어떤 고민이 있는 사람이라도 마음 놓고 상담할 수 있을 것 같다. 아, 그리고 학생들의 문제를 유치하고 어리게만 볼게 아니라 친구처럼 공감할 수 있어야겠다.

그리고 이런 상담은 어렸을 때부터 당연하게 자연스럽게 학교의 문화 하나가 되어야 할 거다. 나는 고등학생이 되고 나서야 담임선생님과 정식적인 상담시간을 가졌는데 진로, 성적 상담이 주목적이었다. 그리고 나보다 나이가 많거나 아니면 익숙하지 않은 사람과 이렇게 1:1로 자기 고민거리를 주제로 대화한다는 것이 낯설고 부담스러웠다. 그래서 더욱 어렸을 때부터, 전문 상담가나 또래 상담이 이루어져야하고 정기적이어야 한다.

내가 만약 학교폭력 때문에 상담한다면 피해자에게 학교폭력은 근거 없는 권력에 의한 것이라고 논리적으로 알려주고 내 일처럼 문자, 메일등으로 지속적인 관심을 표현해주고 우선 스스로 벗어날 방법을 함께 고안해서 극복의 기회를 줄 것이다. 그래도 해결이 안 되면 다음에는 가해자와 상담을 하고 함께 증거 수집을 한다든지 해서 완전히 해결 될 때까지 노력할거다.

두 번째는 좀 더 다른 처벌이다. 학교 폭력이 이슈가 되면서 꼰대들이 모여서 하는 말 중에 퇴학, 무조건적인 강제 전학, 형사 처벌강화 등이 있다. 학교 폭력이 범죄라고 인식시켜주는 이러한 방안도 나올 수 있다. 하지만 학교폭력은 학교에 다니는 학생 간에 이루어지는 폭력이다. 그리고 학교는 교육현장이다. 그러니까 무조건적인 처벌이 중심이 되어서는 안 된다. 그렇게 학교폭력이 발생 하게 된 사회 구조, 학교문화, 가해자와 피해자의 가정교육의 상황 등도 탓해야한다. 그리고 그 해결 방법에는 강제 전학을 간 학생이 다시 그 학교에서 학교폭력을 일으키고 오히려 더 자부심을 가지면서 사는 모순이 일어는 방법이 아니라 본질적으로 해결하는 '교육'이 있어야할 것이다.

좋은 교육 방법으로는 학교 폭력이 일어나면 학생 재판을 여는 것이다. 정말 재판처럼 피고인, 변호인, 재판관, 서기 등등을 갖추고 말이다. 그리고 재판에 대한 정보를 공개하고 잘못을 인정한 가해자는 전교적으로나 아니면 직접적으로나 피해자와 그 외 간접적인 피해자에게 공개적인 사과를 하고 재발하지 않을 것을 약속한다. 그리고 학교폭력의 정도와 피해자의 의견에 따라서 물리적인 처벌도 함께 해야 할 것이다.

마지막으로 정리하고 싶은 말에서는 학교폭력이 이슈가 된다면서 높은 사람들이 텔레비전에 나와서 "학교폭력예방 교육을 한 학기에 한 번 이상 실시하고 …." 하는데 말도 안 되는 말이고, 그거 아무도 안 본다. 학교 방송시설도 너무 안 좋아서 말소리 잘 안 들리고, 자료화면 안보이고, 이론적으로는 다 아는 사실이고, 그 시간에 애들은 입시 공부하고, 역시 그냥 참석하는 형식적인 교육이다. 학교 폭력 설문조사도 너무 형식적이다. 옆에서 바로 볼 수 있는 상황에서, 피해자와 가해자가 함께 있는 교실에서 하고 말이다.

이런 식으로 당사자인 학생을 뺀 교육감님들이 하는 토론이나 사람들끼리의 간담회 따위는 탁상공론에 불과하다. 학교 폭력에 해결방법은 소통이라고 하면서 정작 당신들은 소통하지 않고 있는 거다. 어딜 가나 높은 자리라고 불리는 곳에 있는 사람들은 소통할 줄 모르고 수직적인 거에 익숙해서 탈이다. 본질적이고 의미 있는 소통이 학교 폭력 예방과 해결의 시작이다(유정, 2012. 01. 07).

21. 누가 아이들을 범죄자로 만들었나

청소년 비행은 오래전부터 세계 각국의 공통적인 관심사로 가장 심각한 사회 문제로 지적되어 왔으나 아직도 뚜렷한 해결책을 마련하지 못하고 있다. 대검찰청 자료에 따르면 청소년 범죄비율이 꾸준히 증가 추세를 보이고 있으며 특히 중·고교 중퇴생들의 범죄비율이 높아지고 있다. 이러한 중퇴생들의 선도대책이 절실하다. 최근 청소년비행의 현저한 특징은 학교 주변 폭력, 범죄약물 남용, 이지메 등으로 나타나고 있으며 특히 약물 문제는 이미 개인이나 민간단체가 대처할 수 있는 수준을 넘었다. 국가가 전면적으로 개입하여 대처해야 한다.

물론 국가에서는 치료감호소제를 운영하고 있다. 하지만 이곳은 재판을 통해서만 갈 수 있다. 일반 약물 청소년들도 재활 기회가 주어져야 한다. 청소년 비행을 통제하기 위해서는 원인을 규명하는 것이 필요하다. 원인을 진단하지 않고서는 청소년 비행을 통제하는 효과적인 방안을 강구할 수 없기 때문이다. 우리나라의 청소년비행과 관련한 법률은 1958년 7월24일 법률 제498호로 제정된 소년법이 그 시작이었으며 1958년 8월7일에는 법률 제493호로 소년원법이 제정되었다. 소년법은 반사회성이 있는 소년에 대하여 환경의 조성과 규정에 관한 보호 처분에 행하고 형사처분에 관한 특별조치를 행함으로써 소년의 건전한 육성을 기하려는 취지로 제정되었고 소년원법은 보호처분을 받고 송치된 범죄소년이 재생의 길과 사회활동에 적응할 수 있도록 교정교육을 담당하도록 제정되었다.

2000년 2월3일에는 청소년의 성을 사는 행위 성매매를 조장하는 온갖 형태의 중간매개 행위 및 청소년에 대해 성폭력자들을 강력하게 처벌하고 성매매와 성폭력 행위 대상이 된 청소년을 보호구제하는 장치를 마련함으로써 청소년의 인권을 보장하고 건전한 사회구성원으로 복귀할 수 있도록 하는 한편 청소년을 대상으로 하는 성매매 및 성폭력행위자의 신상을 공개함으로써 범죄예방효과를 극대화하려는 것을 목적으로 청소년 성범죄에 관한 법률(이하 청소년 보호법)이 제정되었다.

우리나라의 청소년 비행 관련 법규들은 초창기에는 소년법을 중심으로 비행청소년의 교정보호처분과 관련된 입법정책이 주를 이루다 최근에는 청소년을 건전하게 육성하고 각종 유해매체물과 유해환경 성 관련 범죄로부터 보호하는 다양한 정책이 이루어지고 있다. 최근 대도시 위주로 청소년 범죄비율이 높아지고 있다. 원인에 앞서 사회구성원인 어른들은 과연 청소년들에게 어떠한 모범을 보여주었을까 되돌아볼 시점이다. (강원일보, 2014. 09. 10. 6면, 강이봉).

22. 폭력의 암흑시대, 부모 교육에 방점을

사회에서 발생하는 폭력의 총량과 정도를 객관적인 지표로 만들어 폭력지수를 잰다면 한국은 그 어느 때보다도, 또 다른 어느 나라보다도 폭력지수가 높게 나올 것 같다. 최근 모든 이들의 마음을 아프게 했던 군폭력 사건들은 말할 것도 없고 학교폭력, 성폭력, 사이버폭력 등 이미 오래전부터 고질화된 악명 높은 폭력사회의 병변들이 즐비하다. 가히 폭력의 암흑시대를 방불케 하는 상황이다.

폭력 근절은 쉽지 않다. 학교폭력만 해도 정말 어려운 문제다. '학교폭력 예방 및 대책에 관한 법률'이란 긴 이름의 법률이 학교폭력을 방지한다며 마련한 가해 학생에 대한 조치들은 생활기록부 등재에 따른 대학입학 시의 불이익 우려 때문에 학부모들에게 매우 강력한 효과를 낸다. 피해 학생에 대한 서면사과조차도 생활기록부에 남겨서는 안 된다며 소송도 불사하겠다는 부모들이 속출하는 이유다. 행정 심판에서 아직 젖살도 빠지지 않은 어린아이가 어머니 손을 잡고 출석해 가해자 자리에 서는 광경은 정말 기가 막히고 어처구니가 없다. 이런 아이들에게 법의 잣 대를 들이대는 것은 너무 가혹하지 않을까 하는 느낌도 든다.

그러나 조금 더 생각하면 그리 간단한 문제가 아니다. '애들 사이인데 뭘 그래' 하는 이 작은 안이함이 자라고 전이돼 총기난사, 대형참사로 이어질 수 있기 때문이다. 먼 훗날 얘기도 아니다. 당장 자살이나 정신질환, 상해 등 여러 가지 심각한 결과를 낳고 있다. 이 시점에서 중요한 것은 다른 사람의 몸과 마음을 존중하고 그 어떤 이유로도 함부로 다치게 해서는 안 된다는 자각을 확산시키는 일이다. 고의가 아니다, 그저 장난이었다, 그런 결과가 생길 줄 몰랐다는 변명으로 동무나 동료, 후임이나 하급자들을 괴롭히고 피해를 주는 행위를 정당화할 수는 없다.

이미 폭력의 터널에 너무 깊숙이 들어와 있다. 곳곳에서 폭력의 씨앗과 줄기, 갈 때까지 다 간 폭력의 암덩어리들이 준동하는데, 국가 차원에서 일관성 있게 폭력을 퇴치하겠다는 정책의지가 필요하다. 정책의 시그널 효과도 중요하다. 당분간은 학교폭력이 사라지거나 줄기는 어려울지라도 어느 정도 추세를 잡을 때까지는 일관성 있게 계속 신호를 보내줄 필요가 있다.

하지만 국가와 사회 못지않게 부모와 가족의 책임이 크다. 괜히 다른 아이를 괴롭히며 노는 아이들은 얼마든지 있다. 그러나 일본의 부모들처럼 남에게 폐 끼치지 말라고 가르치는 부모들이 과연 얼마나 있을까. 공공장소에서 소리 지르며 나대는 아이에게 주의를 줄라치면 누가 감히 내 아이를 건드리느냐, 어디 한 번 해볼 테냐 눈을 부릅뜨는 부모들이 흔하다. 좀 못난 친구든 소심한 친구든, 종종 어떤 이유에서 폐를 끼쳤든, 그 누구든 존중하고 함부로 대해서는 안 된다는 것을 부모가 아주 일찍부터 그것도 귀가 닳도록 가르쳐야 한다. 아이를 양순하고 소심하게 키우라는 얘기가 아니다. 권리의식이 투철하고 남의 불행을 못 본 체하지 않으며 불의와 타협하지 않는 소신을 키워주되 다른 사람의 권리도 존중하는 정의감을 심어줘야 한다.

모든 부모들은 이미 사회적 교사들이다. 따로 예산이나 시설이 들지는 않지만 분명 우리가 사는 사회를 살 만한 곳으로 만들어 줄 희망인자들이다. 부모 교육이 필요한 이유다. 부모에게 자식 잘못 키웠다고 질타하기에 앞서 제대로 된 부모가 되려면 무엇을 어떻게 해야 하는지 가르쳐 줘야 한다. 평생교육이든 사회교육이든 부모가 제 역할을 다하도록 해주는 데 정책적 지원과 투자를 아끼지 말아야 한다.

가정이 바로 서면 사회문제의 아주 많은 부분을 해결하거나 치유할 수 있다. 이미 학교폭력예방대책법같이 학교장에게 학교폭력 예방 및 대책 등을 위한 교직원 및 학부모에 대한 교육을 학기별로 1회 이상 실시하도록 의무화한 사례도 있다. 실효성 점검도 해야겠지만, 이 아이디어를 좀 더 강력하게 발전시켜 나갈 필요가 있다(한국경제, 2014. 09. 26. A38, 홍준형).

☞ **학교폭력과 부모교육**

최근 학교폭력사건이 기승을 부리면서 일반 시민들에게 충격을 주고 있다. 고등학생들이 저지른 엽기적인 초등학생 살인사건에 우리 모두 정신이 멍할 정도로 쇼크를 받은 상태인데, 뒤이어 일어난 부산여중생들의 폭행사건은 학생이 한 행동이라고 보기에는 혀를 내두를 정도이다. 여중생 4명이 한 여중생을 1시간 30분가량 공사 자재와 의자, 유리병 등으로 100여 차례 폭행하여 피를 흘리는 상태로 만들었다. 오죽하면 소년법을 개정하여 벌 받는 연령을 내리자는 제안을 할 정도로 여론이 들끓고 있는 상태일까.

이 사건을 계기로 그동안 감추어졌던 학생폭력 사건들이 연이어 터지면서 제보가 잇따르고 있다. 지난 6월 발생한 울산의 중학교 1학년 자살사건도 동급생들의 집단 괴롭힘에 시달렸던 학생이 견디다 못해 자살한 것으로 밝혀졌다. 또 12년 전 부산 G중학교에 다니던 아들이 동급생에게 맞아 폐의 3분의 2가 파열되어 4일 만에 죽은 사건이 다시 한 번 회자되고 있다.

당시 중학교 동급생의 폭행치사사건으로 중학교 2학년인 아들이 죽자 아버지는 그 충격으로 뇌경색 증세를 보여 수술을 받았고, 그 후 감정이 격해질 때마다 말을 더듬게 되어 급기야 장애 6급 판정을 받았다고 한다. 어머니도 사건 뒤 우울증을 얻고 지금도 혼자 외출을 못할 지경이다. 이처럼 그동안 단란했던 한 가정을 억망으로 초토화시킨 당시 가해자는 소년법상의 가벼운 보호처분을 받고 학교를 다닌 후 최근 명문대 의대에 진학한 것으로 밝혀져 피해자 아버지가 가해자의 진정한 사과를 원한다고 글을 올렸다.

현재 각계각층에서 제기되고 있는 소년범의 연령을 더 낮게 내리자는 처벌 강화 주장에 대해 기본적인 맥락에서는 동의하지만 지금은 사실 처벌강화를 논할 것이 아니라 학교폭력 자체를 예방하기 위한 근본 대책을 강구해야하지 않을까 생각한다. 또한 그 대책의 일환으로 빼놓을 수 없이 중요한 것이 바로 가해자 부모들에 대한 부모교육이다.

사실 자녀의 인성교육은 부모가 담당한다. 자녀는 출생 초기부터 부모로부터 성격과 인성의 측면에서 지대한 영향을 받으며, 부모는 자녀의 기본적인 생활태도에 결정적으로 영향을 미친다. 따라서 학교폭력을 행하는 가해자 학생의 가장 근본 대책 중의 하나는 가해학생의 부모에게 책임을 물어 부모가 피해학생 및 부모에게 사과하고 다시는 재발하지 않도록 가해자 학생과 그 부모들이 폭력 방지에 대한 교육을 받고 사회봉사활동을 하는 것이다. 나아가 부모들이 자녀가 학교폭력 가해자가 되기 전에 미리 부모교육을 통해 자녀가 타인에게 폭력을 행사하는 대신 타인에 대한 배려와 책임감을 가지는 인성을 키우도록 교육해야 할 것이다. 따라서 가해학생에게만 벌을 주는 것이 아니라 그런 자녀를 키운 부모에게도 공동의 책임을 물어 부모교육 이수 및 사회봉사활동 이수를 하도록 법을 개정한다면, 모든 부모들이 학교폭력의 심각성 및 부모교육의 중요성을 깨닫지 않을까 생각한다.

갈린스키(Galinsky)는 자녀가 성장해 감에 따라 부모도 자녀의 성장에 따라 6단계로 함께 성장을 한다고 밝힌바 있다. 이는 부모와 자녀의 공동성장을 의미하며, 부모가 자녀에 대해 결정적 책임이 있다는 의미로 보인다. 학교폭력을 근절하기 위해서는 학부모의 적극적인 인식개선이 선행되지 않으면 안 됨을 명심하자(경남일보, 2017. 09. 14, 최정혜).

23. 조폭 뺨치는 학교폭력 서클

올해 8월 전북 전주 경찰은 학생들 간 집단 패싸움을 조사하다 시내 원룸촌을 중심으로 100여명의 일명 '가출팸(가출+패밀리)'이 존재한다는 사실을 알아냈다. 대부분 유흥업소에 종사하거나 폭력으로 생계를 꾸려 온 가출 청소년들이었다. 조사 결과 이들도 피해자였다. 가출팸 사이에서 '삼촌'으로 불리는 한모씨가 이들과 함께 생활하며 군림하고 있었고, 어린 학생들은 한씨의 보복이 두려워 피해 사실 진술을 거부했다. 한 달여에 걸친 경찰의 설득 끝에 가출 청소년들은 한씨가 '동네 조폭'임을 고백했다. 한씨는 집을 나온 청소년들을 모집한 뒤 불량 서클을 만들어 폭행과 협박을 일삼았고, 이들은 다시 일반 학생들을 상대로 돈을 뜯어

냈다. 한씨는 가출팸에 속한 김모 양을 성폭행한 혐의로 구속됐다.

　이 사례는 성인 폭력조직을 닮아가는 학교폭력의 진화 구조를 고스란히 보여준다. 청소년들은 조폭과 연계해 합숙(가출팸)을 하며 철저한 위계질서 아래서 폭력을 대물림 받았다. 경찰은 9~10월 두 달 동안 청소년 폭력동아리에 대한 집중 단속을 한 결과 가출팸, 합숙 폭력, 지역연합 서클 등 성인화한 48개 서클, 872명을 적발하고 16명을 구속했다. 이 중 가출 청소년과 연계된 서클은 11개, 성인 폭력배가 관련된 서클은 3개나 됐다.

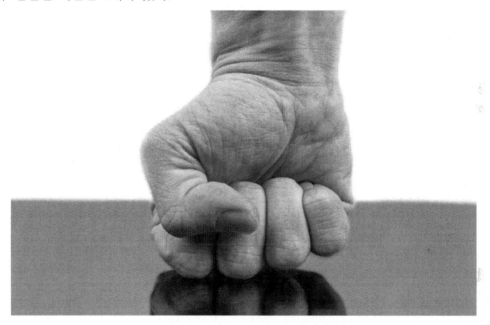

　충북 제천에서는 동네 조폭이 지역 중·고교생과 보육원 출신 여학생 등 40명을 마구잡이로 끌어 모아 심야에 무리 지어 다니며 편의점 절도, 일반 학생 대상 금품 갈취 등을 반복하다 경찰에 붙잡혔다. 경찰은 주범 이모 씨 등 4명을 구속하고 서클을 해체했다. 충남 아산에서는 장기 합숙을 하며 세를 불려 온 중학교 중퇴생 12명이 검거됐다. 이들은 유모 군 집에서 함께 생활하면서 대전·충남 지역으로 영역을 넓혀 차량 15대를 절도하는 등 비행을 일삼았다.

　단속 기간에 폭력 서클 간 패싸움을 경찰이 저지한 사례도 있었다. 경찰은 9월 초 경남 하동과 전남 광양 지역 학생들이 하동에서 집단 싸움을 하기로 한 첩보를 입수하고 두 서클이 맞붙기 직전 학생들을 가로 막았다. 경찰은 하동 지역 학생 9명이 4개 중·고교 일진 소속인 점을 밝혀내고 즉시 해체했다.

경찰청 관계자는 "학교폭력이 성인 뺨칠 정도로 규모화·흉포화하면서 위험 수위에 다다랐다"며 "폭력서클에 대한 상시 단속체계를 구축할 계획"이라고 말했다(한국일보, 2014. 11. 04, 조이식).

24. 건전한 학교운동부 문화를 만들어야 한다

폭력은 범죄 현장을 제외하고 어떤 상황에서도 용납될 수 없는, 근절되어야 할 명제라는 데 이제는 아무도 이의를 제기하지 않는다. 문제는 체육지도 현장에서 관행처럼 굳어져 습관적으로 발생한다는 것이다.

한국 사회의 제 윤리적 수준이 고도로 민주화된 작금의 흐름에서 폭력이 발생하는 체육지도의 현장에서 폭력의 피해 대상이 큰 상처를 받는 것은 물론 가해자의 대부분을 차지하는 선배나 감독, 코치들이 범법자로서 동시에 돌이킬 수 없는 처벌을 받게 된다. 게다가 체육지도 현장의 폭력은 당사자들의 상처와 처벌에서 그치지 않고 체육전공자의 이미지를 무식하거나 거칠다는 낙인으로 만들어 체육전공자들이 바람직한 리더십으로 사회에 진출하는 데 심각한 장애 요인으로까지 문제가 확대된다는 점에서 그 심각성이 가중된다고 하겠다.

최근 한국 사회에서 대두되고 있는 가장 큰 문제는 청년 실업문제라 할 수 있는데, 체육전공자들의 취업 상황을 긍정적으로 유리하게 만들기 위해서라도 반드시체육계의 폭력문제는 해결되어야 한다.

임번장(2000)은 국민체육진흥 세미나에서 "한국 체육발전을 위해서 생활스포츠가 바탕이 되는 선진국형 피라미드 시스템이 정상적으로 장치되어야 한다"고 주장하였는데, 이는 바로 'Sports for All' 프로그램을 적극 추진해야 한다는 것으로 받아들여진다.

결국 체육계가 폭력계가 폭력 근절을 위해서 실천해 나가야 할 일은 다름 아닌 한국체육의 근본적인 정상화이다. 이는 스포츠정책에 있어서 남녀노소 불문하고 생활스포츠 기반을 적극적으로 구축하는 일이며, 당연히 엘리트스포츠는 생활스포츠 기반을 통해서 학교체육 이후의 수준에서 개입될 수 있도록 장치해야 한다. 따라서 학교체육의 아마츄어리즘을 회복하는 길이 한국체육을 정상화하는 길이라 할 수 있다.

그간 한국의 학교체육은 어린아이 때부터 공부를 소홀히 하고 운동에만 전념하는 과도한 프로그램으로 추진하였다. 바로 성과를 내야만 한다는 결과지상주의의 다급한 성장 정책으로 정상적인 학업생활을 포기할 수밖에 없었다. 이 어긋남이 생활스포츠의 기초를 약하게 만든 원인이 되었고, 체육지도 현장에 폭력이 스며들도록 만든 장본인이었다(이홍구, 2011: 165).

25. '폭력 없는 학교' 아직 갈 길 멀다

학교폭력이 많이 발생하는 신학기는 학교와 부모 모두 가장 긴장되는 시기다. 학교폭력에 속하는 집단괴롭힘(bullying)은 오늘날 학교의 아킬레스건으로, 지난 2월 발생한 여고생 집단폭행 사건처럼 학교 안팎에서 일상적으로 일어난다. 이는 학력 경쟁이 격해지고, 계층 격차가 커지며, 이웃이나 사회와의 단절이 심해지는 현대사회에서 발생하는 억압·불안·불만·소외 등을 왜곡된 형태로 해소하려는 병리 현상이다. 정부가 2013년 이후 '학교폭력 및 학생 위험 제로 환경 조성' 목표 아래 현장 맞춤형 학교폭력대책 등을 추진한 결과 다소 줄어든 것으로 나타났다. 그러나 집단괴롭힘이 줄어들다가 2012년 이후 늘고 있는 일본의 경우를 볼 때 조금도 경계를 늦출 수 없는 문제다.

집단괴롭힘은 다수의 학생이 특정 학생을 대상으로 심리적·언어적·신체적 폭력이나 금품 갈취 등을 하는 것이다. 학생의 사회성은 또래들과의 상호작용을 통해 형성되는 것이나, 이러한 것들이 왜곡된 관계로 발전하면 집단괴롭힘이라는 병증으로 전화(轉化)한다. 오늘날의 집단괴롭힘은 과거보다 음습하고 집요하며 그 수단이 교묘하고 지능화하여 조기에 발견하기 어렵고 장기화하는 특성을 보인다. 이로 인해 희생자가 발생할 정도로 심각해진 후에야 집단괴롭힘이 드러나 문제 해결을 어렵게 한다.

집단괴롭힘의 양태는 조롱·희롱, 집단에서 제외·무시, 구타·금품 갈취, 강요·협박, PC나 SNS를 통한 비방·중상 등과 같이 다양하게 나타난다. 교육부의 2015년 3~9월 2차 학교폭력 실태 자료를 보면, 전국 초등학교 4학년~고등학교 2학년생 412만 명 중 조사에 참여한 390여만 명의 0.9%인 3만4000여 명이 학교폭력 피해를 본 적이 있는 것으로 조사됐다.

학교 급별로는 초등학생이 1만 9,000명(1.4%), 중학생이 1만 명(0.7%), 고등학생이 5,000명(0.5%)으로 초등학생의 피해가 가장 많았다. 피해 유형별로는 언어폭력(35.3%), 집단따돌림(16.9%), 신체 폭행(11.8%), 스토킹(11.0%), 사이버 괴롭힘(9.7%), 금품 갈취(7.1%), 강제 추행(4.3%), 강제 심부름(4.0%) 순으로 나타났다.

이러한 집단괴롭힘의 발생은 개인·가족·학교·사회적 요인과 밀접한 관련이 있다. 개인적 요인으로 가해자의 조폭, 공감이나 배려심 결여, 자기중심적 사고, 강한 타자 지배 욕구 등과, 피해자의 지적·신체적 약점, 불결·비만 등 외견상 특징, 사회성 저하, 자기주장 빈약 등을 들 수 있다. 가족 요인으로 과다 교육, 과보호, 방임 등을, 학교 요인으로 체벌, 과도한 시험경쟁 등을, 사회적 요인으로 미디어 영향 등을 들 수 있다.

집단괴롭힘을 근절하기 위해서는 이를 둘러싼 구조 변인인 가해자·피해자·방관자·관중에 주목할 필요가 있다. 방관자가 많은 교실에서는 관중이 많아지고 가해자도 많아지기 때문에 집단괴롭힘의 허용적인 분위기에 영향을 크게 미친다. 청소년폭력예방재단이 초등학교 4학년~고등학교 2학년생 6,153명을 대상으로 한 '2013년 전국 학교 폭력 실태조사'에서도 이를 목격한 학생 중 52.6%가 모른 체한 것으로 나타났고, 10명 중 5명(49.2%)은 주위에 도움을 요청하지 않은 것으로 나타났다. 이처럼 주위의 동료에 대해 무관심하거나 못 본 체 회피하고, 피해자도 주위에 도움을 구하지 않는 게 오늘날 집단괴롭힘의 특징이기도 하다.

집단괴롭힘의 최대 적(敵)은 주위의 무관심과 방관이다. 이 점에서 상대방에게 건네는 '너 혹시 힘드니?' 하는 따뜻한 말 한마디로 자살을 예방할 수 있다는 중앙심리부검센터의 연구 보고는 시사하는 점이 많다. 집단괴롭힘은 절대로 용서받을 수 없는 반사회적 행위이자 우리 모두의 문제다. 따라서 학교는 어울림이나 어깨동무학교, 또래지지와 같은 프로그램의 확대 운영을 통해 어울리고 소통하는 문화를 확산해 가야 한다. 또한, 가정은 자녀에 대한 관심과 대화를 통해 자신감과 자긍심을 심어주고, 국가 사회는 법과 제도의 강화를 비롯해 관련 단체 및 기관과의 연계·협력을 통해 집단괴롭힘이 발생하지 않도록 해야 한다.

이처럼 우리 사회가 폭력 없는 학교를 만들기 위해 최선을 다하고 있으니 '안심하라, 그리고 언제든지 도움을 요청하라'는 신호를 모든 학생에게 지속적으로 보낼 때 집단괴롭힘은 사라져 갈 것이다(문화일보, 2016. 03. 22. 30면, 남경희).

26. '왕따 피해·가해자 모두 자살률 2~9배 높아져요'

"낱낱이 밝히는 것에서 치유는 시작됩니다. 학생들 약 40%가 왕따를 경험하고, 피해·가해 학생 모두 자살 시도율이 2~9배까지 높아진다는 것을 수치로 보여주니 '반(反)왕따(anti-bullying) 운동이 더 활발해졌지요."

예일대 의대 소아정신과 김영신 교수가 미국 대통령이 주는 '젊은 과학·공학자 대통령상(Presidential   Early   Career   Awards   for   Scientists   and

Engineers · PECASE)' 수상자로 선정됐다. 1996년 제정된 PECASE는 과학 · 공학 분야 젊은 학자 가운데 독보적인 연구 성과를 낸 사람을 뽑는데, 미 정부가 젊은 학자에게 수여하는 최고의 상으로 꼽힌다. 올해 수상자는 미국 13개 연방기구가 추천한 102명으로, 김 교수는 보건부(HHS)가 추천한 23명에 포함됐다.

그는 1988년 연세대 의대를 졸업하고 1994년 도미(渡美), 예일대 · UC버클리에서 박사 학위를 받고 2005년부터 예일대 의대 교수로 일하고 있다. 남편인 베넷 레벤탈 뉴욕주 신경과학연구소(NKI) 부소장 역시 소아정신과학계의 세계적 권위자다.

김 교수는 "이 상은 학문적 업적뿐만 아니라 사회적 기여도도 중시한다고 들었다" 며 "왕따 가해자도 피해자 못지않게 마음의 상처를 받아 성적도 떨어지고, 커서도 자살 · 범죄 · 실업률이 높아지는 등 왕따의 심각성을 입증한 것이 평가받은 것 같다" 고 말했다. 김 교수는 자신의 연구 결과를 바탕으로 시카고의 공립학교에서 실시하는 '반(反)왕따 프로그램' 조언자로 활동하기도 했다.

"피해자 · 가해자만의 문제도 아닙니다. 같은 반에서 벌어지는 왕따를 지켜보기만 한 학생(약 60%)도 가책에 시달려요. 결국 학교 전체에 '왕따는 나보다 약한 친구를 괴롭히는 치사한 짓' 이라는 인식이 퍼져야지, 가해 · 피해자 학생만 가려내서는 해결이 안 됩니다."

23일(현지 시각) 미 백악관이 발표한 '젊은 과학 · 기술자 대통령상' 수상자인 김영신 교수는 25일 본지와 단독으로 만나 "피해 · 가해 학생은 물론 왕따를 지켜보는 모든 학생이 상처 받는다" 고 했다 (이명원 기자).

김 교수는 "학교에서 아무리 잘 가르쳐도 집에서 부모가 '맞는 것보단 때리는 게 낫다'고 하면 허사" 라며 "한 아이를 제대로 키우는 데 온 마을이 필요한 것처럼 진정한 왕따 해결은 사회 전체가 폭력성에서 벗어나야 가능하다"고 말했다.

그의 또 다른 업적은 이전까지 1%라고 알려졌던 자폐 유병률이 실제로는 2.64%에 이른다고 밝힌 일이다. 한국의 루돌프어린이사회성발달연구소와 함께 초등학생 5만명을 대상으로 세계 최초 전수(全數)조사를 실시해 이를 증명했다. 이 연구는 세계적 과학 학술지 네이처의 2011년 7대 연구로 꼽혔다. "진단도 못 받고 방치된 자폐 학생이 많다는 사실이 김 교수 연구에서 드러났다"며 미 언론의 지적이 빗발치기도 했다. 이후 김 교수 연구법을 모델로 한 연구가 이어지며, 핀란드와 미국 질병관리본부(CDC)도 자폐 유병률이 2%를 넘는다고 발표했다.

김 교수는 "미국이나 한국이나 학교는 '아무 문제 없다'고 숨기기에 급급했지만 요즘은 달라지고 있다"고 했다.

"최근 한국에서 초등 1학년 학생들을 연구하다 보니 교사와 자녀 문제를 상담하고 싶다는 학부모가 80%나 됐어요. 교사·학부모가 서로 믿고 진지하게 의논할 길만 터줘도 많은 문제가 해결될 겁니다." (조선일보, 2013. 12. 26. A35, 이지혜).

27. 교권 회복해야 학교폭력 해결할 수 있어

청주의 한 중학교에서 학부모와 학생이 담임 여교사를 폭행한 사실이 그제 뒤늦게 알려졌다. 교권 붕괴 경고음이 울려 퍼진 지 오래인데도 교단 현실은 여전히 이렇듯 참담하다.

지난 17일 청주 K중학교 교무실의 오후 풍경은 한마디로 난장판이었다. 이 학교 1년생 A군의 어머니가 담임 여교사의 머리채를 붙잡아 흔들고 A군은 주먹으로 여교사의 등을 여섯 차례 때렸다. A군의 아버지는 웃통을 벗고 욕설을 퍼부었다. 이들은 A군이 왕따를 당해 학교에 가지 않았는데도 담임교사가 제대로 대처하지 않았다는 이유로 소동을 부렸다고 한다. A군 일가족에게도 할 말이 없지는 않겠지만 일가족 행태는 납득이 쉽지 않다. 교단에서 얻어맞는 교사는 청주의 여교사만이 아니다. 한국교총이 4월 밝힌 '2011년도 교권회복 및 교직상담 활동실적' 보고서에 따르면 지난해 발생한 교권침해 사례는 총 287건으로, 1991년 22건에 비해 13배가량 늘어났다. 교권은 학생들을 가르치기 위해 끝까지 존중돼야 할 최후의 보루인데도 넝마처럼 짓밟는 이들이 너무도 많다.

미국의 경우 대부분의 주에서 학부모가 교실이나 교무실에 출입하기 위해서는 교장의 허락을 반드시 받아야 한다. 싱가포르는 학교 정문에서부터 학부모의 출입을 통제한다. 우리도 교권을 존중해야 한다. 교사가 학생들 앞에서 폭행을 당하는 어이없는 일상사를 계속 두고 볼 수는 없는 일이다(세계일보, 2012. 08. 28, 27면).

학교장의 한 사람으로서 학교폭력, 자살 등으로 고통을 당하는 가족들께 여간 송구한 게 아니다. 근본적인 해결방안이 마련되기를 소망하며 현장 경험의 일편을 개진하고자 한다. 학교장에게 책임을 물어야 한다느니, 문제학생에 대한 처벌이 약하다느니 의견이 분분하지만, 학교장의 징계를 논하는 것은 오히려 사태를 악화시킬 뿐 문제해결에 전혀 도움이 되지 않는다.

교육부와 교육청이 일일이 간섭·지시·명령하고 있어 자율적인 학사운영 권한이나 교직원을 통제할 실질적 권한이 없는 학교장에게 총체적 책임만 묻는 것은 가혹한 일이 아닐 수 없다. 문제학생에 대한 처벌도 한계가 있다. 퇴학생 수의 증가는 곧바로 사회문제로 연계되기 때문이다. 퇴학처분도 문제학생을 보호하기 위한 대안의 방법으로 국한되어야 한다.

지금은 그간의 교육정책에 대한 반성이 먼저라고 생각한다. 그동안 당국은 물리적 수단에만 의존해 왔다. 초등학교에서 성폭행 사건이 발생하자 서둘러 보안관을 배치했고, 다시 백주대낮에 학교 안에서 성폭력이 발생하고 중·고교에서 학교폭력으로 인한 자살사건이 발생하자 또다시 서둘러 보안관 증원, 보안망 조직, 긴급 신고용 벨 설치, CCTV를 증설하겠다고 법석이다. 하지만 감시·감독을 통한 적발·처벌은 근원적인 해법이 될 수 없다.

학생인권이 강조되고 체벌이 금지된 이후 사안 발생의 빈도가 증가하고 교사에 대한 패륜 행위가 증가했다는 데서 해답의 실마리를 찾았으면 한다. 문제학생들이 체벌금지 조항을 악용해 지도 교사를 조롱하며 욕설이나 거친 행동으로 반항해도 교사는 대응할 방법이 없다. 이처럼 교사들마저 문제상황을 회피하는 교실 분위기에서 피해학생들이 신고할 엄두를 내지 못하는 것은 당연하다.

문제의 근원은 교육부, 인권위, 교육청, 지방의회가 교사를 학생 폭력, 인권침해의 주범으로 음해한 데 있다. 때문에 교사의 교권을 원상태로 되돌려놓지 않고서는 해결될 일이 아니다. 학교장에게 예산권·인사권을 부여하고 학교공동체가 학생교육에 대한 전적인 권한과 책임을 갖도록 해야 한다.

경찰이 학교폭력에 협력하는 것은 당연한 일이지만, 교사에게 문제 학생의 조사와 처벌에 관한 일정 권한을 위임하는 방안도 적극 검토할 필요가 있다. 올바른 가치관 교육이 불가한 환경에서 감시·감독만으로 문제학생들의 행동을 수정하는 것은 불가능한 일이다. 교육환경과 여건을 탄탄하게 조직화해서 문제행동을 사전에 차단해야 한다(조주행, 2012. 01. 04).

☞ **"학생·학부모에게 매 맞고 욕먹는 선생님… 몸도 마음도 멍들어"총체적 위기에 빠진 한국교육을 진단한다.**

"대접받는 스승 상(像)에서 벗어나 스스로 실천하는 새로운 스승 상을 만들어가야 합니다."

서울 용화여고 김소미 교사(교육학 박사)는 20일 〈일요서울〉과 인터뷰에서 추락하는 교권(敎權)을 올바로 세우려면 교사(敎師)들이 주도하는 자구노력이 선행되어야 한다며 이같이 말했다.

김 교사는 "교권 침해는 교사들의 교육권 위축과 학생들의 학습권 피해로 이어져 사회 전반에 고스란히 피해가 돌아간다"고 진단했다. 그는 사회 공헌활동을 늘려 교직의 전문성을 높여야 한다면서 교원의 사회참여 확대 방안도 진지하게 고민해야 한다고 밝혔다.

다음은 김 교사와의 일문일답이다.

Q. 학부모와 학생의 폭언 등 현장에서 교권침해 사례가 빈발하고 있는데.

A. 교권 침해가 빈발하면 학생들에 대한 인성교육이 제대로 될 수 없다. 교권 침해는 교사의 교육권은 물론 학생의 학습권에도 악영향을 준다는 점에서 중대한 문제다.

Q. 김 교사가 생각하는 교권 확립 방안은 무엇인가.

A. 그동안 외부의 강제로 교권과 공교육 살리기 노력이 있었다. 교원 스스로 교권을 확보해야 한다는 인식을 확산시켜 나가야 한다. 사회나 국가의 도움을 받아서 교권을 지키거나 교직의 사회적 위상을 높이는 게 아니라 대접받는 스승 상에서 벗어나 이제 스스로 실천하는 새로운 스승 상을 만들어가야 한다. 학교 안에서는 교원-학부모, 교원-교원, 교원-학생 등 갈등과 대립구도를 협력·참여·협치 구도로 바꿔야 한다. 교사에 대한 학생과 학부모의 폭력 등 교권 침해에 대해 교권보호법 제정운동과 교권보호위원회 설치 등 처방적인 대응을 해왔는데 앞으로는 교사 스스로 나서서 바꾸자는 운동했으면 좋겠다.

Q. 강제에 의한 교권 확립 방안을 언급했는데 예를 든다면.

A. 지난해 서울시교육청이 교육현장 불법찬조금과 촌지 관행을 근절하고자 신고한 공무원이나 시민에게 1억 원의 보상금 지급하는 '공익신고 보상금제'를 도입했다. 이는 매우 잘못된 접근법이다. 선생님의 사기와 자존감을 높여줘야지 '나쁜 교사 때려잡겠다'는 식의 단순한 접근은 옳지 않다. 교사들 스스로 교권 확립에 나서는 접근에 일반 시민이나 교사, 학부모 모두 동의할 것이다. 그렇게 해야 사회가 양극화나 대립구도에서 새로운 돌파구를 찾을 수 있다.

Q. 교사가 스스로 나서서 교권을 높이는 구체적 방안은.

A. 방학과 공무원연금 등 사회에서 그동안 교사들을 편한 직종으로 보는 경우도 많았다. 앞으로 교원의 사회 공헌활동을 늘려 교직의 전문성을 높이고 사회적 삶을 살아가는 교사로서의 책임감을 높이도록 해야 한다. '사회속의 교원' '세계속의 교원' 등을 주제로 우리 교사들의 세계화를 적극 추진해야 한다. 이런 방향으로 새로운 교육, 새로운 교원 상을 제시해 나가야 한다.

Q. 현장 교사들은 지나친 잡무 부담을 가장 큰 어려움으로 꼽는데.

A. 잡무가 많아지는 원인은 교육감 직선제에도 있다. 새 교육감이 들어설 때마다 공약을 남발해 교육정책을 바꾸면서 학교에 구현시키려고 하다 보니 교사들이 정작 수업준비는 못 하고 각종 서류작성 등 잡무에 시간을 빼앗긴다. 교육 현장에서 수업이 제대로 될 리 없다. 그러다 보니 공교육의 교육력이 약해지고 상대적으로 사교육은 번창한다. 교원들의 잡무는 말하자면 교육을 정치화한 산물이다.

Q. 제20대 국회에 현장 교육전문가가 1명도 진출하지 못했는데.

A. 우리 국회의원들께서 나름대로 일을 열심히 하지만, 국회에 학교 현장을 제대로 아는 전문가가 거의 없다. 국회의원들이 교육을 모르면 대한민국의 교육시스템은 약화할 수밖에 없다. 전문성을 높여야 한다(일요서울, 2016. 05. 23, 송승환).

28. '美 열혈맘' 선생님에게 배우는 0교시 체육의 기적

'활동적인 어린이=활동적인 정신(Active Kids=Active Minds)'. '학교체육' '0교시 프로젝트'의 새로운 패러다임을 제시한 '복스(BOKS)' 프로그램 창시자인 캐슬린 털리 이사의 이메일 인사말이다. '많이 움직일수록 학습 능력이 향상된다'는 복스의 기본이념이기도 하다. 털리 이사가 지난 24일 서울 강남의 아디다스코리아 본사를 찾았다. 학교체육 솔루션 기업 위피크 강사들을 상대로 유쾌한 연수에 나섰다.

엄마가 가르치는 0교시 체육 털리 이사는 미국 보스턴에 산다. 8세 여자아이, 11세 남자아이를 둔 엄마다. 43세의 나이가 무색해 보이는 탄력 넘치는 몸으로 '0교시 체육활동'의 중요성을 설파하며 세계를 누빈다. 미국 캐나다 등 미주 지역은 물론 일본 한국 등에서 호응이 뜨겁다. 털리 이사는 20년 가까이 금융기관에서 일했다. 스포츠를 취미로 즐기긴 했지만 불과 2년 전까지만 해도 체육교육과는 전혀 무관한 삶을 살았다. 스스로 '커리어 혁명(Career Revolution)'이라 칭할 정도다.

평범한 엄마로 살 뻔한 그녀의 인생을 180도 바꿔놓은 건 학교체육 분야의 석학 존 레이티 하버드대 박사의 명저서 '스파크' 다. '스파크' 를 읽는 순간 마음속 깊은 곳에서 스파크가 튀었다. '운동은 뇌를 위한 기적의 영양제' 라는 말에 마음이 움직였다. '운동은 우리 뇌의 기능을 최대한 활용할 수 있도록 만드는 가장 강력한 도구' 라는 믿음에 '0교시 체육이 학습을 돕는 신경세포 성장인자의 촉진을 증가시키고 새로운 뇌세포의 성장을 증가시킨다' 는 일리노이대학의 연구 결과는 확실한 이론적 근거를 제시했다.

'열혈엄마' 털리 이사는 적극적인 행동으로 나섰다. 아이들의 미래를 건강하게 바꾸는 일에 한치의 망설임도 없었다. 인터넷과 교육자료를 뒤지기 시작했다. 누구나 가르치고, 누구나 즐길 수 있는 유쾌한 '엄마표' 게임들로 즐거운 커리큘럼을 만들었다. 레이티 교수에게 0교시 체육 프로그램을 진행하는 데 도움을 받고 싶다는 이메일을 보냈다. 불과 12시간만에 레이티 교수의 긍정적인 답장이 도착했다. 의기투합했다. 마침 스포츠 브랜드 리복이 스폰서를 자청했다. 일사천리였다. 동서양을 막론하고 엄마는 힘이 세다.

놀이처럼 즐기는 0교시 체육, 학교가 즐거워진다 '운동으로 아침을 시작하면 건강해지고, 성적이 좋아지고, 삶이 긍정적으로 바뀐다.' 털리 이사가 창안한 '복스' 프로그램은 더 나은 학습활동을 위해 아이들의 정신과 신체를 자극하는 0교시 체육활동 프로그램이다. 주2~3회 수업 전 40분가량 체육수업을 진행한다. 보통에서 다소 격렬한 정도의 신체활동을 경쟁이 아닌 즐거운 상황에서 게임처럼 하는 것이 특징이다. 체육활동을 이끄는 것 역시 체육전공자나 교사가 아니다. '리드 트레이너(lead trainer)' 라고 불리는 이들은 부모나 교직원들이다.

지난해 사회문제로 비화된 학교폭력을 퇴치하기 위해 학교체육 정책을 적극 도입중인 교육과학기술부나 일선 학교에서 고민하는 강사 부족 문제를 해결해줄 솔루션이 될 수 있다. 경쟁이 아닌 즐거운 게임 방식에 보편타당하고 구체적인 매뉴얼이 존재해 누구나 쉽게 진행할 수 있다.

학교에 도착하면 우선 자유롭게 놀이를 즐긴다. '복스 록스' 라는 응원가를 제창한 후 준비운동 게임으로 몸을 푼다. 워밍업을 통해 심박수를 끌어올린다. 달리기가 포함된 게임으로 완전히 예열을 끝낸다. 본게임인 '오늘의 스킬' 역시 릴레이경주 장애물 경기 등 즐거운 게임 형식이다. 벌칙은 윗몸일으키기나 팔굽혀펴기다. 복스 프로그램에서 가장 인상적인 부분은 '영양학적인 관점의 교육' 이다. 수업 말미에는 언제나 운동과 음식, 영양의 관계에 대한 교육을 빼놓지 않는다. 단백질이 많이 들어있는 음식, 콜레스테롤, 지방이 많은 음식을 알아맞히는 퀴즈를 낸

후, 단백질이 들어간 음식을 3가지 이상 챙겨먹는 숙제를 내주는 식이다. 영양학 교육은 실생활에서 놀라운 효과를 발휘하고 있다.

틸리 이사는 "탄산음료나 달달한 음료수를 주면 오히려 아이들이 다른 음료를 달라고 말한다. 당분과 칼로리를 이야기하며, 과자 대신 과일을 달라는 아이들도 있다. 교육을 통해 아이들 스스로 바뀌고 있다" 며 즐거워했다. 지난 2년간의 '0교시 체육' 의 효과 역시 설문을 통해 직접 눈으로 확인했다.

지난해 복스 프로그램을 적용한 뉴욕, 워싱턴, 보스턴 내 24개교 학부모 및 학생 설문 결과 93%의 학부모와 86%의 학생이 '학교 가는 것이 즐겁다' 는 응답을 내 났다. 복스 프로그램의 영양학적 지식은 실제 생활에서도 효과를 드러냈다. 79%의 학부모, 64%의 학생이 복스 프로그램 적용 이후 '보다 건강하게 먹는다' 고 답했 다. '훨씬 더 활기가 넘친다' (학부모 88%) '체력단련에 보다 관심을 가진다' (학 부모 80%) '보다 자신감 있다' (학부모 73%) 등 긍정적인 반응이 줄을 이었다.

이날 틸리 이사가 10여명의 어린이들을 상대로 진행한 수업에서도 '즐거운 효 과' 는 감지됐다. 아이들은 후프로 성을 쌓은 후 스펀지공을 던져 상대의 성을 무 너뜨리는 게임을 시간 가는 줄 모르고 즐겼다. 팔굽혀펴기 벌칙을 수행하는, 진 팀 도 신이 났다. "한번 더해요!" 아이들의 발갛게 달아오른 뺨이 마냥 행복해 보였 다(스포츠조선, 2012. 08. 30, 전영지).

학교체육 강남=전준엽 기자 noodle@sportschosun.com/2012.08.24/

A True Travel 진정한 여행

- Nazim Hikmet 나짐 히크메트 -

the most magnificent poem hasn't been written yet
가장 훌륭한 시는 아직 쓰여지지 않았다
the most beautiful song hasn't been sung yet
가장 아름다운 노래는 아직 불려지지 않았다.
the most glorious day hasn't been lived yet
최고의 날들은 아직 살지 않은 날들
the most immense sea hasn't been pioneered yet
가장 넓은 바다는 아직 항해되지 않았고
the most prolonged travel hasn't been done yet
가장 먼 여행은 아지 끝나지 않았다.

the immortal dance hasn't performed yet
불멸의 춤은 아직 추어지지 않았으며
the most shine star hasn't been discovered yet
가장 빛나는 별은 아직 발견되지 않은 별
we don't know any more what we are supposed to do
무엇을 해야 할지 더 이상 알 수 없을 때
it's the time when we can do true something
그때 비로소 진정한 무엇인가를 할 수 있다.
when we don't know any more where we are supposed to go
어느 길로 가야 할지 더 이상 알 수 없을 때
it's the start when the true travel has just begun
그 때가 비로소 진정한 여행의 시작이다.

VI. 학교폭력 대처 방안과 제안

제18대 대통령에 취임한 박근혜 대통령이 언급한 사회 4대악 중에 학교폭력이 포함된 것만 보더라도 최근 학교폭력이 아주 심각한 사회문제로 대두되고 있는 것은 시민 모두 피부로 느낄 수 있을 것이다. 가해자 처벌 강화, 상담인력과 경찰인력 대폭 확충 등 여러 정책이 실시되고 있지만 한 인터넷 여론매체에 의하면 전국 초·중·고교 학부모를 대상으로 한 조사에서 학부모의 약45% 정도는 아직도 학교폭력 대책이 별 효과가 없다고 응답을 했다.

이런 정책들이 효과를 거두지 못하는 것은 현장 의견이 잘 전달되지 않거나 실제 현실과는 괴리감이 크고, 학교별 특성이 고려되지 못하고 획일적이기 때문일 것이다.

학교 폭력의 가해자나 피해자는 모두 학생이라는 기본 사실에 충실하다면 학생들 자발적으로 학교폭력예방 문화 확산을 위해 노력하는 활동을 강화해 스스로 폭력 없는 학교 문화를 창조하도록 시도하는 방법이 처벌을 강화하는 것보다 훨씬 더 효과적일 수도 있을 거라 생각한다.

아이들은 우리의 미래이다. 미래인 이 아이들의 행복한 학교생활을 위해서는 학교폭력은 반드시 근절되어야만 한다. 새학기 초, 우리 아이들 스스로 학교폭력 없는 학교문화를 만들어 갈 모습을 기대하며 앞으로 학교 폭력 없는 즐겁고 배움이 가득한 학교 때문에 집보다 학교를 먼저 가고 싶어 하는 학생만 가득해 부모가 고민하는 세상을 희망해 본다(강원도민일보, 2013. 02. 28, 김봉래).

학교폭력을 줄이기 위한 예방활동은 경찰청에서 운영하는 스쿨폴리스(School Police·학교전담 경찰관), 법무부에서 마련한 체험 병영 프로그램, 지역별 Wee 센터[15] 설치 운영, Wee 클래스·Wee 스쿨 전문 상담교사 배치 등이 있지만 학교폭력을 근절하기 위한 대책으로는 미흡하다.

예방 프로그램의 경우에는 청소년폭력예방재단(The Foundation for Preventing Youth Violence, Youth Peace, 靑少年暴力豫防財團)에서 제작한' '학교폭력 지킴이 선생님' 프로그램, 노르웨이 등 선진국의 학교폭력 예방 프로그램을 참고해 만

---

15) 'WEE 센터'는 일선 학교에서 선도나 치유하기 어려운 위기의 학생들을 대상으로 체계적인 관리와 지도를 위해 진단과 상담, 치료를 원스톱으로 지원하는 기관이다. 2015년 전국 177개 교육지원청에 188개 'Wee 센터'가 설치 돼 있으며, 지난 해 30여 만 명의 학생들이 'Wee 센터'를 비롯해 비슷한 역할을 하고 있는 'Wee 클래스'와 ''Wee 스쿨'을 찾아 상담과 치유를 받았다.

든 'V-1' 백신프로그램, 서울대 심리학과 발달심리연구실이 제작한 '시우보우(視友保友)' 프로그램 등이 있지만 새로운 대처 프로그램이 필요하다.

정부에서는 학교폭력 예방을 위한 "학교폭력 예방 및 대책에 관한 법률"을 제정·개정하여 시행하고 있지만, 뿌리 깊이 박힌 학교폭력을 근절하기 위한 대책으로 법률조항의 문제점은 물론 법률의 적용 시에도 문제점이 드러나고 있다.

학교폭력 문제에서 가장 중요한 것은 미리 일어나지 않도록 방안을 강구하는 것이다. 따라서 어린 시기부터 대인 간 긍정적인 관계, 대인간 갈등 해결, 충동 조절, 정서 조절 등에 관한 교육을 실시하여 가능한 범위 내에서 폭력 등을 예방할 수 있어야 한다.

학교 생활지도는 학교에서 책임지고 하며, 철저한 학교폭력 근절대책과 적극적인 상담활동 중심의 대처활동을 통해 이루어져야 한다. 학교장의 강력한 의지와 전교직원의 관심과 배려, 지역협의체와의 공조체제로 학교폭력은 반드시 근절되어야 하는 시대적 문제이다.

1. 10대들에게 '소통하는 법'을 가르치자

요즘 우리 사회에 학교폭력이 화두가 되면서 경쟁을 부추기며 자녀의 성공만을 염원하던 부모들과 우리 사회로부터 자책과 반성의 목소리가 나오고 있다. 퇴근길 지하철에서도 한 취객이 "폭력을 휘두르는 아이는 커서 깡패가 돼 살인까지 할 수 있다. 강하게 처벌해야 한다"고 소리를 지를 정도로 학교폭력은 핫이슈다. 일례로 모 브랜드의 패딩 점퍼가 10대들 사이에서 계급을 나누는 잣대가 되고, 이로 인해 청소년들 사이에 범죄가 일어나면서 또래문화를 우려하는 목소리도 높아졌다.

10대들은 자신들만의 또래문화를 만들고 이를 지키기 위해 언어적 폭력을 넘어 신체적 폭력까지 가하는 것은 비단 요즘 일만은 아니다. 과거에도 학교폭력은 존재했고 때로는 잔인했다. 하지만 사회 양극화는 심화되고, 경쟁의 틈바구니 속에서 아이들이 벼랑 끝으로 내몰리는 속도가 빨라졌다. 평가의 잣대는 공부로 귀결돼 우리 사회와 부모들의 잔소리는 더 잦아졌다.

미디어들은 경쟁적으로 10대들의 문화와 그들의 잔인한 폭력성, 한 발 더 나아가 여러 대안을 제시하지만 잘 와 닿지 않는다. 이를 바라보는 어른들은 그저 '내 자식은 아니겠지'라는 태도를 취한다. 그리고 우리는 '시간이 지나면 잠잠해지겠지'라고 생각한다.

학교폭력은 아이들이 우리 어른들과 사회에 던지는 '아프다' 라는 경고의 메시지다. 하지만 지금 이 메시지를 받은 우리의 자세는 어떤가. 학교폭력은 일부 아이들의 문제일 수 있다. 그러나 이 아이들에게 폭력이라는 수단을 통해 세상과 소통하도록 가르친 것은 우리 어른들이다. 그리고 일부 아이들 때문에 전체가 아플 수 있고 전체가 가해자이자 피해자가 될 수 있다.

초록우산 어린이재단이 지난해 9월부터 12월까지 초등학생 1,377명을 대상으로 학교폭력실태를 조사한 결과에 따르면 25%가 학교폭력을 경험한 것으로 응답했다. 이들 중 절반에 가까운 47%는 학교폭력을 당하고도 그냥 참는 것으로 나타나 문제의 심각성을 드러냈다.

우리 사회는 어른, 아이 할 것 없이 대화하거나 토론하는 것에 익숙지 않다. 이런 문화는 가정과 학교, 직장생활을 하는 사회에서도 예외는 아니다. 말을 안 하고 참는 것, 침묵하는 것이 가장 좋은 최선의 방법이라고 생각하며 우리는 자라왔다. 사람마다 생각이 다르기에 그 다른 생각을 좁혀가고 이해하며 문제의 해결 방안을 찾으려면 대화를 통해 서로 소통해야 한다.

어릴 때 편견 없이 친구들과 어울려 이야기하는 것을 좋아하는 아이들에게 침묵하고 폭력이라는 수단을 선택하도록 만든 것은 누구일까. 말뿐인 소통이 아닌 '뜻이 서로 통하고 오해가 없는 진정한 소통' 이 우리 사회 전반에 필요하다. 어린이재단에서 진행하는 폭력 예방(CAP) 교육현장에서 만난 아이들은 그저 천진난만한 자연과 가장 닮은 순수한 아이들이었다. 지금 이 아이들에게 필요한 것은 세상과 소통하는 법이고, 우리 어른들은 이를 가르쳐야 할 시점이다(동아일보, 2012. 01. 18, 이서영).

2. 자살 충동 청소년 상담 프로그램 확충하라

초등학교와 중·고생의 7.2%가 정서와 행동발달에 문제가 있고 2.2%는 자살을 생각한 적이 있다는 교육부의 조사 결과는 결코 대수롭게 볼 사안이 아니다. 청소년들의 정신 건강이 나쁜 것은 주변 환경과 여건 탓이 크다. 정신적으로 약하고 민감한 사춘기 아이들로서는 감당하기 어려운 요소들이 너무 많다. 청소년들의 정신 건강을 지키고, 특히 자살을 막기 위한 대책이 시급하다.

경제협력개발기구(OECD) 국가 중에서 우리나라는 8년째 자살률 1위다. 그중에서도 청소년층의 자살은 더 큰 문제다. 10~19세 인구 10만 명당 자살자 수는 2001년

3.19명에서 2011년 5.58명으로 57.2% 증가했다. 같은 기간 성인 자살률 증가치 50.5%보다 높다. 다른 OECD 국가들의 자살률이 떨어지고 있는 것과는 정반대 현상이다. 가장 큰 이유는 성적과 진학 문제다. 일류대학이니 삼류대학이니 구분하면서 대학에 서열을 매기고 대입 성적을 낮게 받으면 인생이 끝난 것으로 인식하는 풍토는 아이들에게 엄청난 압박감을 줄 수밖에 없다. 다음으로 학교 폭력, 집단 따돌림 등이 정서에 나쁜 영향을 줄 것임은 말할 나위도 없다.

자살을 막으려면 무엇보다 가정과 학교에서 정서적으로 문제가 있어 보이는 학생들을 관심을 갖고 대해야 한다. 수시로 대화를 통해 고민을 들어주고 해결해 주려는 노력을 하는 것은 일차적으로 부모의 몫이다. 학생들이 가장 많은 시간을 보내는 학교에서도 면밀하게 관찰하여 문제가 있어 보이는 학생은 적극적으로 상담을 해 충동적인 행동을 예방해야 한다. 1년에 한번 형식적인 검사로 끝나서는 안된다. 담임교사를 중심으로 해서 주기적으로 학생과 의사소통을 할 필요가 있다.

스트레스에 시달리는 학생들이 손쉽게 이용할 수 있는 상담 프로그램도 확충해나가야 한다. 물론 Wee 센터와 같이 이미 마련된 제도도 최대한 활용해야 할 것이다. 형식적인 제도보다는 실효성 있는 활동이 더 중요하다. 교사 또는 학부모와 각학년의 학생들을 멘토-멘티로 묶어 수시 고충상담 체제를 갖추는 방법도 고려해봄직하다. 누군가 손을 내밀어 작은 도움을 주는 것만으로도 어린 학생들의 정서적 안정에 큰 보탬을 줄 수 있다(서울신문, 2013. 09. 24, 31면).

우리나라는 세계에서 자살률이 가장 높은 나라에 속한다. 신문의 사회면에서 사흘이 멀다 하고 접할 수 있는 자살·학교폭력 기사들이 그 방증이다. 특히 자살은 봄·여름철에 많이 발생하고 있고 그 중 20~30대 자살률이 제일 높다.

특히 청소년 자살과 학교폭력 사건이 빈번한 가운데 전국적으로 여중·고생 투신 자살사건이 잦고, 그 배경으로 학교폭력이 의심받고 있어 충격을 주고 있다. 청소년들의 자살이기에 문제의 심각성이 더하다.

청소년들의 자살·학교폭력을 예방하기 위해서는 먼저 부모와 교사가 청소년기의 특성과 심리적 갈등의 해결방법에 관심을 가져야 한다. 자살·학교폭력이 공동체에 미치는 영향을 올바르게 알고 혹시 주변에 고통받는 자녀가 있는지 교우관계 및 학교생활 전반에 걸쳐 주의를 기울이는 것이 요구된다. 학생들에게 자살·학교폭력은 나쁜 것임을 스스로 깨닫게 하고 나 자신을 사랑하고 소중하게 여기는 마음을 가지도록 해야 할 것이다.

우선 가정에서는 자녀와의 대화를 많이 나눠 생명의 존엄성을 고취시켜야 한다. 또 세심한 관찰로 자녀의 성장 및 발달을 지원하고 정서적 지지를 충분히 제공하며 부모가 먼저 모범적인 생활을 보여줘야 한다.

가장 중요한 지지체계는 가정이므로 정상적 가족 기능의 함양, 문제가 된다면 가족 상담의 치료를 통한 가족 기능의 소통회복이 급선무다.

가정 이외에 가장 많이 시간을 보내는 학교에서는 특히 예방에 중요한 역할을 할 수 있는데 상담 전문가와의 집단토론을 통한 문제 행동의 상담, 인성교육과 정서행동의 문제, 자살 사고 및 충동에 관한 토론과 교육 등이 효과가 있을 것이다. 또 학교폭력 예방 교육과 생명존중 교육의 필요성이 강조된다. 그리고 운동, 청소년을 위한 건전 놀이시설 확보, 청소년 상담기구 확보 등이 시급한 현실이다.

이와 함께 경찰은 자살 기도자가 급증하고 있는 점을 감안, 관내 외지인 출입이 많은 지역에 대한 취약요소별 방범대책 수립과 탄력적 경력운영으로 범죄예방과 자살기도자 사전 예방을 위해 지역실정에 부합하는 맞춤형 순찰 활동을 발굴·전개해야 할 것이다.

자녀를 둔 학부모, 특히 가해 학생 부모들이 주로 자기 자식의 잘못을 정당화할 때 사용하는 논리가 '우리 아이가 원래 그런 아이가 아닌데 실수를 한 것 같다, 아이들이 크면서 그럴 수도 있지' 라는 일종의 '성장통' 이라는 단어를 자주 사용한다. 문제는 이런 논리가 비약될 경우, 가해 학생 부모들은 그러한 인식을 넘어 학생들의 폭력을 정당화하는 태도를 보이기도 한다는 점이다.

이런 논리는 '부자가 있으면 가난한 사람이 있고, 힘이 센 아이가 있으면 약한 아이가 있는 것은 당연한 것 아닌가' 라는 의미를 내포한다. 학교에 보이진 않는 피라미드 형태의 서열이 존재하는 것을 어느 누구도 부인하지 못할 것이다. 그렇다면 힘이 약한 아이가 항상 폭행을 당하는 게 당연하다는 것인데, 그런 생각이 아이들 교육에 도움이 될지 의구심을 지울 수가 없다. 아이들 스스로 자기 반성할 기회를 줘야하지 않을까 싶다.

이에 더해 한 가지 더 언급하고 싶은 것은 아이들의 목소리가 어른들에 의해 체계적으로 부정되는 현실이다. 경쟁논리를 내세우는 일부 학부모들에 의해 학교폭력이 합리화되는 상황을 아이들이 알게 된다고 생각해 보라. 아이들은 더 이상 어른들을 믿지 않을 것이고, 가해학생 아이들의 논리 속으로 동화되는 현상을 보일 수도 있다. 그럴수록 피해학생은 더 깊은 수렁에 빠져들어 헤어 나올 길을 찾지 못하게 된다.

많은 아이들이 지금도 학교폭력으로부터 벗어나고 싶어 하지만 두려움 때문에 아무 말도 못하고 혼자 고민하는 경우가 허다하다. 학교폭력의 원인을 우리 사회의 보살핌 기능의 부재와 사랑과 애착의 부족으로 본다면, 먼저 공부를 해야 할 것은 아이들이 아니라 어른들이다. 어른들 스스로 자신의 관심과 보살핌 능력지수를 살펴보고, 부족하다면 인식전환의 계기를 마련하는 것이 스스로의 책무일 것이다. '내 자식만 아니면 상관없다' 는 그릇된 사고방식은 아이들의 성장에 부정적 영향을 끼칠 뿐이다.

이제 우리 사회는 힘들어하는 아이들을 지원하고 보호하기 위해 어른들이 무엇을 하고 있는지 물어야 한다. 시작은 그 아이들의 목소리를 들어주고 함께 해결하기 위해 어른들과 만날 수 있는 교차 형성을 통해 화해의 시간을 갖고 친하게 지낼 수 있는 공간을 확보하는 것이다.

3. 소년범 수사, 딜레마 빠진 경찰

소년법 악용 갈수록 잔혹해지지만... "인권보호" 를 강조하고, 체포·동행 땐 온갖 제약을 받는다.

'부산 여중생 집단 폭행' 가해자들 가운데 한 명인 A양은 13세다. 전 국민을 충격에 빠뜨린 흉악범죄 피의자지만 형사처벌을 받지 않는다. 형법이 14세 미만 소년범에 대한 형사처벌을 금하고 있기 때문이다.

흉악범죄를 저지른 미성년자에 대한 처벌기준이 너무 약하다는 여론이 들끓으면서 미성년자를 보호하기 위해 제정한 소년법을 개정해야 한다는 목소리가 높아지고 있다. 청와대 홈페이지에 소년법 폐지 관련 국민청원이 쇄도해 지난 3일 이후 총 25만여 건(8일 기준)을 넘어섰다. 박상기 법무부 장관도 최근 "소년법 개정을 검토해보겠다" 고 나섰고 국회의원도 잇달아 개정안을 발의하고 있다.

미성년자들에 대한 법 적용을 더욱 강화해야 한다는 여론이 힘을 얻는 배경에는 청소년 범죄가 좀처럼 줄지 않을 뿐만 아니라 갈수록 포악해지고 있다는 점이 작용했다. 실제 법무연수원의 2015년 범죄백서에 따르면 2014년 소년 10만명당 범죄자 수는 1,172명으로 10년 전인 2005년 760명보다 54.2%나 늘었다. 또 소년 피의자의 재범률도 2006년 28.9%에서 2015년 42.6%로 오름세를 타고 있다. 범죄 유형 역시 이번 부산 여중생 폭행처럼 점차 잔인해질 뿐만 아니라 감금 후 성매매 강요 등 성인범죄 뺨칠 정도로 흉폭해지고 있다.

소년법 개정 요구의 핵심은 미성년자 나이 기준이다. 현재 19세 미만의 소년은 형법 9조에 따라 만 14세를 기준으로 '촉법소년' 과 '범죄소년' 으로 나뉜다. 촉법소년은 만 14세 미만, 범죄소년은 만 14세 이상이다. 촉법소년이 범죄를 저지르면 소년부로 송치해 봉사활동이나 보호관찰 등 보호처분을 받도록 한다. 18세 미만 미성년자인 범죄소년도 형법이 아닌 소년법의 적용을 받아 최대 형량이 징역 15년형에 불과하다. 인천 여아 살인 같은 강력범죄를 저지르면 소년법 대신 특정강력범죄법이 적용되지만 이마저도 최대 징역 20년으로 성인에 비해 처벌이 관대하다.

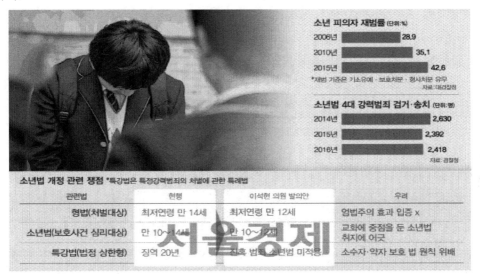

소년 피의자 재범률 (단위:%)
연도	재범률
2006년	28.9
2010년	35.1
2015년	42.6

*재범 기준은 기소유예·보호처분·형사처분 유무
자료:대검찰청

소년범 4대 강력범죄 검거·송치 (단위:명)
2014년	2,630
2015년	2,392
2016년	2,418

자료: 경찰청

소년법 개정 관련 쟁점 *특강법은 특정강력범죄의 처벌에 관한 특례법

관련법	현행	이석현 의원 발의안	우려
형법(처벌대상)	최저연령 만 14세	최저연령 만 12세	업법주의 효과 입증 x
소년법(보호사건 심리대상)	만 10~14세	만 10~12세	교화에 중점을 둔 소년법 취지에 어긋
특강법(법정 상한형)	징역 20년	흉악 범죄 소년법 미적용	소수자·약자 보호 법 원칙 위배

문제는 최근 범죄를 일으키는 소년들이 소년법을 악용한다는 점이다. 초등학생 여아를 살해한 뒤 시신을 토막 낸 엽기적인 살인사건의 공범으로 지목된 B양은 최근 재판에서 "미성년자 신분이 유지되는 올해 12월까지 재판이 종결돼야 한다"고 주장해 공분을 샀다. 3월에는 전북 군산 등에서 지적장애인 C씨를 감금 및 폭행하고 절도까지 강요한 D군이 "미성년자라 처벌이 가벼울 것이라 생각했다"고 말해 충격을 주기도 했다.

이에 따라 최근 국회의원들이 발의한 개정안은 대부분 형사처벌 금지 미성년자 기준을 12세로, 소년법 적용연령을 18세 미만으로 1년 낮추는 내용을 담고 있다. 이석현 더불어민주당 의원은 "14세 미만의 범죄자에 대해 형사처벌을 금지하는 형법은 1953년부터 60년 이상 그대로 유지되고 있다"며 "청소년의 사리분별 능력과 신체발달이 크게 향상됐음에도 불구하고 과거를 그대로 답습하는 것에 고민하지 않을 수 없다"고 말했다.

소년범죄를 현장에서 직접 수사하는 경찰 역시 미성년자에게는 범죄혐의 입증보다 교화에 초점을 맞추고 인권보호를 강조하고 있다. 실제 경찰 직무규칙 제73조에는 '소년을 수사할 때 처벌보다 지도·육성·보호가 우선임을 명심해야 한다'고 명시돼 있다. 또 경찰의 소년업무규칙에 따르면 소년범을 조사할 때는 소년 또

는 보호자가 요청할 때 소년의 가정·학교 또는 직장 등을 방문해야 한다고 적시
돼 있다.

사정이 이렇다 보니 경찰도 소년범 수사에 애를 먹고 있다. 서울의 한 경찰서 소
속 김모 경사는 최근 폭행 혐의로 박모 군을 붙잡았지만 성인과 달리 부모나 신뢰
관계자를 동석해야 한다는 규칙 때문에 신속하게 조사할 수 없었다. 또 다른 경찰
서 소속 박모 경사는 성추행 혐의를 받고 있는 김모 군을 조사하려 했지만 기말고
사 기간이라 난감한 상황에 처하기도 했다. 미성년자의 체포 또는 동행 때는 시기
와 방법에 특히 주의해야 한다는 규칙이 마음에 걸렸기 때문이다. 한 경찰 관계자
는 "부산 여중생 사건에서 부산 사상경찰서의 수사태도가 비난받고 있지만 억울
한 측면이 있다"며 "미성년자에 대한 교화와 인권보호를 강조하는 상황에서 성
인과 같은 수준의 수사절차를 밟으면 오히려 강압수사라는 역풍을 맞을 수도 있
다"고 전했다.

다만 성인에 비해 판단능력과 스스로를 보호할 능력이 부족한 미성년자의 인권
을 보호하기 위해 도입한 소년법의 취지를 고려할 때 적용 나이를 낮추거나 형량
을 높이는 것은 오히려 부작용을 초래할 수 있다는 지적도 나온다. 소년보호재판
을 수년간 담당해온 한 판사는 "소년교도소에 들어간 청소년들이 살인 등 중죄를
저지른 범죄자들에게 물들어 더 큰 범죄를 저지를 위험을 무시할 수 없다"며
"형량을 높이는 것보다 사회 안전망을 강화해 재범을 막고 청소년을 건강한 사회
인으로 인도하는 것이 더 좋은 대안"이라고 말했다(서울경제, 2017. 09. 08, 박우
인·박진용·진동영).

4. 이 시대 진정한 스승 다 어디 갔어

학교장의 한 사람으로서 학교폭력, 자살 등으로 고통을 당하는 가족들께 여간
송구한 게 아니다. 근본적인 해결방안이 마련되기를 소망하며 현장 경험의 일편을
개진하고자 한다. 학교장에게 책임을 물어야 한다느니, 문제학생에 대한 처벌이 약
하다느니 의견이 분분하지만, 학교장의 징계를 논하는 것은 오히려 사태를 악화시
킬 뿐 문제해결에 전혀 도움이 되지 않는다.

교육부와 교육청이 일일이 간섭·지시·명령하고 있어 자율적인 학사운영 권한
이나 교직원을 통제할 실질적 권한이 없는 학교장에게 총체적 책임만 묻는 것은
가혹한 일이 아닐 수 없다. 문제학생에 대한 처벌도 한계가 있다. 퇴학생 수의 증

가는 곧바로 사회문제로 연계되기 때문이다. 퇴학처분도 문제학생을 보호하기 위한 대안의 방법으로 국한되어야 한다.

지금은 그간의 교육정책에 대한 반성이 먼저라고 생각한다. 그동안 당국은 물리적 수단에만 의존해 왔다. 초등학교에서 성폭행 사건이 발생하자 서둘러 보안관을 배치했고, 다시 백주대낮에 학교 안에서 성폭력이 발생하고 중·고교에서 학교폭력으로 인한 자살사건이 발생하자 또다시 서둘러 보안관 증원, 보안망 조직, 긴급 신고용 벨 설치, CCTV를 증설하겠다고 법석이다. 하지만 감시·감독을 통한 적발·처벌은 근원적인 해법이 될 수 없다.

학생인권이 강조되고 체벌이 금지된 이후 사안 발생의 빈도가 증가하고 교사에 대한 패륜 행위가 증가했다는 데서 해답의 실마리를 찾았으면 한다. 문제학생들이 체벌금지 조항을 악용해 지도 교사를 조롱하며 욕설이나 거친 행동으로 반항해도 교사는 대응할 방법이 없다. 이처럼 교사들마저 문제 상황을 회피하는 교실 분위기에서 피해학생들이 신고할 엄두를 내지 못하는 것은 당연하다.

문제의 근원은 교육부, 인권위, 교육청, 지방의회가 교사를 학생 폭력, 인권침해의 주범으로 음해한 데 있다. 때문에 교사의 교권을 원상태로 되돌려놓지 않고서는 해결될 일이 아니다. 학교장에게 예산권·인사권을 부여하고 학교공동체가 학생교육에 대한 전적인 권한과 책임을 갖도록 해야 한다.

경찰이 학교폭력에 협력하는 것은 당연한 일이지만, 교사에게 문제 학생의 조사와 처벌에 관한 일정 권한을 위임하는 방안도 적극 검토할 필요가 있다. 올바른 가치관 교육이 불가한 환경에서 감시·감독만으로 문제학생들의 행동을 수정하는 것은 불가능한 일이다. 교육환경과 여건을 탄탄하게 조직화해서 문제행동을 사전에 차단해야 한다(조선일보, 2012. 02. 04, 조주행).

'제자는 스승의 그림자도 밟지 않는다' 는 격언이 있을 만큼 예부터 스승은 부모님만큼 존경받는 존재였다. 그러나 제31회 스승의 날을 하루 앞둔 14일 교사들은 연일 터져나오는 '학교폭력' 사건으로 신음하고 있다.

교사에 대한 욕설, 폭행 등으로 교권은 붕괴된 지 오래다. 대한민국의 미래를 이끌어나갈 인재를 위해 부푼 꿈을 안고 교단에 선 초보 교사들은 "그저 아무 일도 안 터졌으면 좋겠어요" 라며 하루하루를 보낸다.

☞ **"학생들이 무서워요"…폭언·폭행에 노출된 교사들**
지난 1일 오전 10시 50분께 부산 K중학교에서는 복장불량을 지도하던 여교사가 여중생에게 폭행당해 실신하는 사고가 발생했다.

K중학교 박모 교사는 2학년 A양의 복장불량에 대해 벌점을 줘야 한다며 A양의 손을 잡고 교무실로 끌고 가려다 폭행을 당했다. A양은 박 교사의 손을 뿌리친 뒤 욕설을 하며 반항했다.

A양의 반항은 욕설에서 그치지 않았다. A양은 박 교사의 뺨을 수차례 때리고 머리채를 잡고 흔들었다. 박 교사는 결국 실신해 병원으로 옮겨졌다.

지난 3월 대구에서도 비슷한 일이 벌어졌다. 대구서부경찰서에 따르면 지난 3월 21일 오전 9시30분께 대구 서구의 한 중학교 3학년인 B양이 영어수업 중 여강사를 폭행했다. 경찰에 따르면 B양은 수준별 영어수업 교실에서 계약직 영어강사 C씨의 얼굴 부위를 양손으로 수차례 때리고 허벅지를 발로 찼다.

B양이 폭력을 휘두른 이유는 수업 중 시끄럽게 떠든다는 이유로 C씨에게 칠판 지우개로 머리를 두 차례 맞았기 때문이다. 이처럼 학생이나 학부모가 교사를 폭행하는 사건은 한 두건이 아니다.

한국교원단체총연합회(한국교총)가 지난달 발표한 '2011년 교권회복 및 교직상담 활동실적' 보고서에 따르면 지난해 접수된 교권침해 사례는 모두 287건으로 2010년(260건)보다 다소 증가했고 2007년에 비해 1.5배 증가했다.

보고서에 따르면 지난해 교권침해 사례를 유형별로 보면 학생·학부모에 의한 부당행위가 115건(40.0%)로 가장 많았다. 학생·학부모에 의한 부당행위에서는 학생지도에 대한 학생·학부모의 폭행·폭언 등의 피해가 65건(56.52%)로 가장 많았고 경미한 체벌에 대한 담임교체 요구 및 과도한 폭언 등 피해가 각각 29건(25.22%)으로 그 뒤를 이었다. 특히 학생지도에 대한 학생·학부모의 폭행·폭언의 경우 2010년(47건)에 비해 65건으로 38.3% 급증했다.

☞ **발령 받자마자 초보 교사 기다린 건 '학교폭력'**

최근 학교폭력으로 인한 자살사건이 연이어 터지는 등 학교폭력이 전 사회적인 문제가 된 상황에서 갓 교단에 선 초보교사들의 고충은 더욱 심각하다.

지난해 임용고시에 합격한 초보교사 D씨는 올해 지방 모 고등학교 1학년 담임을 맡았다. 첫 담임이라 학생들의 얼굴을 보면서 내 아이라는 마음에 가슴을 설랬다.

그러나 그 설렘은 하루 만에 불안으로 바뀌었다. 개학한지 이틀 만에 학교폭력이 발생한 것이다. 같은 반 아이가 몸집이 왜소한 아이의 체육복을 빼앗으려고 했지만 이를 거부당하자 학급 뒤로 끌고 가 구타를 해 이가 부러졌다.

학교폭력이 일어났지만 같은 반 친구들은 말리지 않았다. 자기에게 해가 돌아올까 봐 그저 상황을 지켜보기만 했다. 종례시간 때 아이들을 모아놓고 친구를 지키지 못했다고 야단을 쳤지만 돌아오는 반응은 냉소였다.

이가 부러진 아이의 부모는 학교로 쳐들어왔다. 흥분한 학부모에게 멱살을 잡힌 D교사는 "죄송합니다" 라는 말만 수없이 되풀이해야 했다. 교감과 교장은 학급 관리를 못했다고 야단을 쳤다.

며칠 뒤 폭력을 휘두른 학생에 대한 징계위원회가 열렸다. 강제전학을 보내려면 학교폭력이 일어났다는 것을 교육청에 보고를 해야 한다. 그러나 교육청에 보고를 하면 관리자 진급에 나쁜 영향을 줄 수도 있고 학교가 시끄러워질 것을 우려한 학교는 강제전학 대신 등교정지 5일을 내리고 자진전학을 권했다. 하지만 아이가 자진전학에 응하지 않자 폭행을 당한 아이의 학부모는 또다시 항의했다. D교사는 다시 한 번 머리를 숙이는 수밖에 없었다. 그렇게 한 달이 지났다.

한 달이 지나자 또 다른 문제가 생겼다. 같은 반 아이와 이성친구 문제로 싸우던 한 아이가 따돌림을 당하게 된 것이다. 아이에 대한 좋지 않은 소문도 돌았다.

D교사는 아이와 연락을 주고받으며 달랬다. 주말도 포기하고 상담했다. 하지만 아이는 상담을 한 다음날 자살하겠다는 유서를 남기고 가출을 했다. 아이의 집은 쑥대밭이 됐고 D교사는 학부모와 함께 경찰서에 가출 신고를 했다.

처음 가본 경찰서에서 여성청소년계 형사는 "선생님 때문이다. 아이가 이렇게 될 때까지 뭐했나? 죽으면 선생님이 책임질거냐?" 고 윽박질렀다. 무서웠다. D 교사는 그간 상담기록을 꺼내들며 방어를 했다.

아이는 결국 친구네 집에서 발견됐고 교사는 가슴을 쓸어내려야했다.

D교사는 "다른 교사들은 더 이상 학생들에게 신경쓰지 말라고 한다" 며 "이런 일이 생길 때마다 교사로서의 사명감보다는 그저 아무일이 없길 바라며 시간을 때우는 성향이 강해진다" 고 토로했다.

☞ "교권 지키기 위한 제도적 방안 마련돼야"

전문가들은 스승의 날을 앞두고도 학교폭력, 교권붕괴로 어수선한 학교 분위기의 전환을 위해서 교권을 회복하기 위한 제도적 방안이 마련돼야 한다고 강조한다.

한국교총 회장은 "학교현장의 교권침해사건은 매년 증가추세를 보이고 있어 교권의 사기가 갈수록 저하되고 있다" 며 "특히 학생들에 의한 교권침해가 증가하는 것은 교실붕괴 현상이 어느 정도 심각한지를 잘 나타내주고 있다" 고 밝혔다.

이어 "일부 문제 학생들에 의한 교실의 수업 방해 및 일탈행위에 대해 선량한 다수 학생들의 학습권과 교원의 교권을 지키기 위한 제도적인 방안이 마련되어야 할 것" 이라고 강조했다.

한국교총 교권국장은 "학교도 작은 사회로서 제도적인 면에서 권리에 따른 책임을 부담하고 상과벌이 공존해야 함에도 이런 것들이 잘 이뤄지지 않아 교실위기, 교권붕괴 등이 나타났다"며 "인터넷, 방송, 영화, 게임 등이 익숙한 학생들의 예절교육 부재 등의 사회적 요인과 핵가족화 등 가정적인 이유가 복합적으로 나타난 결과"라고 분석했다.

이어 "자긍심과 교권이 추락한 교사에게 열정과 전문성을 기대할 수 없다"며 "소수 학생·학부모의 부당행위는 궁극적으로 학생들의 학습권이 침해되는 만큼 학생과 학부모는 문제 발생시 감정적 대응보다는 대화와 '학교교육분쟁조정위원회' 등 제도적 절차를 통해 문제를 해결하는 모습을 보여야 한다"고 강조했다.

또 "교직사회도 전문성 향상과 학생 교육에 전념하는 모습을 보여야 교권 확립과 스승 공경 풍토가 조성된다"며 "교직사회 스스로의 노력도 필요하다"고 덧붙였다(뉴시스, 2012. 05. 15, 홍세희).

5. 교권을 살려야 학교와 교육이 산다.

오늘(15일)은 스승의 은혜에 감사하고 그 뜻을 기리는 제31회 스승의 날이다. 가르침에 대한 고마움을 되새기고 사제의 정을 돈독히 하는 날이다. 우리사회가 교육의 참 의미를 성찰하는 기회이기도 하다. 그러나 언제부터인가 스승의 날은 그 본래의 취지와는 달리 스승과 제자, 학부모 간의 관계를 불편하게 만드는 날이 돼 버리고 말았다. 교육과 사제 관계의 본질은 사라지고 현상적인 문제에 속수무책으로 휘둘리는 모습이 안타까울 따름이다.

최근 학교와 교육의 위기론까지 대두될 만큼 심각한 지경이다. 입시위주의 교육과 전인교육 부재를 걱정하는 목소리가 높고, 사교육이 지나치게 비대해지면서 공교육의 위기를 염려하기도 한다. 교권이 땅에 떨어졌다는 자탄의 소리가 나온 지 오래고 좀처럼 근절되지 않는 학교폭력의 문제는 사회문제로 번져가고 있다. 교육계가 엄청난 진통을 겪고 있는 가운데 안팎으로부터 위기감이 확산되고 있는 것이 바로 오늘의 현실인 것이다.

그러나 교육은 우리사회와 국가가 어떠한 경우에도 포기할 수 없는 영역이다. 아무리 사회가 여러 가지 모순과 복잡한 병폐가 만연해 있고 교육계가 직면한 갈등과 내홍이 심각한 것이라고 해도 교육의 본질적인 가치와 방향성을 놓쳐서는 안 된다. 학교는 어떠한 경우에도 학업적인 성취와 건강한 사회인으로 성장하는데 필요한 미래세대에 대한 교육의 기능과 역할을 포기할 수 없다. 그리고 두 말할 것도 없이 그 중심에는 스승이 서 있어야 한다.

그러나 과연 오늘의 현실은 어떠한가. 참다운 스승의 존재는 현재의 교육과 사회를 비춰보는 거울인 동시에 공동체의 미래를 전망하는 창이라고 할 수 있다. 참 스승의 모습이 보이지 않는 사회, 스승을 존경하지 못하는 사회가 건강하다고 할 수 없다. 미래를 기약하기는 더더욱 어렵다. 스승이 사회적으로 존경받고 자긍심을 갖게 될 때 그 사회는 희망과 가능성이 있는 것이다. 그러나 현실은 이 같은 기대와는 사뭇 다른 것 같다.

한국교원단체총연합회가 최근 설문조사를 한 결과 최근 1~2년간 교직만족도가 떨어졌다는 응답이 81.0%에 달했다. 가장 주된 이유는 학생생활지도의 어려움, 교사 권위를 인정 않는 학부모의 태도, 교직에 사회적인 비난 여론, 교과지도 및 잡무의 어려움 등으로 나타났다고 한다. 그만큼 교권의 회복과 참 스승의 모습을 되살리는 일이 시급하다는 것을 말해 주고 있다. 위기의 학교와 교육을 살리는 일은 결국 참 스승의 모습을 찾는 일과 다르지 않을 것이다(강원도민일보, 2012. 05. 15).

6. 국회 '교원지위법' 개정안 조속 처리를

교원 교육활동 보호를 위한 교육계의 노력에도 교권침해 사건이 증가하고 있어 실효성 있는 대책이 절실하다. '한국교총'이 지난 11일 발표한 '2016년 교권 회복 및 교직 상담 결과 보고서'에 따르면 지난해 교총에 접수된 교권침해 상담 사례 건수는 총 572건으로, 10년 전(2006년 · 179건)보다 3배 증가했고, 전년(488건)보다 17.2% 늘었다.

교권침해 상담 건수는 지난 2009년 이후 7년 연속 늘고, 증가 폭도 점점 커지고 있다. 교권침해 주체별로는, 학부모에 의한 피해가 267건(46.68%), 처분권자에 의한 신분 피해가 132건(23.08%), 교직원에 의한 피해가 83건(14.51%), 학생에 의한 피해 58건(10.14%), 제3자에 의한 피해 32건(5.59%) 순이었다. 학부모에 의한 피해는 학생지도나 학교폭력 해결 과정 등에서 발생했는데, 이 중 30.7%(82건)는 면전이나 인터넷 · SNS 등에서 명예훼손을 당한 것으로 조사됐다.

교육활동 보호를 위해 보다 적극적이고 실효성 있는 대책을 마련해야 한다.

교총은 교원 지위 향상 및 교육활동 보호를 위한 특별법이 그동안 교원의 정당한 교육활동 중 발생하는 폭행 · 협박 · 명예훼손 · 모욕 등에 대응하는 제도적 장치 규정이 미흡하다는 현장 교원들의 의견에 따라 실효성 있는 '교원지위법' 개정을 위해 정부·국회를 대상으로 활동을 펼쳐왔다. 그러나 교권침해 건수가 10년 전에 비해 3배 이상 증가하는 등 학교현장의 교권침해가 갈수록 증가하고 학생·학부모·제3자에 의한 교권침해 사례가 매해 가장 높은 비중을 차지하고 있다.

여야는 국회에 계류 중인 교원지위법 개정안을 조속히 처리해야 한다. 국회에는 2건의 교원지위법 개정안이 계류 중에 있다. 여야 합의로 개정안을 조속히 통과시켜 교원의 정당한 교육활동이 법적으로 보호받을 수 있도록 해야 한다. 특히 학생·학부모·제3자에 의한 교권침해 비중이 높은 만큼 무고성 민원, 진정 등 악성 민원으로 교원 및 학교의 부담이 가중되지 않도록 학교 민원처리 매뉴얼 보급, 학부모의 올바른 학교 참여 방법 안내 등 교육부·교육청·학교 차원의 노력도 지속적으로 이뤄져야 한다(경남매일, 2017. 04, 16).

7. 선생님의 길, 敎員의 길

4월 21일자 조선일보 사회면에 충격적인 사진 한 장이 실려 있다. 지방의 어느 고등학교 강당 앞에 남녀 학생 30여명이 모여 담배를 피우고 있는 장면이다. 사진 속 학생들은 교복과 체육복 차림으로 벤치에 걸터앉거나 삼삼오오 잡담을 나누며 여유롭게 담배연기를 뿜고 있다. 후미진 곳도 화장실 근처도 아닌 탁 트인 공간이다. 바로 옆 야트막한 나무울타리 너머는 주택가다. 주민과 지척에서 눈을 마주칠 수 있는 장소지만 학생들은 아무 거리낌이 없다.

본지 기자는 오후 2시쯤부터 15분가량 인근 아파트 옥상에서 이 광경을 촬영했다. 학생들이 느긋하게 흡연을 즐기고 교실로 돌아갈 때까지 아무도 그들을 말리거나 나무라지 않았다. 이 학교에 교사 93명이 근무하고 있지만 누구 한 사람 나와보지 않았다. 아이들이 학교 안에서 집단 흡연을 한다는 사실보다 그 점이 더 충격적이었다. 적어도 그 시간만큼은 이 학교에 '선생님'은 없었던 셈이다.

한국 사회에서 교사는 특별한 존재였다. 단순히 근로의 대가로 보수를 받는 여러 직업의 하나가 아니라 한 사람의 인생까지 바꿀 수 있는 선생님이고 스승이고 은사(恩師)였다. 교직이 박봉(薄俸)과 격무(激務)의 대명사였던 시절에도 많은 인재가 기꺼이 교사를 천직(天職)으로 택한 것은 그 때문이었다.

1991년 제정된 '교원지위 향상을 위한 특별법'에는 교사에 대한 우리 사회의 존경과 애정이 법조문 곳곳에 스며있다. 법은 "국가와 지방자치단체는 교사가 사회의 존경 속에서 긍지를 갖고 교육활동을 할 수 있도록 모든 배려와 협조를 다해야 한다" 는 선언으로 시작해서 "(예산을 세울 때는) 교사의 보수를 특별히 우대해야 한다" 는 조항으로 이어진다. "교사는 현행범이 아닌 한 학교장 동의 없이 학교 안에서 체포되지 않는다" 는 '불체포 특권' 도 들어 있다.

오늘날 교직 환경은 배고팠던 시절과는 많이 달라졌다. OECD 보고서에 나타난 한국의 15년 경력 중등교사 연봉은 5만 2699달러(구매력 환산·2009년)로 OECD 35개국 평균치 4만 1701달러보다 1만 1000달러 더 많다. 한국보다 연봉이 많은 나라는 세계 최고 부국(富國)인 룩셈부르크·독일·아일랜드·네덜란드·덴마크 5개국뿐이다. 각 나라의 1인당 평균소득 대비 교사 급여 수준은 한국이 1.95배로 세계 1위다. 62세 정년도 보장되고 퇴직 후엔 의(衣)·식(食) 걱정을 안 해도 될 정도의 연금이 평생 나온다.

사람들은 경제적으로 한시름 덜게 된 선생님들이 신바람 나게 교육에 전념해주기를 기대했다. 전보다 더 열성적으로 아이들을 가르치고 빗나가는 아이가 있으면 제 자식처럼 바로잡아 주기를 바랐다. 하지만 신문 사회면에 실린 학생 집단 흡연 사진은 그런 소망을 무참히 무너뜨린다. 교직의 인기는 하늘을 찌를 듯 높아져 가는데, 정작 '선생님' 이 필요한 곳에서 선생님을 찾아보는 건 갈수록 힘들어지고 있다.

우리보다 먼저 학교 폭력과 교실 붕괴를 겪은 선진국에서는 교사들이 일찍이 '선생님' 을 포기하고 생활인으로서 '교원(敎員)' 으로 내려앉았다. 담임 개념도 사라졌다. 교직이 생계를 위한 일자리일 뿐이라면 매일 출근해서 아이들을 마주치는 일이 고역일 수밖에 없다. 미국·영국·호주 같은 나라에서는 초임 교사의 30~50%가 5년 이내에 다른 직업을 찾아 학교를 떠난다. 사회도 자연히 그런 그들에게서 존경을 거둬들였다. 지금 15년 경력의 미국 중학교 교사는 한국(618시간)보다 450시간 많은 연간 1,068시간 수업을 하고 연봉으로 국민 평균소득의 0.96배인 4만 4,614달러를 받는다. '선생님' 의 길을 벗어난 대가는 그처럼 혹독한 것이다 (조선일보, 2012. 05. 08, 김형기).

8. 학교에 경찰 常駐해서라도 학교폭력 잡아 달라

"학교 이미지 생각할 때가 아닙니다. 경찰관이 학교에 상주(常駐)하면서 학교폭력 잡아줬으면 좋겠습니다. 어린 학생들이 연달아 목숨을 끊는 상황인데…."

서울 서초경찰서가 관내 14개 중·고등학교를 대상으로 '스쿨폴리스(School

Police·학교전담 경찰관)가 어떻게 근무했으면 좋겠느냐'고 묻자 돌아온 대답이다. 서초고 교감은 "우리 학교는 여교사가 대다수인 만큼, 스쿨폴리스가 항상 학교에 있으면서 학생들이 엇나가지 않게 도와줬으면 좋겠다"며 "현재 주 2회 스쿨폴리스가 방문하고 있는데, 이걸로는 부족하다는 게 우리 입장"이라고 말했다.

서초서가 설문을 돌린 14개 학교 가운데 1개교를 제외하고는 모든 학교가 "학내(學內)에 경찰관 사무실을 마련할 테니, 학교 폭력을 감시해 달라"고 답했다. 경찰관이 학교 내부도 순찰해 달라고 요청한 학교는 12개교, 10개교는 교문에 '학교전담 경찰관 근무학교'라는 명패를 설치해달라고 응답했다. 조사를 담당한 서초서 경찰관은 "대부분 학교가 학교운영위원회를 열어 학부모들의 의견을 청취한 뒤 결론을 내린 것으로 안다"며 "그만큼 학부모들이 학교 안전에 대한 걱정이 크다는 걸 보여주는 결과"라고 말했다.

해외에서는 경찰관이 이미 적극적으로 학교 안팎에서 벌어지는 문제에 개입하고 있다. 미국 로스앤젤레스는 356명의 스쿨폴리스와 일반직원 190명이 1250개 학교를 관리한다. 24시간 3교대로 학교에 상주하며 학생 안전을 전담하는 것이다. 학교 폭력뿐 아니라 시험 부정과 학교 비리 등의 범죄도 감시한다. 연간 예산은 5200만 달러(약 580억 원). 2011년에는 8년차 경력의 LA 스쿨폴리스 제프리 스텐루스가 고교 입구에서 권총을 소지한 채 서성이던 괴한을 제지한 사례도 있다.

LA 스쿨폴리스와 한국 학교전담경찰관 운용 현황

	미국 로스앤젤레스 스쿨폴리스	한국 학교전담 경찰관
도입	1948년	2013년
인력	스쿨폴리스 356명 +일반직원 190명	681명
담당 학교	1250개교. 1인당 2.2개교	1만1384개교. 1인당 16.7개교
연간 예산	5200만달러 (약 580억원)	약 172억원

〈서울시교육청·경찰청〉

경찰청에 따르면 최근 3년간 학교 안에서 발생한 절도·성폭행·살인 등 강력범죄는 1만 3,700여건에 달한다. 작년 9월에는 우울증을 앓던 김모 군이 수업 중인 초등학교 교실에 침입, 야전삽을 휘둘러 학생 6명이 다치는 사건이 발생했다. 그는 부자들이 거주하는 지역이라 생각한 서울 서초구 신반포역 인근 초등학교를 점찍어 뒀다가, 공사 중이던 후문으로 손쉽게 침입한 것으로 조사됐다. 당시 교실에서 5분 동안 난동을 부리던 김 군을 제압한 것은 옆 반 남자 교사였다. 물리력으로 제압하지 못했다면 더 큰 희생이 발생할 수 있는 아찔한 순간이었다.

학부모 양재희 씨는 "학교에서 묻지마·성폭행 범죄가 벌어지는데, 경찰들이 정복을 입고 순찰을 도는 것만으로도 효과가 클 것"이라고 말했다. 학부모 허경 씨도 "CCTV로는 은밀히 이뤄지는 학교 폭력을 막을 수 없지 않으냐"고 했다.

문제는 부족한 인력과 예산이다. 경찰청과 교육청은 스쿨폴리스가 담당 학교를 주 2회, 2시간씩 방문하는 것을 원칙으로 삼고 있다. 상주가 아니라 파견 형식이다. 경찰에 따르면 현재 전국 681명의 스쿨폴리스가 1인당 16.7개 학교를 담당하고 있다.

경찰 관계자는 "스쿨폴리스 1인당 2개교 정도를 맡아서 순찰 등 다양한 업무를 하는 것이 이상적이지만 현재의 인력으로는 요원한 상황"이라며 "1인당 담당 학교를 10개 정도로 낮추는 데에도 연간 115억원의 예산이 추가로 필요하다"고 말했다.

서울시교육청 측은 "스쿨폴리스의 필요성에 충분한 공감대가 형성된 다음, 전문 인력을 늘리는 방안이 가장 현실적일 것"이라고 말했다(조선일보, 2013. 03. 26, 김형원·이민석).

14일 오후 서울 시내 한 고등학교에서 학교 폭력 전담 경찰관들이 순찰 활동을 벌였다. 서울 서초경찰서가 관내 14개 학교를 대상으로 스쿨폴리스에 대해 설문조사를 한 결과, 90%가 넘는 학교가 스쿨폴리스의 학교 상주를 희망했다(이태경 기자).

9. 침묵하는 다수를 깨운 창조적 학교폭력 예방법

'2학년 학생이 물탱크 쪽에서 쭈그려 있는 걸 보았습니다.…저희 학교에도 따돌림이 있는 것 같아요.' '○○가 군용 칼 2개를 들고 다녀요.' 충북 A고교에서 진행된 창의적인 학교폭력 예방 실험이 주목받고 있다. 동아일보 취재팀과 A고는 올 2~4월 두 달간 익명으로 쌍방향 대화가 가능한 모바일 메신저 프로그램을 활용해 학생들이 교사와 상담하도록 했다.

이 실험의 가장 큰 특징은 '익명성'에 있다. 익명 모바일 메신저는 신분 노출이 두려워 침묵하던 대다수 학생의 소통창구가 됐다. 두 달간 700여 명의 학생이 참여해 155건의 의견을 냈다. 반신반의하던 학생들은 폭력과 따돌림, 담배, 음주, 절도 같은 동료 학생의 일탈 행동은 물론이고 개인사까지 상담했다.

이번 시도는 사후 처벌보다 사전 예방에 도움이 됐다. 친구의 선행이나 교사의 장점을 칭찬하는 긍정적인 내용이 전체의 3분의 1이나 될 정도로 학생들은 성숙한 태도를 보였다.

A고 사례는 침묵하는 다수의 학생이 학교폭력을 막는 참여자로서 적극적인 목소리를 낼 수 있음을 보여준다. 이는 정보기술과 창의적 아이디어로 학교폭력이라는 사회 문제를 해결하려고 노력해 온 한 벤처기업가 덕분에 가능했다. 이 벤처기업가는 올해 1월 창업해 익명으로 대화를 나눌 수 있는 모바일 메신저 프로그램을 개발했다.

A고 이모 교사는 과거 익명 문자메시지를 활용해 제보를 받았지만 발신자가 자기 학교 학생인지도 알 수 없기 때문에 상담으로 이어지진 않았다. 그런데 이 프로그램이 그런 고민을 해결해 준 것이다.

전국 초·중·고교생 10명 중 1명꼴로 학교폭력에 시달린다. 교육부 장관이 방문하고 학교폭력 예방 모범학교로 선정된 학교에서 폭력에 시달리던 학생이 투신자살을 하는 게 우리 교육의 현실이다. 괴롭힘을 당하는 약자를 도와주기는커녕 평범한 학생들이 일진의 강요로 가해자가 되는 '폭력의 악순환'과 '폭력의 집단화'도 큰 문제다.

학교폭력전담 경찰관(스쿨폴리스)을 배치하고, 폐쇄회로(CC)TV를 늘린다고 해도 감시의 사각지대에서 벌어지는 학교폭력을 모두 막기는 어렵다. 학생과 교사들의 적극적 의지가 있어야 한다. 민간의 창의적인 아이디어를 활용하면 학생과 교사의 참여를 이끌어낼 수 있다는 게 A고의 교훈이다(동아일보, 2013. 04. 23).

10. 학교폭력, 피해자 보호 장치 마련돼야

얼마 전 부천의 한 고교에서 수업 중 조모 군이 매일 짝으로부터 주먹과 발로 툭툭 얻어맞는 스트레스를 받다가 화가 치밀어 그 짝을 흉기로 찌르는 범행을 저질렀다. 범행 동기를 들은 경찰관계자는 "학교폭력이라기보다는 두 사람 간 개인적 차원의 문제"라고 했다. 학교폭력을 조직이나 집단에 의한 것으로 보는 시각에 문제가 있다.

학교폭력 사건이 해마다 수없이 연속적으로 꼬리를 물고 있지만 경산의 학교폭력사건은 매우 충격적이다. 먼저 죽음을 앞둔 유서에서 폭력 예방 CCTV의 위치와 기능을 지적한 대목은 이성적 판단이었다. 또 다른 충격은 피해자의 가족으로부터 다소나마 도움을 받았던 친구가 가해학생에 포함됐다는 사실이다. 학교폭력을 예방하려면 피해자와 가해자의 심리와 상황을 읽어야 한다. "자살할 용기가 있다면 부모나 교사에게 자신의 처지를 밝혔어야지" 하는 식의 조언은 제3자의 피상적 견해로서 도움이 안 된다.

도시의 학교폭력 조직은 피라미드식 연결고리를 이룬다. 예를 들어 00파 폭력조직이 생존하려면 끊임없이 젊은 피(행동대원)가 수혈돼야 한다. 이들 행동대원은 몇몇 고등학교의 짱을 관리하고 있다. 영화 '형사 강철중'에서 보여준 그대로다. 그 짱은 1, 2학년 후배와 몇몇 중학교에서 노는 애들(남녀)을 거느리고 관리한다. 또한 중학생 조직원은 초등 6년생을 관리한다. 이 연결고리에 행동대원이 측면에서 관리·지원한다. 폭력서클 가담자에게는 어떤 면에서 부족한 자신을 조직의 힘을 빌려 과시하려는 심리가 숨어 있다.

폭력조직이 닿지 않는 학교에서도 학년 초에 새로운 학급이 구성되면 서열싸움, 기선 제압, 기싸움이 벌어진다. 이는 동물적 헤게모니 쟁탈 본능의 일면이다. 개별적 폭력에는 (모)범생에 대한 가해심리가 있다. 나보다 나은 대상을 제어한다는 즐거움과 쾌락, 희열이 동반한 사디즘(sadism)의 심리현상이다. 어느 신문 기사에 학교폭력이 어른의 세계를 닮아가는 것 아니냐 했는데, 학교폭력은 인격화가 덜된 동물적 본성의 잔재로 봐야 한다.

한편 피해자의 심리를 이해하지 않으면 학교폭력을 줄일 수 없다. 성격발달이론의 에릭슨은 동일성 혹은 정체감(identity)이 형성되는 시기를 12~18세로 보았다. 도덕성발달이론의 콜버그는 착한 아이 지향 인습수준을 12~17세로 보고 있다. 이 시기는 중·고등학생의 연령대인데 메슬로우의 동기이론 중 소속감(사회성)의 욕구와도 관련 있다. 청소년들은 그가 속한 사회의 일원이 되고 싶어 하면서도 자신을 제어할 능력은 부족하다.

가해학생이 폭력조직의 일원인 경우 윗선에서 시키는 연습의 차원에서, 개별적 사디스트(sadist, 가학 성애자)는 본능에 따라 심심풀이로 폭행을 한다. 괴롭힘의 대상으로 사회성이 부족하거나 주변으로부터 따돌림을 받는 외톨이를 선택한다. 왕따 현상은 지난 4월 2일 창원의 한 공장에서 동료를 살해한 40대 직장인에도 존재한다. 피해자의 특이한 성격이나 행동 자체가 잘못된 것이 아니다. 다만 가해자에게 항상 표적으로 노출된다는 점이 문제일 뿐이다. 그런데 피해자가 어느 날 갑자기 가해자로 돌변할 수도 있다는 점에 유의해야 한다.

인성교육이나 체육교육이 가해학생에게 다소 교정효과가 있을지 모르지만, 피해학생을 보호하지 못한다. 당장 필요한 일은 피해학생이 SOS신호를 손쉽게 보낼 수 있도록 다양한 제도와 장치를 마련해야 한다. 구조신호가 포착되면 시급히 가해학생을 다른 곳으로 격리시키던지, 피해학생에게 피난처를 마련해 주어야 학교폭력의 피해를 줄일 수 있다(강원일보, 2013. 06. 01).

11. '노스페이스 내놔' 역할극으로 학교폭력 예방

학생 A(일진) "오~ '노스페이스!' 한 번 벗어봐, 금방 입고 돌려줄게."
학생 B(왕따) "어, 안 되는데. 이거 생일선물로 엄마가 사주신 건데."

지난달 4월 27일 오후 광주 북부경찰서 회의실에서 열린 학교폭력예방교육에서 경찰관들과 중학생이 만들어낸 역할극의 한 장면이다. 이른바 일진(학교폭력조직)인 학생 A 등은 경찰관들이, 학교폭력 피해학생인 학생 B는 실제 중학생이 각각 역할을 맡았다. 교실 안에서 벌어지고 있는 일진들의 아웃도어 브랜드 노스페이스 점퍼 '빌려입기'가 또 다른 학교폭력으로 이어지고 있다는 점을 강조하기 위해 설정된 역할극이었다.

이날 공연은 전국 최초로 학교전담경찰관 6명으로 구성된 폴인러브스쿨 연극단이 학교폭력의 실태와 예방법을 역할극 형태로 선보이는 자리였다. 관내 2개 중학교 학생 20여명도 역할극에 참여했다. 경찰관들이 직접 대본을 쓰고 연출까지 맡은 이 역할극은 학생 참여가 핵심이다. 경찰관들이 수사를 통해 확보한 다양한 학교 폭력 상황에 대해 학생들이 역할극을 통해 피해학생 사례를 경험해 보고 대처방법을 배우는 것이다. 50분 공연 시간 가운데 10여분 정도는 경찰관들이 학교폭력 상황을 연기하고 나머지는 학생들의 역할극으로 꾸며졌다.

경찰은 역할극이 끝난 뒤에는 참여 학생들을 대상으로 학교폭력 예방교육에 대한 설문조사를 실시해 학생들의 눈높이에 맞는 예방교육을 위한 자료로 활용하고 있다.

경찰 관계자는 "학생들이 역할극을 통해 학교폭력의 심각성을 깨닫는 것은 물론 스스로 대처방법을 내놓기도 한다" 면서 "연중 격주 토요일 관내 학교들을 찾아가 역할극 공연을 실시할 계획" 이라고 말했다(한국일보, 2013. 05. 07, 안경호).

12. 학교 폭력, 스포츠 활동이 해법이다

최근 학교폭력과 청소년의 자살, 비행 등이 심각한 사회문제가 되고 있다. 특히 학교폭력은 날로 흉포해지는 양상이다. 청소년 범죄는 사소한 일에 순간적으로 발생하는 경향이 있어 그에 대한 예방이나 대책 수립이 어려운 실정이다.

요즘 청소년들은 하루의 대부분을 학교나 학원에서 보내고 나머지는 잠을 자거나 TV 시청, 컴퓨터 게임을 하는 등 실내 생활이 위주이다. 그래서 최근 조사를 보면 소아·청소년 다섯 명 가운데 한 명은 과체중이거나 비만이라고 한다. 청소년기 비만은 당뇨 같은 성인병의 원인이 되고 심장병까지 일으킬 수 있으므로 하루 빨리 신체 활동 대책을 마련해야 한다.

청소년기의 신체 활동은 인간의 기본 욕구를 충족해 건강을 유지하게 한다. 그뿐 아니라 현대사회의 구조적, 문화적인 변동으로 인해 발생하는 사회 부적응 행동을 예방하고 전인적 인간을 양성하는 데 유효하다. 신체 활동을 통해 학습 능률을 증진하고 긍정적인 마인드를 가질 수 있다. 또 적극성과 자신감 같은 긍정적인 자아개념을 형성하게 한다.

사실 스포츠가 청소년 활동의 부정적 에너지를 긍정적 에너지로 전환한다는 연구는 매우 많다. 그중 밤에 불을 켜고 운동을 할 수 있는 농구코트 같은 공공시설의 활용과 사회적 효과에 관한 연구가 있다. 나이트 시설을 운용하지 않을 때와 새벽 2시까지 운용할 때의 청소년 범죄율을 비교했더니 후자의 경우 발병률이 30%쯤 낮았다. 필자의 경우도 보호관찰 대상 청소년들에 대한 스포츠 활동 프로그램을 시행한 결과 상당한 교정, 교화 효과가 있음을 확인한 바 있다.

한편 미국에서는 이미 청소년 문제를 스포츠를 통해 해결하고 있음을 볼 수 있다. 시카고, 샌프란시스코, 샌디에이고 등지의 많은 중·고등학교에서 시행하고 있는 '스포츠를 통한 학교생활 증진 프로그램(PASS: Promoting Achievement in

School through Sport)'이 그것이다. 이 프로그램은 학생들의 학업은 물론 성취감, 자신감, 책임감 등 사회적 태도에서도 매우 긍정적인 성과를 나타내면서 비행 청소년을 위한 인성교육 프로그램으로 자리 잡았다. 중요한 것은 역시 스포츠를 청소년 생활과 연계하는 프로그램의 실행이다.

이와 관련, 주5일 수업제의 본격 시행과 함께 실시된 스포츠클럽 활동과 토요 스포츠 데이 등 각종 프로그램은 청소년 문제 해결의 창구로 주목되고 있다.

청소년들은 다양한 스포츠 체험 활동을 통해 체력을 기를 수 있을 뿐만 아니라 타인에 대한 배려와 협동심 등 공부만으로는 얻을 수 없는 귀중한 가치를 배울 수 있을 것이다. 신체활동을 통해 학교생활에서 받은 스트레스를 발산하면 성격이 밝아지고 자연히 폭력과 비행도 줄어들 것이다. 또 스포츠 페어플레이 정신의 습득으로 건강한 민주시민의 자질을 키울 수 있다.

이와 같은 학교 스포츠 프로그램이 좋은 성과를 얻기 위해서는 무엇보다 양질의 지도자 투입이 중요하다. 프로그램이 갑자기 확대되어 자칫 자질이 부족한 지도자가 들어가면 본래의 취지가 퇴색할 수 있기 때문이다.

좋은 인성과 지도 역량을 갖춘 스포츠 지도자가 학생들과 교감할 수 있도록 해야 한다. 또 시행단계에서 혹시 약간의 역반응이 나타난다 해도 성급한 결정을 유보하고 일단 지켜보면서 조정해 나가는 노력이 필요하다. 앞으로 스포츠 프로그램이 긍정적인 역할로 학교현장에 뿌리내리기를 기대한다(강원도민일보, 2012. 03. 08, 양은석).

13. 행복한 학교, 스포츠에서 길을 찾자

그동안 우리 사회가 청소년을 내팽개친 결과가 요즘 봇물 터지듯 나오는 학교폭력, 인터넷 중독 사건들이다. 이 같은 청소년 문제를 해결하기 위한 '건전한 해방구'로 스포츠를 적극 활용할 필요가 있다. 교내 스포츠클럽이나 지역단위 농구리그, 축구리그도 좋다. 아이들에게 스포츠를 즐길 공간과 시간을 마련해 주기만 하면 된다.

근대 올림픽 창시자인 쿠베르탱이 조국 프랑스의 청소년들이 나약한 것을 고심하다가, 영국 고등학생들이 교과 과정을 통해 스포츠를 접하면서 룰을 존중하는 건강한 시민으로 커가는 것을 보고 올림픽 창설의 기본이념으로 삼았다는 일화는 유명하다.

스포츠 인성교육의 성공적인 사례는 우리나라에도 있다. 충북 청원군의 한 중학교에서 2010년부터 '학교폭력 추방 스포츠리그'를 시작했다. 첫해에는 축구리그만 운영하다가 학생들 반응이 좋아 농구리그도 만들었다. 농촌의 작은 중학교에 축구클럽이 7개, 농구클럽이 8개나 활동하고 있고 참여 학생 수는 전체의 27%라고 한다. 그 효과는 2년 후에 바로 나타났다.

학교의 폭력대책 자치위원회에 상정된 사건 수가 2009년 8건에서 지난해에는 1건으로 줄었다. 참여 학생은 '학교 안이든 밖이든 폭력을 행사하면 리그에서 퇴출당하고, 해당 클럽도 해체된다'는 서약서를 써야 한다. 하지만 나머지 학교들이 실행할 수 있는 교육여건이 마련되지 않으면 그저 바라만 보는 '모델'에 그치고 만다.

교과부에서는 중학교 체육수업시수를 학년별로 주당 4시간씩 확대하기로 했다. 이에 대해 시·도 교육청과 일선 학교에서는 이미 짜인 교육과정을 변경하는 것이 시간상 어렵다고 한다. 그러나 비록 교육과정 변경이 어렵다고 하더라도, 현장에서 지혜를 모아 '학교스포츠클럽' 활동시간을 확보해 스포츠 활동으로 바른 인성이 함양될 수 있는 기회가 됐으면 한다.

교과부와 교육청에서는 학교체육활동을 촉진시키기 위한 시간, 공간, 자질과 능력을 갖춘 지도자 수급 등의 문제를 해결해야 한다. 체육시수 확대가 제대로 현장에서 적용되는지 관리 감독하는 게 우선이다. 또 기존 학교 내 시설만으로 부족한 상황을 감안해 지자체, 인근 기업, 프로구단 등이 보유한 스포츠 시설을 활용할 수 있게 해야 한다. 종목별 스포츠 지도자를 교육청별로 확보해 관내 학교를 순회하며 지도하고 지역리그도 주관하도록 하는 액션 플랜을 세워야 한다.

청소년의 지도는 '말'로만 되는 게 아니다. '관심과 사랑'이 필요하다(조선일보, 2012. 02. 28, 유병열).

14. 학교폭력 없는 청정 강원 만들기

6일은 정부가 학교폭력과의 전쟁을 선포하며 '학교폭력근절 종합대책'을 시행한 지 1년이 되는 날이다. 2011년 대구의 한 중학생과 대전의 여고생, 광주의 중학생이 학교폭력과 집단 괴롭힘 끝에 스스로 목숨을 끊는 사건이 벌어지면서 '학교폭력'의 심각성은 교육계를 넘어 사회전체를 흔들어 놨다.

학교폭력의 발생 원인은 입시위주의 지나친 경쟁 스트레스를 해소 할 수 있는 분출구가 없거나 결손가정문제, 폭력을 조장하는 게임물의 범람 등 다양한 원인을 들 수 있다.

또한 학교폭력 무엇이 문제인가라는 관점에서 되돌아보았을 때 기성세대와 신세대, 교육당국과 경찰기관, 가해자와 피해자 등 당사자 간의 인식 차이로 국민적 공감대 형성의 장애요인으로 작용하기도 하였으나 자라나는 어린 학생들의 소중한 생명과 신체의 안전을 지키는 것이 우리 경찰의 임무임을 천명하고 학교 측과 공동 대응하여 지난해 10월 체감안전도 조사에서 학교폭력 피해 경험률이 17.2%에서 6.2%로 감소하는 가시적 성과도 거두었다.

학교폭력문제에 있어 경찰은 '범죄와의 투사'라는 인식에서 벗어나 '평화의 수호자'라는 자세로 임하고 있으며 학교폭력의 빈도를 줄이고 학생의 '눈높이에 맞는 신고 활성화'를 위해 '안전드림 신고시스템' 구축, 인터넷·스마트폰·문자서비스 등 다양한 방법으로 피해 접수를 받고 있다.

특히 지난해 전국적으로 학교폭력 상담·신고전화번호를 '117'로 통합해 강원청에 1,768건이 신고·접수되어 처리하는 등 24시간 상담과 지원시스템을 상시 운영하고 있다.

또한 사랑의 교실·경찰관서 체험프로그램 운영·봉사활동 등 다양한 선도 활동을 병행하고 있으며 지방청과 춘천·강릉·원주경찰서에 여성청소년과(계)를 신설하고 상담과 전문성을 갖춘 경찰관을 배치해 학교폭력예방에 최선의 노력을 다하고 있다.

말썽꾸러기 청소년들을 금메달 복서로 재탄생 시킨 횡성중·고등학교 복싱동아리는 스포츠를 통해 탈선의 유혹에서 벗어나 강원도민체전과 전국생활체육 복싱종합우승을 차지했으며, 홍천여고에서는 전국에서 처음으로 '경찰연합회 클럽' 동아리를 만들어 건전한 학교문화정착에 학생들 스스로가 앞장서고 있다. 2013년도에도 학교폭력근절을 민생 치안의 우선과제로 여기고 근절 대책을 추진해 나갈 방침이다.

첫째, 학교폭력예방교육을 초·중·고 학생대상에서 유치원까지 확대하여 학교폭력근절 의식을 조기에 형성시키고 둘째, 학교주변 200m를 학생 안전구역으로 지정하여 청소년 유해환경을 차단하고, CCTV 확대설치·아동안전지킴이 증원 배치로 사각지대를 해소하여 안전한 환경조성에 역점을 두고 있다.

셋째, 범행초기에 재범방지 등 맞춤형 선도프로그램을 활성화하고 넷째, 명예경찰 소년단에 다문화가정자녀를 우선적으로 선발해 경찰체험과 캠프에 참여시켜 취약계층에 대한 자긍심과 자기 방어력을 높여 나갈 계획이다.

다섯째, 모욕 등 언어폭력에 대한 신고가 지속되고 있는 만큼 '117학교폭력 신고센터'의 신고·상담을 통해 심각한 따돌림과 모욕적 언행도 범죄라는 인식을 심어주는 예방교육과 바른말·고운말 쓰기운동도 함께 실시해 나갈 계획이다.

우리 강원경찰은 학교폭력의 빈도를 줄이고 체감안전도 향상을 위해 학교와 가정, 그리고 지역사회와 유기적으로 협력하여 모든 학생들이 학교폭력으로부터 안전한 청정 교육환경 속에서 열심히 공부할 수 있는 여건을 만들어 나가는데 최선을 다하고자 한다(강원도민일보, 2013. 02. 06, 위강석).

15. 학교폭력 괴물이 대물림하지 않으려면

학교폭력은 학습되며 대물림되는 '괴물'이다. 이문열의 『우리들의 일그러진 영웅』이나 전상국의 『우상의 눈물』도 학교폭력을 소재로 삼은 문학작품인 것을 보면, 그때에도 학교폭력이 사람들의 심각한 고민거리였음을 알 수 있다.

중학 시절 필자는 진학을 제때 못한 두세 살 많은 동기들과 학교를 함께 다녔다. 덩치 큰 '짱'이 의자를 한 손으로 집어 던지며 힘을 과시 할 때면 꼼짝 못하는 로봇이 됐다. 언제나 그는 앞줄에 앉아 있는 우리들에게 "과자 사와"라는 무언의 손짓을 했다. 그럴 때마다 우리는 학교 담벼락을 넘어 하늘이 보이지 않는 정글 속 고랑을 타고 라면땅 심부름을 하곤 했다.

요즘의 학교폭력은 이런 과거와는 근본적으로 다르다. 폭력의 정도가 더욱 심각해지고 괴롭힘을 견디다 못해 어린 목숨들이 스스로 삶을 저버리는 사태가 빈발한다. 대책 마련이 너무나 시급한 이유다. 아주 사소해 보이는 작은 괴롭힘에서부터 삶의 의지를 꺾어 버리는 치명적인 괴롭힘까지 그 편차는 매우 다양하다.

게다가 학교폭력 실태 조사 결과 가해의 이유가 장난이었다고 답한 아이들이 34%를 넘는 것에서 볼 수 있듯이, 아이들은 어디까지가 장난이고 어디서부터가 폭력인지를 모른다. 학교 폭력의 원인에 대해서도 피해 학생들의 유약한 심지와 우울증에서부터, 가해자들의 이유 없는 극악함에 이르기까지 그 진단이 매우 다양하다. 이런 까닭에 학교폭력에 대한 논의가 합의에 이르기 어렵고 대책 마련 또한 어려운 것이다.

한창 싱싱하고 풋풋해야 할 어린 꽃 나뭇잎들이 많이 병들고 벌레 먹고 있음을 가족 같은 심정으로 예방하고 살피는 건 경찰의 의무다. 그래서 경찰은 지난 한 해 학교폭력 근절을 민생치안 우선과제로 정했다. 학교폭력 근절을 위해 학교폭력 업무만을 맡는 학교전담경찰관을 배치하고 학교와 공동대응을 강화했다.

지난해 10월엔 외부 전문 조사기관에 의뢰해 학생·학부모의 체감안전도를 조사하기도 했다. 결과는 어땠을까. 학교폭력 피해 경험율이 2월보다 9% 포인트(17.2 → 6.2%) 감소하는 등 가시적인 성과도 있었으나, 여전히 학교폭력은 근절되지 않고 있다. 특히 언어·사이버 폭력이 증가하고, 정책 추진과정에서 다문화가정 등 취약계층이 일부 소외되는 아쉬운 점도 확인됐다.

경찰 입장에선 쓴 약이 됐다고 보여 진다. 부쩍 강화된 대책이 나온 것도 이런 이유에서다. 올해엔 유치원생까지 학교폭력 예방교육을 확대하고, 교육당국과 협조해 학교주변을 학생안전지역으로 지정한다. 조기 선도 조치로 재범을 방지하고, 다문화가정 자녀 등 취약계층에 대한 정책을 보완한다.

또 있다. 교육당국 등 관련 부처와 협력해 학교주변 200m를 학생안전지역으로 지정하고, CPTED(환경설계를 통한 범죄예방) 기법을 적용해 폐쇄회로(CC)TV를 확대 설치하는 등 범죄로부터 학생이 안전한 환경을 조성하는데 총력전을 펼칠 계획이다.

경찰의 학교폭력 사건처리에도 많은 변화가 예상된다. 사안·대상별 맞춤형 처리로 변화되는 것이다. 선도 대상과 처벌 대상으로 분류해 처리하고 선도심사운영위원회를 운영하며 선도프로그램도 활성화할 예정이다. 일반 초등생을 대상으로 운영하던 명예경찰소년단에 다문화가정 자녀를 우선 선발하는 내용도 주목된다. 사실 심각한 따돌림 및 모욕 등도 범죄다. 이런 인식을 심어주기 위한 범죄예방교육과 '바른말·고운말쓰기' 운동 등을 통해 언어 순화활동도 병행하게 된다.

학교폭력의 근본적인 예방과 해결은 올바른 철학윤리, 교육의 백년대계 및 치안복지의 실현에 달려 있음은 부인하기 어렵다. 문제를 해결하려는 관심과 애정들이 모이고 쌓이면 분명 학생 스스로 실마리를 풀 수 있는 날도 올 것이라 여겨진다. 그날이 하루 빨리 오게 하기 위해 보다 많은 관심과 사랑이 모여져야 한다. 우리나라의 미래인 아이들이 활짝 웃는 얼굴과 행복한 학교생활은 동시에 우리 모두의 희망임을 잊지 말자(한국일보, 2013. 02. 05, 지영환).

16. 착한 대학입시가 해법이다

출범을 앞둔 박근혜 정부의 지향점은 '국민행복'에 방점을 찍은 것 같다. 경기불황으로 대다수 국민들이 생활고에 시달리고 날로 피폐해지는 민심을 반영한 '국민행복'의 키워드가 대통령 당선인의 선거공약과 새 정부정책에 일관되게 배어나오기 때문이다.

대한민국의 교육은 '높은 교육열', '높은 학업성취도', 그리고 '높은 대학진학률'로 특징지어진다. 그런데 다른 나라 사람들이 부러워하는 우리네 교육특성들이 국민행복과는 제법 거리가 멀어 보인다. 높은 교육열은 사교육을 촉발하고, 높은 학업성취도는 학생들의 과도한 스트레스와 자살률의 한 원인이 되기도 한다. 뿐만 아니라 높은 대학진학률마저도 가계부담과 청년실업으로 이어진다.

우리네 교육의 안타까움은 한국사회를 조망하는 외국인들에게도 묻어난다. 미래학자 앨빈 토플러는 "한국의 학생들이 하루 15시간을 학교와 학원에서 미래에 필요하지도 않을 내용을 배우느라 시간을 낭비하고 있다"고 했고, 영국 파이낸셜타임스 서울특파원이었던 안나 파이필드는 "교육에 모든 걸 바치고도 아무것도 건지지 못하는 딱한 민족"이란 지적을 내놓았다.

해마다 입시철이 되면 대학입시 설명회장은 학부모들의 자리다툼의 각축장이 되고, 입시전략을 설명하는 학원 강사의 설명이 목사의 설교나 주지승의 법문보다 더 설득력을 지니는 곳이 대한민국이다. 학부모들이 학원관계자의 '주옥' 같은 이야기에 밑줄을 긋고 있는 동안, 수험생들은 값비싼 진학컨설팅을 받느라 여념이 없는 사회풍토. 원하는 대학에 들어만 갈 수 있다면 반값등록금이 아니라 더블등록금도 불사할 것 같은 표정들. 그래서 대입시가 초·중등교육을 왜곡시키고, 대입시를 향한 우리사회 구성원들의 질주가 고장난 브레이크처럼 위험 수위를 넘은지 오래건만, 교육의 본질성 회복을 위한 사회적 합의는 멀게만 느껴진다.

5년 전 이명박 정부의 출발은 전봇대를 뽑아내겠다했고, 향후 5년을 시작하는 박근혜 정부는 손톱 밑 가시를 제거하겠다고 하지만 우리 교육계의 전봇대와 손톱 밑 가시가 언제쯤 제거될 것인가를 기대하는 사람은 많지 않아 보인다.

교육계의 전봇대를 뽑아내려면 무엇보다 '착한 대학입시'를 만들어 내야 한다. 그런데 대입시가 착해지려면 성적에 집착하는 국내 대학들의 욕심부터 덜어내야 한다. 탐욕스런 곳이 비단 뉴욕 월가의 금융계뿐만 이겠는가. 1점이라도 높은 학생들을 확보하기 위한 대학들의 입학전형제도 곳곳에도 탐심이 배어나온다. 다행히도 착한 대입전형제도가 전무한 것은 아니다. 서울대의 '지역균형선발' 제도가 있어 지방소재 평준화 고등학교들 상당수가 서울대 합격생을 배출할 수 있게 되었다.

외국어고, 과학고, 국제고, 자율형사립고 등 다양한 유형의 고교들이 우수한 성적과 부유한 집안의 학생들을 선점하는 상황에서도 평준화 고교에 입학하는 신입생과 학부모들에게 희망의 통로를 열어줄 수 있음이 '지역균형 선발' 제도 덕분이란 생각이 든다. 이 같은 배려 깊은 입학전형 덕분에 지역 소재 고교들은 개교이래

서울대 합격자를 몇 명씩 배출하는 쾌거를 이루기도 한다. 보다 많은 대학들이 보다 착한 대입전형제도를 만들어 낼 수는 없는 것인가.

우리는 오래 전부터 인성교육의 필요성과 중요성을 이야기 해 왔다. 우리사회의 대다수 국민들이 지식중심의 학교교육의 폐해를 실감했기 때문일 것이다. 그럼에도 좀처럼 시행되지 못하는 인성교육은 대학입시란 전봇대가 버티고 있기 때문이다. 지난 해 학교폭력이 사회적 이슈로 제기됐을 때, 인성교육을 추진했던 고교들이 있었다.

하지만 자녀들의 대입시에 방해가 될 것을 우려한 학부모들의 거센 항의로 중단되고 말았다. 바야흐로 새 정부가 추진하려는 교육분야의 역점사업들이 탄력을 받으려면 착한 대입 전형제도 만한 것도 없어 보인다. 그것이 착한 입시제도를 채택하고 있는 핀란드, 스웨덴, 덴마크 등 북유럽국가들이 보여주는 성공사례인 것이다 (한국일보, 2013. 02. 01, 오성삼).

17. 학교폭력 근절 인성교육에 달렸다

학교폭력의 실상이 공개될 때마다 어른들은 가슴을 쓸어내린다. 학생들의 비행 내용이나 정도가 범상치 않기 때문이다. 우리 교육에서 무엇을 놓치고 있기 때문에 학생들이 저렇게 병들어가고 있을까? 여러 요인이 있겠지만 아마도 학생들에게 바른 심성을 길러주지 못한 것도 한 이유가 될 것이다.

노자가 '난 사람보다는 된 사람이 되라'고 했을 때의 '된 사람'을 기르고자 하는 일이 바로 인성교육이다. 인성의 사전적 의미는 '사람의 성품'으로 전문가는 '인성이란 개개인 내부에 있는 자기만의 독특한 방식의 행동과 사고를 유도하는 역동적 조직'이라고 정의 내린다.

선천적인 생물학적 성향과 후천적인 경험교육 등이 상호보완하여 인간이 성장해 나가는 것처럼, 개인의 인성도 유전적 소양이 사회문화적 영향을 받아 변화 발전되어 간다.

그러나 유전설과 환경설 중 구태여 어느 쪽이 더 인성에 영향을 미치느냐 선택해야 한다면 환경설 그 중에서도 문화적 요인을 고르는 것이 타당하다. 발달은 계속적이며 점진적 과정임을 감안할 때, 인성에는 태생적 유전 못지않게 사회문화적 영향도 중요하기 때문이다. '인간은 태어날 때 백지상태(tabula rasa)로 태어나며 성장해 가면서 주변의 영향에 따라 독특한 특성을 가진 개체로 형성되어 간다'는 Locke의 주장도 문화적 환경을 강조한다.

정신분석학자 프로이드는 인간발달 중에서 인성발달이론을 최초로 주창한 학자이다. 그는 인성발달에 있어서 태어나서 5년간을 가장 중요한 시기로 보고 이후의 발달은 생후 5년간에 형성된 기본적인 틀이 진화하고 변화하여 구체화 되는 것에 지나지 않는다고 말한다. 즉 이때의 부모, 형제, 친구와의 사회화 과정에서 생기는 문화가 평생 함께할 정체성을 형성하고 개성 있는 인성을 만든다는 것이다. 0~2세 영·유아 무상보육이 지자체 형편에 다라 6월부터 중단될 것이라고 하여 많은 엄마들이 혼란 속에 빠져 있다. 무상교육비 때문에 전업주부 엄마들이 영·유아들을 유아원에 보냈는데 또 다른 변수가 등장한 셈이다. 무상교육을 기관에 맡긴 아이들로 제한했던 정책 자체가 잘못된 출발이다. 졸속 행정이 인성발달에 중요한 시기의 교육을 그르치고 있다(강원도민일보, 2012. 05. 09, 조미현).

박근혜 정부는 출범과 동시에 학교폭력 등 4대 사회악 근절을 표방하며 다각적인 대처방안을 내놓고 있다. 학교폭력은 어제오늘의 문제가 아니며 심각성 또한 이전부터 대두되었던 사항이다. 지금까지 이에 대한 대책 역시 끊임없이 강구되어 왔다. 2005년 반포된 국무총리 훈령 제469호는 '4대 폭력 근절대책 추진체계 구성 및 운영에 관한 규정'으로 학교폭력·조직폭력·사이버폭력 및 정보지폭력(이하 '4대 폭력'이라 한다)을 근절하기 위한 대책을 종합적으로 심의·의결하기 위한 규정이다.

당시 국무총리 훈령에서 다루고 있는 학교폭력은 좁은 의미로 물리적인 행위로서의 폭력, 즉 폭행으로서의 폭력을 말하고 있다. 그러나 시대가 바뀌어 가정폭력, 성폭력 등과 같이 다뤄지고 있는 작금의 학교폭력은 넓은 의미로 해석되고 있다.

즉, 행위로서의 폭력뿐만 아니라 행위 이면에 숨어있는 비행위적, 비언어적 폭력, 더 나아가 무의식적 폭력까지 포함하고 있는 것이다. 남에게 고통과 상처를 주는 모든 힘은 폭력이다.

요즘 많이 회자되고 있는 갑을(甲乙)관계에서 을에게 고통과 상처를 주는 갑의 의식적, 무의식적 행위도 모두 폭력이 될 수 있는 것이다. 학교 내에 존재하는 폭력의 형태도 매우 다양하여 초·중·고교뿐 아니라 성인들의 집단인 대학에도 존재한다. 교육자와 피교육자 간은 물론 선배와 후배 간 등 위계질서 관계에서 얼마나 많은 고통이 만들어지고 또 전달되고 있는가. 간간이 신입생 환영회나 동창회에서 강제 폭음으로 인해 심지어는 죽음에 이르기도 하는 음주문화가 전통이라는, 선후배간의 정이라는 얼토당토않은 미명하에 매년 행해지고 있음을 우리는 알고 있다.

학교폭력이 날로 심각해지면서 교사들의 선도 대상이 아니라 경찰의 수사와 법원의 재판의 대상이 되고 있다. 그러나 제도적 강제를 통해 인간의 본성 중 하나인 폭력성을 제어하는 데는 한계가 있음을 우리는 알고 있다. 그런 의미에서 학교폭력의 근절을 위해 법적 제도의 보완과 강화 이전에 고려할 점이 있다.

학교폭력이 더 거칠어진 이면에는 청소년기에 학교와 가정에서 쉴 틈 없이 밀어붙이는 지나친 경쟁과 성공 지상주의라는 사회적 의식이 자리 잡고 있다. 자아 형성 시점부터 시작된 지나친 경쟁이 청소년들의 꿈을 앗아가고 정서를 메마르게 하고 있다. 이제는 정부뿐 아니라 사회가 나서야 할 때다. 가정과 학교가 일체가 되는 청소년기의 적절한 인성교육은 물론 주말 스포츠 등을 통한 건전한 경쟁 에너지의 발산 기회가 주어져야 한다.

대학도 새로이 교과과정을 개편하면서 상생과 통섭 그리고 융합을 강조하는 교양과정을 만들고 있다. 대학에서 교양교육의 중요성을 강조하면서 하는 말이 있다. 취업 후 첫 10년을 잘하려면 전공과목을 잘해야 하지만, 다시 그 후 10년을 잘 해내려면 교양을 잘해야 한다는 말이 있다. 책임 있는 자리에 갈수록 사람에 대한 이해, 폭넓은 생각, 안정된 성품이 중요하다는 말이다.

'빨리 가려면 혼자가고 멀리 가려면 함께 가라' 는 아프리카 속담처럼 이제는 우리 사회도 청소년들에 대해 당장의 결과에 연연하기보다는 먼 장래에 훌륭한 재목을 키운다는 생각으로 조급성을 버려야 한다. 사람이 사람을 사람으로 대하지 못하는 것이 모든 폭력의 근원이다. 잃어버린 인성교육 기능을 되살리는 길만이 학교폭력 근절에 대한 지속적인 효과를 기대할 수 있는 유일한 근본대책임을 인식해야 할 것이다(강원일보, 2013. 05. 30. 7면, 신승호).

18. 학교폭력, 인성교육으로 예방하자

정부의 학교폭력 근절 종합대책이 발표된 지 1년이 됐다. 2011년 말 같은 반 친구들의 괴롭힘을 견디다 못해 스스로 목숨을 버린 대구 중학생 사건 이후 학교폭력을 반드시 근절해야 한다는 사회적 공감대 속에서 학교폭력 대책이 발표됐다.

학교현장에서 학교폭력 대책을 실질적으로 구현하고 그 변화를 가장 실감하는 교원들의 평가는 다소 긍정적이다. 교총이 학교폭력 근절 종합대책 발표 1년을 맞아 전국 유·초·중등·대학 교원과 전문직 1447명을 대상으로 설문조사를 실시한 결과 긍정적 평가가 57%, 보통이 30%, 부정적 평가가 13%로 나타났다.

교육현장의 평가는 다소 긍정적인 것으로 나타났지만 과제 또한 적지 않다. 학교폭력의 적극적 예방자, 중재자, 해결자로서의 역할을 수행하는 교원들이 학교폭력근절 대책 추진 과정에서 가장 큰 어려움으로 학생생활지도를 꼽고 있기 때문이다. 또 학교행정업무 가중, 전문 인력 확보의 어려움, 학부모 참여와 인식부족, 학생상담시간 부족 등도 여전히 학교현장의 부담이다.

'애들은 싸우면서 자란다'는 오랜 사회적 관용 속에서 난치병이 된 학교폭력이 대책 시행 1년 만에 큰 효과를 거두기는 어렵다. 그러나 시행 1년을 거치면서 학교폭력의 심각성에 대한 우리 사회와 학교현장의 인식이 크게 높아진 것은 고무적이다. 이제부터가 더 중요하다. 과거 학교폭력 종합대책이 유야무야된 것은 현장성과 지속성의 부족, 사회와 언론의 관심도 약화에서 기인한다. 다양해지는 학교폭력을 감안할 때 고착화된 대책과 톱다운 방식으로는 제대로 대응할 수 없다. 학교폭력 대책이 실제로 구현하는 곳은 학교 현장이다. 정책수립단계에서부터 충분한 여론수렴을 통해 학교에 부합하는 정책을 마련·추진해야 하는 이유가 여기에 있다.

이제까지의 대책이 성과위주의 처방적 접근에 치우친 면이 있다면 이제부터는 예방적 접근에 집중해야 한다. 학교폭력 예방교육과 상담 등 담임교사의 역량 강화에 초점을 맞춰 담임교사의 학생생활지도권 강화와 상담시간 확보 등을 위한 여건도 마련돼야 한다. 또 학교와 교원의 힘만으로는 학교폭력근절이 한계가 있는 만큼 가정-사회-학교가 교육을 공동으로 책임지는 교육기본법 개정도 반드시 이뤄져 할 과제이며, 교원과 학부모의 실질적 협력체제 구축, 인성교육 강화도 하루빨리 이뤄지길 기대한다(한국교육신문, 2013. 02. 11, 7면).

협동조합 설립 붐이 일고 있는 가운데 강원도교육청이 27일 학교 협동조합 설립을 모색하는 자리를 마련했다. 도교육청은 이날 오후 2층 대회의실에서 '교육이 협동경제를 만날 때' 를 주제로 학교 협동조합 토론회를 개최했다.

한국협동조합연구소 팀장은 '다양한 학교 연계 협동조합 모델' 제하의 발제를 통해 "학생, 교직원, 학부모, 지역사회구성원은 학교 협동조합을 통해 매점 운영, 교복판매, 학교급식 등의 사업체를 운영할 수 있다" 고 밝혔다.

이어 "학교 협동조합은 민주 시민 및 인성교육의 장으로서의 기능도 갖는다" 며 "특히, 학생들의 참여는 주체적인 의사결정 및 집행을 통해 민주주의를 익혀 학교 폭력 예방에도 큰 효과를 거둘 것" 이라고 주장했다. 또 "방과후 학교, 농어촌 유학 및 귀농·귀촌 프로그램 등의 영역에서도 협동조합을 접목시킬 수 있다" 고 덧붙였다.

아이쿱 협동조합지원센터 이사는 '협동조합 방식의 급식물류센터 모델' 제하의 발제에서 "도시와 농촌, 어촌 지역 등 강원도의 특성에 맞는 급식물류센터 설립이 필요하다" 고 밝혔다. 또 "센터 설립 및 운영을 위한 조례 제정과 협의체 구성, 강원도 지역 친환경 농산물 생산자들에 대한 조직화도 필요하다" 고 제안했다.

☞ "학교 협동조합 통해 인성교육"

학교협동조합 토론회가 27일 도교육청대회의실에서 도교육감과 교육관련 관계자 등이 참석한 가운데 열렸다(서영 기자).

앞서 도교육감은 인사말을 통해 "학교 협동조합은 살아있는 민주주의 공동체 교육과 민관협력, 지역경제 선순환을 동시에 충족할 수 있는 최적의 방안"이라고 강조했다. 이어 "토론회에서 나온 다양한 아이디어를 토대로 도내 학교 협동조합을 실질적으로 지원하는 방안을 만들겠다"고 밝혔다(강원도민일보, 2014. 01. 28, 박지은).

19. 학교폭력 근절이라....

학교폭력은 과연 근절될 것인가. 장담컨대 결코 근절되지 않는다. 필자의 판단이다. 이런 판단이 어쩌면 도발을 넘어 절망적으로 들릴 수도 있다. 아니, 학교폭력이 결코 근절할 수 있는 문제가 아니라니, 이 무슨 망발, 그래도 묻는다면 역시 해결하기 어려운 문제라고 다시 대답할 수 있다. 학교폭력은 근절의 문제가 아닌 예방적 접근이 최선이라는 역설적인 강조다. 사후적, 결과적 접근이 아닌 예방적 접근에 초점이 맞춰져야 한다.

☞ 진화하며 줄지 않는 학교폭력

사실이 그렇지 않은가. 학교폭력을 근절할 수 있는 문제라면 벌써 근절되었어야 옳다. 그동안 수없이 많은 대책들이 나왔고 정부에서는 '4대 악'의 하나로까지 간주했다.

하지만 여전히 문제는 해결되지 않고 있다. 시간의 문제일까. 좀 더 시간이 지나면 근절될 수 있을까. 역시 아니다. 학교폭력은 과거에도 있었고, 지금도 발생하고 있다. 앞으로도 발생할 것이다. 오히려 더 교묘한 방법으로 진화되고 있다. 얼마 전 117에 접수된 2013년 학교폭력 신고 중간결과에 의하면 신체적 폭력과 같은 물리적 폭력은 줄었지만 심리적으로 괴롭히는 정서적 폭력은 증가하고 있다. 여전히 10%대를 유지하고 있다.

왜 이렇듯 지금까지의 제시되어온 방식들이 효과를 거두지 못하고 폭력은 줄지 않는 것일까. 대책들이 시원치 않아서일까. 처벌이 약해서일까. 좀 더 시원한 대책이 나온다면 해결될 수 있을까. 좀 더 뜨거운 맛을 보여줄 수 있는 강한 처벌이 이루어진다면 해결될 수 있을까. 아니다. 학교가 존재하는 한, 아니 인간이 군집을 이루어 생활하는 한 발생할 수밖에 없다. 사회에서 범죄가 끊임없이 발생하듯 학교폭력도 계속 발생할 수밖에 없다. 인간도 동물의 범주에 포함되는 이상 본능적으로 타고난 공격적인 일면들이 있다. 친구 따라 강남 갈 수밖에 없는 청소년기의 독특한 심리적 특성도 작용한다.

여기서 우리는 학교폭력 문제에 대한 지금까지의 접근 문제를 심각하게 고민해 볼 필요가 있다. 고민은 이것이다. '근절의 문제'인가. '관리의 문제'인가다. 타깃이 분명해지면 문제의 해결은 쉬워질 수 있다. 학교폭력은 근절의 문제가 아닌 관리와 끊임없이 줄여가려는 노력의 문제란 점이다.

앞서 지적했듯이 접근에 대한 패러다임을 바꾸어야 한다. 관리와 노력의 문제라는 시각적 전환이 전제되지 않는다면 이 문제에 대한 대책은 지금까지 그랬듯이 일시적인 처방, 문제의 본질을 보지 못한 피상적인 대책만이 난무할 수밖에 없다. 꾸준한 교육을 통해 다듬어지고 폭력이 상대방에게 해를 입히고 상처를 주는 행위라는 것을 일깨우는 것이다.

예컨대 암을 근절할 것인가. 잘 관리할 것인가의 문제와 흡사하다. 의학적으로 암은 완치란 없다. 악화되거나 재발하지 않도록 세심하게 잘 관리해가는 것뿐이다. 관리 상태에 따라 그 결과는 건강한 삶이 될 수도, 죽음이 될 수도 있다. 그 세심함이 삶과 죽음을 갈라놓는다. 교육현장의 암인 학교폭력도 마찬가지다. 학교폭력 문제를 새로운 패러다임, 즉 근절이 아닌 관리의 시각으로 접근해야 한다. 근절될 수 있는 문제가 아니라면 과감하게 그 한계를 인정하고 새로운 접근을 할 필요가 있다.

☞ 근절이 아닌 '예방적 관리'로

지금까지 우리는 학교폭력 문제를 근절의 문제로만 접근해왔다. 학교폭력은 반드시 근절해야 한다는 식이었다. 물론 할 수만 있다면 근절해야 한다. 하지만 그 결과는 글 전개에서 지적한 그대로다. 단 한 번이라도 가시적인 성과를 거둔 적이 있던가. 필자가 "학교폭력은 결코 근절할 수 있는 문제가 아니다"라는 도발적인 표현을 한 것도 그런 이유다.

문제에 대처해가는 긴 호흡도 필요하다. 학교폭력 문제는 단시간에 해결되지 않는다. 일거에 묘방으로 해결할 수도 없다. 근절이 아닌 끊임없이 줄여가려는 노력, 발생하지 않도록 적극적으로 대처하는 선제적 노력, 발생한다면 그로 인한 후유증을 최소화하려는 노력 등이 중요하다. 학교폭력 문제는 근절이 아닌 예방적 관리로 패러다임을 바꿀 필요가 있다는 필자의 제언이다(강원도민일보, 2013. 06. 26. 9면, 한병선).

☞ **학대받는 아이들, 학교가 부모 대신 껴안아 줄 순 없나**

5시간 동안 부모에게 모진 폭행을 당한 뒤 숨을 거둔 경기도 부천의 열세 살 소녀 곁에는 아무도 없었다. 기도하면 부활할 것이라며 11개월 동안 시신을 방치한 비정한 목사 아버지에게 부성(父性)이 있겠는가. 자녀는 부모의 소유물이 아니다. 한 소녀의 처참한 죽음 앞에서 어른들은 숙연해져야 한다.

중학교 1학년이면 아직 아이다. 아이가 스스로 법에 호소할 줄 알 리 없고, 누가 병원에 데리고 가지 않는 한 '전문가'가 아동학대를 발견하고 신고할 리 없다. 소녀의 상처를 알아보고 껴안아줄 사람은 결국 학교 교사뿐이다. 생전에 갈 곳도, 마음 붙일 사람도 없었던 아이가 작년 3월 가출해 찾아간 사람도 초등학교 6학년 때 담임선생님이었다.

그러나 담임교사는 소녀가 사망한 것으로 추정되는 3월 17일 중학교로 전화해 전날 소녀를 아버지에게 돌려보냈다고 했다. 3월 15일 가출 직후 만났던 친구 눈에 띄었던 종아리와 손의 멍든 자국을 왜 교사는 눈여겨보지 않았는지 안타깝다. 그때 그 아이를 아동보호기관에 맡겼더라면, 해당 중학교도 초등학교 교사의 연락을 받은 즉시 아이를 찾아 보호에 나섰더라면 안타까운 희생을 막을 수 있었을지 모른다. 하지만 소녀는 부모에게 돌려보내진 하루 뒤 피멍 든 시신이 되고 말았다.

중학교는 작년 3월 말 두 차례, 6월 초에 한 차례 출석 독려서를 보냈다. 하지만 독일 박사 출신의 신학대 교수인 아버지가 "잘 지낼 것"이라고 거짓말을 하자 교사도, 경찰도 발길을 돌렸다.

초중등교육법 시행령에는 출석을 독촉한 후에도 무단결석이 7일 이상 지속되면 학교 측이 교육장에게 통보하게 돼 있다. 그러나 소녀가 입학했던 중학교는 부천 교육지원청에 알리지 않았다. 학교와 교육청은 책임을 통감해야 한다. 교육법 시행령도 학교와 교육청이 따르지 않는 현실에서 정부가 재작년 마련한 아동학대 예방 종합대책이나 올해 만든 장기결석 아동 관리 매뉴얼은 무용지물일 뿐이다.

촌지 수수로 금지됐던 가정방문이 2008년 허용됐지만 교사들은 여전히 꺼리고 있다. 그들에게 학교는 정년과 노후연금을 보장해주는 '안정된 직장' 이상의 의미는 없는가. 공부는 학원에 맡기고, 인성교육은 가정에 맡긴다면 학교는 대체 뭐 하는 곳인가. 학교와 교사만이라도 부모의 손찌검을 피하려는 아이들의 피난처와 지킴이가 돼줘야 한다. 2001~2014년 총 126명의 아이가 학대로 숨졌다. 지금도 어디선가 사회의 외면 속에 아이들이 못다 핀 꽃송이로 스러져 가고 있다. 소녀의 영혼이 우리에게 응답하라고 요구하고 있다(동아일보, 2016. 02. 05, A31).

부모에게 모진 폭행을 받은 것에도 모자라 숨을 거둔 이후에도 11개월 동안이나 시신이 방치되었던 안타까운 사건이다. 학교에 장기결석을 하였으며 이것뿐만 아니라 가출을 했었던 아이이다. 교사는 이러한 아이에게 보다 더 관심을 주었어야 하며 이러한 상황을 방치하면 안됐었다.

아마도 교사는 양육은 부모의 권리라는 잘못된 관념을 가진 것이 분명하다. 또한 이러한 부족한 생각에 더해 어쩌면 우리 사회는 인성교육은 집에서, 선행과 복습 및 학업공부는 학원에서라는 인식이 자리 잡았을 지도 모른다.

우리는 이를 보다 행정적으로 접근하여 해결해야 할 것이다. 가정폭력을 받은 아이의 상처를 치유해주고 가정폭력을 휘두르는 부모에게 엄한 처벌을 내려야 할 것이며 이들로 부터 아이들을 보호하고 부모들을 감시할 전문 기관이 필요하다. 이를 중심으로 학교와 교육청, 지자체가 거버넌스를 이루어 항시 운영하여야 할 것이다.

아이들은 우리의 미래이며 우리의 자산이다. 양육을 한 가정의 책임으로 볼 것이 아니라 미래세대를 아껴주고 가꾸어 나가는 인식이 자리 잡아야 할 것이다.

☞ 학교폭력 예방의 시작점 '학부모폴리스'

얼마 전, 모 방송국에서 학교폭력 가해자들의 국제음악대회 도전을 다룬 프로그램을 방영해 큰 반향을 불러일으킨 적이 있다. 좋은 프로그램이었다는 평가와 더불어 '가해 학생이 반성하는 모습을 보이지 않았다'거나, '피해 학생을 두 번 죽인 프로그램'이라는 비난도 있었다. 프로그램이 편향적이고 왜곡됐다는 세간의 비난은 차치하고 어쨌든 화면상으로 가해 학생들이 생활하는 모습은 충격 그 자체였다.

요즘의 학교폭력은 단순한 폭력에 그치지 않는다. 스마트폰 확대 보급에 따라 사회관계망서비스(SNS)를 통한 집단 따돌림(왕따)과 괴롭힘으로 그 영역과 방법이 다양화되고 은밀해지고 있다. 학교폭력은 초·중·고교를 가리지 않고 일어나는 현상이지만 특히 중학교에서 가장 빈번하게 일어난다. 최근 5년간 경기도 학교폭력대책자치위원회에서 심의된 학교폭력 건수 중 중학교가 차지하는 비율이 전체의 70.7%로 가장 많았다. 그러나 중학교 학부모 가운데 39.5%는 담임교사와 면담을 한 번도 하지 않은 것으로 조사됐다. 이는 아직도 우리 사회가 학교폭력의 심각성에 대한 인식이 부족하다는 것을 보여준다.

경찰에서는 학교폭력을 예방하기 위해 학교전담경찰관제를 시행하고 있다. 그러나 교육당국은 이를 교권의 '학생지도' 영역을 침범하는 것으로 받아들이고 있다. 경기지방경찰청은 지난 10월 학교폭력 발생 위험지수가 높은 중학교 418개교, 1만

9520명의 학부모가 참여하는 중학교 '학부모폴리스'를 발족시켰다. 중학교에 처음 시도되는 맞춤형 학교폭력 예방활동이다. 중학교 학부모폴리스는 신설된 지 한 달가량의 걸음마 단계여서 개선해야 할 점도 많다. 활동 예산지원과 안정적인 회원 확보, 학교를 포함한 교육당국의 협조 등 난제들이 쌓여 있다. '예전에도 학교폭력은 있었는데 왜 갑자기 호들갑을 떠는지 모르겠다'는 사회적 인식이나, 경찰이 학교폭력 문제에 개입하는 것에 대한 곱지 않은 시선도 극복해야 할 문제다.

학교폭력은 학교만의 문제가 아니다. 누구든 학교와 직간접적으로 관련이 없는 사람은 단 한명도 없을 것이다. 단지 먹고사는 데 급급하다 보니 자녀들의 학업 성적 외에는 관심을 가지지 못했을 뿐일 것이다. 청소년들이 안전하고 행복한 학교생활을 하고 올바르게 성장할 수 있도록 이제라도 학교와 학부모, 지역사회, 경찰 등 우리 모두의 지혜를 모아야 한다. 그 변화의 시작점에 이번에 발족한 '중학교 학부모폴리스'가 하나의 좋은 사례가 되기를 기대해 본다(경향신문, 2013. 11. 18, 강봉채).

20. 학교폭력 중요하다면 상담교사 뽑아라!

최근에 급증하는 학교폭력으로 인한 청소년들의 자살사고 등 불행한 사건이 터질 때마다 교육계를 바라보는 국민들의 시선은 냉소를 넘어 허탈감만 가득차고 있다. 지난 11일에 자살한 피해학생이 유서에 '경찰아저씨들, 학교폭력은 지금처럼 해서는 100% 못 잡아낸다'고 지적했음에도 불구하고 또 다시 열린 긴급 차관회의에서는 CCTV 설치 확대와 화질 개선, 경비실 확대 등을 논하고 있다.

학교지킴이, CCTV 설치, 스쿨폴리스 확대 등도 필요하지만, 피해학생의 말대로 이것만으로 학교폭력을 근절하기는 어렵다고 본다. CCTV를 한 학교에 수백 대 설치하지 않는 한 얼마든지 사각지대는 있게 마련이고, 현재 설치된 CCTV도 관리·감독할 모니터요원이 부족한 실정인데 여기서 더 확대한다고 해도 사실상 무용지물이 될 것이 뻔하다.

또 사건이 터질 때마다 가해학생을 엄벌해 다시는 이런 일들이 일어나지 않도록 제도적인 방안을 강구하고 철저히 조사하겠다는 말들만 무성하지 실효성이 없다. 학교현장에서 보면 가해자 역시 열악한 가정환경으로 인한 가정폭력 피해자인 경우도 많고 피해를 당하던 학생이 다시 가해자가 되는 경우도 많아 처벌만 강화하는 것이 능사는 아니라고 본다.

예로부터 명의는 환자가 병이 생기기 전에 예방해 건강하게 살도록 한다고 했다. 사후조치도 중요하지만, 예방이 학교폭력 근절의 근본이다. 그중에서도 중요한 부분은 상담이다. 그리고 이 역할을 담당해야 하는 사람은 학교의 전문상담교사라고 본다. 다행히 지난 해 학교폭력근절 종합대책의 후속조치로 전문상담교사를 더 적극적으로 배치하기로 했다. 올 초에도 교과부가 전국 초·중·고교에 전문상담교사 1,000명을 추가 배치하겠다고 했다.[16]

그런데 올해 임용하기로 한 1,000명 중 500명은 '행정안전부와 협의를 거쳐' 올봄 교원임용시험 공고를 내 9월 공립학교에 500명을 추가 배치하겠단다. 학교현장에 있는 교원이라면 '행정안전부와 협의를 거쳐' 라는 말이 무슨 말인지 다 알고 있다. 행안부에서 정원을 주지 않으면 백지화할 수도 있다는 말이다. 지난해에도 누리과정 확대 시행에 따른 유치원 교사 임용과 관련해 이미 한 번 겪었던 일이고, 전문상담교사 배치도 백지화 논란이 있었다.

게다가 약속대로 전문상담교사 1,000명을 임용해 학교에 다 배치한다 해도 학교당 전문상담교사 배치율은 가까스로 20%대가 되는 것이 우리 교육 현장의 현실이다. 결국 땜질식으로 단기간 계약직 상담사를 채용할 수밖에 없게 된다. 물론 전문상담사들 중에도 전문적인 역량을 갖춘 분들도 많지만, 학교상담에 특화된 전문성을 갖지 못한 유사자격증을 가진 분들도 있으며, 상담에 대한 전문성이 있더라도 애초에 1년 계약직으로 근무해 신분 불안정을 느껴야 하고, '교사' 가 아닌 만큼 업무에 대한 협조나 담임교사와의 유기적인 관계 미비로 학생상담에 어려운 점이 많은 것이 현실이다.

결국 학생들에게 도움은 되지 못한 채 비정규직만 양산하는 꼴이 된다. 물론 정부의 예산부족과 인력 수급 관리 때문에 한꺼번에 전문상담교사를 충원하기는 어렵겠지만, 우리 자녀들의 행복한 인성교육을 위해서는 미래를 내다보는 장기적이고 과감한 투자가 필요하다고 본다. 그리고 전문상담교사의 상담능력 향상을 위해

---

16) 학교의 진로 진학에 관한 상담과 지도를 전담하는 교사를 말한다. 2011년 3월 교원 자격검정령 시행규칙 개정으로 새롭게 도입된 교과 교사 제도로, 2014년까지 모든 중·고등학교에 배치됐다. 진로교육법에 따르면 교육부 장관과 교육감은 초·중등학교에 진로 전담교사를 지원하는 전문 인력을 둘 수 있다. 진로 전담교사는 해당 담당 교사와 협의를 거쳐 수업 시간에 진로 상담을 제공할 수 있으며, 이 경우 진로 상담 시간은 수업 시간으로 간주된다. 2015년, 중·고등학교에만 배치돼 있는 진로 전담교사는 2016년부터 초등학교로까지 확대될 예정이다. 진로 전담교사는 교과 지도 경험이 풍부한 현직 교사들을 대상으로 부전공 연수를 통해 양성되며, 자격을 취득한 진로 전담교사는 학교의 진로 진학 상담 활동을 종합적으로 이끌어나간다.

서는 지속적인 상담연수도 진행돼야 할 것이다. 전문상담교사라고 해도 꾸준히 학생들의 심리를 공부하고 상담기법을 연수하지 않으면 효율적인 상담을 하기 어렵기 때문이다.

전문상담교사들은 상담연수를 받아 자기 나름의 상담기법을 소화하고, 다양한 학생들의 심리 상담에 적용할 수 있도록 실력을 길러야 한다. 또한 학교에서는 전문상담교사들이 편안하게 학생들과 상담을 할 수 있도록 상담실 환경 등 제반 업무 여건을 마련해 줘야 한다.

예로부터 올바른 자녀교육을 위해서는 엄부자모라고 하였는데, 요즈음 우리의 현실은 많은 사회적 요인들로 인해 흔들리고 깨지는 가정이 많아지고 있다. 그 피해는 고스란히 우리 학생들에게 돌아가 이들을 가해자, 피해자로 만들고 있다. 이제는 우리 사회가 학생들의 바람직한 인성교육을 위해 과감하게 투자하고 합심해 노력해야 한다.

내일의 희망을 위해서는 교육보다 더 중요한 것은 없다고 했다. 학교폭력을 근절하려면 전문상담교사를 모든 학교에 배치해야 한다는 사실을 정부는 외면하지 말았으면 한다. 2013년 새학기를 앞두고 학생들을 위한 '행복교육'을 기치로 내걸고 출범한 박근혜정부의 교육정책에 대한 국민들의 기대가 크다(한국교육신문, 2013. 03. 25, 김진철).

21. 학교폭력, 전수조사가 끝 아니다

지난해 12월 학교폭력으로 촉발된 대구 중학생 자살사건은 우리 사회가 학교폭력에 대해 무관심하지 않았던가 반성하게 만들었다. 이후 매스컴에 보도된 학교폭력 실태는 충격적이었고, 우리의 자녀 또한 학교폭력의 피해자가 아닐까 되돌아보게 했다.

☞ **피해학생 문제 호소 기회 제공**

이런 가운데 실시된 학교폭력 전수조사에 대해 과연 뿌리 깊은 학교폭력을 해결할 수 있을까라는 의구심과 방학 중에 지나치게 요란을 떠는 것 아니냐는 시각도 일부 있었다. 그러나 회수된 설문지에 나타난 학생들의 생생한 호소 내용을 보면 학교폭력의 실상이 선명하게 드러난다.

전수조사이지만 회수율이 25%에 불과해 신뢰성이 떨어진다는 비판도 있다. 회수율이 25%에 그친 이유는 우편물 발송에 대한 안내 부족, 상급학교 진학생들의 무

응답 등 다양한 이유가 있을 것이다. 이에 대한 분석이 필요하다.

이번 전수조사는 회수율이 아닌 학교폭력 피해자들이 자신들의 문제를 호소할 수 있는 기회를 제공했다는 점과 신속한 의사 결정을 통해 경찰청의 공조까지 이끌어내 학교폭력을 근절하겠다는 교육과학기술부의 의지가 담겨 있다는 점에서 의의가 있다. 특히 지금까지 지나치게 경쟁을 앞세운 정책을 전개하고 있는 것 아니냐는 일부의 비판이 있었는데, 이번 조사는 안전한 학교 만들기에 초점을 두어 국민의 환영을 받을 수 있었다. 이번 전수조사를 계기로 학교폭력 근절을 이룩하는 원년이 된다면 이번 정부의 최대 업적이 될 수도 있을 것이다. 그런 점에서 이번 조사가 일회성 이벤트가 아니기를 바란다.

처음 실시된 전수조사이기에 실시 시기가 적절했는가, 보다 효과적인 실시 방법은 없었는가 등 제기된 문제점에 대해 보완책을 마련해야 하고 그렇게 준비할 것으로 기대한다. 이제 우리가 관심을 가져야 할 것은 학교폭력이 발생하면 학교가 어떻게 대응해야 하느냐이다. 먼저 학교폭력에 대응할 수 있는 인력과 전문성 그리고 의지가 중요하다. 정부는 일방적으로 학교에 대응을 잘하라고 지시하고 책임을 묻기보다는 학교폭력 예방 교육과 상담을 담당할 전문인력 배치를 우선적으로 조치해야 할 것이다. 전문 인력이 부족하다면 상세한 학교폭력 대응 매뉴얼을 제시하고 활용방안에 대한 연수를 진행해야 한다.

예컨대 학교별 보고서에 담긴 내용을 보면 학교에서 자체 진상조사를 실시하라고 권고하고 있는데 누가 어떤 내용을 어떤 방식으로 조사하여 어떤 조치를 해야 하는지 친절하게 안내하여 학교에서 적절하게 대응할 수 있도록 유도해야 한다. 그리고 학교에서는 학교폭력을 인지하고도 방임하거나 아이들끼리의 장난으로 간주하던 시각에서 벗어나 피해자의 입장을 충분히 고려하여 대응해야 할 것이다. 아울러 일진 등의 폭력서클이 있는 경우 경찰과 공조해 학교폭력 피해자가 생기지 않도록 철저하게 조치를 취해야 한다.

☞ 폭력근절 위해 후속조치 있어야

전수조사는 학교폭력이 누구의 책임이냐를 따져 비난하려고 하는 것이 되어서는 안 된다. 오히려 함께 나서서 함께 해결해 나가야 할 우리 모두의 과제다. 이런 상황에 이른 것은 누구의 책임이 아닌 우리 모두의 책임이라는 의식에서 출발해야 한다. 이번 조사를 집단으로 실시하여 조사 취지를 훼손했거나 학생들이 학교폭력을 당하고 있음에도 은폐하려고만 한 학교에 대해서는 대응책이 마련될 것으로 기대한다. 이번 조사가 끝이 아니라고 믿기에 차후 개선될 것으로 본다. 이번 조사

결과를 토대로 적절한 조치가 이루어지기를 바라면서 아울러 학교폭력이 근절될 때까지 학교보다는 정부의 이번 같은 의지와 체계적이고 지속적인 대응이 뒤따르기를 기대한다(동아일보, 2012. 03. 12, 전인식).

22. 새학기, 폭력 없는 학교를 위해

최근 학교폭력이 심각한 사회문제로 대두되면서 가해자 처벌 강화, 상담인력 확충, 복수담임제 실시, 체육시수 확대 등 학교폭력 근절을 위한 여러 정책이 발표·실시되고 있다. 그럼에도 전국 초·중·고교 학부모를 대상으로 한 조사에서 학부모의 45%가 학교폭력 대책이 별 효과가 없었다고 응답했다.

왜 이런 정책들이 소기의 효과를 거두지 못했을까? 학부모들 중 많은 수는 현장 의견을 수렴하지 못해 현실감이 떨어지거나 학교별 특성이 고려되지 못하고 획일적이기 때문이라고 응답했다. 이런 지적들에 수긍이 간다면 학생들이 자발적으로 학교폭력예방 문화 확산을 위해 노력하는 활동을 강화해 학생 스스로 학교폭력 없는 학교 문화를 창조하도록 시도해 보는 것은 어떨까.

필자는 학생의 자발적인 학교폭력예방 문화 확산의 일례로 '친구와 함께하는 블루밴드 캠페인'을 소개하고자 한다. 학교폭력 근절의 주체인 학생들이 '블루밴드'라는 동아리를 조직해 주도적으로 구체적인 학교폭력 예방 실천 방안을 제시하고, 실천 서약에도 자발적으로 참여함으로써 학생들 간에 자연스럽게 학교폭력 근절 분위기를 전파하고 정착시킨다는 것이 이 캠페인의 특징이다.

블루밴드 동아리의 캠페인 활동내용과 방법을 간략하게 소개하면 다음과 같다.

첫째, 먼저 학생들의 학교폭력에 대한 인식을 알아보기 위한 실태 조사를 실시하는 일에서부터 출발했다. 아무 기초도 없는 상태에서 활동을 시작할 수 없어 처음에는 과제로 학교폭력의 의미, 우리나라에서의 학교폭력, 학교폭력의 유형, 학교폭력의 실태 등에 대한 사전조사를 하도록 했다. 그 이후 설문조사를 실시하고, 조사결과에 따라 학생들이 주도하는 토론회를 개최했다.

둘째, 설문조사와 토론회를 마치고 나면 블루밴드 동아리의 활동이 빛날 차례였다. 블루밴드 동아리는 설문조사와 토론회 내용을 근거로 교내에서의 학교폭력을 근절하기 위해 등하교 시간과 중식 시간에 캠페인을 전개해 학생들이 학교폭력 예방과 근절에 적극 참여하도록 했다. 학생들 스스로 나서 분위기를 조성함으로써 학교 내에서 급우 간, 선후배 간 상호 존중하는 분위기가 조성됐다.

셋째, 학생들은 교외활동으로 SNS폭력(사이버폭력)관련 캠페인과 경기도 학생들

간의 학교폭력 토론회와 같은 다른 지역 학생들과의 만남 등의 활동 목표를 설정하고 실행했다.

넷째, 이 과정에서 선생님과 학생의 소통부재, '중 2병' 등 여러 가지 문제점들이 도출됐다. 이 문제들에 대해 좀 더 집중적으로 알아보고 문제를 해결하기 위해 인근 중학교에서 '후배와 함께해요' 프로그램도 실시하고 이메일 상담프로그램 '고민을 들어드립니다'도 운영했다.

다섯째, 최근 학교폭력으로 인한 자살이 증가하고 있고 심각한 사회 문제로 떠오르고 있는 만큼 자살 예방 문구를 제작하고 설치하고 '진정한 친구 되자!'는 제목의 자살 예방 캠페인을 비롯한 자살 예방 활동을 전개했다.

여섯째, 학생들은 '학교폭력: 또래상담의 중요성' 활동을 하면서 조사한 결과에 따라 동아리 활동으로 '파란누리 공감소'라는 또래 상담실을 설치·운영해 친구들에게 학교폭력 또래 상담을 전개했다.

일곱째, 효과적인 메시지 전달 방법에 대해 조사한 결과 친구들에게 쉽고 재미있게 다가갈 수 있는 활동으로 스토리텔링을 선택하게 된 학생들은 '스토리텔링을 통한 소통과 공감의 장 만들기'를 위한 이벤트와 공모전도 실행했다.

'블루밴드 동아리' 학생들이 스스로 열심히 활동한 결과 '학교폭력을 넘어 인성교육으로!'라는 주제로 열린 행사에 참가할 기회를 얻었는데 이 자리에서 학교폭력피해자협의회 회장의 눈물 젖은 선언과 SBS '학교의 눈물' 담당 프로듀서의 생생한 학교폭력 실태를 들으면서 학교현장에 있는 교육자의 일인으로서 심한 자괴감을 느꼈고 학교폭력만은 반드시 근절시켜야겠다는 각오를 다졌다. 대통령은 퇴임 후에도 학교폭력 근절에 앞장서겠다는데 필자는 과연 교육의 최일선에 있는 교육자로서 학교폭력 근절을 위해 혼신의 힘을 다하고 있나 반성도 하게 됐다.

그렇다. 아이들은 우리의 미래고, 우리의 미래인 아이들의 행복한 학교생활을 위해서 학교폭력은 반드시 근절되어야 하지 않겠는가. 다행히 우리 아이들이 스스로 학교폭력 없는 학교문화를 만들어간 모습을 기억하며 오늘도 희망을 이어간다(한국교육신문, 2013. 02. 24. 10면, 김해겸).

23. 학교폭력 국가가 막아야 한다

지난번 춘천법원 소년부에서 10호(2년) 처분을 받은 K양이 가족에게 돌아왔다는 전화가 왔다. K양은 안양소년원에서 많은 것을 배우고 반성하는 기회가 되었다고 해서 다행스럽다. 지난번 법원으로부터 국선보조인(변호) 선임을 받아 사건을 파악한 후 춘천소년원에 위탁되어 있는 K양을 접견하여 그 부모, 가정환경, 성장과정, 학업과정, 성향, 정신적인 문제 유무, 비행 원인 등에 대하여 상세하게 검토한 후 재판에 임하였다.

법원은 소년보호사건에 대하여 전담 판사제도를 시행하고 있다. 소년보호사건의 소년부 판사는 소년원, 사회복지시설 등 운영현황에 직접답사하고 교정처분의 경우 소년들이 어떻게 교육을 받는지 상황 판단하고 청소년의 심리분석까지 한다. 청소년에 대한 전문지식을 가지고 재판을 하고 있다. 부모가 자식에 대하여 사랑하는 마음으로 장래를 묻는 것 같은 모습으로 소통을 한다. 비행이 상습화되는 소년의 경우는 범죄 동기의 과정도 심리한다.

이러한 비행청소년 재판을 법정에서 국선보조인으로 청소년 측 변론을 맡아 진행하면서 비행청소년의 사정을 접하고 비행청소년의 어려움이 작게는 가정에서 부모에게 크게는 사회와 국가도 이들에게 자유로울 수는 없다고 생각한다.

최근 대구 중학생 자살사건으로 사회전체가 학교폭력을 실감하는 분위기다. K양의 경우도 학교폭력에 연루되어 함께 고민해 보기로 했다.

학교폭력은 말 그대로 학교 안팎에서 벌어지는 학생 간 폭력이다. 학교폭력의 경우 대부분 학교 운동장, 교실 복도, 화장실, 주로 교내에서 발생한다. 또한 학교폭력 대부분이 또래집단에서 발생하기에 목격자도 많이 있다. 학교폭력의 시그널은 학교 내에 있다. 학교에서 교사들은 학교폭력 대처방법을 충분하게 교육해야 한다. 또한 학교폭력 실태조사를 간과하면 안 된다. 어떤 학교는 실태조사를 1년에 몇 번 했지만 한 학교에서 2명이나 자살하는 피해자가 발생하기까지 했다. 어떻게 하면 문제를 해결할 수 있을지 답답하다.

피해자가 보복이 두려워 신고를 못 하고 있는 실정인데 신고하는 의식을 일깨워 주어야 한다. 피해자가 신고를 하면 학교에서는 분명하고 확실하게 대처해주어야만 믿고 신고를 할 것이다. 교육 당국에서도 학교폭력 사태에 자유로울 수 없다. 학교폭력의 틀을 다시 짜야 한다고 본다. 초등학교 때부터 인성교육을 위주로 해야 하고 학교폭력을 사고 후 대책보다 예방교육이 선행되어야 한다고 본다.

이제 늦은 감도 있지만 사회, 국가가 학교폭력을 치료해야 한다고 본다. 청소년 비행, 학교폭력, 청소년 성매매는 오늘날 세계 여러 나라에서 직면하고 있는 가장 심각한 사회문제 중 하나다. 학교폭력, 청소년비행, 청소년 성매매들이 차지하는 비중이 점점 높아지고 있기에 국가적 차원의 고민거리다.

가장 큰 문제는 학교폭력으로 인해 청소년의 자살로 이어질 공산이 크다는 점이다. 최근 여론조사에서 보았듯이 10대 청소년 중 상당수가 학교폭력으로 인하여 자살충동을 느껴봤다는 조사다. 학교폭력으로 고통을 호소한 학생 수는 50%라는 경이로운 여론조사다. 정부에서도 심각성을 인지하여 국무총리 주재로 국가정책조정회의를 개최하였다. 이번 대책은 국무총리실을 중심으로 각 부처가 합동으로 추진하고 있고 12대 과제 중 하나로 학교폭력, 가출 청소년, 학업중단 등 위기 청소년이 지속적으로 증가함에 따라 이들에 대한 통합적인 대책이 시급하다는 판단에 마련되었으리라 본다. 이번 대책은 우리 청소년에게 가까이 접근할 수 있는 법안이길 기대해 본다(강원일보, 2012. 02. 21, 강이봉).

24. 학교폭력 해법은 건강한 소통

필자는 2013년 10월16일자 강원일보 칼럼을 통해 학교폭력의 근본적인 원인은 스트레스라고 설명하면서 아이의 스트레스를 이해하고 이를 해소할 수 있도록 도와주는 법, 그것이야말로 학교폭력을 없애는 데 큰 도움이 될 것이라고 주장한 바 있다. 이와 같은 글을 게재한 이후 아이의 스트레스를 감소시킬 수 있는 구체적인 방법이 무엇이냐는 질문을 많이 받았다. 오늘은 그 방법 중 소통과 관련된 이야기를 해보려고 한다.

외견상 건전한 가정의 아이 중에도 학교폭력 등 범죄를 저지르는 아이를 흔히 볼 수 있다. 이러한 아이가 받는 스트레스는 한부모 가정이나 부모 모두 아이를 양육하지 않고 할머니 등이 아이를 양육하는 조손가정 아이가 받는 스트레스와는 그 양상이 다르므로 이에 대한 대응책도 달라야 한다. 이러한 아이의 양육자를 유심히 살펴보면 잔소리가 매우 심한 경우를 흔히 볼 수 있다. '욕하지 마라' '인사해라' '공부해라' 등의 잔소리는 아이의 잘못에 대한 적절한 제재로서 필요한 것이기는 하다. 그런데 이러한 잔소리는 잔잔한 마음 상태에서 상황에 맞게 이루어져야 이를 받아들이는 입장에서 감정이 상하지 않고 수용할 수 있다. 만약 그렇지 못하고 훈육자의 불편한 감정이 지나치게 실리고, 반복적으로 이루어지며, 상황에 비해 과도하게 이루어지는 경우에는 잔소리가 아닌 '악소리'로 받아들여지게 된다. 이러한 악소리는 아이에게 '감정홍수'라는 역효과를 유발한다.

인간의 뇌는 크게 감정, 성욕, 식욕 등을 담당하는 변연계와, 분석, 기획, 판단 등 고등사고력을 담당하는 전두엽, 그리고 숨쉬기, 맥박 등을 관장하는 뇌간 등 3가지로 분류할 수 있다. 그런데 악소리가 심해지면 스트레스 호르몬이 과다하게 분비되어 변연계에 과부하가 걸리고, 이러한 변연계의 과부하는 전두엽을 마비시키게 되며, 결국 뇌간만이 활성화하게 된다. 그런데 뇌간은 파충류인 뱀조차 갖춘 뇌인 것인 바, 감정홍수에 빠진 아이는 뱀처럼 행동하게 되어 싸우거나(욕설과 폭행, 절도 등 공격적 행동) 도망(술, 담배, 게임 중독, 자해, 자살 시도 등 도피성 행위)을 가게 된다. 즉 적절한 잔소리가 아닌 악소리에 이르게 되면 이를 수용하는 입장에서는 자신에 대한 폭력행위로 간주하게 되고 이에 따라 대응하게 되는 것이다.

한편 "아이들은 싸우면서 크는 거다"라고 말하는 학부모를 흔히 볼 수 있다. 선생님들 중에도 이런 분들이 다수 있다. 이와 같이 폭력 그 자체에 정당성을 부여하는 분위기에서는 학교폭력이 사라질 수 없다. 피해자가 학교폭력 피해를 당하였다고 고발하는 것 자체가 오히려 죄악시될 수밖에 없게 된다.

청소년상담을 담당하는 분들과 얘기를 나눠보면, 상당수 학교폭력의 피해학생이 피해사실을 선생님이나 부모에게 알리는 것을 꺼리고, 일부 피해학생의 학부모는 그와 같은 내용을 인지하고도 학교에 문제 제기하는 것을 꺼린다고 한다. 마음속으로만 가해학생과 더 이상 같은 학교에 있지만 않으면 좋겠다고 생각하는 것이다. 또 교육부의 2011년도 학교 자살 현황에 따르면 전체 자살 학생은 150명이고, 그중 원인 불명의 자살 학생이 38명에 달한다고 하는데, 원인 불명 자살 학생 중 상당수가 학교폭력으로 인하여 자살한 것으로 추정되고 있다. 학교 친구들의 폭력에 시달려 결국 목숨까지 끊으면서도 그 마지막 순간에조차 그와 같은 사실을 알리지 못한 것이다.

학교폭력을 줄이기 위해서는 아이와 건강하게 소통하여야 하는데, 이를 위해서는 아이를 배려하는 따뜻한 잔소리와 아이가 마음 터놓고 학교폭력 피해사실을 알릴 수 있는 따뜻한 분위기가 필요하다고 할 것이다(강원일보, 2014. 01. 08. 7면, 권순건).

25. 본분 다하는 선생님이 우리 교육의 희망

서울 마포구 OO중학교 김화연 교사는 교직 생활 21년 중 17년 동안 학생 생활 지도 업무를 맡았다. 올 새학기부터는 3학년 담임을 하고 있다. 대다수 교사는 될 수 있으면 생활 지도나 담임을 피하려고 한다. 자기 시간을 빼앗기고 부담만 짊어져야 하기 때문이다. 학생들도 생활 지도 교사와 마주치기를 꺼린다. 그런데도 이 학교 학생들은 김 교사를 무서워하기는커녕 '깃털도사'라는 만화 주인공 별명으로 부르며 따른다. 그는 점심 때 학생 식당에서 밥을 자주 먹고, 아이들과 1박 2일

야영을 간다. 학교에 안 나오는 결손 가정 학생의 집에 가서 라면을 함께 끓여 먹기도 한다.

김 교사는 "문제 학생도 보호받고 관심을 받고 싶어하는 그 나이의 아이일 뿐"이라고 말한다. 그는 '선생님이 함께 있어 주는 것만도 그 아이들에겐 힘이 된다'고 믿고 있다. 김 교사는 많은 문제 학생을 상대하며 쌓인 스트레스로 원형탈모증이 생기기도 했다. 그는 혁혁한 공적을 세운 게 아니라 선생님의 본분을 다했을 뿐인 평범한 교사다. 지금 학교 폭력을 앓고 있는 학교에 꼭 있어야 할 선생님은 위대한 교사가 아니라 김 교사처럼 본분을 다하는 선생님이다.

조도(鳥島)는 전남 진도에서 뱃길로 한 시간을 가야 하는 조그만 섬이다. 그곳 조도고등학교는 교사 11명, 학생 22명의 초미니 학교다. 재작년 조연주 교사가 부임하면서 학교가 달라지기 시작했다. 조 교사는 조도고를 진도의 명문으로 키워보자며 교사들의 협조를 얻어 야간 자율 학습 시간을 마련했다. 조 교사는 저녁을 굶고 공부하는 형편이 어려운 집안의 학생들에겐 집에서 김밥을 만들어 날랐다. 조 교사의 김밥 싸기가 알려지면서 학교는 쓰지 않던 창고를 고쳐 급식실을 만들고 교사들은 박봉을 쪼개 부식비를 마련했다. 조 교사는 방과 후엔 급식실 일을 도맡아 하는 '주방 아줌마'가 됐다. 진도군청 직원들과 주민들도 성금을 모아왔다. 조도고는 올 초 개교 30년 만에 사교육 한 번 받지 않은 김빛나양을 서울대 외국어계열에 합격시켰다.

학교 폭력으로 학교가 무너지고 교육이 위기라고 한다. 해결의 열쇠는 선생님들이 쥐고 있다. 제자리를 꿋꿋이 지키며 본분을 다하는 선생님들만이 학교와 교육을 위기에서 건져낼 수 있다(조선일보, 2012. 05. 14).

26. 남교사 증원대책 시급하다.

최근 교육계 안팎에서 '교단 여초(女超) 현상'에 대한 논란이 분분하다. 특히 학교폭력이 사회적 화두로 떠오른 시점과 맞물려 여교사가 남교사에 비해 생활지도가 어렵고, 자라나는 학생들에게 성(性)역할 학습이 있어야 한다는 점에서 남교사가 필요하다는 주장과 학교폭력과 교사 성비(性比)는 별개의 문제며 오히려 여교사의 섬세한 상담기법이 학생지도에 도움이 된다는 주장이 맞서 있다. 하지만 "덩치 큰 남자 아이들이 욕까지 해대면 어떻게 대처해야 할지 당황스럽고 겁이 난다"는 여교사들이 늘고 있고, 돌발행동과 거친 언행을 하는 문제행동 학생을 여교사가 지도하는 데 어려움이 큰 것 또한 사실이다.

　교단의 여교사 증가 추세에 대한 논란은 학교폭력 대책의 일환으로 갑자기 제기된 것이 아니라 그동안 지속적으로 논의돼 왔다. 2008년 3월 서울시교육청의 교사와 학부모 3,168명 대상 설문조사에 따르면 학부모의 80%, 교사의 74%가 '양성(兩性) 균형 교사 임용제' 도입에 찬성하였다. 2007년 5월과 2009년 9월에는 시·도교육감협의회가 교사 남녀 성비의 불균형 해소를 위해 '교원 양성 균형 임용'을 교육과학기술부에 건의하였다.

　　한국교원단체총연합회는 8일 우리 교단의 여초(女超) 심화현상에 대해 논평을 통해 "남교사 증원 대책을 마련하기 위해 교육적, 사회적 논의가 필요하다"고 밝혔다. 교총은 "교단의 지나친 여성화 경향이 자라나는 학생에게 다양한 성역할을 인식시키는 데 한계가 있다는 교육계 안팎의 지적이 있다"며 "최근 사회적 우려가 큰 학교폭력에 적극 대처하고 생활지도를 강화하기 위해서도 남교사의 역할이 상당 부분 필요하다"고 말했다. 이어 "양성평등 정신과 예비교사에 대한 피해가 없도록 하면서도 우수한 남교사가 교단에 많이 설 수 있도록 하는 방안을 진지하게 논의해야 한다"며 "학생 생활지도에 어려움을 겪는 여교사에 대한 지원과 연수 강화도 필요하다"고 덧붙였다.

　현재 우리나라의 여교사 비율은 초등학교 75.8%, 중학교 66.8%, 고등학교 46.2%이고, 가파르게 상승하고 있다. 남교사가 한 명도 없는 학교도 전국에 39개교나 있다. 남녀 성별을 떠나 우수한 교사를 선발하는 것이 우선이라는 주장 또한 틀리지 않다. 그러나 최근의 학교 현실과 관련해 볼 때 교사 성비 불균형은 분명히 문제가 있다. 교총이 2010년 11월 서울 초·중·고 교사 508명을 대상으로 한 설문조사 결과 "학생들이 남자 선생님에 비해 여자 선생님의 지도를 잘 따르지 않는다"는 답변이 81.9%였다. 이는 학생인권조례 추진 이후 학칙을 어기고 수업을 방해해도 처벌받지 않는다고 생각하는 문제행동 학생이 늘어나는 것과도 관련이 있다. 또 교장·교감선생님들은 학교의 체험활동, 교외활동, 행사 등에서 남교사의 필요성을 절감하고 있다.

　　교총에 따르면 2010년 11월 서울 초중고교 교사 508명을 대상으로 한 설문에서 '학생들이 남자 선생님에 비해 여자 선생님의 지도를 잘 따르지 않는다'는 답변이 81.9%였고 '그렇지 않다'는 12.8%였다. 2009년 7월 전국 초·중·고교 교사 549명을 대상으로 한 설문에서도 '교사 성비의 불균형으로 교직사회에서 학생교육,

생활지도, 업무처리에 어려움이 있으며 학생의 성역할 정체성 확립에 지장을 주고 있는가'라는 물음에 90.35%가 '동의한다'고 답했다. 또 '한쪽 성비가 최대 70%를 초과하지 않도록 시도교육감이 신규 교사 임용 시 성비 불균형을 조정하는 것에 대해 어떻게 생각하는가'라는 질문에 89.25%가 '찬성한다'고 했고 9.84%만 '반대한다'고 답했다.

이러한 현실에도 불구하고 오히려 요즘 교단을 일찍 떠나려는 남교사가 급증하고 있다. 올해 명예퇴직(명퇴)을 신청한 교원은 지난해보다 서울 25.6%, 경기 44.7%, 충북 30.2%, 광주 30%가 늘었다. 20년 이상 학생 지도 경험이 풍부한 남교사들이 교단을 떠나는 것은 큰 손실이다. 학생교육에서 교사의 중요한 책무는 교과지도, 진로지도, 학생생활지도이다. 젊은 교사들도 열정과 노력으로 교과지도와 진로지도는 상당 부분 가능하지만 학생생활지도는 오랫동안 다양한 학생상담과 지도를 통해 터득하는 특성이 있다는 점에서 선배 교사들의 노하우가 필요한데 그들의 소중한 경험이 사라지는 것 같아 안타깝다.

이제 교사 성비 불균형이 더 심화되기 전에 남교사 증원대책을 마련할 시점이 되었다. 어느 사회나 조직이든 남녀 구성 비율이 적정선을 이루어야 하듯이 학생교육과 생활지도의 특성을 가진 교직사회도 일정 부분의 남교사가 필요하다는 점에서 정부가 추진 중인 군필자채용할당제를 교직사회에 적용하는 방법도 고려해볼 필요가 있다.

학생생활지도는 교사 개인의 능력과 지도력에 달렸다고 하지만 상대적으로 여교사를 만만하게 보는 학생들로 인해 어려움을 겪는 여교사들을 위한 연수 강화와 지원도 이루어지길 바란다(조선일보, 2012. 01. 26, 안양옥).

왕따 폭력으로 얼룩진 학교 붕괴의 현실을 어느 한 원인 탓으로 돌릴 수는 없을 것이다. 그것은 온갖 사회문제가 얽히고설킨 복합 현상이다. 다만 자식을 초·중·고 12년간 학교에 맡겨야 하는 교육 소비자로선 절박한 심정으로 이렇게 묻고 싶다. 선생님들은 왜 그렇게 무기력한가. 제자의 생명이 희생되고, 인격이 말살되는 현실에 어쩌면 그토록 속수무책이냐고 말이다.

현장 교사들이 말하는 진단 중에 우리 사회가 눈감는 '민감한 진실'이 있다. 학생 지도에 애먹기는 남녀 교사 모두 마찬가지이나, 그중에서도 "여교사가 더 어려움을 겪는다"는 것이다.

교총이 교사 549명에게 "교사 성비(性比) 불균형이 학생 지도에 지장을 주는가?" 하고 물었더니(2009년 7월), '그렇다'는 대답이 90%였다. 놀랍게도 여교사도

73%가 동의한다고 응답했다. 여교사들은 "남교사 비율이 30% 이상 되도록 교육감에게 조정 권한을 주자"는 방안에도 78%가 찬성했다. 교사들은 교단의 '여초(女超)' 현상을 학교 붕괴의 한 원인으로 지목하고 있었다.

이런 지적에 모두가 동의하는 것은 아니다. 개별 교사의 자질과 의지 문제지, 여교사 문제는 아니라는 반론도 적지 않다. 특히 여성계는 '마초(남성 우월) 논리'라며 반발하고 있다. 일부에선 교사 여초가 선진국 공통의 현상이라고 한다. 하지만 세계에서 우리만큼 학교 폭력에 시달리는 나라는 없다.

어느 쪽이 옳은지 과학적으로 검증할 방법은 없다. 모든 문제아가 남교사 앞에서 겁먹는 것은 아닐 테고, 여교사 중에서도 생활 지도에 능한 사람이 있을 것이다. 다만 우리로선 현장 교사들 말을 경청하지 않을 수 없다. 매일같이 학생과 접하는 교사들이 문제의 본질에 가장 근접해있을 것이기 때문이다.

남자 교사는 갈수록 희귀한 존재가 되고 있다. 초·중·고교 교사의 76%가 여자이고, 중학교도 여교사 비율이 67%에 달한다. 교장들이 생활 지도를 맡길 남교사를 못 구해 교육청에 로비한다는 얘기까지 나온다.

남교사만 늘린다고 모든 게 해결되는 것은 아닐 것이다. 하지만 지금 같은 극단적인 성비 불균형은 분명 정상적 상황이 아니다. 특히 교육 소비자인 학부모가 대책을 원한다. 서울시교육청 조사(2008년)에 따르면, 여성 학부모의 83%가 "남교사 증원을 바란다"고 응답했다.

문제는 남교사 증원 대책이 여성의 교사 취업을 제약하게 된다는 점이다. 여성에게 교직(教職)은 몇 안 되는 괜찮은 일자리 중 하나다. 교사의 성비 불균형은 개선돼야 하지만, 여성에게 일방적 불이익을 주어선 곤란하다.

이런 정책 조합을 생각해볼 수 있지 않을까. 교사 채용 때 남성 쿼터제를 도입하되, 교장·교감 승진 땐 여교사를 우대하는 것이다. 평교사는 여성이 많지만, 여성 교장·교감 비율은 20%에도 못 미친다. 평교사는 남성을 더 뽑고, 교장·교감은 여성을 더 승진시키면 어느 정도 이익의 균형을 맞출 수 있다.

나아가 하급 공무원 선발 때 여성을 우대하는 방안도 생각해볼 수 있다. 6급 이하 공무원의 여성 비율은 현재 33%다. 이것을 예컨대 40% 정도로 끌어올린다면 사회적 합의를 얻을 수 있을 것이다.

학교 붕괴라는 절체절명의 문제와 대면한 우리는 누구나 남교사 증원 필요성을 인정한다. 그러면서도 눈치 보는 것은 '마초 꼴통'으로 찍히는 걸 겁내기 때문일 것이다. 하지만 그냥 모른 척하고 있기엔 너무도 시급한 상황까지 와 있다(조선일보, 2012. 02. 08, 박정훈).

27. 성평등 제도와 현실의 간극

경제규모 11위인 우리나라의 성 격차 지수(gender gap index)는 아직도 100위권 밖이다(WEF, 2106 발표 한국 116위). 경제발전 속도와 상승 각도에 비해 성격차지수 변화는 답보 상태다. '여풍' '여성 상위' 라는 단어를 심심찮게 만나는 현실인데, 여성과 남성의 격차가 큰 나라로 손에 꼽히는 게 이해 안 된다는 이야기도 자주 접한다. 성격차지수를 구성하는 내용 중에서 경제활동참여 성 격차는 127위로 건강과 생존이 76위인 데 비해 무려 50위나 떨어진다. 경제활동의 성격차를 계속 벌어지게 하는 원인 제거가 성격차지수 변화 폭을 넓힐 수 있으리라 본다.

지난주 발표된 '2017 통계로 보는 여성의 삶' 에 따르면 여성 고용률은 50%를 넘어섰지만, 남성은 감소하는 비정규직 비율이 여성에서는 계속 증가하고 있는 것으로 나타난다. 아직 남성의 3분의 2 수준인 성별임금 격차의 현실까지 본다면 여성 고용률 상승이 질 낮은 일자리를 확대하는 것은 아닌가 하는 우려도 든다. 질적 변화가 담보되지 않는 양적 확대는 여성경제활동 참여를 둘러싼 모순을 더 깊게 할 수 있기 때문이다.

세계가치조사(World Value Survey) 결과를 분석한 한 연구에서는 우리 사회 여성이 노동시장에서 받는 차별과 불평등 현실의 근본 원인 중 하나로 남성부양자 이데올로기를 지적한다.

여성친화적 평등지향을 갖는 스웨덴이나 자유주의 노동시장 지향을 갖는 미국과 달리 한국은 높은 가족지향가치를 갖고 있다. 남성은 생계부양자로, 여성은 가족돌봄 전담자로 가족을 유지하기 위해 책임을 갖는다. 가족 가치가 중심이 되어 여성노동이 인식되다 보니 성별뿐 아니라 혼인상태나 자녀수가 여성을 노동시장에 위치시키는 주요한 요인이 된다. 결혼·출산·양육의 생애경험에 따라 여성노동참여가 M자 형으로 그려지는 이유다.

사회변화에도 불구하고 여전히 전통적 가족가치로 여성을 가족돌봄 전담자로 규정하고 노동시장참여는 생계 보조라는 인식을 전제하는 한 여성은 주변적 위치를 벗어날 수 없다. 우리 사회 성평등을 이루기 위한 정책과 제도는 어디에 내놓아도 결코 뒤떨어지지 않는다. 제도와 현실적 요구의 간극을 줄이기 위해서는 제도를 이용하는 데 불이익이 없어야 한다. 가령 제도적으로 보장돼 있는 출산과 육아휴직을 사용하는 것이 '엄마벌칙(mommy penalty)' 이 되지 않아야 한다.

법과 제도의 개선과 인식의 변화가 정렬되기 위해서는 생계부양자-가사책임자로 여성과 남성의 일자리를 분류하는 성별구도가 바뀌어야 한다. 우리나라 3가구 중 1

가구는 여성이 가구주다. 여성의 대학진학률은 73.5%로 남성보다 7.2%포인트 높다.

생계부양 책임이 남성에게 있다는 공식으로 일자리를 배정하는 것은 유용하지 않다. 남성의 일과 여성의 일이 구분돼 있다는 성별 유형화(sex typing)를 전제로 하는 여성노동에 대한 인식이 달라져야 노동참여에 있어서의 성격차를 줄일 수 있다(파이낸셜뉴스, 2017. 07. 04, 민무숙).

28. 진정한 행복을 위한 교육

교육 현장에서 벌어지고 있는 여러 부정적 모습에 대한 우려는 비단 교육계에 몸담은 교육자들만의 것은 아닐 터이다.

그중 대표적인 것이 학교폭력이 아닌가 싶다. 지난 2006년 이후 학교폭력 사고 건수는 증가세를 보여, 최근 4년 동안 5만이 넘는 학생들이 육체적·정신적 고통을 당했고, 또 최근 5년간 8만 명이 넘는 가해 학생들이 퇴학과 전학, 그리고 사회봉사 처분을 받았다고 한다.

우리가 학교폭력을 심각하게 받아들여야 하는 것은 이것이 비단 학교에서만의 문제가 아니라 장기적으로 사회의 모습도 바꿀 수 있다는 데 있다. 그러면 이런 징후들은 어디에서 연유한 것인가. 그것은 최고의 가치를 물질에 두고 달려가는 현대사회의 병폐에서 비롯된 것은 아닐까?

물질을 추구하는 사회적 분위기는 그대로 학교에 스며들어 학생들의 순수성을 파괴하고, 이런 문화에 오염된 학생들이 다시 사회로 나와 사회를 변질시키는 것이다. 그렇기에 학교의 변화와 문화 속에는 항상 우리 사회의 미래상이 담겨 있음을 인지하고 해결책을 모색해 가야 한다.

'인간은 무엇을 위해서 사는가?'라는 철학적 질문에 아마도 가장 큰 공감은 '행복하기 위해서'라는 대답이라고 생각한다. 아리스토텔레스는 아들인 니코마코스에게 "최고선(最高善)인 행복의 실현은 정신의 덕을 실천함으로써 가능하다"고 말했다. 행복의 조건이 물질에만 매여 있다면 그것은 불행한 일이 아닐 수 없다는 의미이다.

인간은 물질로 완전한 행복을 이룰 수 없다. 사람은 사람의 숲에서 태어나 살다가 죽는 존재인 바, 벗어날 수 없는 관계 속에서의 행복의 조건은 결국 소통에 있다고 생각한다. 사람과 사람 사이의 인간적 교류가 있어야 비로소 행복의 조건은 전제될 수 있다.

요즘 인성 교육이 교육계의 화두이자 대안으로 떠오르고 있다. 어느 사회든 그 사회에서 가장 강조되는 것은 그것이 가장 부족한 사회라는 반증이기도 한 것을 생각하면, 부정적인 세태를 근심으로만 바라볼 것이 아니라 그 원인을 직시하고 치료를 모색하는 적극적인 노력이 필요하다. 그리고 그 치료의 희망은 아직도 교육 현장에 있다는 것을 믿어야 한다.

요즘 우리 사회에는 어른이 사라졌다는 말을 실감한다. 가정에서는 부모가, 학교에서는 선생님이, 거리에 나가서는 모두가 어른들이었던 시절이 있었다. 하지만 지금은 그 누구도 제대로 어른 노릇을 하고 있다고 자신 있게 말하지 못하는 사회가 되어 버렸다. 아이들은 더 이상 어른들을 두려워하지 않으며, 자신들에게 아무 잔소리도 하지 않고 관심도 없는 어른들의 눈치를 볼 이유를 느끼지 않는다.

그러나 이런 결과가 청소년들의 잘못일까? 사회의 어른으로서의 신성한 의무이자 권리를 포기한 우리 어른들의 탓이 크다. 그러므로 이제라도 우리 어른들이 다시 어른의 역할을 해야 한다. 사랑하는 자녀들과 제자들에게 미래의 행복한 삶을 선물하기 위해서는 사람을 최우선으로 여기는 올바른 교육을 시작하지 않으면 안 된다.

경쟁보다는 협동하는 교육, 차별보다는 지원하는 교육을 만들어 나가야 한다. 상대방의 잘못도 용서해 줄 수 있는 포용과 관용의 가치를 알게 해야 한다. 경쟁에서 벗어나 서로를 존중하며 보살펴 주는 마음을 통해 함께 살아가는 법을 깨닫게 해야 한다. 이럴 때 비로소 우리 학생들이 꿈을 마음껏 펼칠 수 있을 뿐 아니라, 사회와 공동체를 위해 헌신 하는 교양을 갖출 수 있으리라 믿는다(강원일보, 2011. 09. 24, 김형학).

29. 학교폭력 대책 언제까지 겉돌게 할 텐가

학교 폭력은 줄어드는 추세지만 피해 신고 효과는 오히려 뒷걸음질치고 있는 것으로 드러났다. 교육과학기술부가 전국 초·중·고 학생 498만 명을 대상으로 한 올해 1차 학교폭력 실태조사에 따르면 "신고 효과가 있었다"고 응답한 학생은 전체의 33.9%로 지난해 조사 때보다 7.3% 포인트나 떨어졌다. 언어폭력이나 집단따돌림은 여전하지만 학교 폭력 규모가 지난해에 비해 0.5% 포인트라도 감소한 것은 그나마 다행이다.

박근혜 정부가 학교폭력을 4대악의 하나로 규정하고 집중 단속에 나선 결과로 풀이된다. 그러나 폭력의 직접적 피해자인 학생들이 신고를 해봤자 효과가 없다고 느낀다면 학교 폭력의 근절은 원천적으로 기대하기 어렵다. 아무리 경미한 폭력이라도 자발적으로 신고하고 또 피해자든 가해자든 그 결과를 수용하는 분위기가 정착되지 않는 한 학교폭력 대책은 겉돌 수밖에 없다.

학교폭력을 다루는 학교폭력대책자치위원회(학폭대책위)의 역할과 기능을 다시 한번 생각해 볼 필요가 있다. 과연 학교폭력 근절과 예방을 위한 효과적인 대응 방안을 마련하고 있는 것인가. 피해 학생으로서는 무엇보다 학폭대책위가 처벌 수위 등과 관련해 기대에 못 미치는 결정을 내린다고 믿기 때문에 신고 효과에 부정적 입장을 보일 것이다. 가해 학생의 경우도 마찬가지다. 보다 세밀하고 정치한 양형 기준부터 만들어야 한다. 학교폭력 문제는 상대가 있는 만큼 피해자와 가해자 모두를 만족시키는 판단을 내리기는 어렵다. 하지만 피해 학생 3명 중 2명이 신고를 해봤자 별 소용이 없다고 여긴다면 이는 예사로 봐 넘길 일이 아니다. 피해 학생들의 경우 학폭대책위의 조치 이후 가해 학생을 피해다니거나 심지어 전학하고 싶어 하는 등 학교생활에 더 큰 어려움을 호소하는 일도 다반사다. 어떤 식으로든 학폭대책위 운영의 객관성과 공정성을 담보할 다각적인 방안을 강구해야 한다. 학폭대책위에는 학교 관계자와 학부모, 경찰, 변호사 등이 참여한다. 학교폭력의 '당사자격'인 부모나 '제3자격'인 학교 관계자의 입장은 다를 수밖에 없다. 학교 관계자의 입장에서는 되도록이면 학교에 누가 되지 않는 방향의 '소극적 해결'을 모색하려 할 것이다. 학폭대책위 한 번 열고 제 역할을 다했다고 믿는다면 그것은 학교폭력을 방치하는 것이나 마찬가지다. 학폭대책위 운영의 내실화를 위해서는 무엇보다 학교 당국의 인식 전환이 절실하다. 학교와 교사는 학교폭력 해결의 중심에 서야 마땅하다(서울신문, 2014. 07. 12, 27면).

☞ 선진국의 학교폭력 대처 어떻게 하나

학교폭력은 비단 우리나라의 문제가 아니다. 미국, 영국 등 선진국에서도 심각한 사회문제가 되고 있다. 따라서 선진국의 학교폭력 대처방안을 통해 우리나라가 벤치마킹을 통해 필요한 정책이 없는지 살펴보고자 한다.

미국의 대다수 학교는 상담, 위기개입, 기술훈련, 또래상담, 안전대책 등 다양한 폭력관련 프로그램을 진행하고 있다. 특히, 괴롭힘과 피해자 개입프로그램은 조기교육에 좋은 성과를 거두고 있다. 이런 폭력프로그램의 공통적 특징은 학생, 교사, 학부모를 대상으로 학교에서 폭력에 대한 인식과 책임감을 향상시키고 이에 대한 명확한 지침이 마련돼 있으며, 교사, 학생, 학부모가 함께 참여하고 있다.

영국은 무단결석, 퇴학 및 자퇴생의 증가가 청소년 범죄의 증가로 이어지는 이유라고 추정한다. 이를 위해 학교운영 계획수립, 학생 출결담당 직원배치, 문제 학생을 가르치는 시설, 문제 학생을 위한 교육활동프로그램 개발운영, 등 청소년범죄 예방을 위해 학교, 학부모, 교육청, 경찰 등이 역할을 분담해 합동 대처한다. 1차적으로 학부모가 학생지도책임을 지도록 한 것이다. 문제 학생이 많은 학교는 지역 교육청의 지원을 받아 교내 문제 학생을 특별히 지도한다. 일부 학교에서는 퇴학생 및 제적생까지도 수용하면서 대안교육을 시키고 있다. 학부모는 16세 이하인 자녀가 반사회적행위를 했을 때 법령에 의거해 그 부모에게 최대 3개월 동안 상담이나 생활지도에 대한 교육을 받도록 할 수 있다. 또한 학교 출석동행, 감시 등 학생에 대한 통제조치를 행사하도록 명령할 수 있으며 불응하거나 어길 시에는 약식 기소에 따라 벌금을 물어야 한다고 한다.

특히, 독일은 범죄 청소년들을 위한 회복적 사법제도의 하나로 '하임' 이라는 대안치료 교육시설을 운영 중이다. 하임은 주택형 위탁시설로 개인방과 작업장, 집단상담실, 목욕실, 식당, 체육실 등을 갖춘 일종의 주거공간이다. 아이들은 시설에 상주하면서 작업치료, 집단상담, 범죄 예방교육 등을 받는다. 하임은 아이들에게 학교생활과 일상생활을 병행하도록 배려한다. 학생들은 일정한 자유 시간을 누리고 주말에는 부모와 면회할 수도 있다. 또 하임은 성폭력, 절도 등 청소년들의 범죄유형에 따라 맞춤형 상담과 교육을 진행하고 있다. 범죄 청소년 개개인에 대한 세밀한 분석과 심리치료는 실제 효과를 발휘해 하임에 수용된 아이들의 재범률은 제로에 가깝다. 이런 선진국의 사례를 통해서 우리나라도 좀 더 현실적이며 보다 체계적인 학교폭력예방 대책이 나와야 할 것이다.

집안이 화목하면 모든 일이 잘 이루어진다는 '가화만사성(家和萬事成)' 의 한자 성어가 있듯이 모든 청소년의 1차적인 인성과 학교폭력예방의 역할은 가정에서 비롯된다는 것을 명심해야 할 것이다(경북일보, 2015. 01. 15, 김국진).

30. 학교폭력 예방 '워크숍' 의 교훈

학교는 학생들이 마음껏 뛰어놀며 즐겁게 생활하는 행복의 배움터여야 한다. 사회 어느 곳보다 안전이 제일 우선적으로 보장되는 미래인재 육성의 산실이 돼야 한다. 티없이 맑고 밝은 학생들이 꿈과 끼를 키우기 위해 스스로 찾고 싶은 행복의 공이어야 한다.

울산광역시의회 '안전울산교육 연구회' 에서 지난 28일 '학교폭력예방 및 안전한 급식제공' 방안에 관한 워크숍을 개최했다. 울산의 초·중·고등학교 학교폭력 상담 및 영양교사를 대상으로 외부 전문가를 초빙해 실시한 워크숍으로, 이날 교육청 회의실을 꽉 메운 참석교사 등은 눈물과 웃음이 뒤섞인 한편의 휴먼드라마를 보는 것 같은 감동과 감성을 자극하는 열정적인 강의에 매료됐다.

그동안 학교 폭력예방 및 안전한 급식제공 방안에 대해 수없이 많은 논의와 교육 그리고 사례 등을 통해 문제점의 해결방안을 마련하고자 온갖 노력을 기울여왔으나 확실한 성과를 내지 못하고 있는 게 현실이며, 오히려 학교폭력, 성폭력, 가정폭력과 부정불량식품 근절 등 소위 4대악은 날이 갈수록 그 형태가 흉폭해지고, 지능화되고 있어 국가적·사회적으로 큰문제가 되고 있음은 우리 모두가 공감하는 바라 생각된다.

이러한 현실을 직시하면서 지금까지의 학교폭력예방 및 안전한 급식제공을 위한 각종 정책방안과 시책에 대해 그 성과와 예방활동 등이 형식적인 면이 없었는지 되짚어보고 잘못되거나 미흡한 부분에 대한 반성과 개선의지를 확고히 다질 필요성이 강조되고 있는 시점이라 하겠다.

이러한 관점에서 볼 때 '안전울산 교육연구회'에서 주관한 이번 워크숍은 그 의미가 크다 할 것이다. 이론이나 학문적인 접근을 배제하고 실제 각급 학교에서 빈번히 발생하고 있거나 발생할 가능성이 있는 각종 사례 중심으로 그 해결방안을 모색하는데 초점을 맞췄을 뿐 아니라 강사 선정에 있어서도 전국적으로 오픈된 가운데 최고의 강사진을 찾고자 노력했다. 그 결과 학교폭력예방에 있어서는 KBS TV방송국의 아침마당에 소개된바 있는 광주광역시 교육청의 박주정 박사가 초빙됐다.

전남 모공고 담임교사 시절 폭력과 삐뚤어진 사고로 온갖 말썽과 손가락질 받던 학생 7~8명씩을 지속적으로 자기 집에 데려와 숙식을 같이하며 겪은 가정과 가족과의 갈등, 경찰과 검찰에서의 구명활동 등 수많은 애로와 고통 그리고 번민, 끝까지 포기하지 않고 성공한 사회인으로 순화시킨 휴먼스토리는 참석교사들은 물론 우리사회에서 칭찬받아 마땅하다 할 것이며 본받아야 할 모범사례임이 틀림없다.

학교 폭력 등 문제학생, 일탈행위에 대한 편견과 차별이 감수성이 예민한 성장기 학생들을 더 삐뚤어지게 한일은 없었는지, 문제가 발생하면 문책이나 처벌이 두려워 축소·은폐하거나 별것 아니라고 덮으려고만 하지 않았는지.

사례 중에 "그 학생들은 인간이 아닌 줄 알았다. 말이 안 통하는 줄 알았다"는 내용이 있었다. 이는 상대방에 대한 배려와 한결같은 이해심으로 따뜻한 가슴으로 품어주지 못했다는 자책의 독백이다. 어둠이 있어 빛이 존재하는 것처럼 학생은 선생님이 있어, 선생님은 학생이 곁에 있어 늘 행복해야 한다.

"내 자식 귀하면 남의 자식 또한 귀한법이다"

학교폭력, 성폭력, 가정폭력은 사랑과 배려 상대방 존중의 마음가짐으로 꾸준히 대화와 설득 그리고 깊은 이해심이 있어야 재발방지에 도움이 된다고 생각한다. 학교가 강압적인 분위기에서 학생 자신의 욕구를 충족할 수 없는 공간이라면 더 이상 학교는 학생에게 배움의 즐거움을 줄 수 있는 공간이 아니며 더 이상 학생들의 변화를 이끌어낼 수 없기 때문이기도 하다.

학교폭력예방 및 안전한 급식제공에 대해 학교, 교사, 학생, 학부모, 사회가 공동체 의식을 가지고 지속적인 관심과 배려가 있어야만 그 해법을 찾을 수 있을 것이다. 학교폭력 예방 워크숍이 성장기 학생들의 정신적인 건강증진과 안전하고 행복한 학교 분위기를 만드는데 도움이 되길 바라며 행복한 학교·행복한 교사가 있어야 행복한 학생이 자신의 꿈과 끼를 마음껏 키워가지 않을까?(울산매일, 2015. 08. 31, 허령).

31. 체육지도 현장의 폭력 근절을 위해서는

폭력이 발생하는 상황이 대부분 체육지도 현장이기 때문에 체육계의 체육지도 현장의 폭력으로 동일시하면서 체육지도 현장의 안팎에서 성찰되는 근절을 탐색해 보았다.

체육현장의 폭력을 근절시키기 위해서 최근까지 제시된 다양한 방안과 더불어서 국가 또는 체육관련 제 기관들이 추가해야 할 제안 몇 가지를 제시해 본다면 다음과 같다.

첫째, 체육지도 현장의 폭력을 근절시키기 위한 범 체육관련 단체들의 네트워크 정책 담론이 조성되어야 한다.

둘째, 'Sports for All' 운동을 촉매 하는 정책으로 국민 일반에게 체육활동의 물리적 여건을 적극 제공하는 프로그램이 이뤄져야 한다.

셋째, 각종 운동부의 운영위원회에 학부모는 물론 시간적, 물질적, 전문적 능력을 후원할 수 있는 일반 위원들을 초빙하여 선수들의 상황에 일반인들이 보다 많이 개입될 수 있게 하는 것이 필요하다.

넷째, 호주의 경우, 호주체육회가 주도하여 스포츠계에서의 인권 문제 ㄱ환련 정책보고서를 매년 발간하고 스포츠지도자들이 선수폭력예방 교육을 정기적으로 받고 있는데, 대한체육회가 적극적으로 나서 매년 정기적으로 체육지도자들의 선수폭력 예방 교육을 실시해야 되겠다.

다섯째, 지도자들은 물론 선수들이나 미래의 체육지도자들이 성장하고 있는 대학 체육 관련학과 내에 스포츠인권보호 관련 강좌를 개설하여 지도자가 되기 위해 출발하는 시점에서부터 스포츠인권보호에 대한 구체적인 가이드라인이 교육될 수 있도록 제도적 장치를 마련해야 한다.

마지막으로 물론 폭력예방도 중요하지만 폭력이 발생했을 때 문제 해결의 방법 지로서의 여러 가지 장치를 공고히 하는 사후 관리시스템도 중요한데 차제에 체육지도자들의 운동선수 중단이나 코치, 감독직 중단 이후의 삶에 대한 컨설팅 창구를 체육인재육성재단[17) 등의 신규 사업으로 추진할 것을 제안한다.

특히 선수지도에서 성과를 내야만 살아남을 수 있는 체육지도자의 근무 여건이 폭력까지 동원하게 되는 악습을 반복하게 한다는 사실에 대부분 공감할 것이다. 체육지도자들의 현재 근무 여건과 미래 상황을 안정적으로 대처할 수 있는 지도자 컨설팅 프로그램의 장치도 체육인재육성재단이나 대한체육회, 관련 기관 등이 앞장서서 강구할 수 있다면 폭력 발생을 근본적으로 퇴치할 수 있는 방안이 될 것이다(이홍구, 2011: 165-167).

32. "학교폭력 근절을 위한 우리의 대안은?"

'왜 학교폭력이 근절되지 않나요?' '가해학생 처벌이 완화되는 건 아닌가요?' 그동안 학교폭력 근절 대책을 바라보며 적잖이 답답함을 느낀 학부모가 정책담당자와 만나 허심탄회하게 대화를 나눴다. 학교 현장에서 아이들에게 필요한 건 무엇인지, 그리고 정말로 실천해야 할 건 무엇인지, 학부모들의 가감 없는 이야기가 쏟아졌다. CCTV를 하나 더 설치하기보다 '관심'을 한 번 더 보내달라는 학부모의 말에 정책담당자는 고개를 끄덕이며 공감을 나누었다.

참석자
오0배, 교육부 학교폭력대책과장
류0형, 00여자고등학교 학부모
최0선, 00초등학교 학부모

---

17) 체육인재육성재단은 체육 분야 인재육성사업 수행을 통해 체육발전과 국제적 위상을 제고함으로써 국가발전에 기여하기 위하여 민법에 의거 2007년 1월 31일 설립된 문화체육관광부 산하의 재단법인이며, 기타공공기관으로 지정되었다. 2016년 1월 1일 서울올림픽기념국민체육진흥공단에 통합되었다.

대화 일시

일 시 : 2014년 5월 19일(월) 오후 1시
총 괄 : 곽0우 본지 총괄 교육연구사
진 행 : 황0경 본지 편집장
정 리 : 한0희 본지 기자

　　진행자 ┆ 정부는 학교폭력을 사회의 4대악 중 하나로 정하고 발본색원하겠다
는 의지를 거듭 천명해 왔는데요. 그럼에도 불구하고 최근에 일어난 불미스러운
사건을 보면, 왜 이렇게 학교폭력이 근절되지 않는지 되묻지 않을 수 없습니다. 교
육부는 학교폭력 근절을 위해 그동안 어떠한 노력들을 기울여 왔나요?

　　오0배 ┆ 1970~80년대만 하더라도 아이들은 '싸우면서 큰다.'라는 인식이 있
었습니다. 그러나 90년대 들어 사회적으로 민주화가 이뤄지고 학생인권 문제가 등
장하면서 학교폭력을 예전과 같이 다루면 안 된다는 문제가 제기됐고, 2000년대
들어와 법률과 제도로서 시스템을 바꾸려는 시도가 이뤄졌습니다. 2004년 학교폭
력예방법이 제정되고, 그 이후부터 정부는 본격적으로 각종 사업을 추진하며 시·
도교육청이나 단위학교에서 필요한 행·재정적 지원을 하고 있습니다. 특히, 학교
폭력 문제는 교육부나 단위학교만의 노력으로 해결하기 어렵기 때문에 관계 부처
와 긴밀한 협력체계를 구축하기 위해 노력하고 있습니다.

　　진행자 ┆ 학교폭력에 대한 범국민적 인식 변화에는 소기의 성과를 거뒀다고 생

각합니다. 학부모님들께서는 변화를 체감하고 계신가요?

류0형 ┆ 가해학생 처벌이 강화되면서 학교폭력이 줄어드는 경향을 보이고 있지만, 예방 위주로 정책이 선회하면서 학교가 안일해지는 건 아닐까 하는 우려도 있습니다. 또한 유치원에서부터 학교폭력 예방교육이 이뤄지지 않는 점은 아쉽고요.

최0선 ┆ 자녀가 다니는 초등학교는 학교폭력 예방 우수학교로 꼽히지만, 교내 상담실이 없고 전문상담교사도 배치돼 있지 않더군요. 사후 처방도 중요하지만, 사전 예방이 먼저 이뤄져야 하지 않을까요?

오0배 ┆ 단위학교별로 학교폭력 전문상담교사를 두도록 돼 있고, 현재 단계적으로 확대해 나가고 있습니다. 학교폭력에 민감한 중학교부터 먼저 배치되고 있기 때문에 초등학교로의 배치가 늦어지는 것으로 판단됩니다. 그리고 말씀하신 대로 사전 예방은 무엇보다 중요합니다. 교육부는 2012년 학교폭력 근절 종합대책을 수립해 가해학생 처벌 등에 대한 정부차원의 규제를 강화한 후 지난해 7월 현장 중심 학교폭력 근절 대책을 마련했는데요. 여기서는 학교폭력의 사전 예방을 강화하고 현장 중심의 자율적 기반을 강화하는 데 역점을 두고 있습니다.

학교폭력의 사전 예방을 강화하고 현장 중심의 자율적 기반을 강화하는 데 역점을 두고 있습니다.

오0배 ┆ 아이에게 가장 큰 효과가 있었던 건 학기 초 일선 경찰서 학교전담경찰관이 학교를 방문해 진행한 예방교육입니다.

최0선 ┆ 피해·가해학생이 학교폭력 사안에 대해 재심의를 요구할 때 기관이 이원화돼 불편함을 초래하고 있습니다.

☞ 체감되는 정책 만들어야… 학교전담경찰관제 만족도 높아

류0형 ┆ 학교에서는 학부모 대상 학교폭력 예방교육을 할 때 날짜와 시간을 정해 일괄적으로 통보하고 진행합니다. 그러다 보니 실질적으로 교육이 필요한 사람이 혜택을 못 받고 있고, 내 아이가 나쁜 아이로 비쳐질까봐 참여도 꺼리는 실정입니다. 모 중학교에서는 그룹별로 부모들이 원하는 날짜에 모여 자녀지도에 꼭 필요한 도움을 받고 있는데, 앞으로 학부모 대상 연수도 학부모의 요구와 필요에 따라 바꾸어야 한다고 생각합니다.

최0선 ┆ 아이에게 가장 큰 효과가 있었던 건 학기 초 일선 경찰서 학교전담경찰관이 학교를 방문해 진행한 예방교육입니다. 아이들이 경찰관으로부터 직접 이야기를 듣는 게 큰 도움이 됐어요.

오O배 ┆ 교육부와 경찰청이 협조해 학교전담경찰관을 확대해 나가고 있습니다. 현재는 경찰관 1명이 약 10개 학교를 전담하고 있지만, 앞으로는 전담인력을 늘리면서 1인당 관할 학교 수를 줄여 더욱 내실화 할 계획입니다.

류O형 ┆ 예체능 교육 강화도 눈에 띄는 변화입니다. 학교폭력 예방 연극을 보고 온 날은 아이가 감동에 젖어서 와요. '내가 예전에 했던 게 학교폭력이었구나.'라며 반성도 합니다. 연극동아리를 만들어 학생들 스스로 학교폭력 예방 연극을 만들고 예술제 무대에 올리면서 학교도 조금씩 변하고 있어요. 자녀가 다니는 학교는 한 해 동안 30명의 학생이 학교를 떠날 정도로 학교폭력이 심각했지만, 지난해는 학교폭력대책자치위원회가 두 차례밖에 열리지 않았습니다. 아이들에게 공동체 의식이 형성되고 있었어요. '나'나 '너'가 아니라 '우리'라고 생각하게 되는 것이지요.

오O배 ┆ 유아 때부터 다양한 체험을 통해 친구 괴롭히지 않기, 배려하기 등 폭력 예방을 위한 기본교육이 이뤄져야 하듯이 장기적으로는 인성교육이 근본이 돼야 한다고 생각합니다. 지난해 학교폭력 예방 프로그램으로 개발한 어울림 프로그램(학급단위 체험형 예방교육)은 타인과 공감하고 소통할 수 있는 주제로 역할극을 하거나 수업에 적용함으로써 바른 인성을 내면화할 수 있도록 합니다. 교육부는 올해 어울림 프로그램으로 500개 교를 지원하며, 그 외에도 어깨동무학교(학교폭력 예방 선도학교) 2,800여개 교, 청소년 경찰학교(경찰서에 설치된 체험장에서 과학수사, 학교폭력 역할극 등 다양한 체험활동 수행) 20개소를 운영하고 있습니다. 특히, 학생들의 과도한 학업 스트레스를 해소하는 데 다양한 체험을 통한 예체능 프로그램은 효과가 높기 때문에 연극, 뮤지컬 등 체험형 예방교육을 적극 권장하고 있습니다.

류O형 ┆ 저희 지역에는 청소년 경찰학교도 있고, 어깨동무학교도 운영하고 있습니다. 주말에는 아이들이 아버지와 함께 산행하는 프로그램도 진행하는데 아이가 달라지는 모습이 놀라울 정도입니다. 처음엔 아무 말 없이 고개를 푹 숙이며 걷던 아이들이 산에서 내려 올 때는 아버지 손을 잡고 웃으며 내려옵니다. 문제는 학교가 열정을 갖고 이런 프로그램을 운영해야 하는데 다른 업무들이 너무 많습니다. 교사들의 과중한 업무가 줄어야 정책이 효과를 거둘 수 있다고 생각해요.

☞ **학교폭력 근절 대책의 실효성을 높이기 위해서는…**

최O선 ┆ 학교폭력을 숨기는 게 문제 아닌가요? 사건이 발생했을 때 학교나 선생님께 피해가 가기 때문인가요?

오O배 ｜ 병을 숨기면 치료를 할 수 없듯이 학교폭력도 감추려 하면 해결을 할 수 없습니다. 따라서 법에서는 학교폭력이 발생했을 때 해당 학교가 어떠한 불이익도 받지 않는다는 내용을 명시하고 있는데요. 학교에 제재를 가하기보다 오히려 보조하고 지원해야 문제를 해결할 수 있다고 생각합니다. 대신 학교폭력 예방에 적극적으로 대처한 교사는 각종 포상이나 승진 시 가점 등을 통해 격려하고 있습니다.

진행자 ｜ 지도·관리의 책임이 있는 학교와 교사에게 아무런 책임을 묻지 않는 것도 문제 아닐까요?

오O배 ｜ 지금 시점에서는 학교폭력을 수면 위로 드러내 실태를 정확하게 파악하고, 이를 토대로 대책을 마련하는 일이 중요합니다. 교사나 학교에 강력한 책임을 물었을 때 생길 부작용을 고려해야 하며, 학교폭력 대책이 현장에 안착된 후에는 책임 소재에 대한 논의를 분명히 해야 할 것입니다.

류O형 ｜ 피해·가해학생이 학교폭력 사안에 대해 재심의를 요구할 때 기관이 이원화돼 불편함을 초래하고 있습니다. 두 기관을 일원화하면 효율성을 높일 수 있지 않나요?

진행자 ｜ 이해를 돕기 위해 학교폭력이 발생했을 때 처리과정을 먼저 말씀해 주세요.

오O배 ｜ 학교폭력이 발생하면 학교에서는 학교폭력대책자치위원회를 구성하게 됩니다. 위원회에는 학부모 대표, 지역사회 변호사나 법률전문가, 경찰관, 교감이나 생활지도부장 등 학교관리자 등이 참여하게 되는데, 이들은 학교폭력 사실 여부를 판단하고 그에 합당한 조치를 내리게 됩니다. 조치 결과를 가해학생과 피해학생 측이 모두 수용하면 좋겠지만, 불복할 경우 피해학생은 시·도에 설치된 학교폭력대책 지역위원회에, 가해학생은 전학과 퇴학 처분에 한 해 시·도교육청 학생징계 조정위원회에 재심을 청구할 수 있습니다. 피해·가해학생의 재심의 기관 이원화로 문제가 발생하면서 개선안을 담은 의원입법이 발의된 상태지만, 어느 기관으로 일원화할 지에 대한 논의는 앞으로 더 진행돼야 할 것으로 보입니다.

류O형 ｜ 학교폭력대책자치위원회가 전문성이 떨어지는 것도 문제입니다. 같은 행동에 대한 처분도 학교마다 다르기 때문에 피해·가해학생의 입장에서는 억울하다고 느끼기도 하는데요.

오O배 ｜ 학교폭력은 사안마다 너무도 다르게 일어납니다. 앞으로 현장의 다양한 사례를 축적해 나가면서 유형을 공유하고자 합니다.

☞ 아이들에게 필요한 건 '관심'

류O형 ㅣ 학부모든 학생이든 쉽게 다가갈 수 있는 창구가 마련돼야 합니다. 아직도 위축되어 있는 아이들이 자신의 어려움을 표출할 수 있도록 적극적으로 도와줘야 해요.

최O선 ㅣ CCTV를 하나 더 설치하는 것보다 관심을 기울여 주는 것이 중요하다고 생각합니다. 피해를 당한 아이는 친구들에게 알려지는 것이 두려워 담임교사에게 말하기를 꺼려합니다. 아이와 가깝게 소통하고 이야기를 나눌 수 있는 상담교사가 있었으면 좋겠습니다.

오O배 ㅣ 이제는 아이들이 실질적으로 필요로 하는 것을 고민해야 할 때입니다. 학교폭력 대책의 큰 방향은 첫째로 CCTV나 학교전담경찰관 등 물리적으로 안전한 환경 인프라를 만드는 일입니다. 둘째는 장기적으로 학생들이 바른 인성을 갖출 수 있도록 예방교육을 내면화하는 일입니다. 셋째는 그럼에도 불구하고 학교폭력이 일어났을 때 객관적이고 신뢰할 수 있도록 처분이 이뤄지도록 하는 일입니다. 피해학생이 학교에 정상적으로 복귀할 수 있도록 치유에 만전을 기해야 하고, 가해학생이 스스로 반성하며 다시는 학교폭력을 행사하지 않도록 선도해야 합니다. 교육부는 앞으로 현장 중심에서 세부적인 사안들을 확인하며 학교폭력 예방에 만전을 기할 것입니다. 감사합니다.

33. 범죄 흉포화… 형사免責 12세로 낮추자 vs 처벌보다 재활프로그램이 재범 줄인다

지난해 12월 한 지방 도시에서 13세 소년이 고모를 살해했습니다. 이 소년은 범행을 숨기기 위해 목격자인 동생도 살해하려 했습니다. 그런데 이 소년, '촉법소년(觸法少年)'이었습니다. 살인을 했지만 나이가 어려 형사책임을 물을 수 없는 청소년이란 뜻이지요. 현행 소년법은 만 10세 이상~14세 미만은 형사 미성년자로 보고 입건하지 않습니다. 이 끔찍한 사건을 계기로 형사처벌을 받는 연령을 낮추자는 주장이 고개를 들고 있습니다. 2006년에도 초등생이 친구를 20여 차례나 흉기로 찌르는 사건이 발생했을 때 법무부가 촉법소년 나이를 낮추기 위해 법 개정을 추진한 바 있습니다. 그때도 그랬지만 이번에도 찬반 논란이 팽팽합니다. 촉법소년의 범죄가 늘어나는 데다 끔찍해지기까지 해 부득이 연령을 낮춰야 한다는 주장과 교화의 기회도 주지 않고 어린 나이에 범죄자 낙인을 찍는 것은 옳지 않다는 주장이 맞서고 있습니다.

두 전문가의 의견을 싣습니다(동아일보, 2015. 01. 05, 오피니언팀 종합).

☞ 범죄 흉포화… 형사免責 12세로 낮추자

청소년 인구는 지속적으로 줄고 있지만 이들 청소년의 범죄는 오히려 증가하고 있다. 범죄를 저지르는 청소년의 연령대도 낮아지고 있다. 범행 내용을 들여다보면 살인, 강도 등 심각한 사례가 많다. 따라서 나이가 어린 청소년이 저지르는 비행을 예방할 대책이 시급하다.

이런 현상이 나타나는 원인은 여러 가지일 것이다. 그중에서 가정과 사회가 제 역할을 못하는 게 가장 큰 원인인 것 같다. 이혼율 증가, 경제난 등으로 가정이 해체되고 이로 인해 방치되는 소년이 반복적으로 비행을 저지르는 것이다. 또 양극화에 따른 소외계층 증가, 폭력적이고 선정적인 인터넷과 방송 매체, 학교폭력, 학교 주변 유해 환경 증가 등 주변 환경도 나빠졌다. 게다가 청소년의 성숙 속도가 빨라지면서 저연령기에 쉽게 비행에 노출되고 있는 것도 특징이다.

현재 우리나라는 소년법으로 청소년의 인권을 보호하고 있지만 여기에는 맹점이 있다. 현행 소년법은 반사회성이 있는 소년의 환경 조정과 품행 교정을 위한 보호처분 등의 필요한 조치를 하고 형사처분에 관한 특별 조치를 함으로써 소년이 건전하게 성장하도록 돕는 것을 목적으로 한다. 하지만 소년 범죄는 진화하고 연령은 낮아지는 데 반해 이를 막아 줄 법적인 제재나 사회적 인프라는 미약하다. 그 때문에 피해자들의 인권 침해가 더 우려되는 실정이다. 그뿐만 아니라 가해 미성년 청소년의 치료나 교화 대책도 시대에 한참 뒤떨어져 있다.

현행 소년법에서 범죄에 대한 형사적 책임을 묻는 나이는 만 14세부터다. 10~14세 소년은 '촉법소년'이라고 한다. 범법 행위를 해도 너무 어리기 때문에 형사책임을 물을 수 없는 형사미성년자로 본다. 촉법소년은 교화의 대상이지 처벌의 대상은 아니라는 의미다. 그래서 살인이나 강간을 해도 법에 따라 보호처분을 원칙으로 한다.

그런데 우리 사회가 촉법소년을 치료하고 교화하는 시스템을 갖추고 있는가. 답은 "그렇지 않다"이다. 경찰청 통계에 따르면 2003년의 촉법소년은 4474명이었지만 10년이 지난 2013년엔 9928명으로 두 배 이상으로 증가했다. 전국 보호관찰소는 수용 인원의 120~150% 정도로 인원이 초과돼 있다. 한마디로 보호관찰소가 아닌 '시장통'이 돼 버렸다. 더 방치할 수 없는 수준에 이른 것이다.

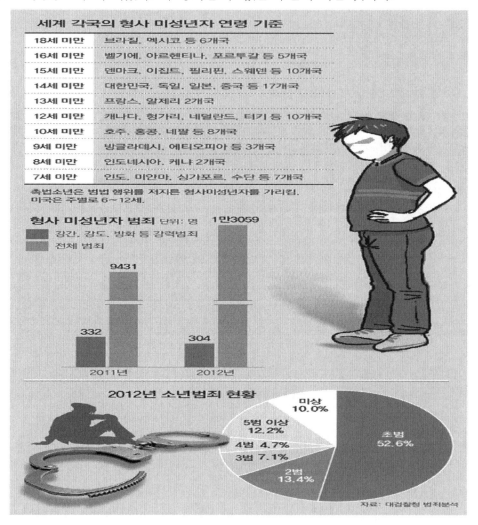

촉법소년의 나이를 현행 14세 미만에서 12세 미만으로 낮추어야 한다. 그 이유는 많다.

첫째, 이들의 범죄가 이미 학생들의 범죄라고 하기에는 지나치고 치밀하며 포악하다.

둘째, 학교 폭력도 현재 초등 6학년과 중 1학년이 가장 빈도가 높고 범죄 수준의 폭력이 많다. 하지만 처벌은 솜방망이 수준이며 피해자 인권이 전혀 보호되지 못하고 있다.

셋째, 형사처벌을 받지 않고 풀려난 청소년들의 보복 범죄가 늘어나고 있어 제2, 제3의 청소년 범죄를 키우고 있는 형국이다. 마지막으로 1958년 소년법을 제정할 당시 형사미성년자 나이를 14세로 정한 이유를 고려해야 한다. 그때는 2차 성징이 나타나는 나이가 14세였다. 아이들의 성장 수준이 달라진 만큼 형사상 책임을 지는 나이도 내려야 한다.

2011, 2012년 촉법소년의 범죄는 2만 2490건. 이 중 93%를 12~13세(초등 6학년 ~중학 1, 2학년)가 저질렀으며 강도, 강간 등 강력범죄는 636건이었다. 대부분의 청소년 현장 상담자나 일선 담당자는 "범죄를 저지르는 촉법소년 해당자도 자신이 형사처벌 대상이 아니라는 것을 잘 알고 있어 더 큰 문제"라고 입을 모으는 상황이다.

소년법이 제정된 이후 반세기가 흘렀다. '어리다'는 사회 통념 때문에 살인과 강도 등 소년 강력범죄의 증가를 그대로 방치하고만 있는 것이 옳은 것인지 우리는 자문해야 한다. 방치해 둔 사이에 무고하게 피해를 본 시민과 청소년들은 어떤 법에 보호를 요청해야 할 것인가. 시대에 맞도록 법을 개정해야 한다(신순갑, 청소년인권과 학교폭력연구소 소장).

☞ 처벌보다 재활프로그램이 재범 줄인다

2014년 하반기 경기 남부 권역에서 학업 중단자가 많이 발생한 고등학교를 돌면서 현장 진단을 실시했다. 신도심 지역 학교들의 상황은 훨씬 나았지만 구도심 학교의 학업 중단자 발생 실태는 심각했다. 어떤 일반 고교는 거의 4분의 1 정도 되는 학생이 무단결석, 지각 등을 상습적으로 해 학업 중단 위험군으로 판정됐다. 그 중 상당수는 비행으로 사법처분을 받고 보호관찰소를 들락거리는 중이었다.

일선 학교 선생님들이 입을 모아 지적하는 문제는 열악한 가정환경이다. 대부분 아침에 아이들을 깨워 학교에 보내거나 방과 후 아이들을 돌볼 사람이 없는 가정이다 보니 학생들을 지도할 수 없고 이게 학업 중단의 이유가 된다는 것이다. 이런 가정의 아이들은 매일 제시간에 등교하는 것조차 어렵다. 시간 관리를 도와주는 보호자가 없어 방과 후 길거리를 헤매거나 게임과 채팅을 하면서 밤을 지새우기 때문이다. 이들은 만성적으로 지각할 뿐 아니라 등교해서도 수업시간 내내 엎드려 자거나 몸이 아프다는 이유로 조퇴하기를 일삼는다.

이들은 가정에서 훈육을 포기한 지 오래고 학교도 무조건 붙잡아 놓을 수 없다. 의무화된 교육과정만으로 이들의 등교 의지를 독려하기에는 역부족이다. 심각한 것은 이런 상황에 놓인 고교생이 8만 명에 이른다는 사실이다. 이렇게 사회화 과정으로부터 완전히 괴리된 아이들이 의사 결정 능력이나 상황 판단 능력에서 결함을 가지게 되는 일은 어쩌면 너무도 당연한 것인지 모르겠다. 가정에서나 학교에서 키워져야 하는 자기 절제력조차 습득하지 못한 아이들은 학업을 전혀 아쉬움 없이 중단해 버린다.

학교를 다니지 않는 아이들은 인터넷을 통해 또래들끼리 온라인 네트워크를 형성한다. 가출을 해서도 함께 '가출팸'을 결성해 생활하며 이때 생활비는 비행을 통해 마련한다. 여자 아이들은 채팅으로 성매매를 하고 남자 아이들은 갈취로 생활을 유지한다. 부모나 학교 모두 일단 학업을 중단한 아이들에 대해서는 관심 주기를 중단하며 길거리의 어른들은 이들을 위협해 착취하기만 한다. 강자가 약자 위에 군림하는 길거리의 생태를 습득한 아이들은 잔인한 어른들의 모습을 닮아 간다. 결국 강력범죄는 이 아이들의 손에 의해 발생하는 것이다.

1년에 기껏 수십 명 정도의 촉법소년을 교도소로 보낸다고 이런 사태가 중단될까. 당장은 응보주의를 실현함으로써 속이 시원할지 모르겠다. 하지만 길거리의 위험에 그대로 노출된 청소년이 적게는 8만 명에서 많게는 수십만 명에 이르는 점을 고려해 볼 때 형사처분의 연령을 낮추려는 정책은 공염불이 될 가능성이 높다. 더욱이 초등학교 6학년이나 중학교 1학년 정도 되는 아이들만을 따로 수용하는 구치소나 교도소는 국내 어디에도 없다. 범죄력이 진전된 어른들과 촉법소년들을 섞어 놓는 일은 이미 길거리에서 착취당한 아이들의 트라우마를 병리적으로 심화시킬 뿐이다.

대안이 필요하다. 그런 차원에서 부산가정법원 천종호 판사가 주도해 창원지법에 개설한 '청소년회복센터'는 희망적으로 보인다. 센터에 있는 동안은 시설 근무자가 대리 부모와 대안 가족의 역할을 수행해 아이들을 위한 상담과 재활을 돕는다. 훈육을 포기한 부모 대신 아이들을 학교에 보내고 방과 후에는 다양한 상담 프로그램을 통해 정상적인 사회화 과정에 몰두하게 한다. 그 결과 센터를 거친 아이들의 재범률은 2분의 1로 감소했다고 한다. 만일 이 같은 소규모 시설이 전국적으로 확대된다면 그리고 이런 시설들이 제대로 된 대리 가정의 역할을 수행할 수만 있다면 역기능적 부모의 친권을 잠시 제한하고 이들 기관에 양육을 위탁하는 것도 좋은 대안이 될 수 있을 것이다. 이 제도의 성공을 위해서는 법원이나 검찰이 처분의 올바른 집행을 지속적으로 감독하는 제도도 필요하다. 2015년은 청소년들이 좀 더 안전하게 보호받는 환경이 되길 기대해 본다(이수정, 경기대 대학원 범죄심리학과 교수).

34. 청소년 사고 막을 안전센터 설립 시급하다

새학기가 시작되고 봄기운이 완연한 가운데 초·중·고 각급 학교에서는 현장체험학습이 실시되고 있다. 청소년기는 신체적 성장이 빠른 반면 인지 및 정서적 능력 배양은 더디기에 야외활동은 균형과 조화를 이루는 가장 효과적인 경험 학습이다. 또한 자연에서 스스로가 정체성을 찾고 도전정신 함양, 성취동기 강화 등의 내실을 다질 수 있다.

하지만 각종 체험활동이 획일적 교육, 집단중심 성과주의, 우열의 정당화 등의 집체식 체험활동 위주로 구성돼 있어 유사 해병대 캠프와 같이 청소년의 안전을 위협하거나 피해로 이어지는 현실에 안타까움을 금할 길이 없다.

이에 정부는 청소년활동진흥법을 개정했고 안전한 활동여건과 신뢰받는 프로그램 제공을 위한 대책을 제시했다. 믿을 수 있는 활동에 참여하도록 정부가 청소년활동의 공공적 인증을 강화하고, 전국 규모의 역량을 갖춘 청소년단체에서의 활동을 권장하는 원칙을 세웠다. 또한 청소년 이용 시설의 안전성에 대한 평가시기를 앞당기고 청소년활동 관리와 연관된 지방자치단체의 책임성을 높여 체험활동의 제공에서부터 완료에 이르기까지 청소년의 안전을 지원하겠다는 방안을 제시했다.

하지만 아쉽게도 시설의 안전과 관리를 위한 후속대책은 기대에 못 미치고 정부에서 인증한 프로그램만의 참여를 권장하거나, 위험이 예상되는 청소년활동의 경우 자치단체에 신고해 허가를 얻고 관련 정보를 경찰서와 소방서 등에서 공유하는 규제 일변도 처방에 그치고 있다.

따라서 청소년에게 안전한 체험활동을 제공하려는 의지가 있다면 국민 모두가 신뢰 가능하며 현재보다 더욱 강화된 보완책이 만들어져야 한다.

위험한 활동은 무조건 규제하겠다는 식이 아니라, 어떻게 하면 신뢰할 수 있는 활동을 더욱 잘 지원할 것인지를 고민해야 한다. 무허가 시설과 업체가 난립하지 않도록 제도 개선과 정비의 체계성을 높이는 시도가 필요하다. 특히 전국의 다양한 청소년 활동시설을 상시적으로 관리하는 청소년활동안전관리센터가 절실하다. 청소년활동진흥법을 개정하면서 프로그램 관리와 신고 제도를 갖추는 노력을 했지만 예산 부족을 이유로 청소년 활동시설의 안전성을 상시적으로 관리해내는 시스템은 전무한 상태이다. 청소년이 야외에서 활동하는 공간과 시설 점검을 상시화하는 관리대책이 없으면 수많은 청소년 활동이 언제, 어디서, 어떻게 이뤄지는지 알지 못하게 되고 또 다른 피해가 발생할 우려가 커진다.

안전과 통합을 국정의 주요 과제로 내세우고 있음에도 잦은 사고가 나는 현실은 정부와 지방자치단체의 청소년정책에 대한 무대책, 지원 부재, 무관심 때문이다. 청소년을 위한 지원과 관심을 확대하고 정책의 우선순위를 높이는 투자가 없다면 가까이는 10년 후, 멀리는 몇 십년 후 대한민국의 미래를 창조해내는 청소년이 많지 않을 것이다.

얼마 전 부산시는 경주 마우나오션리조트 체육관 붕괴 사고 이후 청소년수련시설 등에 대한 긴급 안전점검을 실시한 결과 40개 시설에서 57건의 문제점을 찾아냈다고 밝혔다. 우리는 언제까지 안전 불감증으로 인한 사고를 반복할 것인가(세계일보, 2014. 03. 17, 권일남).

35. 효과적인 학교폭력 근절책

정부의 학교폭력 예방과 근절을 위한 노력에도 불구하고 학교폭력이 줄지 않고 있다는 소식이다. 보도에 따르면 2014년 상반기에만 전국에서 6만 2천 명의 학생이 학교폭력에 시달렸고, 조사 대상 학생의 73.5%가 학교폭력 때문에 고통을 겪고 있다 한다.

가히 충격적인 조사 결과가 아닐 수 없다. 이 같은 수치는 한 달 평균 1만여 명의 학생들이 학교폭력에 시달린다는 얘기가 된다. 학교가 무법지대나 다름없다.

학교폭력 예방 프로그램이 전혀 작동하지 않고 있다고 봐야 하겠다. 학교폭력 예방 및 대책에 관한 법률이 사문화된 것이나 다름없다. 그러잖아도 학교폭력을 견디다 못해 스스로 목숨을 끊는 학생도 왕왕 발생하고 있어 사회에 충격을 주고 있다.

경찰은 학교폭력을 가정폭력·성폭력·불량식품과 더불어 4대 사회악으로 규정하고 집중 단속을 펼쳐오고 있다. 하지만 이 같은 경찰의 집중 단속 하에서도 상반기에만 6만 명이 넘는 학생들이 폭력에 시달리고 있다 하니 지도·단속 효과가 전혀 나타나지 않고 있다 하겠다.

폭력을 당해 심한 경우 건강을 잃게 될 뿐더러 가장 중요한 시기에 학업에 지장을 초래해 장래를 망치기도 한다.

가해자의 경우도 전과자가 돼 스스로를 망칠 뿐만 아니라 한 가정이 불행에 빠지게 되고, 나아가 국가·사회적으로도 크나큰 손실이 아닐 수 없다. 폭력 없는 학교환경이 시급히 요청되고 있다. 공부해야 할 학교에서 학생들 간 폭력이 난무하다면 바른 교육은 요원하다 하겠다.

현행 학교폭력예방 및 대책에 관한 법률은 "국가 및 지방자치단체는 학교폭력을 예방하고 근절하기 위해 조사·연구·교육·계도 등 필요한 법적·제도적 장치를 마련해야 한다.

교육부 장관은 이 법의 목적을 효율적으로 달성하기 위해 학교폭력의 예방 및 대책에 관한 정책 목표·방향을 설정하고, 이에 따른 학교폭력의 예방 및 대책에 관한 기본계획을 학교폭력대책기획위원회의 심의를 거쳐 수립·시행해야 한다" 라고 규정하고 있다.

윤관석 국회의원은 지난 19일 학교폭력을 효과적으로 예방할 수 있는 방안을 담은 '학교폭력예방 및 대책에 관한 법률 일부 개정법률안'을 발의했다.

"궁극적으로는 학교폭력이 발생하지 않도록 예방하는 것이 중요하다"는 윤 의원의 이번 개정안 발의 취지대로 학생들이 아물지 않는 상처를 안고 사회에 나가지 않도록 학교폭력 예방교육의 실효성을 제고하고 학교장의 책무를 강화하는 학교폭력예방법이 실효를 거두기 바란다(기호일보, 2014. 12. 23, 11면).

며칠 전, 고등학교 동창생 '밴드'에 들어갔다가, 포항항도중학교 3학년에 재학 중인 동창생의 아들이 1년 동안 학교에서 친구들로부터 괴롭힘을 당했다는 소식을 접했다. 동창생이 아고라에 올린 글이나 신문 기사에 따르면, 이미 학교의 징계 절차도 마무리 됐고, 경찰 조사도 거의 마무리 되는 상황이라고 한다. 하지만, 가해자에 대한 학교의 조치나 경찰 조사 결과가 피해자 측의 기대에 미치지 못했던 것 같다.

가해 학생들은 동창생의 아들에게 볼펜으로 온몸에 낙서를 하고, 칼로 손을 찌르고, 정수리를 동그랗게 잘라 잔디라며 물을 붓고, 흙과 치약을 먹이고, 심지어는 교실 커튼 뒤에서 음모를 뽑는 가해 행위를 저질렀다고 한다. 이러한 사실을 작년 12월 초쯤 학교 측에서 인지하고 두 차례 정도 '학교폭력대책자치위원회'를 열어 조사했다.

그 결과, 주동자인 윤모 군과 김모 군은 출석정지 8일과 학급교체, 서면사과의 징계를, 나머지 학생 5명은 출석정지 3일, 접근금지 등의 징계를 받았다고 한다. 피해자의 고소로 이뤄진 경찰 조사에서도 '성폭행' 혐의는 인정되지 않은 채 사건이 종결되는 분위기라고 한다.

이 사건이나 다른 학교 폭력 사건을 보면 가해자들이 '친구'라는 가면을 쓰고 있는 점을 자주 발견하게 된다. 요즘 아이들은 함께 노는 친구들이 정해지게 되면, 그 아이들과 주로 다니고 소통하게 된다. 평소 놀던 친구 무리에서 벗어나면 외톨이가 될 가능성이 높기 때문에, 아이들은 친구가 가혹행위를 해도 어쩔 수 없이 순응하게 되는 경향을 보인다. 또한, 부모나 선생님 등이 보기에도 친구들 사이에서 일어나는 일이기에 '심한 장난'으로 가볍게 생각하게 된다. 즉, 가해 당사자나 주위 관찰자들이 폭력을 장난으로 보게 되는 착시 현상이 일어나는 것이다.

1년 동안 지속되어온 학교 폭력이 '심한 장난'으로 치부되다 보니, 가해 학생에 대한 처분도 피해자의 '기분'을 무시할 수는 없지만 가해자에게 큰 피해가 가지 않는 수준에서 내려진다. 학교의 관대한 처분은, 자신의 행동이 형사처벌을 받을 수도 있는 '폭력'이라는 점을 가해자가 깨닫지 못하게 만든다. 동창생에 따르면, 가해 학생은 반성문에 '내가 이번 일로 교내봉사 며칠 하는 동안, 너는 공부 열심히 해서 좋은 고등학교에 가라. 난 반성하고 있을게'라고 썼다고 한다. 이 문장은, 가해 학생이 학교의 징계로 인해 자신의 '고등학교 입시'가 잘못될까 하는 것에만 신경 쓰고 있음을 잘 보여준다.

학교 폭력이 일어날 때, 가해 학생만큼 피해자에게 방어적으로 나오는 쪽이 있는데, 이는 담임선생 등 학교 측이다. 이들은 학내에서 폭력 문제가 발생하면 이것이 자신들의 승진 등 인사고과에 영향을 미친다고 생각하기 때문에, 대체로 문제가 있다는 사실 자체를 은폐하거나 확대하지 않는 경향이 있다. 내 직장 동료의 경우, 조카가 전학 간 학교에서 학교 폭력을 당해 학교 측에 학교폭력대책위원회를 열어줄 것을 요구하자, 학교 측에서는 한 번도 그런 위원회를 연 적이 없다고 답변했다고 한다.

실제로 학교 측은 이 위원회를 여는 절차도 모르고 있어서, 피해자 가족들이 관련 자료를 알아보고 시 교육청에도 항의하고 했다고 한다. 결국, 직장 동료의 조카는 다시 전학을 가야했다.

지인들의 사례이긴 하지만, 대체로 학교 폭력은 피해자가 피해 정도를 호소하는 것에 비해서, 가해자에 대한 처벌이 다소 가볍게 내려지는 듯하다.

학교폭력 근절을 위한 범죄예방교실에서 학생들에게 '어떻게 하면 학교폭력을 효율적으로 줄일 수 있을까'라는 질문을 던졌다. 그러자 학생들은 "범죄를 저지르기 좋은 장소부터 바꿔야 한다"고 답했다. 이를 계기로 '학교폭력 예방 커뮤니티 매핑(Community Mapping)'을 만들었다. '커뮤니티 매핑'은 기존 지도에 특정한 목적을 부여해 특성화된 지도로 재구성하는 것이다.

거제경찰서의 경우 학교폭력이 발생할 수 있는 지점을 표시한 지도를 만든 뒤 이를 토대로 하나하나 환경을 개선함으로써 범죄를 방지하는 데 활용하고 있다. 지도 제작에는 학생들도 참여한다. 환경 개선 활동과 범죄 취약시간대의 순찰활동도 함께 실시한다.

　지도를 바탕으로 학교폭력 우려 지역 35곳의 환경을 개선한 결과 지난해 학교폭력 피해율이 높았던 생활지원학교에선 23.2% 급감하고, 거제 지역 모든 학교 피해율은 평균 10.2% 감소했다. 커뮤니티 매핑 처럼 학생들 눈높이에 맞고 학생들이 자발적으로 참여하는 프로그램을 만드는 것이 학교폭력 근절책이 될 수 있음을 말해준다(국민일보, 2014. 07. 05, 김성우).

36. '손톱 밑 가시' 학교폭력 근절에 힘 모아야

　최근 연이어 매스컴을 통해 학교폭력이 발생하고 있다는 내용이 보도될 때마다 어른의 한사람으로서 부끄럽기도 하고 괜히 미안한 마음이 먼저 앞선다. 예전에는 신학기가 되면 담임선생님은 가정방문을 한다. 가정방문을 통해 학생의 부모와 상담으로 학생 개인별 적성을 비롯해 환경 등 학교생활에 필요한 참고자료로 활용해 학교생활에 큰 보탬이 되었다.

　그러나 최근에는 인터넷과 스마트폰 등을 활용해 담임교사, 학부모와 연락하고 있으며 학교에서는 가정방문 대신 가정통신문으로 대체해 학부모와 교사 간 대면하면서 상담하는 풍토가 사라졌다. 또한 초등학생이 되면 대부분이 스마트폰을 소지하게 되는데, 스마트폰은 자칫 잘못 사용하면 학교폭력을 부추기는 나쁜 장비로 변하고 만다. 스마트폰에서 전송되는 각종 내용(일명 카톡)은 파급효과가 클 뿐 아니라 온갖 잡다한 내용을 가해학생들이 피해학생에게 전송해 피해학생은 큰 충격에 빠지게 된다. 이로 인한 정신적 스트레스는 심각하기가 말할 수가 없을 정도다.

　어느 심리학자는 학교폭력 피해자가 어른이 되더라도 심리적 불안감은 지속되며, 피해 당사자 자녀에까지 폭력은 되물림된다고 하니 학교폭력 후유증으로 인한 심각성은 말로 표현할 수 없을 정도로 크다고 한다.

　이제는 생각을 바꾸어 보자. 피해학생은 학교전담 경찰관, 담임교사, 학부모에게 피해사실을 숨김없이 알려야 하며, 가해학생에 대하여는 선도 프로그램 등을 활용해 학교폭력을 근절해야 하다.

　손톱 밑에 가시가 박히면 엄청난 고통과 불편이 뒤따르듯이 학교폭력으로 피해를 입는 학생들의 불편과 고통도 똑같을 것이다. 손톱 밑 가시는 반드시 뽑아야 하는 것처럼 학교폭력을 근절하여 학생들의 면학 분위기를 조성하는 것은 물론 학교폭력 예방 등 4대 사회악을 척결하는데 우리 모두가 동참하길 바란다(광주일보, 2014. 12. 09, 이영재).

☞ 4대 사회악 척결 다함께 나서야

경찰에서는 새정부 패러다임에 맞춰 건전한 사회적 분위기 조성을 위해 4대 사회악 척결에 심혈을 기울이고 있다. 먼저 경찰의 사회악 척결 의지와 추진력에 대해 응원의 박수를 보낸다.

경찰은 그 많은 범죄행위 중 성폭력과 학교폭력, 가정폭력, 불량식품을 4대 사회악으로 규정하고 척결에 온신의 힘을 기울이는 것일까? 그것은 아마도 사회적 취약계층인 서민과 사회적 약자를 우선적으로 보호하기 위함이리라 생각한다.

성 범죄에 비교적 취약계층인 미성년자와 부녀자, 장애인 등을 성 범죄로부터 보호함은 물론 집단에서 소외되기 쉬운 학생들을 폭력에서 구제함과 동시에 힘의 논리에서 남성보다 상대적 약자인 아녀자 등을 가정폭력으로부터 보호하기 위함일 것이다.

또한 세대와 계층을 초월한 불량식품을 강력하게 단속함으로써 국민들의 건강권 확보와 유통질서 확립에도 기여할 수 있다.

최근 TV와 신문매체 등을 보면 연일 경찰의 사회악 척결소식들이 빈번하게 등장하는 것을 볼 수 있다. 국민들이 경찰에 대한 신뢰와 격려 등을 보내고 있음을 말하는 대목이다. 그러나 한편으로는 우리사회가 이토록 사회악에 대해 무방비로 노출되고 4대 범죄가 만연될 만큼 의식수준이 여전히 후진국형에 머무르고 있다는 쓸쓸한 생각마저 든다.

사회구조와 경제성장이 하루가 다르게 변화하고 있지만 우리 국민들의 의식 수준은 기대에 미치지 못하고 있다. 건전한 사회와 안전한 사회적 풍토를 조성하기 위해 경찰이 부단히 노력하고 있으나 경찰력만으로 4대 사회악 근절에는 분명 한계가 있을 것이다.

밤거리를 부녀자들이 안전하게 활보하고, 학교생활이 즐거워 언제든 웃으며 가벼운 발걸음으로 학교를 갈 수 있는 마음뿐 아니라 자녀와 이웃에게 모범이 되고 힘이 될 수 있는 가정생활, 또한 믿고 구입하여 마음대로 안전하게 먹을 수 있는 먹거리 문화 등을 경찰력에만 더 이상 의존하기만 할 것이 아니라 사회적인 붐 조성 등을 통하여 함께 더불어 해결해야 할 과제인 것이다.

지역별로 구성되어 있는 다양한 사회단체들이 경찰의 4대 사회악 척결에 동참하여 캠페인을 벌이는가 하면 예방활동을 위한 MOU체결과 범죄행위에 대한 적극적인 신고정신 등이 그것이다.

경찰은 예전의 범죄행위 등에 대한 단속 활동에서 탈피하여 국민들의 안전을 최우선시 하는 범죄 예방 활동으로 전환하고 예방에 최선을 다하고 있음을 국민인 우리는 알고 있다. 경찰의 4대 사회악 척결에 좋은 성과가 있기를 기대하며 자칫 경찰의 실적주의로 변질되어 선의의 피해자가 양산되지 않기를 바란다.

경찰에서는 정부의 정책기조를 수행하면서 정부 정책과 달리 실적위주 단속 활동으로 일부분 부작용이 발생되는 오류 또한 범해서는 안 될 것이다. 국민 모두는 경찰의 안전하고 건전한 사회조성 활동에 다함께 동참하여 밝은 사회를 만들자(강원도민일보, 2013. 06. 07, 이종운).

37. 학교 스포츠 활동으로 폭력 없는 행복한 학교를

2011년 학교폭력이 사회적 문제로 대두되면서 교육부에서는 학교폭력을 예방할 수 있는 가장 근본적인 방안을 모색하게 되었다. 그러던 중 외국의 사례를 바탕으로 학교 체육 활동이 가장 효과적인 예방 방법이라는 판단 아래 전국 모든 학교에 스포츠클럽 활동을 권장하고 50여개 학교를 정책적으로 학교체육활성화 창의경영학교로 지정·운영하였다. 그러한 학교 폭력 예방을 목적으로 본교 역시 2012년부터 3년 과정으로 학교체육활성화 창의경영학교를 운영했고 올해로 그 운영을 마무리하는 단계에 이르렀다.

일반적으로 학교폭력 가해학생들의 특징을 보면 신체가 좋고 운동기능은 뛰어난 반면 학업 성취 수준은 평균을 밑도는 경우가 많다. 이 학생들은 당연히 일반 교과수업에 상대적으로 소외되기 쉽고, 자신이 가진 에너지를 마음껏 발산하지 못한다. 그렇기에 쉬는 시간이나 점심시간에 비슷한 또래 친구들끼리 몰려다니며 상대적으로 약한 친구를 괴롭히는 일로 자신의 억눌렸던 에너지와 열등감을 해소하고자 한다.

학교폭력 가해학생들에게 그에 맞는 적절한 처벌로 문제 행동의 빈도를 줄여 학교 폭력 문제 해결할 수도 있겠지만 근본적인 해결을 위한 노력도 함께 병행되어야 한다. 바로 공부 외에 자신의 능력을 보여주고 자아효능감을 높일 수 있는 스포츠 프로그램을 적용하면 학교 폭력의 근본적인 해결에 한 발짝 가까이 다가설 수 있다.

이러한 공감대를 바탕으로 앞서 언급했듯이 우리학교에서도 3년 간 학교체육활성화 창의경영학교를 운영해 왔다. 점심시간에 각 학년별 스포츠활동단 학생들을 주축으로 남학생은 축구, 여학생은 수족구 반별 리그전뿐만 아니라 창작댄스경연대회와 스포츠스태킹 대회 등 다양한 스포츠클럽 활동을 활성화하는 프로그램을 운영했다. 또한 축구, 궁도와 같은 토요스포츠클럽을 운영하며 우리 아이들이 스포츠 활동을 마음껏 펼칠 수 있는 교육환경 조성을 위해 노력해 왔다.

이제는 지난 3년 간 펼쳐 온 그 동안의 학교체육활성화 프로그램의 결실을 조금씩 거두어들일 마무리 단계에 와 있다. 우리는 3년간의 결과보고서를 분석하며 깜짝 놀랄 만한 교육적 변화를 확인했다. 바로 우리학교 학교폭력 관련 학생비율이 2011년 대비 2012년은 0명으로 전혀 발생하지 않았고, 2013년 56% 감소, 2014년 72% 감소하는 등 학교폭력 가해학생비율이 해마다 감소해왔다. 더욱 의미 있는 결과는 바로 학생건강체력평가(PAPS) 데이터를 분석한 결과 해마다 학생들의 건강 체력 수준도 향상되는 것으로 분석됐다. 뿐만 아니라 지난 3년 간 우리학교에서 특목고에 입학한 학생들을 보면 거의 대부분 전국 궁도대회, 교육감배 탁구대회, 창작댄스 경연 대회, 수족구 스포츠클럽 대회 등 다양한 스포츠 활동에 열성적으로 참여한 학생들이었다.

우리학교에서 학교 폭력의 빈도가 낮아지는 데에는 물론 다양한 요인이 작용했을 것이다. 하지만 그 다양한 요인들 중에서 그동안의 학교체육활성화 창의경영학교 운영이 결코 작지 않은 영향을 미쳤을 것이라는 데에 대해서는 우리학교 교직원들의 공통된 생각이다.

2011년 이후 그동안의 사회적 노력으로 최근에 학교폭력에 대한 문제가 잠잠해지고 복지에 대한 관심이 이슈화 되면서 내년 학생 스포츠 활동 관련 예산이 대폭 삭감되는 것으로 알려졌다. 물론 학교 폭력에 문제가 어느 정도 치유되어 가면 다른 부족한 곳에 집중적으로 예산을 투입되어야 하지만 아직 완쾌되지 않은 상처에 대한 치유 과정을 이처럼 단절시키는 것은 바람직하지 않다.

학교 스포츠 활동만큼 어느 누구 소외되지 않은 채 모두가 행복한 학교 만들기에 큰 효과를 발휘하는 교육 활동도 찾기 어렵기 때문이다(경상일보, 2014. 12. 09, 권오준).

38. 0교시 체육수업, 학교폭력 줄이고 성적 올려

대전대학교는 2011년부터 신입생들에게 '스포츠 건강 체력 인증제'를 하고 있다. 학생들이 2학점짜리 체육 과목을 들으면서 다섯 가지 체력 테스트를 통과해야 하는 제도다. 윗몸 일으키기, 20m 왕복 달리기, 윗몸 앞으로 굽히기, 50m 달리기, 팔굽혀 펴기를 모두 3등급 안에 들어야 한다.

윗몸 일으키기를 예로 들면 남학생은 1분에 38차례, 여학생은 24차례가 합격선이다. 지난 2년 신입생 5%쯤이 테스트에서 떨어졌다.

불합격한 학생은 체육 과목을 다시 들으며 줄넘기·달리기·트레킹 같은 보충 훈련을 받는다. 그러고도 끝내 인증을 못 받으면 졸업을 하지 못한다. 학생들 반응은 나쁘지 않다고 한다. 입시 공부에 치여 형편없이 떨어진 근력·순발력·유연성을 키우고 활기와 자신감을 되찾았다고 반긴다.

대전대는 입학생 체격은 날로 커지는데 체력은 오히려 떨어져 그대로 두면 건강한 대학 생활을 하기 어렵다고 판단했다. 오래전 중·고등학교에서 사라진 '체력장(章)'이 대학에서 부활한 셈이다.

운동을 하면 뇌에 혈액과 산소를 활발히 공급해 두뇌까지 좋아진다. 협동심과 공동체 의식도 길러준다. 그러나 10대 여학생 70%, 남학생 절반이 운동을 아예 하지 않는다. 교육과학부의 가이드라인 '주 5일, 하루 60분 이상 운동'을 실천하는 학생은 열에 하나도 안 된다. 일주일에 2~3시간 체육수업이 있어도 고학년이 되면 시늉만 할 뿐이다.

스웨덴 학교들은 쉬는 시간이 되면 운동장에서 뛰어놀라고 교실 문을 잠가버린다. 프랑스 중학교에선 체육 수업이 프랑스어·수학과 함께 가장 많은 일주일 네 시간이다. 독일 고3에게 영어는 선택 과목, 체육은 필수 과목이다. 영국 이튼스쿨은 월·수·금요일엔 오후 학과 수업을 하지 않고 럭비·크리켓·축구·연극·음악 같은 스포츠·예술 활동을 한다. 플라톤은 "신이 인간에게 준 성공의 두 가지 도구는 교육과 운동이다. 둘을 함께 추구해야 완벽에 이를 수 있다"고 했다.

새로 취임한 문용린 서울시교육감이 "학생들이 아침부터 낮까지는 열심히 공부하고 오후 3시부터는 운동을 할 수 있도록 하겠다"고 밝혔다. 교내 체육이 아니라 외국처럼 방과 후 동네 운동장에서 가족과 함께 뛰는 문화를 만들겠다는 얘기다. 문 교육감은 학생들이 아버지들과 팀을 짜 동네끼리 벌이는 축구·농구 경기를 예로 들었다. 생각만 해도 신선한 풍경이다. 교육감 한 사람 의욕만으로 이루기는 쉽지 않은 일이지만 우선 몇 군데 동네 대항전이라도 실현되면 좋겠다(조선일보, 2013. 01. 03, 김형기).

39. 청소년의 학교폭력 예방을 위한 방과 후 학교 스포츠프로그램 활성화

우리나라 청소년은 행복한가? 결론적으로 그들은 행복하지 않다. 얼마전 "한국 어린이·청소년 행복지수 4년 연속 경제협력개발기구(OECD) 국가 중 꼴찌"라는 신문기사가 있었다(인터넷조선, 2012. 5. 5). 우리나라의 어린이와 청소년은 물질적인 행복감은 느끼고 있지만 실제 자기의 삶이 행복하다고 느끼는 정도는 OECD 국가 가운데 가장 낮게 나타났다. 즉, 물질적 행복지수는 18개 OECD 회원국 중 4위를 차지했고, 주관적 행복지수는 23개 OECD 회원국 중 최하위에 머물렀다. 이러한 조사결과는 4년 연속해서 꼴찌다. 이렇듯 우리나라의 어린이와 청소년은 물질적으로는 풍족해 보이나 성적 위주의 입시교육과 학교폭력 등을 경험하고, 이로 인해 가출과 자살충동까지 느끼고 있어 행복하지 않음을 보여주고 있다.

우리나라 청소년들이 겪고 있는 문제들로는 입시교육, 자신감의 부족, 열등감, 민감성, 성역할 개념에 대한 혼란, 성격문제, 잘못된 자만심, 자격지심, 자살충동, 잘못된 버릇, 불안, 건강문제, 정신적 문제, 산만, 도벽, 습관적 가출, 왕따, 폭력, 부정적 사고, 인터넷 중독 등이 있다. 이 중에서 우리나라 청소년들에게 가장 심각한 문제들로는 학교교육 문제, 학교폭력 문제, 성교육 문제, 인터넷중독 문제를 들 수 있다(천정웅·김윤나·이채식·전경숙, 2012). 특히, 최근 학교폭력이 심각한 사회문제로 대두되고 있다. 학교폭력은 폭력적이고 선정적인 인터넷 게임, 학교 인근의 유해 환경의 증가와 같은 사회적 문제, 지식 위주의 편중된 교육 현실, 상급학교 진학 중심의 경쟁적 구조와 같은 교육적 문제 등에 서 비롯된다.

청소년폭력예방재단(2011)의 학교폭력 실태조사에 의하면 최근 1년간 학교폭력 피해율은 18.3%, 가해율은 15.7%로 나타났고, 이러한 결과는 2010년 피해율 11.8%와 가해율 11.4%에 비해 증가한 것이다. 학교폭력의 피해 유형으로는 우선순위 가중치 점수로 환산한 결과 '맞았다' 가 가장 높게 나타났고, 다음으로 '욕설이나 모욕적인 말을 들었다' 와 '말로 협박이나 위협을 당했다' 의 순으로 높게 나타났다. 이외에 피해 유형에는 '돈이나 물건 등을 빼앗겼다', '집단적으로 따돌림을 당했다', '괴롭힘을 당했다', '성적인 놀림과 접촉 피해를 당했다', 인터넷이나 휴대폰을 욕과 안좋은 소리를 들었다', '동영상 촬영을 억지로 당했다', '안티카페에서 욕설을 들었다' 등으로 나타났다.

또한 학교폭력으로 인한 고통 정도는 '고통스러웠다, 많이 고통스러웠다, 죽고 싶을 만큼 고통스러웠다' 를 포함하여 전체의 63.4%가 고통스러웠던 것으로 나타났고, 피해자의 31.4%는 학교폭력으로 인하여 일 년에 '1~2번 이상 자살' 을 생각했던 것으로 나타났다. 실제로 최근 학교폭력 피해자들이 자살하는 사례가 빈번히 발생하면서 국가적 차원에서 해결책 마련이 시급한 실정이다.

정부에서 학교스포츠클럽의 활성화를 통해서 학교 폭력을 예방하고 인성을 함양하겠다는 것도 어찌 보면 이러한 국가정책의 일환이라 할 수 있다. 과연 학교스포츠클럽 활동을 하기만 하면 학교폭력이 줄어들고, 청소년들의 인성이 함양될 수 있는 것일까? 결론은 꼭 그렇지만은 않다는 것이다. 그렇기 때문에 스포츠활동을 통한 학교폭력 예방의 긍정적인 결과를 얻기 위해서는 주체인 청소년들의 특성을 이해하고, 스포츠활동의 긍정적 효과에 관한 이론적 근거를 바탕으로 청소년의 발달단계에 맞는 프로그램을 전개할 필요가 있다.

청소년의 스포츠활동 참가는 학교폭력 및 왕따 예방에 긍정적인 영향을 미치는 것으로 나타났다. 정부에서도 청소년기 스포츠활동의 중요성을 인식하여 그동안 자율적으로 운영해오던 학교스포츠클럽, 방과후 학교 스포츠프로그램, 토요스포츠데이의 스포츠활동 외에 중학교 체육 수업 시수를 주당 4시간까지 확대하는 조치를 취하였다. 이러한 조치는 교육과학기술부 고시 제 2012-14호에 의해 2012년 2학기부터 전국의 모든 중학교 1~3학년 학생을 대상으로 스포츠활동을 시행한 획기적인 조치이다. 기존의 학교 스포츠활동에 대한 교육당국의 정책들이 장려와 권장을 통한 자율적인 참여의 확대였다면, 이번의 조치는 스포츠활동을 정규 수업시수 안으로 불러들임으로써 강제성을 띠게 된 것이 가장 큰 특징이라고 할 수 있다. 그리고 이 강제성의 가장 큰 목적은 스포츠활동을 통한 인성교육 강화와 학교폭력 예방에 두고 있다.

　그러나 학생들의 스포츠활동 참가 확대만으로 인성이 함양되고 학교폭력이 저절로 예방되는 것은 아닐 것이다. 예컨대, 체육 활동이 지나친 경쟁과 승리 위주로 운영되거나, 결과 중심을 강조하게 되면 청소년 폭력 예방에 긍정적 효과를 기대하기 어려울 수 있다. 따라서 기존의 방과후 학교의 스포츠 관련 프로그램, 학교스포츠클럽 및 주 5일제에 발맞추어 시행하고 있는 토요스포츠데이 프로그램과 체육수업 활동을 모두 포함하여 학교에서의 스포츠활동을 어떻게 조직하고 운영할 것인지에 대한 체계적이고 치밀한 계획 수립이 요구된다. 즉, 왕따 예방, 리더십 함양, 의사소통 능력 향상, 폭력 예방 등과 같은 구체적인 목표를 설정하고, 이에 적절한 방과후 학교스포츠프로그램을 의도적이고 계획적으로 개발하고, 최고의 효율성을 담보할 수 있도록 운영하며, 이를 위한 현실성 있는 제도적·법적 지원 방안 등이 강구되어야 할 것이다(권민혁·정영린·이용식·허현미, 2013: 207-221).

서울행정사(2017. 06. 20), 김병석. http://blog.naver.com/119simpan/221033292663

Ⅶ. 학교폭력 근절을 위한 담론

신비한 생명력의 숨결이 온 누리에 가득하여 생기진작과 삶의 의욕을 더해주는 이 때, 교육공동체의 원대한 꿈과 기대 속에 새학기가 시작되고, 수업준비와 학사 업무로 바쁜 시간을 보내고 계시는 교육가족 여러분의 노고에 깊은 감사를 드립니다.

3월은 부푼 꿈과 설레는 마음으로 입학과 새학기를 맞이하는 희망의 달인 동시에, 낯선 친구들과 사귀며 새로운 환경에 적응해야 하는 부담도 큰 시기입니다. 담임선생님도 새로 맡은 많은 학생들의 성격이나 신상파악이 안된 상태에서 바쁜 업무에 매달리다 보면 자칫 생활지도상의 공백이 생겨 학생사안이 발생할 수 있는 확률이 높은 때입니다. 이런 점을 감안하여 학부모님께서도 자녀에 대한 각별한 관심과 지도를 부탁드립니다.

정부가 범부처 차원에서 학교폭력 근절대책을 제시하고, 집중단속과 추방운동을 대대적으로 전개하고 있고, 학교에서도 학교폭력 근절을 통한 안전하고 즐거운 학교환경 조성 및 전인적 성장 도모를 목표로 학교·지역사회와 네트워크를 구축하고, 폭력 없는 학교 만들기에 전념하고 있는 가운데, 지난 3월 10일 원주지역에서 발생한 학교폭력 사안은 실로 유감스런 일이 아닐 수 없습니다.

폭력은 학습되고 전이되며 투사됩니다. '이익이 곧 선(善)'이 되는 상업성에 바탕한 성과 폭력 미디어 등이 교육환경을 혼탁하게 하고 있는 상태에서, 가정교육 기능이 약화되고, 폭력 요인은 당사자에게 있으며, 애들은 싸우면서 큰다는 폭력을 정당화하는 옳지 않은 정서가 아직 많이 남아 있는 가운데, 모방적 영향력이 가장 큰 초·중등학교 학생들의 성인 범죄 유형이나 미디어를 모방한 학교폭력 수법과 종류가 다양해지고 대담해지며 빠르게 진화하고 있어, 심각한 사회문제로 대두되고 있습니다. 그러나 어떤 이유에서든 학교폭력은 있어서도 안 되고 용납되어서도 안 됩니다. 이유 없이 남을 괴롭히는 것은 비인간적인 것으로 절대 용서될 수 없다는 사실을 가치관 정립과 인성교육 강화를 통해 분명하게 인식시켜야 합니다.

학교폭력을 근절하겠다는 학교장의 의지와, 담임선생님의 관심과 사랑, 적극적인 상담활동이 학생생활지도의 근본입니다.

학교 생활지도는 학교가 책임져야 하며, 학교폭력 근절에 대한 철저한 방안과 강력한 의지를 갖고 적극적인 대처가 마련되어야 합니다.

아무리 좋은 제도와 여건 속에서도 선생님의 적극적인 생활지도와 학생의 입장에서 세심한 배려를 바탕으로 하는 지속적인 지도 없이는 학교폭력 근절은 불가능합니다.

학교장의 의지와 담임의 적극적인 상담활동을 근본으로, 학생부서와 전 교원에게 생활지도의 책무성을 강화하고, 취약시간 순찰강화, 생활지도 연합회의 우범지역 합동순찰, 1교사 1학생 멘토링제, 부적응 학생 교사와의 결연 지도, 또래상담, 학급이나 학생자치회 활동, 학생자치 SP(School Patrol)제, 학교폭력 신고 망 구축, 학생상담자원봉사자, 전문상담순회교사, 지역기관이나 인사와의 연계활동 등 생활지도를 위한 확산적 장치로 학교폭력을 근절시켜야 하겠습니다.

일단 학교폭력이 발생하면 숨기거나 은폐하려 하지 말고, 교육청 등 관계기관에 신고하고 학부모에게 연락한 뒤 '학교폭력대책자치위원회'를 통해 해결책을 논의하고, 폭력정도에 따라 사과, 접촉 및 협박금지, 학급교체, 학교봉사, 사회봉사, 특별교육 및 심리치료, 출석정지, 전학, 퇴학 등의 조치를 취해야 합니다. 사안이 심각해 해결이 어려울 경우 지역교육청이나 도교육청과 협의 하에 상급기관의 도움을 받으시기 바랍니다.

학생부장 및 생활지도 담당 장학사 연찬회에서 배포된 도교육청 생활지도 지침서를 근간으로, 각급학교에서는 지역과 학교 실정에 맞는 계획을 마련하여 철저한 생활지도에 임해주시기 바랍니다.

예방 중심의 철저한 학교 생활지도로 학교폭력 및 집단 괴롭힘, 따돌림, 성폭력 없는 즐거운 학교생활이 되도록 최선을 다해 주시기 바랍니다.

1. 학교폭력 예방장치 법제화를 해야 한다

올봄은 '일진회' 충격으로 시작되었다. 작년 이맘때는 교장 선생님의 죽음까지 빚어낸 '왕따 동영상 사건'이 있었다. 계속되는 주요 사회적 이슈로 학교폭력이 대두된 것이 언제부터였던가. 1995년 동료들의 따돌림에 못 이겨 중학생이 자살하는 사건이 두 달 연속으로 일어났던 그해부터였을까.

자녀가 안심하고 학교에 갈 수 있는 환경 만들기 운동이 전개되었고, 대통령 선거 때마다 후보들은 학교폭력을 없애겠다는 공약을 내걸기도 했다. 그런데도 새학기 시작 때마다 늘 접하게 되는 학교폭력 문제. 이젠 더 이상 방치되어서는 안 된다. 졸속대책은 이제 그만 만들자. 학교폭력 문제는 지속적인 예방교육 없이는 절대로 해결되지 않는다.

이미 1970년대부터 세계 여러 나라에서 학교폭력은 심각한 사회문제로 대두되었다. 학교에서 폭력이 일어나는 것은 절대 용납하지 못한다는 확고한 정책에 의해 학교폭력 예방교육 프로그램이 개발돼 실시된 지 30년이 넘었다.

미국에서는 1964년 존 F 케네디 대통령이 정신건강에 관한 연설에서 "이제 미국은 예방을 국가 최우선 순위에 두어야 한다."고 강조한 이후 학교폭력 예방 프로그램이 개발되기 시작하였다. 최근 들어 미국은 주마다 자체적으로 학교폭력 예방 및 방지 대책을 가지고 있어야 한다는 것을 법으로 정해 놓고 있다. 사건이 발생하면 학부모, 교사, 학교장, 교육청까지 연대책임을 져야 하는데, 이때 책임의 정도는 학교나 교육청들이 얼마나 꾸준히 일관성 있게 예방 및 중재 교육을 실시해 왔느냐는 것과 직결된다.

영국도 토니 블레어 총리가 '따돌림 없는 학교 만들기'를 주요 선거공약 중 하나로 내세웠다. 영국의 모든 학교는 학교폭력의 예방과 중재에 관한 실효성 있는 정책을 유지하는 것이 법적인 의무로 되어 있다.

일본의 경우는 1985년 이지메를 당한 학생이 자살한 것을 계기로 문부성을 중심으로 집중적인 노력을 기울여 왔다. 다른 나라의 학교폭력 대처 프로그램을 그대로 적용하려다 실패한 일본은 몇 년에 걸친 전문가들의 연구 끝에 최근 '또래지지(peer support)' 프로그램을 개발하여 각급학교에서 실시함으로써 효과적으로 이지메를 감소시키고 있다. 그 밖에 이탈리아, 독일, 스웨덴, 노르웨이, 호주, 캐나다, 핀란드, 프랑스 등 세계 각국은 그 나라의 실정에 맞는 학교폭력 예방교육 프로그램을 세워 시행하고 있다.

문화체육관광부나 지방자치단체는 물론이고 통합 대한체육회나 한국체육학회가 주축이 돼 있는 체육단체총연합회 등의 체육관련 제 제 기관들이 함께 협력할 정책 포럼의 마당이 조성되어 체육계 전체에서 영향을 미치는 중차대한 이슈들에 대한 대응 네트워크를 구축해야 한다.

이제 학교폭력을 쉬쉬하면서 은폐할 시기는 지났다. 이미 발생한 폭력 사건에 대해서는 명백한 조사가 이루어져야 하며 가해 학생에 대한 처벌은 단호해야 한다. 그러나 가장 중요한 것은 예방이다. 우리나라의 학교폭력 형태는 다른 나라와 달리 더 집단적이고 조직적인 특징을 지닌다. 이에 따른 한국형 학교폭력 예방교육 프로그램의 개발과 지속적이고 전면적인 실시가 필요하다. 단순히 폭력 행동을 하면 안 된다는 것이 아니라, 갈등 상황에서 폭력이 아닌 다른 방법으로 해결할 수 있는 행동 방식을 어릴 때부터 습득시켜 주는 교육이 학교 교과 과정 안에서 이루어져야 한다. 지금 바로 학교에서의 예방교육 실시를 정책화하고자 하는 정부의 강력한 의지가 없다면, 내년 봄 우리는 새로운 형태의 학교폭력 사건의 충격에 또 한 번 경악할지도 모른다.

2. 학교폭력 추방 모두가 나설 때, 학교폭력 추방운동 말뿐인가

새학기가 되면서 학교폭력 문제가 또다시 부각되고 있다. 얼마 전 10대 청소년들이 친구를 땅속에 묻는 등 폭력을 휘두른 혐의로 경찰에 적발된 것도 그러하다. 조직폭력배 못지않은 잔혹함을 보여 충격을 주었다. 발생장소가 학교가 아닐 뿐이지 학생들이 연루돼 있다는 점에서 가볍게 넘길 일이 아니다. 그간의 폭력근절 운동이 실효를 거두지 못했음을 보여준 실증적 사례다. 도교육청은 뒤늦게 담당자 연찬회를 열어 대책을 세우겠다고 또 야단법석이다.

학교폭력 근절을 위해 수없이 많은 대안이 제시돼 왔다. 자녀 안심하고 학교보내기, 거리캠페인, 자정결의대회, 학생자율방범단 등 나열하기조차 힘들다. 그러나 그 효과는 잠시 그때뿐이었다. 물론 이 문제는 학생 본인만의 잘못이 아니라 가정, 학교, 사회 등 여러 요인이 복합적으로 작용하고 있어 그 해결책을 찾는 게 쉽지 않다는 것을 모르는 것은 아니다. 하지만 연례행사처럼 열리는 대책회의가 이렇다 할 성과를 거두지 못하는 것은 문제가 아닐 수 없다. 오히려 학교폭력은 독버섯처럼 번져가고 있지 않은가. 이번 연찬회도 용두사미격이 되지 않을까 우려되는 이유다.

학교폭력은 그 원인이 복잡해 해결 방법도 간단하지 않다. 우선 학교는 예방프로그램을 마련하고 교내·외 지도와 감시를 게을리 해서는 안 된다. 사후약방문은 그렇게 좋은 결과를 가져오지 않는다. 피해학생과 가해학생을 선도하고 치유할 프로그램도 필요하다. 가해자의 법적처리와 사후관리, 그리고 피해자의 보호를 위한 제도적 장치도 급하다. 그러나 법과 제도를 통한 폭력 추방은 한계가 있다. 학부모와 지역사회가 다 함께 관심과 애정을 갖고 지원하는 게 바람직하다. 우리 자녀들이 즐거운 학교생활을 할 수 있도록 해야 한다.

학교폭력이 갈수록 흉포화 조직화돼 위험수위에 이르렀다는 지적은 어제오늘의 일이 아니다. 최근 수개월간 동급생의 집단구타와 따돌림으로 우울증과 불안증세를 보인 한 여중생이 정신과 치료까지 받는 사실이 알려져 충격을 주는 것도 그러하다. 당국이 그간 수없이 부르짖은 폭력 근절 캠페인은 알맹이가 없었고 추방운동은 형식에 그쳤다고밖에 볼 수 없다.

학교폭력의 가해자와 피해자는 모두 청소년이며 이들은 같은 공간에서 생활하고 있다. 피해를 입은 학생들 가운데 상당수가 자살충동을 느꼈다는 설문조사 결과도 나와 있다. 독버섯처럼 번져가는 이러한 학교폭력의 심각성에 대해 공감대는 형성돼 있으나 그 대책이 매우 미흡한 게 사실이다. 이 문제는 학생 본인만의 잘못이 아니라 가정, 학교, 사회 등 여러 요인이 복합적으로 작용하고 있다.

그 해결책도 4개 영역에서 접근하는 게 옳다. 첫째, 경찰과 관련단체의 공조다. 묵인하고 은폐하는 것만이 능사는 아니다. 둘째, 학교는 설문조사나 피해학생에 대한 소극적인 대책에서 벗어나야 한다. 종합적인 예방교육과 인성교육이 우선돼야 하고 교사들도 학생들과의 질적 만남의 기술을 개발해야 한다. 셋째, 피해학생은 물론 가해학생을 위한 치유프로그램의 확대 실시다. 요즘 결손가정이 많아 여기에서 오는 문제 또한 많다는 것이다. 넷째, 청소년 개인의 측면에서 짝체계, 형제애 프로그램 등의 적용이다.

학교폭력 문제에 일찍부터 많은 관심을 가져온 미국 등 서구에서는 다양한 프로그램을 도입, 근절에 나서고 있다. 우리 자녀들이 밝고 건강하게 즐거운 학교생활을 할 수 있도록 학교와 학부모, 지역사회가 공동으로 대응해 나가야 한다. 더 이상 사후약방문식 처방에 그쳐서는 안 된다.

3. 학교폭력을 없애려면, 부모 의식이 가장 중요한 때다

지난 3월 새학기가 시작되면서 학교폭력에 관한 이야기가 매우 분분하여 교육인적자원부를 비롯한 경찰청 등 정부 유관부처에서 학교 폭력을 뿌리 뽑겠다는 의지를 밝혔다.

우리 도교육청에서도 학교폭력 자정결의대회 개최, 캠페인 전개, 대책반 운영, 생활지도 컨설팅 실시, 학교폭력예방 상담자 배치, 스쿨 패트롤 운영 및 학교 내 취약지구 CCTV 설치 등 학교폭력의 예방과 근절 대책에 숨 돌릴 틈도 없이 매진해 왔다. 각급학교 또한 교육부와 교육청에서 전달받은 많은 대책과 프로그램을 실천하기 위해 힘겨운 시기를 보내기는 마찬가지였을 것이다.

이렇게 학교폭력을 둘러싼 대책과 방안들에 의해 학생사안이 줄어들기는 하겠지만 하루아침에 완전히 사라지는 시기를 바란다는 것은 기대하기 어려울 것 같다.

지금도 전국에서 크고 작은 학생 사안들이 끊이지 않는 것을 보면 학생생활지도가 얼마나 어렵고 힘든 일인지 가늠할 수 있을 것이다. 그럼에도 불구하고 학교폭력을 비롯한 학생사안이 발생할 때마다 그 책임은 학교나 교육행정기관에 있다는 시각이 우리 사회에 팽배해 있음을 부인할 수 없다.

이제 학교폭력을 비롯한 학생사안을 바라보는 시각을 바꿔야 할 때라고 본다. 사회와 가정에서도 청소년기에 발생하는 학생사안에 대한 책임을 공유하고 그 대책의 중심에 서서 학교와 머리를 맞대고 생활지도에 참여하며 공동으로 대응해야 할 상황인 것 같다.

세계가 일일생활권으로 좁혀진 현대사회에서 우리 사회를 구성하고 있는 어느 계층이건 개방화된 삶을 막을 방법은 없다. 인터넷에 넘쳐나는 정보들 중에는 청소년이 보거나 습득해서는 곤란한 것들도 얼마나 많은가. 무차별로 쏟아 붓는 이상한 스팸메일, 청순함을 짓밟는 성인사이트, 맘먹은 자에게는 무용지물인 등급제 비디오테이프, 폭력과 잔인함이 넘치는 영화나 TV드라마 그리고 전자게임들…, 비교육적 환경 추방, 우리 청소년들은 이런 환경에서 살고 있다. 무의식중에 학습되는 이런 위험인자들로부터 무방비로 노출된 채 생활하고 있는 것이다.

일부이기는 하지만 사회·문화적으로 폭력이 미화되고 일탈을 조장 받는(?) 상황에서 청소년 문제가 발생하지 않기를 바라는 것은 아무래도 무리인 듯싶다.

자녀들의 생활지도의 출발점은 가정이다. 부모들의 언행이 자녀들의 언행으로 이어질 수 있으며 삶에 대한 태도 또한 그러할 것이다. 화목한 가정, 질서 있는 가정, 대화가 있는 가정, 사랑이 넘치는 가정에서 자라는 청소년들이 학교폭력이나 비행에 물들기는 쉽지 않다고 본다.

집에서 버릇없이 행동하던 아니가 학교에 와서는 갑자기 점잖은 다른 사람으로 변할 수 있겠는가? 더구나 학교에서도 옛날에 비해 학생 생활지도가 어려워지고 있다.

학생인권을 따지다 보니 사랑의 회초리마저 쉽게 들 수 없기 때문이다. 자녀들의 바람직한 기본생활 습관과 예절지도를 학교에 일임하기보다는 가정에서 먼저 이루어져야 한다. 이젠 부모 의식이 가장 중요 때다.

얼마 전 타시·도에서 전학 온 초등학교 6학년 학생이 수업 중 급우를 흉기로 찌른 사건이 있었다. 이것은 초등학교 때부터 생활지도가 체계적으로 이뤄져야 한다는 반증이다. 초등학교는 담임선생님이 교실에 상주하고 있기는 하지만 학생 생활지도를 전담하는 부서가 없는 학교가 거의 대부분이다. 2004년도 청소년백서에 의하면 초등학생에 해당되는 14세 미만 청소년 범죄가 19세까지의 전체 청소년 범죄 대비 1.5%를 차지하고 있다.

전체로 볼 때 미미하다고 여겨질지 모르지만 1999년에 비하면 0.4%나 증가한 수치다. 더욱 심각한 것은 청소년 비행이 저연령화 될 뿐만 아니라 남학생보다 여학생 비행이 증가하고 있다는 사실이다.

이제 학생 생활지도는 초등학교 때부터 차근차근 체계적으로 이루어져야 한다. 그래야만 초등학교에서 중학교로 진학했을 때 받는 문화적 충격도 크게 완화될 것이다. 학교구성원 모두와 나아가 지역사회와의 공동대응이 이뤄질 때 비로소 학교폭력은 사라질 것이며 즐겁고 명랑한 학교문화가 조성될 것이다.

지난 5월 31일자로 1개월 연장된 학교폭력 자진신고 기간이 끝났다. 학생들에게 장난일지라고 폭력을 사용해서는 안 되며 폭력은 범죄행위라는 인식을 일깨워 주어야 한다. 폭력이 가져오는 정신·물질적 폐해를 다시 한 번 주지시켜 사법적 책임을 지는 학생이 단 한 면도 나오지 않도록 철저히 지도해야 할 것이다.

4. '학교폭력' 어른들이 눈 부릅뜹시다

하나의 동영상이 오늘날 학교폭력의 실상을 극명하게 보여 줬다. 교복을 입은 15세의 여중생이 4명의 같은 반 친구에게서 집단폭행을 당하고, 그중 한 학생이 동영상으로 촬영했다. 맞는 학생은 폭행의 아픔보다도 사진촬영을 더 무서워하며 찍지 말아 달라고 애원했다. 그럼에도 불구하고 사진은 인터넷에 올랐다. 피해 여학생은 사진의 유포 사실에 충격을 받고 정신병원에 입원 중이다.

경찰에 불려 간 가해 학생 4명의 진술이 또한 충격적이다. "초등학교와 중학교 1, 2학년 때는 더 심하게 애들을 때렸는데도 문제가 없었는데 이번엔 왜(일이) 커졌는지 모르겠다." "친한 친구 사이였지만 내 남자 친구에게 끼어든 것 같아 친구들과 폭행하기로 합의했다." "폭행하는 장면을 찍어 다른 친구들에게 보여 주면 재미있을 것 같아서 휴대전화 카메라로 찍었다." "그렇게 찍은 동영상을 다른 친구에게 e메일로 전송했다."

정부의 5개 부처가 합동으로 학교폭력을 단속한 덕분이었던지 작년 한 해 학교폭력은 멈칫해 보였다. 올해 학교폭력은 새로운 양상으로 전개됐다. 초등학생과 여학생 피해가 늘어나고 폭력 장면을 촬영해서 피해자 협박용으로 사용하는 경우가 많다는 소문이 청소년 상담 전문가들 사이에 봄부터 나돌았다.

학교폭력 예방 전문 민간단체인 청소년폭력예방재단이 지난가을 실시한 조사에 따르면 세 가지 뚜렷한 변화가 드러났다.

첫째, 초등학생의 학교폭력 피해율이 고등학생(8%), 중학생(16.8%)보다 높은 17.8%로 나타나서 초등학교 4, 5, 6학년생이 학교 폭력의 주된 대상임을 보여 줬다.

둘째, 여학생 폭력의 증가 추세가 뚜렷해졌다. 여학생의 폭력 경험(피해) 비율이 1999년에는 4.4%에 지나지 않았으나 2006년에는 13.9%로 7년 사이에 3배 이상으로 늘었다. 여학생 가해자는 5배 이상 급증했다.

셋째, 학교폭력을 당하고 신고하는 학생 수가 늘어나기는커녕 오히려 2배 가까이 줄었다. 학교폭력 미신고율이 1999년에는 25.6%였는데, 2006년에는 45.9%였다.

폭력의 피해 또는 가해 후유증은 어릴수록 심각해진다. 정신적 신체적으로 유약한 초등학교 시기의 학교폭력 경험은 피해자에게나 가해자에게나 발달장애를 일으키게 되고 정신적 상처를 준다. 여학생에게 있어서 폭력의 피해 및 가해 경험은 남학생에 비해서 후유증의 강도 및 심도가 크고 깊다. 평생을 부작용으로 힘들어하게 되는 경우가 많다.

학교폭력은 대부분 목격자가 있는 상황에서 일어나므로 누군가 신고만 해 준다면 다른 어느 범죄보다도 예방과 대책 수립이 손쉬울 것으로 판단된다. 불행하게도 학교폭력의 피해자는 신고를 극히 꺼린다. "창피하게 같은 또래에게 맞고 산다" 는 자격지심이 사춘기의 학생들에게 강하게 작용한다. "신고해 보았자 소용없다" 는 기성세대에 대한 불신도 크다. 피해자 신고가 활성화되기 위해서는 그들을 둘러싼 기성세대와 지역사회의 일치된 노력이 중요하다.

2005년에 대대적으로 전개된 5개 부처의 합동 노력이 학교 폭력을 줄이는 데 성공한 사례를 잊지 말아야 한다. 기성세대와 지역사회가 관심을 갖고 학교 폭력 예방에 나서면 학교폭력은 줄어든다. 지역사회에서 기성세대가 부릅뜬 눈으로 바라볼 때 가해자는 폭력을 행사할 엄두를 못 낸다. 그들도 아직은 여리고 순한 우리의 자녀이다. 그들이 방심해 폭행에 이끌리지 않도록 할 책임이 우리 기성세대에게 있음을 알아야 한다.

5. 위험 수위 다다른 여학생 폭력, '스쿨 폴리스' 까지 부르는 학교폭력

교육부에 따르면 지난해 금품 갈취, 협박, 폭행, 집단 괴롭힘 등 학교폭력을 경험한 학생이 열 명 중 한 명인 것으로 드러났다. 아침 일찍 자녀를 학교에 보내고 학원수업까지 마친 뒤 밤늦게야 겨우 얼굴을 보는 부모는 이런 사정을 모르는 일이 적지 않다. 피해 학생들은 학교 가기가 겁나면서도 보복이 두려워 입을 열지 못하는 실정이다. 스쿨 폴리스가 교내를 순찰한다는 점만으로 학교폭력 예방에 일말의 기대를 갖는 것도 이 때문이다.

학교폭력이 심각한 수준이다. 정작 교사들은 이런 상황을 잘 모르고 있다. 설사 교사들이 안다고 해도 피해를 막아줄 것으로 기대하긴 어렵다. 학교경찰제 등 특단의 대책을 보다 더 강구해야 한다. 구타, 갈취 등으로 고통 받는 학생이 많다. 그런 스트레스를 받으면서 공부가 될 리가 없다. 학교경찰제가 학습 분위기에 방해가 된다는 우려가 있지만 학교폭력이 만연한 지금보다 무엇이 더 나빠질지 의문이다. 그렇다면 일단 강화하는 쪽으로 시도해보는 게 정답이라고 본다. 학교경찰은 폭력으로 고통 받는 학생들에게 새로운 의지처가 될 수 있다. 다만 시행에 앞서 지금의 스쿨 폴리스보다 철저한 준비를 통해 이 제도가 무리 없이 정착하도록 해야 할 것이다.

그러나 스쿨 폴리스의 효과에 대해서는 미국에서도 평가가 엇갈린다. 열쇠는 스쿨 폴리스, 교사, 가정 및 지역사회의 긴밀한 협력이다. 스쿨 폴리스의 상주로 인해 학생에 대한 인권침해나 과잉처벌, 교사의 교육권 방해가 생기지 않도록 세심한 조율이 필요하다. 스쿨 폴리스가 도입된다고 해서 학생선도라는 학교의 교육적 책임이 면책되지 않는다는 점도 분명하다. '우리에게 배신은 곧 죽음이다' 듣기에도 섬뜩한 이 구호는 험상궂은 조직 폭력 집단이 아니라 춘천에서 적발된 여자 중·고교 연합서클의 행동 강령이다. 꿈을 먹고 살 나이의 소녀들이 '배신'이니 '죽음'이니 하며 동료 학생들을 괴롭혀 왔다고 한다. 강릉에서도 폭력을 휘두르고 금품을 빼앗아 온 3개 중·고생 25명이 경찰에 붙잡혔다. 도대체 학교에서는 뭘 가르치고 뭘 배우는지 모를 일이다.

이들의 행동을 보면 자신들의 말을 듣지 않은 학생들은 집단 폭행하고 껌팔이 등을 시켜 이익금을 갈취하는 등 조폭과 다를 바 없다. 공원이나 야산, 아파트 옥상 등 폭행 장소는 대물림하며 이용해 왔다. 학교 폭력이 이 지경까지 왔는가 하는 생각에 말문이 막힌다. 여학생 폭력사건 빈도가 남학생을 앞지르기 시작했다는 조사가 과장이 아니었음을 알게 한다.

이번 춘천경찰서에 적발된 여자 중·고생들이 55명이나 돼 규모뿐 아니라, 지난 2001년부터 조직적으로 활동해 왔다는 사실에 더욱 놀라게 된다. 교육 당국은 학교 폭력이 문제가 될 때마다 관내 학교에는 그런 일이 없다고 큰소리 쳐왔다. 하지만 백일하에 춘천지역 여자 중·고생 불량서클이 5년간이나 활동해온 사실이 드러난 이상 변명의 여지가 없게 됐다. 자녀를 학교에 보내고 있는 모든 부모들이 걱정하지 않을 수 없다.

5월부터 부산 7개 초·중·고교에 제복 입은 전직 경찰이 학교폭력에 대응하는 '스쿨 폴리스'제가 도입된다. 교내에 '학교경찰'이 상주해야 할 만큼 학교폭력이 심각해질 때까지 교사와 학교는 무엇을 하고 있었는가.

교육 당국은 물론 가정과 사회, 모두 이번 일을 심각하게 받아들여야 한다. 우선 학교가 학생 폭력 문제를 알면서도 감추기에만 급급했다면 큰 잘못이다. 또 가정은 자녀를 학교에만 맡기고 대화조차 단절한 무관심에 책임을 져야 한다. 주변의 청소년 폭력을 못 본 체하는 사회도 자유로울 수 없다. 위험수위에 다다르고 있는 학생 폭력 행위에 모두가 항상 관심을 가져야 한다.

정부가 3, 4월을 '학교폭력 자진신고 및 피해신고 기간'으로 정했으나 가해자나 피해자가 스스로 신고한다는 것이 쉬운 일은 아니다. 문제학생들이 누군지 파악하고 있는 교사가 나서야 한다. 교사들이 사도(師道)를 발휘해 학생폭력서클은 물론 장난삼아 벌어지는 사소한 폭력까지 막아주기 바란다. 자원봉사자들이 법무부, 검찰청, 경찰청 등과 벌이는 '자녀 안심하고 학교보내기 운동'의 활성화도 요망된다.

6. 청소년 문제는 사회의 공동 책임이다

청소년의 인구는 지속적으로 줄고 있지만 이들 청소년의 범죄는 오히려 증가하고 있다. 게다가 범죄를 저지르는 청소년의 연령대도 낮아지고 있다. 따라서 나이가 점점 낮아지는 청소년이 저지르는 비행을 예방할 대책이 시급하다.

이제는 우범 지대가 따로 없다. 충동적이고 관능적인 비행이 폭발적으로 증가하고 있으며, 음주와 흡연에 대한 죄책감은 사라진지 오래다. 특히 사이버 세계에서 일어나는 형태는 상상을 초월해 속수무책 상태다. 범행 내용을 들여다보면 살인, 강도, 성폭력 등 심각한 사례가 많다.

지역에 따라 차이는 있으나 강·절도, 폭력, 음주, 흡연, 약물 오·남용, 문란한 이성교제, 집단 따돌림, 가출, 자살 등 청소년의 비행과 이탈 행동은 가히 충격적이다. 교내·외 비행은 최근 교육공동체나 사회관계 기관의 노력으로 줄어든 것 같으나 여전히 흉포화, 조직화, 연소화 되고 있다.

원인은 어디에 있는가? 가장 큰 이유는 가정교육이 무너졌기 때문이다. 학교교육이 실종된 것이 아니다. 부모가 인성교육을 포기했기 때문이다. 근본 원인은 선량한 공동체가 무너졌기 때문이다. 개성이 무시된 교육과정, 무한한 입시경쟁, 물신주의, 이 모든 것이 원인이다.

학교에서 스승은 사라졌다. 집에는 엄한 할아버지가 사라졌다. 서로 부대끼며 주장과 이익을 각축할 형제자매가 없다. 떼를 쓰고 자신의 주장을 내세우는 습관만 키운 아이들이다. 그러니 바깥 세계에서 경쟁력이 있을 리 없다. 좌절하거나 쉽게 도피할 길만 찾는다. 현재 상황에서 가출 학생이나 학교 밖 청소년들은 세 가지 유형의 범죄를 전개하고 있다.

하나는, 금품 탈취를 위한 폭력이다. 다니던 학교나 학급에서 희생자를 골라낸 후, 협박이나 가혹 행위를 하고, 잔인하리 만큼 참혹한 폭행을 가하면서 금품 제공을 요구한다.

둘은, 희생자의 허점을 가지고 놀려대며 즐기는 정신 폭력이다. 주로 집단 따돌림의 형태를 띄우는데, 정신 유약자나 신체적 혹은 성격상의 약점을 가진 재학생이 희생자로 선택된다.

셋은, 학내에 일진회 같은 일탈 조직을 구성하고, 학교 밖과 연계하여 구성하고 있다. 일단 조직에 참여하면 위계질서(?)를 세우기 위해서 또는 탈퇴하지 못하도록 상습적으로 조직 구성원들에게 폭행을 행사한다. 조직의 생존을 위해서 엄격하고 잔인한 조직관리 규범을 강요하고 있다.

문제는 함께 가해자에 참여하는 대다수의 청소년들은 자신들이 얼마나 심각한 비행에 가담하고 있는 것조차 모른다. 정신 병원입원, 자살이나 가출 등 엄청난 피해가 발생했는데도 이를 책임질 뚜렷한 가해자는 부각되지 않는다. 이러한 현상은 따른 학교와 가정, 그리고 사회가 제 역할을 못하는 데 문제가 있다. 가장 큰 원인들을 보다 더 세심하게 찾아 변화하도록 노력해야 한다.

현행 소년법에는 범죄에 대한 형사적 책임을 묻는 나이는 만 14세부터다. 10~14세 소년은 '촉법소년'이라고 한다. 범법 행위를 해도 너무 어리기 때문에 형사 책임을 물을 수 없는 형사미성년자로 본다. 촉법소년은 교화의 대상이지 처벌의 대상이 아니라는 의미다. 그래서 살인이나 강간을 해도 법에 따라 보호처분을 원칙으로 한다. 2012년 촉법소년의 범죄는 2만 2,490건, 이중 93%를 12~13세(초등학교 6학년~중학 1, 2학년)가 저질렀으며 강도, 강간 등 강력 , 범죄는 636건이었다. 대부분의 청소년 현장 상담자나 일선 담당자는 "범죄를 저지르는 촉법소년 해당자도 자신이 형사처벌 대상이 아니라는 것을 잘 알고 있어 더 큰 문제"라고 입을 모으는 상황이다.

이들의 범죄가 이미 학생들의 범죄라고 하기에는 지나치고 치밀하며 포악하다는 데 문제가 있다. 학교폭력도 현재 초등학교 6학년과 중 1학년이 가장 빈도가 높으며, 범죄 수준의 폭력이 많다. 하지만 처벌은 솜방망이 수준이며 피해자의 인권이 전혀 보호되지 못하고 있다.

청소년 문제는 사회의 공동 책임이다. 먼저 양극화에 따른 소외 계층 증가, 폭력적이고 선정적인 인터넷 방송 매체, 학교 폭력, 학교 주변 유해 환경 증가 등 주변 환경을 일신해야 한다. 게다가 청소년의 성숙 속도가 빨라지면서 저 연령기에 쉽게 비행에 노출되고 있다는 사실을 간과해서는 안 된다.

7. 전문상담교사 배치 미룰 일 아니다. 문제학생 범죄자 취급, 해결책 못돼

학교에서 나타나는 청소년 문제는 다양하다. 나날이 급증하는 학교 폭력과 학생 범죄는 물론이고 성적 지상주의 풍토에 의한 스트레스와 갈등, 낮은 교과 성적과 가난 때문에 소외받는 학생, 청소년기의 발달을 이해하지 못하는 학교 정책과 교사 등 그 종류는 각양각색이다.

이미 학교경찰제를 도입한 미국도 학교폭력이 근절되지 않고 더욱 흉포화하는 것을 볼 수 있다. 학교 내에서는 폭력이 없어진다 하더라도 그 폭력성은 그대로 학교 밖에서 재현될 수밖에 없다. 아이들이 갈수록 폭력화하는 이유 중 하나는 가정과 공교육이 제 역할을 하지 못하기 때문이라고 생각한다. 원척적인 문제를 고치지 않고 문제학생을 범죄자처럼 취급하면서 공권력을 통해 문제를 해결하려고 하는 건 미봉책에 불과하다. 근본적 해결을 위해서는 공권력을 투입할 게 아니라 학교마다 상담전문가를 배치해 재사회화 교육을 실시해야 한다. 꾸준하고 지속적인 관심과 배려가 있어야 성과를 거둘 수 있을 것이다.

지난해 교육인적자원부는 수업 겸임 상담교사로는 다양한 유형의 청소년 문제에 대처하는 데 한계가 있음을 인식하고 전국 지역교육청에 전문상담순회교사를 배치하여 학교 상담활동을 지원했다. 그리고 올해부터 순차적으로 2009년까지 전국의 초·중·고등학교에 전문상담교사를 1명씩 배치할 계획을 가지고 있다. 이는 청소년 문제를 좀 더 깊이 이해하고 해결할 수 있는 길이 열린다는 것을 말하고 한국의 학교 교육이 교육 복지를 지향하는 새로운 출발점에 선다는 의의도 있다.

학교 상담은 당장 눈에 띄는 일은 아니지만 한 학생의 장래를 결정지을 수 있는 중요한 것이다. 학교 폭력과 학생 범죄를 예방하고 학교생활 부적응을 개선하는 일 외에도 공부의 목적과 올바른 비전을 제시해 준다. 이는 대인관계와 인격 향상에도 중요한 역할을 한다.

최근 교육부는 전문상담교사의 수요에 맞춰 2년 시한으로 전국 교육대학원에 전문상담교사 양성 과정을 설치하도록 해 공급을 늘리고 있다. 그러나 예산 사정에 변동이 있으면 전문상담교사의 임용고사 정원이 확보되지 않을 수도 있다며 미온적인 태도를 보이고 있다.

우리사회에서 청소년 문제는 정부의 한 부처만의 문제가 아니다. 사회 전체가 힘을 모아 함께 해결해야 할 중차대한 과제다. 따라서 정부 예산이 꼭 확보되어 2009년까지 전문상담교사가 학교당 1명씩 순차적으로 배치될 수 있도록 해야겠다.

예산 부족을 이유로 청소년 문제 해결에 미온적으로 대처하면, 그 부담이 해마다 누적돼 결국에는 엄청난 사회적 비용을 초래해 다음 세대를 어렵게 할 것이다. 호미로 막을 수 있는 일도 방치하면 가래로도 못 막는다는 격언이 있다.

공교육을 살리려면 충실한 수업과 생활지도가 함께 이뤄져야 한다. 이를 위해서는 수준별 이동수업을 통한 교과교육 살리기와 학교 상담 활성화가 필요하다. 학교 교육의 양 축이 균형과 조화를 이뤄야 사교육 쪽으로 옮겨 갔던 교육의 무게중심이 다시 학교로 돌아올 수 있을 것이다.

8. 청소년 집단 성폭행 여성의 위기냐, 10대의 위기냐

전국적으로 발생하는 청소년 집단 성폭행 사건이 연일 뉴스를 탄다. 갈수록 대담해지고 끔찍해지는 소년 범죄 중에서도 피해자에게 씻을 수 없는 상처를 주는 것이 성폭행 사건이다. 무리를 지어 범행을 저지르고, 더군다나 연령대가 낮다 보니까 죄의식이 없는 경우가 많다. 가장 안전해야 할 학교 안에서 마저 벌어지는 청소년 집단 성폭행이 발생하고, 그것도 한 번으로 그치지 않고 수차례에 걸쳐 반복적으로 일어난다.

최근의 청소년 범죄는 특수한 계층의 아이들에게만 일어나는 우발적인 사건이 아니다. 현대 한국 사회의 문제가 빙산의 일각처럼 나타났을 뿐이다. 바다 속에 숨어 있는 나머지 빙산의 모습이 어떠한지 분석해보자.

남자 아이들은 여자를 총체적인 인격체로 바라보지 못한다. 여성을 성적인 신체 일부만을 가진 존재로 보는 남성들의 시각이 사회에 구조화되었다. 청소년 성폭행 사건은 '여성의 위기' 다. 여자는 순결과 순종의 미덕을 지녀야 하고, 남자는 강하고 진취적인 기상을 가져야 한다는 마초문화가 한국사회를 뒤덮고 있다. 어렸을 때부터 성적인 정체성을 잘못 교육받은 아이들은 청소년 성범죄를 죄의식 없이 받아들인다.

여성을 바라보는 삐딱한 남성들의 시선은 여성과 관련된 범죄를 대수롭지 않게 여긴다. 여성을 수동적인 존재로, 남성을 능동적인 존재로 보는 이분법적 시각은 다른 분야로 전염되어 병을 키운다. 정상인과 장애인, 서구인과 비서구인, 인간과 자연의 관계 등을 지배와 복종의 관계로 파악하며 또 다른 차별을 낳는다. 남성 우월적인 시각은 어린 여성들을 성(性) 권하는 사회의 피해자로 양산한다. 서로의 가치를 존중하는 양성 평등사상의 정립이 그 어느 때보다 절실하다.

모든 범죄의 특징은 개인, 가정, 사회의 문제가 중첩적으로 얽혀 발생하나, 청소년 범죄는 대부분 가정과 사회의 문제가 근본 원인이다. 결손 가정에 대한 사회의 방치가 소년 범죄를 키운다. 사회 양극화와 이혼율 증가로 가정이 해체되고 있다. 더욱이 입시 위주의 경쟁 체제에서 낙오자로 전락한 이들을 따뜻하게 맞이하는 것은 술, 담배, 성(性) 등 자극적인 것들이다. 특히 청소년 시절은 성적 호기심이 왕성할 때다. 무분별하게 접촉하는 음란물은 청소년의 성의식을 왜곡시키며 모방 범죄를 유도한다.

가정, 학교, 사회로부터 편안하게 쉴 수 있는 보금자리를 제공 받지 못한 청소년들은 기성세대 전체에 대한 불만으로 가득하다. 청소년 성폭행 사건은 '10대의 위기' 다. 몇 년 사이에 중학생, 심지어 초등학생이 저지르는 범죄 건수가 많아졌다. 범죄 유형도 단순 절도와 폭력을 넘어선, 강간과 강도 등 중대한 범죄까지 저지른다. 타인에게만 잔혹한 것이 아니라 자신에게도 화살을 겨누어 소중한 생명을 버리기도 한다. 총체적 사회병리현상으로 청소년들은 위기의 살얼음판을 건너고 있다.

청소년 성폭행 범죄의 가해자로 중학생 및 초등학생이 많이 등장하면서 소년법을 개정하자는 움직임이 탄력을 받고 있다. 특히 12세 이상과 14세 미만의 비행 소년인 '촉법소년' 은 형사책임무능력자로 인정되어 처벌이 거의 이루어지지 않기 때문이다. 그동안 자기결정능력이 부족한 이들을 처벌보다 보호와 예방의 차원으로 선도하자는 논리가 지배적이었다. 심각해지는 청소년 범죄 피해자들의 인권이 제대로 보장받지 못하는 상황이 소년법 개정을 외치고 있다. 이 문제를 해결하기 위한 논의로 더 나아가 『윤리』교과서에서 배우는 인격과 자유의지, 그리고 책임에 대한 구체적인 학습이 필요하다.

며칠 전, 벌건 대낮에 그것도 학교수업이 끝나지 않은 학교 안에서 이뤄진 성폭행 뉴스를 보면서 도무지 가슴이 떨리고 화가 나 더 이상 볼 수 없었다.

영국의 학교는 교정이 비좁아 행동이 부산한 아이들이 언제든 다칠 수 있는 환경이었는데 아이들은 별 사고 없이 재미있게 운동장에서 뛰놀 수 있다. 학부모 자원봉사자들이 교정 곳곳에서 학생들을 보호하고 있었기 때문인데, 우리도 학부모 자원봉사를 토대로 한 '학부모 가드 봉사제' 를 활성화시키면 효과가 있지 않을까 싶다.

성교육의 현실화도 필요하다. 인터넷을 통해 '야동' 에 접하지 않은 청소년이 과연 몇이나 될까 의심이 들 정도로 이제 보편화되었다. 아이들은 여러 매체를 통해 이미 알 만한 것은 다 아는 수준인데, 학교에선 생리적 차원에서 점잖은 성교육만 하고 있다. 이번 사건에서 가해 학생들은 자신들이 무슨 일을 했는지, 얼마나 나쁜 짓을 저질렀는지 모른다고 했다. 이것이 우리 성교육의 현주소를 말해주고 있다.

학교 성교육에는 성폭력 예방을 위한 교육이 필수적이어야 한다. 피해 학생과 가해 학생을 모두 교육함으로써 성폭력으로부터 자신을 지키도록 하고 성폭력이 얼마나 나쁜 범죄인지를 구체적으로 일깨워줘야 한다. 아울러 위험에 처했을 때 자기의 의견을 큰 소리로 외치며 도움을 요청하게 하는 원초적인 성교육도 필요하다. 이미 상황이 끝난 후 어떻게 대처해야 하는지도 **빼놓아서는** 안 된다.

이번 사건으로 피해 학생들이 자기 자신 안으로 꼭꼭 숨어들어가지나 않을까 걱정이 앞선다. 피해 여학생이 부디 상처를 극복하여 이번 일로부터 자유로워질 수 있도록 철저한 심리 치료가 이루어지길 바란다. 개나리, 진달래가 만발하는 이 봄날에 친구들과 환하게 웃는 모습을 되찾아야 한다.

9. 전국 최고의 청소년 음주·흡연율

취하게 만드는 요소는 술 속의 에틸알코올이므로, 성분으로는 알코올 함량의 최저한도로써 다른 음료와 구별한다. 그 양은 0.5~1 %로서 나라에 따라 다르지만, 한국의 주세법상으로는 알코올분 1도 이상의 음료를 말한다.

술의 기원[18]은 심산(深山)의 원숭이가 빚은 술이 곧잘 예화로 등장한다. 나뭇가지가 갈라진 곳이나 바위가 움푹 팬 곳에 저장해 둔 과실이 우발적으로 발효한 것을 먹어 본 결과 맛이 좋았으므로 의식적으로 만들었을 것이라는 설이다. 과실이나 벌꿀과 같은 당분을 함유하는 액체는 공기 중에서 효모가 들어가 자연적으로 발효하여 알코올을 함유하는 액체가 된다.

인류의 발달사의 측면에서 보면, 수렵시대에는 과실주가 만들어지고 유목시대에는 가축의 젖으로 젖술[乳酒]이 만들어졌으며, 농경시대부터 곡류를 원료로 한 곡주가 빚어지기 시작하였을 것이다. 따라서 포도주와 같은 과실주는 인류의 역사와 더불어 오래 전부터 있었을 것이다. 청주나 맥주와 같은 녹말질인 곡류의 양조주

---

18) 한국의 술의 역사는 정확하게 추정하기가 어렵고, 어떤 방법으로 술이 처음 제조되었는지 그 기원을 파악하지 못하고 있다. 다만 한국의 문화가 중국의 문화권에서 파생 전래되어 왔음을 상기하고, 술의 유래도 중국에서 연유한 것으로 추측하고 있다. 특히 고구려의 역사가 중국과의 투쟁사로 이루어지므로 그 가운데에서 술에 대한 이야기와 양조법이 전래된 것으로 보고 있다. 그러나 최초로 한국 역사에 술에 관한 이야기가 기록된 것은 《고삼국사기(古三國史記)》로서, 고구려를 세운 주몽(동명왕)의 건국담 중에 술에 대한 이야기가 나온다. 즉, 천제(天帝)의 아들 해모수가 능신연못가에서 하백의 세 자매를 취하려 할 때 미리 술을 마련해 놓고 먹어서 취하게 한 다음, 수궁으로 들어가지 못하게 하고 세 처녀 중에서 큰딸 유화(柳花)와 인연을 맺어 주몽을 낳았다는 설이 있고 보면, 물론 이것은 설화(說話)에 속하는 것이지만 한국의 술의 내력도 오래 되었다는 것을 짐작할 수 있다.

는 정착농경이 시작되어 녹말을 당화시키는 기법이 개발된 후에 만들어졌다고 생각된다.

음주·흡연이 사회에 미치는 악영향은 재론할 여지가 없다. 그러나 최근 국가청소년위원회가 공개한 '2006년 청소년유해환경접촉 종합 실태조사' 자료는 청소년들의 음주·흡연이 얼마나 심각한 수준인지 알게 한다. 조사 대상 청소년의 47.6%가 음주 경험이 있었으며 매년 10%씩 증가하는 것으로 나타났다. 흡연율 역시 14.9%에 이르러 청소년 10명 가운데 5명은 술을 마시고 1명 이상이 담배를 핀다는 것이다.

특히 주목되는 것은 도내 청소년들의 음주·흡연율이 전국 최고였다는 점이다. 술은 56.9%가 마셨고 담배는 전국 평균치의 두 배인 29.1%에 달했다. 자랑스럽지 못한 조사 통계에서 전국 1위를 차지해 부끄러움이 앞선다. 이들은 동네 슈퍼와 편의점, 가정 등에서 술과 담배를 구했다고 한다.

청소년을 대상으로 술이나 담배 등을 판매한 청소년 유해업소 단속에 대거 적발됐다. 특별사법경찰단은 개학기를 맞아 1일부터 5일까지 청소년 유해업소 372개소를 단속한 결과, 청소년보호법 위반업소 21개소를 적발했다고 14일 밝혔다.

위반내용은, 담배 판매 10개소, 술과 담배 판매 1개소, 일반음식점에서 술 판매 1개소, 청소년 출입·고용금지업소 위반 3개소, 청소년 출입·고용 제한 미표시 등 기타 6개소다.

주요 적발사례를 보면, 00시 A일반음식점에서는 신분증을 확인하지 않고 청소년에게 소주와 안주 등을 판매하다, B편의점에서는 신분증 확인 없이 전자담배를 판매하다 적발됐다. C DVD방은 청소년 출입 금지업소인데도 청소년 2명을 신분증 확인 없이 출입시키다 단속에 걸렸다. 특사경은 이들 21개 업소를 형사입건하고, 해당 시·군에 영업정지 등 행정처분을 의뢰할 예정이다.

이번 단속은 학교, 경찰서, 청소년유해환경감시단, 청소년상담복지센터 등으로부터 사전 정보를 얻은 뒤 기획단속으로 진행돼 상반기(1건) 보다 많은 청소년유해업소를 적발했다.

특사경은 또 도내 8개 경찰서 소속 경찰 30명과 합동단속을 실시해 술을 판매한 노래방 등 음악산업진흥에관한법률 위반업소 4개소도 추가 적발했다.

청소년기 음주·흡연은 여러 면에서 부적절하다. 신체적인 발달과 함께 정서적 사회적으로 인격 형성이 되는 시기이기 때문이다. 이때의 음주와 흡연은 쉽게 중독되고 치명적일 수도 있으며 심각한 정신질환으로 이어지기도 한다. 또한 또래

끼리의 음주는 폭력 등으로 이어지기는 쉬우나 올바른 음주 예절 등을 배우기는 어렵다. 그러나 최근 우리 사회가 청소년들이 음주·흡연에 노출되기 쉬운 상황으로 바뀌고 있어 문제다. 맞벌이 가정이 늘면서 지도가 소홀해 진데다 성적과 진학문제 등 학업 스트레스를 음주와 흡연으로 해소하려 하고 있다.

청소년에게 술은 여러 형태의 폭력행동을 유발하는 위험요인으로 잘 알려져 있고, 특히 공격성이 높은 청소년들이 술을 비롯한 항정신성 약물을 사용하는 것은 더욱 위험한 학교폭력의 잠재요인이 될 수 있다

청소년들의 음주·흡연은 우리나라뿐 아니라 세계적인 사회 문제다. 특히 술에 관대한 우리나라에서의 청소년 음주는 위험한 수준으로 치닫고 있다. 가정과 학교에서 술과 담배에 대한 체계적인 예방 교육을 해야 한다. 전국 최고의 음주·흡연율을 나타낸 도내 청소년들에 대한 책임은 가정과 학교, 사회 모두에게 있다.

10. 학교가 '폭력산실' 되어서는 안 된다

학교폭력이 심각하다. 도저히 있을 수 없는 일이다. 최근 발생한 학교 폭력사태는 도저히 일어나서는 안 되는 일이었다. 중·고등학교 학생들의 교사폭행이 어디 단순한 시정잡배들의 폭행인가?

우리가 그토록 목놓아 기대하던 교육정상화에 찬물을 들이붓는 상황이 터졌는데 속이 안 뒤집어지겠는가? 부모들이 교육청과 학교를 믿고 바람직한 사회 구성원으로 자라도록 교육시켜달라고 맡긴 학교에서 연이어 이런 어처구니없는 일이 발생하는 것에 실로 통탄한다.

수업 중에 학생이 휴대전화를 사용하는 것도 상식에 어긋나고, 학우를 괴롭히는 여교사를 훈계하는 중학생이 폭행하는 사태도 있을 수도 없고, 상담지도 교사의 역할이 무의미할 정도로 학교 환경이 폭력으로 변했다면 이는 심각한 사회적 문제로 확대될 것이다.

교복 절도 학생을 제대로 훈육하지 않으면 학교가 도벽(盜癖)을 교육시키는 꼴이 될 것이다. 또한 초등학교 6학년 담임 여교사가 아이들의 도벽을 지도한다면서 속옷차림으로 지도했다니 학부모들은 잠시 동안 할 말을 잃었다. 왜 이런 뉴스가 전국에서 연방 터지는지 알다가도 모를 일이다.

현재 교육계는 '학생인권조례법'이 체벌을 빌미로 학교가, 마치 교사들이 학생을 매로 다스려 학생의 인권이 지극히 짓밟히니 이를 방지하는 법을 만들자는

취지이다. 학부모들 대다수가 매를 들어서라도 인간 좀 만들어 달라고 하는데 반하는 것이다.

이번 사태가 학생인권조례에 문제가 있음을 여실히 보여주는 현장이다. 학교는 먼저 인간을 기르는 곳이다. 교육의 교(敎)는 효도 효와 채찍질할 복의 합성어다. 효가 기본인 것이다. 예의범절을 가르치고, 동료애를 기르고, 교사와 어른에 대한 존경심을 은연중에 배우게 되는 곳이다.

그런 교육현장이 무너지고 있다. 언제부터인가? 정성을 가지고 학생을 지도하려는 교사는 사라지고 학교에서 아무 탈 없이 지나가는 무사안일 교사들이 늘어 가는 추세가 되었다. 이는 열심히 가르치면 오히려 탈이 나고, 아이들에게 눈총을 사게 되는 상황이 벌어지니 대충 시간만 때우면 된다는 교사가 늘면서 교사들의 교육에 대한 믿음과 사기가 땅에 떨어진지 오래다.

우선 교원들 자신이 교권(敎權)을 앞세우기 전에 과연 교권수호를 위해 최선을 다했는지 반성해야 한다. 교사들이 학생들에게 존경을 받고 학생들이 교사를 믿고 따랐다면 이런 일이 발생했을까 곰곰이 따져봐야 한다. 교육을 시키라고 사랑의 매를 들어야할 교사가 오히려 폭행당하게 되는 교육현장이 개탄스럽다.

학생인권조례의 문제를 따지기 전에 교육이 무엇인지 되돌아보아야 된다. 이에 교사들 역시도 자신들 스스로 교권을 찾아야 한다. 교권은 기자회견하고 목소리 낸다고 되는 일이던가? 교사 스스로 세워야 한다. 처음 교직발령 때의 자세로 돌아가야 한다. 폭력학생에게 당당하게 맞설 자세를 가져주기 바란다. 명분 있는 학생 지도에 전심을 쏟는 교사에게 학부모들은 아낌없는 응원을 보낼 것이다.

이번 사태로 학부모들은 '한심하다. 한심하다' 끼리끼리 속삭이기만 하고 왜 목소리를 내지 않는가? 내 새끼만 공부시켜 일류대학에 들어가기만 하면 되고, 내 아이만 무사하면 된다는 식이 팽배하면 우리는 교육에는 희망이 없다. 학부모들이 이에 대한 관심을 한없이 쏟아야 한다. 열의 갖는 교사를 격려하고, 학교현장을 방문하여 대화하여야 한다.

교육청과 학교경영자는 이런 일이 발생될 소지를 아예 싹부터 없애야 한다. 이번에는 발 빠르게 특단의 조치를 취한다고 한다. 교육청과 학교가 이 문제 해결의 중심에 서야 한다. 좋은 정책은 말없는 다수의 학부모들이 지지하고 있음을 한시라도 잊지 말아야 한다.

우리 사회의 마지막 교두보인 학교가 폭력의 산실이 되어서는 안 된다. 교육 포기는 절대 안 된다. 우리들의 미래가 아이들의 교육에 달려있기 때문이다(김남철, 학교를 사랑하는 학부모 모임).

11. 잘못된 성역할론이 문제

　유치원, 초·중학교에 여교사가 많은 것은 여교사는 어린아이 교육에 적합하고 고학년으로 갈수록 남교사가 적합하다는 왜곡된 성 역할론에 근거한 것이다. 여교사 비율이 아주 적었을 때도 여교사는 주로 초등학교, 그것도 주로 저학년에 몰려 있었다(60대 이상 초등학교 교사의 45.4%가 여교사다). 유치원으로 가면 더하다. 98.3%가 여교사다. 반대로 상급학교로 올라갈수록 남교사 비율이 월등히 높아진다. 인문계 고교의 남교사 비율은 70%가 넘는다. 국공립대학의 여교수는 10%에 불과하다. 간부직은 거의 남교사가 차지하고 있다. 여교장 비율은 9%에 불과하다. 그러므로 초·중학교에서 남교사 수를 확보하는 비법은 할당제가 아니라, 초·중학교 교육에서는 여교사가 적합하다는 그동안의 잘못된 성 역할론을 폐지하는 것이다.

　여교사가 너무 많아 남학생의 인지발달에 문제가 생긴다는 논리 역시 모순이다. 이 논리대로라면 과거 남교사 편중의 학교에서 교육받았던 여학생들은 남성화되어 인지발달에 문제가 생겼어야 하지만 사실은 그렇지 않다. 학교에서 고정된 성 역할만 강조해서 가르친다면 오히려 문제다. 강인함은 남교사만 가르칠 수 있고 섬세함과 부드러움은 꼭 여성이어야만 가르칠 수 있는 것은 아니다. 미국을 비롯한 대부분의 OECD국가들에서도 여교사 비율이 80~95%에 이르고 있지만 그 자체를 문제로 보지는 않는다. 글로벌 시대에는 교사가 여성이냐, 남성이냐가 중요한 것이 아니다. 교사는 나와 성이 다르다고 차별하지 않고, 나와 다른 다양한 인간을 이해하고 수용하며 더불어 살 수 있도록 돕는 이가 되어야 한다. 교육청은 교사 개개인이 가진 다양하고 창의적인 꿈과 특성들을 개발하고 성숙하고 열린 마음을 키워줄 수 있는 정책을 우선적으로 개발해야 할 것이다.

　높은 여교사 비율은 오래전부터 문제가 되어, 교대에서는 이미 입학생의 25~40%를 남학생으로 선발하는 특혜 조치를 취해 왔다. 그러나 이 할당비율도 채우지 못하는 경우가 많고, 남자 졸업생의 교사 임용시험 응시율도 낮다. 합격률은 더욱 낮아 교대의 성 할당제는 초등학교 남교사 수를 늘리는 데 큰 효과를 내지 못했다는 평가를 받고 있다.

　초등학교 교사직에 남성들이 매력을 덜 느끼는 것은, 초등학교 교사는 남성에게 적합한 직업이 아니라는 우리 사회의 무의식적인 편견도 큰 역할을 하고 있다고 본다. 반대로 비정규직의 70%가 여성이라는 험난한 노동시장에서 여성들에게 교사직은 절체절명의 목표가 될 수 있다. 구직시장이 더 어려워지면 여교사 편중이라는 영화(?)도 잠깐, 다시 남교사 편중의 시대가 될지도 모른다.

　여성단체들도 교직 사회의 불균형적인 성비에 심각한 문제의식을 가지고 있다. 다만 서울시 교육청과 문제에 대한 이해와 해법이 다를 뿐이다. 우리 사회 대부분의 분야는 여전히 남성 일색이다. 그러니 초·중등 교원직과 같은 특정 분야의 여교사가 조금 많다고 해서 염려할 일이 전혀 아니다. 여성이 너무 많아서 남성 할당제를 꼭 해야 할 분야는 따로 있다. 가사노동 분야다. 교장·교감, 대학교수 등 남성이 편중되어 있는 여타 다른 분야의 적극적인 여성 할당제가 이루어진 후 남교사 할당제도 얘기하는 게 순서다.

12. 주5일 수업 '스포츠데이' 성공요건

　대한민국의 주말 모습이 새롭게 변화될 것 같다. 주5일 수업제가 2012년부터 초·중등학교에서 전면 자율 시행되기 때문이다. 여건이 갖춰진 시·도 교육청별 일부 초·중학교에서는 올 2학기부터 시범 운영된다. 더구나 주5일 수업제가 시행되는 학교에서는 토요일을 'sports day'로 지정해 운동 강습과 학생 스포츠클럽 간 리그 전개 등 다양한 체험학습의 기회를 제공하고자 한다. 학생들에게 건전한 여가시간의 운용능력을 함양시킬 수 있는 이러한 교육정책에 대해 체육교육자의 한 사람으로서 환영할 만하다.

　주5일 수업제는 학교에 집중된 교육을 가정과 사회가 함께 분담해 그들의 교육적 역할과 역량을 회복시키자는 것이다. 그것의 중심에는 스스로 학습할 수 있는 능력을 갖춘 학생이 있어야 한다. 우리는 그동안 다른 국가의 시행착오를 바탕으로 나름의 준비를 해 왔다. 두 차례에 걸쳐 교육과정을 개정했으며, 지역·계층 간 교육 불평등을 해소하고자 학교 운영 개선과 체제 개편을 추진해 왔다. 또한 부족하지만 지역사회의 교육 인프라 구축도 꾸준히 전개해 오고 있다. 따라서 다양한 관점을 지닌 사회구성원 모두가 만족스러워 할 정책 추진이 어디있겠는가마는 이 시점에서 정부의 교육정책 실무진이 공평성과 효율성의 균형을 위해 노력해왔을 것이다.

　지식기반사회에서의 핵심역량은 지식의 재생능력이 아니라 지식의 창출능력이다. 따라서 우리는 지식암기 위주의 학력에서 창의력과 문제해결 능력 중심의 역량으로 학력의 개념을 재정립하고 있다. 그러나 이는 교육의 방향성이 아니라 실천의 문제에 당면하고 있다. 주5일 수업제의 출구전략으로 선정(?)된 'sports day'가 인적·물적 지원을 통해 연착륙(soft landing)하기 위해서는 몇 가지 문제점에 대한 해법을 고민해 봐야 한다.

첫째 획일적인 입시 위주의 교육과 서열 중심의 학교평가라는 구조적 문제이다. 이는 정부 주도의 제도 개선과 함께 스포츠 활동을 통한 교육적 가치실현이라는 적극적인 홍보활동이 필요하다.

둘째 복합 문화공간으로서 학교시설 구축의 문제이다. 'sports day'를 가족과 함께 참여할 수 있는 교육 인프라 확충을 균형 있게 추진해야 할 것이다.

셋째 레드 오션(red ocean)을 블루오션(blue ocean)화 할 수 있는 소프트웨어적 문제이다. 왜냐하면 주말을 놓고 여행과 레저산업, 외식과 공연 산업, 학원가의 주말반 등과 함께 교육적 목적성을 부여하는 수요자의 선택을 기다려야 하기 때문이다. 즉 제도적 울타리와 상대적으로 저렴한 비용부담이 매력적인 유인책은 될 수 없다는 것이다. 자칫하면 사회계층간 교육적 불평등을 더욱 심화시킬 수 있는 발화점이 될 수 있는 것이다. 어쩔 수 없는 선택이 아니라, 당당한 선택이 될 수 있도록 'sports day'가 갖는 아젠다(agenda)와 이니셔티브(initiative)를 갖추어야 한다. 단순한 운동기능 습득이나 몇몇 특정 종목의 경기 리그 전개라는 형식적 틀에서 벗어나 차별화된 교육적 가치를 창출할 수 있는 문화로 승화시켜야 할 것이다(홍석호, 성결대 교수).

13. 교육의 필요성이란 명분으로 체벌이 가능한가

교육의 필요성으로 폭력을 하는 것은 교육적 용어로는 체벌이라고 표현하는 데 이때의 체벌의 개념은 훈육의 한 방법으로 특정의 행동을 중단하도록 하기 위해 신체적 고통을 사하는 것이라 정의되고 있다.

우리나라는 예로부터 서당과 같은 교육기관에서 훈육과정으로 회초리가 사용되었으며, 여기서 체벌은 사용하는 정도와 방법에 따라 사랑의 매라 생각되면 훈육이 될 고 있소 훈육이 아니라고 생각되면 될 수도 있는 상대적 개념이다.

교육 내지는 가르친다는 이름으로 행하여지는 벌의 하위 개념인 교육을 위한 벌의 일종인 체벌은 질서 유지를 위한 규율을 위반했을 때, 또는 학업을 게을리 했을 때 등 교육의 장에서 교육목적을 달성하기 위한 수단으로 사용되는 제재로서 신체에 직접적으로 고통을 주는 행위의 일종이라고 볼 수 있다. 이렇게 일반적으로 체벌의 개념 내에서 폭력은 주로 육체적인 것으로 한정하지만 정신적인 것과 언어적으로 폭언과 폭설을 퍼붓는 것도 폭력에 해당된다.

폭력을 당하는 선수 입장에서는 신체적으로나 심리적으로 폭력을 당했을 때 선수가 자기의 잘못을 지각하고 폭력이 사랑의 매로 인식되었을 때에는 폭력에 대한 긍정적 반응이 나타날 수 있으나, 자기의 잘못을 인정하지 못해 피해 의식이 형성 될 경우 나쁜 감정으로 발동되어 지도자에 대한 거부와 증오로 감정의 격돌 현상이 초래될 수 있다.

스포츠 현장에서 폭력으로 인한 탈진은 선수들의 경기력 향상과 선수로서 지속 성에 많은 영향을 미친다. 폭력으로 인하여 나타나는 운동 탈진의 결과는 신체 적·정서적 탈진, 스포츠에 대한 가치의 감소 및 타인과의 관계에 대한 부정적인 태도를 나타내는 비인격화로도 나타나고 결국 운동 성취 결여로 나타나는 증상을 보이고, 스트레스는 심해지고, 나중에는 만성적인 스트레스로 발전하여 결국 탈진 으로 발전하게 된다.

폭력은 주로 운동선수들에게 인성 지도 과정 차원이나 운동의 동기 유발과 경기 력을 분발 촉구하거나, 바람직하지 않는 행동을 제거하거나 억제하는 수단으로 폭 력과 체벌을 사용하여 왔다. 결국 이것으로 인한 탈진은 정서적으로 고갈이 되어 불안 및 우울하게 되거나, 반사회적인 고갈이 되어 불안 및 우울하게 되거나, 반사 회적인 성격장애로서 히스테리성, 편집성, 의존성, 성격장애 등의 비인격화로 원대 한 포부와 꿈을 가지고 운동선수로서 전념해 온 개인에게는 꿈도 펼치지도 못하고 불행하게도 폭력으로 인한 탈진이 개인의 성취도를 이루지 못하고 운동을 포기하 게 된다.

탈진은 지나친 폭력 및 훈련에서 그리고 경기결과가 부정적인 결과로 나타나고, 결국 폭력으로 인한 탈진이 심리적, 정서적, 생리적으로 고갈된 상태로 나나난다. 결국 운동에 대한 스트레스와 환멸로 운동을 회피하거나 도피로 나타나기도 하고 이것이 일상생활에로 이어져 만성적인 스트레스가 나타나 정상적인 생활에 어려움 으로 나타나게 된다.

그럼에도 불구하고 운동부 집단 구성원들은 폭력을 통해 운동선수의 정신력을 강화할 수 있고 규율을 엄수하도록 하며 투지력을 증진하고 그리고 기량 및 기록 을 향상시키고 정신 집중을 통해 부상과 사고를 예방할 수 있다고 믿고 그리고 때 로는 지도자의 권위를 보존하기 위해서도 폭력이 존재해야 한다고 믿고 있다.

문화체육관광부가 추진하고 있는 체육지도자 사업에서 연수 프로그램 내에 민주 주의 사회에서의 인권에 대한 소양 교육의 과목이 권장되어야 한다. 체육의 전문 성에만 초점이 맞추어져 있는 체육지도자 육성 프로그램에서 일반상식과 타 분야 에 대한 최소한의 융합 지식도 교육될 수 있는 커리큘럼이 제공되어야 한다.

또한 선수폭력 예방의 온라인 교육 프로그램도 오프라인 교육과 함께 병행하고 교육 참가 지도자들에게 일정의 혜택을 주는 방안도 강구하면 좀 더 많은 지도자들이 참가하게 될 것이다.

14. 운동선수 구타 이대로 방치할 것인가

현재 세계 각국은 스포츠 경쟁력을 통한 국가 이미지의 발전적 제고와 이를 기반으로 하는 총체적 대외 경쟁력 향상을 목적으로 스포츠를 국가의 주요한 시책으로 추진하고 있다. 일반적으로 스포츠 강국이 국제 무대에서 선도적인 역할을 수행하고 있는 현실을 고려해 본다면 차후 세계 각국의 스포츠 경쟁력 강화 노력은 더욱 심화될 것으로 예측되고 있다.

스포츠경쟁력을 통한 국가 역량의 강화를 도모하는 냉엄한 국제 현실에도 불구하고 한국 스포츠는 밴쿠버 동계올림픽에 종합 5위, 베이징 하계올림픽에 종합 7위를 거두는 등 국제경기에서 꾸준히 우수한 성적을 거둠으로써 전 세계적으로 대한민국의 위상을 높이는 데 크게 기여하고 있다. 이러한 결과는 국내의 열악한 스포츠 환경에도 불구하고 운동선수 및 지도자를 포함한 스포츠계의 헌신적인 노력이 일구어낸 성과라고 할 수 있다.

하지만 이러한 외형적인 성장에 치중한 나머지, 승리지상주의의 엘리트체육 문화로 인해 파생된 스포츠의 내재적 문제점에 대해서는 상대적으로 정책이 관심이 미흡하였던 것도 부인할 수 없는 사실이다. 이러한 엘리트체육의 구조적 문제점들은 시간이 지남에 따라 일종의 학습 효과를 재생산하며 점차 고착화되어 가는 현상을 보이고 있다.

그동안 엘리트체육 중심의 패러다임으로 인해 체육계의 연구 및 자정 노력이 미흡하였다. 특히 엘리트스포츠의 근간이라고 할 수 있는 학원스포츠 현장에서 발생하는 학생 운동선수의 수업 결손, 학교 성적 조작, 폭력 등의 각종 문제점 개선에 대한 사회적 합의가 이루어졌음에도 불구하고 입상 위주의 운동부 문화와 국제대회 경기력 약화에 대한 막연한 불안감으로 인해 암묵적인 방관이 이루어진 것도 현실이다.

최근 수십 년 동안 누적된 엘리트스포츠 시스템의 각종 문제점들로 인하여 발생한 학교 운동부 문화 전반에 대한 정상화 및 개선의 목소리가 사회 전반에 두드러지고 있는 가운데 특히 운동선수의 인권문제가 최근 가장 주요한 쟁점으로 대두되고 있다. 운동선수의 폭력 문제는 그동안 각종 언론 매체를 통하여 지속적으로 지적되어 왔으며, 승리지상주의를 동반한 경기력 향상과 규율 및 훈육의 차원에서 암묵적으로 조장되어 한국의 독특한 운동부 문화의 한 부분으로 비판받고 있다. 이러한 비판의 기저에는 현재 국내 엘리트스포츠가 지니고 있는 문제점들이 사회적 환경이 급격히 변화함에 따라 국제 스포츠 경쟁력의 저해 요인으로 인지되고 있다. 이러한 저해 요인들에 대한 개선 노력 없이는 스포츠의 지속가능한 발전 또한 이룩하기 힘들다는 보편적인 인식에 기초한다.

그동안 선수 폭력의 심각성에 대한 사회적 공감대가 형성됨에 따라 이에 대한 체육단체 차원의 조사와 다각적인 정책적 노력 또한 꾸준히 전개되어 왔다. 국회에서는 2007년 '학원체육정상화를 위한 촉구 결의안'이 통과되었고, 2008년부터 교육과학기술부와 문화체육관광부는 학교운동부 정상화를 위한 공동의 정책적 노력을 전개해 왔다.

또한 2007년 국가인권위원회는 '학생 선수 인권 보호 및 증진을 위한 정책'을 권고하였다. 문화체육관광부는 2009년 6월 '학교체육 운영 개선 방안'을 발표하면서 폭력 가해 지도자를 영구 제명하도록 촉구하기도 하였다. 하지만 이러한 정책 및 개선에 관한 노력에도 불구하고 국가대표 배구 코치의 선수 폭행 등 크고 작은 선수 폭력 문제가 근절되지 않고 있는 실정이다.

운동선수 구타는 선수 개인만의 문제가 아니라 학교, 가정, 지역사회, 정부 등 여러 가지 요소가 결합되어 나타나는 복합적인 문제이다. 특히 사회의 암묵적 동의 아래 경험한 폭력은 폐쇄성이 더욱 강하다는 점에서 운동부 내에서의 폭력 또한 왜곡 현상이 나타날 가능성이 크다. 따라서 구타 예방을 위해서는 그동안 지향되어 온 단편적인 시각에서 탈피하여 운동부 주체들을 모두 포괄할 수 있는 다각적인 방법을 동원한 대책 수립이 모색되어야 할 것이다.

15. 학교폭력 숨기는 게 능사인가, 교원이 나서자

학교폭력, 집단따돌림과 괴롭힘, 왜곡된 청소년의 성문화 등이 사회적 문제로 등장해 있다.

도내 학교폭력 실태가 속속 드러나고 있다. 교육당국과 경찰은 일진회 실태가 대대적으로 언론에 보고된 이후 '강원도에는 없다'는 입장을 밝혔지만 지난 12일 영동지역의 한 중학교는 자체 조사를 벌여 의자매를 맺은 여학생 20명을 적발해 훈계한 것으로 알려졌다. 일부 중학교에서는 학생이 돈을 빼앗기는 일이 발생하기도 했다. 4개월 동안 수십여 차례에 걸쳐 220여만 원의 금품을 빼앗겼다는 보도는 우리를 참담하게 한다.

학교폭력은 어제 오늘의 일이 아니지만 날이 갈수록 정도가 심해지고 있는 양상이어서 우려된다. 학교폭력에 따른 큰 사건이 터질 때마다 근절대책과 각종 지침들이 발표되지만 일과성 행사에 그칠 뿐 실효를 거두지 못하고 있다. 오히려 학교폭력이 졸업 후 상급학교로 이어지고 있어 우리 사회 전체가 풀어나가야 할 발등이 불이 아닐 수 없다.

그간 우리 사회는 학교를 중심으로 학교폭력과 집단따돌림, 청소년들의 왜곡된 성문화에 대한 인식과 원인 진단, 그 예방과 대책 등에 대하여 충분히 논의했을 뿐만 아니라 방향이 잡혔다고 본다.

이러한 현상은 실체이며, 당방 실효성 있는 예방프로그램 개발과 운영 및 적극적인 대책이 필요하다는 점에 국민적 공감대가 형성되었다고 판단한다. 지금은 사변적인 논의가 아니라 실천해야 할 때다.

우리는 이러한 학교문화의 왜곡현상을 가벼이 볼 일이 아니며, 공교육의 정상화를 가로막고 있는 인적 물적 환경 요소가 혼재되어 문제가 발생하고 있다는 점, 어느 한 집단의 노력이 아닌 가정·학교·당국·관련 사회기관 등의 네트워킹 체제를 통한 예방과 대책이 중요하다는 점 등을 강조했다.

또 대통령 공약대로 교육재정을 확충하여 학교와 교사가 정작 교육과 학생지도에 충실할 수 있도록 학교교육의 체질을 개선하고 법적 교원정원을 확보해야 도덕성과 인성교육을 위한 특성화 교육프로그램에 과감한 인적 물적 자원의 투자가 시급하다는 점을 기회 있을 때마다 주장해 왔다.

그러면서도 우리는 일관되게 그 일차적인 책임이 학교와 교사에게 있음도 지적해 왔다. 학교와 교사는 국가와 학부모로부터 청소년과 자식을 훌륭한 사람으로 교육시켜 달라고 위임받은 존재이다. 그 위임을 충실하게 할 것이라는 믿음 대문에 사회는 교사를 존경하고 존중한다. 이 일을 계기로 다시 한 번 그 위임받은 책임을 다하고 있는지 스스로를 성찰해 볼 일이다. 교육은 모든 조건이 충족될 때까지 기다릴 수 있는 일이 아니다.

교육당국은 사정이 이런데도 학교폭력에 대해 쉬쉬하고 있다. 사건이 알려지면 학교 명예에 손상이 가고 학교장이나 교사들의 인사상 불이익이 두려워서이다. 그래서 가해 학생은 정상적인 학교생활을 할 수 없는 모순이 빚어지고 있다. 피해 학생과 학부모들도 사건을 알리면 문제가 해결되기 보다는 오히려 보복을 당한다며 신고조차 꺼리고 있어 학교폭력을 늘어만 가고 있다.

학교폭력의 일차적 책임은 학교에 있다는 점에서 교육당국은 학교 내 폭력에 대해 근본적인 대책을 마련해야 한다. 늘 언급되는 놀이문화의 부재, 대입 위주의 교육, 왜곡된 성인문화 등이 원인일 것이라 가정하지 말고 체계적인 연구를 통해 근본원인을 밝혀내고 그 분석에 근거해 처방을 내릴 대 안심하고 다닐 수 있는 학교가 만들어진다.

16. 학교폭력 해소를 위한 체육프로그램 개발 절실하다

지금 학교현장에서 가장 큰 화두는 '학교폭력'이다. 2012년 교육과학기술부와 한국교육개발원의 전수 조사 자료에 따르면, 학교폭력 피해 학생은 12.3%로 나타났으며, 폭력서클이 존재하는 학교도 82%로 나타났다. 즉, 10명 중 1~2명은 학교폭력 피해 학생이며, 10개 학교 중 8~9개 학교는 폭력서클이 존재한다는 사실이다. 물론 학교폭력이 어제 오늘의 얘기는 아니다. 문제는 학교폭력의 유형이 다양화되고 있고, 발생하는 연령대도 낮아지고 있다는 점이다.

실제로 청소년 사이에는 '빵셔틀'과 '계급짱', 그리고 '찐따'와 같은 신조어가 만연하고 있으며, 온라인상에서 싸움을 전수하는 '파이터클럽', '맞짱카페' 등도 운영되고 있다. 더욱 큰 문제는 이러한 '행태(行態)'에 동참하고 있는 학생들의 대부분이 청소년이라는 점이다. 학교폭력 가해자가 성인 범죄를 일으킬 개연성이 높고, 피해자는 장기적인 정신적 스트레스에서 자유롭지 못한다는 점에서 볼 때, 우리 청소년들을 더 이상 학교폭력의 가해자 혹은 피해자로 양산해서는 안 될 것이다.

그동안 학교폭력을 해소하기 위해 학교폭력 신고전화 117, 스쿨폴리스제도, 상담실 운영 및 상담교사 배치 등 다양한 노력이 진행되어 왔다. 이러한 제도적 뒷받침에도 불구하고, 학교폭력의 양상은 좀처럼 기세가 꺾이지 않고 있다. 그 이유 중 하나는 학교폭력의 원인을 '실재(reality)'보다는 '외양(appearances)'에서 찾고 있기 때문이다. '외양'이 '표면'으로 들어나는 현상이라면, '실재'는 '본질'에 속하는 것이다. 전자가 학교폭력에 대한 '증상적(症狀的)' 문제에 접근을 한다면, 후자는 학교폭력 이면에 있는 '근본적(根本的)' 문제에 접근한다. 따라서 학교폭력을 해소하기 위해서는 '증상적(症狀的)' 문제뿐만 아니라 '근본적(根本的)' 문제를 해소하기 위해 노력해야 할 것이다.

그렇다면, 학교폭력의 '근본적(根本的)' 문제를 해소하기 위해서는 어떠한 노력이 필요한가? 여러 가지 접근이 가능하겠지만, 학교폭력은 교육적 차원에서 이해되고, 해석될 필요가 있다. 그 이유는 현재 발생되고 있는 유무형의 학교폭력 역시 교육의 부정적 결과물로 해석될 수 있기 때문이다. 실제로 다양한 노력에도 불구하고 학교폭력이 해소되고 있지 않는 이유는 학교폭력의 잠재적 대상자가 되는 학생들에게 내적 성찰의 기회가 제공되고 있지 않기 때문이다. 학교폭력은 학생 인성 부재에서 비롯된 문제이기에 학생들의 인성을 함양시키기 위한 교육 기회의 제공은 이제 '선택'의 문제가 아닌 '필수'의 문제인 것이다.

이러한 사회문화적 분위기 속에서 한국사회는 체육의 가치를 긍정적으로 재(해석)하고 있다. 그동안 체육은 정신활동과 대치되는 개념으로 사용되었다. 하지만 최근에는 인간의 긍정적인 인격을 형성하는 데 필요한 도구로 인정받으며, 그 중요성이 부각되고 있다. 다시 말해, 신체활동을 매개로 이루어지는 체육이 교육 구조 내에서 학생들의 인성 함양을 위해 중요한 역할을 할 수 있다고 보는 것이다.

최근 도입된 교육과학기술부(2012년)의 '학교폭력 종합대책'도 이를 방증하고 있는데, 이 정책으로 모든 중학생은 '학교스포츠클럽'을 주당 1~2시간 필수로 이수하고, 1개 이상의 스포츠클럽에 가입하며, 중학교 체육수업은 주당 2~3시간에서 주당 4시간으로 확대되었다.

학교폭력은 가정과 학교, 그리고 사회의 공조가 필요하기 때문에 학교에서 뿐만 아니라 여가활동 장소에서 활용될 수 있는 체계적이고, 구조화된 프로그램 개발이 절실하다. 이를 위한 과제로서 첫 번째는 '학교폭력 해소를 위한 체육프로그램의 목표는 무엇인가'이고 두 번째는 '학교폭력 해소를 위한 체육프로그램의 내용은 무엇인가'이다.

우리는 이러한 과제를 해결함으로써 학생들의 학교폭력을 해소할 수 있는 미시적인 실천 도구를 제공할 수 있을 뿐만 아니라 학생에게 스포츠의 긍정적인 가치를 체득할 수 있도록 도움을 줄 수 있을 것이다.

17. 운동선수의 성희롱 및 성폭력에 대한 주관적 인식 체계를 어떻게

스포츠 분야에서 운동선수들은 체육활동의 특성상 일반적인 상화에 비해 신체적인 접촉이 빈번한 상황에 많이 노출되고 있다. 특히 우리나라의 스포츠 환경에서는 훈련 시 남녀 간의 신체접촉이나 이를 매개로 하는 지도 행위가 일상적으로 이루어지고 있으며, 나아가 부모의 곁에서 떠나 합숙이나 전지훈련 등이 일반화되어 지도자와 선수가 함께 생활하는 시간이 많은 것으로 보고되고 있다. 이러한 환경은 상당수의 여성 운동선수들이 성희롱 및 성폭력을 경험케 하는 주요 요인으로 작용하며 특히, 지도자의 성희롱은 이미 사회문제화 되었다고 할 수 있다.

2008년 11월 19일 국가인권위원회는 '운동선수의 인권상황 실태조사' 결과로 청소년 운동선수의 63.8%가 성폭력 경험이 있음을 보고하였다. 유형별로는 언어적 성희롱 58.3%, 강제추행 25.4%, 심지어는 강간 및 강제적 성관계 요구 사례도 1%~1.5%에 이르며, 동성 친구 및 선후배간의 성폭력 문제도 매우 심각한 것으로 나타났다. 또 다른 연구에 따르면 서울 시내 고등학교 여자 운동선수 중 약 34.4%가 성희롱을 경험하였고, 이들이 겪은 성희롱 유형 중 신체적 성희롱(45.7%)이 가장 높은 수치를 보였다.

이들 피해 선수들은 운동 참가 회피 행동과 심리적 불안정감을 보였으며, 피해 경험을 친구 혹은 타인에게 알리지 못하는 소극적인 대처를 하는 것으로 나타났다. 더불어 운동부에서 나타나는 성폭력 가해자의 범위가 운동 지도자 및 동성의 동료 선수까지 광범위해진 것으로 나타났다. 이렇게 한국 사회 전반에 걸쳐 다양한 집단을 대상으로 성폭력 실태를 조사하고 그 문제 해결을 위해 많은 논의가 시도되어 왔으나 운동부라는 특수 집단 내에서 발생하고 있는 성폭력에 대해서는 실태조사 마저 미흡한 실정이다.

성희롱에 대한 국내의 주요 연구 중 1989년 심영희가 성폭력과 구별되는 '성적 희롱'이라는 용어를 처음 제시하였고, 1993년 1월 '서울대 조교 성희롱 사건'이 민사소송으로 제기되면서 교육학, 여성학, 그리고 사회학 영역에서 다양한 우형의 성희롱 관련 연구가 수행되어 왔다.

그동안 미흡하였던 국내의 스포츠와 관련된 연구는 외국 학자들이 개발한 성희롱 질문지를 한국어로 번역하여 한국 상황에 적용될 수 있는지 검토하였으며, 이를 바탕으로 일반 학생과 운동선수들이 일반적인 상황과 스포츠 상황에서의 성희롱을 어떻게 달리 인식하고 있는지를 살펴본 바 있다.

최근 성희롱 및 성폭력 방지에 관련된 연구들은 여성 운동선수들의 경험을 바탕으로 한 현황 조사 혹은 성희롱 및 성폭력 예방을 위한 정책 또는 법 고찰 정도에 머물고 있을 정도이다. 스포츠 현장에서의 성희롱 및 성폭력에 대한 운동선수의 수용 유형은 어떻게 분류되며, 이들 각 유형간의 동질적인 특성과 그 함의는 무엇인가를 살펴봐야 한다.

18. 고등학교 운동선수들의 폭력 행위를 이대로 둘 것이다

한 동안 잠잠했던 운동선수들의 폭력이 도 다시 빈발하고 있다. 근자 K체대 체육학부 복싱부 학생들 '쇠파이프' 폭력 선배 고소 사건, 그리고 Y대 유도선수 구타에 따른 사망 사고에 이어 K대학교 아이스하키팀 총감독이 선수들에게 뜨거운 소주를 먹이고 흙바닥에 뿌려놓은 과자부스러기를 입으로 주워 먹게 한 '엽기적인 사건'이 알려져 충격을 주고 있다.

뿐만 아니라 앞선 2007년 9월에는 수영대표팀 코치가 T선수촌에서 합숙 중인 대표선수를 구타하고 폭언을 일삼다가 퇴출됐고, 같은 달 전북 군산의 한 중학교에서는 유도부 코치가 팀을 이탈했다는 이유로 제자에게 야구방망이를 100대 이상 휘두른 사실이 드러난 바 있다.

또한 길거리 농구 스타로 알려져 고등학교에 특기생으로 입학했으나 엄격한 선후배 관계와 신체적 폭력에 견디지 못해 자퇴한 사건과 2004년 11월 쇼트트랙 여자국가대표 선수들의 구타사건이 언론에 보도되면서 운동선수 구타 또는 체벌문제가 또다시 심각한 사회문제로 부각되었다. 이들 사건 외에도 배구단 감독들의 선수구타 사건은 우리나라에서 선수 구타 및 체절 행위가 얼마나 뿌리 깊은 관행이며 광범위 있게 자행되는 지를 단적으로 입증하는 사례라고 할 수 있다.

이와 같은 선수들의 폭력과 관련하여 서울대학교스포츠과학연구소(2005)는 전국 16개 시·도, 초·중·고·대, 대표급 운동선수, 지도자 및 학부모, 국가대표 선수 및 지도자 2,040명을 대상으로 조사한 결과 78%가 구타 경험이 있고, 또 다른(함정혜(1997) 연구는 중·고등학교 운동선수를 대상으로 폭력에 대한 실태를 조사한 결과 약 94%이상 구타에 대한 경험을 가지고 있다고 하였다.

이와 같이 스포츠 현장에서 빈번히 일어나고 있는 폭력 현상들이 사회문제로 대두된 이후, 우리사회에서 폭력현상은 부정적으로 여겨지고 있으며 많은 스포츠 관계자뿐만 아니라 일반인에게도 관심이 대두되고 있다.

현재 우리 사회의 스포츠현장에서의 폭력이 아직도 빈번히 일어나 이슈화되고 있고, 선수들에게 폭력을 가하는 것들이 부정적으로 인식되고 있으면서도 없어지지 않고 있다는 것이 심각한 문제라고 할 수 있다. 특히 고등학교 시기인 청소년기의 운동선수는 아주 민감한 시기에 있기 때문에 감독 코치, 선배, 학부모 등에게 폭력을 당한 경험은 정신 건강 및 정서에 큰 영향을 미쳐 운동수행에 부정적인 영향을 미칠 뿐만 아니라 이는 결국 향후 개인 사생활뿐 만 아니라 사회적으로도 심각한 문제로 이어질 수 있다.

군대에서도 거의 사라진 폭력 악습이 대한체육회에서의 자정운동을 본격적으로 시작했음에도 불구하고 학원 스포츠에서의 폭력이 뿌리 깊게 남아 있는 이유는 무엇인가?

운동부 집단 구성원인 지도자, 선후배, 선수들의 부모님 등이 운동선수들에게 기대하는 교육목적과는 달리 운동선수들에 대한 폭력은 오직 승리를 최우선으로 하는 승리지상주의 때문일 것이다. 그리고 운동부 구성원들이 생각하는 폭력은 짧은 시간 내에 가시적 성과가 나타나기에 효과적이면서 효율성을 함께 지니고 있다는 나름대로 폭력에 대한 인식이 있기 때문일 것이다. 폭력으로 성적을 올리겠다는 것은 시대의 흐름에 뒤떨어진 일이고 구태 의연한 지도법이라는 사실을 알고 있으리라 생각되는 데도 말이다.

하지만 폭력을 통해서 무엇을 얻을 수 있는지는 생각해 봐야 한다. 때론 선수들에게 무엇인가 자극이 필요하고 그 어떤 목적을 위한 다소간의 폭력은 필요할 수도 있다. 그러나 목적도 이유도 없이 폭력을 가한다면 교육을 위한 폭력이 아니라 폭력을 위한 폭력이 될 뿐이다.

따라서 학교운영위원회 내 또는 스포츠클럽 안에 학부모위원, 지역사회위원을 멘토로서 참여시켜 폭력근절을 위한 일반화, 개방화의 장치가 될 수 있을 것이다. 정부나 대한체육회 또는 국민체육진흥공단의 정책적, 재정적 지원을 통해 운동부 육성의 개방성을 확대하는 일은 오늘날 사학운영의 공정성을 위해 개방이사 제도를 도입하는 것처럼 체육지도 형태를 좀 더 개방적으로 운영할 수 있는 묘책이 될 것이다.

주변에 체육동호인 수준을 넘어서서 마니아 수준의 일반인들이 각 종목마다 대거 양산되고 있는데, 이들의 스포츠에 대한 열정을 자연스럽게 운동선수의 멘토로 연결시킨다면 일반인들 속에서 체육인의 이미지를 새롭게 하고 보편적인 일반인 기반 위에서 체육지도자들이 성장할 수 있도록 장치할 매우 효과적인 스포츠정책이 될 것이다.

19. 학교폭력을 심각한 눈으로 봐야 한다

우리나라의 학교폭력은 학생들 사이에서 일상생활의 일부처럼 양적으로 널리 퍼져 있어 심각한 사회문제가 되고 있다. 학교폭력의 심각성은 양적으로 만연되었다는 점도 있지만 질적인 특성을 고려해 볼 때 매우 중대하고 절실하다.

학교폭력은 가정폭력, 사회폭력 등과 많은 유사점이 있다. 비록 물리적인 공간이 핵심적인 개념은 아니지만 학교, 가정, 사회의 특정 지역 등 물리적인 공간이 어느 정도 제한된 공간에서 일어나는 폭력이다. 이러한 학교폭력은 다음과 같은 일반적인 심각성을 드러내고 있다.

가해자와 피해자가 같은 공간에 있는 시간이 많아 피해자는 항상 불안감을 느낄 수밖에 없다. 왜냐하면 언제라도 폭력이 행사될 수 있기 때문이다. 그리고 피해자가 폭력을 미연에 예방할 수 있는 방법이 많지 않다. 일반적인 폭력은 피해자의 주의로 피할 수 있다. 예컨대 늦은 밤에 우범지역을 활보하지 않으면 폭력을 피할 수 있다. 그러나 같은 공간에서 보내는 시간이 많다 보니 피해자가 피하려고 해도 피할 수 없는 경우가 대부분이다.

또한 피해자의 행동에 관계없이 가해자의 의도 혹은 기분에 따라 폭력이 행사되는 경우가 많다. 동일한 행동이라도 가해자 기분에 따라 해석될 수 있어 가해자가 폭력을 행사할 의도만 있으면 어떤 구실을 만들어서라도 피해자를 학대할 수 있다.

이와 같이 예측불가능하고 언제든지 행사될 수 있는 상당히 심각한 폭력에 장기간 시달릴 경우 폭력에 둔감해지는 것은 물론이고, 여러 정신·병리학적인 이상 증세 수반과 사회적으로 정상적 생활을 유지하기 힘들어진다.

한마디로 인간을 총체적으로 피폐화시키는 것이다. 인간의 존엄성은 근본적으로 말살하는 매우 심각한 결과를 초래할 수 있는 개연성이 매우 높다. 다시 말해, 아무리 사소한 폭력이라도 장기적으로 지속화되면 그 결과는 매우 심각할 수 있다.

인간의 사회적 행동의 대부분은 학습의 결과이다. 특히 사회적 행동은 사회화를 통해 학습되며 전승되는 것이다. 폭력 역시 예외는 아니다. 폭력에 장기간 노출된 사람, 비록 피해자의 입장에서 시달렸다 해도 학습되는 경향이 짙다.

이러한 폭력의 세습이 장기화 되면 폭력은 제도화 되고, 제도화된 폭력은 나름대로 정당성을 부여받기도 한다. 학교에서는 선배와 후배에 대한 폭력, 심지어는 교사의 폭력 역시 우리 사회에서는 제도화 된 것이 적지 않다.

이와 같은 질적인 특성을 고려해 보면, 학교폭력이란 단순히 어린 학생들 사이의 사소한 주먹다짐으로 간주할 일은 아니다. 따라서 아주 심각한 폭력은 말할 것도 없거니와 그 정도가 덜 심각한 폭력도 우리는 심각한 눈으로 봐야한다.

20. 학교폭력의 특징을 알고 다인적 요소로 접근하자

학교폭력은 일시적이거나 감정적인 것이 아닌 초·중·고로 이어지는 연속적이며 끊임없는 행위이다. 단순한 물리적 충돌이 아닌 특정 대상을 골라 지속적으로 괴롭히면서 정신적으로까지 학대하는 데 문제가 있다.

최근 들어 학교폭력의 특징 중 하나가 뚜렷한 동기를 찾아보기 힘들다는 점이다. 가해 학생들은 '말을 듣지 않는다', '기분 나쁘게 굴었다'는 것 등의 이유를 내세우는 불투명한 동기로 폭력을 행사한다.

학교폭력은 대체로 성인들에게 목격되지 않고 일어나는 특징을 가지고 있다. 교사들은 학교폭력이 알려지더라도 간접적으로 듣게 되고 학부모는 가장 나중에 알게 되는 것이 보통이다. 그리고 성인들은 피해학생들의 고통을 완전히 이해하기가 어렵다. 또한 별로 걱정하지 않거나 무관심으로 인하여 대부분의 학교폭력이 발각되지 않고 지나가기 때문에 학교폭력 문제는 과소평가하기 쉽다.

학부모 입장에서도 보복이 두렵거나 괜히 문제를 더 악화시킬까 염려하여 문제를 크게 만들지 않으려 한다. 피해학생 본인들은 창피함이나 모멸감 또는 보복의 두려움 그리고 부모님을 실망시키고 싶지 않아서 문제를 숨기려 한다. 이러한 여러 가지 이유로 학교폭력은 상당 부분 숨겨진 채로 비밀로 남게 되는 경우가 많다. 학교폭력에 있어 가장 흥미로운 것은 바로 가해자가 동시에 피해자일 수 있고 반대로 피해자가 동시에 가해자가 될 수 있다는 양면성을 지니고 있다는 사실이다.

청소년 비행이 그러하듯이 학생들의 폭력 원인도 불분명하다. 아무런 이유 없이 죄책감을 느끼지 않은 채 친구를 구타하고 후배를 폭행하는 경우가 늘어나고 있다. 자아의식이 결여되고 판단력과 분별력이 결핍되었기 때문이다.

사실 폭력행동을 하는 청소년에게서 나타나는 개인적인 특성 중 가장 많은 부분을 차지하는 것이 공격성이다. 공격성이 높은 사람은 사회질서나 규범을 고려하지 않고 자기중심적으로 행동하는 경향이 있다. 따라서 폭력가해 청소년의 대부분이 상대방의 권리와 감정을 무시하고, 친구를 지배하려는 강한 욕구인 공격성을 가지고 있다.

청소년기의 폭력은 사소하고 감정적인 차원에서 발생되고 있다. 폭력 원인은 매우 다양하며 어느 한 가지 이론으로 설명할 수 없다. 폭력(Violence)은 인간과 인간 사이에서 발생하는 공격성(Aggression)이며, 공격성은 다른 개체에 대하여 파괴적인 행동을 하거나 고통스러운 자극을 줄 목적으로 행해지는 일반적인 행동으로 볼 수 있다.

학교폭력의 원인은 어떠한 한 가지 요인을 원인으로 결정짓는 단일 결정론을 적용해서는 안 된다. 유전인자, 잠재력, 지능, 감정 등의 내재적 요소와 사회·환경의 상호작용에 의해서 폭력이 발생하기도 하지만 단적으로 설명할 수 없다는 다인적 요소(multiple factor)를 지니고 있다. 학생 개개인의 성장 환경과 현실 상황을 고려하여 학교폭력을 이해해야 한다.

폭력에 관한 이론은 사회·문화적, 정신·심리적, 철학적, 다인적인 접근의 네

가지로 구분하여 살펴볼 수 있다. 학교폭력도 광의적인 견해에서 접근해 보면 청소년기에 나타나는 다양한 행동 양태 중의 하나이다. 이를 이해하기 위해서는 특정한 생물학적, 심리적, 문화적, 사회적으로 처한 상황을 파악하고 여건을 분석하여 청소년을 포괄적으로 이해하여야 한다. 어떤 단일 결정론이나 감정적으로 접근해서는 문제의 근본적 이해와 원인 규명이 부정확하여 합리적인 대안을 제시하기 어렵게 된다.

이와 같이 학교폭력은 접근하는 시각에 따라서 다양하게 이해할 수 있기 때문에 어떠한 한 요인만으로 폭력현상을 설명하기가 쉽지 않다. 따라서 학교폭력 문제는 균형 있고 현실적으로 해결할 수 있는 대안을 모색하는 것이 중요하다. 학생 개개인의 특성과 역동적인 관계를 분석하여 다인적 요소를 적용하여 접근하는 것이 바람직하다.

21. 게토(ghetto) 속의 아이들

'부산 여중생 폭행사건'을 기화로 청소년 범죄에 대한 국민들의 공분이 거세다. '학교폭력'에 대한 엄벌주의 여론이 2011년 12월 발생한 대구 K군 사건 이후 최고조로 올랐고, 소년법 폐지라는 극약처방을 통해서라도 폭력을 근절시켜야 한다는 주장이 드세다.

하지만 이러한 극약처방이 효과를 보려면 사건의 결과만 보아서는 안 되고, 이면에 있는 원인까지 심도 있게 살펴야 한다.

이번 사건과 K군 사건은 두 가지 점에서 크게 다르다. 하나는, K군 사건의 가해자와 피해자는 일반 학교의 학생들이었는데 비해 이번 사건의 가해자들은 학교 부적응으로 인해 대안학교에 다녀야 했던 학생들이라는 점이고, 또 하나는, K군 사건은 자살이라는 피해자들의 극단적인 선택에 국민들의 이목이 집중되었던 반면에 이번 사건은 비행의 잔혹성에 국민들이 치를 떨고 있다는 점이다. 즉, 이번 사건은 일반 학생들을 보호하기 위해 학교 밖으로 내몰려진 학생들이 저지른 잔혹한 폭력이라는 것이 그 특징이다. 우리가 보통 생각하는 학교폭력이 아닌 것이다.

학교 안에서는 이번 사건처럼 잔혹한 폭력이 일어나는 경우는 드물다. 적어도 그곳에는 부모와 교사라는 울타리가 있기 때문이다. 진짜 심각한 것은 학교 밖 아이들이다. 그럼 왜 이 아이들이 일반인의 상식을 허물어버리는 잔혹한 폭력을 만들어내는 걸까. 그 답은 두 가지 점에서 살펴보아야 한다.

우선, 정신심리적인 점이다. 청소년폭력이 발생하는 원인은 단순하다. 맹수들의 세계에서처럼 힘겨루기 차원에서 폭력이 발생하는가 하면, 욕설이나 뒷담을 하였다는 이유로, 연인 사이에 끼어들었다는 이유로 발생하기도 한다. 이를 종합해보면 결국 청소년 폭력의 가장 큰 원인은 인간관계에 있다. 학교 밖 아이들이 관계에 목을 매는 이유는 의외로 단순하다. 외로움이다.

가정에서 방치되거나 버려진 아이들은 외로움을 심하게 탄다. 학교에서도 학업에 매진하는 소위 '주류' 그룹에 속하지 못하면서 소외감은 증폭된다. 그러다 문제를 일으키기라도 하면 위기학생들이 가는 대안학교로 밀려나거나 아예 학교를 그만두기도 하지만, 이럴수록 함께 할 친구가 줄어들기 때문에 외로움은 더해 간다. 이를 달래기 위해 친구를 찾아 나서지만 만나는 아이들은 자신과 비슷한 처지다. 겨우 정 붙일 관계를 찾았지만 오히려 위험한 관계를 맺게 될 가능성이 높은 것이다.

이 아이들은 자존감도 낮고, 가정·학교·사회로부터 고립되었다는 생각에 분노치도 높은 편이다. 그러다 보니 자신이 겨우 이루어낸 관계를 비집고 들어와 방해하는 것에 대해 과민하게 반응한다. 이 관계마저 빼앗긴다면 완전한 외톨이가 되고, 그렇게 되면 무리에 소속된 아이들에게 어떤 피해를 입을지 모른다는 두려움에 어떻게든 관계를 지켜내려고 발버둥 친다. 어떤 남자아이들은 이러한 심리상태를 악용하여 자신에게 매달리는 여자아이에게 원조교제를 시켜 생활하기도 한다. 사정이 그렇다 보니 아이들은 사소한 일에도 과도한 분노를 표출하고, 인성이 제대로 형성되지 않아 타인의 아픔에 대한 공감능력까지 결핍되기라도 하면 끔찍한 일을 저지른다.

다음으로, 구조적인 점이다. K군 사건 이후 학교폭력에 대해 엄정한 태세가 마련되었고, 이는 학교에서 문제를 일으킨 아이들을 학교 밖으로 내모는 결과를 초래하였다. 학교폭력에 대해 엄벌주의를 취하는 이상 풍선효과로 인해 학교 밖 아이들은 많아질 수밖에 없고, 이러한 고위험군의 아이들을 한 곳에 모아두는 것은 언제 터질지 모르는 화약고를 만드는 것과 같다. 특히, 이 아이들이 집중적으로 모이게 되는 대안학교나 공원 등 아이들의 아지트는 매우 높은 위험성을 띠게 되고, 법의 사각지대인 현대판 '게토'가 만들어진다. 학교폭력이 줄었다고 자화자찬하고 있는 동안 학교 밖 아이들은 심각한 학교폭력에 노출되고 있었다. 근원적인 해결이 아니라 학교와 학생들의 보호를 핑계 삼은 악순환이었던 셈이다.

결국 위기청소년들의 정신심리상태와 위험한 환경이 결합되어 잔혹한 폭력으로 발전한 것이 이번 사건의 핵심이다. 따라서 재발을 방지하기 위해서는 무엇보다도 아이들의 정신심리상태의 회복과 환경의 개선이 이루어져야 한다. 가장 시급히 해야 할 것은 가족관계의 회복이다. 가족이 해체된 아이들에 대해서는 사회공동체가 나서 울타리가 되어 주어야 한다.

이러한 아이들에 대해 아무런 조치를 취하지 않는 국가기관에 대해서는 엄중한 비난이 행해져야 하고, 아이들을 방치하는 보호자들에 대해서는 국가가 나서 책임을 물려야 한다. 학교에서는 위기 학생들을 품는 것을 우선해야 한다. '인권'을 핑계 삼아 '보호'를 내팽개쳐서는 안 된다.

인권은 인권이고 보호는 보호다. 게토의 아이들에 대한 어른들의 시선도 바뀌어야 한다. 늦은 밤에 길거리를 배회하는 아이들은 보면 따뜻한 말 한마디라도 하여 그들이 가족의 품으로 돌아갈 마음을 먹을 수 있도록 배려해야 한다. 가족과 사회공동체의 회복이 또 다른 사건의 발생을 막는 지름길임을 잊어서는 안 된다(한국일보, 2017. 09. 22. 29면, 천종호).

미래의 주인공인 청소년들이 학교라는 공간에서 급우들과 좋은 인간관계를 형성하면서 미래를 설계하고, 아울러 자기정체성을 형성해 나가는 장이 되어야 함에도 불구하고, 학교폭력으로 학교환경이 얼룩진 상태에서 친구만나기가 두려운 공간, 공포의 공간이 되고 있다. 이러한 결과로 폭력의 피해를 받은 학생이나 가해를 한 학생이나 일단 폭력의 환경에 빠져들게 되면, 그들이 입게 되는 정신적·정서적 충격은 그들의 미래를 흔들리게 하고 더 나아가서는 가정·학교·사회생활 전반에 나쁜 영향을 미치게 된다.

22. 학교폭력 해법

예전에 아이들은 옥신각신 아옹다옹 하지만 어른들은 좀처럼 끼어들지 않았다. 아이들은 싸우면서 큰다고 하지 않았던가.

아이들 세계는 늘 평화롭지 않다. 말다툼, 주먹다짐도 종종 벌어지곤 한다. 때로는 무리 지어 몇몇 친구들을 따돌리기도 할 테다. 옥신각신 아옹다옹하지만 어른들은 좀처럼 끼어들지 않는다. 아이들은 싸우면서 큰다고 하지 않았던가. 싸움도 해보고 따돌림도 당해봐야 서로의 심정을 헤아리게 되는 법이다. 윗사람이 또래끼리의 갈등과 폭력에 섣불리 끼어들어서 좋을 게 없다. 성장통(痛)도 제대로 겪어봐야 성숙할 어른이 될 것 아니겠는가. 아이들도 어지간해서는 부모님이나 선생님에게 '자기들끼리 벌어진 일'을 하소연하지 않는다. 그랬다간 '고자질하는 아이’로 손가락질 받을지도 모른다.

한 세대 전만 해도, 이렇게 생각하는 것이 ‘상식(?)’이었다. 그러나 지금은 아니다. 폭력과 따돌림에는 이제 관용도, 용서도 없다. 법적 처벌을 하지 않았다가는 교사까지 징계를 받을 정도다. “아이들 문제 갖고 뭘 그렇게까지 해요?”라고 되묻다간 곤욕을 치를지 모르겠다. 실제로 지금의 학교 폭력은 ‘아이들 장난’ 수준이 아니기 때문이다. 시달림을 견디지 못해 자살하는 학생도 생겨날 정도다.

성장과정에서 의례 있는 일로 여겨졌던 청소년 시기의 괴롭힘과 따돌림이, 왜 지금은 ‘폭력 사건’으로 다루어질 만큼 심각해졌을까?

루스 베네딕트(Ruth Fulton Benedict, 1887.6.5 ~ 1948.9.17)의 [국화와 칼]에서는 이 물음에 대한 해답이 엿보인다. 사실, 이 책은 1946년에 나온 일본인에 대한 연구서다. 그러나 우리에게는 마치 ‘한국 문화 분석’같이 다가온다. 우리와 일본 사이에는 비슷한 점이 많은 까닭이다. 아이 키우는 방식을 설명하는 대목에서는 유사점이 더 크게 다가온다.

루스 베네딕트에 따르면, 일본과 미국의 인생 곡선은 정반대이다. 미국에서는 아이를 엄격하게 기른다. 젖먹이 시절부터 아기는 엄마와 떨어져 자야 한다. 식사나 잠자리에 드는 시간 등, 생활규칙도 철저하다. 하지만 커갈수록 아이들의 자유는 점점 늘어난다. 장년(壯年)에 이르러서는 누구의 눈치를 볼 것 없이 자기 인생을 꾸려나갈 수 있다. 그러다 늙은이가 되면 다시 엄격한 통제를 받는다. 노인 시설 등에서 정해진 일과대로 하루를 보내게 되는 식이다.

일본과 미국의 인생 곡선은 정반대이다. 미국에서는 아이를 엄격하게 기른다. 반면, 일본의 어린이들은 따뜻한 분위기에서 자란다.

반면, 일본의 어린이들은 따뜻한 분위기에서 자란다. 아이와 엄마는 하루 종일 살을 맞대다시피 지낸다. 아이는 왕(?)에 가깝다. 버릇없이 굴어도 야단은커녕, 아이가 뭘 알겠느냐며 감싸는 식이다. 그러나 커갈수록 자유는 줄어들고 의무는 늘어난다. 자식으로서, 부모로서, 사회인으로서 해야 할 역할이 촘촘하게 얽혀 있는 탓이다. 장년의 일본인에게는 제 맘대로 할 수 있는 일이 별로 없다. 온통 의무, 의무, 의무뿐이다. 그러다 노년에 이르면, “어린아이와 마찬가지로 부끄러움과 소문에 괴로워하지 않”는 자유로운 상태로 돌아간다. 노인을 공경하는 문화에서는 늙은이의 어지간한 허물은 덮어지게 마련이다.

드라마나 소설 속에 등장하는 시민들의 삶의 수준도 이 정도는 될 듯싶다. 하지만 현실은 다르다. 우리 젊은이들 대부분에게 이는 ‘불가능한 꿈’에 가깝지 않을까? 번듯한 대학의 입학문은 바늘구멍처럼 좁다. 취업은 또 어떤가. 그럴듯한 일 자리는 턱없이 적다. 치열한 스펙 경쟁 속에서 부모들의 교육비 부담은 날로 늘어난다. 이럴수록 아이들에게 쏟아지는 기대치, 아이들이 느끼는 부담감은 높아만 간다.

남부끄럽지 않는 자기 위치를 차지하리라는 희망이 있을 때, 진학과 취업을 둘러싼 스트레스는 '지나가는 과정'일 뿐이다. 그러나 불안한 처지가 언제 끝날지 모를 때는 어떨까? 주변 기대를 채워줄 만한 적당한 위치를 차지할 가능성이 거의 없다고 느낄 때, 아이들은 어떻게 행동하게 될까?

엄하게 처벌한다고 해서 폭력이 사라질까?

이쯤 되면 학교 폭력이 왜 '성장통' 수준에서 그치지 않는지가 분명해 진다. 대증요법(對症療法)처럼 위험한 치료도 없다. 대증요법이란 증상에만 매달리는 태도를 말한다. 다리에 통증이 있다고 진통제를 뿌려대는 식이다. 병을 고치려면 원인을 제대로 짚어내야 한다.

학교 폭력도 마찬가지다. 엄하게 처벌한다고 해서 폭력이 사라질까? 이는 마치 굶어 죽게 된 사람들한테 음식 훔치지 말라고 닦달하는 것과 똑같다. 학교 폭력을 잡으려면 좀 더 깊게 바라보아야 한다.

학생들에게 비전을 찾아주고 자신에게 알맞은 위치를 갖게 되리라는 희망을 돌려주는 것, 학교 폭력에 대한 진정한 처방전은 여기에 있지 않을까?

"세상이 우리를 보고 있다." 루스 베네딕트가 일본 문화의 핵심으로 짚어낸 문구다. 그녀에 따르면, 서양 문화는 선과 악의 대결 구도로 굴러 간다. 내가 옳다고 믿는 일은 영원한 진리다. 상황이 바뀐다 해서 내가 좇는 가치가 변할 수 없다. 일본은 다르다. 일본에서는 '치욕을 피하는 일'이야 말로 무엇보다 중요하다. 남들에게 인정받을 수 있다면, 좇는 가치는 얼마든지 변할 수 있다.

루스 베네딕트는 제 2차 세계대전을 통해 일본이 크게 배웠으리라고 말한다. 힘으로 세상을 억눌러서 인정을 받지는 못한다. 오히려 손가락질을 받을 뿐이다. 적어도 일본은 이 사실을 깨달았을 거다. 그렇다면 인정받기 위한 새로운 방법은 무엇일까? 루스 베네딕트는 '평화로운 세계 속에서 자기 위치를 찾는 것'이라고 말한다. 일본이 여기에 성공한다면, 또다시 군대와 힘으로 세상의 인정을 받으려는 욕심을 품지 않게 되리라.

루스 베네딕트의 충고를 우리 현실로 가져와 보자. 중산층의 기준은 '자기가 차지해야 할 적당한 위치'를 가늠하게 하는 잣대 역할을 한다. 꼭 아파트와 급여,

자동차가 '중산층의 자격증'이 되어야 할 까닭이 있을까?

'중산층 별곡'에 따르면, 프랑스 인들의 중산층 기준은 이렇단다. 외국어 하나 정도는 할 수 있을 것. 직접 즐기는 스포츠와 악기가 있을 것. 나름의 요리를 할 수 있어야 하고, 공분(公憤)할 줄 알며, 약자를 도울 것.

퐁피두(Georges-Jean-Raymond Pompidou, 1911~1974)대통령이 '삶의 질(Qualite de vie)'에서 내놓은 기준이라고 한다.

학생들이 좇아야 할 '각자의 알맞은 미래 모습'을 '정신적으로 성숙해야 할 목표치'로 다시 정해주는 것이야 말로, 학교 폭력에 대한 진정한 해결책이 아닐까?

만약 중산층을 가늠하는 잣대가 이렇게 바뀌면 어떨까? '마땅한 자기 위치를 찾는 일'이 지금처럼 아득하게 느껴지지는 않을 듯싶다. 예부터 동양문화에서는 마음 수양(修養)이 매우 중요한 성장 과업이었다. 튼실하고 건강한 영혼을 갖추었다는 사실은 존경 받을 충분한 이유가 되었다. 이에 견주면 돈과 명예는 곁다리에 지나지 않았다.

지난 수십 년간 우리는 경제에만 줄곧 매달렸었다. 그래서 지금 우리는 행복해졌는가? GNP 2만 달러 시대의 대한민국에서는 1만 달러 때 보다 학교 폭력이 줄어들었는가? 목표가 잘못되었을 때는 열심히 달려봤자 소용이 없다. 이때의 노력은 짜증만 분노만 낳을 뿐이다. 목표가 제대로 되었을 때, 이를 이룰 수 있다는 희망이 있을 때, 노력은 보람을 낳는다. 그리고 남과 주변을 돌아보고 배려할 수 있는 여유를 안긴다.

학교 폭력은 날로 심각해져만 간다. 학생들이 좇아야 할 '각자의 알맞은 미래 모습'을 '정신적으로 성숙해야 할 목표치'로 다시 정해주는 것이야 말로, 학교 폭력에 대한 진정한 해결책이 아닐까?(안광복, 2014).

학교폭력 School violence

우리 사회 속에서 나날이 학교 폭력이 심화되고 있다.
School violence is deepened day after day inside our society.

학교 폭력이란, 일반적으로 학교나, 학교 주변에서 학생상호간에 발생하는 의도성을 가진 신체적, 정서적 가해 행동을 말한다.
School violence, usually school, refers to physical, emotional inflicting action that have an intention surname which breed between student reciprocity at school neighborhood.

청소년 비행이 그러하듯이 학생들의 폭력 원인도 불분명하다.
As teenagers flight is such, students' violence cause is ambiguous.

아무런 이유 없이 죄책감도 느끼지 않은 채 친구를 구타하고 후배를 폭행하는 경우가 늘어나고 있다.
Case that assault a friend and violate younger men doing not feel guilt complex without any reason is increasing.

자아인식이 결여되고 판단력과 분별력이 결핍되었기 때문이다.
Self cognition is lacking and is because judgment and sense lacked.

학생 폭력 원인은 어떠한 한 가지 요인을 원인으로 결정짓는 단일 결정론을 적용해서는 안 된다.
Student violence cause must not apply single determinism that decide some one kind factor by cause.

유전인자, 잠재의식, 지능, 감정 등의 내적인 요소와 사회환경의 상호작용에 의해서 폭력이 발생되기도 하지만 단적으로 설명할 수 없는 다인적 요소를 지니고 있다.
Is retaining constituent dyne enemy who can not explain as direct although violence is happened by inner element of genetic factor, undersense, intelligence, emotion etc. and interaction of society environment.

학생 개개인의 성장 환경과 현실상황을 고려하여 학생 폭력을 이해 해 가야 한다.
Must consider student's each person's growth environment and actuality situation and understand student violence.

이상과 같이 몇 가지 측면에서 학생 폭력의 원인을 살펴보았다.
With something wrong, examined cause of student violence in some side.

학생 폭력은 접근하는 시각에 따라서 다양하게 이해할 수 있기 때문에 어떠한 한 요인만으로 폭력 현상을 설명하기는 어렵다.

It is difficult that student violence explains violence phenomenon by a some leading person because can understand variously according to sight that approach.

따라서 학생 개개인의 특성과 역동적인 관계를 분석하여 다인적 요소를 적용하여 접근해 가는 것이 바람직하다.
Therefore, thing that apply element dyne enemy and approach analyzing dynamic relation with student's each person's special quality is desirable.

그리고, 학교 폭력을 피할 수 있는 방법들은 다양하지만 일반적인 방법을 통하여 학교 폭력과 집단 따돌림이 발생하지 않는 사회적인 분위기를 조성하기 위한 방법을 알아보는 것도 중요할 것이다.
And, methods that can avoid school violence that search method to make up social atmosphere that it does not happen that cast out school violence and group through various but general method important .

이외에도 학생 본인 스스로 적극적인 생활 태도를 갖고 자신 있게 행동할 수 있도록 주변에서 부모님과 교사들이 좀 더 관심을 기울여 준다면 학교 폭력과 집단 따돌림 등의 청소년 생활문제들이 쉽게 해결될 수 있을 것이다.
Teenagers life problems of that cast out school violence and group if parent and teachers pay attention little more at neighborhood so that can behave to be self-assured with active life attitude by student principal except etc.. can may be solved easily.

Ⅷ. 나가는 글

학교폭력에 대한 정의는 논자에 따라 다양하게 이루어진다. 다툼과 허버트 (Herbert)는 '의도적으로 상대방에게 신체적, 심리적으로 스트레스를 가하는 행위'로 정의했다. 레인(Rain)은 '두려움과 걱정을 유발시키기 위한 위협과 폭력'이라고 했다. 로렌드(Rawland)는 '스스로 방어가 불가능한 개인을 대상으로 개인, 혹은 집단이 지속적으로 심리적, 육체적 폭력을 가하는 것'으로 보았다. 경우에 따라서는 학교내외에서 발생하는 유형, 무형의 모든 폭력을 광의적으로 정의하기도 한다. 심지어 교사의 체벌[19]을 학교폭력으로 보는 견해도 있다.

하지만 이런 정의들은 내용과 의미가 중복되는 경우가 많다. 뿐만 아니라 지나치게 추상적이고 광범위하다는 문제점을 안고 있다. 이런 정의들을 적용하기에는 현실성이 많이 떨어진다는 의미다. 이런 점 때문에 그 중 일부만을 학교폭력으로 간주하는 경우도 있다.

예컨대 학교폭력예방 및 대책에 관한 법률 등이 대표적인 예다. 이 법에 의하면 학교폭력은 학교 내외에서 학생을 대상으로 발생한 상해, 폭행, 감금, 협박, 약취, 유인, 명예훼손, 모욕, 공갈, 강요·강제적인 심부름 및 성폭력, 따돌림, 사이버 따돌림, 정보통신망을 이용한 음란·폭력·정보 등에 의해 신체·정신 또는 재산상의 피해를 수반하는 행위를 말한다(학교폭력예방 및 대책에 관한 법률 제2조 제1호). 교육부의 학교폭력대응 기본지침도 그런 경우다. 내용이 좀 길지만 그대로 적시해보자. 학교폭력은 '신체적 폭력', '언어적 폭력', '따돌림', '성폭력', '사이버 폭력', '금품갈취와 강요' 등으로 규정하고 있다.

신체적 폭력은 상대에게 해를 끼치기 위해 사용하는 물리적인 힘으로 신체에 직접적으로 해를 끼치는 행동을 비롯하여 공포심을 주는 심리적 위협행위를 포함한다. 상해, 폭행, 감금, 협박, 약취, 유인 등이 여기에 속한다. 따돌림은 학교 내외에서 2명 이상의 학생들이 특정인이나 특정집단의 학생들을 대상으로 지속적으로, 반복적으로 고통을 느끼도록 하는 일체의 행위를 말한다. 언어적 폭력은 상대방에게 해를 끼칠 목적으로 여러 사람들 앞에서 수치심을 느끼게 하는 말이나 글을 퍼

---

19) 대부분의, 학교폭력은 도래나 선후배 사이에서 발생하지만 교사의 체벌 또한 학교폭력을 유발시킬 수 있다. 폭력 경험이 많은 청소년일수록 폭력 사용을 인정하는 경향이 크다. 따라서 폭행 사건이 일어날 때, 이를 지나치게 엄격히 처벌하거나 방치하게 되면 가해학생의 경우 자신의 행동을 합리화하기 위해 더욱 폭력적이 될 수 있다.

뜨리는 행위로 명예훼손죄와 모욕죄가 여기에 속한다.

따돌림은 두 사람 이상의 집단에서 특정인을 의도적으로 괴롭히기 위해 반복적으로 소외시켜 인격적인 무시를 하거나 해를 주는 일체의 행위다. 성폭력은 성을 매개로 한 물리적 언어적 폭력행위다. 상대의 의사에 반하는 모든 가해 행위로 성희롱, 성추행, 성폭행을 포함한다.

사이버 폭력은 휴대폰, 컴퓨터 등 정보통신망을 이용하여 상대방에게 해를 끼칠 목적으로 글이나 그림, 영상을 퍼뜨리는 행위다. 금품갈취와 강요는 상대방을 위협하여 강제로 현금이나 물건 등을 빼앗거나 심부름 등 어떤 행위를 강요하는 것이다. 강요는 폭행 또는 협박으로 상대방의 권리행사를 방해하거나 의무 없는 일을 하게하는 행위다.

다시 본론으로 와서, 문제는 모든 경우를 학교폭력으로 간주할 수 있느냐의 문제다. 예컨대 친구사이에 우발적으로 발생한 폭력과 지속적으로 은밀하게 상대를 괴롭힌 경우를 동일한 학교폭력으로 볼 수 있느냐는 것이다. 이런 점에서 일본의 이지메를 연구하는 사회학자 나이트의 마사오의 정의는 설득력 있는 시사점을 준다. 그에 의하면 학교폭력은 3요소가 성립되어야 한다. '가해자의 가학적 의도', '가해자의 실제적 공격행위', '피해자의 고통'이 그것이다. 이 3요소를 통해 학교폭력을 판단할 필요가 있다는 것이다.

정의를 내린다는 것은 범위와 경계를 명확히 하는 것이다. 성인폭력과 학교폭력은 여러 가지 면에서 다를 수밖에 없다. 어떤 의미에서 학교폭력은 일회성, 단발성의 경우는 크게 문제가 되지 않는다. 또한 가학적 의도나 지속성 없이 순간적으로 발생하는 경우도 많다. 이런 경우 제3자의 개입 없이 원만하게 해결되는 경우가 대부분이다. 지적한 것처럼 학교폭력은 가해자의 '지속성'과 '고의성', '피해자의 신체적, 정신적 고통'을 기반으로 판단할 필요가 있다. 기계적 판단만으로는 교육적 지도가 스미기 어렵다(강원도민일보, 2013. 09. 04. 7면, 한병선).

청소년 문제, 사회의 공동책임이다.

청소년이 건전해야 사회가 건강하고 국가의 미래가 밝아진다는 것을 모르는 사람은 없다. 그런데도 청소년의 비행은 날로 심각해지고 있으며, 법과 제도를 비롯해 청소년을 위한 시설개선 노력도 별 효과가 없는 것 같다. 우리의 청소년 문제, 이제는 다른 각도에서 그 해결방안을 찾아야 할 때다.

지역에 따라 다소의 차이는 있으나 강·절도, 폭력, 음주, 흡연, 약물 오·남용, 문란한 이성교제, 집단따돌림, 가출, 자살 등 청소년의 비행과 일탈행동은 가히 충격적이다. 교내폭력은 최근 교육공동체의 노력으로 줄어든 것 같으나 여전히 흉포화, 조직화, 연소화 되고 있다. 이제는 우범지대가 따로 없다. 충동적이고 관능적인 업소는 폭발적으로 증가하고 있으며, 음주와 흡연에 대한 죄책감은 사라진지 오래다. 책임보다는 권리를 따지고 내일보다는 오늘을 즐기며, 쉽고 편하게 시간을 보내고 싶어 하는 청소년이 날로 증가하는 것이 큰 문제이다. 특히 사이버세계에서 일어나는 비열한 행태는 속수무책이다.

청소년 비행에 따른 문제에는 몇 가지 특징이 있다. 그 중 자기신체에 대하여 가혹행위를 서슴없이 한다는 것이 두드러진다. 많은 청소년들이 자신의 신체가 얼마나 소중한지를 깨닫지 못하고 있다. 이해심도 별로 없고, 쉽게 포기하고 쉽게 좌절하며 행동이 순간적이고 예측이 어렵다는 점도 한 특징이다. 이는 정보화 사회의 다양한 가치관을 접하면서 우리 사회가 진정으로 요구하는 덕목이 무엇인지 분명한 합의가 없었기 때문에 나타나는 현상일 수 있다.

청소년 문제의 원인은 대체로 기성세대에 대한 신뢰가 무너진 것이 큰 문제라 할 수 있다. 우리 청소년들에게 기성세대로 대표되는 모델은 가정에서는 부모님이고 학교에서는 선생님이라 할진데, 빠르게 변화하는 청소년의 의식 변화에 부모와 교사가 적절하게 대응하지 못하고 있다. 극기력을 길러주는 교육이 잘 이뤄지지 못하고, 해도 되는 것과 해서는 안 되는 것을 확실하게 통제하면서 사회 질서에 순응하는 습관을 길러주지 못한 점도 있다. 원인이야 어떠하든 청소년 비행은 근절돼야 하고, 청소년 문제는 적극적으로 해결해야 한다.

가정에서는 부모가 모범을 보이면서 인간으로서 갖추어야 할 예의범절, 질서의식, 청결유지 등 기본생활 습관을 철저하게 지도해야 한다.

학교에서는 자기애와 극기심을 길러주고 일탈학생에 대하여는 심성지도를 통하여 본래의 긍정적 심성을 회복할 수 있도록 도와주어야 한다.

지역사회는 청소년들이 건전하게 여가활동을 할 수 있도록 문화시설을 확충하고, 협동을 통하여 애향심을 기르며, 어른을 공경하는 전통을 다시 수립할 수 있는 계기를 마련해야 한다. 그리고 모든 것을 원칙중심으로 해야 한다는 것과 도덕성 우선의 삶이 가장 가치 있다는 것을 끊임없이 가르쳐야 하고, 사회는 청소년의 문제행동을 더 이상 용납하지 않는다는 것을 그들이 느끼도록 법질서를 확립해야 한다. 특히 우리 모두는 어른이 존재하는 명랑한 사회건설에 지혜를 모아야 한다. 우리는 청소년의 일탈행위나 비행에 대하여 너무 민감하게 반응하거나 절망할 필요는 없다. 청소년의 저항을 그 시기에 의례적으로 나타나는 것이기도 하며, 자신의 존재를 확인하려는 절규일 수도 있기 때문이다. 좀 더 인내심을 갖고 지켜보면서 환경을 조성해 준다면 개인의 성장과 사회적 발달을 자발적으로 도모할 것이고, 적응력도 배양해 자아실현을 할 수 있게 될 것이다(김영덕, 2007, 02. 01. http://blog.naver.com/oingoingzz/80045412430).

청소년은 우리의 미래이다. 아이하나를 키우려면 마을 전체가 필요하다 했다. 자연과 사물을 직접 접하는 노작교육도 있어야 하고, 수련활동과 체험학습의 기회를 더 많이 제공하는 것도 바람직하다. 문제 해결에 필요한 제도적 여건도 조성해야 하고, 청소년들이 미래 세계에 대한 꿈과 희망을 확고히 할 수 있도록 방향도 올바르게 제시해야 한다. 청소년을 귀중한 인격제로 존중하는 사회분위기를 조성하는 것도 서둘러야 한다.

원로 교육학자 주삼환 교수의 글을 한 구절 소개한다. '말로만 가르칠게 아니라 몸으로 행동으로 가르쳐야 한다. 아이들은 정성을 먹고 자란다. 정성을 다해 철저히 가르쳐야 한다. 나라가 제대로 되려면 부모가 부모 노릇을 하고 어른이 어른 노릇해야 한다.'

청소년 21% '이성 문제'에 고민, 1990. 01. 23 [경향신문] 9면

학교폭력 왜 문제인가, 보다 적극적으로 대처 방안이 필요하다.

요즘 학교폭력 문제로 온 사회가 시끄럽다. 이런 소란을 보면서 의아해하는 사람도 꽤 많다. 학교폭력 문제가 어디 어제 오늘의 일인가. 학교에서는 으레 학생간의 충돌이 있게 마련 아닌가. 사춘기 학생들의 세력과시를 위한 충돌과 갈들은 일종의 성장통이며 통과의례 아닌가.

최근의 학교폭력을 그렇게 보아줄 수 있다면 얼마나 좋겠는가. 그러나 불행하게도 현재 빈발하는 학교폭력은 그런 성장통과 통과의례의 수준을 훨씬 넘어서고 있다. 범죄의 수준으로 치닫고 있기 때문이다. 현재 상황에서 학교폭력은 세 가지 유형의 범죄로 전개되고 있다.

하나는 금품갈취를 목적으로 하는 폭력이다. 학교나 학급에서 희생자를 골라낸 후, 잔인하고 참혹한 폭행을 가하면서 금품제공을 요구하는 것이다.

둘째는 희생자의 약점을 가지고 놀려대며 즐기는 정신폭력이다. 주로 집단 따돌림의 형태를 띄우는데, 정신 유약자나 신체적 혹은 성격상의 약점을 가진 학생이 희생자로 선택된다. 함께 가해자로 참여하는 대다수의 급우들을 자신들이 얼마나 심각한 폭력에 가담하고 있는지조차 모른다. 정신병원입원, 자살이나 가출 등 엄청난 피해가 발생했는데도 이를 책임질 뚜렷한 가해자는 부각되지 않는다.

셋째는 학내에 일진회와 같은 일탈조직을 구성하고. 일단 조직에 참여하면 기강을 잡기위해서 또는 탈퇴하지 못하도록 상습적으로 조직 구성원 학생들에게 폭행을 행사한다. 조직의 생존을 우해서 엄격하고 잔인한 조직관리 규범을 강요하고 있다.

이런 세 가지 범죄가 학교에서 아주 빈번하게 은밀하게 이루어지고 있다. 가해자에 의한 폭행과 사후관리가 성인조직폭력 집단만큼 철저하게 이루어져서, 피해자는 엄청난 협박에 시달리게 되고, 이들을 관계기관이나 부모들에게 신고할 엄두도 내지 못한다. 학교폭력 신고율은 점점 더 줄어들고 있다. 그간 우리가 학교폭력에 예민하게 대응해 오지 못하는 사이에 이런 학생 폭력이라는 범죄는 초등학교로 저연령화 되고 있다. 학교 간 폭력 연합조직이 공공연하게 행사를 가질 만큼 조직화되었으며 그 조직성을 과시하기 위해서 잔인, 악랄, 참혹으로 폭력을 끝도 없이 끌고 간다. 이제 더 이상 학교폭력을 그대로 방치할 수는 없다.

학교 내 폭력서클인 일진회의 지역연합 조직까지 경찰에 적발됐다. 청주와 인천에서 확인된 이 조직들은 각 학교 일진회가 모인 것으로 '지역 대장' 자리를 차지하기 위해 싸움까지 벌였다고 한다. 학교폭력 자진신고를 받고 있는 경찰에는 2주일 만에 일진회와 관련된 것을 포함해 200건이 넘는 신고가 접수됐다. 일진회의 존재를 폭로한 정세영 교사가 "일진회를 알아야 학교폭력을 줄일 수 있다."고 단언했던 바로 그 조직의 실체가 상당 부분 드러나고 있는 것이다.

지금까지 경찰 조사를 보면 정 교사의 폭로가 상당한 근거를 지니고 있음을 알수 있다. 지역조직 결성과 함께 속칭 '앵벌이'를 강요하는 등 일진회의 그릇된 행태도 밝혀지고 있다. "일진회 해체, 학교들이 더 빠르게 나서야 한다"고 여기 저기 서 한 마디씩 하고는 있지만 움직이는 기미가 보이지 않는다. 그런데도 자진 신고 가운데 피해 학생의 신고는 많아도 학교 측이 직접 적발하거나 신고한 사례 는 하나도 없다. 교육 당국과 일선 학교는 그동안 '폭로가 과장됐다' '사실과 다 르다'는 등 애써 축소하려는 움직임을 보이기에 급급했다. 일부 학교는 교사들에 게 '우리 학교에 학교폭력은 없다'고 입단속을 지시했다고 한다.

학교폭력 실태를 가장 잘 파악하고 있을 학교가 쉬쉬하는 것은 사태를 더 악화 시키는 일이다. 학교들은 체면 손상이나 불이익만 걱정해 미온적으로 대처했기 때 문에 폭력을 더 키우지 않았는지 반성해야 한다. 학교폭력 대책은 학생을 처벌하 는 데 있지 않고 폭력을 근절하는 데 목적이 있다.

따라서 선도를 위한 교육적 배려도 필요하다. 그러나 실태를 알아야 해결책이 나오는 것은 학교폭력도 예외가 아니다. 사회 전체가 함께 학교폭력을 해결해야 하지만 그중에서 학교의 책임이 가장 막중하다. 학교들의 적극적인 근절 노력이 없으면 어떤 대책도 효과를 내기 어렵다.

우리의 미래이자 꿈인 청소년들이 밝고 건강하게 즐거운 학교생활을 할 수 있는 배움의 터전이 신학기가 되면서 학교폭력과 집단따돌림 문제가 부각되고 있다.

청소년기의 폭력은 사소하고 감정적인 차원에서 발생괴고 있으며 폭력원인은 매 우 다양하다. 폭력은 인간과 인간 사이에서 발생하는 공격성이며 공격성은 다른 개체에 대하여 파괴적인 행동을 하거나 고통스러운 자극을 줄 목적으로 행해지는 일반적인 행동으로 청소년기에 나타나는 다양한 양태 중의 하나이다.

학교폭력으로 인해 일부 청소년들이 불안과 우울, 공포 등의 스트레스에 시달리 고 있다는 것은 매우 불행한 일이다. 폭행을 당한 학생이나, 폭력을 가한 학생이나 그들과 부모들이 입게 되는 정신적·정서적 충격과 고통을 직접 겪어보지 않은 사 람들은 이해하기가 쉽지 않다.

그 동안 학교를 중심으로 학교폭력예방을 위해 많은 노력을 한 결과 발생건수가 전반적으로 감소하는 추세를 보이고 있다. 그러나 일부 학교폭력은 흉포화 되는 경향이 있어 학생과 학부모의 불안감을 해소하기에는 아직도 미흡한 실정이다.

이에 따라 우리교육청에서는 학교폭력 근절 및 예방을 위해 2005학년도 기본계 획에 모든 방안을 강구하고 있다. 첫째, 도교육청에 학교폭력예방전담반을 구성, 운영하고 있으며 둘째, 학교별로 학교폭력의 피해학생 보호와 가해학생에 대한 조 치와 심의, 분쟁 등을 조정하며, 학생, 학부모를 대상으로 상·하반기별로 전문기관과 연계하여 예방교육을 의무적으로 실시하도록 하고 있다.

셋째, 학교폭력 신고체제를 구축하여 도교육청 HOT-LINE(258-5555), 학생고충상담전화(1588-7179), 학교폭력예방에 따른 대처요령 등을 지속적으로 홍보하고 자료를 보급하여야 한다. 교육청은 제도적으로 지원하고 있지만 가장 많은 접촉을 하고 있는 부모님이나 선생님들이 학교폭력 문제에 대한 대처를 어떻게 할 것인지가 중요하다고 생각한다.

대부분의 경우 피해 학생들이 폭력에 대해 부모님이나 선생님에게 말하지 않는 것은 보복에 대한 두려움이 직접적인 이유인 경우가 많지만 그 외에도 당한다는 것이 자존심상하거나 고자질이라고 생각하기 때문에 비겁하다고 생각해서, 말해봤자 별수가 없는 경우가 많다고 생각하기 때문이다.

여러 징후에 대한 예를 들면, 비싼 옷이나 운동화 등을 자주 잃어버리거나 망가뜨릴 때, 몸에 다친 상처나 멍 자국을 자주 발견하게 되어 물어보면 그냥 넘어졌다거나 운동하다가 다쳤다고만 대답하는 경우, 용돈이 모자란다고 하거나 말도 없이 집에서 돈을 집어 간다거나, 풀이 죽어서 돌아와 맥없이 풀썩 주저앉기도 하고, 친구나 선배에게 전화가 자주 걸려오는 경우 등이다.

여러 징후가 나타날 때 학교폭력을 당하고 있는 것은 아닐까 하는 세심한 주의를 기울이고, 이러한 징후가 몇 가지 복합되어 나타난다면 문제를 해결하기 위해서 가해자는 얼마나 위험한 학생들인지, 예를 들면 폭력서클에 속해 있는지 여부 등 선생님과 상담을 하거나 도움을 받을 수 있는 친구나 선배가 있는지 등을 침착하게 의논해서 행동방향을 정해야 한다.

여기서 무엇보다도 중요한 것은 피해 당사자인 자녀의 감정을 충분히 존중하는 것이다.

학교에서 선생님들이 문제해결방법으로 접근할 수 있는 방안으로는 학급회의를, 활성화해서 다수 학생의 건전한 생각과 의사를 민주적으로 토의하고 결정해 나갈 수 있도록 학급분위기를 조성해 나가면서 학교폭력을 없애 나가려면 어떻게 하면 좋은지를 생각하게 하는 것이다.

또 다른 방법은 역할 연기를 활용하는 것도 좋다. 역할연기는 입장을 바꿔 생각할 수 있는 기회를 제공하여 상대방의 기분을 조금씩 이해시키는 것이다. 그러나 무엇보다도 학교폭력의 징후를 발견하였을 때 학생과 따로 만나 진지하게 얘기를 듣는 것이 필요하며 친구나 선배교사, 상담기관, 학부모 등과 함께 연계하여 신속하게 해결할 수 있는 방안을 찾아 즐거운 모습으로 학교생활을 하는 모습을 본다면 그 속에 남다른 보람을 느낄 수 있다.

그러나 학교폭력문제는 피해를 당한 학생 개인의 문제뿐만 아니라 가해학생도 어떤 면에서는 오늘날 우리사회가 안고 있는 구조적인 문제들에 의한 피해자라는 인식도 필요하다. 그러므로 학교폭력예방이 그 무엇보다도 중요한 만큼 시민단체, 경찰공무원, 학교, 학부모 등의 상담체계와 연계할 수 있는 시스템도 구축하도록 해야 할 것이다.

또한 학교폭력에 대한 근본적인 대책으로는 처벌보다는 선도가 이루어 질 수 있도록 지역사회, 학교, 학부모 모두 다 함께 관심과 애정을 가지고 대화를 통해 학교폭력을 줄여 나가는 지혜를 동원해야 할 때라고 생각된다.

학교폭력을 줄이기 위해 적합한 인성교육을 실시해야 한다.

최근 '학교폭력'에 관한 기사가 매스 미디어를 통하여 큰 비중으로 다루어지고 있다. '학교폭력'이란 어휘 해석을 액면 그대로 이해한다면 '학교에서 발생되는 폭력'이라 받아들이는 것이 보통 개념이다.

이 어휘를 이해하는 사람의 차이에 따라서 반응은 자연히 여러 가지 유형으로 해석의 결과를 가져 올 수가 있을 것이다. 이해하는 학부모들의 차이에 따라서 학생들이 학교생활을 하는 점에 대한 학교의 신뢰도도 큰 차이로 나타날 수밖에 없을 것이다.

학부모들의 학교에 대한 신뢰도차이는 학생들의 학교생활에 대한 부정적인 면을 부각시키는데 한 요소가 되기에 충분하다고 볼 수 있다.

학교에 대한 학부모들의 신뢰도는 한 순간에 축적될 수 없는 사항이다. 학교에 대한 학부모들의 신뢰도는 지역사회와 학교 경영자, 학생, 교사들 간 꾸준한 서로의 노력과 협조가 공고히 이루어졌을 때에만이 이루어 질 수 있는 어려운 과제이다.

많은 시간과 꾸준한 노력을 요하는 학교에 대한 학부의 신뢰도가 '학교폭력'이란 사건으로 한순간에 무너질 수 있어 '학교폭력'에 대한 일번적인 발표와 대책에 좀 더 신중함이 병행되어야 하는 점을 절실히 요구하는 것이 학교 운영의 절대적인 바람이다.

학교생활 속에는 긍정적이고 타에 모범이 되고 있는 행사들이 각급 학교에서 여러 형태로 이루어지고 있다. 이러한 현실도 우리는 가상하게 관심을 가지고 격려하고 장려해야 한다.

이 긍정적이고 타의 모범이 되는 학교 현장에서의 일들을 많은 사람들이 공감하고 적극 권장하여 포상하는 기회가 많이 있어야겠다. 그렇게 함으로써 교육 현실에 대한 희망적이고 바람직한 인간 육성의 원활함에 학교 운영자는 긍지를 갖게 되고 학부모들은 학교에 대한 긍정적인 신뢰도가 높아질 것이다. 학교 현장에서 부정적인 면과 긍정적인 면을 같은 가치로 선도하고 권장하는 기회가 균등하게 이루어질 때 바람직한 교육의 방향이 원만ㄴ하게 추진될 것이다.

'학교폭력'은 어떤 형태로든 교육현실에서 사라져야 할 일들이다. '학교 폭력'이 발생한 후의 사후 약방문은 그렇게 좋은 효과를 가져 온 다고 만 볼 수는 없다. '학교폭력'이 발생하기 전에 각 학교급별의 종합적이고 계획적인 '학교폭력' 발생 예방 교육과정의 면밀한 계획 수립이 필요하다. 따라서 학교 구성원 모두 인성교육의 중요성 알아야 한다.

그 방법의 하나가 학교 경영자의 학생들의 바른 인성 형성에 관한 교육관이 뚜렷해야 할 것이다. 한 사람의 올바른 인성 형성은 초·중·고교 학창 시절에 대부분이 형성된다고 본다. 바람직한 인간육성이 교육의 큰 목표라면 올바른 인성 형성은 가치 있는 삶을 영위하는데 절대적으로 필요한 덕목이다. 이와 같이 인성 형성에 대한 중요한 점을 감안한다면 학교 경영자의 인성교육의 관심과 철저한지도 계획을 철학을 가지고 반드시 이루어야 할 과제라 할 수 있다.

두 번째, 인성교육의 필요성에 대한 학교 구성원들의 철저한 인지와 의지가 선행되어야 한다. 바른 '인성'에 대한 중요성을 학부모, 교사, 학생, 지역사회가 모두 인식하는 과정을 소홀히 해서는 안 된다. 학창시절의 바른 인성 형성이 한 개인의 장래에 대한 삶을 가치 있게 영위하느냐 못하느냐의 아주 중요한 일임을 교육 현장을 담당 하는 구성원들이 모두 다함께 절실하게 인지하는 과정이 절대 필요하다.

세 번째, 인성교육에 대한 장기적인 계획과 세안이 학교급별로, 아니면 그 위의 상급 기관에서의 꾸준한 관심과 실천에 대한 지도가 있어야 소기의 목표를 달성할 수 있을 것이다. '인성의 날' 운영이든가, '성공한 인물들의 정기적인 특강', '학생 상호간의 바른 인성의 실례'를 토론하는 기회 등의 방법을 형식적 운영이 아니라 꾸준한 실천만이 '학교 폭력' 근절의 지름길과 예방책이 될 수 있을 것이다.

'학교폭력'은 없어져야 한다. 그러나 '학교폭력'이 발생하기 전에 학교급별의 '인성 교육'에 대한 구체적이고 꾸준한 지도와 실천이 절대적으로 필요하다고 역설하고 싶다.

학교 경영자, 교사, 학부모, 학생, 지역사회 모두가 '인성교육'에 대한 중요성을 인식하고 꾸준한 지도와 관심만이 '학교폭력'을 최소화하는 방법이라 할 수 있다.

학교폭력 빠른 시일 내에 근절하자, 폭력으로 고통 받는 학생에 큰 도움이 되도록 해야 한다.

학교폭력의 근절을 위하여 사회 각 분야에서 많은 노력이 이루어지고 있다. 경찰은 3월 12일부터 6월 11일까지를 학교폭력 자진신고 및 집중단속 기간으로 운영하면서 학교폭력의 근절을 위하여 노력하고 있다.

하지만 교육인적자원부의 2005년도 보고서 '학교폭력5개년기본계획'을 보면 폭력피해 시 도움 요청 대상자로 주로 가족, 학교와 선생님, 친구 순으로 이루어지고 있다. 경찰에 도움을 요청하는 경우는 2004년 기준 8.77%에 불과하며 더욱 문제가 되고 있는 것은 혼자 참는다는 경우가 10.99%에 이르고 있다는 것이다.

이것을 보면 경찰의 노력에 비해 경찰에 도움을 요청하는 학생들은 적다는 것을 알 수 있다. 그러나 가족, 학교와 선생님, 친구에게 도움을 요청한다 해도 결국 경찰에 도움을 다시 요청하는 경우가 많다는 것이다. 지금 실시하고 있는 경찰의 학교폭력 자진신고 및 집중단속 기간에 경찰에 도움을 요청하는 것이 보다 효과적일 것이라 생각한다.

경찰에 도움을 청한다고 하여 경찰에서만 처리하는 것이 아니라 학교와 관계전문가, 교육인적자원부 등 관계된 기관들과 긴밀히 협조하여 학교폭력에 대하여 신속하고 철저히 대처한다는 것을 피해 학생이나 가족, 친구들이 숙지하고 있어야 할 것이라 생각된다.

우리는 그동안 경찰에 도움을 청하는 것에 대하여 너무 어렵게 느끼고 있었다. 단지 범죄자와 범죄 피해자들만 찾는 곳이 경찰서라고 생각하고 있는 것이다. 그러나 요즘 경찰은 과거의 권위 의식을 버리고 진정 국민들에게 다가가려는 경찰로서 거듭나고 있다. 학교 폭력 피해 학생들도 경찰에 신고하면 괜히 내가 불이익을 당하지 않을까 하는 생각에서 신고를 망설이는 경우도 있는데, 철저한 비밀 보장과 함께 폭넓은 도움을 받을 수 있다는 것을 알아야 할 것이다. 112, 182 등 우리에게 친숙한 전화번호가 항상 피해학생들의 가까이에 있다는 것을 생각하고 있어야 더 큰 피해를 줄일 수 있을 것이다.

'청소년은 나라의 미래'라는 말을 자주 듣는다. 하지만 그런 청소년들이 학교폭력이라는 검은 그림자로 인하여 병들어 가고 있다. 여러 기관과 단체에서 학교폭력의 근절을 위하여 노력하고 다각적인 방법을 강구하고 있다. 학교 폭력의 피해 학생들은 이런 여러 가지의 도움의 손길을 적극적으로 찾아서 받아야 할 것이다. 지난 3월 12일부터 6월 11일까지를 학교폭력 자진신고 및 집중단속 기간으로 운영하면서 학교폭력의 근절을 위하여 노력하고 있는 경찰에 도움을 요청하는 것은 보다 빠르고 안전하게 학교폭력의 피해로부터 벗어나는 방법이 될 것이다.

학교폭력이 심각한 수준이다. 정작 교사들은 이런 상황을 잘 모르고 있다. 설사 교사들이 안다고 해도 피해를 막아줄 것으로 기대하긴 어렵다. 학교경찰제 등 특단의 대책을 강구하고 있지만 구타, 갈취 등으로 고통 받는 학생이 많다. 그런 스트레스를 받으면서 공부가 될 리가 없다. 학교경찰제가 학습 분위기에 방해가 된다는 우려가 있지만 학교폭력이 만연한 지금보다 무엇이 더 나빠질지 의문이다. 그렇다면 일단 지금보다 더 강화하여 시도해보는 게 정답이라고 본다. 학교경찰은 폭력으로 고통 받는 학생들에게 새로운 의지처가 될 수 있다. 다만 시행에 앞서 철저한 준비를 통해 이 제도가 무리 없이 정착하도록 해야 할 것이다.

이제는 학교폭력, 집단따돌림과 괴롭힘, 왜곡된 청소년의 성문화 등이 사회적 문제로 등장해 있다.

그간 우리 사회는 학교를 중심으로 학교폭력과 집단따돌림, 청소년들의 왜곡된 성문화에 대한 인식과 원인 진단, 그 예방과 대책 등에 대하여 충분히 논의했을 뿐만 아니라 방향이 잡혔다고 본다. 이러한 현상은 실체이며, 당방 실효성 있는 예방 프로그램 개발과 운영 및 적극적인 대책이 필요하다는 점에 국민적 공감대가 형성되었다고 판단한다. 지금은 사변적인 논의가 아니라 실천해야 할 때다.

우리는 이러한 학교문화의 왜곡현상을 가벼이 볼 일이 아니며, 공교육의 정상화를 가로막고 있는 인적, 물적 환경 요소가 혼재되어 문제가 발생하고 있다는 점, 어느 한 집단의 노력이 아닌 가정·학교·당국·관련 사회기관 등의 네트워킹 체제를 통한 예방과 대책이 중요하다는 점 등을 강조하고 있다. 또 대통령 공약대로 교육재정을 확충하여 학교와 교사가 정작 교육과 학생지도에 충실할 수 있도록 학교교육의 체질을 개선하고 법적 교원정원을 확보해야 도덕성과 인성교육을 위한 특성화 교육프로그램에 과감한 인적 물적 자원의 투자가 시급하다는 점을 기회 있을 때마다 주장해 왔다.

그러면서도 우리는 일관되게 그 일차적인 책임이 학교와 교사에게 있음도 지적해 왔다. 학교와 교사는 국가와 학부모로부터 청소년과 자식을 훌륭한 사람으로 교육시켜 달라고 위임받은 존재이다. 그 위임을 충실하게 할 것이라는 믿음 대문에 사회는 교사를 존경하고 존중한다. 이 일을 계기로 다시 한 번 그 위임받은 책임을 다하고 있는지 스스로를 성찰해 볼 일이다. 교육은 모든 조건이 충족될 때까지 기다릴 수 있는 일이 아니다.

게다가 대중매체의 폭력에 대한 빈번한 노출은 실제 생활에 대한 감정 반응을 둔화시키며 분노 상태에서 폭력을 행사하려는 동기를 조장하여 반사회적인 공격행동을 야기 시킬 수 있다. 또한 폭력 장면의 주인공을 영웅화하는 것은 폭력을 미화시키는 것으로 폭력에 대한 우호적인 태도를 형성시키는 중요한 요인으로 작용한다.

학생들에게 따뜻한 관심을 늘 가져야 한다.

최근의 가장 큰 사회문제로 떠 오른 것으로 미국 버지니아공대 조승희 총기 사건을 들 수 있다. 모 포털 사이트(NAVER)의 주간 최대 검색어 순위도 1위였다. 아마도 조승희는 이것을 생각해 죽어서도 자신이 최대의 관심사로 한번 떠오르고 싶다는 야망(?)을 가졌는지도 모르겠다.

보도에 따르면 그는 외톨이로 고독한 청년(loner)이었다는 것이다. 사람은 사회적 동물이므로 사회, 이웃, 그리고 친구들과도 분리되어 있다고 느낄 때 분리의 감정(feeling of separation)을 가지게 되어 가장 우울하고 슬픈 상태가 된다.

대학에 평생 있으면서 조승희 또래의 학생들을 가르치며 대학교육에서도 인성교육이 얼마나 중요한지 다시 한 번 깨닫는 사건이다. 그러나 우리 주변에도 우울하고 외로운 학생들이 있다고 본다. 특히 지방대학에 다니고 있는 학생들은 자괴심으로 의기소침하거나 자신감을 상실해 사회적 문제가 될 수도 있다.

부모들이 자녀들에게 가장 하지 말아야 할 말은 타 자녀나 타 학생들과 비교하는 일이다. 교육 현장에서 늘 느끼는 일이 이것이다. 물론 공부 잘하고, 혹은 좋은 시험에 합격하고, 혹은 좋은 대학에 다니는 자녀들이 더 귀여울 수 있다. 그러나 자녀를 비교하지 말고 자녀의 장점이 무엇인지를 발견하여 그것을 키워주도록 격려해야 할 것이다. 자녀들의 가슴에 못 박는 말을 하여서는 더욱 안 된다.

학생들에게 강의하거나 당부의 말을 할 때 자신의 장점을 찾으라고 강조한다. "장점을 찾아 그것을 키우세요. 누구에게나 장점(advantage)이 있습니다. 노래를 잘 부르거나, 바둑을 잘 두나요? 혹은 컴퓨터 게임을 잘하나요? 남보다 잘 할 수 있는 것 한두 가지를 꼭 연마하세요. 그것은 여러분의 소중한 자산이며, 축복입니다. 무엇이든 좋아하는 것을 잘해 두세요. 특히 대학은 여러 서클도 있으니 가입하여 활동하세요. 봉사활동을 하면 더 즐겁답니다. 일기를 쓰거나 독서하면서 자신을 반추하며 지적성장을 하는 것도 중요하답니다. 이것은 졸업 후 사회생활에 큰 도움이 된답니다."

학생들에게 꿈이 없을 때 미래는 암담하다. 세상은 벽으로 보이고, 그리고 친구들도 자신을 따돌리는 것으로 보이고 반항하게 되고 우울증이 오거나 성적이 부진하기 마련이다. 대학에서는 선배들이 후배들에게 아주 잘 해준다. 어쩌면 좋은 선배들을 만나는 것도 큰 복이다. 동문수학 한다고 하여 선배들이 여러 가지를 지도해 주게 되고 좋은 유대관계가 형성되기 때문이다.

이번 버지니아공대 총기 사건을 보면서, 교수와 학생들과의 대화도 참으로 중요하며, 미래의 꿈을 심어주고 대화하는 것이 참스승의 지도라는 생각을 하게 된다. 교수는 학생의 문제에 특별한 관심을 가져야 한다. 건전한 시민사회의 일원이 되도록 배려와 관심이 정말 중요하다는 것을 다시금 깨닫게 된다.

우리 지역 한 대학의 조사에 의하면, 57%의 학생이 자살 충동을 느낀다는 답변을 한 것이 있고, 10% 내외의 학생이 우울증이 있다는 것이다. 어느 성공한 기업가의 초청강연 때 일이다. 자유질문 시간을 주었더니 갑자기 이러한 질문이 나왔다. "사장님은 성공하신 기업가이신데, 아주 어려우실 때에 자살충동을 느끼신 적이 있나요?"

이 의외의 질문에 그 기업가는 이렇게 답했다. "예 있습니다." 장내가 숙연해졌다. "저는 항해사로 배를 타는 일을 한 적이 있습니다. 망망하고 잔잔한 바다를 항해하면서 미래가 암담하게 보이기도 해 깊은 자살 충동을 느껴보았습니다. 그러나 후에 제가 사업을 하면서 가장 어려웠을 때 그리고 힘들 때 그 자살을 생각하던 극한 상황을 생각하면서 극복하곤 한답니다. 여러분들도 극한 상황을 생각하면서 극복해 보세요. 성공이 눈앞에 있습니다."

대화가 있는 학생들은 자신들이 가야 할 길을 찾아 간다. 선배들과, 그리고 교수들과 자신의 꿈 등에 대해 터놓고 대화하는 긍정적 상황을 만들어야 할 것이다. 교수의 한 두 마디 말씀은 학생들에게 깊은 감정의 교류를 갖게 하고 꿈을 자라게 해 주므로 대화해 주고 격려해 주고 미래의 꿈을 심어주는 교수가 되어 방황하는 젊은이에게 등대가 되어야 할 것이다.

체벌보다는 마음의 변화 이끌어야 한다.

체육관장들이 수난을 겪고 있다. 길거리에서 공공연히 벌어지고 있는 중·고교생들의 일탈행동을 무도인으로서 못 본 척할 수 없어 주의를 주려 했으나 오히려 이들이 대들자 혼 좀 내준다는 것이 폭행 용의자로 몰려 곤욕을 치르고 있는 것이다. 이런 일이 대구의 한 태권도 관장 및 사범에게 일어났고, 최근에는 서울의 한 격투기 체육관장에게도 일어났다.

그들은 모두 경찰에 입건됐다. 학생의 부모들이 훈계나 지도의 측면보다는 폭행 쪽에 무게를 두고 무도인들의 잘못을 지적하고 있기 때문이다. 이런 상황을 두고 누리꾼들의 의견이 뜨겁게 충돌하고 있다. "무도인 다운 아름다운 용기"라고 보는 사람이 다수를 차지하지만, 다른 한편에서는 "이유야 어쨌든 폭행은 폭행이니만큼 그에 상응하는 처벌을 받아야 한다"고 주장하고 있다.

요즈음 기성세대가 비겁해진 측면이 있는 것은 사실이다. 청소년들의 일탈을 목도하면서도 못 본 체 지나치는 경우가 얼마나 많은가? 괜스레 간섭했다가 오히려 봉변을 당할까 하는 우려 때문에 어른다운 본분을 스스로 포기하고 있지 않은가? 이런 측면에서 보면 이 무도인들의 행동은 비겁한 기성세대에 경종을 울린 것이다. 일탈하는 젊은 세대를 용기 있게 선도해 보고자 했던 점은 높이 살만하다.

그러나 일탈하는 청소년을 때려도 되는가 하는 반론이 있을 수 있다. 설사 꾸짖을 수는 있다고 하더라도 신체에 치료를 요할 만큼의 폭력을 행사할 권한은 어느 누구에게도 없는 것 아닌가? 한 인간은 어떤 사람으로부터도, 어떤 이유로도 사적인 폭행을 당할 수 없다는 것이 보편적인 인권사상이 아닌가? 중고교생들이 친구들과 모여 담배를 피우는 등의 일탈에 대한 무도인의 일방적 구타는 훈계의 도를 넘어선 자의적 폭력 과시가 아닌가?

양쪽의 주장은 모두 옳다. 젊은이들의 일탈 행동에 대한 그들의 훈계와 지도는 용기 있는 행동이었고 필요한 일이었으며, 아울러 그들의 구타에 대한 항의와 고발에도 충분히 이유가 있다. 하나는 어른의 본분을 다하려 한 것이었고, 하나는 인권의 원칙에 관한 것이기 때문이다. 체육관장들은 '담배를 피우는 것은 좋지 않다'는 훈계를 하려던 시도였고, 학부모들은 '누구로부터도 폭행을 당할 수 없다'는 교훈을 주려고 노력하고 있는 셈이라고 볼 수 있기 때문이다.

그런데 문제는 양쪽이 서로를 악의적으로 해석하는 데에서 생긴다. 체육관장들의 훈계와 지도를 선의로 해석하지 않고, 학부모들의 항의를 '일리 있다'고 보지 않는 데에서 문제가 발생하는 것이다. 서로 상대방의 행동을 선의로 해석하는 방식으로 문제를 풀 것을 권한다.

더욱 중요한 것은 관심의 초점을 '누가 옳으냐'가 아니라 '그런 학생들을 어떻게 변화시킬 것이냐'로 옮겨야 한다는 점이다. 무도인과 학부모의 갈등보다는 '학생들의 변화와 선도'로 관심을 돌려야 한다는 얘기다.

학생의 변화는 '마음의 변화'에서 온다. 체벌로는 '마음의 변화'가 어렵다는 것이 교육학이나 심리학의 오래된 정설이다. 그런 점에서 무도인들의 일탈 학생에 대한 훈계와 지도의 시도는 용기 있고 바람직한 행동이었지만, 그 방법이었던 구타와 체벌은 적절하지 않았다. 학부모들은 무도인들의 폭행에만 관심을 두다가 정작 중요한 학생들의 선도를 소홀히 하는 실수는 저지르지 말아야 할 것이다.

청소년 일탈에 대한 지도는 언제나 마음의 변화를 겨냥한 것이어야 하며, 이런 마음의 변화는 강제와 체벌을 통해서가 아니라, 감동과 감화 그리고 모범의 제시를 통해서 이루어진다는 점을 명심할 필요가 있다.

학교 생활지도 이제는 변해야 한다.

체벌 법제화 논란이 뜨거운 가운데 개학을 맞았다. 교과와 생활지도 교사는 어느 쪽을 더 힘들어할까. 전공 분야도 아니고 세대와 문화적 차이도 있으며 상황과 학생 또 학부모에 따라 그에 맞는 지도를 해야 하는 만큼 교사들은 교과지도 보다는 생활지도의 어려움을 호소한다. 교육부 박교선 교육연구관이 펴낸 『학교 생활지도 이제는 변해야 한다(교육과학사)』에는 교사들의 이런 고민에 도움을 줄 효율적인 생활지도 원칙 11가지가 제안돼 있다.

☞ 사랑이 기본=사랑하니까 질책도 하지만 학생을 진심으로 사랑하기에 하는 훈계인지에 대해 자문자답(自問自答)해 볼 필요가 있다. 교사의 말 한마디, 시선, 관심 등은 특별한 시간과 돈을 쓰지 않고도 학생이 인생의 목표와 방향을 설정 하는데 중요한 촉매가 될 수 있다.

☞ 법령·규정·일관성을 중시하라=법령이나 규정을 준수토록 하고 미준수시에는 그에 맞는 벌칙을 부여하는 것은 학생들의 준법의식 제고를 위한 중요한 교육이다. 학칙은 법령에 따라야 하며 학칙으로 정하게 돼있는 규정 외 두발, 복장 등의 규정은 학운위의 심의를 받아야만 하는 것은 아니지만 학생 학부모와 충분한 의견 수렴을 거치는 것이 좋다.

☞ 교사의 인품·전문 지식수준을 높여라=담당 교과에 대한 전문지식과 인품은 중요하다. 교권은 법이나 행정직 지원을 통해 세워질 수도 있으니 스스로 만드는 것이 더욱 중요하다.

☞ 경솔한 언행을 경계하라=인기와 존경은 일치하지 않는다. 인기를 위해 말고 K행동을 경솔하게 해서는 교과와 생활지도의 실효를 거둘 수 없다.

☞ 신상필벌(信賞必罰)을 적절히 하라=상과 벌은 적절한 수위와 강약조절이 필요하다. 상황에 따라 집단 따돌림의 원인이 될 수도 있으므로 학생들 앞에서의 칭

찬을 삼가야 할 때도 있다. 연대감·공동체 의식 함양의 명분 등으로 단체기합을 주어서는 안 된다. 벌은 사안에 적합하면서도 사회통념 범위 내에서 이루어져야 한다.

☞ 비행·일탈의 사전 징조를 간과 말라=큰 사건이나 상습화된 비행 일수록 예측 가능한 원인이 있으며 징조를 보인다. 경험 많은 교사나 전문가의 도움을 받고, 상황에 따라 학생들로 하여금 해당 학생을 정서적으로 돕도록 한다. 학생 지도 내용이나 과정 등은 기록을 남기되 철저히 비밀로 한다.

☞ 다양한 방법으로 자주 상담하라=상담은 시간과 장소를 분문하고 그 상황에 맞는 상담 및 지도가 중요하다. 상담기술 보다는 진심을 H말을 이해하고 래포(Rapport)를 형성하며 함께 고민하고 노력하는 지속적 관심, 지지가 중요하다.

☞ 사건 발생 시 관련법을 기준을 공정·신속·투명하게 처리하라=학생사고와 관련 교원이 징계 등을 받는 이유는 처리과정에서 법령을 따르지 않고 규정을 자의적으로 판단하기 때문임을 잊어서는 안 된다. 제3자의 협박과 회유 등 흥정에 휘말리지 말아야 한다.

☞ 성(性) 평등적 사고와 자세를 유지하라=지향해야 할 문화는 무조건적인 절대적 성 평등보다 합리적 성 평등이다. 교사는 성 평등에 대한 균형 있는 의식과 전문성을 갖추어야 한다.

인간 사회의 변화는 노력과 실천으로 이루어진다. 이제는 학생 지도 현장의 폭력에 대해서 불편하게만 대응하는 소극적인 수준에서 대국민 홍보 정책 창출에 이르기까지 보다 적극적인 정책 대안으로 대처할 때 좀 더 국민 일반에게 사랑받는 이미지상이 새롭게 조성될 수 있을 것이다.

이러한 정책들이 성공적으로 수립하고 집행하기 위해 주관 부처는 2년, 4년 등 단계별 중장기 플랜을 제시하고 일관되게 정책 집행을 수행해 나가야 한다. 또한 정책 집행을 주도하고 추진해 나갈 수 있는 핵심적인 부서와 인력 배치 그리고 지원의 지원이 요구된다. 특히 전담 부서나 기구의 신설, 예산 확보가 뒷받침되어야 한다.

이를 위해 교육계 원로, 교육행정가, 교육학자 및 관련 분야의 지도자들이 마다 협력과 연대를 구축하며 학교폭력 현장을 극복하고자 하는 실천을 경주한다면 근시일 안에 반드시 학교폭력은 근절될 수 있을 것이다.

참고문헌

강봉채(2013. 11. 18). 학교폭력 예방의 시작점 학부모폴리스, 경향신문

강신욱(2004). 체육계 대학생의 선후배간 체벌 실태조사 및 체벌 경험과 대학생활 적응의 관계. 한국체육학회지. 43(5), 79-90.

강원도민일보(2012. 02. 21). 주5일 수업, 방황하는 아이 없어야.

강원도민일보(2012. 04. 09). 학교폭력 공개 신중하게 해야.

강원도민일보(2012. 05. 15). 교권을 살려야 학교교육이 산다.

강원도민일보(2013. 03. 15). 바로 잡아야 할 10대 성문화.

강원도민일보(2013. 03. 29). 학교폭력 예방을 위해 실효적 대책을.

강원도민일보(2017. 09. 06). 10대 범죄 흉포화 손 놓고 있을 건가.

강원일보(2013. 06. 01). 학교폭력 보호 장치 마련돼야.

강원일보(2013. 07. 25). 학교폭력 추방, 현장성 더 강화해 효과 높여야, 7면.

강은지(2015. 02. 26). 상처 덧나게 하는 부모 넌 맨 날 그 모양....마음의 문 더 닫아. 동아일보, A2.

강이봉(2012. 02. 21). 학교폭력 국가가 막아야 한다, 강원일보

강이봉(2013. 09. 04). 청소년 비행의 원인은 어른에게 있다. 강원일보, 6면.

강이봉(2014. 09. 10). 누가 이이들을 범죄자로 만들었나. 강원일보, 6면.

경남매일(2017. 04. 16). 국회 교원지위법 개정안 조속 처리를.

경북일보(2014. 10. 06). 내 아이는 학교폭력에 안전한가.

경향신문(1963. 05. 27). 교육자는 어디 갔느냐, 5면.

경향신문(1986. 05. 23). 폭력교실.......도피 전학 잇따라, 11면.

경향신문(1994. 12. 18). 日 교내폭력 이지매 위험 수위, 힘 약한 학생 잇단 자살, 23면.

경향신문(1995. 07. 18). 한 소년이 떨고 있다....아니 모두, 25면.

고광명(2014). 학교폭력의 실태와 대책에 관한 연구. 미간행 석사학위논문. 용인대학교대학원.

고광삼(2013. 08. 08). 학교폭력 실태 모바일 조사도 추가해야. 조선일보, A29.

공의식(2002). 새로운 일본의 이해. 서울: 다락원.

교육과학기술부(2008). 학교폭력 피해자 치유프로그램. 서울: 교육과학기술부.

교육과학기술부(2009). 2009 개정 교육과정. 교육과학기술부 보도 자료. 서울: 교육과학기술부.

교육과학기술부(2009). 홈페이지. http://www.mest.go.kr/

교육부(2014. 05. 19). 학교폭력 근절을 위한 우리의 대안은. 서울: 교육부.

교육부(2017). 교육부 홈페이지. http://www.moe.go.kr

교육인적자원부(2004). 홈페이지. http://www.moe.go.kr.

교육인적자원부(2005). 학교폭력 유형별 대처사례집. 서울: 교육인적자원부.

구창모(2012. 02. 02). 학교체육 활성화가 성장기 폭력 줄이는 약, 조선일보.

권순건(2014. 01. 08). 학교폭력 해법은 건강한 소통, 강원일보, 7면.

권순건(2013. 10. 16). 학교폭력의 주범 스트레스. 강원일보, 7면.

권민혁(2001). 아동의 운동능력과 또래지위의 관계. 한국스포츠사회학회지. 14(2), 367-376.

권민혁(2002). 또래의 신체활동 게임에서의 권력 관계. 미간행 박사학위논문. 서울대학교 대학원.

권민혁(2009). 청소년의 체육 성적과 사회 자본의 관계. 한국스포츠사회학회지. 22(2), 21-34.

권민혁, 김성호(2009). 청소년의 여가활동 참여 유형과 사회자본의 관계. 한국여가레크리에이션학회지. 33, 157-165.

권영은(2013. 01. 24). 입시 탓에 인권교육 뒷전...학생 몰 이해 속 교권추락 논란 여전, 한국일보.

권영은(2013. 02. 27). 충분히 반성한 학생에 빨간줄 그어야 하나, 한국일보.

권영은(2013. 09. 09). 욕설·조롱 추행까지.. 학교에서 동성애자 차별 여전히 심각. 한국일보, 12면.

권오준(2014. 12. 09). 학교 스포츠 활동으로 폭력 없는 행복한 학교를, 경상일보.

권일남(2014. 03. 17). 청소년 사고 막을 안전센터 설립 시급하다, 세계일보.

권오걸(2013). 학교폭력예방 및 대책에 관한 법률의 적용과 문제점. 법학논고(43), 79-102.

권민혁, 정영린, 이용식, 허현미(2013). 청소년의 학교폭력 예방을 위한 방과 학교 스포츠프로그램의 활성화. 한국체육학회지. 52(5), 207-221.

금영자, 한국청소년상담원(2005). 학교폭력 예방 및 대처를 위한 연계체제 구축 방안. 서울: 한국청소년상담원.

금영자, 오혜영, 조은경, 백현주, 신주연(2005). 학교폭력 예방 및 대처를 위한 연계체제 구축 방안. 한국청소년복지개발원, 13-19.

기호일보(2014. 12. 23). 학교폭력 예방대책 개정안 실효 기대, 11면.

김가령(2013). 생명존중교육 프로그램이 중학생의 자존감, 생명존중의식. 자살태도 및 학교폭력에 미치는 효과. 미간행 석사학위논문, 신라대학교대학원.

김경준(2013. 09. 10). 만인 앞에 선 동성 결혼식....합법화 논의 첫걸음. 한국일보.

김국진(2015. 01. 15). 선진국의 학교폭력 대처 어떻게 하나, 경북일보.

김균미(2017. 07. 11). 교사 성추문 파문. 서울신문, 31면.

김남철(2011. 07. 25). 학교가 폭력산실이 되어서는 안 된다, 강원도민일보.

김도란(2013. 02. 08). 새학기 앞두고 학교폭력 기재 지침 또다시 갈등 조짐, 뉴시스.

김기란, 최기호(2009). 대중문화사전. 서울: 현실문화연구.

김난주(2013) 학교폭력 예방에 관한 연구 : 학교폭력예방 및 대책에 관한 법률을 중심으로,

미간행 박사학위논문. 동의대학교대학원.

김남수, 이기봉, 박일혁(2010). 학교폭력 가해청소년 선도를 위한 스포츠활동 적용 연구. 한국청소년정책연구원.

김도연(2015. 03. 25). 사이버 폭력으로 고통받는 청소년이 없기를, 국민일보.

김도윤(2013. 04. 05). 학교폭력은 우리 모두의 책임, 강원도민일보.

김도형(2013. 01. 23). 교사 99% 학생인권조례 보완-폐지해야. 동아일보, A14.

김도형(2013. 02. 04). 학부모 45% 학교폭력 대책 효과 없었다, 동아일보, A41.

김동혁, 정재락(2017. 09. 13). 학교는 덮기 바쁘고, 울산 중학생 자살로 내몬 학교폭력. 동아일보, A14.

김미숙, 김정숙(2012). 아동·청소년 학교폭력 실태와 정책과제. 보건복지포럼, 제192권, 67-77.

김민경((2012. 01. 12). 학교폭력 침묵의 가르텔 깨자. 한겨레.

김봉래(2013. 02. 28). 새학기 학교폭력 없는 학교를 꿈꾸며, 강원도민일보.

김범주(2007). 법과 사회. 경기: 형설출판사.

김병석(2017. 06. 20). 서울행정사. http://blog.naver.com/119simpan/221033292663. 학교폭력예방 및 대책에 관한 법률-학교폭력 가해학생 징계처분 취소 행정심판.

김성기(2008). 학교폭력예방 및 대책에 관한 법률'과 동법 시행령의 문제점과 개정방안. 교육법학연구. 20(2), 27-45.

김성모(2013. 03. 15). 맞장뜨자 해놓고 패버려요, 그럼 때린 게 아니라 싸운 게 되죠, 동아일보.

김성모(2017. 01. 04). 스마트폰에 빠진 청소년, 커서 술·담배 쉽게 빠져, 조선일보.

김성민, 이송원(2011. 05. 28). 아침 7시, 그들은 머리 박고, 욕설을 들었다. 조선일보, A11.

김성우(2014. 07. 05). 효과적인 학교폭력 근절책. 국민일보, 19면.

김세웅, 장경로(2005). 대학운동선수들의 조직사회화 과정에서의 멘토링 역할. 한국스포츠사회학회지. 18(1), 87-101.

김수혜(2012. 04. 23). 초·중·고 558만 명 중 130만 명만 응답했는데, 그걸 왜 보도했느냐고 따지는 사람들, 조선일보.

김수혜, 심현정(2013. 01. 22). 일진학교 72%가 중학교-내달부터 전면 개조 프로젝트, 조선일보.

김승현(2005). 일진회는 폭력을 놀이로 여겨, 중앙일보.

김승환(2015). 학교폭력의 실태와 경찰의 효과적인 대응방안에 관한 연구. 미간행 석사학위논문. 고려대학교정책대학원.

김연주(2013. 03. 25). 지금 중1 교실은 난장판, 일진(一陣)가리자며 난투극. 조선일보.

김연주(2012. 09. 19). 학생부 기록과 대학입학시험, 조선일보.

김연주(2012. 09. 19). 교사엔 서류 경각심, 조선일보.

김연주(2013. 02. 01). 학교폭력 기준고시 제정, 조선일보.

김연주(2013. 04. 23). 학교폭력 목격한 학생 44%, 얻어맞은 친구 못 본체 했어요, 조선일보.

김연주, 김현종(2012. 09. 19). 학교폭력 불허 대학 의지, 조선일보.

김영근, 이준헌(2012. 04. 23) 대낮 운동장 집단 흡연, 낯 뜨거운 스킨십, 아이들 어떻게 할 것인가, 조선일보.

김영덕(2007. 02. 01). http://blog.naver.com/oingoingzz/80045412430. 청소년 문제, 사회 동동 책임, 강원논단.

김영신(2012. 03. 06). 인성·예체능 교육 소홀히 했던 게 이제야 곪아 터졌다, 조선일보.

김영준(2017. 09. 29). 학교폭력 근절은 우리 모두의 책임, 충청일보.

김용수(2016. 09. 23). 청소년 문제는 사회의 공동 책임이다, 한국스포츠사랑연구소.

김용수(2016. 10. 12). 가출 청소년 범죄는 우리 모두의 공동 책임이다, 강원도민일보.

김용수(2016. 11. 02). 학교 밖 청소년들에게 관심을 갖자, 강원도민일보.

김예진(2016. 05. 22). 학교폭력 기준 고시 제정, 세계일보.

김윤희(2013. 08. 16). 개학철 맞아 학교폭력에 더 많은 관심을 기울여야. 문화일보, 37면.

김윤희(2014. 04. 07). 청소년 사이버폭력 심각……관심과 교육 적절. 세계일보, 26면.

김종관(2017. 08. 18). 누구 중학교를 이토록 망쳤나, 강원일보, 18면.

김종만, 이상렬, 조준현(2010). 고등학교 유도선수의 자아존중감이 진로의식 성숙에 미치는 영향. 대한무도학회지. 12(3), 173-185.

김준호(2009). 청소년비행론. 서울: 청목출판사.

김준호, 노성호, 이성식, 곽대경, 박정선(2013). 청소년비행론. 서울: 청목출판사.

김지은(2013. 02. 09). 학교폭력이 법리적으로 적절하다. 광범위한 개념 재정립 필요, 한국일보.

김지은, 김지학(2014. 08. 12). 폭력 문화 다양성 교육으로 넘어야, 한겨레.

김진철(2013. 03. 25). 학교폭력 중요하다면 상담교사 뽑아라, 한국교육신문.

김진웅(2013. 03. 05). 마음 다스리기, 충청일보.

김진화(2002). 청소년 문제행동론. 서울: 학지사.

김창군, 임계령(2010). 학교 폭력의 발생 원인과 대처 방안. 한국법학회. 법학연구. 38, 173-198.

김철중(2013. 01. 15). 걷기냐, 달리기냐, 하버드 의대의 30년 논쟁, 조선일보.

김해겸(2013. 02. 24). 새학기, 폭력 없는 학교를 위해. 한국교육신문, 10면.

김헌섭(2012. 05. 29). 교권은 없다, 충청일보.

김형규(2013. 08. 26). 학교폭력 초등생 2년 새 3배 늘어. 경향신문, 10면.

김형기(2012. 05. 08). 선생님의 길, 敎員의 길, 조선일보.

김형기(2013. 01. 03). 0교시 체육수업, 학교폭력 줄이고 성적 올려, 조선일보.

김형원, 이민석, 이태경(2013. 03. 26). 학교에 경찰 常駐해서라도 학교폭력 잡아 달라, 조선일보.

김현철(2010). 학교폭력 예방 및 대책에 관한 법률의 개선방안 : 시론적 고찰. 법교육연구.
 5(1), 69-83.

김형태(2013. 03. 22). 학교폭력 누구를 탓해야 하나. 한겨레, 30면.

김형학(2011. 09. 24). 진정한 행복을 위한 교육, 강원일보.

김혜수(2013. 02. 25). 4~5세 아이, 자라나서 분노조절 잘 하게 하려면 화 낼 대마다 참아야
 하는 이유를 부모가 설명해 줘야, 조선일보.

김효민(2013. 02. 19). 말대꾸한다고, 1초도 못 참고 학생 뺨 때리는 선생님, 조선일보.

김효인, 이종진(2013. 02. 25). 부모 꾸중 몇 마디에 ...순간적인 욕설·흉기, 조선일보.

남경희(2013. 03. 24). 학교폭력 근절, 정부 의지 안 보인다. 동아일보, A29,

남경희(2016. 03. 22). 폭력 없는 학교 아직 갈 길 멀다. 문화일보, 30면.

네이버 백과(2017. 09. 17). 학교폭력의 현실.

대한체육회(2010). 선수 (성)폭력 실태조사. 서울: 대한체육회.

동아일보(1986. 10. 10). 어린이들 빗나간 끼리끼리 의식, 7면.

동아일보(2005. 03. 10). 학교폭력 당신이 책임지겠오.

동아일보(2013. 03. 14). 학교폭력 예방 모범학교가 이 지경이니.

동아일보(2013. 04. 23). 침묵하는 다수를 깨운 창조적 학교폭력 예방법.

동아일보(2015. 01. 05). 범죄 흉포화… 형사免責 12세로 낮추자 vs 처벌보다 재활프로그램이
 재범 줄인다. A28.

매일경제(1983. 05. 09). 18C 조선시대 김홍도 그림, 서당도, 9면.

문용린(2006). 학교폭력 예방과 상담. 서울: 학지사.

문익점의 카페목화. http://blog.daum.net/asdfdf1/74http://blog.daum.net/asdfdf1/74. 학교폭력
 예방 교육계획 이렇게 세워보자! 2017. 09. 30.

민무숙(2017. 07. 04). 성평등 제도와 현실의 간극, 파이낸셜뉴스.

민병욱(2010. 08. 19). 70년대 이야기. 왕따, 학교폭력의 시작, 동아일보.

박교선(2006). 생활지도 이제는 변해야 한다. 서울: 교학사.

박기호(2017. 10. 02). 학교폭력 심의건수 3년간 21% 증가, 사이버 폭력도 급증, New 1.

박미랑(2017. 09. 21). 소년범 형사처벌 제한연령 하향 반대, 서울경제.

박미정(2014. 10. 06). 내 아이 학교폭력에 안전한가, 경북일보.

박범규(2009). 학교폭력의 심리적 원인과 그 대책. 인권복지연구. 5, 27-57.

박병국(2004). 청소년의 스포츠활동 참여가 학교생활적응 및 자아성취감에 미치는 영향. 한
 국사회체육학회지. 21, 633-644.

박상도(2001). 청소년 학교폭력의 원인과 대처방안 연구. 미간행 박사학위논문. 대전대학교
 대학원.

박상식(2013). 소년범죄와 학교폭력 예방을 위한 회복적 사법의 도입에 관한 연구. 법학연구.

21(2), 211-241.

박상진(2011. 11. 24). 청소년 위험수위 넘었다, 동아일보.

박상진(2013. 04. 16). 청소년 문제, 도래 문화 이해가 첫걸음이다, 조선일보.

박성환(2011. 10. 24). 여중생 집단성폭행 가해자 미성년자라 등교정지 10일.....피해부모·시민 분노, 뉴시스.

박양명(2011. 05. 01). 어른이 주는 한 잔 술, 청소년 크게 망친다, 코메디 닷컴.

박우인, 박진용, 진동영(2017. 09. 08). 소년범 수사 딜레마에 빠진 경찰, 서울경제.

박정준(2011). 통합적 스포츠맨십 교육 프로그램의 개발과 적용 : 중등 학교체육에서의 가능성과 한계점. 미간행 박사학위논문. 서울대학교대학원.

박정현(2000). 청소년의 체육활동 참가와 학교생활적응의 관계. 미간행 석사학위논문. 서울대학교대학원.

박정훈(2012. 02. 08). 女교사도 78%가 원하는 男교사 증원, 조선일보.

박정훈(2017. 09. 12). 학교폭력 중학생 9명 소년부 송치, 서울신문.

박주형, 정제영, 김성기(2012). 학교폭력예방 및 대책에 관한 법률과 동법 시행령의 문제점 및 개선방안 연구. 교육행정학연구. 30(4), 303-323.

박지은, 서영(2014. 01. 28). 학교 협동조합을 통해 인성교육, 강원도민일보.

박형원(2004). 가정폭력 노출 아동의 공격행동 감소 프로그램 개발 및 효과성 연구. 미간행 박사학위논문. 이화여자대학교대학원.

박혜란(2007). 청소년의 여가활동 참가와 학교생활 적응의 관계. 한국여가레크리에이션학회지. 31(4), 5-18.

박효정(2006). 학교폭력 실태의 이해와 진단. 교육개발. 33(3), 72-75.

박훈상, 이철호(2013. 03. 07). 왕따에 떨던 10대, 이젠 카타 공포. 동아일보, A14.

백가흠(2013. 03. 21). 학교폭력 왕따로 죽음을 생각하는 동생에게, 한국일보.

백승묵(2017. 09. 12). 학교폭력 중학생 9명 소년부 송치, 괴롭힘, 폭행 등 혐의, 경향신문.

백승호(2017. 09. 19). 교원 3法, 정기국회서 조속 개정해야, 한국교육신문.

변태섭(2013. 08. 26). 학교폭력 가해학생 3년 새 두배 늘어, 초등생은 3.6배 급증. 한국일보, 10면.

변태섭(2013. 08. 13). 대학선수들까지 성적 저조하면 코치·선배에게 매맞기 다반사. 한국일보, 3면.

부산·경남 뉴스1(2017. 09. 15). 법원, 부산 여중생 폭행 나머지 가해자 1명도 영장 발부.

봄이(2017. 03. 21). blog.daum.net/qkrqha12345. 건강한 삶을 살기 위해 꼭 필요한 유산소 운동, 건강.

삼성사회정신건강연구소(2005). 작은 힘으로 시작해 봐.

삼성생명공익재단 사회정신건강연구소(2009). 청소년기를 밝고 건강하게: 내 생명 소중하게 가꾸기, 청소년 인성교육 프로그램 시리즈, 6.

샤먼킹(thehate). http://blog.naver.com/thehate01/221094604661(2017. 09. 11). 학교폭력 대처 사례.

서동진(2012. 03. 23). 폭력이라는 윤리적 쟁점, 한국일보.

서울대학교 발달심리연구실(2006a). 시우보우(視友保友) 프로그램.

서울대학교 발달심리연구실(2006b). 헬핑 프로그램.

서울신문(2013. 09. 24). 자살 충동 청소년 상담프로그램 확충하자. 서울신문, 31면.

서울신문(2014. 07. 12). 학교폭력 대책 언제까지 겉돌 게 할텐가, 서울신문, 27면.

서울신문(2014. 09. 04). 재발한 학폭 투신, 4대악 근절 무색하다. 서울신문, 31면.

서인석(2014. 09. 11). 학교폭력 예방을 위한 밥상머리 교육, 경상일보.

세계일보(2012. 08. 28). 교권 회복해야 학교폭력 해결할 수 있어, 27면.

손효숙(2013. 11. 21). 은밀한 학교폭력 사이버 왕따 기승. 한국일보, 11면.

송대(2014. 08. 14). 병영 내 폭력은 학교에서 배운 것, 경향신문.

송승환(2016. 05. 23). 학생·학부모에게 매 맞고 욕먹는 선생님, 일요신문.

송태민(2013. 03. 16). 자살이 너무 흔한 나라, 한국일보.

인터넷조선. 2012년 5월 5일자.

시사저널. 2012년 4월 27일자.

신광영, 곽도영(2013. 03. 15). 사람이 무섭다. 은둔생활, 또 당할라 전학가도 외톨이. 동아일보, A12.

신순갑(2015. 01. 05). 범죄 흉포화....형사 免責 12세로 낮추자, 동아일보.

신승호(2006). 생활체육 활성화를 위한 정책 비전과 과제. 생활체육활성화를 위한 대토론회. 한국체육학회, 5-27.

신승호(2013. 05. 30). 학교폭력 근절 인성교육에 달렸다, 강원일보, 7면.

신은별, 손영하(2017. 09. 22). 또래 성추행 학생 피해자와 같은 학교 버젓이 다녀. 한국일보, 10면.

심현정(2012. 04. 23). 대낮 운동장 집단 흡연, 낮 뜨거운 스킨십, 아이들 어떻게 할 것인가, 조선일보.

심현정(2013. 05. 29). 學暴 신고 늘었는데 징계 건수 왜 줄었나. 조선일보, 12면.

심현정, 김효인(2013. 04. 23). 학교 안전강화 6개월, 교문은 여전히 열려 있었다, 조선일보.

안광복(2014). 도서관 옆 철학카페, 서울: 어크로스.

안경호(2013. 05. 07). 노스페이스 내놔, 역할극으로 학교폭력 예방, 한국일보.

안경환(2012. 04. 04). 학교폭력의 근원을 알기나 하나, 한국일보.

안도건(2017. 08. 24). 게임중독과 학교폭력, 강원도민일보.

안승일(2013. 04. 18). 학교 숲이 학교폭력 성향 줄인다, 강원일보.

안양옥(2012. 01. 26). 남교사 증원대책 시급하다, 조선일보.

안양옥(2013. 03. 19). 학교폭력, 교사가 적극적 예방자가 돼야, 문화일보.

양미진, 김은영, 이상희(2009). 초등학생의 학교폭력예방을 위한 배려증진 프로그램 효과 검증 연구. 초등교육연구. 22(2), 205-232.

양보영(2015). 현대사회와 범죄의 이해. 서울: 동방문화사.

양소영(2013. 11. 21) 양소영의 가정행복 이야기.

양은석(2012. 03. 08). 학교폭력, 스포츠 활동이 해법이다, 강원도민일보.

양정호(2013. 03. 22). 학교폭력 누구를 탓해야 하나, 한겨레, 30면.

엄기호(2012. 04. 05). 애도 없는 사회, 한국일보.

엄명용, 송민경(2011). 학교 내 청소년들의 권력관계 유형과 학교폭력 참여 역할 유형. 한국사회복지학회지. 63(1), 241-266.

한국일보(2012. 12. 28). 대구 중학생 자살 수사 1주일.....드러난 사실들, 연합뉴스

오성삼(2013. 02. 01). 착한 대학입시가 해법이다, 한국일보.

오창원(2017. 07. 24). 운동선수 폭력문제 언제까지, 중부일보.

동아일보(2015. 01. 05). 범죄 흉포화....형사 免責 12세로 낮추자 vs 처벌보다 재활프로그램이 재범 줄인다, 오피니언 팀 종합.

우종민(2013. 02. 19). 당신의 분노는 당신에게 돌아온다, 조선일보.

위강석(2013. 02. 06). 학교폭력 없는 청청 강원만들기, 강원도민일보.

유광욱, 원유병(2008). 생활체육참여 정도 관련변인과 학교폭력 및 학교생활적응과의 관계. 한국스포츠심리학회지, 19(1), 97-113.

유병열(2012. 02. 28). 행복한 학교, 스포츠에서 길을 찾자, 조선일보.

유정(2012. 01. 07). 학교폭력 누구를 탓해야 하나. 학교 폭력에 대한 내 생각. 일기장

유재순, 손정우, 남민선(2010). 청소년 자살 생각에 영향을 미치는 요인. 지역사회간호학회지. 19(3), 419-430.

유평수(2005). 중학생 학교폭력 예방프로그램의 효과 분석. 청소년학연구. 12(2), 53-78.

오마이뉴스(OhmyNews, 2017. 09. 28).

윤영신(2013. 03. 21). 누가 중학교를 이토록 망쳤나, 조선일보.

윤종대, 정철규, 윤필규, 노미라(2009). 중학생의 여가활동 참여유형이 학교생활 적응과 심리적 행복감에 미치는 영향. 한국여가레크리에이션학회. 33(2), 125-134.

윤종완(2013. 01. 11). 건강한 삶 9988을 위해 하루 한번 심장 운동을 하자, 조선일보.

이데일리(2012. 02. 02). 범죄자, 태어날 때 이미 결정된다.

이강은(2005). 일진회 싸움짱, 공부짱 가입, 서울만 1200명. 세계일보.

이명선, 성현석(2017. 09. 20). 폭력과 섹스 말고 놀 줄 모르는 아이들 방법은, 프레시안.

이민수(2013. 01. 16). 자살은 개인문제 아니다, 조선일보.

이봉환(2010). 학교폭력 대처를 위한 지역유관기관의 지원체제 정립과 활성화 방안. 인하교육연구. 16(2), 45-73.

이상연, 안민석(2004). 학생선수들의 수업결손에 대한 정책대안 연구. 한국체육학회지. 43(3),

127-135.

이서영(2012. 01. 18). 10대들에게 소통하는 법을 가르치자, 동아일보.

이성민, 이송원, 이준헌(2011. 05. 28). 아침 7시, 그들은 머리박고 욕설부터 들었다. 조선일보, A21.

이수정(2015. 01. 05). 처벌보다 재활프로그램이 재범 줄인다, 동아일보.

이연주(2013. 04. 23). 학교폭력 목격한 학생 44%, 얻어맞는 친구 못 본체 했어요, 조선일보.

이영재(2014. 12. 09). 손톱 및 가시 학교폭력 근절에 힘 모아야, 광주일보.

이윤호(2004). 현대사회와 범죄의 이해. 경기: 삼경문화사.

이인혜(2017. 09. 15). 도 넘는 10대 폭력과 매스미디어, 매일경제.

이재연(2012. 01. 02). 청소년은 미래의 주역, 한국교육신문.

이재영, 정우일(2012). 일본의 학교폭력 대응방안에 관한 고찰. 한국범죄심리연구. 8(3), 143-172.

이재욱(2012). 학교폭력의 원인과 해결방안 : 학교폭력예방 및 대책에 관한 법률의 실효성 검토와 법교육의 중요성 인식을 중심으로. 미간행 석사학위논문. 고려대학교교육대학원.

이종운(2013. 06. 07). 4대 사회악 척결 다함께 나서야, 강원도민일보.

이진우(2015. 02. 16). 인성교육은 시민교육이다. 매일신문.

이지혜, 이명원(2013. 12. 26). 왕따 피해 ·가해자 모두 자살률 2~9배 높아져요. 조선일보, A35.

이지은(2014). 교장, 교사, 전문상담교사의 인식 분석에 기초한 전문상담교사 역할 모형 탐색. 미간행 박사학위논문. 이화여자대학교대학원.

이학준(2004). 운동선수의 죽음을 묻는다. 한국체육학회지. 43(4), 65-73.

이홍구(2011). 체육지도 현장의 폭력근절을 위한 질적연구. 한국체육정책학회지. 9(3), 155-170.

이홍구(2011). 체육지도 현장의 폭력근절을 위한 질적연구-체육계 내 폭력 발생의 배경-. 한국체육정책학회지. 19(3), 159-160.

이홍구(2011). 건전한 운동부 문화를 만들어야 한다. 한국체육정책학회지. 19(3), 165.

이홍구(2011). 체육지도 현장의 폭력 근절을 위해서는. 한국체육정책학회지. 19(3), 165-167.

인터넷조선(2012. 05. 05). 한국 어린이·청소년 행복지수 4년 연속 경제협력개발기구(OECD) 국가 중 꼴찌.

임수원(2012. 03. 08). 학교체육이 인성교육의 자양분이 되려면, 조선일보.

임번장(2000). 클럽스포츠 활성화를 통한 21세기 국민체육진흥방안. 꾸민체육진흥세미나. 한국체육학회, 11-33.

임재연(2015). 학교폭력의 실태와 대책에 관한 연구. 미간행 박사학위논문. 건국대학교대학원.

임종수(2013. 08. 12). 학교는 행위 주체도 객체도 아냐, 한국교육신문, 7면.

임채수(2012. 03. 14). 초·중·고 주5일 수업 취지를 살리려면, 조선일보.

조주행(2012. 01. 04). 자유주의진보연합. http://blog.naver.com/advance2012/110128111069.

장다울(2013. 10. 02). 국제 비폭력의 날을 맞이하여. 한국일보, 30면.

장문수(2015. 06. 08). 이젠 인성교육이다, 전남일보.

장영훈, 김수연(2013. 03. 13). CCTV 사각지대서 때려요, 학교폭력에 시달린 고교생 자살. 동아일보, A12.

장인철(2012. 08. 22). 스마트폰 청정학교를 바라며, 한국일보.

전권배(2007). 학교폭력 예방 및 대책에 관한 법률의 검토-학교폭력 예방의 이해와 관점-. 미간행 석사학위논문. 한국교원대학교대학원. 89-90.

전영지(2012. 08. 30). 美 열혈맘 선생님에게 배우는 0교시 체육의 기적, 스포츠조선.

전인식((2012. 03. 12). 학교폭력, 전수조사가 끝 아니다, 동아일보.

전정윤(2014. 11. 28). 학교폭력이 3년째 줄었다고, 한겨레.

전홍섭(2015. 07. 23). 인성교육은 가정에서부터, 동아일보.

정동하, 정미현(2011). 청소년의 스트레스가 비행 행동과 자살 생각에 미치는 영향에 관한 결로 분석. 한국가족간호학. 16(3), 171-187.

정성민(2016. 01. 25). 위기의 교사들, 교권 회복이 시급하다, 대학저널.

정성직(2017. 05. 08). 추락하는 교권....학생이 무서운 교사들. 중도일보, 28면.

정세종(2017. 09. 21). 소년범 형사처벌 제한연령 하향 찬성, 서울경제.

정영로(2013. 12. 06). 학교폭력 가해 학생 이야기. 강원도민일보, 9면.

정원수, 이나연(2005. 03. 10). 일진회 탈선 갈 데까지 갔다, 동아일보.

정성직(2017. 10. 03). 점점 낮아지는 학교폭력 발생 연령대....초등 학교폭력 3년간 46% 증가, 중도일보.

정준영(2009). 스포츠 인권침해 예방을 위한 정책 제안. 국가인권위원회, 33-43.

정철호(2009). 스포츠 폭력의 유형과 대책. 스포츠와 법. 12(4), 257-278.

정채옥(2015. 07. 01). 인성교육은 부모교육과 함께. 국민일보, 22면.

정희태(2011). 학교폭력 예방과 갈등해결 방안 : 인성 교육적 접근. 윤리연구. 83, 123-162.

조남기, 김택천(2012). 학교폭력 예방을 위한 스포츠의 역할. 한국체육정책학회지. 10910, 47-60.

조미현(2012. 05. 09). 인성교육, 강원도민일보.

조민서(2013. 02. 01). 학교폭력 당사자 간 화회하면 학폭위 안 간다, 아시아경제.

조선일보(2012. 06. 30). 폭력 학생, 어려도 잘못엔 책임지는 것 배워야.

조선일보(2012. 05. 14). 본분 다하는 선생님이 우리 교육의 희망.

조선일보(2013. 02. 19). 학생, 화를 표현하는 훈련 안됐고, 교사, 그런 학생 대하는 훈련이 안 돼.

조선일보(2005. 03. 12). 폭력 공포서 벗어난 학생들 탈출기.

조이식(2014. 11. 04). 조폭 뺨치는 학교폭력 서클, 한국일보.

조주행(2012. 02. 04). 이 시대 진정한 스승 다 어디 갔어. 조선일보.

조태임(2012. 02. 25). 학무모 45% 학교폭력 대책 효과 없었다, 중앙일보.

조태임(2012. 02. 25). 학무모 45% 학교폭력 대책 효과 없었다, 노컷뉴스.

주경철(2012. 03. 29). 페르미의 역설, 조선일보.

중앙일보(2005. 03. 10). 일진회는 폭력을 놀이로 여겨.

중앙일보(2012. 08. 18). 교단 떠나는 교사들, 중앙일보, 28면.

지영환(2013. 02. 05). 학교폭력 괴물이 대물림하지 않으려면, 한국일보.

진민수(2013. 03. 28). 새학기 학교폭력 공포, 강원도민일보, 3면.

진중언(2005. 03. 09). 일진회란 무엇인가. 조선일보.

천정웅, 김윤나, 이채식, 전경숙(2012). 청소년복지론. 서울: 신정.

천종호(2017, 09. 22). 게토(ghetto) 속의 아이들. 한국일보, 29면.

청소년폭력예방재단(2010). 학교폭력실태조사 연구 통계자료. 서울: 청소년폭력예방재단.

청소년폭력예방재단(2011). 전국학교폭력실태조사. 서울: 청소년폭력예방재단.

청소년폭력예방재단(2012). 2011년 전국 학교폭력실태조사 발표 및 경향. 청소년예방재단 보도자료, 서울: 청소년폭력예방재단.

청소년폭력예방재단(2013. 02. 26). 학교폭력이란 무엇을 의미하는가.

청소년폭력예방재단(2016. 09. 19). 학교폭력 기준은 무엇인가.

청소년폭력예방재단(2013). 2012 학교폭력 실태조사. 서울: 청소년폭력예방재단.

최예니(2013. 02. 19). 말대꾸한다고, 1초도 못 참고 학생 뺨 때리는 선생님, 조선일보.

최옥채(2017. 09. 11). 소년법 논의 전에 수용시설부터 점검하라. 경향신문, A29.

최원기(2011. 06. 21). 주5일 수업제 전면 시행할 준비돼 있나, 조선일보.

최은경(2017. 09. 12). 울산 중학생 가해자 檢 송치...경찰 학폭예방 포럼 열어, 중앙일보.

최정예(2017. 09. 14). 학교폭력은 부모교육, 경남일보.

최지선(2017. 09. 14). 악몽에 시달린 여학생 그림엔 피범벅, 동아일보.

통계청(2012). 청소년 통계 보도자료. 서울: 통계청.

한국교육신문(2013. 01. 07). 부하에 걸린 학교, 폭력유형 분리 등 협력·지원 절실.

한국교육신문(2013. 01. 07). 학교폭력·교권을 말하다.

한국교육신문(2013. 02. 11). 학교폭력, 인성교육으로 예방하자, 7면.

한국일보(2013. 01. 26). 학생 인권조례 1년, 뿌리내리려면 보완 필요.

한병선(2013. 02. 06). 학교폭력의 이론적 관점과 해결의 시사점, 강원도민일보.

한병선(2013. 06. 26). 학교폭력 근절이라........강원도민일보, 9면.

한병선(2013. 09. 04). 학교폭력의 정의. 강원도민일보, 7면.

한병선(2013. 11. 13). 다시 생각해 보는 학교폭력 원인론, 강원도민일보.

한병선(2014. 03. 05). 학교폭력 칸트의 정언명령으로 접근하자, 세계일보.

한병선(2015. 07. 22). 매우 복잡한 학교폭력 메커니즘. 중부매일, 15면.

한병선(2015. 08. 11). 매우 복잡한 학교폭력 메커니즘, 대구일보.

허령(2015. 08. 31). 학교폭력 예방 워크숍의 교훈, 울산매일.

홍세희(2012. 05. 15). 교권 지키기 위한 제도적 방안 마련돼야, 뉴시스.

홍세희(2012. 05. 15). 학생 무서워요... 폭언·폭행에 노출된 교사들, 조선일보.

한겨레(2013. 03. 22) 학교폭력 누구를 탓해야 하나, 30면.

한겨레(2017. 09. 06). 신중하게 접근해야 할 소년법 개정 문제.

한국일보(2012. 01. 07). 미, 학교폭력 가해학생 살해 '정당방위' 판결논란.

한국일보(2014. 03. 05). 사이버 공간으로 숨어든 은밀한 학교폭력, 한국일보.

한국일보(2014. 12. 31). 연합뉴스.

한국일보(2017. 09. 06). 소년법 개정 검토 확인시킨 여중생 폭행 사건, 한국일보.

한국형사정책연구원(1996). 홈페이지. http://www.kic.re.kr/

한상철, 김혜원, 설인자, 임영식, 조아미(2003). 청소년 문제행동 심리학적 접근. 서울: 학지사.

한성구, 이인재, 지준호, 손경원(2010). 학교폭력 예방을 위한 초등학교 인성교육 프로그램 개발 연구. 한국철학논집. 28, 184-212.

한승백, 오현택, 최동제, 이상호, 김태영(2009). 권력관계 관점에서 본 스포츠 폭력. 한국체육과학회지. 18(3), 271-282.

학교폭력대책국민협의회(2005). 학교폭력대책의 올바른 방향과 법률적 과제. 서울: 학교폭력대책국민협의회.

학교폭력대책국민협의회(2005). 학교폭력 대책 마련을 위한 100인 토론회. 서울: 학교폭력대책국민협의회.

한국놀이치료사협회(2012. 03. 09)blog.daum.net/playtherapy2/219. 제가 아는 소아과 의사들이 우러러 보는 김영신 교수님의 예능교육 강조의 글. 대구: 한국놀이치료사협회.

함정혜, 박현애(2007). 운동선수에 대한 폭력방지를 위한 법적, 제도적 방안에 대한 철학적 접근. 한국여성학회지. 21(2), 51-62.

허원기(2011. 06. 21). 주5일 수업제 전면 시행할 준비돼 있나, 조선일보.

헤럴드 경제. 2012년 1월 3일자.

홍상기(2013. 07. 22). 가정폭력, 학교폭력 그 악순환 법칙. 강원도민일보, 9면.

홍석천(2013. 02. 19). 새학기되면 등교 거부하는 하는 우리 아이 뭐가 문제일까, 영남일보.

홍주영(2013. 02. 19). 욱하는 한국인, 자제력 잃은 한국, 조선일보.

홍준형(2014. 09. 26). 폭력의 암흑시대, 부모 교육의 방점을. 한국경제, A38.

홍찬식(2012. 01. 17). 학생인권 변천사. 동아일보, A30.

홍찬식(2012. 01. 17). 권리만 나열한 조례는 시대착오. 동아일보, A30.

Clifford, C., & Feezell, R. (2009). The sport and Character. Champaign, IL: Human Kinetics.

Coakly, Jay J.(1998). Sport in Society. Macmillian co.

Cullingford, C. (1995). Bullying as a Formative Influence: the relationship between the experience of school and criminality. British Educational Research Association. 21. 5

Curtis, J., McTeer, W., & White, P. (2003). Do high school athletes earn more pay? Youth sport participation and earnings as an adult. Sociology of Sport Journal, 20, 60-76.

Dey, I. (1993). Qualitative data analysis: A user-friendly guide for social scientists. London: Routledge.

Dawkins, J. (1995). Bullying in schools : doctor's responsibilities. British Medical Journal. 22(310). 1055-1066.

Farrell, A. D., Meyer, A. L., Kung, E. M. & Sullivan, T.N. (2010). Development and evaluation of school-based violence prevention programs. Journal of Clinical Child & Adolescent Psychology. 30(2), 207-220.

Fery, K. S., Hirschestein, M. K., & Guzzo, B. A. (2000). Second step: preventing aggression by promoting social competence. Journal of Emotional and Behavioral Disorders, 8(2). 102-112

Espeage, D. L. & Swearer, S. M.(2003). Research on school bullying and victimization:What have we learned and where do we go from here? School Psychology Review. 32, 365-383.

George Karlis(2004). Leisure & Recreation in Canadion Society. Thompson.

Gueldenpfennig, Sven(1992). Der politische Diskurs des Sports. Aachen: Meyer & Meyer Verl.

Harvey, J., Levesque, M., Donnelly, P., Safai, P., Rose, M., & Pitre, S. (2005). Volunteerism: Researching the capacity of Canadian sport. Unpublished report submitted to Sport Canada. Retrieved January 10, 2007, from http://www. rcscs. uottawa.cafinal report on volunteerism.pdf.

Hillman, C. H., Erickson, K. I., & Kramer, A. F. (2008). Be samrt, exercise your heart: Exercise effects on brain and cognition. Nature Reviews Neuroscience, 9, 58-65.

Hiroko. Got(1999), School Violence and the Children in Japan. The 1st international forum on initiatives for Safe School. Korea Citizen's foundation on initiative for Safe School.

Jarvie, G.(2003). Communitarianism, sport and social capital: Neighborly insights into Scottish sport. International Review for the Sociology of Sport, 38, 139-153.

K. S. Whitted, D. R. Dupper(2007). "Do Teachers Bully Students?: Findings From a Survey of Students in an Alternative Education Setting". 《Education and Urban Society》 40: 329.

Lawson, H.(2005). Empowering people, facilitating community development, and contributing to sustainable development: The social work of sport, exercise, and physical education programs. Sport, Education and Society, 10, 135-160.

Litwin, H.(2003). Social predictors of physical activity in later life: The contribution of social-network type. Journal of Aging and Physical Activity, 11, 389-406.

Marr, N & Field, T. (2001). Bullycide: Death at playtime. Oxfordshire: Successs Unlimited.

Morgan, D. L.(1998). The Focus Group Guidbook(Focus Group Kit 1), CA:Sage.

National Association for Sport and Physical Educatio (2004). Moving into the future: A guide to content and assessment Reston, VA. Mosby.

Noguera, P. A. (2010). Preventing Producing violence: A critical analysis of reposes to school violence. Harvard Educational Review. 65(2). 189-213.

OECD(1996). Integrating Service for Children at Risk. Centre for Educational Research Innovation

Ratey, J, & Hagerman, E. (2008). Spark. New York, NY: Little, Brown and COmpany Hachette Book Group.

Salmivalli, C, Lagerspetz, K, Bjorkqvist, K, Osterman, K, & Kaukianen, K. (1996). Bullying as a group process: Participant roles and their relations to social status within the group. Aggressive Behavior, 22(1), 1-15.

Smith P.K. (1999). Bullying in England and Wales, In P.K smith Y. Morita, J. junger Tas, D. Olweus, R. Catalano and P slee(Eds) The Nature of school Bullying: A cross-national perspective. London and New York: Routledge.

Stempel, C.(2005). Adult participatory sports as cultural capital: A test of Bourdieu's theory of the field of sports. International Review for the Sociology of Sport, 40, 411-432.

Stempel, C.(2006). Gender, social class, and the sporting capital-economic capital nexus. Sociology of Sport Journal, 23, 273-292.

Tonts, M.(2005). Competitive sport and social capital in rural Australia. Journal of Rural Studies, 21, 137-149.

Trost, S.(2005). Discussion paper for the development of recommendations for children's and youths' participation in health promoting physical activity. Canberra: Australian Department of Health and Ageing.

Whitted, K. S.(2005). Student reports of physical and psychological maltreatment in schools: An under-explored aspect of student victimization in schools. University of Tennessee.

이 책을 마무리하면서

우리나라 학교폭력 예방 프로그램은 청소년폭력예방재단이 제작한 '학교폭력 지킴이', 서대학교 심리학교 발달심리연구실이 제작한 '시우보우(視友保友)', 학교폭력대책자치위원회의 '스쿨폴리스', 사무총장과 학교폭력예방단체 실무자, 교사, 청소년인권센터 관계자들이 노르웨이 등 선진국의 학교폭력 예방 프로그램을 참고해 만든 '학교폭력 예방 백신' 그리고 병영체험 프로그램이 있으며, 시·도교육청에 wee스쿨, 지역교육지원청에 wee센터, 단위학교에 wee클래스에 전문상담교사를 배치하여 운영하고 있다.[20]

학교폭력 문제에서 가장 중요한 것은 미리 일어나지 않도록 예방하는 일이다. 어린 시절부터 대인간 긍정적인 관계, 대인간 갈등 해결, 충동 조절, 정서 순화 등에 대한 교육을 해야 한다.

이미 외국에서는 어린 아동기 때부터 학교 수업 시간에 교육을 실시하여 학교폭력이 사전에 발생하지 않도록 준비해 왔다.

미국에서는 예방을 목표에 따라 1차, 2차, 3차 유형으로 나누어 실시하고 있다. 1차(primary) 예방은 현재 문제를 가지고 있지 않은 사람들을 대상으로 하는 간접적이고 전반적인 예방이다. 2차(secondary) 예방은 기존의 장애나 질병의 비율을 감소시키고자 하는 것으로, 위험요인이나 잠재력에 대한 직접적인 예방이라 할 수 있다. 3차(tertiary) 예방은 이미 장애를 가진 사람들에게 초점을 둔 것으로 장애로 인한 다른 결과를 최대한 감소시키고, 그들이 사회생활에 재적응할 수 있도록 재활시키고자 한다. 이와 같이 미국은 이미 오래 전부터 폭력 예방 프로그램에 주력해 왔으며, 그 중에 학교폭력 예방 교육은 매우 중요한 부분을 차지하고 있다.

일본의 학생지도는 눈에 띄는 문제 활동이나 학교의 난폭함 등 눈에 보이는 상황뿐만 아니라 학생이 안고 있는 마음의 문제까지 대응할 것을 정책으로 삼고 있다. 학생 마음의 문제를 충분히 이해하고, 교직원의 일치 협력한 체제만들기나 학교 카운슬러에 의해 카운슬링의 실시, 학교간이나 관계 기관과 연계의 긴밀화에 의해 다양한 관점으로부터 한 사람 한 사람 학생의 작은 변화와 걱정이 되는 행동,

---

20) Wee는 We + education 또는 We + emotion 의 합성어로써, 대한민국의 학교, 교육청, 지역사회가 연계하여 학생들의 건강하고 즐거운 학교생활을 지원하는 3단계의 다중 통합지원 서비스망이다. 2008년부터 학교에는 Wee클래스, 지역 교육지원청에는 Wee센터, 시·도 교육청에는 Wee스쿨이 존재한다.

가령 안정적이지 않은 감정의 기복이 심하게 되는 등 징후를 조기부터 파악하고, 이를 적절하게 대응해오고 있다.

또한 학생의 자기표현력, 커뮤니케이션 능력이나 인간관계를 쌓는 힘 등의 저하가 보이는 상황에 입각하여 사회체험이나 봉사활동, 집단 활동의 충실에 의해 학생의 사회성을 육성하고, 자제심이나 자율심, 스트레스의 대응력을 포함하는 자기지도능력과 윤리를 높이는 교육활동을 한층 충실하게 시키고 있다.

학생 문제행동에 있어서는 학교, 교육위원회, 가정, 지역사회, 관계기관 등이 서로 연계하고, 각각이 스스로의 역할을 착실하게 다하면서 일체가 되어 몰두해 나간다. 실제로 문제행동이 발생했을 때는 신속하게 적절한 대응이 이루어지고 있고, 정보 연계에만 머무르지 않고 행동 연계가 구체적으로 실효를 거둘 수 있도록 시스템을 운용하고 있다.

영국의 ABC(Anti Bullying Campaing) 정책은 정확한 관찰, 즉각적인 보고, 연대책임 및 가해자와 피해자에 대한 공정성 처리 등이 특징이다.

영국의 폭력예방 프로그램 목표는 피해자 본인의 문제를 교사, 부모와 의논하도록 유도하는 것이다.

정서장애학교는 폭력의 가해자와 피해자가 가는 두 종류의 교실이 운영된다. 가해자의 기준은 교사와 학교장, 그리고 부모의 동의로 정해지고 이들은 1주일에 하루 따로 수업을 받는다.

학교폭력 문제를 해결할 때까지 학교장 스스로가 문제의 심각성을 깨닫고 교사들의 협조를 구하고 있으며, 가장 중요한 것은 학부모들을 프로그램에 꼭 참여시킨다는 것이다.

노르웨이는 주로 따돌림 예방에 초점을 두었으며, 그 내용은 예방 관련 소책자 발간하여 초·중·고등학교에 무료로 배부하고 학교, 학급, 개인 수준에서 상담과 초치를 취하는 것이다.

유럽공동학교폭력사업(violence in Schools Initiative)은 학교폭력의 심각성으로 인해 유럽 연합 차원에서 협력 강화를 목적으로 1997년부터 시작하였다. 폭력 예방을 위한 다 국가 프로젝트를 공모하여 우수 프로젝트에 보조금을 지원하는데, 효과적이고 창의적인 폭력 관련 프로그램의 개발을 촉진하고 관심을 고양시키며 관련 기관들의 협력 관계를 강화시키는 계기가 되었다.

우리나라 학교폭력에 대한 대처 방안들은 대부분 문제 행동을 보인 가해자에 대한 처벌위주의 사후대책들이 주를 이루고 있다. 학교 수준에서는 주로 훈계나 사회봉사 등의 징계를 하고 있으며, 경찰이나 검찰, 법원 등에서는 범법 학생들을 대상으로 형사 처벌하거나 선도 교육하는 방법 등을 사용하고 있다. 이와 같은 처벌 위주의 대책들은 근본적인 문제 해결에는 많은 도움이 되지 않으며, 오히려 문제 행동을 한 학생들을 낙인화 함으로써 부정적인 영향을 미칠 수 있다는 문제점을 갖는다. 따라서 학교폭력 문제를 근본적으로 해결하기 위해서는 처벌 위주의 사후 대책이 아닌 사전에 예방할 수 있도록 노력해야 한다.

외국의 학교폭력 예방 프로그램 바탕으로, 우리나라 프로그램 개발과 실시 및 정책 수립에 기여할 수 있는 시사점을 살펴보면 다음과 같다.

첫째, 학교폭력은 학교, 가정, 지역사회와 연계하여 예방과 초기 처치에 초점을 맞추어야 한다.

둘째, 학교폭력의 관련 학생의 특성뿐만 아니라 가정의 부모교육을 병행해서 학교폭력의 유발 요건을 가정과 학교에서 함께 줄여가도록 노력해야 하며, 지역사회의 특성과 요구, 문화에 대한 분석을 근거로 하여 프로그램을 설계하고 실시하여야 한다.

셋째, 공격이나 피해행동을 유발하는 다양한 심리학적 이론과 발달 모형에 근거하여 프로그램을 제안하고, 이를 바탕으로 평가연구가 진행되어야 한다.

넷째, 물리적·신체적 폭력 이외에 집단따돌림이나 대인 관계 공격행동에 대한 주의와 관심이 필요하다.

다섯째, 학교폭력 예방 및 처치 프로그램을 선택하고 실시하며, 평가하는 데 중심적인 역할을 담당하는 책임교사나 상담교사는 몇 가지 기준을 가지고 프로그램을 결정하고 이를 학교에 적극적으로 관여해야 한다.

여섯째, 학교폭력의 분쟁해결을 위해 학교폭력자치위원회가 활동하고 있으나 실질적 분쟁조정 역할을 하지 못하므로, 학교 내의 해결보다는 소년법상 화해권고제도와 연계하여 재판상 화해와 같은 효력을 발생시킬 수 있는 독자적 분쟁기구를 마련해야 한다. 그밖에도 조기 학교폭력 문제를 해결하기 위해 소년법상 학교장 통고제도를 적극 활용해야 한다.

학교폭력 School violence

우리 사회 속에서 나날이 학교 폭력이 심화되고 있다.

School violence is deepened day after day inside our society.

학교 폭력이란, 일반적으로 학교나, 학교 주변에서 학생상호간에 발생하는 의도성을 가진 신체적, 정서적 가해 행동을 말한다.

School violence, usually school, refers to physical, emotional inflicting action that have an intention surname which breed between student reciprocity at school neighborhood.

청소년 비행이 그러하듯이 학생들의 폭력 원인도 불분명하다.

As teenagers flight is such, students' violence cause is ambiguous.

아무런 이유 없이 죄책감도 느끼지 않은 채 친구를 구타하고 후배를 폭행하는 경우가 늘어나고 있다.

Case that assault a friend and violate younger men doing not feel guilt complex without any reason is increasing.

자아인식이 결여되고 판단력과 분별력이 결핍되었기 때문이다.

Self cognition is lacking and is because judgment and sense lacked.

학생 폭력 원인은 어떠한 한 가지 요인을 원인으로 결정짓는 단일 결정론을 적용해서는 안 된다.

Student violence cause must not apply single determinism that decide some one kind factor by cause.

유전인자, 잠재의식, 지능, 감정 등의 내적인 요소와 사회환경의 상호작용에 의해서 폭력이 발생되기도 하지만 단적으로 설명할 수 없는 다인적 요소를 지니고 있다.

Is retaining constituent dyne enemy who can not explain as direct although violence is happened by inner element of genetic factor, undersense, intelligence, emotion etc. and interaction of society environment.

학생 개개인의 성장 환경과 현실상황을 고려하여 학생폭력을 이해해 가야 한다.

Must consider student's each person's growth environment and actuality situation and understand student violence.

이상과 같이 몇 가지 측면에서 학생 폭력의 원인을 살펴보았다.

With something wrong, examined cause of student violence in some side.

학생 폭력은 접근하는 시각에 따라서 다양하게 이해할 수 있기 때문에 어떠한 한 요인만으로 폭력 현상을 설명하기는 어렵다.

It is difficult that student violence explains violence phenomenon by a some leading person because can understand variously according to sight that approach.

따라서 학생 개개인의 특성과 역동적인 관계를 분석하여 다인적 요소를 적용하여 접근해 가는 것이 바람직하다.

Therefore, thing that apply element dyne enemy and approach analyzing dynamic relation with student's each person's special quality is desirable.

그리고 학교 폭력을 피할 수 있는 방법들은 다양하지만 일반적인 방법을 통하여 학교 폭력과 집단 따돌림이 발생하지 않는 사회적인 분위기를 조성하기 위한 방법을 알아보는 것도 중요할 것이다.

And, methods that can avoid school violence that search method to make up social atmosphere that it does not happen that cast out school violence and group through various but general method important.

이외에도 학생 본인 스스로 적극적인 생활 태도를 갖고 자신 있게 행동할 수 있도록 주변에서 부모님과 교사들이 좀 더 관심을 기울여 준다면 학교 폭력과 집단 따돌림 등의 청소년 생활문제들이 쉽게 해결될 수 있을 것이다.

Teenagers life problems of that cast out school violence and group if parent and teachers pay attention little more at neighborhood so that can behave to be self-assured with active life attitude by student principal except etc.. can may be solved easily.

(부록 1)

학교폭력 대처 사례

구타나 신체적인 폭행은 학교폭력의 전형적인 유형으로서 가장 흔하게 발생하는 형태로서 최근에는 그 정도가 심각해져 심지어 살인에 이르는 경우가지 있어 방송 매체에 심심치 않게 등장하고 있다. 구타나 신체적인 폭행은 일반적으로 생각하는 것보다 훨씬 더 많은 학생들에게 피해를 주고 있다.

금품갈취 또한 학교폭력의 흔한 형태 중 하나로, 보통 구타나 폭행과 동반되어 발생하는 경우가 많으며, 이러한 범행이 한 학생에게 일회적이 아닌 지속적으로 요구되거나 그 액수가 커지게 경우가 많아 문제가 되고 있다. 더구나 일진회 등 불량서클이 조직적으로 학생들에게 상납을 요구하는 사례들이 늘고 있다. 사회적으로 큰 물의를 일으키고 있다.

특히 금품갈취의 경우 매우 심각한 범행임에도 불구하고, 가해학생들은 그저 장난삼아 혹은 별 생각 없이 저질렀다는 사례가 많은데, 이러한 금품갈취에 대한 두려움 때문에 학교를 그만두는 친구가 있다는 사실을 가해학생들이 인식하는 것이 필요하다.

인간은 신체적으로 폭력을 당하는 경우 이외에 언어적인 폭력에 의해서도 큰 모멸감을 느끼게 하고, 개인에 따라서는 언어적인 폭력을 더 두려워하기도 한다. 이처럼 욕설이나 인격을 무시하는 별명 등을 불림으로써 피해 학생은 정신적으로 고통을 겪기도 하고, 심지어 대인기피증 같은 질병에 시달릴 수도 있다.

성폭력은 강간뿐만 아니라 성추행과 언어적 희롱, 성기 노출 등 상대방의 의사에 반하여 가하는 성적 행위로 모든 신체적, 언어적, 정신적 폭력을 포괄하는 개념이다. 여기서 '상대방의 의사에 반한다' 함은 원치 않거나 거부하는 행위를 상대방에게 계속 하거나 강요한다는 말이다. 따라서 상대방으로 하여금 성폭력에 대한 막연한 불안감이나 공포감을 조성할 뿐만 아니라 그것으로 인한 행동제약을 유발시키는 것도 간접적인 성폭력이라 할 수 있다.

성폭력의 개념은 각 개인의 성에 대한 가치관 혹은 폭력에 대한 인식에 따라 달라지는 것이므로 명확히 규정짓고 개념상의 일치를 가지는 것은 매우 어려운 일인데 현행 성폭력 특별법에 따르면 '상대방의 동의 없이 강제적으로 성적행위를 하거나 성적행위를 하도록 강요, 위압한 행위' 로 정의하고 있다.

일반적으로 강간, 윤간, 강도강간 뿐 아니라 성추행, 언어적 희롱, 음란전화, 성기노출, 성적 가혹행위, 음란물 보이기, 음란물 제작에 이용, 윤락행위 강요, 인신매매, 강간미수, 어린이 성추행, 아내강간 등 상대방의 의사에 반(反)하여 가하는 성적 행위로 모든 신체적, 언어적, 정신적 폭력을 포괄하는 광범위한 개념이다.

또한 집단따돌림, 소위 왕따[21] 현상은 최근 발생하는 학교폭력의 유형 중 가장 큰 관심거리가 되고 있는 현상으로서 이러한 사례가 크게 증가하고 있다. 집단 따돌림은 집단적으로 해를 가하는 것이 보편적이고, 주로 해를 가하기 위해 공격하는 것으로 폭행인 구타, 협박 혹은 못살게 굴고 놀리며 따돌리는 모든 행위를 포함한다. 즉 집단따돌림은 공격적인 행동이거나 고의적이며, 반복적이고 지속적으로 이루어지는 괴롭힘이다.

이처럼 집단따돌림은 가볍게 여겨질 문제가 아니고 계속해서 관찰함은 물론 강력한 규제 대책이 필요하다.

Case.1

사건개요 — 중학교 3학년 김모양은 담임선생님에게 거짓말로 배가 아프다고 한 뒤 다른 친구 이모 양과 같이 XX남자 중학교의 축제에 놀러가서 구경하던 중에

---

21) 우리나라에서 '왕따 '집단 따돌림' '집단 괴롭힘' 등의 문제가 본격적으로 사회문제가 된 것은 1990년대 중반 이후부터입니다. 최근에 와서는 국내에서도 집단 따돌림 현상은 청소년들 사이에서 큰 문제가 되고 있으며 피해 당사자의 자살, 가해학생의 구속, 피해학생의 부모가 학교와 교육청에 손해배상을 청구하는 등 사회문제로까지 번지고 있다.

평소 약간 낮이 있었던 XXX중학교학생 박모양과 자신보다 어린 후배가 반말을 했다는 이유로 시비가 붙게 되었다. 서로 말싸움을 하다가 박모 양이 친구 2명과 함께 김모양의 머리카락을 움켜잡고 화장실 옆으로 끌고가서 발로 배를 차는 등 집단구타를 가하자 같이 간 친구 이모양은 패거리를 피해 자신의 학교에 와서 평소 친한 친구 4명을 데리고 다시 XX중학교로 돌아가서 집단으로 그들에게 보복성 폭행을 하고 2명은 그 후로 가출한 상태.

사건해결 – 김모양은 바로 병원으로 가서 검사와 치료를 받고 타박상으로 인해 3일간 입원. 일단 병원에 입원했던 김모양이 피해자가 된 상태가 됨. XX중학교에 연락을 취해 폭행사건 가해학생들과 그들의 부모를 만나게 하였음. 가해자 부모는 모두 정식으로 김모양에게 사과 했고 병원비를 가해학생 측에서 지불하는 것으로 사건이 일단락 되었다. 김모양 포함 5명의 부모들과 학생들 모두 한자리에 모이는 자리를 마련한 후, 폭행사건에 대해서 충분히 설명하고 이해를 시킨 후 서약서를 받고 폭행사건과 관련된 학생들 모두 반성문과 학교봉사활동 처분을 받게 하였다.

Case.2

사건개요 – XX중학교 2학년 김A모양은 같은반에서 특정한 네다섯명의 학우들로부터 지속적인 욕설·폭행 등을 당해 오다, 구타를 당하는 폭력상황에 대한 두려움과 공포가 심해지게 된다. 결국 김A모양은 일부러 등교를 늦게하게 되고, 학교에 나와서도 숨이 가쁘고 머리가 아프다고 하는 등 자리를 피할수 있는 여러 이유를 만들어 둘러대며 양호실에 가 있는 등 정상적인 학교수업을 거의 받지 못하고 있음. 직접적인 가해당사자는 아니지만 학급의 다른 학생들도 폭력을 행사하는 행위에 암묵적인 침묵으로 동조하면서 김A모양을 의도적으로 피하고 무시하게 되자 이러한 상황을 견디지 못한 김A모양은 몇 일동안 학교에 나오지 않고 있는 상황임.

사건해결 -- 위의 사실을 알게된 담임교사가 김모양의 학부모 및 김A모양과 충분히 상의한 후 학교폭력대책 자치위원회에 신고하도록 조치를 취했고, 지속적인 폭행·욕설 관련 가해학생들에 대해 조사하였다. 가해학생들은 학교폭력대책자치위원회에서 전학 및 사회봉사활동 조치를 취하고, 김모양에게는 정신과 심리상담 및 치료를 받도록 조치하였다.

Case.3

사건개요 -- XX중학교 2학년 이모군의 폭행으로 인해 김모군이 전치 2주의 상해를 입음. 이모군은 평소에도 김모군과 같은반 친구들에게 과한 장난을 많이 치고, 괴롭히기도 하였으며, 특히 약한 김모군과 몇몇의 학우들에게는 거의 매일매일 폭력을 가하였으며, 반 분위기를 흐리는 일이 비일비재했음. 그러던 중 김모군이 폭행으로 상해를 입게된 이 날도 이모군이 김모군을 괴롭히자, 김모군이 더이상 참지 못하고 이모군과 싸우기 시작했다. 약한 김모군이 결국 열세에 몰리자 같은 반 친구들이 김모군을 도우며 다같이 이모군을 폭행함.

사건해결 ― 학생들의 담임교사의 신고로 인하여 학교폭력 책임 교사가 조사한 결과 두 학생 모두 폭행 혐의가 있어 학교의 처분으로 교내 봉사 처분하고, 폭행에 참여한 학생에 대해서는 반성문을 쓰도록 조치하였다. 하지만 이모군의 어머니는 아들(이모군)이 피해자인데 처벌했다고 억울해하며, 학교측의 결정에 대해 항의. 김모군과 담임교사를 동시에 경찰에 고소함. 따라서 폭행사건의 직접 당사자인 두 명 학생에 대한 처분은 경찰의 수사가 이루어진 후, 최종 조치가 결정되면, 학교폭력대책자치위원회에서 이루어지게 된다.

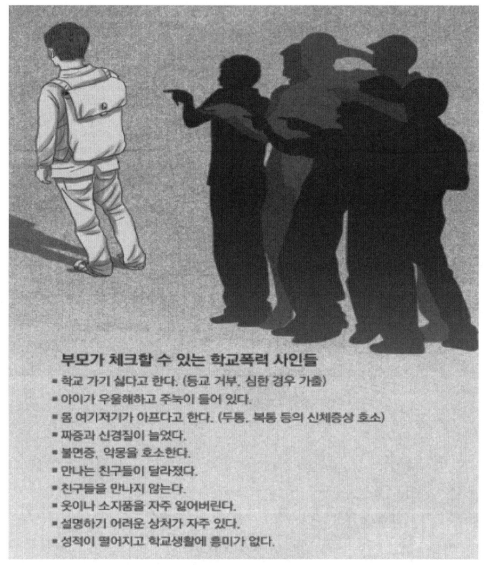

부모가 체크할 수 있는 학교폭력 사인들
- 학교 가기 싫다고 한다. (등교 거부, 심한 경우 가출)
- 아이가 우울하고 주눅이 들어 있다.
- 몸 여기저기가 아프다고 한다. (두통, 복통 등의 신체증상 호소)
- 짜증과 신경질이 늘었다.
- 불면증, 악몽을 호소한다.
- 만나는 친구들이 달라졌다.
- 친구들을 만나지 않는다.
- 옷이나 소지품을 자주 잃어버린다.
- 설명하기 어려운 상처가 자주 있다.
- 성적이 떨어지고 학교생활에 흥미가 없다.

Case에 나온 학교폭력은 참 가볍네요. 요즘에 워낙 심한게 많다보니... 거의 반죽음 상태에 이르던데.. 비단 학생들만의 잘못은 아니라고 생각합니다. 부모님의 역할이 더 중요하다고 생각하는 사람으로써, 학교폭력 근절은 힘들겠지만 빨리 이루어지길 바랍니다.

[출처] 학교폭력 대처사례(http://blog.naver.com/thehate01/221094604661). 2017. 09. 11,
샤먼킹(thehate).

학교폭력은 그 정도나 양상이 갈수록 다양해지고, 예측할 수 없는 상황에서 돌발적으로 발생하고 있어 정확한 원인을 밝혀내기가 쉽지 않다. 학교폭력은 한 가지 원인에 의해서 발생하는 경우가 극히 드물고 여러 가지 원인이 복합적으로 작용하여 발생하는 경우가 많다.

따라서 학교폭력에 영향을 미치는 다양한 위험요인을 통합적으로 염두에 두고 접근해야 한다. 그러기 위해 학교폭력의 위험요인을 개인적 요인, 가정적 요인, 학교 및 친구의 요인, 사회·문화적 요인, 신경과학적 요인 등 관련 영역으로 세분화하여 살펴보아야 한다.

(부록 2)

학교폭력 예방 및 대책에 관한 법률
(학교폭력 가해학생 징계처분 취소 행정심판)

학생들 사이에서는 '패드립' 이라는 말이 있습니다. 가족이나 부모님에 대한 욕을 하는 경우 이를 일컬어 하는 말이라고 합니다. 상당수의 학생들이 신체적 폭력보다 이러한 '패드립' 이 더 잘못된 행동이라고 생각하더군요.

이 같이 상대 학생에게 '패드립' 을 하였는데, 처분이 취소된 사례가 있어 소개합니다.

행정심판 재결례
◈ 사건 경위

청구인은 OOO고등학교 2학년 학생으로 동급생인 한OO에게 학교폭력을 가한 사실에 대하여 학교폭력대책자치위원회의 심의 결과에 따라, 2012.6.8. 피청구인으로부터 [학교폭력예방 및 대책에 관한 법률] 제17조제1항에 따른 징계(특별교육 5일)처분을 받은 바, 청구인은 이 사건 징계 처분의 위법/부당함을 이유로 이를 취소하여 줄 것을 구하는 행정심판을 청구하였다.

◈ 청구인의 주장

2012.5.25. 청구인과 같은 학교 동급생인 한OO 학생이 학교운동장에서 아이스크림 껍질을 청구인에게 투척하고, 평소 잘 알지도 못하며 친하지도 않은 한OO 학생의 갑작스러운 돌발행위에 청구인은 깜짝 놀라고 불쾌하였으나 흥분하지 않고 한OO 학생에게 정식으로 사과를 요구하였으나, 한OO 학생이 청구인에게 시비조로 "아니꼬우면 한번 붙든가" 라고 말하며 사과를 거부함에 따라, 청구인이 심한 모욕감과 자존심에 상처를 받아 순간적으로 "너는 애미도 없냐?" 라는 언어표현을 사용하였고, 이후 한OO 학생이 청구인을 일방적으로 폭행하였다.

청구인의 행위는 한OO 학생의 이물질 투척행위와 사과 거부, 모욕적인 언사에 기인된 행위로서, 청구인이 먼저 이유 없이 거친 언어를 사용한 것은 아니며, 해당 언어는 일반적으로 학생들 사이에서 사용되어지는 언어이므로, 언어폭력을 행사하였다는 이유로 폭행에 전혀 대응하지 않고 일방적으로 폭행을 당한 청구인을 처벌한 것은 부당하며, 피청구인은 이러한 청구인 행위의 전후 사정을 고려하고, 정상을 참작하여 처분을 하였어야 하나 그러하지 못하였다.

◈ 피청구인의 주장

청구인은 학생들 간의 욕설문화를 현실적으로 인정할 수 있다고 생각하지만, 학생들의 언어 사용에 있어 도가 지나쳐 부모님의 존재에 대한 심한 욕설과 타인에게 경멸의 의사를 표시하여 인격적으로 무시한 경우는 용납하기 어려운 언행이고, 이것이 해당 폭행 발생의 큰 원인이 되었으므로, 자치위원회에서는 '물리적 폭행', '언어폭력'으로 두 학생 모두에게 교육적 선도 조치를 해야 한다고 판단하였으며, '물리적 폭행'의 중함을 고려하여 한00학생에게는 서면사과, 학교에서의 봉사 5일, 특별교육이수 조치를 하였고, '언어폭력'의 문제도 간과할 수 없어 청구인에 대하여 특별교육이수 조치를 하였다.

000고등학교의 2012년 2차 학교폭력 실태조사에 따르면 학교폭력을 당하였다고 응답한 학생 중 58.8%의 학생이 언어폭력을 당하였다고 응답한 것을 볼 때, 대부분 학생들이 언어폭력을 신체적 폭력과 동일하게 보고 있고, 학생들의 언어사용과 욕설을 금지하기 위해 교육적, 예방적 차원에서 일정한 규제가 필요하며, 언어폭력이 폭행, 성폭력, 공갈 등과 비교하여 그 정도가 가벼워 보일 수 있으나 이는 엄연히 심한 학교폭력이고, 대부분 학교폭력이 언어폭력 등에서 기인하고 있는 점을 고려할 때, 자치위원회 심의/의결에 따라 내린 이 사건 처분은 적법/타당한 처분이다.

◈ 관련 규정

[학교폭력예방 및 대책에 관한 법률] 제2조에서는 "학교폭력"이란 학교 내외에서 학생을 대상으로 발생한 상해, 폭행, 감금, 협박, 약취/유인, 명예훼손/모욕, 공갈, 강요/강제적인 심부름 및 성폭력, 따돌림, 사이버 따돌림, 정보통신망을 이용한 음란/폭력 정보 등에 의하여 신체/정신 또는 재산상의 피해를 수반하는 행위를 말한다. 위 법률에서 어떤 행위까지를 모욕으로 볼 것인가에 대하여 명확하게 규정하고 있지 않고 있으나, 형법상 "모욕"의 의미를 살펴보면, "모욕"이란 "명예훼손"과는 달리 사실을 적시하지 아니하고 사람의 사회적 평가를 저하시킬 만한 추상적 판단이나 경멸적 감정을 표현하는 것을 말하며, 어떤 글과 말이 모욕적인 표현을 포함하는 판단 또는 의견의 표현을 담고 있을 경우에도 그 시대의 건전한 사회통념에 비추어 살펴보아 그 표현이 사회상규에 위배되지 않는 행위로 볼 수 있을 때에는 예외적으로 위법성이 조각된다 할 수 있다(대법원 2008.7.10. 선고 2008도1433 판결 등 참조).

◈ 판 단

피청구인이 청구인에 대한 징계사유로 "언어폭력"을 삼고 있으며, 그 내용은 청구인이 청구 외 한00에게 한 '너는 애미도 없냐?'라는 표현으로서, 해당 언어

표현이 상대방의 인격적 가치에 대한 모욕적 언사로 볼 여지도 있고 이를 교육적으로 바로 잡아 선도할 필요성이 있다 할 수 있으나, 이러한 표현이 통상적으로 고등학생들 사이에서 있을 수 있는 표현으로 고의적으로 부모를 욕하거나 상대방을 모욕하기 위해 사용하였다고 보기 어렵고, 이 사건 기록에 나타난 증거에 의하면, 청구 외 한00 학생이 먼저 청구인에게 아이스크림 꼭지를 던져 모욕을 준 사실이 있고, 이에 대하여 청구인이 사과를 받고자 하는 과정에서 청구 외 한00 학생이 이를 거절하자 상대방이 도덕성에 관하여 일반적으로 사용되는 다소 과장되고 모욕적인 말을 사용하여 경멸적인 감정표현을 한 것에 불과하다 할 수 있으므로, 청구인의 행위가 사회상규에 위배되지 않는다고 봄이 상당하다 할 것이며, 청구인의 행위가 청구 외 한00 학생의 선행 행위에 대한 정당행위에 해당된다 할 수 있는 등 정상 참작의 여지가 있다 할 것이다.

　이상의 사안을 감안 할 때, 청구인의 행위를 학교폭력으로 보기에는 그 행위가 경미하다 할 것이며, 청구인이 해당 행위를 하게 된 경위 및 정상을 참작하지 않고 "특별교육 5일"을 처분한 피청구인의 이 사건 처분은 그 행위에 비해 무겁다 할 수 있고, 청구인을 폭행한 청구 외 한00 학생이 받은 처분과 비교할 때 형평성에 어긋난 처분이다 할 것이므로 위법/부당하다.

출처: 학교폭력예방 및 대책에 관한 법률-학교폭력 가해학생 징계처분 취소 행정심판(서울행정사, 2017. 06. 20, 김병석). http://blog.naver.com/119simpan/221033292663

(부록 3)

학교폭력 예방 프로그램 운영 계획

2017. 12

학교폭력 예방 지원센타

학교폭력 예방 사업 계획

1 학교 폭력 예방 프로그램 실시 배경

□ 학교 폭력 심화
 ○ 중학교가 고등학교보다 더욱 심각하다는 분석 결과
 ○ 학교 폭력에 대한 예방 및 선도 시급

□ 폭력에 대한 이해를 위한 이론적 배경
  ㅇ 폭력이란 자기가 타인에게 해를 입히기 위한 무력, 언어적 공격, 혹은 집단적
    소외 등의 다양한 수단을 사용하여 심리적 혹은 육체적 피해를 입히는 것
  ㅇ 학교폭력이란 학생으로서 가해자의 신분이 학생이냐 아니냐에 관계없이 학교
    내·외에서 받은 모든 폭력 피해 포함
  ㅇ 학교폭력은 학교 내 뿐만 아니라 학교 밖까지 범위 확대
   - 학교 내 폭력은 선배나 동료 또는 이들이 포함된 조직
   - 학교 밖 폭력은 금품 갈취나 폭력 조직과의 세력 다툼

2 학교 폭력의 특성 및 실태

□ 학교 폭력의 특성
  ㅇ 폭력의 잔악성 정도 심각
  ㅇ 자신의 행위에 대한 죄의식이나 책임감을 크게 느끼지 못함
  ㅇ 비행학생 뿐만 아니라 일반 학생 및 청소년들에게 쉽게 발견
  ㅇ 뚜렷한 목적이나 동기 없이 장난, 스트레스 해소 방법으로 폭력

□ 학교 폭력의 종류
  ㅇ 신체적 공격
  ㅇ 언어적 공격
  ㅇ 비언어적 공격
  ㅇ 사회적 따돌림

□ 학교 폭력의 실태
  ㅇ 학교 폭력 피해 실태
   - 1위: 언어폭력(19.4%), 2위: 신체폭력(18.7%), 3위: 금품갈취(17.5%), 4위: 괴롭
     힘(14.5%), 5위: 위협 및 협박(13.5%), 6위: 따돌림(12.7%), 7위: 사이버 폭력
     (3.7%)
   - 남학생은 신체폭행, 금품갈취, 괴롭힘 순이며, 여학생은 언어폭력, 따돌림, 위

협 및 협박 순으로 나타남

○ 학교 폭력 가해자
- 1위: 같은 학교, 같은 반(27.9%), 2위: 같은 학교 선배(25.9%), 3위: 같은 학교 다른 반 친구(14.6%), 4위: 다른 학교 선배(13.6%), 5위: 자퇴성 및 모르는 사람(11.5%)

○ 폭력 장소
- 1위: 학교교실(26.8%), 2위: 학교 밖 학교 근처, 집에 가는 길(16.6%), 3위: 화장실, 복도 등 학교 건물 안(15.1%), 4위: 운동장 등 학교 울타리 안(11.6%)

○ 피해 시간
- 1위: 학교 방과 후 시간(39.4%), 2위: 쉬는 시간, 청소 시간 등 학교 수업 외 시간(37.7%), 3위: 휴일(12.6%)

□ 학교 폭력의 원인
○ 개인 심리적 요인: 공격적 성격 장애
○ 가정적 요인: 가정교육 기능의 약화, 부모의 양육 태도 및 방법, 결손 가정
○ 학교적 요인: 입시 위주의 시험 체제, 원만하지 못한 인간관계
○ 사회적 요인: 무비판적 모방성, 사회문화의 원인 제공

□ 프로그램 실시 대상
○ 일반 집단: 일반학생
○ 위험 집단: 공격적인 행동을 보이는 학생
○ 표적 집단: 공격적인 행동을 보이는 특정한 학생
○ 위험 집단: 학교폭력 프로그램을 필요로 하는 학생

□ 관련 근거
○ 학교폭력 예방 및 대책에 관한 법률(제9642호) 및 동법 시행령(영제 21675호)
○ 학교폭력 예방 및 대책 5개년 기본 계획(교육과학기술부, 2009), 학교폭력 근절 종합대책(교육과학기술부, 2012. 2.)
○ 학교폭력 예방 기본 시행계획(학생안전과, 2013. 3. 25)

3 학교 폭력 예방 프로그램 개발

□ 학교 폭력 예방 사업 모델

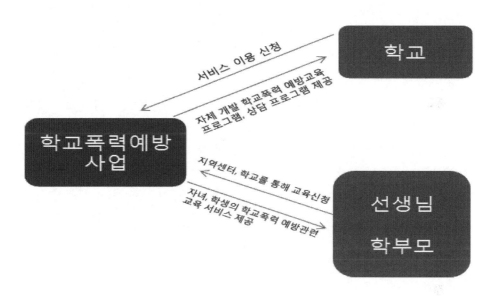

□ 차별화 전략

　현재 학교 폭력 예방을 위한 사업으로는 교육부에서 주관하는 'Stop Bullying'이 있고, '청소년폭력 예방사업단'이라는 단체도 학교폭력 예방 사업을 진행 중이다. 두 사업 모두 창의적이고 의미 있는 프로그램을 시행 중이나, 두 사업을 분석한 결과 두 가지의 부족한 부분을 찾아냈다.

　ㅇ 첫 번째는 '다가감'이다.

　학교 폭력에 괴로워하는 아이들은 쉽사리 먼저 도움의 손을 요청하지 않는다. 그 아이들은 겁에 질려있고, 계속 되는 폭력에 괴로워하고 자기 삶을 비관하느라 '도움의 손'이 있는지조차 인지하지 못하는 경우가 많다. 이 아이들을 위해서는, 도움의 손을 만들어 놓고 잡기를 기다릴 것이 아니라 먼저 다가가서 손을 잡아줘야 한다. 그러나, 현재 두 사업은 이러한 '다가감'이 부족하다. 상담센터를 지역별로 운영 중이지만, 이 방식은 먼저 다가가서 말을 거는 것보다 훨씬 소극적인 방식이다.

ㅇ 두 번째는 '친근감'이다.

현재 두 사업의 학생들을 대상으로 한 상담은 전문가들에 의해 이뤄지고 있다. 전문성 역시 간과되어서 안 될 부분이지만, 가장 중요한 것은 학생의 마음을 여는 것. 학생이 상담자를 믿고, 모든 것을 털어놓을 수 있어야 한다는 것이다. 나는 이 것이 상담자의 '전문성' 이전에 상담자의 '친근감'에 달려있다고 생각한다.

ㅇ 세 번째는 '실제 모델형'이다.

첫 번째인 '다가감'과 두 번째 '친근감'이 상담 등을 통하여 이루어진 후 가장 중요한 것은 실질적 변화의 모습이 중요하다. 세 번째 '실제 모델형'은 변화의 한 방법으로 실제 학교폭력, 부적응을 경험하고 새로운 삶을 개척한 현재의 실제 모델과 대화나 일상생활을 겪게 하는 방식이다.

현재 진행 중인 사업의 부족한 위의 세 가지 부분을 토대로 차별화 전략을 만들었다. 밀알학교 사업에서는 두 가지 부분을 보완하기 위해 학교로부터 접수를 받으면 교육자와 대학생 멘토팀으로 구성된 현장 운영팀이 학교에 찾아가 학생들에게 다가간다. 그리고 자체 개발 프로그램을 진행하고, 상담을 실시한다. 대학생 멘토팀은 사전 철저한 교육을 통해 아이들의 특성, 대화 나누는 방법을 습득하고 현장에서는 믿음직스럽고 친근한 누나, 형으로서 아이들과 이야기를 나눈다. 나만의 사업에서는 이와 같이 아이들에게 다가가고, 대학생 멘토팀을 통하여 친근감. 실제 모델형, 세 가지 전략을 수행한다.

□ 인적 자원

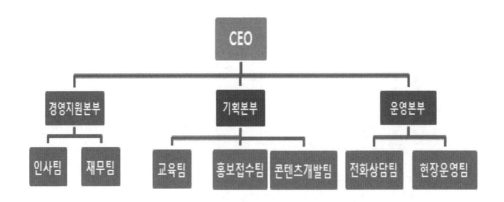

ㅇ 인사팀 : 모든 부서의 인원 채용 및 인사 관련 관리 업무를 수행한다.
ㅇ 재무팀 : 재무관리 및 회계업무를 수행한다.

ㅇ 교육팀 : 학교폭력예방을 위한 전문가로 구성. 접수를 통하여 지역의 센터, 학교, 도서관을 방문하여 선생님, 학부모를 대상으로 학교폭력 예방 관련 교육을(서비스) 제공하고, 또한 내부의 현장 운영팀과 대학생 멘토들을 교육하여 양성(서비스 품질관리)한다.

ㅇ 홍보 & 접수팀 : SNS, 각종 매체, 팜플렛 등을 통하여 학교, 지역 센터, 도서관에 우리의 사업을 알리고 교육, 프로그램, 컨텐츠 등 서비스 요청 접수를 받는다. 특히 접수는 납기 관리를 위하여 현장 운영팀과의 긴밀한 관계가 중요하다.

ㅇ 콘텐츠개발팀 : 학교폭력예방을 위한 영상자료, 책자 등의 매체를 생산하고 교육용 프로그램을 개발한다.

ㅇ 전화상담팀 : 전화 상담을 통해 청소년의 학교 폭력 관련 고민을 들어주고 학교에 통보하는 서비스를 하는 부서이다.

ㅇ 현장운영팀 : 방문 요청 접수를 한 학교로 대학생 멘토팀을 인솔하여 교육 프로그램과 상담프로그램을 진행. 젊은 나이의 교육자로 구성하고 대학생 멘토팀과의 긴말한 관계 형성.

ㅇ 대학생 멘토팀 : 서류, 면접을 통하여 아이들을 좋아하고, 교육, 상담 분야에 관심이 많은 대학생들을 선발한다. 선발된 대학생은 커리큘럼을 통해 교육을 받고, 평가를 통해 멘토로 선정된다. 많은 인원을 양성하여 대학생 멘토와 현장운영팀이 소통 할 수 있는 카페를 만들고, 커뮤니티에 학교 방문 일정을 공지하여 참여가능 한 멘토의 신청을 받고, 당일 현장운영팀과 학교로 가서 프로그램과 상담프로그램을 진행한다.

□ 교육용 콘텐츠

교육용 콘텐츠는 콘텐츠 개발팀에서 생산된다. 영상, 사진 등의 학교폭력예방 교육용 콘텐츠를 자체 개발 생산하며, 콘텐츠는 학생, 선생님, 학부모를 대상으로 생산된다. 학생을 대상으로 한 콘텐츠는 학교폭력에 대한 경각심을 일깨우는 창의적인 콘텐츠를, 그리고 선생님과 학부모를 대상으로 한 콘텐츠는 자녀의 학교 폭력 예방 교육, 대처 방법을 담아 콘텐츠를 생산한다.

교육용 콘텐츠의 품질은 콘텐츠 평가 지표에 따라 평가된다. 자체적으로 콘텐츠를 만들게 되면 교육부의 검토를 통하여 인증 요청을 하고 수정사항, 추가사항 부분에 대해 피드백을 받는다. 그리고 고객들에게 콘텐츠 제공 이후에도 의견을 수렴하여 콘텐츠에 반영하도록 한다.

□ 현장교육 및 상담 프로그램

현장 교육 프로그램과 상담 프로그램은 학교에 직접 찾아가 청소년들에게 제공되는 서비스로, 현장운영팀과 교육팀의 기획으로 만들어진다. 이 프로그램들은 다가감과 친근감이라는 사업 차별화 전략에 가장 핵심이 되는 서비스로 충분한 토론과 검토를 통해 생산하고, 끊임없는 피드백을 통해 발전시키고 관리되어야 한다.

현장 교육 프로그램과 상담프로그램 품질관리는 일차적으로 직접 현장에서 서비스를 제공하는 현장운영팀과 대학생 멘토들을 심의를 통하여 선발하고 선발 이후 정기적으로 교육하고 평가하는 것이 품질 관리에 있어서 가장 중요한 부분이다. 또한 학교폭력을 경험하는 청소년을 얼마나 찾아내고 관리에 들어갔는지 성과를 분석한다. 그리고 성과를 높이기 위해 원인 분석, 실천 방향을 수립하고, 서비스를 제공받은 선생님, 학생들에게 설문지를 통해 만족도를 평가 받고, 이를 통해 서비스 품질을 개선한다.

□ 전화 상담 서비스

전화 상담 서비스는 전화상담팀에 의해 제공되는 서비스로 학생, 학부모, 선생님의 전화를 받게 되면 학교폭력 예방에 관한 모든 것에 대해 상담을 제공 하는 서비스이다. 전화 상담 서비스는 우선 정기적인 전화상담팀 교육을 통해 상담 품질을 유지시키고 상담 건수 및 성과 분석을 실시하고 상담 대상으로부터 만족도, 개선사항을 접수 받아 서비스 품질 개선에 반영하도록 한다.

ㅇ 긴급한 사안의 경우 119에 연락을 취하고 피해 학생 병원 이송시 동승
ㅇ 정보보안에 관한 책임
  - 가해학생·피해학생 및 제20조에 따른 신고자·고발자와 관련된 자료를 누설할 경우 300만원 이하의 벌금이 부가됨에 유의(학교폭력예방 및 대책에 관한 법률, 제21조, 제22조)

□ 학교폭력 예방교육

학교 폭력 예방교육 서비스는 교육팀에 의해 지역 센터, 도서관, 학교에서 선생님과 학부모들을 상대로 제공되는 서비스이다. 이 서비스는 부분은 자녀 및 학생이 학교 폭력을 직접 겪고 있을 때의 실질적인 대처법, 사전 예방교육법 교육이 주가 되는 서비스이다.

학교 폭력 예방교육의 품질 관리는 우선 교육팀의 충분한 검토를 통한 커리큘럼 완성에 있다. 전문가로 구성된 교육팀이 교육 내용을 정리하여 효과적 전달을 위

한 커리큘럼을 만들고, 교육 후 교육대상으로 부터 설문지를 받아 평가와 개선사항을 수렴하여 커리큘럼, 강의 방법을 개선한다.

□ 납기 관리

사업을 통해 생산하는 4가지 서비스 중에 납기 관리에 가장 신경 써야 할 서비스는 학교를 직접 찾아가는 현장 프로그램 교육 서비스이다. 이 서비스는 현장운영팀과 사전에 일정에 맞게 선발된 대학생 멘토팀에 의해 이루어지는데, 대학생 멘토팀이 선정이 되려면 커뮤니티 카페에 현장운영프로그램 공지를 하고, 양성된 대학생 중 참여 가능한 대학생의 신청을 받는 과정이 필요하다.

이를 위해 우선 월별로 방문 희망 학교로부터 접수를 미리 받고, 월간 대학생 멘토팀에 공지하여 참여 멘토를 사전에 확보한다. 그리고 서비스 제공 일주일 전에 개별적으로 연락하여 참여 여부를 다시 확실시 하고 변동 사항이 생겼을 때는 현장운영팀에서 충원, 혹은 다른 대학생 멘토로 충원하도록 한다. 그리고 서비스 제공 당일 사전 집결하여, 간략하게 사전 교육을 하고, 프로그램 간 쓸 물품을 점검한 후 사내 셔틀버스로 이동한다.

□ 환경 관리

우리사업은 아이들을 위한 사업이고, 학교 폭력이라는 크나큰 사회문제를 해결하기 위한 사업이다. 그만큼 가치 있는 일을 위해 뭉친 만큼, 업무 분위기와 환경이 가치 있는 일을 위한 행복한 환경이어야 한다.

우리사업에서 생산하는 서비스는 아이들을 생각하는 마음, 학교 폭력을 근절하고자 하는 모든 구성원들의 의지의 산물이다. 이를 위해, 우선 조직환경은 소통을 최우선의 목표로 삼는다.

딱딱한 개인자리보다는 둥그런 원탁 형태로 자리를 만들어 내부의 소통을 원활히 하고 특히, 끊임없는 소통이 필요한 교육팀, 현장운영팀, 상담팀의 가족같은 분위기를 꾀한다. 그리고 대학생 멘토들과 현장운영팀은 주말에 지방학교를 가게 되면 주변 관광지를 방문할 수 있도록 하여 즐거운 추억과 업무분위기를 만들어준다. 이외에도 휴식을 위한 공간, 또 직원들의 자녀를 위한 공간을 마련하여 회사라기보다 또 하나의 가정과 같은 환경을 만들 것이다.

(부록 4)

밀알학교 폭력 예방교육 계획

□ 목적
 - 밀알학교의 전 교육활동을 통하여 '사람됨'을 중시하는 기본생활습관 형성을 위해 친절·질서·나눔·배려·협력의 생활화 교육을 지속적으로 실천하여 '더불어 사는 바른 사람'으로 기른다.
 - 학교, 가정, 사회, 유관 기관과의 연계적인 지도로 학교 폭력을 사전에 예방한다.

□ 방침
 - 밀알학교 폭력 예방 및 근절 대책 소기구를 지속적으로 운영한다.
 - 학생 비행과 폭력 예방을 위한 교육활동 및 홍보 계도활동을 강화한다.
 - 학생 선도를 위해 유관 기관과의 협조 체제를 강화, 신고 체제를 구축한다.

□ 세부추진 계획
 가. 계획적인 학교폭력 예방교육
  - '학교폭력 예방·조기 발견'을 위해 학교폭력 설문조사 연 2회 실시
  - 학교 폭력 사전 예방 해밀교사 일지-사랑의 대화록(경영록)
  - 홈페이지 비밀 게시판, 휴대폰 문자 메시지(해밀교사) 신고체제 마련

 나. '개인별 바른 생활 규칙' 만들기
  - 학생 개인별 스스로 지켜야 하는 규칙 정하고, 실천 계도
  - 학생, 해밀교사 상호간 신뢰와 약속이 지켜지는 건전한 문화 조성

 다. '친구사랑주간' 예방 교육 및 활동 강화
  - 밀알학교 전담경찰 위촉학생 대상 폭력예방교육, 교원, 학부모 교육
  - 밀알학교 폭력 학예행사 : 전교생, 글짓기, 그리기, 표어, 포스터 그리기 등 다양한 프로그램 운영

라. '학부모 상담 주간' 운영
- 일시 : 연 2회 3월 4주/ 9월 1주
- 학부모 연수를 통한 학교폭력 조기 발견 및 대처
- 폭력 없는 안전한 학교생활을 할 수 있도록 함께 생각하고 상담

사. 사이버폭력 예방프로그램 운영
- 밀알학교 교육과정 연계 및 체험활동 시간을 활용한 지속적인 사이버폭력예
  방교육실시

세부 프로그램명	주요내용
학교폭력 예방교육	신청 학교 및 신청 기관을 방문하여 학생 및 지도자들을 대상으로 학교폭력 예방교육 및 특강을 실시
학교폭력 관련학생 특별교육	학교 및 경찰서에서 의뢰되어진 학교폭력 가해자 · 피해자 학생들을 대상으로 특별교육 실시(오리엔테이션, 심리검사 ,분노조절프로그램, 개별상담, 학교폭력재발방지 교육 프로그램, 체험프로그램 등)
학교폭력 예방 청소년 집단프로그램	학교, 지역아동센터, 공부방, 복지관 등 연계기관의 청소년 및 또래상담자 등을 대상으로 학교폭력 예방 집단프로그램 실시
학교폭력 예방 부모 집단프로그램	학부모 집단을 구성하여 학교폭력예방 프로그램 실시
학교폭력 예방 거리 캠페인	-강원도 내 시 · 군을 직접 찾아가서 거리캠페인 실시 -Apple day 캠페인 실시 (학교폭력관련 설문조사, 홍보물 배포 등)
학교폭력 예방 프로그램 홍보	-학교폭력예방 관련 홍보물 제작 및 배포 -언론매체 및 지역 언론사를 통한 사업 안내 홍보

- 바른 인터넷 사용 건전한 스마트폰 사용 습관에 대한 교육실시
- 실제 사례를 중심으로 한 사이버폭력의 심각성 고취 및 정보통신 윤리교육실
  시

아. 갈등해소 모임 실시 의무화
- 가해학생 조치와 피해 학생 보호 대책 마련
_ 피해학생, 가해학생 및 학교공동체에 필요한 것을 탐색
- 폭력과 고발 문화의 확산을 방지하고 당사자 간의 화해와 책임유도
- 회복적 차원에서 학생들과 부모 갈등을 해소하고 건전한 관계회복 도모

자. 성 및 성폭력 예방 교육과 연계
- 올바른 성의식
- 건전한 성태도
- 분별력 있는 성윤리 의식

□ 학교폭력 학생 자료 확보 및 보안
- 위기 가정, 결손 가정, 부적응 학생 파악
- 교우 관계 및 학생 개인 상황 수시 파악
- 장기 결석 및 반복적인 결석생에 대한 지도 자료

□ 어울림 프로그램 추진
  정부의 현장중심 학교폭력 대책의 일환인 어울림 프로그램 추진하여 학생들의
공감·소통 능력을 함양하고, 학교폭력 '방관자'가 아닌 '적극적 방어자'로 육성하여
학교폭력을 자율적으로 해결하는 문화를 조성한다.

☞ **학교폭력 예방 교육계획 이렇게 세워보자!**

자료 출처: http://blog.daum.net/asdfdf1/74http://blog.daum.net/asdfdf1/74

(부록 5)

학교폭력예방 및 대책에 관한 법률

(약칭: 학교폭력예방법)

[시행 2017.7.26.] [법률 제14839호, 2017.7.26., 타법개정]
교육부(학교폭력대책과), 044-203-6898

　□ 제1조(목적) 이 법은 학교폭력의 예방과 대책에 필요한 사항을 규정함으로써 피해학생의 보호, 가해학생의 선도·교육 및 피해학생과 가해학생 간의 분쟁조정을 통하여 학생의 인권을 보호하고 학생을 건전한 사회구성원으로 육성함을 목적으로 한다.

　□ 제2조(정의) 이 법에서 사용하는 용어의 정의는 다음 각 호와 같다.　<개정 2009.5.8., 2012.1.26., 2012.3.21.>

1. "학교폭력"이란 학교 내외에서 학생을 대상으로 발생한 상해, 폭행, 감금, 협박, 약취·유인, 명예훼손·모욕, 공갈, 강요·강제적인 심부름 및 성폭력, 따돌림, 사이버 따돌림, 정보통신망을 이용한 음란·폭력 정보 등에 의하여 신체·정신 또는 재산상의 피해를 수반하는 행위를 말한다.

1의2. "따돌림"이란 학교 내외에서 2명 이상의 학생들이 특정인이나 특정집단의 학생들을 대상으로 지속적이거나 반복적으로 신체적 또는 심리적 공격을 가하여 상대방이 고통을 느끼도록 하는 일체의 행위를 말한다.

1의3. "사이버 따돌림"이란 인터넷, 휴대전화 등 정보통신기기를 이용하여 학생들이 특정 학생들을 대상으로 지속적, 반복적으로 심리적 공격을 가하거나, 특정 학생과 관련된 개인정보 또는 허위사실을 유포하여 상대방이 고통을 느끼도록 하는 일체의 행위를 말한다.

2. "학교"란 「초·중등교육법」 제2조에 따른 초등학교·중학교·고등학교·특수학교 및 각종학교와 같은 법 제61조에 따라 운영하는 학교를 말한다.

3. "가해학생"이란 가해자 중에서 학교폭력을 행사하거나 그 행위에 가담한 학생을 말한다.

4. "피해학생"이란 학교폭력으로 인하여 피해를 입은 학생을 말한다.

5. "장애학생"이란 신체적·정신적·지적 장애 등으로 「장애인 등에 대한 특수교육법」 제15조에서 규정하는 특수교육을 필요로 하는 학생을 말한다.

☐ 제3조(해석·적용의 주의의무) 이 법을 해석·적용함에 있어서 국민의 권리가 부당하게 침해되지 아니하도록 주의하여야 한다.

☐ 제4조(국가 및 지방자치단체의 책무) ① 국가 및 지방자치단체는 학교폭력을 예방하고 근절하기 위하여 조사·연구·교육·계도 등 필요한 법적·제도적 장치를 마련하여야 한다.

② 국가 및 지방자치단체는 청소년 관련 단체 등 민간의 자율적인 학교폭력 예방활동과 피해학생의 보호 및 가해학생의 선도·교육활동을 장려하여야 한다.

③ 국가 및 지방자치단체는 제2항에 따른 청소년 관련 단체 등 민간이 건의한 사항에 대하여는 관련 시책에 반영하도록 노력하여야 한다.

④ 국가 및 지방자치단체는 제1항부터 제3항까지의 규정에 따른 책무를 다하기 위하여 필요한 행정적·재정적 지원을 하여야 한다. <개정 2012.3.21.>囨

☐ 제5조(다른 법률과의 관계) ① 학교폭력의 규제, 피해학생의 보호 및 가해학생에 대한 조치에 있어서 다른 법률에 특별한 규정이 있는 경우를 제외하고는 이 법을 적용한다.

② 제2조제1호 중 성폭력은 다른 법률에 규정이 있는 경우에는 이 법을 적용하지 아니한다.

☐ 제6조(기본계획의 수립 등) ① 교육부장관은 이 법의 목적을 효율적으로 달성하기 위하여 학교폭력의 예방 및 대책에 관한 정책 목표·방향을 설정하고, 이에 따른 학교폭력의 예방 및 대책에 관한 기본계획(이하 "기본계획"이라 한다)을 제7조에 따른 학교폭력대책위원회의 심의를 거쳐 수립·시행하여야 한다. <개정 2012.3.21., 2013.3.23.>

② 기본계획은 다음 각 호의 사항을 포함하여 5년마다 수립하여야 한다. 이 경우 교육부장관은 관계 중앙행정기관 등의 의견을 수렴하여야 한다. <개정 2012.3.21., 2013.3.23.>

1. 학교폭력의 근절을 위한 조사·연구·교육 및 계도
2. 피해학생에 대한 치료·재활 등의 지원
3. 학교폭력 관련 행정기관 및 교육기관 상호 간의 협조·지원
4. 제14조제1항에 따른 전문상담교사의 배치 및 이에 대한 행정적·재정적 지원
5. 학교폭력의 예방과 피해학생 및 가해학생의 치료·교육을 수행하는 청소년 관련 단체(이하 "전문단체"라 한다) 또는 전문가에 대한 행정적·재정적 지원
6. 그 밖에 학교폭력의 예방 및 대책을 위하여 필요한 사항

③ 교육부장관은 대통령령으로 정하는 바에 따라 특별시·광역시·특별자치시·도 및 특별자치도(이하 "시·도"라 한다) 교육청의 학교폭력 예방 및 대책과 그에 대한 성과를 평가하고, 이를 공표하여야 한다. <신설 2012.1.26., 2013.3.23.>

☐ 제7조(학교폭력대책위원회의 설치·기능) 학교폭력의 예방 및 대책에 관한 다음 각 호의 사항을 심의하기 위하여 국무총리 소속으로 학교폭력대책위원회(이하 "대책위원회"라 한다)를 둔다. <개정 2012.3.21.>

1. 학교폭력의 예방 및 대책에 관한 기본계획의 수립 및 시행에 대한 평가

2. 학교폭력과 관련하여 관계 중앙행정기관 및 지방자치단체의 장이 요청하는 사항

3. 학교폭력과 관련하여 교육청, 제9조에 따른 학교폭력대책지역위원회, 제10조의2에 따른 학교폭력대책지역협의회, 제12조에 따른 학교폭력대책자치위원회, 전문단체 및 전문가가 요청하는 사항

[제목개정 2012.3.21.]

☐ 제8조(대책위원회의 구성) ① 대책위원회는 위원장 2명을 포함하여 20명 이내의 위원으로 구성한다.

② 위원장은 국무총리와 학교폭력 대책에 관한 전문지식과 경험이 풍부한 전문가 중에서 대통령이 위촉하는 사람이 공동으로 되고, 위원장 모두가 부득이한 사유로 직무를 수행할 수 없을 때에는 국무총리가 지명한 위원이 그 직무를 대행한다.

③ 위원은 다음 각 호의 사람 중에서 대통령이 위촉하는 사람으로 한다. 다만, 제1호의 경우에는 당연직 위원으로 한다. <개정 2013.3.23., 2014.11.19., 2017.7.26.>

1. 기획재정부장관, 교육부장관, 과학기술정보통신부장관, 법무부장관, 행정안전부장관, 문화체육관광부장관, 보건복지부장관, 여성가족부장관, 방송통신위원회 위원장, 경찰청장

2. 학교폭력 대책에 관한 전문지식과 경험이 풍부한 전문가 중에서 제1호의 위원이 각각 1명씩 추천하는 사람

3. 관계 중앙행정기관에 소속된 3급 공무원 또는 고위공무원단에 속하는 공무원으로서 청소년 또는 의료 관련 업무를 담당하는 사람

4. 대학이나 공인된 연구기관에서 조교수 이상 또는 이에 상당한 직에 있거나 있었던 사람으로서 학교폭력 문제 및 이에 따른 상담 또는 심리에 관하여 전문지식이 있는 사람

5. 판사·검사·변호사

6. 전문단체에서 청소년보호활동을 5년 이상 전문적으로 담당한 사람

7. 의사의 자격이 있는 사람

8. 학교운영위원회 활동 및 청소년보호활동 경험이 풍부한 학부모

④ 위원장을 포함한 위원의 임기는 2년으로 하되, 1차에 한하여 연임할 수 있다.

⑤ 위원회의 효율적 운영 및 지원을 위하여 간사 1명을 두되, 간사는 교육부장관이 된다. <개정 2013.3.23.>

⑥ 위원회에 상정할 안건을 미리 검토하는 등 안건 심의를 지원하고, 위원회가 위임한 안건을 심의하기 위하여 대책위원회에 학교폭력대책실무위원회(이하 "실무위원회"라 한다)를 둔다.

⑦ 그 밖에 대책위원회의 운영과 실무위원회의 구성·운영에 필요한 사항은 대통령령으로 정한다.

[전문개정 2012.3.21.]

☐ 제9조(학교폭력대책지역위원회의 설치) ① 지역의 학교폭력 문제를 해결하기 위하여 시·도에 학교폭력대책지역위원회(이하 "지역위원회"라 한다)를 둔다. <개정 2012.1.26.>

② 특별시장·광역시장·특별자치시장·도지사 및 특별자치도지사는 지역위원회의 운영 및 활동에 관하여 시·도의 교육감(이하 "교육감"이라 한다)과 협의하여야 하며, 그 효율적인 운영을 위하여 실무위원회를 둘 수 있다. <개정 2012.1.26.>

③ 지역위원회는 위원장 1인을 포함한 11인 이내의 위원으로 구성한다.

④ 지역위원회 및 제2항에 따른 실무위원회의 구성·운영에 필요한 사항은 대통령령으로 정한다.

☐ 제10조(학교폭력대책지역위원회의 기능 등) ① 지역위원회는 기본계획에 따라 지역의 학교폭력 예방대책을 매년 수립한다.

② 지역위원회는 해당 지역에서 발생한 학교폭력에 대하여 교육감 및 지방경찰청장에게 관련 자료를 요청할 수 있다.

③ 교육감은 지역위원회의 의견을 들어 제16조제1항제1호부터 제3호까지나 제17조제1항제5호에 따른 상담·치료 및 교육을 담당할 상담·치료·교육 기관을 지정하여야 한다. <개정 2012.1.26.>

④ 교육감은 제3항에 따른 상담·치료·교육 기관을 지정한 때에는 해당 기관의 명칭, 소재지, 업무를 인터넷 홈페이지에 게시하고, 그 밖에 다양한 방법으로 학부

모에게 알릴 수 있도록 노력하여야 한다. <신설 2012.1.26.>

[제목개정 2012.1.26.]

☐ 제10조의2(학교폭력대책지역협의회의 설치·운영) ① 학교폭력예방 대책을 수립하고 기관별 추진계획 및 상호 협력·지원 방안 등을 협의하기 위하여 시·군·구에 학교폭력대책지역협의회(이하 "지역협의회"라 한다)를 둔다.

② 지역협의회는 위원장 1명을 포함한 20명 내외의 위원으로 구성한다.

③ 그 밖에 지역협의회의 구성·운영에 필요한 사항은 대통령령으로 정한다.

[본조신설 2012.3.21.]

☐ 제11조(교육감의 임무) ① 교육감은 시·도교육청에 학교폭력의 예방과 대책을 담당하는 전담부서를 설치·운영하여야 한다.

② 교육감은 관할 구역 안에서 학교폭력이 발생한 때에는 해당 학교의 장 및 관련 학교의 장에게 그 경과 및 결과의 보고를 요구할 수 있다.

③ 교육감은 관할 구역 안의 학교폭력이 관할 구역 외의 학교폭력과 관련이 있는 때에는 그 관할 교육감과 협의하여 적절한 조치를 취하여야 한다.

④ 교육감은 학교의 장으로 하여금 학교폭력의 예방 및 대책에 관한 실시계획을 수립·시행하도록 하여야 한다.

⑤ 교육감은 제12조에 따른 자치위원회가 처리한 학교의 학교폭력빈도를 학교의 장에 대한 업무수행 평가에 부정적 자료로 사용하여서는 아니 된다.

⑥ 교육감은 제17조제1항제8호에 따른 전학의 경우 그 실현을 위하여 필요한 조치를 취하여야 하며, 제17조제1항제9호에 따른 퇴학처분의 경우 해당 학생의 건전한 성장을 위하여 다른 학교 재입학 등의 적절한 대책을 강구하여야 한다. <개정 2012.1.26., 2012.3.21.>

⑦ 교육감은 대책위원회 및 지역위원회에 관할 구역 안의 학교폭력의 실태 및 대책에 관한 사항을 보고하고 공표하여야 한다. 관할 구역 밖의 학교폭력 관련 사항 중 관할 구역 안의 학교와 관련된 경우에도 또한 같다. <개정 2012.1.26., 2012.3.21.>

⑧ 교육감은 학교폭력의 실태를 파악하고 학교폭력에 대한 효율적인 예방대책을 수립하기 위하여 학교폭력 실태조사를 연 2회 이상 실시하고 그 결과를 공표하여야 한다. <신설 2012.3.21., 2015.12.22.>

⑨ 교육감은 학교폭력 등에 관한 조사, 상담, 치유프로그램 운영 등을 위한 전문기관을 설치·운영할 수 있다. <신설 2012.3.21.>

⑩ 교육감은 관할 구역에서 학교폭력이 발생한 때에 해당 학교의 장 또는 소속 교원이 그 경과 및 결과를 보고함에 있어 축소 및 은폐를 시도한 경우에는 「교육공무원법」 제50조 및 「사립학교법」 제62조에 따른 징계위원회에 징계의결을 요구하여야 한다. <신설 2012.3.21.>

⑪ 교육감은 관할 구역에서 학교폭력의 예방 및 대책 마련에 기여한 바가 큰 학교 또는 소속 교원에게 상훈을 수여하거나 소속 교원의 근무성적 평정에 가산점을 부여할 수 있다. <신설 2012.3.21.>

⑫ 제1항에 따라 설치되는 전담부서의 구성과 제8항에 따라 실시하는 학교폭력 실태조사 및 제9항에 따른 전문기관의 설치에 필요한 사항은 대통령령으로 정한다. <개정 2012.3.21.>

☐ 제11조의2(학교폭력 조사·상담 등) ① 교육감은 학교폭력 예방과 사후조치 등을 위하여 다음 각 호의 조사·상담 등을 수행할 수 있다.

1. 학교폭력 피해학생 상담 및 가해학생 조사

2. 필요한 경우 가해학생 학부모 조사

3. 학교폭력 예방 및 대책에 관한 계획의 이행 지도

4. 관할 구역 학교폭력서클 단속

5. 학교폭력 예방을 위하여 민간 기관 및 업소 출입·검사

6. 그 밖에 학교폭력 등과 관련하여 필요로 하는 사항

② 교육감은 제1항의 조사·상담 등의 업무를 대통령령으로 정하는 기관 또는 단체에 위탁할 수 있다.

③ 교육감 및 제2항에 따른 위탁 기관 또는 단체의 장은 제1항에 따른 조사·상담 등의 업무를 수행함에 있어 필요한 경우 관계 기관의 장에게 협조를 요청할 수 있다.

④ 제1항에 따라 조사·상담 등을 하는 관계 직원은 그 권한을 표시하는 증표를 지니고 이를 관계인에게 보여주어야 한다.

⑤ 제1항제1호 및 제4호의 조사 등의 결과는 학교의 장 및 보호자에게 통보하여야 한다.

[본조신설 2012.3.21.]

☐ 제11조의3(관계 기관과의 협조 등) ① 교육부장관, 교육감, 지역 교육장, 학교의 장은 학교폭력과 관련한 개인정보 등을 경찰청장, 지방경찰청장, 관할 경찰서장 및 관계 기관의 장에게 요청할 수 있다. <개정 2013.3.23.>

② 제1항에 따라 정보제공을 요청받은 경찰청장, 지방경찰청장, 관할 경찰서장 및 관계 기관의 장은 특별한 사정이 없으면 이에 응하여야 한다.

③ 제1항 및 제2항에 따른 관계 기관과의 협조 사항 및 절차 등에 필요한 사항은 대통령령으로 정한다.

[본조신설 2012.3.21.]

□ 제12조(학교폭력대책자치위원회의 설치·기능) ① 학교폭력의 예방 및 대책에 관련된 사항을 심의하기 위하여 학교에 학교폭력대책자치위원회(이하 "자치위원회"라 한다)를 둔다. 다만, 자치위원회 구성에 있어 대통령령으로 정하는 사유가 있는 경우에는 교육감의 보고를 거쳐 둘 이상의 학교가 공동으로 자치위원회를 구성할 수 있다. <개정 2012.1.26.>

② 자치위원회는 학교폭력의 예방 및 대책 등을 위하여 다음 각 호의 사항을 심의한다. <개정 2012.1.26.>

1. 학교폭력의 예방 및 대책수립을 위한 학교 체제 구축

2. 피해학생의 보호

3. 가해학생에 대한 선도 및 징계

4. 피해학생과 가해학생 간의 분쟁조정

5. 그 밖에 대통령령으로 정하는 사항

③ 자치위원회는 해당 지역에서 발생한 학교폭력에 대하여 학교장 및 관할 경찰서장에게 관련 자료를 요청할 수 있다. <신설 2012.3.21.>

④ 자치위원회의 설치·운영 등에 필요한 사항은 지역 및 학교의 규모 등을 고려하여 대통령령으로 정한다. <개정 2012.3.21.>

□ 제13조(자치위원회의 구성·운영) ① 자치위원회는 위원장 1인을 포함하여 5인 이상 10인 이하의 위원으로 구성하되, 대통령령으로 정하는 바에 따라 전체위원의 과반수를 학부모전체회의에서 직접 선출된 학부모대표로 위촉하여야 한다. 다만, 학부모전체회의에서 학부모대표를 선출하기 곤란한 사유가 있는 경우에는 학급별 대표로 구성된 학부모대표회의에서 선출된 학부모대표로 위촉할 수 있다. <개정 2011.5.19.>

② 자치위원회는 분기별 1회 이상 회의를 개최하고, 자치위원회의 위원장은 다음 각 호의 어느 하나에 해당하는 경우에 회의를 소집하여야 한다. <신설 2011.5.19., 2012.1.26., 2012.3.21.>

1. 자치위원회 재적위원 4분의 1 이상이 요청하는 경우

2. 학교의 장이 요청하는 경우

3. 피해학생 또는 그 보호자가 요청하는 경우

4. 학교폭력이 발생한 사실을 신고받거나 보고받은 경우

5. 가해학생이 협박 또는 보복한 사실을 신고받거나 보고받은 경우

6. 그 밖에 위원장이 필요하다고 인정하는 경우

③ 자치위원회는 회의의 일시, 장소, 출석위원, 토의내용 및 의결사항 등이 기록된 회의록을 작성·보존하여야 한다. <신설 2011.5.19.>

④ 그 밖에 자치위원회의 구성·운영에 필요한 사항은 대통령령으로 정한다. <개정 2011.5.19.>

[제목개정 2011.5.19.]

☐ 제14조(전문상담교사 배치 및 전담기구 구성) ① 학교의 장은 학교에 대통령령으로 정하는 바에 따라 상담실을 설치하고, 「초·중등교육법」 제19조의2에 따라 전문상담교사를 둔다.

② 전문상담교사는 학교의 장 및 자치위원회의 요구가 있는 때에는 학교폭력에 관련된 피해학생 및 가해학생과의 상담결과를 보고하여야 한다.

③ 학교의 장은 교감, 전문상담교사, 보건교사 및 책임교사(학교폭력문제를 담당하는 교사를 말한다) 등으로 학교폭력문제를 담당하는 전담기구(이하 "전담기구"라 한다)를 구성하며, 학교폭력 사태를 인지한 경우 지체 없이 전담기구 또는 소속 교원으로 하여금 가해 및 피해 사실 여부를 확인하도록 한다. <개정 2012.3.21.>

④ 전담기구는 학교폭력에 대한 실태조사(이하 "실태조사"라 한다)와 학교폭력 예방 프로그램을 구성·실시하며, 학교의 장 및 자치위원회의 요구가 있는 때에는 학교폭력에 관련된 조사결과 등 활동결과를 보고하여야 한다. <개정 2012.3.21.>

⑤ 피해학생 또는 피해학생의 보호자는 피해사실 확인을 위하여 전담기구에 실태조사를 요구할 수 있다. <신설 2009.5.8., 2012.3.21.>

⑥ 국가 및 지방자치단체는 실태조사에 관한 예산을 지원하고, 관계 행정기관은 실태조사에 협조하여야 하며, 학교의 장은 전담기구에 행정적·재정적 지원을 할 수 있다. <개정 2009.5.8., 2012.3.21.>

⑦ 전담기구는 성폭력 등 특수한 학교폭력사건에 대한 실태조사의 전문성을 확보하기 위하여 필요한 경우 전문기관에 그 실태조사를 의뢰할 수 있다. 이 경우 그 의뢰는 자치위원회 위원장의 심의를 거쳐 학교의 장 명의로 하여야 한다. <신설 2012.1.26., 2012.3.21.>

⑧ 그 밖에 전담기구 운영 등에 필요한 사항은 대통령령으로 정한다. <신설

2012.3.21.>

□ 제15조(학교폭력 예방교육 등) ① 학교의 장은 학생의 육체적·정신적 보호와 학교폭력의 예방을 위한 학생들에 대한 교육(학교폭력의 개념·실태 및 대처방안 등을 포함하여야 한다)을 학기별로 1회 이상 실시하여야 한다. <개정 2012.1.26.>

② 학교의 장은 학교폭력의 예방 및 대책 등을 위한 교직원 및 학부모에 대한 교육을 학기별로 1회 이상 실시하여야 한다. <개정 2012.3.21.>

③ 학교의 장은 제1항에 따른 학교폭력 예방교육 프로그램의 구성 및 그 운용 등을 전담기구와 협의하여 전문단체 또는 전문가에게 위탁할 수 있다.

④ 교육장은 제1항부터 제3항까지의 규정에 따른 학교폭력 예방교육 프로그램의 구성과 운용계획을 학부모가 쉽게 확인할 수 있도록 인터넷 홈페이지에 게시하고, 그 밖에 다양한 방법으로 학부모에게 알릴 수 있도록 노력하여야 한다. <개정 2012.1.26.>

⑤ 그 밖에 학교폭력 예방교육의 실시와 관련한 사항은 대통령령으로 정한다. <개정 2011.5.19.>

[제목개정 2011.5.19.]

□ 제16조(피해학생의 보호) ① 자치위원회는 피해학생의 보호를 위하여 필요하다고 인정하는 때에는 피해학생에 대하여 다음 각 호의 어느 하나에 해당하는 조치(수 개의 조치를 병과하는 경우를 포함한다)를 할 것을 학교의 장에게 요청할 수 있다. 다만, 학교의 장은 피해학생의 보호를 위하여 긴급하다고 인정하거나 피해학생이 긴급보호의 요청을 하는 경우에는 자치위원회의 요청 전에 제1호, 제2호 및 제6호의 조치를 할 수 있다. 이 경우 자치위원회에 즉시 보고하여야 한다. <개정 2012.3.21., 2017.4.18.>

1. 학내외 전문가에 의한 심리상담 및 조언
2. 일시보호
3. 치료 및 치료를 위한 요양
4. 학급교체
5. 삭제 <2012.3.21.>
6. 그 밖에 피해학생의 보호를 위하여 필요한 조치

② 자치위원회는 제1항에 따른 조치를 요청하기 전에 피해학생 및 그 보호자에게 의견진술의 기회를 부여하는 등 적정한 절차를 거쳐야 한다. <신설 2012.3.21.>

③ 제1항에 따른 요청이 있는 때에는 학교의 장은 피해학생의 보호자의 동의를

받아 7일 이내에 해당 조치를 하여야 하고 이를 자치위원회에 보고하여야 한다. <개정 2012.3.21.>

④ 제1항의 조치 등 보호가 필요한 학생에 대하여 학교의 장이 인정하는 경우 그 조치에 필요한 결석을 출석일수에 산입할 수 있다. <개정 2012.3.21.>

⑤ 학교의 장은 성적 등을 평가함에 있어서 제3항에 따른 조치로 인하여 학생에게 불이익을 주지 아니하도록 노력하여야 한다. <개정 2012.3.21.>

⑥ 피해학생이 전문단체나 전문가로부터 제1항제1호부터 제3호까지의 규정에 따른 상담 등을 받는 데에 사용되는 비용은 가해학생의 보호자가 부담하여야 한다. 다만, 피해학생의 신속한 치료를 위하여 학교의 장 또는 피해학생의 보호자가 원하는 경우에는 「학교안전사고 예방 및 보상에 관한 법률」 제15조에 따른 학교안전공제회 또는 시·도교육청이 부담하고 이에 대한 구상권을 행사할 수 있다. <개정 2012.1.26., 2012.3.21.>

1. 삭제 <2012.3.21.>

2. 삭제 <2012.3.21.>

⑦ 학교의 장 또는 피해학생의 보호자는 필요한 경우 「학교안전사고 예방 및 보상에 관한 법률」 제34조의 공제급여를 학교안전공제회에 직접 청구할 수 있다. <신설 2012.1.26., 2012.3.21.>

⑧ 피해학생의 보호 및 제6항에 따른 지원범위, 구상범위, 지급절차 등에 필요한 사항은 대통령령으로 정한다. <신설 2012.3.21.>

☐ 제16조의2(장애학생의 보호) ① 누구든지 장애 등을 이유로 장애학생에게 학교폭력을 행사하여서는 아니 된다.

② 자치위원회는 학교폭력으로 피해를 입은 장애학생의 보호를 위하여 장애인전문 상담가의 상담 또는 장애인전문 치료기관의 요양 조치를 학교의 장에게 요청할 수 있다.

③ 제2항에 따른 요청이 있는 때에는 학교의 장은 해당 조치를 하여야 한다. 이 경우 제16조제6항을 준용한다. <개정 2012.3.21.>

[본조신설 2009.5.8.]

☐ 제17조(가해학생에 대한 조치) ① 자치위원회는 피해학생의 보호와 가해학생의 선도·교육을 위하여 가해학생에 대하여 다음 각 호의 어느 하나에 해당하는 조치(수 개의 조치를 병과하는 경우를 포함한다)를 할 것을 학교의 장에게 요청하여야 하며, 각 조치별 적용 기준은 대통령령으로 정한다. 다만, 퇴학처분은 의무교육

과정에 있는 가해학생에 대하여는 적용하지 아니한다. <개정 2009.5.8., 2012.1.26., 2012.3.21.>

1. 피해학생에 대한 서면사과
2. 피해학생 및 신고·고발 학생에 대한 접촉, 협박 및 보복행위의 금지
3. 학교에서의 봉사
4. 사회봉사
5. 학내외 전문가에 의한 특별 교육이수 또는 심리치료
6. 출석정지
7. 학급교체
8. 전학
9. 퇴학처분

② 제1항에 따라 자치위원회가 학교의 장에게 가해학생에 대한 조치를 요청할 때 그 이유가 피해학생이나 신고·고발 학생에 대한 협박 또는 보복 행위일 경우에는 같은 항 각 호의 조치를 병과하거나 조치 내용을 가중할 수 있다. <신설 2012.3.21.>

③ 제1항제2호부터 제4호까지 및 제6호부터 제8호까지의 처분을 받은 가해학생은 교육감이 정한 기관에서 특별교육을 이수하거나 심리치료를 받아야 하며, 그 기간은 자치위원회에서 정한다. <개정 2012.1.26., 2012.3.21.>

④ 학교의 장은 가해학생에 대한 선도가 긴급하다고 인정할 경우 우선 제1항제1호부터 제3호까지, 제5호 및 제6호의 조치를 할 수 있으며, 제5호와 제6호는 병과 조치할 수 있다. 이 경우 자치위원회에 즉시 보고하여 추인을 받아야 한다. <개정 2012.1.26., 2012.3.21.>

⑤ 자치위원회는 제1항 또는 제2항에 따른 조치를 요청하기 전에 가해학생 및 보호자에게 의견진술의 기회를 부여하는 등 적정한 절차를 거쳐야 한다. <개정 2012.3.21.>

⑥ 제1항에 따른 요청이 있는 때에는 학교의 장은 14일 이내에 해당 조치를 하여야 한다. <개정 2012.1.26., 2012.3.21.>

⑦ 학교의 장이 제4항에 따른 조치를 한 때에는 가해학생과 그 보호자에게 이를 통지하여야 하며, 가해학생이 이를 거부하거나 회피하는 때에는 「초·중등교육법」 제18조에 따라 징계하여야 한다. <개정 2012.3.21.>

⑧ 가해학생이 제1항제3호부터 제5호까지의 규정에 따른 조치를 받은 경우 이와 관련된 결석은 학교의 장이 인정하는 때에는 이를 출석일수에 산입할 수 있다.

<개정 2012.1.26., 2012.3.21.>

⑨ 자치위원회는 가해학생이 특별교육을 이수할 경우 해당 학생의 보호자도 함께 교육을 받게 하여야 한다. <개정 2012.3.21.>

⑩ 가해학생이 다른 학교로 전학을 간 이후에는 전학 전의 피해학생 소속 학교로 다시 전학올 수 없도록 하여야 한다. <신설 2012.1.26., 2012.3.21.>

⑪ 제1항제2호부터 제9호까지의 처분을 받은 학생이 해당 조치를 거부하거나 기피하는 경우 자치위원회는 제7항에도 불구하고 대통령령으로 정하는 바에 따라 추가로 다른 조치를 할 것을 학교의 장에게 요청할 수 있다. <신설 2012.3.21.>

⑫ 가해학생에 대한 조치 및 제11조제6항에 따른 재입학 등에 관하여 필요한 사항은 대통령령으로 정한다. <신설 2012.3.21.>

□ 제17조의2(재심청구) ① 자치위원회 또는 학교의 장이 제16조제1항 및 제17조제1항에 따라 내린 조치에 대하여 이의가 있는 피해학생 또는 그 보호자는 그 조치를 받은 날부터 15일 이내, 그 조치가 있음을 안 날부터 10일 이내에 지역위원회에 재심을 청구할 수 있다. <신설 2012.3.21.>

② 자치위원회가 제17조제1항제8호와 제9호에 따라 내린 조치에 대하여 이의가 있는 학생 또는 그 보호자는 그 조치를 받은 날부터 15일 이내, 그 조치가 있음을 안 날로부터 10일 이내에 「초·중등교육법」 제18조의3에 따른 시·도학생징계조정위원회에 재심을 청구할 수 있다. <개정 2012.3.21.>

③ 지역위원회가 제1항에 따른 재심청구를 받은 때에는 30일 이내에 이를 심사·결정하여 청구인에게 통보하여야 한다. <신설 2012.3.21.>

④ 제3항의 결정에 이의가 있는 청구인은 그 통보를 받은 날부터 60일 이내에 행정심판을 제기할 수 있다. <신설 2012.3.21.>

⑤ 제1항에 따른 재심청구, 제3항에 따른 심사 절차 및 결정 통보 등에 필요한 사항은 대통령령으로 정한다. <신설 2012.3.21.>

⑥ 제2항에 따른 재심청구, 심사절차, 결정통보 등은 「초·중등교육법」 제18조의2제2항부터 제4항까지의 규정을 준용한다. <개정 2012.3.21.>

[본조신설 2012.1.26.]

□ 제18조(분쟁조정) ① 자치위원회는 학교폭력과 관련하여 분쟁이 있는 경우에는 그 분쟁을 조정할 수 있다.

② 제1항에 따른 분쟁의 조정기간은 1개월을 넘지 못한다.

③ 학교폭력과 관련한 분쟁조정에는 다음 각 호의 사항을 포함한다.

1. 피해학생과 가해학생간 또는 그 보호자 간의 손해배상에 관련된 합의조정

2. 그 밖에 자치위원회가 필요하다고 인정하는 사항

④ 자치위원회는 분쟁조정을 위하여 필요하다고 인정하는 때에는 관계 기관의 협조를 얻어 학교폭력과 관련한 사항을 조사할 수 있다.

⑤ 자치위원회가 분쟁조정을 하고자 할 때에는 이를 피해학생·가해학생 및 그 보호자에게 통보하여야 한다.

⑥ 시·도교육청 관할 구역 안의 소속 학교가 다른 학생 간에 분쟁이 있는 경우에는 교육감이 해당 학교의 자치위원회위원장과의 협의를 거쳐 직접 분쟁을 조정한다. 이 경우 제2항부터 제5항까지의 규정을 준용한다.

⑦ 관할 구역을 달리하는 시·도교육청 소속 학교의 학생 간에 분쟁이 있는 경우에는 피해학생을 감독하는 교육감이 가해학생을 감독하는 교육감 및 관련 해당 학교의 자치위원회위원장과의 협의를 거쳐 직접 분쟁을 조정한다. 이 경우 제2항부터 제5항까지의 규정을 준용한다.

☐ 제19조(학교의 장의 의무) 학교의 장은 교육감에게 학교폭력이 발생한 사실 및 제16조, 제16조의2, 제17조, 제17조의2 및 제18조에 따른 조치 및 그 결과를 보고하고, 관계 기관과 협력하여 교내 학교폭력 단체의 결성예방 및 해체에 노력하여야 한다. <개정 2012.3.21.>

☐ 제20조(학교폭력의 신고의무) ① 학교폭력 현장을 보거나 그 사실을 알게 된 자는 학교 등 관계 기관에 이를 즉시 신고하여야 한다.

② 제1항에 따라 신고를 받은 기관은 이를 가해학생 및 피해학생의 보호자와 소속 학교의 장에게 통보하여야 한다. <개정 2009.5.8.>

③ 제2항에 따라 통보받은 소속 학교의 장은 이를 자치위원회에 지체 없이 통보하여야 한다. <신설 2009.5.8.>

④ 누구라도 학교폭력의 예비·음모 등을 알게 된 자는 이를 학교의 장 또는 자치위원회에 고발할 수 있다. 다만, 교원이 이를 알게 되었을 경우에는 학교의 장에게 보고하고 해당 학부모에게 알려야 한다. <개정 2009.5.8., 2012.1.26.>

⑤ 누구든지 제1항부터 제4항까지에 따라 학교폭력을 신고한 사람에게 그 신고 행위를 이유로 불이익을 주어서는 아니 된다. <신설 2012.3.21.>

☐ 제20조의2(긴급전화의 설치 등) ① 국가 및 지방자치단체는 학교폭력을 수시로 신고받고 이에 대한 상담에 응할 수 있도록 긴급전화를 설치하여야 한다.

② 국가와 지방자치단체는 제1항에 따른 긴급전화의 설치·운영을 대통령령으로

정하는 기관 또는 단체에 위탁할 수 있다. <신설 2012.1.26.>

③ 제1항과 제2항에 따른 긴급전화의 설치·운영·위탁에 필요한 사항은 대통령령으로 정한다. <개정 2012.1.26.>

[본조신설 2009.5.8.]

☐ 제20조의3(정보통신망에 의한 학교폭력 등) 제2조제1호에 따른 정보통신망을 이용한 음란·폭력 정보 등에 의한 신체상·정신상 피해에 관하여 필요한 사항은 따로 법률로 정한다.

[본조신설 2012.3.21.]

☐ 제20조의4(정보통신망의 이용 등) ① 국가·지방자치단체 또는 교육감은 학교폭력 예방 업무 등을 효과적으로 수행하기 위하여 필요한 경우 정보통신망을 이용할 수 있다.

② 국가·지방자치단체 또는 교육감은 제1항에 따라 정보통신망을 이용하여 학교 또는 학생(학부모를 포함한다)이 학교폭력 예방 업무 등을 수행하는 경우 다음 각 호의 어느 하나에 해당하는 비용의 전부 또는 일부를 지원할 수 있다.

1. 학교 또는 학생(학부모를 포함한다)이 전기통신설비를 구입하거나 이용하는 데 소요되는 비용

2. 학교 또는 학생(학부모를 포함한다)에게 부과되는 전기통신역무 요금

③ 그 밖에 정보통신망의 이용 등에 관하여 필요한 사항은 대통령령으로 정한다.

[본조신설 2012.3.21.]

☐ 제20조의5(학생보호인력의 배치 등) ① 국가·지방자치단체 또는 학교의 장은 학교폭력을 예방하기 위하여 학교 내에 학생보호인력을 배치하여 활용할 수 있다.

② 다음 각 호의 어느 하나에 해당하는 사람은 학생보호인력이 될 수 없다. <신설 2013.7.30.>

1. 「국가공무원법」 제33조 각 호의 어느 하나에 해당하는 사람

2. 「아동·청소년의 성보호에 관한 법률」에 따른 아동·청소년대상 성범죄 또는 「성폭력범죄의 처벌 등에 관한 특례법」에 따른 성폭력범죄를 범하여 벌금형을 선고받고 그 형이 확정된 날부터 10년이 지나지 아니하였거나, 금고 이상의 형이나 치료감호를 선고받고 그 집행이 끝나거나 집행이 유예·면제된 날부터 10년이 지나지 아니한 사람

3. 「청소년 보호법」 제2조제5호가목3) 및 같은 목 7)부터 9)까지의 청소년 출입·고용금지업소의 업주나 종사자

③ 국가·지방자치단체 또는 학교의 장은 제1항에 따른 학생보호인력의 배치 및 활용 업무를 관련 전문기관 또는 단체에 위탁할 수 있다. <개정 2013.7.30.>

④ 제3항에 따라 학생보호인력의 배치 및 활용 업무를 위탁받은 전문기관 또는 단체는 그 업무를 수행함에 있어 학교의 장과 충분히 협의하여야 한다. <개정 2013.7.30.>

⑤ 국가·지방자치단체 또는 학교의 장은 학생보호인력으로 배치하고자 하는 사람의 동의를 받아 경찰청장에게 그 사람의 범죄경력을 조회할 수 있다. <신설 2013.7.30.>

⑥ 제3항에 따라 학생보호인력의 배치 및 활용 업무를 위탁받은 전문기관 또는 단체는 해당 업무를 위탁한 국가·지방자치단체 또는 학교의 장에게 학생보호인력으로 배치하고자 하는 사람의 범죄경력을 조회할 것을 신청할 수 있다. <신설 2013.7.30.>

⑦ 학생보호인력이 되려는 사람은 국가·지방자치단체 또는 학교의 장에게 제2항 각 호의 어느 하나에 해당하지 아니한다는 확인서를 제출하여야 한다. <신설 2013.7.30.>

[본조신설 2012.3.21.]

□ 제20조의6(영상정보처리기기의 통합 관제) ① 국가 및 지방자치단체는 학교폭력 예방 업무를 효과적으로 수행하기 위하여 교육감과 협의하여 학교 내외에 설치된 영상정보처리기기(「개인정보 보호법」 제2조제7호에 따른 영상정보처리기기를 말한다. 이하 이 조에서 같다)를 통합하여 관제할 수 있다. 이 경우 국가 및 지방자치단체는 통합 관제 목적에 필요한 범위에서 최소한의 개인정보만을 처리하여야 하며, 그 목적 외의 용도로 활용하여서는 아니 된다.

② 제1항에 따라 영상정보처리기기를 통합 관제하려는 국가 및 지방자치단체는 공청회·설명회의 개최 등 대통령령으로 정하는 절차를 거쳐 관계 전문가 및 이해관계인의 의견을 수렴하여야 한다.

③ 제1항에 따라 학교 내외에 설치된 영상정보처리기기가 통합 관제되는 경우 해당 학교의 영상정보처리기기운영자는 「개인정보 보호법」 제25조제4항에 따른 조치를 통하여 그 사실을 정보주체에게 알려야 한다.

④ 통합 관제에 관하여 이 법에서 규정한 것을 제외하고는 「개인정보 보호법」을 적용한다.

⑤ 그 밖에 영상정보처리기기의 통합 관제에 필요한 사항은 대통령령으로 정한다.

[본조신설 2012.3.21.]

☐ 제21조(비밀누설금지 등) ① 이 법에 따라 학교폭력의 예방 및 대책과 관련된 업무를 수행하거나 수행하였던 자는 그 직무로 인하여 알게 된 비밀 또는 가해학생·피해학생 및 제20조에 따른 신고자·고발자와 관련된 자료를 누설하여서는 아니 된다. <개정 2012.1.26.>

② 제1항에 따른 비밀의 구체적인 범위는 대통령령으로 정한다.

③ 제16조, 제16조의2, 제17조, 제17조의2, 제18조에 따른 자치위원회의 회의는 공개하지 아니한다. 다만, 피해학생·가해학생 또는 그 보호자가 회의록의 열람·복사 등 회의록 공개를 신청한 때에는 학생과 그 가족의 성명, 주민등록번호 및 주소, 위원의 성명 등 개인정보에 관한 사항을 제외하고 공개하여야 한다. <개정 2011.5.19., 2012.3.21.>

☐ 제22조(벌칙) ①제21조제1항을 위반한 자는 1년 이하의 징역 또는 1천만원 이하의 벌금에 처한다. <개정 2012.3.21., 2016.5.29.>

② 제17조제9항에 따른 자치위원회의 교육 이수 조치를 따르지 아니한 보호자에게는 300만원 이하의 과태료를 부과한다. <신설 2012.3.21.>

☐ 부   칙 <법률 제8887호, 2008.3.14.>

이 법은 공포 후 6개월이 경과한 날부터 시행한다.

☐ 부   칙 <법률 제9642호, 2009.5.8.>

이 법은 공포 후 3개월이 경과한 날부터 시행한다.

☐ 부   칙 <법률 제9932호, 2010.1.18.>   (정부조직법)

제1조(시행일) 이 법은 공포 후 2개월이 경과한 날부터 시행한다. <단서 생략>

제2조 및 제3조 생략

제4조(다른 법률의 개정) ①부터 <125>까지 생략

<126> 학교폭력예방 및 대책에 관한 법률 일부를 다음과 같이 개정한다.

제8조제3항제2호를 삭제한다.

<127>부터 <137>까지 생략

제5조 생략

☐ 부   칙 <법률 제10642호, 2011.5.19.>

이 법은 공포 후 6개월이 경과한 날부터 시행한다.

☐ 부   칙 <법률 제11223호, 2012.1.26.>

제1조(시행일) 이 법은 2012년 5월 1일부터 시행한다. 다만, 제17조제5항의 개정 규정은 공포한 날부터 시행하고, 제2조, 제13조제2항, 제15조제1항 및 제4항, 제16 조, 제17조(제5항은 제외한다), 제20조제4항의 개정규정은 2012년 4월 1일부터 시행 한다.

　　[전문개정 2012.3.21.]

　　[시행일:2012.4.1.]

　　제2조(재심청구에 관한 적용례) 제17조제1항제8호의 개정규정에 대한 재심청구 는 이 법 시행 후 최초로 전학조치를 받은 학생부터 적용한다.

　　☐ 부　　칙 <법률 제11388호, 2012.3.21.>

　　제1조(시행일) 이 법은 2012년 5월 1일부터 시행한다. 다만, 제2조, 제4조제4항, 제13조제2항, 제15조제2항, 제16조, 제16조의2, 제17조, 제20조제5항, 제20조의3의 개정규정 및 법률 제11223호 학교폭력예방 및 대책에 관한 법률 일부개정법률 부 칙 제1조의 개정규정은 2012년 4월 1일부터 시행한다.

　　제2조(학교안전공제회 등의 비용부담 및 구상권 행사에 관한 적용례) 제16조제6 항의 개정규정은 학교폭력으로 피해를 받아 같은 개정규정 시행 당시 치료 등을 받고 있는 사람부터 적용한다.

　　☐☐ 부　　칙 <법률 제11690호, 2013.3.23.> (정부조직법)

　　제1조(시행일) ① 이 법은 공포한 날부터 시행한다.

　　② 생략

　　제2조부터 제5조까지 생략

　　제6조(다른 법률의 개정) ①부터 <77>까지 생략

　　<78> 학교폭력예방 및 대책에 관한 법률 일부를 다음과 같이 개정한다.

　　제6조제1항, 같은 조 제2항 각 호 외의 부분 후단, 같은 조 제3항, 제8조제5항 및 제11조의3제1항 중 "교육과학기술부장관"을 각각 "교육부장관"으로 한다.

　　제8조제3항제1호 중 "교육과학기술부장관"을 "미래창조과학부장관, 교육부장관" 으로, "행정안전부장관"을 "안전행정부장관"으로 한다.

　　<79>부터 <710>까지 생략

　　제7조 생략

　　☐ 부　　칙 <법률 제11948호, 2013.7.30.>

　　제1조(시행일) 이 법은 공포 후 6개월이 경과한 날부터 시행한다.

　　제2조(학생보호인력에 대한 적용례) 제20조의5제2항 및 제5항부터 제7항까지의

개정규정은 이 법 시행 후 최초로 배치하는 학생보호인력부터 적용한다.

☐ 부   칙 <법률 제12844호, 2014.11.19.> (정부조직법)

제1조(시행일) 이 법은 공포한 날부터 시행한다. 다만, 부칙 제6조에 따라 개정되는 법률 중 이 법 시행 전에 공포되었으나 시행일이 도래하지 아니한 법률을 개정한 부분은 각각 해당 법률의 시행일부터 시행한다.

제2조부터 제5조까지 생략

제6조(다른 법률의 개정) ①부터 ㉝까지 생략

㉞ 학교폭력예방 및 대책에 관한 법률 일부를 다음과 같이 개정한다.

제8조제3항제1호 중 "미래창조과학부장관, 교육부장관, 법무부장관, 안전행정부장관"을 "교육부장관, 미래창조과학부장관, 법무부장관, 행정자치부장관"으로, "여성가족부장관"을 "여성가족부장관, 국민안전처장관"으로 한다.

㉟부터 <258>까지 생략

제7조 생략

☐ 부   칙 <법률 제13576호, 2015.12.22.>

이 법은 공포 후 6개월이 경과한 날부터 시행한다.

☐ 부   칙 <법률 제14162호, 2016.5.29.>

이 법은 공포한 날부터 시행한다.

☐ 부   칙 <법률 제14762호, 2017.4.18.>

이 법은 공포한 날부터 시행한다.

☐ 부   칙 <법률 제14839호, 2017.7.26.> (정부조직법)

제1조(시행일) ① 이 법은 공포한 날부터 시행한다. 다만, 부칙 제5조에 따라 개정되는 법률 중 이 법 시행 전에 공포되었으나 시행일이 도래하지 아니한 법률을 개정한 부분은 각각 해당 법률의 시행일부터 시행한다.

제2조부터 제4조까지 생략

제5조(다른 법률의 개정) ①부터 ⑳까지 생략

㉑ 학교폭력예방 및 대책에 관한 법률 일부를 다음과 같이 개정한다.

㉒부터 <382>까지 생략

제6조 생략

(부록 6)

학교폭력예방 및 대책에 관한 법률 시행령

(약칭: 학교폭력예방법 시행령)

[시행 2017.7.26.] [대통령령 제28211호, 2017.7.26., 타법개정]
교육부(학교폭력대책과), 044-203-6898
교육부(학교생활문화과), 044-203-6540

□ 제1조(목적) 이 영은 「학교폭력예방 및 대책에 관한 법률」에서 위임된 사항과 그 시행에 필요한 사항을 규정함을 목적으로 한다.

□ 제2조(성과 평가 및 공표) 「학교폭력예방 및 대책에 관한 법률」(이하 "법"이라 한다) 제6조제3항에 따른 학교폭력 예방 및 대책에 대한 성과는 「초·중등교육법」 제9조제2항에 따른 지방교육행정기관에 대한 평가에 포함하여 평가하고, 이를 공표하여야 한다.

□ 제3조(학교폭력대책위원회의 운영) ① 법 제7조에 따른 학교폭력대책위원회 (이하 "대책위원회"라 한다)의 위원장은 회의를 소집하고, 그 의장이 된다.

② 대책위원회의 회의는 반기별로 1회 소집한다. 다만, 재적위원 3분의 1 이상이 요구하거나 위원장이 필요하다고 인정하는 경우에는 수시로 소집할 수 있다.

③ 대책위원회의 위원장이 회의를 소집할 때에는 회의 개최 5일 전까지 회의 일시·장소 및 안건을 각 위원에게 알려야 한다. 다만, 긴급히 소집하여야 할 때에는 그러하지 아니하다.

④ 대책위원회의 회의는 재적위원 과반수의 출석으로 개의(開議)하고, 출석위원 과반수의 찬성으로 의결한다.

⑤ 대책위원회의 위원장은 필요하다고 인정할 때에는 학교폭력 예방 및 대책과 관련하여 전문가 등을 회의에 출석하여 발언하게 할 수 있다.

⑥ 회의에 출석한 위원과 전문가 등에게는 예산의 범위에서 수당과 여비를 지급할 수 있다. 다만, 공무원인 위원이 그 소관 업무와 직접적으로 관련하여 회의에 출석하는 경우에는 그러하지 아니하다.

□ 제3조의2(대책위원회 위원의 해촉) 대통령은 법 제8조제3항제2호부터 제8호

까지의 규정에 따른 대책위원회의 위원이 다음 각 호의 어느 하나에 해당하는 경우에는 해당 위원을 해촉(解囑)할 수 있다.

1. 심신장애로 인하여 직무를 수행할 수 없게 된 경우

2. 직무와 관련된 비위사실이 있는 경우

3. 직무태만, 품위손상이나 그 밖의 사유로 인하여 위원으로 적합하지 아니하다고 인정되는 경우

4. 위원 스스로 직무를 수행하는 것이 곤란하다고 의사를 밝히는 경우

[본조신설 2016.5.10.]

제4조(학교폭력대책실무위원회의 구성 · 운영) ① 법 제8조제6항에 따른 학교폭력대책실무위원회(이하 "실무위원회"라 한다)는 위원장(이하 "실무위원장"이라 한다) 1명을 포함한 12명 이내의 위원으로 구성한다. 〈개정 2013.3.23.〉

② 실무위원장은 교육부차관이 되고, 위원은 기획재정부, 교육부, 과학기술정보통신부, 법무부, 행정안전부, 문화체육관광부, 보건복지부, 여성가족부, 국무조정실 및 방송통신위원회의 고위공무원단에 속하는 공무원과 경찰청의 치안감 또는 경무관 중에서 소속 기관의 장이 지명하는 사람 각 1명이 된다. 〈개정 2013.3.23., 2014.11.19., 2017.7.26.〉

③ 제2항에 따라 실무위원회의 위원을 지명한 자는 해당 위원이 제3조의2 각 호의 어느 하나에 해당하는 경우에는 그 지명을 철회할 수 있다. 〈신설 2016.5.10.〉

④ 실무위원회의 사무를 처리하기 위하여 간사 1명을 두며, 간사는 교육부 소속 공무원 중에서 실무위원장이 지명하는 사람으로 한다. 〈개정 2013.3.23., 2016.5.10.〉

⑤ 실무위원장이 부득이한 사유로 직무를 수행할 수 없을 때에는 실무위원장이 미리 지명하는 위원이 그 직무를 대행한다. 〈개정 2016.5.10.〉

⑥ 회의는 대책위원회 개최 전 또는 실무위원장이 필요하다고 인정할 때 소집한다. 〈개정 2016.5.10.〉

⑦ 실무위원회는 대책위원회의 회의에 부칠 안건 검토와 심의 지원 및 그 밖의 업무수행을 위하여 필요한 경우에는 이해관계인 또는 관련 전문가를 출석하게 하여 의견을 듣거나 의견 제출을 요청할 수 있다. 〈개정 2016.5.10.〉

⑧ 실무위원장은 회의를 소집할 때에는 회의 개최 7일 전까지 회의 일시 · 장소 및 안건을 각 위원에게 알려야 한다. 다만, 긴급히 소집하여야 할 때에는 그러하지 아니하다. 〈개정 2016.5.10.〉

□ 제5조(학교폭력대책지역위원회의 구성·운영) ① 법 제9조제1항에 따른 학교폭력대책지역위원회(이하 "지역위원회"라 한다)의 위원장은특별시·광역시·특별자치시·도·특별자치도(이하 "시·도"라 한다)의 부단체장(특별시의 경우에는 행정(1)부시장, 광역시 및 도의 경우에는 행정부시장 및 행정부지사를 말한다)으로 한다.

② 지역위원회의 위원장은 회의를 소집하고, 그 의장이 된다.

③ 지역위원회의 위원장이 부득이한 사유로 직무를 수행할 수 없을 때에는 지역위원회 위원장이 미리 지명하는 위원이 그 직무를 대행한다.

④ 지역위원회의 위원은 학식과 경험이 풍부하고 청소년보호에 투철한 사명감이 있는 사람으로서 다음 각 호의 어느 하나에 해당하는 사람 중에서 특별시장·광역시장·특별자치시장·도지사·특별자치도지사(이하 "시·도지사"라 한다)가 교육감과 협의하여 임명하거나 위촉한다.

1. 해당 시·도의 청소년보호 업무 담당 국장 및 시·도교육청 생활지도 담당 국장

2. 해당 시·도의회 의원 또는 교육위원회 위원

3. 시·도 지방경찰청 소속 경찰공무원

4. 학생생활지도 경력이 5년 이상인 교원

5. 판사·검사·변호사

6. 「고등교육법」 제2조에 따른 학교의 조교수 이상 또는 청소년 관련 연구기관에서 이에 상당하는 직위에 재직하고 있거나 재직하였던 사람으로서 학교폭력 문제에 대한 전문지식이 있는 사람

7. 청소년 선도 및 보호 단체에서 청소년보호활동을 5년 이상 전문적으로 담당한 사람

8. 「초·중등교육법」 제31조제1항에 따른 학교운영위원회(이하 "학교운영위원회"라 한다)의 위원 또는 법 제12조제1항에 따른 학교폭력대책자치위원회(이하 "자치위원회"라 한다) 위원으로 활동하고 있거나 활동한 경험이 있는 학부모 대표

9. 그 밖에 학교폭력 예방 및 청소년 보호에 대한 지식과 경험이 있는 사람

⑤ 지역위원회 위원의 임기는 2년으로 한다. 다만, 지역위원회 위원의 사임 등으로 새로 위촉되는 위원의 임기는 전임위원 임기의 남은 기간으로 한다.

⑥ 시·도지사는 제4항제2호부터 제9호까지의 규정에 따른 지역위원회의 위원이 제3조의2 각 호의 어느 하나에 해당하는 경우에는 해당 위원을 해임하거나 해촉할 수 있다. 〈신설 2016.5.10.〉

⑦ 지역위원회의 사무를 처리하기 위하여 간사 1명을 두며, 지역위원회의 위원장과 교육감이 시·도 또는 시·도교육청 소속 공무원 중에서 협의하여 정하는 사람으로 한다. 〈개정 2016.5.10.〉

⑧ 지역위원회 회의의 운영에 관하여는 제3조제2항부터 제6항까지의 규정을 준용한다. 이 경우 "대책위원회"는 "지역위원회"로 본다. 〈개정 2016.5.10.〉

☐ 제6조(학교폭력대책지역실무위원회의 구성·운영) 법 제9조제2항에 따른 실무위원회는 7명 이내의 학교폭력 예방 및 대책에 관한 실무자 및 민간 전문가로 구성한다.

☐ 제7조(학교폭력대책지역협의회의 구성·운영) ① 법 제10조의2에 따른 학교폭력대책지역협의회(이하 "지역협의회"라 한다)의 위원장은 시·군·구의 부단체장이 된다.

② 지역협의회의 위원장은 회의를 소집하고, 그 의장이 된다.

③ 지역협의회의 위원장이 부득이한 사유로 직무를 수행할 수 없을 때에는 위원장이 미리 지정하는 위원이 그 직무를 대행한다.

④ 지역협의회의 위원은 학식과 경험이 풍부하고 청소년보호에 투철한 사명감이 있는 사람으로서 다음 각 호의 어느 하나에 해당하는 사람 중에서 시장·군수·구청장이 해당 교육지원청의 교육장과 협의하여 임명하거나 위촉한다. 〈개정 2014.6.11.〉

1. 해당 시·군·구의 청소년보호 업무 담당 국장(국장이 없는 시·군·구는 과장을 말한다) 및 교육지원청의 생활지도 담당 국장(국장이 없는 교육지원청은 과장을 말한다)

2. 해당 시·군·구의회 의원

3. 해당 시·군·구를 관할하는 경찰서 소속 경찰공무원

4. 학생생활지도 경력이 5년 이상인 교원

5. 판사·검사·변호사

6. 「고등교육법」 제2조에 따른 학교의 조교수 이상 또는 청소년 관련 연구기관에서 이에 상당하는 직위에 재직하고 있거나 재직하였던 사람으로서 학교폭력 문제에 대하여 전문지식이 있는 사람

7. 청소년 선도 및 보호 단체에서 청소년보호활동을 5년 이상 전문적으로 담당한 사람

8. 학교운영위원회 위원 또는 자치위원회 위원으로 활동하거나 활동한 경험이

있는 학부모 대표

9. 그 밖에 학교폭력 예방 및 청소년보호에 대한 지식과 경험을 가진 사람

⑤ 지역협의회 위원의 임기는 2년으로 한다. 다만, 지역위원회 위원의 사임 등으로 새로 위촉되는 위원의 임기는 전임위원 임기의 남은 기간으로 한다.

⑥ 시장·군수·구청장은 제4항제2호부터 제9호까지의 규정에 따른 지역협의회의 위원이 제3조의2 각 호의 어느 하나에 해당하는 경우에는 해당 위원을 해임하거나 해촉할 수 있다. 〈신설 2016.5.10.〉

⑦ 지역협의회에는 사무를 처리하기 위해 간사 1명을 두며, 간사는 지역협의회의 위원장과 교육장이 시·군·구 또는 교육지원청 소속 공무원 중에서 협의하여 정하는 사람으로 한다. 〈개정 2014.6.11., 2016.5.10.〉

☐ 제8조(전담부서의 구성 등) 법 제11조제1항에 따라 다음 각 호의 업무를 수행하기 위하여 시·도교육청 및 교육지원청에 과·담당관 또는 팀을 둔다. 〈개정 2014.6.11.〉

1. 학교폭력 예방과 근절을 위한 대책의 수립과 추진에 관한 사항

2. 학교폭력 피해학생의 치료 및 가해학생에 대한 조치에 관한 사항

3. 그 밖에 학교폭력의 예방 및 대책과 관련하여 교육감이 정하는 사항

☐ 제9조(실태조사) ① 법 제11조제8항에 따라 교육감이 실시하는 학교폭력 실태조사는 교육부장관과 협의하여 다른 교육감과 공동으로 실시할 수 있다. 〈개정 2013.3.23.〉

② 교육감은 학교폭력 실태조사를 교육 관련 연구·조사기관에 위탁할 수 있다.

☐ 제10조(전문기관의 설치 등) ① 교육감은 법 제11조제9항에 따라 시·도교육청 또는 교육지원청에 다음 각 호의 업무를 수행하는 전문기관을 설치·운영할 수 있다. 〈개정 2014.6.11.〉

1. 법 제11조의2제1항에 따른 조사·상담 등의 업무

2. 학교폭력 피해학생·가해학생에 대한 치유프로그램 운영 업무

② 교육감은 제1항제2호에 따른 치유프로그램 운영 업무를 다음 각 호의 어느 하나에 해당하는 기관·단체·시설에 위탁하여 수행하게 할 수 있다. 〈개정 2012.7.31., 2012.9.14.〉

1. 「청소년복지 지원법」 제31조제1호에 따른 청소년쉼터, 「청소년 보호법」 제35조제1항에 따른 청소년 보호·재활센터 등 청소년을 보호하기 위하여 국가·지방자치단체가 운영하는 시설

2. 「청소년활동진흥법」 제10조에 따른 청소년활동시설

3. 학교폭력의 예방과 피해학생 및 가해학생의 치료·교육을 수행하는 청소년 관련 단체

4. 청소년 정신치료 전문인력이 배치된 병원

5. 학교폭력 피해학생·가해학생 및 학부모를 위한 프로그램을 운영하는 종교기관 등의 기관

6. 그 밖에 교육감이 치유프로그램의 운영에 적합하다고 인정하는 기관

③ 제1항에 따른 전문기관의 설치·운영에 관한 세부사항은 교육감이 정한다.

☐ 제11조(학교폭력 조사·상담 업무의 위탁 등) 교육감은 법 제11조의2제2항에 따라 학교폭력 예방에 관한 사업을 3년 이상 수행한 기관 또는 단체 중에서 학교폭력의 예방 및 사후조치 등을 수행하는 데 적합하다고 인정하는 기관 또는 단체에 법 제11조의2제1항의 업무를 위탁할 수 있다.

☐ 제12조(관계 기관과의 협조 사항 등) 법 제11조의3에 따라 학교폭력과 관련한 개인정보 등을 협조를 요청할 때에는 문서로 하여야 한다.

☐ 제13조(자치위원회의 설치 및 심의사항) ① 법 제12조제1항 단서에서 "대통령령으로 정하는 사유가 있는 경우"란 학교폭력 피해학생과 가해학생이 각각 다른 학교에 재학 중인 경우를 말한다.

② 법 제12조제2항제5호에서 "대통령령으로 정하는 사항"이란 학교폭력의 예방 및 대책과 관련하여 법 제14조제3항에 따른 책임교사 또는 학생회의 대표가 건의하는 사항을 말한다.

☐ 제14조(자치위원회의 구성·운영) ① 법 제13조제1항에 따른 자치위원회의 위원은 다음 각 호의 어느 하나에 해당하는 사람 중에서 해당 학교의 장이 임명하거나 위촉한다.

1. 해당 학교의 교감

2. 해당 학교의 교사 중 학생생활지도 경력이 있는 교사

3. 법 제13조제1항에 따라 선출된 학부모대표

4. 판사·검사·변호사

5. 해당 학교를 관할하는 경찰서 소속 경찰공무원

6. 의사 자격이 있는 사람

7. 그 밖에 학교폭력 예방 및 청소년보호에 대한 지식과 경험이 풍부한 사람

② 자치위원회의 위원장은 위원 중에서 호선(互選)하며, 위원장이 부득이한 사유

로 직무를 수행할 수 없을 때에는 위원장이 미리 지정하는 위원이 그 직무를 대행한다.

③ 자치위원회의 위원의 임기는 2년으로 한다. 다만, 자치위원회 위원의 사임 등으로 새로 위촉되는 위원의 임기는 전임위원 임기의 남은 기간으로 한다.

④ 학교의 장은 제1항제2호부터 제7호까지의 규정에 따른 자치위원회의 위원이 제3조의2 각 호의 어느 하나에 해당하는 경우에는 해당 위원을 해임하거나 해촉할 수 있다. 〈신설 2016.5.10.〉

⑤ 자치위원회의 회의는 재적위원 과반수의 출석으로 개의하고, 출석위원 과반수의 찬성으로 의결한다. 〈개정 2016.5.10.〉

⑥ 자치위원회의 위원장은 해당 학교의 교직원에서 자치위원회의 사무를 처리할 간사 1명을 지명한다. 〈개정 2016.5.10.〉

⑦ 자치위원회의 회의에 출석한 위원에게는 예산의 범위에서 수당과 여비를 지급할 수 있다. 다만, 공무원인 위원이 그 소관 업무와 직접적으로 관련하여 회의에 출석한 경우에는 그러하지 아니하다. 〈개정 2016.5.10.〉

⑧ 자치위원회의 위원장은 회의 일시를 정할 때에는 일과 후, 주말 등 위원들이 참석하기 편리한 시간으로 정하여야 한다. 〈개정 2016.5.10.〉

☐ 제15조(상담실 설치) 법 제14조제1항에 따른 상담실은 다음 각 호의 시설·장비를 갖추어 상담활동이 편리한 장소에 설치하여야 한다.

1. 인터넷 이용시설, 전화 등 상담에 필요한 시설 및 장비
2. 상담을 받는 사람의 사생활 노출 방지를 위한 칸막이 및 방음시설

☐ 제16조(전담기구 운영 등) 법 제14조제3항에 따른 전담기구는 가해 및 피해 사실 여부에 관하여 확인한 사항을 학교의 장 및 자치위원회(자치위원회의 요청이 있는 경우만을 말한다)에 보고하여야 한다.

☐ 제17조(학교폭력 예방교육) 학교의 장은 법 제15조제5항에 따라 학생과 교직원 및 학부모에 대한 학교폭력 예방교육을 다음 각 호의 기준에 따라 실시한다.

1. 학기별로 1회 이상 실시하고, 교육 횟수·시간 및 강사 등 세부적인 사항은 학교 여건에 따라 학교의 장이 정한다.
2. 학생에 대한 학교폭력 예방교육은 학급 단위로 실시함을 원칙으로 하되, 학교 여건에 따라 전체 학생을 대상으로 한 장소에서 동시에 실시할 수 있다.
3. 학생과 교직원, 학부모를 따로 교육하는 것을 원칙으로 하되, 내용에 따라 함께 교육할 수 있다.

4. 강의, 토론 및 역할연기 등 다양한 방법으로 하고, 다양한 자료나 프로그램 등을 활용하여야 한다.

5. 교직원에 대한 학교폭력 예방교육은 학교폭력 관련 법령에 대한 내용, 학교폭력 발생 시 대응요령, 학생 대상 학교폭력예방 프로그램 운영 방법 등을 포함하여야 한다.

6. 학부모에 대한 학교폭력 예방교육은 학교폭력 징후 판별, 학교폭력 발생 시 대응요령, 가정에서의 인성교육에 관한 사항을 포함하여야 한다.

☐ 제18조(피해학생의 지원범위 등) ① 법 제16조제6항 단서에 따른 학교안전공제회 또는 시·도교육청이 부담하는 피해학생의 지원범위는 다음 각 호와 같다.

1. 교육감이 정한 전문심리상담기관에서 심리상담 및 조언을 받는 데 드는 비용

2. 교육감이 정한 기관에서 일시보호를 받는 데 드는 비용

3. 「의료법」에 따라 개설된 의료기관, 「지역보건법」에 따라 설치된 보건소·보건의료원 및 보건지소, 「농어촌 등 보건의료를 위한 특별조치법」에 따라 설치된 보건진료소, 「약사법」에 따라 등록된 약국 및 같은 법 제91조에 따라 설립된 한국희귀의약품센터에서 치료 및 치료를 위한 요양을 받거나 의약품을 공급받는데 드는 비용

② 제1항의 비용을 지원 받으려는 피해학생 및 보호자가 학교안전공제회 또는 시·도교육청에 비용을 청구하는 절차와 학교안전공제회 또는 시·도교육청이 비용을 지급하는 절차는 「학교안전사고 예방 및 보상에 관한 법률」 제41조를 준용한다.

③ 학교안전공제회 또는 시·도교육청이 법 제16조제6항에 따라 가해학생의 보호자에게 구상(求償)하는 범위는 제2항에 따라 피해학생에게 지급하는 모든 비용으로 한다.

☐ 제19조(가해학생에 대한 조치별 적용 기준) 법 제17조제1항의 조치별 적용 기준은 다음 각 호의 사항을 고려하여 결정하고, 그 세부적인 기준은 교육부장관이 정하여 고시한다. 〈개정 2013.3.23.〉

1. 가해학생이 행사한 학교폭력의 심각성·지속성·고의성

2. 가해학생의 반성 정도

3. 해당 조치로 인한 가해학생의 선도 가능성

4. 가해학생 및 보호자와 피해학생 및 보호자 간의 화해의 정도

5. 피해학생이 장애학생인지 여부

☐ 제20조(가해학생에 대한 전학 조치) ① 초등학교·중학교·고등학교의 장은 자치위원회가 법 제17조제1항에 따라 가해학생에 대한 전학 조치를 요청하는 경우에는 초등학교·중학교의 장은 교육장에게, 고등학교의 장은 교육감에게 해당 학생이 전학할 학교의 배정을 지체 없이 요청하여야 한다.

② 교육감 또는 교육장은 가해학생이 전학할 학교를 배정할 때 피해학생의 보호에 충분한 거리 등을 고려하여야 하며, 관할구역 외의 학교를 배정하려는 경우에는 해당 교육감 또는 교육장에게 이를 통보하여야 한다.

③ 제2항에 따른 통보를 받은 교육감 또는 교육장은 해당 가해학생이 전학할 학교를 배정하여야 한다.

④ 교육감 또는 교육장은 제2항과 제3항에 따라 전학 조치된 가해학생과 피해학생이 상급학교에 진학할 때에는 각각 다른 학교를 배정하여야 한다. 이 경우 피해학생이 입학할 학교를 우선적으로 배정한다.

☐ 제21조(가해학생에 대한 우선 출석정지 등) ① 법 제17조제4항에 따라 학교의 장이 출석정지 조치를 할 수 있는 경우는 다음 각 호와 같다.

1. 2명 이상의 학생이 고의적·지속적으로 폭력을 행사한 경우

2. 학교폭력을 행사하여 전치 2주 이상의 상해를 입힌 경우

3. 학교폭력에 대한 신고, 진술, 자료제공 등에 대한 보복을 목적으로 폭력을 행사한 경우

4. 학교의 장이 피해학생을 가해학생으로부터 긴급하게 보호할 필요가 있다고 판단하는 경우

② 학교의 장은 제1항에 따라 출석정지 조치를 하려는 경우에는 해당 학생 또는 보호자의 의견을 들어야 한다. 다만, 학교의 장이 해당 학생 또는 보호자의 의견을 들으려 하였으나 이에 따르지 아니한 경우에는 그러하지 아니하다.

☐ 제22조(가해학생의 조치 거부·기피에 대한 추가 조치) 자치위원회는 법 제17조제1항제2호부터 제9호까지의 조치를 받은 학생이 해당 조치를 거부하거나 기피하는 경우에는 법 제17조제11항에 따라 학교의 장으로부터 그 사실을 통보받은 날부터 7일 이내에 추가로 다른 조치를 할 것을 학교의 장에게 요청할 수 있다.

☐ 제23조(퇴학학생의 재입학 등) ① 교육감은 법 제17조제1항제9호에 따라 퇴학 처분을 받은 학생에 대하여 법 제17조제12항에 따라 해당 학생의 선도의 정도, 교육 가능성 등을 종합적으로 고려하여 「초·중등교육법」 제60조의3에 따른 대

안학교로의 입학 등 해당 학생의 건전한 성장에 적합한 대책을 마련하여야 한다.

② 제1항에서 규정한 사항 외에 가해학생에 대한 조치 및 재입학 등에 필요한 세부사항은 교육감이 정한다.

☐ 제24조(피해학생 재심청구 및 심사 절차 및 결정 통보 등) ① 법 제17조의2 제5항에 따라 피해학생 또는 보호자가 지역위원회에 재심을 청구할 때에는 다음 각 호의 사항을 적어 서면으로 하여야 한다.

1. 청구인의 이름, 주소 및 연락처

2. 가해학생

3. 청구의 대상이 되는 조치를 받은 날 및 조치가 있음을 안 날

4. 청구의 취지 및 이유

② 지역위원회는 청구인, 가해학생 및 보호자 또는 해당 학교에 심사에 필요한 자료 또는 정보의 제출을 요구할 수 있고, 청구인, 가해학생 또는 해당 학교는 특별한 사유가 없으면 이를 즉시 제출하여야 한다.

③ 지역위원회는 직권으로 또는 신청에 따라 청구인, 가해학생 및 보호자 또는 관련 교원 등을 지역위원회에 출석하여 진술하게 할 수 있다.

④ 지역위원회는 필요하다고 인정할 때에는 전문가 등 참고인을 출석하게 하거나 서면으로 의견을 들을 수 있다.

⑤ 지역위원회의 회의는 비공개를 원칙으로 한다.

⑥ 지역위원회는 재심사 결정 시 법 제16조제1항 각 호와 제17조제1항 각 호의 어느 하나에 해당하는 조치(수 개의 조치를 병과하는 경우를 포함한다)를 할 것을 해당 학교의 장에게 요청할 수 있다.

⑦ 지역위원회의 재심 결과는 결정의 취지와 내용을 적어 청구인과 가해학생에게 서면으로 통보한다.

☐ 제25조(분쟁조정의 신청) 피해학생, 가해학생 또는 그 보호자(이하 "분쟁당사자"라 한다) 중 어느 한 쪽은 법 제18조에 따라 해당 분쟁사건에 대한 조정권한이 있는 자치위원회 또는 교육감에게 다음 각 호의 사항을 적은 문서로 분쟁조정을 신청할 수 있다.

1. 분쟁조정 신청인의 성명 및 주소

2. 보호자의 성명 및 주소

3. 분쟁조정 신청의 사유

☐ 제26조(자치위원회 위원의 제척 · 기피 및 회피) ① 자치위원회의 위원은 법

제16조, 제17조 및 제18조에 따라 피해학생과 가해학생에 대한 조치를 요청하는 경우와 분쟁을 조정하는 경우 다음 각 호의 어느 하나에 해당하면 해당 사건에서 제척된다.

　1. 위원이나 그 배우자 또는 그 배우자였던 사람이 해당 사건의 피해학생 또는 가해학생의 보호자인 경우 또는 보호자였던 경우

　2. 위원이 해당 사건의 피해학생 또는 가해학생과 친족이거나 친족이었던 경우

　3. 그 밖에 위원이 해당 사건의 피해학생 또는 가해학생과 친분이 있거나 관련이 있다고 인정하는 경우

　② 학교폭력과 관련하여 자치위원회를 개최하는 경우 또는 분쟁이 발생한 경우 자치위원회의 위원에게 공정한 심의를 기대하기 어려운 사정이 있다고 인정할 만한 상당한 사유가 있을 때에는 분쟁당사자는 자치위원회에 그 사실을 서면으로 소명하고 기피신청을 할 수 있다.

　③ 자치위원회는 제2항에 따른 기피신청을 받으면 의결로써 해당 위원의 기피 여부를 결정하여야 한다. 이 경우 기피신청 대상이 된 위원은 그 의결에 참여하지 못한다.

　④ 자치위원회의 위원이 제1항 또는 제2항의 사유에 해당하는 경우에는 스스로 해당 사건을 회피할 수 있다.

　☐ 제27조(분쟁조정의 개시) ① 자치위원회 또는 교육감은 제25조에 따라 분쟁조정의 신청을 받으면 그 신청을 받은 날부터 5일 이내에 분쟁조정을 시작하여야 한다.

　② 자치위원회 또는 교육감은 분쟁당사자에게 분쟁조정의 일시 및 장소를 통보하여야 한다.

　③ 제2항에 따라 통지를 받은 분쟁당사자 중 어느 한 쪽이 불가피한 사유로 출석할 수 없는 경우에는 자치위원회 또는 교육감에게 분쟁조정의 연기를 요청할 수 있다. 이 경우 자치위원회 또는 교육감은 분쟁조정의 기일을 다시 정하여야 한다.

　④ 자치위원회 또는 교육감은 자치위원회 위원 또는 지역위원회 위원 중에서 분쟁조정 담당자를 지정하거나, 외부 전문기관에 분쟁과 관련한 사항에 대한 자문 등을 할 수 있다.

　☐ 제28조(분쟁조정의 거부·중지 및 종료) ① 자치위원회 또는 교육감은 다음 각 호의 어느 하나에 해당하는 사유가 발생한 경우에는 분쟁조정의 개시를 거부하거나 분쟁조정을 중지할 수 있다.

1. 분쟁당사자 중 어느 한 쪽이 분쟁조정을 거부한 경우

2. 피해학생 등이 관련된 학교폭력에 대하여 가해학생을 고소·고발하거나 민사상 소송을 제기한 경우

3. 분쟁조정의 신청내용이 거짓임이 명백하거나 정당한 이유가 없다고 인정되는 경우

② 자치위원회 또는 교육감은 다음 각 호의 어느 하나에 해당하는 사유가 발생한 경우에는 분쟁조정을 끝내야 한다.

1. 분쟁당사자 간에 합의가 이루어지거나 자치위원회 또는 교육감이 제시한 조정안을 분쟁당사자가 수락하는 등 분쟁조정이 성립한 경우

2. 분쟁조정 개시일부터 1개월이 지나도록 분쟁조정이 성립하지 아니한 경우

③ 자치위원회 또는 교육감은 제1항에 따라 분쟁조정의 개시를 거부하거나 분쟁조정을 중지한 경우 또는 제2항제2호에 따라 분쟁조정을 끝낸 경우에는 그 사유를 분쟁당사자에게 각각 통보하여야 한다.

□ 제29조(분쟁조정의 결과 처리) ① 자치위원회 또는 교육감은 분쟁조정이 성립하면 다음 각 호의 사항을 적은 합의서를 작성하여 자치위원회는 분쟁당사자에게, 교육감은 피해학생 및 가해학생 소속 학교 자치위원회와 분쟁당사자에게 각각 통보하여야 한다.

1. 분쟁당사자의 주소와 성명

2. 조정 대상 분쟁의 내용

가. 분쟁의 경위

나. 조정의 쟁점(분쟁당사자의 의견을 포함한다)

3. 조정의 결과

② 제1항에 따른 합의서에는 자치위원회가 조정한 경우에는 분쟁당사자와 조정에 참가한 위원이, 교육감이 조정한 경우에는 분쟁당사자와 교육감이 각각 서명날인하여야 한다.

③ 자치위원회의 위원장은 분쟁조정의 결과를 교육감에게 보고하여야 한다.

□ 제30조(긴급전화의 설치·운영) 법 제20조의2에 따른 긴급전화는 경찰청장과 지방경찰청장이 운영하는 학교폭력 관련 기구에 설치한다.

□ 제31조(정보통신망의 이용 등) 법 제20조의4제3항에 따라 국가·지방자치단체 또는 교육감은 정보통신망을 이용한 학교폭력 예방 업무를 다음 각 호의 기관 및 단체에 위탁할 수 있다.

1. 「한국교육학술정보원법」에 따라 설립된 한국교육학술정보원

2. 공공기관의 위탁을 받아 정보통신망을 이용하여 교육사업을 수행한 실적이 있는 기업

3. 학교폭력 예방에 관한 사업을 3년 이상 수행한 기관 또는 단체[판]

☐ 제32조(영상정보처리기기의 통합 관제) 법 제20조의6제1항에 따라 영상정보 처리기기를 통합하여 관제하려는 국가 및 지방자치단체는 다음 각 호의 절차를 거쳐 관계 전문가와 이해관계인의 의견을 수렴하여야 한다.

1. 「행정절차법」에 따른 행정예고의 실시 또는 의견 청취

2. 학교운영위원회의 심의

☐ 제33조(비밀의 범위) 법 제21조제1항에 따른 비밀의 범위는 다음 각 호와 같다.

1. 학교폭력 피해학생과 가해학생 개인 및 가족의 성명, 주민등록번호 및 주소 등 개인정보에 관한 사항

2. 학교폭력 피해학생과 가해학생에 대한 심의·의결과 관련된 개인별 발언 내용

3. 그 밖에 외부로 누설될 경우 분쟁당사자 간에 논란을 일으킬 우려가 있음이 명백한 사항

☐ 제33조의2(고유식별정보의 처리) ① 국가·지방자치단체 또는 학교의 장은 다음 각 호의 사무를 수행하기 위하여 불가피한 경우 「개인정보 보호법 시행령」 제19조에 따른 주민등록번호 또는 외국인등록번호가 포함된 자료를 처리할 수 있다.

1. 법 제20조의5제2항에 따른 학생보호인력의 결격사유 유무 확인에 관한 사무

2. 법 제20조의5제5항에 따른 학생보호인력의 범죄경력조회에 관한 사무

② 법 제20조의5제3항에 따라 학생보호인력의 배치 및 활용 업무를 위탁받은 전문기관 또는 단체는 다음 각 호의 사무를 수행하기 위하여 불가피한 경우 「개인정보 보호법 시행령」 제19조에 따른 주민등록번호 또는 외국인등록번호가 포함된 자료를 처리할 수 있다.

1. 법 제20조의5제2항에 따른 학생보호인력의 결격사유 유무 확인에 관한 사무

2. 법 제20조의5제6항에 따른 학생보호인력의 범죄경력조회 신청에 관한 사무

[본조신설 2017.6.20.]

☐ 제34조(규제의 재검토) 교육부장관은 제15조에 따른 상담실 설치기준에 대하

여 2015년 1월 1일을 기준으로 2년마다(매 2년이 되는 해의 1월 1일 전까지를 말한다) 그 타당성을 검토하여 개선 등의 조치를 하여야 한다.

[본조신설 2014.12.9.]

부   칙 〈대통령령 제23689호, 2012.3.30.〉

이 영은 2012년 5월 1일부터 시행한다. 다만, 제2조, 제13조제1항, 제17조부터 제23조까지의 개정규정은 2012년 4월 1일부터 시행한다.

부   칙 〈대통령령 제24002호, 2012.7.31.〉 (청소년복지 지원법 시행령) 제1조(시행일) 이 영은 2012년 8월 2일부터 시행한다.

제2조부터 제4조까지 생략

제5조(다른 법령의 개정) ①부터 ③까지 생략

④ 학교폭력예방 및 대책에 관한 법률 시행령 일부를 다음과 같이 개정한다.

제10조제2항제1호 중 "「청소년복지지원법」 제14조에 따른 청소년쉼터"를 "「청소년복지 지원법」 제31조제1호에 따른 청소년쉼터"로 한다.

제6조 생략

부   칙 〈대통령령 제24102호, 2012.9.14.〉 (청소년 보호법 시행령) 제1조(시행일) 이 영은 2012년 9월 16일부터 시행한다. 〈단서 생략〉

제2조 생략

제3조(다른 법령의 개정) ①부터 ⑥까지 생략

⑦ 학교폭력예방 및 대책에 관한 법률 시행령 일부를 다음과 같이 개정한다.

제10조제2항제1호 중 "「청소년보호법」 제33조의2에 따른 청소년보호센터"를 "「청소년 보호법」 제35조제1항에 따른 청소년 보호·재활센터"로 한다.

⑧ 생략

제4조 생략

부   칙 〈대통령령 제24423호, 2013.3.23.〉 (교육부와 그 소속기관 직제) 제1조(시행일) 이 영은 공포한 날부터 시행한다. 〈단서 생략〉

제2조부터 제6조까지 생략

제7조(다른 법령의 개정) ①부터 〈90〉까지 생략

〈91〉 학교폭력예방 및 대책에 관한 법률 시행령 일부를 다음과 같이 개정한다.

제4조제1항 중 "11명"을 "12명"으로 한다.

제4조제2항을 다음과 같이 한다.

② 실무위원장은 교육부차관이 되고, 위원은 기획재정부, 미래창조과학부, 교육

부, 법무부, 안전행정부, 문화체육관광부, 보건복지부, 여성가족부, 국무조정실 및 방송통신위원회의 고위공무원단에 속하는 공무원과 경찰청의 치안감 또는 경무관 중에서 소속 기관의 장이 지명하는 사람 각 1명이 된다.

제4조제3항 중 "교육과학기술부"를 "교육부"로 한다.

제9조제1항 및 제19조 각 호 외의 부분 중 "교육과학기술부장관"을 각각 "교육부장관"로 한다.

〈92〉부터 〈105〉까지 생략

□ 부 칙 〈대통령령 제25375호, 2014.6.11.〉 (지방교육자치에 관한 법률 시행령)

제1조(시행일) 이 영은 공포한 날부터 시행한다. 〈단서 생략〉

제2조부터 제4조까지 생략

제5조(다른 법령의 개정) ①부터 ⑧까지 생략

⑨ 학교폭력예방 및 대책에 관한 법률 시행령 일부를 다음과 같이 개정한다.

제7조제4항 각 호 외의 부분, 같은 항 제1호 및 같은 조 제6항 중 "지역교육청"을 각각 "교육지원청"으로 한다.

제8조 각 호 외의 부분 및 제10조제1항 각 호 외의 부분 중 "지역교육청"을 각각 "교육지원청"으로 한다.

⑩ 생략

□ 부 칙 〈대통령령 제25751호, 2014.11.19.〉 (행정자치부와 그 소속 기관 직제)

제1조(시행일) 이 영은 공포한 날부터 시행한다. 다만, 부칙 제5조에 따라 개정되는 대통령령 중 이 영 시행 전에 공포되었으나 시행일이 도래하지 아니한 대통령령을 개정한 부분은 각각 해당 대통령령의 시행일부터 시행한다.

제2조부터 제4조까지 생략

제5조(다른 법령의 개정) ①부터 〈61〉까지 생략

〈62〉 학교폭력예방 및 대책에 관한 법률 시행령 일부를 다음과 같이 개정한다.

제4조제2항 중 "미래창조과학부, 교육부"를 "교육부, 미래창조과학부"로, "안전행정부"를 "행정자치부"로, "여성가족부"를 "여성가족부, 국민안전처"로 한다.

〈63〉부터 〈418〉까지 생략

□ 부 칙 〈대통령령 제25840호, 2014.12.9.〉 (규제 재검토기한 설정 등 규제정비를 위한 건축법 시행령 등 일부개정령)

제1조(시행일) 이 영은 2015년 1월 1일부터 시행한다.

제2조부터 제16조까지 생략

　　☐　부　　　칙 〈대통령령 제27129호, 2016.5.10.〉 (행정기관 소속 위원회 운영의 공정성 및 책임성 강화를 위한 사립학교법 시행령 등 일부개정령)

　　이 영은 공포한 날부터 시행한다.

　　☐　부　　　칙 〈대통령령 제28110호, 2017.6.20.〉

　　이 영은 공포한 날부터 시행한다.

　　☐　부　　　칙 〈대통령령 제28211호, 2017.7.26.〉 (행정안전부와 그 소속기관 직제)제1조(시행일) 이 영은 공포한 날부터 시행한다. 다만, 부칙 제8조에 따라 개정되는 대통령령 중 이 영 시행 전에 공포되었으나 시행일이 도래하지 아니한 대통령령을 개정한 부분은 각각 해당 대통령령의 시행일부터 시행한다.

제2조부터 제7조까지 생략

제8조(다른 법령의 개정) ①부터 〈52〉까지 생략

〈53〉 학교폭력예방 및 대책에 관한 법률 시행령 일부를 다음과 같이 개정한다.

제4조제2항 중 "미래창조과학부"를 "과학기술정보통신부"로, "행정자치부"를 "행정안전부"로, "여성가족부, 국민안전처"를 "여성가족부"로 한다.

〈54〉부터 〈388〉까지 생략

> **위임행정규칙**
> 법률·대통령령·총리령·부령 등
> 상위법령에서 위임한 사항을 훈령·예규·
> 고시·공고 등의 형식으로 정하고 있는
> 행정규칙을 말합니다.

제공: 법제처 국가법령정보, 대한민국 국회

海東 김용수

　이 책을 엮은이 金龍洙는 강원도 강릉에서 태어나 강원대학교 사범대학 체육교육과와 교육대학원을 졸업하고, 『돈키호테, 체육선생의 삶』이라는 논문으로 강원대학교 스포츠과학대학원에서 체육학 박사학위를 취득하였다.

　관심 있는 연구 분야는 스포츠 하는 인간과 삶, 스포츠 윤리와 범죄, 노인 복지와 체육·스포츠에 관한 연구이다. 특히 질적연구로 구술사와 구술생애사를 통하여 새로운 역사 쓰기를 시도하고 있다.

　논문은 한국교원총연합회, 강원도교원총연합회, 대한체육회 등 현장교육연구 논문 35편 입상, 한국체육학회, 한국체육사학회, 한국체육정책학회, 한국체육철학회, 한국스포츠인류학회, 강원대학교체육과학연구소, 한국구술사학회 등에 논문 46편을 등재했다.

　주요 저서는 중학체육, 핵심 중학체육, 간추린 중학체육, 중학 체육평가 문제집, 고등학교 체육, 핵심 고교체육, 간추린 고교체육, 고교 체육평가 문제집, 학교 경영 비전, 성공과 축복의 2018평창동계올림픽 가는 길, 학교 체육의 공헌(貢獻)과 과실(過失), 그리고 나아갈 길, 돈키호테, 체육 선생의 삶, 그리스·로마 시대의 올림픽 세계, 고대 그리스·로마 시대의 올림픽 경기, 고대 그리스·로마 시대의 올림픽 문화, 사이클의 역사, 구술사, 중국무술(中國武術), 중국무술사, 그리스·로마 시대의 운동 경기, 생각하고 실천하는 삶과 논리, 논술의 길 찾기, 논술의 산과 길, 사유(思惟)하는 삶, 자녀 교육보감(敎育寶鑑), 전인교육(全人敎育) 길잡이, 그리스·로마 시대의 운동 경기, 스포츠 그리고 게임, 하계올림픽 경기, 올림픽 영웅들의 이야기, 건강한 삶 속으로, 태권도(跆拳道), 스포츠 윤리와 범죄, 체육·스포츠 용어의 윤리적 담론(談論), 스포츠인류학의 이론과 실제, 학교 밖 청소년의 이해와 대안, 고령화 시대와 체육 등 저서 및 번역서 33편이 있다.

　현재 한국스포츠사랑연구소장으로 스포츠 칼럼리스트로 활동하고 있다. 중학교 교사, 고등학교 교사, 중등학교 교감, 중·고등학교 교장으로 35년 동안 학교 현장에서 근무했으며, 한국체육사학회부회장, 한국스포츠인류학회부회장, 강원체육사랑연구소장, 강원구술사학회부회장, 강원우슈협회부회장 등을 역임한 바 있다.

THE ROAD NOT TAKEN

Robert Frost

Two roads diverged in a yellow wood,
And sorry I could not travel both
And be one traveler, long I stood
And looked down one as far as I could
To where it bent in the undergrowth,

Then took the other, as just as fair,
And having perhaps the better claim
Because it was grassy and wanted wear,
Though as for that the passing there
Had worn them really about the same,

And both that morning equally lay
In leaves no step had trodden black.
Oh, I kept the first for another day!
Yet knowing how way leads on to way
I doubted if I should ever come back.

I shall be telling this with a sigh
Somewhere ages and ages hence
Two roads diverged in a wood, and I
I took the one less traveled by,
And that has made all the difference.